Le droit des successions à l'épreuve de la dualité juridique au Cameroun

Les impliqués
Éditeur

Fondée en 2014, notre maison d'édition se consacre à la publication d'ouvrages relevant de divers domaines : littérature, récits personnels, premiers romans et nouvelles, essais en sciences humaines, religion, économie, etc.

Les impliqués ont pour vocation de publier, après sélection, les manuscrits qui leur sont confiés. Ils proposent ainsi aux auteurs de faire de leur projet d'écriture une réalité et d'éditer, après une réelle collaboration avec eux, leur ouvrage issu de leurs souvenirs, de leur imagination, de leurs rêves, de leur recherche ou encore de leur travail.

Thérèse Dieudonnée Bessomo-Olomo Belinga

Le droit des successions à l'épreuve de la dualité juridique au Cameroun

Préface d'Adolphe Minkoa She

Les impliqués
Éditeur

Les impliqués
Éditeur

5-7, rue de l'École-Polytechnique – 75005 Paris
www.lesimpliques.fr
contact@lesimpliques.fr
ISBN : 978-2-38541-676-8
EAN : 9782385416768
Pour l'envoi de vos manuscrits : voir à la fin de cet ouvrage

À mes enfants (biologiques et non biologiques)

REMERCIEMENTS

La réalisation de cet ouvrage n'aurait pas été possible sans la contribution de nombreuses personnes. Je ne les remercierai pas nominativement, car ils sont trop nombreux.

Toutefois, je tiens à remercier ***toutes mes familles*** desquelles j'ai toujours bénéficié d'une attention et d'une confiance soutenues.

J'exprime particulièrement ma profonde gratitude :

- au **Pr Adolphe MINKOA SHE** qui m'a initié à la recherche et n'a cessé de m'exhorter à aller de l'avant durant tout mon parcours académique comme étudiante et comme enseignante et dont ses conseils éclairés et l'appui indéfectible, m'ont donné le courage de concilier la recherche et l'enseignement.
- au **Pr Bruno BEKOLO EBEH** pour son indispensable soutien financier et institutionnel.

Ma reconnaissance va également à tous ceux qui, de par leur déférence à mon égard, m'ont apporté des encouragements qui ont contribué à nourrir ma pensée. Il s'agit notamment :

- des Professeurs : LEKENE DONFACK, ONDOUA Magloire, BOKALI Victor Emmanuel, AKAM AKAM André, ONDOUA Alain Franklin, NGUELE ABADA Marcelin, Pierre Etienne KENFACK, MBALLA OWONO Rigobert, NTUDA EBODE Vincent, NTONO TSIMI Germain, BANAMBA Boniface, ATANGANA MALONGUE Thérèse, ATANGANA AMOUGOU Jean Louis, Alain KEMOGNE, OMBALA Magellan, Spener YAWAGA.
- des Docteurs : Joséphine Angelle ESSAMA , Franck Landry OWONA NDOUGUSSA, Vinceline AKOMNDJA, Solange Fidèle NGONO, Ghislain TABI TABI.

Ma reconnaissance va également au Pr Alain Georges BESSALA qui a coordonné l'équipe de relecture de tous mes travaux scientifiques.

ABRÉVIATIONS

A.O.F.	Afrique Occidentale Française
Al	Alinéa
Art.	Article
BUNEC	Bureau National de l'État civil
C. Cass	Cour de cassation
C. civ.	Code civil
C.A.	Cour d'appel
CEDH	Cour Européenne des Droits de l'Homme
CADHP	Charte Africaine des Droits de l'Homme et des Peuples
CEDEF	Convention sur l'Élimination de toutes les Formes de Discriminations à l'égard des Femmes
Cor.	Cameroun oriental
CS	Cour suprême
D.	Revue Dalloz
Dla	Douala
J.C.P.	Juris-classeur Périodique
L.A.J.P.	Laboratoire d'Anthropologie juridique de Paris

LGDJ	Librairie Générale de Droit et de jurisprudence
LITEC	Librairies Techniques
N.E.A.	Nouvelles Éditions africaines
Op. cit.	Opere citato (déjà cité)
Ord.	Ordonnance
PUF	Presses universitaires de France
R.C.D.	Revue camerounaise de Droit
R.J.A.	Revue juridique Africaine
R.J.P.I.C	Revue juridique et politique Indépendance et coopération
R.R.J.	Revue de la recherche juridique
R.T.D.C.	Revue trimestrielle de Droit civil
Rev. crit.	Revue critique
T.	Tome
TGI	Tribunal de Grande Instance
TPI	Tribunal de Première Instance
Vol.	Volume
Ydé	Yaoundé

SOMMAIRE

PRÉFACE

L'ouvrage de Madame OLOMO BELINGA née BESSOMO Thérèse Dieudonnée, sur le *Droit des successions à l'épreuve de la dualité juridique au Cameroun* se propose, dans une approche diachronique, de retracer la trajectoire d'un droit des successions sous l'emprise d'un héritage sociojuridique marqué par la pluralité des sources juridiques.

On sait, en effet, que par l'accession du Cameroun à la souveraineté internationale, le législateur national a acquis la prérogative de prendre des lois dans tous les domaines de la vie nationale.

Toutefois, cette évolution n'a pas mis fin au dualisme juridique hérité de la colonisation. Ainsi, la gestion des successions en particulier, et de l'état des personnes en général, demeure impactée par la coexistence d'une pluralité de sources, mettant en compétition les sources étatiques et les sources coutumières (variées à l'image de la diversité ethnique et culturelle) auxquelles se sont ajoutées les sources internationales (notamment le droit international des droits de l'homme) dont l'importance va grandissant et qui se présentent désormais en véritable potomitan de l'édifice juridique en construction.

Un tel foisonnement normatif a pour principale conséquence un enchevêtrement complexe, aussi bien en ce qui concerne le droit substantiel que les juridictions appelées à connaître du contentieux successoral.

Dans une démarche d'une grande cohérence appuyée sur une solide connaissance du domaine, l'auteure prend le lecteur par la main pour le conduire, méthodiquement, à la découverte d'un droit des successions à la fois original, contrasté et surtout dans une large mesure, discriminatoire.

Au bout de ce véritable voyage initiatique, l'auteure partage avec le lecteur et à la suite de quelques devanciers, une préoccupation lancinante : quelles sont la pertinence et l'opportunité de ce pluralisme juridique et judiciaire qui perdurent dans le contexte juridique et sociologique actuel structuré par la quête de l'égalité des droits ?

Pour l'auteure, une intervention du législateur s'impose, afin de mettre l'ensemble du droit des successions en vigueur au Cameroun en cohérence. Elle fait ainsi appel au droit comparé pour proposer des pistes de solutions, à l'aune des expériences vécues par d'autres États africains présentant un profil historique, sociologique et juridique comparable à celui du Cameroun, pour qu'émerge un droit des successions nouveau, bâti sur des valeurs sociales africaines, mais aussi garant de la sécurité juridique et de l'égalité entre les citoyens.

Après avoir préparé et soutenu il y a des années, sous ma direction, une belle thèse de doctorat en droit des successions, Madame OLOMO BELINGA propose cette fois un ouvrage de la maturité dans le même domaine.

Une excellente référence pour qui veut connaître et comprendre le droit camerounais des successions.

Pr Adolphe MINKOA SHE

Agrégé des Facultés de Droit

Professeur à l'Université de Yaoundé II

INTRODUCTION

Les rapports entre les sociétés traditionnelles et la société occidentale, et donc moderne, ont toujours été délicats et controversés, posant la question de l'universalité du modèle occidental avec les principes qu'il prône.

Au Cameroun, les rapports juridiques n'échappent pas à cette réalité. Le droit patrimonial de la famille, héritage, à l'image de l'État camerounais lui-même, de la colonisation allemande et de l'administration franco-britannique, résulte en effet, est constitué d'un réseau de relations forgées dans l'entrecroisement des traditions et de la modernité. Il évolue sous le prisme d'un pluralisme juridique qui renvoie à la coexistence ou à l'existence simultanée de cultures juridiques différentes en concurrence et qui peut s'appliquer à des situations identiques[1].

La coexistence entre systèmes étatiques et traditionnels est consacrée par la loi fondamentale. Ainsi, au terme de l'article 1 alinéa 2 de la loi n^0 96/06 du 18 janvier 1996 portant révision de la constitution du 2 juin 1972 « *La République du Cameroun ...reconnaît et protège les valeurs traditionnelles conformes aux principes démocratiques, aux droits de l'homme et à la loi* ».

La gestion des successions en est une parfaite illustration. Elle présente de multiples facettes, chacune relevant un problème, bien que spécifique, mais dont la solution renvoie au système juridique pluraliste en vigueur[2]. Certains mécanismes juridiques sont donc appelés à intervenir soit pour accompagner le processus, soit encore pour aider à rétablir l'ordre troublé. Il en est ainsi du Conseil de famille, qui est appelé à organiser les familles en reconnaissant la place et les droits de leurs membres et dont les délibérations doivent, le cas échéant, être entérinées par les juridictions étatiques, qui le plus souvent,

---

[1] Sur la question du pluralisme, lire Y. G. OYONO : *Le pluralisme juridique au Cameroun de l'administration franco-britannique sous le régime colonial à la mouvance constitutionnelle du 18 janvier 2016 dans l'état indépendant : essai sur le « vivre-ensemble juridique » en Afrique noire*, Thèse, Aix-en-Provence, janvier 2022, p. 6 ; VANDERLINDEN (J.), *Les pluralismes juridiques*, Bruxelles, Bruylant, Penser le Droit, 2013 ; BELLEY J.G. : *Pluralisme juridique*, in ARNAUD A. J. : Dictionnaire encyclopédique de théorie et sociologie du droit, Paris, LGDJ, 2e Ed. 1993, p. 446, cités par Y. G. OYONO, op. cit.

[2] Ces questions tournent généralement autour des problèmes relatifs soit à une pratique de la polygamie, non juridiquement organisée, de laquelle est issue une abondante progéniture, soit à l'ignorance des règles de dévolution successorale, soit à l'absence ou à une mauvaise rédaction d'un testament en présence d'une fortune considérable, soit encore à la confusion entre la dévolution fonctionnelle et la dévolution patrimoniale.

restent le seul recours des ayants droit du de cujus confrontés à des conflits successoraux[3].

Plusieurs familles sont confrontées tous les jours aux batailles judiciaires nées des conflits successoraux qui les détruisent[4].

L'absence ou la rédaction non conforme d'un testament vient davantage corser la situation[5].

---

[3] La bataille juridique oppose généralement les enfants légitimes et reconnus ou adultérins, les veuves légitimes réelles, déclarées ou supposées. Avec l'évolution de la société, il est question d'assurer la survie, à leurs fondateurs, de grandes familles qui constituent souvent de grands empires économiques, et d'éviter les sempiternelles guerres de succession vécues de nos jours dans plusieurs successions, à l'instar de celles de FOTSO Victor, KADJI DEFOSSO Joseph, MONKAM Pascal, FADIL ABDOULAYE Hassoumi, MUNA TANDEM Salomon, SOHAING

[4] FOUDA André, multimilliardaire, laisse à son décès le 28 février 1980, plusieurs femmes dans sa vie et une abondante progéniture. En l'absence d'un testament dûment signé, des administrateurs seront successivement désignés pour régler cette situation explosive. Mais, les héritiers n'arrivent pas à s'entendre.
Lorsque le richissime homme d'affaires SOPPO PRISO Paul décède le 25 mai 1996, il laisse une situation familiale explosive : quatre veuves et sept orphelins, dont trois légitimes et quatre enfants naturels reconnus. Un testament rédigé quelques années avant sa mort est devenu nul à cause du décès de l'exécuteur avant celui du testateur. Des communiqués et contre-communiqués qui se succèdent dans Cameroon Tribune par les hommes de loi révèlent les déchirements quant à la gestion et le partage de l'héritage. Les Conseils de famille n'étant pas parvenus à dénouer la situation, les ayants droit de SOPPO se trouvent toujours devant les juridictions. En effet, de son vivant, le défunt avait vécu de son vivant avec plusieurs femmes. Avec la première, connue au coutumier et non à l'état civil, il eut deux enfants ; avec une deuxième, inconnue au coutumier et à l'état civil, il a eu un enfant. Une troisième, inconnue au coutumier, mais titulaire d'un acte de mariage contesté sont nées trois enfants, et enfin, avec une quatrième, connue au coutumier et à l'état civil à travers l'acte de mariage signé le 12 février 1936 en option monogamique, naît un enfant. Par ailleurs, il laisse une fortune dont l'étendue est inconnue, car une partie est basée en France, l'autre, au Cameroun dont la partie visible comprend des sociétés industrielles et un patrimoine immobilier. La partie visible de cette fortune basée au Cameroun comprend la Polyclinique SOPPO PRISO, les Biscuiteries Réunies, la Société Laitière SILAC et en matière immobilière il y a les sociétés UGIC et UGID.
Lorsque André NZIKO décède en mai 1993 à 73 ans, il ne laisse ni de testament écrit ni de testament verbal. De ses 8 mariages, seront issus 30 enfants et 29 petits-fils. Son patrimoine comprend entre autres des magasins de commerce, des immeubles, des camions.
Le 15 janvier 1999, Mr O., riche commerçant, s'écroule dans sa cour, victime d'un malaise cardiaque. Pendant qu'il agonise, ses six épouses et leurs enfants se précipitent sur les biens dont ils essaient de mettre le maximum « *à l'abri de la voracité des autres* ». Dans la mêlée, la première épouse crie à son fils aîné « Vieux, tâche de trouver la clé de la maison principale et ferme toutes les portes, que personne n'y pénètre, tout ce qui est là m'appartient ». Aucune larme n'est versée pour l'agonisant qui, quelques heures plus tard, rend l'âme.

[5] Aucun testament n'avait été laissé ni par O. le riche commerçant ni par André NZIKO, malgré une abondante progéniture et une fortune considérable. Dans l'espèce « André FOUDA », il y avait quand même un testament, mais il n'avait pas été rédigé selon les exigences du Code civil.

Une autre difficulté naît souvent de la confusion faite entre la dévolution fonctionnelle et la dévolution patrimoniale et crée des dissonances quant à la désignation du successeur aux biens et aux fonctions sociales[6].

Telle est l'atmosphère dans laquelle évoluent les familles camerounaises ; atmosphère qui est le fruit d'un héritage juridique colonial dualiste, issu **des systèmes romano-germanique et de Common Law**, qui cohabite difficilement avec de multiples pratiques coutumières ancestrales.

Or, il importe de relever que depuis l'accession du Cameroun à la souveraineté nationale, il s'est écoulé un temps suffisant, six décennies, pour mûrir la réflexion et finaliser l'élaboration d'un support législatif national traitant des questions de la famille et de son patrimoine. Malheureusement, le projet est toujours en gestation et le Cameroun évolue en la matière dans une dualité qui a entraîné inévitablement une dualité judiciaire, le tout donnant lieu à une imprécision juridique.

En effet, le Cameroun, qui est peuplé de deux cents ethnies aux langues différentes, avec un double héritage colonial, et une pluralité de religions[7], s'est trouvé contraint, par la force de cette diversité et des spécificités culturelles, au pluralisme juridique, mieux à *« un vivre-ensemble juridique »*[8]. Le vivre-ensemble juridique, ainsi consacré, avait joué un rôle puissant dans la cohésion sociale et le maintien de la paix. Mais, force est de constater qu'avec les transformations sociales, et surtout avec l'essor des droits de l'homme, une certaine généralisation de la modernisation des rapports sociaux semble s'imposer et met en difficulté le fonctionnement de tout pluralisme.

Au Cameroun l'existence d'un système successoral pluraliste dans lequel coexistent un système moderne, fruit d'un double héritage français et anglais, et un système traditionnel comprenant une multitude de pratiques coutumières, a très tôt eu des répercussions sur le règlement des conflits familiaux en général, et successoraux en particulier l'institution d'une parité entre les droits traditionnels et les droits importés semble avoir rimé avec anarchie, faisant du droit patrimonial de la famille le terrain du paradoxe que les Camerounais exploitent pour évoquer indifféremment le droit coutumier et le droit écrit chaque fois qu'ils veulent préserver leurs intérêts (personnels

---

[6] En effet, après les obsèques de Monsieur NZIKO, le choix de l'un d'eux, TALLA NZIKO Philippe, avait été contesté. Les activités et autres affaires du de cujus étaient restées bloquées pendant plus d'un mois. C'est alors qu'une réunion, rassemblant les enfants et les épouses, les Conseillers juridiques et financiers (2 avocats, 2 notaires et 1 expert-comptable), fut convoquée. À l'issue de la concertation, les héritiers décidèrent de la répartition des actions et non du reste du patrimoine, de la désignation de trois administrateurs provisoires des biens et d'un expert-comptable qui devait faire l'inventaire des biens du de cujus.

[7] On y pratique, suivant les convenances, l'islam, le catholicisme, le protestantisme, l'animisme, le syncrétisme…

[8] Le concept est emprunté de Y. G. OYONO, op. cit., p. [illegible], note 1.

ou patrimoniaux) et que l'une de ces sources y contribue, sans tenir compte des implications sociales, juridiques et économiques de leur option.

La dualité, qui, à une époque, constituait un levier de paix sociale à une étape provisoire et transitoire à l'avènement d'une législation, s'est pérennisée, mettant sous le paillasson l'unification des deux sources principales, et devait conduire à les codifier en supprimant les éléments jugés non conformes à certains principes universels.

Le Cameroun a toujours vécu dans une séparation d'entités et de systèmes juridiques de sorte que le pluralisme s'est agencé entre systèmes juridiques étatiques, appartenant à une double culture et coexistant chacun avec des systèmes traditionnels[9].

Dans le même ordre d'idées, la dualité judiciaire qui en est issue était également vouée à la disparition, car considérée comme provisoire laissant d'actualité la question de la nécessité du maintien, dans l'ordre juridictionnel du Cameroun, d'un système judiciaire pluraliste dans les matières relevant du droit civil et, notamment, en droit patrimonial de la famille, reste d'actualité[10].

Curieusement, la pratique judiciaire actuelle nous révèle le contraire. *« Le provisoire se poursuit. Il semble même se consolider »*[11] rendant ainsi complexe la résolution des conflits familiaux. L'absence d'une intervention législative dans le sens d'une unification semble alors renforcer la pérennité de la structure judiciaire actuelle[12].

Contrairement à la conception classique de la dualité judiciaire[13], le Cameroun maintient une pluralité atypique en matière successorale avec la

---

[9] Y. G. OYONO, op. cit. Dans le Cameroun anglophone, cette coexistence eût pour fondement majeur la Southern Cameroon's High Court Laws de 1955 qui prévoit en son article 27 (1) que *« la High Court devra observer et reconnaître l'application de toute loi indigène et coutume qui n'est pas répugnante à la justice naturelle, à l'équité et à la bonne conscience et qui ne sont pas incompatibles avec cette loi en vigueur, et rien dans cette loi ne privera une personne des bénéfices d'une telle loi indigène ou coutume »*.

[10] S. MELONE : Les juridictions mixtes de droit écrit et de droit coutumier dans les pays en voie de développement. Du bon usage du pluralisme judiciaire en Afrique : l'exemple du Cameroun, in revue internationale de droit comparé, 1985, 32-2, pp. 327-346, Revue camerounaise de droit. 1986, pp. 2-36 ; V.E. BOKALLI : « La coutume, source de droit au Cameroun », Revue générale de droit, 28, 1997, p. 39 et s.

[11] BANAMBA (B) : « Regard nouveau sur un texte déjà trentenaire : le cas du décret du 19 décembre 1969 portant organisation et fonctionnement des juridictions traditionnelles de l'ex-Cameroun oriental », *Revue africaine des Sciences juridiques*, n°2, p. 102 et s.

[12] Ibid., p. 104.

[13] Il se caractérise par l'existence de deux ordres distincts, instaurant ainsi la délimitation d'un ordre de juridiction chargé de connaître du contentieux de l'administration.

coexistence des juridictions de droit traditionnel dans l'ordre juridictionnel étatique[14].

Le législateur camerounais avait déjà fait une intervention en matière foncière et sur certains aspects du droit de la famille. Mais, il avait oublié de réglementer les successions, ce qui rend son œuvre incomplète. Or, le droit des successions, considéré comme « *la jonction du droit de la famille et de celui des biens* »[15], touche à la fois la famille, qui lui produit les sujets, et le patrimoine qui lui fournit l'objet. Ce patrimoine a pour élément principal la terre. Aussi, toute législation successorale devrait-elle tenir compte de cette diversité qui caractérise cette matière. Cette diversité est d'autant plus spécifique dans notre pays qu'elle concerne non seulement les différents aspects juridiques, mais aussi, et surtout des conceptions juridiques opposées. La spécificité vient de la biculturalité qui tient à une double coexistence liée à la présence de deux cultures juridiques dans chacune des parties du Cameroun. Confronté aux caractéristiques de ces divers systèmes juridiques, le système juridique camerounais en matière successorale n'est pas adossé à une famille juridique. Il relève en même temps de trois grandes tendances, à savoir, l'ensemble des systèmes traditionnels, qui existent depuis l'époque précoloniale[16], auxquels s'ajoutent les systèmes romano-germanique et de Common Law, chacun ayant ses règles de droit, son système de justice[17]. À date, les droits des successions français et anglais s'appliquent encore tels quels[18], se discutant la scène avec les coutumes.

Une tentative de conciliation de ces trois types de normes juridiques impose une alternative pouvant conduire soit à la compilation des normes existantes, soit à la refondation des trois catégories pour faire un droit

---

[14] Régies par le décret du 19 décembre 1969 et la Southern Cameroon High Court Law de 1955, elles ont été maintenues par l'ordonnance du 26 août 1972 sur l'organisation judiciaire, puis par la loi n°90/058 du 19 décembre 1990 modifiant la loi n°89/019 du 29 décembre 1989 portant organisation judiciaire et confirmées par la loi n°2006/015 du 29 décembre 2006 portant organisation judiciaire.

[15] BRETHE de la GRESSAYE : « Sciences et techniques du droit des successions », *Mélanges VOIRIN*, p. 55 et s.

[16] GONIDEC (P-F.), *Les droits africains. Évolution et Sources*, Paris, LGDJ, 1986, pp. 10-17. Malgré les points communs, il existe en effet des différences entre systèmes traditionnels et même entre droits traditionnels. Ces règles de droit sont principalement coutumières et ont les caractères classiques du droit traditionnel, à savoir les caractères religieux, agraire, oral, collectiviste et inégalitaire. ;

[17] VANDERLINDEN (J.), *Les systèmes juridiques africains*, Paris, PUF, 983, pp. 7-24. La justice consiste pour l'essentiel à préserver de la cohésion du groupe et de restauration de la concorde entre les membres. LE ROY (É.), *Les africains et l'institution de la Justice, entre mimétismes et métissages*, Paris, Dalloz, 2004, pp. 1-11, cités par Y. OYONO, op. cit., p. 26.

[18] Si le Code civil français s'applique dans la partie orientale du Cameroun dans sa version antérieure à 1960, tel n'est pas le cas du droit anglais qui s'applique dans la partie occidentale du pays avec ses réformes postérieures à 1960, plus précisément le « Matrimonial causes act » de 1987 et de 1989.

nouveau. Autrement dit, il s'agit de chercher comment on peut remédier à cette situation qui met le droit des successions à l'épreuve de la pluralité juridique et judiciaire en mettant en vigueur toutes les coutumes et les droits importés et, par conséquent, le faisant naviguer entre la tradition et la modernité.

Selon le Dictionnaire général des Sciences humaines, la tradition est « *l'ensemble de la culture et de la civilisation en tant que conservé et transmis par les moyens et les modes de socialisation dont dispose le groupe* »[19]. La tradition, qui communique aux vivants les solutions trouvées par les anciens à des problèmes fondamentaux, est le plus souvent opposée à l'innovation. Aussi, se rapporte-t-elle ici au système juridique en vigueur avant la colonisation. Une conception philosophique fait de la tradition un patrimoine, un trésor, en ce sens qu'elle n'est pas censée renfermer toutes les expériences du passé, mais seulement celles qui sont considérées comme les plus importantes, les plus instructives ou les plus précieuses[20].

La modernité, quant à elle, désigne, de manière essentiellement relative, une société dont la culture et la civilisation sont dominées par la connaissance et l'idéologie scientifiques, en rupture avec le système de pensée mythique des peuples primitifs traditionnels et qui subit des transformations aux niveaux sociopolitique et techno-économique.

Le trait dominant qui caractérise les sociétés modernes est essentiellement économique tandis que celui qui détermine les sociétés traditionnelles est beaucoup plus sociologique et moins économique[21].

La doctrine partagée, relevant les difficultés liées au fonctionnement de cette diversité juridique, avait déjà eu à analyser différemment l'attitude du législateur. Aussi, tandis qu'une première opinion considère ce mimétisme du législateur comme une complaisance, un aveu d'impuissance[22], une autre y voit un repli tactique et non une faiblesse[23].

L'intervention du législateur en droit de la famille, par l'institution de la famille nucléaire, et en droit foncier, par l'institution de l'immatriculation foncière comme unique moyen d'appropriation personnelle de la terre, a inévitablement eu des répercussions sur le système successoral. Malheureusement, empruntant à la fois aux règles du droit traditionnel et à celle du droit écrit moderne, en raison de l'absence d'un support législatif

---

[19] THINES (G) et LEMPEREUR (A) : *Dictionnaire général des Sciences humaines,* Éditions universitaires, Paris, 1975.
[20] TOWA (M) : « Tradition et révolution », *in ZEEN, Revue du club de Philosophie NKWAME NKRUMAH*, n° 2 et 3, avril- septembre 1989, p. 5 et s.
[21] MENDRAS (H) : « Éléments de Sociologie », Armand COLIN, 1975, p. 135.
[22] ELLA (Th) : Le règlement des successions en droit camerounais, Thèse, Paris II, 1994.
[23] YOUEGO (Chr) : Sources et évolution du droit des successions au Cameroun, Thèse, Paris II, 1994, p. 11.

national intégrant tout ce bloc, le droit des successions, tel qu'il est vécu au Cameroun, reste coincé entre la tradition et la modernité et semble éprouvé par cette pluralité. Une démarche s'impose afin de *« construire point par point, touche par touche le présent en préparant l'avenir »*[24]. Elle réside dans le balisage du chemin en y débarrassant tous les obstacles liés à la triple source anglaise, française et coutumière du droit des successions, permettant ainsi une harmonisation des sources et des procédures, même dans la diversité.

Le droit des successions, droit diversifié, épouse les conceptions opposées que les sociétés traditionnelles et modernes font de la famille et de la terre[25]. Il montre que dans les sociétés traditionnelles, la personne, évanescente et labile, est déterminée par sa fonction. C'est ainsi que les fonctions familiales et sociales déterminent les statuts des individus. Ce primat absolu de la fonction fait disparaître la distinction entre les personnes, sujets de droit, et les biens, objets de droit. Du fait de cette prépondérance des fonctions sociales sur les droits des personnes « *il n'y a pas une succession aux biens, mais plutôt aux fonctions, la première n'étant que subsidiaire.* »[26]

Par contre, le droit écrit, qui est l'instrument de la modernisation des sociétés, met **l'accent sur les droits fondamentaux de l'homme, la dignité et la valeur de la personne humaine, l'égalité des droits entre l'homme et la femme**[27], priorisant, de ce fait, les prérogatives des personnes par rapport à leurs fonctions sociales. Ainsi, étant doté de la personnalité juridique, « *l'individu est une personne... avec un droit aux droits invariables pour chacun et identique pour tous* »[28]. En conséquence, puisque la société moderne privilégie l'emprise de l'homme sur son environnement, la définition que donne le droit écrit au droit des successions, comme étant l'ensemble des règles qui organisent la transmission à cause de mort, la dévolution des biens du défunt à ses successeurs concourt à la priorisation de l'Homme.

Il ressort de ce qui précède que la conception traditionnelle des successions est différente de celle qui est admise par le droit écrit, puisqu'elle comprend, outre la transmission du patrimoine, consacrée par le Code civil, par exemple, la transmission des fonctions ayant été assumées par le de cujus.

---

[24] LE ROY (E) : « Droit et développement en Afrique Noire Francophone après dix ans d'indépendance politique », *Revue sénégalaise de droit*, 1971, n°9, p. 54 et s.

[25] ALLIOT (M) : « La coutume dans les droits originellement africains », Congrès de la Société Jean BODIN sur la Coutume, Bruxelles, 1er-6 octobre 1984, in Bulletin de liaison du Laboratoire d'Anthropologie juridique de Paris, 7-8 janv. 1985, p. 79-100 ; « Le droit des successions dans les États africains francophones », *R.J.P.I.C,* 1972, p. 845 et s.

[26] Ibidem.

[27] La Déclaration universelle des droits de l'homme, Charte des Nations Unies…

[28] ALLIOT (M) : *Laboratoire d'anthropologie juridique,* op. cit., p. 84.

Au Cameroun, comme dans toute l'Afrique Noire, la coexistence des deux conceptions de la société, et donc des successions, a été inévitable avec la colonisation. Sans revenir sur les origines de cette situation, les analyses actuelles seront axées sur les conséquences de cette coexistence au double plan juridique et judiciaire.

Dès lors, au plan juridique, il est question de faire ressortir l'embarras qu'engendre cette coexistence en ce qui concerne le droit des successions, surtout, lorsqu'il faut déterminer non seulement les règles de dévolution et de transmission, mais aussi celles qui régissent l'administration du patrimoine successoral en particulier, et familial, en général.

Il est vrai que, selon l'organisation des sources, en cas d'absence ou d'inefficacité de textes, la jurisprudence constitue une véritable source juridique chargée soit de corriger leurs défauts, soit de suppléer leurs carences. On remarque que la jurisprudence, malgré l'absence d'une législation, se montre de plus en plus favorable à la philosophie occidentale, et donc à la conception européenne de la société et des successions, vouant ainsi à la disparition la conception traditionnelle qui, en dépit de son sort, semble se maintenir tant bien que mal. En effet, les juges se prononcent moins sur la succession au commandement et aux fonctions lignagères, et ne se préoccupent que des personnes et des biens.

Par ailleurs, parce qu'elles reflètent l'état social, les successions constituent, dans toutes les sociétés, la branche du droit dont dépend le plus cet état social. Ainsi, tandis que les successions traditionnelles reflètent la société dans laquelle elles s'appliquent, les successions modernes, quant à elles, correspondent à l'état de la société occidentale. Mais, la tradition africaine n'ayant jamais été introduite dans la société occidentale, cette dernière ne subit pas les modifications dues à l'intrusion d'une culture étrangère occasionnant une fusion ou une pluralité difficile à gérer[29].

---

[29] L'introduction de la culture occidentale dans la sphère traditionnelle a un impact extrajuridique. Modifiant profondément l'ordre social traditionnel, l'ordre familial apparaît comme l'un des domaines touchés par ces transformations, notamment en ce qui concerne son étendue, les relations (personnels et patrimoniales) entre ses membres et le rôle que chacun est appelé à jouer en son sein.

Les transformations que les sociétés africaines originellement traditionnelles ont connues depuis leur invasion par les occidentaux ont déjà été expliquées et exposées tant par les anthropologues, les sociologues que par les économistes et même les juristes. Toutefois, elles peuvent et doivent encore susciter un intérêt tout particulier pour l'économiste et le juriste camerounais. Car leur cri d'alarme constant sur le sort du système successoral et son impact sur la société tout entière et sur l'économie du pays peuvent stimuler le législateur à doter le pays d'un support législatif en la matière. Autrement dit, des explications d'ordre économique, social et juridique y sont étroitement imbriquées.

Si on parle d'une exigence économique de la législation successorale, c'est parce que l'impératif de développement ne devrait plus admettre des entorses à la circulation des richesses, à l'appropriation et la gestion individuelle. C'est dans cette optique d'une économie

Tout en nous appuyant sur les travaux antérieurs réalisés sur le droit des successions au Cameroun depuis l'époque coloniale jusqu'à nos jours[30], nous nous attelons à présenter les deux tendances de la dévolution successorale selon la diversité des sources à savoir, la dévolution qui découle des dernières volontés du de cujus et celle qui est faite en leur absence dans les droits découlant des coutumes que sur les dévolutions testamentaire et ab intestat consacrées par le droit écrit.

Dans le souci de rapprocher la justice du justiciable et d'améliorer l'administration de la justice, une pluralité juridictionnelle est adaptée à la coexistence de multiples sources.

C'est dans cette optique que les juridictions de droit traditionnel sont maintenues dans l'ordre juridictionnel afin de donner davantage de satisfaction à ceux qui ne se reconnaîtraient pas dans le système juridictionnel moderne, avec en principe des procédures de type coutumier-traditionnel[31].

De cette réalité, il ressort que les juges camerounais interviennent impérativement face aux conflits successoraux dans lesquels les deux sources peuvent s'appliquer, et ce, depuis l'ouverture de la succession, jusqu'à la répartition des biens, en passant par les techniques de transmission successorale. Ils sont appelés à se prononcer sur la détermination des personnes devant bénéficier d'un héritage, parfois sur l'étendue de leurs droits et sur le partage des biens, au contraire, ils ne l'ont jamais été en ce qui concerne les techniques modernes de transmission. Étant entendu que les juges ne peuvent statuer *ultra petita*, ils n'ont donc jamais contraint les héritiers à s'y soumettre.

Qu'ainsi, une telle situation n'est pas favorable à la mise sur pied d'une jurisprudence de référence en matière successorale. Autrement dit, en l'absence de textes législatifs, le juge camerounais ne parvient pas à départager les coutumes dites traditionnelles et les droits importés sur les

---

de développement que les pays africains indépendants avaient placé leur politique économique en optant pour une économie de marché. De ce fait, au Cameroun, le droit successoral doit participer à l'édification de l'économie de marché. Cette édification devrait passer par la libre circulation des biens et leur rentabilité par les agents économiques au bénéfice de toute la société. Or, le plus souvent, la grande partie des biens en circulation provient des successions ou constitue des successions en puissance. À cet effet, leur sort mérite une organisation qui favorise leur dévolution et leur transmission afin d'en faire des moyens de production efficaces devant concourir au développement du pays.

[30] Certains de ces travaux avaient porté sur l'examen des sources et de leur évolution jusqu'au droit actuel (YOUEGO (Chr): op. cit.), d'autres avaient beaucoup plus fait ressortir les règles édictées par l'avant-projet du Code civil tout en présentant le droit positif actuel (ELLA [Th]: op. cit).

[31] NKOU MVONDO (P) : La Justice parallèle au Cameroun : la réponse des populations camerounaises à la crise de la Justice de l'État », in *Droit et Société*, Éditions juridiques associées, 2002/2, n°51-52, p. 370.

différentes questions successorales. Il en résulte, face à des obstacles socioculturels et juridiques, l'impossibilité du juge de sortir un droit prétorien en matière successorale, surtout lorsqu'il s'agit d'appliquer une règle originellement traditionnelle. Pour se faciliter la tâche, il se résout souvent à appliquer devant les juridictions de droit traditionnel des principes de droit moderne, rendant ainsi difficile la distinction entre les décisions émanant des juridictions de droit traditionnel de celles des juridictions de droit écrit[32].

Le premier objectif de cette étude est alors de systématiser cette jurisprudence.

Au demeurant, la jurisprudence parvient difficilement à remplir convenablement son rôle créateur de droit, ou à avoir une base juridique fixe et fiable pour dire le droit. Ainsi, peut-on constater que la réaction de la haute juridiction ne satisfait pas les attentes des populations, ce qui amène certains auteurs à qualifier ces solutions de tendances imprécises[33]. En effet, confrontées au choix entre les coutumes et les droits importés, les juridictions camerounaises ne cachent pas leur préférence pour les seconds, car les juges s'attèlent constamment à substituer le droit écrit reçu au droit coutumier vécu. Ainsi, même lorsqu'ils prétendent appliquer les règles coutumières, ils les dénaturent, car ils les veulent ou les rendent conformes au droit écrit, aux principes généraux du droit et à la constitution. Cette position chancelante du juge camerounais qui n'assure aucune issue favorable aux conflits successoraux que vivent de plus en plus les familles ne garantit pas non plus une sécurité juridique et économique aux héritiers directs et surtout au conjoint survivant. Or, les transformations intervenues au sein des sociétés traditionnelles ont fait des enfants et des veuves *les plus proches parents du de cujus*. Dès lors, ils entendent désormais se prévaloir de cette qualité pour revendiquer leurs droits successoraux face aux héritiers coutumiers s'accrochant tant bien que mal à la coutume pour résister à l'intrusion du droit importé. Ainsi, en dehors de la douleur qu'éprouvent les proches parents du de cujus du fait de sa disparition, ceux-ci doivent faire face à un autre front plus redoutable : l'acquisition des biens laissés par le de cujus. Or, actuellement, seul le juge paraît en mesure de départager les antagonistes face à cette coexistence conflictuelle du traditionnel et du moderne, qui est à l'origine de la ruine des familles. Le second objectif sera de relever l'impact des droits importés sur les règles coutumières.

Ces investigations devront être faites suivant une méthode. En effet, la méthode est au cœur de toute œuvre scientifique. La première voie, l'exégèse,

---

[32] Ibid.

[33] MELONE (S). : « Le droit des successions au Cameroun : étude de quelques points de jurisprudence (première approche) », *R.D.C.*, n°17-18, 1986 ; NDOKO (N. C.) : L'idée d'égalité successorale dans le droit des successions au Cameroun : dernières tendances jurisprudentielles, article inédit cité par YOUEGO (Chr) : op. cit., p. 19.

consistera en une analyse systématique du droit positif successoral. Cette méthode analytique ne saurait être suffisante pour une étude portant sur le pluralisme juridique. Car elle ne nous permettra pas de faire ressortir toutes les réalités sociales de la matière étudiée. Aussi, les critiques qui découleront de cette description du droit positif nécessiteront un recours important à l'anthropologie et à la sociologie. Par ailleurs, pour faire certaines suggestions au législateur, il nous paraît loisible de comparer la situation juridique de notre pays avec celle des pays qui, ayant également acquis une souveraineté politique et juridique, ont effectivement élaboré des lois réglementant non seulement le droit de la famille, mais également la dévolution successorale. Aux approches analytique, critique, sociologique, anthropologique et comparative, nous ajouterons de temps en temps nos connaissances personnelles résultant d'une longue observation des réalités de la société camerounaise[34].

En somme, on peut justifier la position du droit des successions camerounais à cheval entre la tradition et la modernité par la coexistence conflictuelle des droits coutumiers avec les droits importés, laquelle a engendré les conflits entre les héritiers coutumiers et les héritiers légaux. Les conséquences de ces conflits marquent spécifiquement les règles et techniques de dévolution et de transmission ainsi que l'administration des successions dans les sociétés camerounaises contemporaines.

Dès lors, le constat qui se dégage est que le pluralisme juridique et judiciaire en matière successorale influence aussi bien la dévolution et la transmission des successions que leur administration.

---

[34] Les multiples rencontres avec les notables Beti et les notaires ont été une source d'inspiration considérable. De plus, les décisions de justice citées dans ce travail ont été recherchées par nous-mêmes.

PREMIÈRE PARTIE :

LA TIMIDE MUTATION DES RÈGLES INHÉRENTES À LA DÉVOLUTION ET À LA TRANSMISSION DES SUCCESSIONS

La dévolution se définit comme le transfert des biens aux successibles, c'est-à-dire à ceux qui sont supposés hériter d'une personne après son décès. Ce transfert de propriété peut s'opérer soit, par la volonté du de cujus, soit encore en dehors de la volonté de ce dernier. C'est ainsi que l'on aura deux types de dévolution : la dévolution liée à la manifestation de la volonté du de cujus encore appelée dévolution testamentaire, et celle qui, en l'absence d'un testament, est entièrement réglementée par le législateur, c'est la dévolution ab intestat. Mais avant d'étudier ces deux modes de dévolution, il convient de présenter les règles qui commandent toute acquisition de propriété pour cause de mort.

Lorsqu'on entend parler de « dévolution » et de « transmission », on est tout de suite tenté de croire que ces deux termes veulent dire la même chose. En réalité, tel n'est pas le cas. En matière successorale, la dévolution désigne l'ensemble des mécanismes juridiques qui permettent de déterminer ceux qui sont reconnus habilités à recueillir une succession. Certains auteurs la définissent comme étant le «transfert de l'hérédité aux successibles »[35].

C'est lorsque les héritiers sont déjà connus que s'opère la transmission. Ce qui veut dire que la transmission est l'ensemble des mécanismes juridiques qui font passer les biens ou les attributs ayant appartenu au de cujus à ses héritiers. La compréhension de ces deux mécanismes aboutit au constat du chevauchement des règles relatives à la dévolution des successions (Titre 1) à l'ambivalence des règles de dévolution ab intestat (Titre 2).

[35]R GUILLIEN et G. MONTAGNIER : *Lexique des termes juridiques*, 10e édition, 1995 ; R. GUILLIEN, J. VINCENT, S. GUINCHARD et G. MONTAGNIER : *Lexique des termes juridiques*, 13e éd. 2001, p. 204.

TITRE I :

LE CHEVAUCHEMENT DES RÈGLES RELATIVES À LA DÉVOLUTION DES SUCCESSIONS

Aucun système juridique, fût-il plus favorable à la dévolution volontaire, ne peut éviter d'organiser un système successoral ab intestat, pour la simple raison que la mort peut surprendre quiconque avant qu'il n'ait arrêté ses dernières dispositions. Par ailleurs, en l'absence de dispositions gratuites, c'est la loi qui opère la dévolution des successions aux héritiers du de cujus.

La dévolution ab intestat est donc qualifiée par certains auteurs de testament tacite[36]. En effet, le législateur organise la dévolution d'après les affections présumées du de cujus. Dans la mise en œuvre de cet impératif, le législateur est voué à prendre des décisions de ses conceptions sur les données fondamentales du droit civil : la famille, la propriété[37], la liberté individuelle, la fonction sociale de l'héritage, etc.

Cette œuvre du législateur ne se vérifie que partiellement dans le système juridique camerounais. Comme dans tous les domaines qui intéressent le droit patrimonial de la famille, la dévolution ab intestat est caractérisée par le dualisme juridique. Ce dualisme juridique, qui apparaît comme le principe directeur de la détermination des successibles (Chapitre 2) a déjà montré ses limites. Cela est sans aucun doute tributaire de la difficile harmonisation des règles garantissant la protection des héritiers (Chapitre 1).

---

[36] CATALA DE ROTON (M C) : « Les successions entre époux », *Economica*, 1990, n°196, p. 168.

[37] ALFANDARI (E) : « Droit alimentaire et droit successoral », sur la fonction de la propriété comme « instrument de cohésion et de stabilité des familles » ; in *Mélanges SAVATIER*, p. 3 ; RAYNAUD (P) : *Droit civil. Les successions et les libéralités*, Sirey, 1983, p. 2.

CHAPITRE I :

LA DIFFICILE HARMONISATION DES RÈGLES GARANTISSANT LA PROTECTION DES HÉRITIERS

Qu'il s'agisse d'une succession régie par le droit écrit ou par la coutume, ou encore d'une succession testamentaire ou légale, il existe un certain nombre de paramètres sans lesquels on ne saurait parler d'acquisition de la propriété pour cause de mort. Aussi, tous les systèmes de dévolution exigent que les uns et les autres s'assurent que des conditions relatives à la personne de qui l'on hérite, et celles relatives aux personnes appelées à hériter sont normalement remplies. Plus précisément, il existe des exigences relatives, d'un côté, au défunt (Section I), et de l'autre côté à l'héritier (Section II).

Section I. la dévolution testamentaire : droit de principe de la manifestation du pouvoir de la volonté du de cujus

En général, les biens portent la marque physique ou affective de leur propriétaire. Aussi, leur transmission dans la famille permet-elle à chacun de croire qu'il survivra dans le souvenir de ceux qui les recueilleront. À cet effet, le testament apparaît comme une illusion de la survie de la personne en ce sens qu'il comporte ses dernières volontés. La définition du testament est donnée par l'art. 895 c. civ., aux termes duquel « le *testament est un acte juridique par lequel le testateur dispose, pour le temps où il ne sera plus, de tout ou partie de ses biens, et qu'il peut révoquer.* » Il s'agit donc d'un acte qui découle de la seule volonté du disposant. C'est un acte juridique unilatéral.

La dévolution testamentaire n'est que l'une des manifestations du pouvoir de la volonté. Aussi, en existe-t-il d'autres, à savoir la donation et les libéralités spéciales entre vifs. Toutefois, notre travail porte sur les conséquences des actes qu'une personne pose pour le moment où elle ne sera plus, et surtout, sur les actes et attitudes qui sont connus dans les deux systèmes coutumiers et moderne. À cet effet, l'analyse des mécanismes successoraux prévus par le droit écrit nous conduira nécessairement à l'examen des pratiques coutumières en la matière. C'est la raison pour laquelle notre analyse se limitera au testament en tant que manifestation du pouvoir de la volonté et traduction de l'idée de l'illusion d'immortalité qui anime le testateur.

Cette étude sera abordée autour de deux axes, à savoir d'une part, l'analyse de ce que le système juridique actuel du Cameroun fait de ce mode de dévolution et d'autre part, les atténuations que comporte ce pouvoir de la volonté

Paragraphe 1. Les manifestations du pouvoir de la volonté dans le système successoral camerounais

Il est dans la nature de l'homme de vouloir se transmettre. Se transmettre à ses descendants dans ses convictions, ses choix, les valeurs qu'on privilégie. Mais se transmettre également par ses biens, les objets qui l'accompagnent pendant son existence. Il y a là le désir de se survivre malgré tout après sa mort, par les autres. Cette illusion de survie se remarque dans toutes les sociétés. Elle se traduit par l'émission de ses dernières volontés sur la façon dont on souhaite que les objets transmis soient gérés ou utilisés. Seuls les procédés peuvent parfois différer. Et parce que ces dernières volontés doivent être respectées, elles s'imposent pratiquement à tous ceux à qui elles sont adressées, on dit alors qu'elles renferment un très grand pouvoir. Comme dans toutes les matières relevant du droit civil, la dualité juridique du système camerounais s'applique aux successions. Dès lors, le pouvoir de volonté ne se manifeste pas de la même façon dans le système traditionnel et dans celui qui a été institué par le Code civil. Tandis qu'on ne consacre pas un type particulier de testament en droit coutumier, en droit écrit, le formalisme juridique conduit à la préférence des formes moins formalistes.

A. L'absence d'un type particulier de testament en droit coutumier

Dans la société traditionnelle, le patrimoine est le plus souvent l'œuvre de tous les membres vivants et morts, qui doivent toujours œuvrer à le conserver et même à l'accroître. Il paraît donc normal que l'attribution de certains éléments de ce patrimoine à certaines personnes obéisse à certains critères. Ces critères sont le plus souvent l'apanage du titulaire des droits à céder. Dépendant ainsi de sa seule volonté, la définition que le Code civil donne au testament convient aisément à l'acte du disposant coutumier. En effet, le testament est l'acte unilatéral par lequel une personne exprime ses dernières volontés et dispose de ses biens pour le moment où elle ne sera plus ; car il s'agit aussi ici d'une manifestation de volonté destinée à produire des effets juridiques, mais qui n'obéit à aucune forme.

Parler du testament dans le système traditionnel revient à dire qui peut émettre ses dernières volontés et une fois émises, qu'elles peuvent être leurs conséquences dans la dévolution.

- **Les personnes pouvant émettre leurs dernières volontés**

La société traditionnelle est composée de classes stratifiées. Chaque personne connaît et respecte la classe dans laquelle elle se trouve. C'est en fonction de ces strates qu'on détermine les personnes qui peuvent valablement émettre leurs dernières volontés, et celles à qui elles s'imposent. Pour savoir qui peut émettre ses dernières volontés dans la société traditionnelle, nous partons du fait que cette société est composée de groupes, et que chaque groupe appartient à un lignage, et qu'enfin chaque lignage a un chef. Aussi, lorsqu'un chef de lignage sent que sa mort est proche, il peut arriver qu'il désigne lui-même son successeur et il communique le nom à ses collaborateurs et même à sa famille. L'on comprend que ce pouvoir appartient particulièrement aux personnes qui occupent certaines fonctions au sein de la communauté. Ce qui renforce l'idée selon laquelle, dans la société traditionnelle, la succession aux fonctions est plus importante que la succession aux biens. Par cette succession aux fonctions, l'héritier acquiert successivement et par ordre d'importance, les attributs de son prédécesseur, les biens du lignage et enfin les biens propres de son auteur.

Par le fait que ces dernières volontés ne sont consignées dans aucun écrit, le testament coutumier est oral. En plus, son contenu est toujours connu à l'avance par tous ceux qui sont appelés à l'exécuter au décès du testateur et, aussi, par ceux qui doivent en bénéficier. La force de cette désignation vient du fait qu'une fois que le chef a choisi une personne, en général il ne peut plus avoir de contestation de la part de qui que ce soit. Tout le monde respecte la volonté du chef.

Par ailleurs, lorsqu'une personne n'a aucune fonction au sein du lignage, elle peut procéder, de son vivant au partage de ses biens entre ses différents héritiers, en spécifiant s'il entend qu'ils en prennent immédiatement possession, ou encore qu'ils entreront en possession de ces biens après sa mort. Cette stipulation s'apparente soit à une donation-partage pour le premier cas, soit encore à un testament-partage[38] pour la seconde hypothèse. Ici encore, le contenu de ce testament oral est connu à l'avance par les différents bénéficiaires.

On remarque que, dans le système traditionnel, le souci n'est pas toujours de rendre ses dernières volontés confidentielles, ceci peut avoir le mérite d'éviter aux bénéficiaires de ces dispositions les surprises désagréables d'un testament moderne, car chacun des descendants du disposant connaît à l'avance sa situation.

---

[38] Sur les notions de donation-partage et de testament-partage, voir infra IIe partie sur les formes de partage successoral.

B. L'impact de l'évocation des dernières volontés dans le système traditionnel

Au Cameroun, l'influence des dernières volontés du de cujus varie selon la partie du pays dans laquelle l'on se trouve.

En effet, dans les parties où le pouvoir traditionnel fait concurrence à l'autorité publique (Nord, Ouest, Nord-ouest et Sud-Ouest), les dernières volontés d'un chef sont prépondérantes. Dans la majorité des cas, c'est l'aîné des garçons qui est toujours désigné. Mais, dans l'ouest du Cameroun, ce n'est pas toujours cet aîné. Le chef choisit, soit en fonction de ses affections présumées, soit encore en fonction du dynamisme des uns et des autres. Il choisira donc celui qu'il considère comme étant le plus intelligent et le plus apte à diriger la communauté. L'héritier succède ainsi aux pouvoirs sociaux et mystico-religieux de son père. C'est désormais à lui que toute la communauté rendra hommage. Il dirigera le culte des ancêtres. Bref, il devient le nouveau père de la communauté, quel que soit son rang social[39]. Ceci est valable pour les successions aux fonctions.

Dans la seconde hypothèse où le testateur n'occupe aucune fonction au sein du lignage, il est libre de léguer ses biens à sa progéniture à sa convenance. Nous avions déjà souligné qu'il peut le faire soit sous la forme d'un testament-partage, soit sous celle d'un testament-partage. Or, à notre connaissance, aucune règle de procédure n'a été édictée, ce qui peut donner lieu à beaucoup d'irrégularités.

Dans le reste du Cameroun (Centre, Sud, Est, Littoral), le principe est aussi celui du privilège de la primogéniture et de la masculinité en ce qui concerne la succession aux fonctions. Mais en cas d'absence ou d'indisponibilité de l'enfant de sexe masculin, soit le chef désigne un garçon de la famille la plus proche, soit encore, une fille sera désignée pour assumer les mêmes fonctions qu'aurait valablement assumées un homme.[40] Il faut cependant signaler que dans ces parties du pays, le pouvoir traditionnel ne revêt pas une aussi grande importance que dans les parties précitées. Aussi, les chefs traditionnels n'ont plus une grande mainmise sur les populations, car ils sont plutôt les collaborateurs de l'administration publique. Par conséquent, les pouvoirs de ces derniers sont en quelque sorte dilués. Et le plus souvent ici il y a davantage succession aux titres qu'aux fonctions.

La grande particularité de ce système traditionnel, dans son ensemble, est le manque d'un document dans lequel ces dernières volontés sont consignées.

---

[39] Même lorsque l'héritier choisi occupe de hautes fonctions administratives, il est obligé de les abandonner pour obéir aux instructions du « chef ».

[40] C'est le cas, dans la coutume Beti, avec la désignation de Mme ASSIGA ATANGANA Marie-Thérèse, fille de l'ancien Chef supérieur des EWONDO et BENE, Charles ATANGANA NTSAMA, en tant qu'héritière des titres de son feu père.

En plus, le rôle du notaire est totalement ignoré, les exécuteurs reçoivent des déclarations orales qu'ils auront l'obligation de répéter au moment opportun à tout le groupe.

Cette obéissance aveugle à la volonté du chef et cette absence de remise en cause rendent impossible une intervention du juge, car toutes les cérémonies relatives à l'exécution des dernières volontés du défunt chef sont menées par les membres survivants du lignage. Cette organisation est très différente de celle qui a été instituée par le Code civil.

Paragraphe 2. La préférence des testaments moins formalistes en droit écrit

Aux termes de l'art. 893 du C. civ. « on *ne pourra disposer de ses biens, à titre gratuit, que par donation entre vifs ou par testament* ». L'économie de ce texte laisse entrevoir deux variétés de libéralités prévues par la loi, à savoir, la donation et le testament[41].

Une différence fondamentale existe entre ces deux modes de transmission de la propriété. En ce qui concerne particulièrement la donation, elle opère une transmission du vivant des deux parties (le donateur et le donataire). Or notre analyse porte surtout sur les conséquences d'une attribution à cause de mort. Pour cette raison, nous ne parlerons en principe que du testament.

Des conversations menées avec les notaires, il ressort que le poids de la tradition influence le choix de la forme du testament. Ceux qui optent pour ce mode de dévolution ont généralement tendance à se soustraire des formalités légales requises pour sa validité. Dès lors, la vérification de ce constat nous conduit à examiner l'esprit dans lequel un testament doit être élaboré, quelle que soit la forme avant de vérifier sur quelle(s) forme(s) les Camerounais portent plus leur préférence.

Section II. La protection des héritiers contre le de cujus lui-même : l'ordre public successoral comme droit d'exception

Il existe deux façons d'assurer la transmission de son patrimoine après le décès : soit la loi l'organise, soit encore le propriétaire le fait lui-même. Mais, toute œuvre humaine n'étant pas parfaite, la loi assure des garde-fous à la possibilité qu'a une personne d'organiser elle-même sa succession pour le temps qu'elle ne sera plus. Ceci revient à dire que le droit de pouvoir disposer

---

[41] Pour la définition du testament, voir supra, p. 34. L'article 894 définit la donation comme « *un acte par lequel le donateur se dépouille actuellement et irrévocablement de la chose donnée, en faveur du donataire qui l'accepte* ».

de ses biens n'est pas absolu, car l'ordre public successoral en est une limite. Cet ordre public successoral est ignoré du droit traditionnel, car il est essentiellement législatif[42]. Aussi allons-nous le présenter d'une façon considérable en droit moderne.

Paragraphe 1 : L'inexistence d'un ordre public successoral en droit traditionnel

Dans la société traditionnelle, l'objectif du règlement successoral n'est pas le morcellement de l'héritage, car le patrimoine successoral se transmet de génération en génération. Aussi, l'ordre public successoral, prévu par la loi, ne saurait s'appliquer au système traditionnel. Deux causes semblent à l'origine de cette situation.

La première cause est la nécessité de la dévolution lignagère qui ignore la réserve, et la quotité disponible.

A. L'inexistence d'un ordre public successoral à cause de la dévolution lignagère

D'après le Code civil, tout propriétaire n'a une liberté de disposition que sur une partie de son patrimoine, car il est contraint de préserver l'autre part à ses héritiers. Il s'agit là de la quotité disponible et de la réserve héréditaire[43]. Cette division est par contre ignorée des coutumes camerounaises. Deux raisons paraissent, selon nous, justifier ceci. La dévolution coutumière, essentiellement lignagère, est basée sur un principe fondamental : assurer la continuité du lignage. Cet objectif nécessite l'observation de certaines conditions.

1. Le principe : nécessité d'assurer la continuité du lignage

Nous avons souligné plus haut que la conception de la dévolution coutumière est non pas le partage, le morcellement de l'héritage, mais plutôt le maintien du patrimoine unique dans le lignage. Ce maintien assure la cohésion des membres du lignage et sa transmission aux différentes générations successives. Cependant, cette situation s'apparente à l'indivision (forcée), car les biens que le de cujus a possédés appartiennent le plus souvent au lignage, en dehors des siens propres.

Dès lors, pour prétendre à la succession dans le système traditionnel, il faut nécessairement appartenir au lignage. En effet, à la mort d'un membre influent

---

[42] FLOUR (J) et AUBERT (J-L) : « L'acte juridique », n° 280, cité par GRIMALDI (M) : op. cit., n° 278, not 2., p. 255

[43] art. 913 c. civ. ; GRIMADI (M) : op. cit., n°s 279, pp. 257 et s. ; TERRE (F) et LEQUETTE (Y) : op. cit., n°619, p. 600

du lignage[44], il doit être nécessairement remplacé sans rupture, car la succession dans le système traditionnel est principalement une succession aux fonctions et subsidiairement une succession aux biens. L'héritier désigné sera un administrateur qui a l'obligation de subvenir aux besoins de la postérité du de cujus et de ses veuves[45].

Aussi pouvons-nous soutenir avec Émile LAMY que la règle de la continuité consiste à *« régler la dévolution des pouvoirs et des devoirs en soi indivisibles et impartageables intéressant les personnes et la terre qui les soutient, en fonction d'une filiation garantissant la continuité dans une unité des paternités(...) successivement exercées et qui continuent dans le monde des morts, continuité dans une unité de liaison vitale qui sera donc le fondement même du droit successoral bantou d'antan »*[46].

Cette idée de continuité permet au successeur de maintenir le même réseau de relations sociales, de s'identifier à celui qui est parti, tout en conservant tout de même sa propre personnalité. De ce fait, le souci de la continuité lignagère est subordonné à un certain nombre de conditions.

2. Les conditions nécessaires à la continuité

Celui qui prétend à la succession lignagère doit appartenir à ce groupe lignager. Et c'est un seul qui sera désigné. Mais il peut arriver que plusieurs personnes obtiennent cette qualité et que cela apporte du désordre. C'est pour cette raison que d'ores et déjà les coutumes posent des conditions liées à l'âge et au sexe.

a. La désignation d'un héritier unique

Tel est le principe dans la société traditionnelle africaine en général et Camerounaise en particulier. En effet, la propriété est familiale, le chef du groupe n'en est qu'un gardien et un administrateur en faveur du groupe. À sa mort, il n'y a pas uniquement la succession aux biens, mais aussi, et surtout, il s'agit de la transmission des fonctions qu'exerçait le chef du groupe (fonctions religieuses « cultes des ancêtres », économiques, politiques et sociales).

Aussi la priorité est-elle donnée à la succession aux fonctions. Il appartient au conseil du lignage de procéder à la désignation de l'héritier lorsque le de cujus ne l'a pas fait de son vivant. L'héritier choisi remplace le défunt dans

---

[44] Un membre influent est une personne qui a occupé des fonctions sociales, religieuses… dans le lignage.

[45] Nous parlons de veuves parce qu'en règle générale, en Afrique, le système polygamique est le plus répandu à côté de la monogamie qui a été importée, et qui de ce fait est une exception.

[46] LAMY (E) et LOKWA MWA BOUNA : « La dévolution successorale en République du Zaïre », *RJPIC*, 1972, n°4, p. 533, cité par OBLE (J) : p. 105

ses droits et devoirs. Il ne peut refuser la succession ni l'accepter sous bénéfice d'inventaire. Cependant, la règle de la désignation d'un héritier unique n'est pas absolue, elle connaît deux exceptions.

La première exception concerne la succession d'une personne qui n'avait aucune fonction sociale au sein du lignage[47].

La deuxième exception concerne la succession d'une femme[48]. Tout se passe comme si elle n'avait jamais rien acquis, seuls ses effets vestimentaires reviendront à ses filles ou à ses sœurs[49].

b. Les privilèges de masculinité et de primogéniture

Ces deux privilèges reconnaissent l'attribution de la succession exclusivement à l'enfant mâle le plus âgé.

- ***Le privilège de masculinité***

Il consiste à donner, dans une succession masculine, la primauté à l'élément masculin à l'exclusion complète de toute la population féminine. Autrement dit, en principe, une femme ne peut jamais être appelée à la succession d'un homme. La règle de la masculinité est une règle traditionnelle de pratique générale. Cette exclusion a deux explications.

Une première justification religieuse est liée à la pratique du culte des ancêtres. Ce culte doit se faire régulièrement. Or la « fille », une fois mariée, telle étant sa destinée, appartient désormais à un autre lignage d'où elle ne pourra pas assumer ce culte ; elle ne pourra donc le pratiquer ni dans son lignage d'origine ni dans son lignage par alliance au sein duquel elle demeure une étrangère dans une certaine mesure.

Une deuxième justification est temporelle. En effet, la tendance en matière successorale est de ne pas faire sortir le patrimoine du lignage, et donc de ne pas le morceler. Or, en faisant des *« femmes »* des héritières, on pourra occasionner cette sortie par le biais de leur mariage, surtout que la majorité des communautés traditionnelles camerounaises, à l'exception de la communauté musulmane, pratiquent le mariage exogamique, qui impose qu'une fille n'épouse qu'un homme d'un autre lignage sous peine d'inceste.

C'est donc pour éviter que la fille n'emporte les biens de son lignage d'origine dans celui de son époux qu'elle est exclue de la succession. Nous

---

[47] Toute sa progéniture peut donc prendre possession de ses biens, sans qu'il soit nécessaire que le conseil de lignage intervienne

[48] Il faut rappeler que la société traditionnelle camerounaise est essentiellement, à quelques exceptions près, patrilinéaire.

[49] Son titre de reine-mère, au cas où elle l'était, ne se transmettra pas à ses filles. Mais lorsqu'il faut désigner un héritier, le choix ne se fait pas au hasard, car deux règles conditionnent ce choix, à savoir la règle de la masculinité et celle de la primogéniture.

devons quand même relever que certaines coutumes passent déjà outre cette considération pour faire accéder une fille à la succession aux fonctions de son père[50]. Cette attribution permettra d'éviter que les fonctions en question ne passent à une autre famille, car la succession est en principe verticale, la succession horizontale n'étant qu'une exception, au cas où le chef meurt sans postérité. Il y aura également attribution de la succession à la fille lorsque le de cujus n'avait aucune fonction au sein du lignage. C'est une position que la Cour suprême camerounaise avait déjà prise dans une espèce[51].

À ce privilège de masculinité, s'ajoute celui de la primogéniture. En effet, ces deux principes se complètent dans le but recherché par la dévolution traditionnelle.

- ***Le principe de la primogéniture***

Deux idées commandent la primogéniture, une idée d'ordre moral et une idée d'ordre matériel. L'idée d'ordre moral veut que l'aîné dirige ses jeunes frères et sœurs, leur donne des conseils et les réprimande en cas de nécessité ; l'aîné devient en réalité le « *pater familias* ». Selon la seconde idée, le contrôle du patrimoine successoral est confié à l'aîné.

À ces privilèges correspondent des charges. En effet, il appartient à l'aîné de former ses frères, de pourvoir à leur éducation, de les situer en mariant ceux qui en éprouvent le besoin.

Certaines raisons justifient les privilèges de l'aîné. Elles sont d'ordre religieux, intellectuel, moral, politique et enfin économique. Sur le plan religieux, il est de notoriété pour le Noir africain, que seul un aîné doit et peut assumer la continuité du culte des ancêtres.

Par la signification intellectuelle, le plus âgé a la présomption de la détention du savoir : savoir agricole par la maîtrise des périodes favorables et défavorables aux cultures, à la chasse ou à la pêche, savoir médical par la connaissance des plantes pouvant guérir des maladies… Cependant, il est appelé à transmettre ce savoir à ses cadets à temps pour éviter que tout le lignage perde l'apanage de la guérison de certaines maladies, car selon l'esprit de certains « *donner toute sa science à quelqu'un c'est se condamner à mourir ; et comme personne ne veut mourir, c'est seulement au seuil de la mort que les anciens livrent les derniers secrets, ceux dont la possession confère à l'homme le maximum de puissance* »[52].

---

[50] Voir supra

[51] MELONE (S) : « Le droit successoral, étude de quelques points de jurisprudence (1re approche) », *R.C.D.*, n° 17-18, pp. 55-74.

[52] WONDJI (Chr) : « L'histoire dans les formations sociales lignagères et les problèmes de la recherche en tradition orale- l'exemple de la Côte d'Ivoire forestière », p. 7, Cité par OBLE (J) : op. cit., n°170, p. 113.

Cette détention des potentialités par les anciens oblige les jeunes à se soumettre à leurs directives, ce qui explique la troisième raison d'ordre politique.

L'âge joue donc un rôle très important dans la société traditionnelle, car ce n'est qu'à partir d'un certain âge que certaines capacités s'acquièrent, et nous soutenons à cet effet Amadou HAMPÂTÉ BÂ pour qui *« un vieillard qui meurt est une bibliothèque qui brûle »*[53].

S'agissant enfin de la justification économique, c'est dans le souci d'éviter les inconvénients du morcellement de l'héritage que l'on en confiera la totalité à un seul héritier, le plus âgé en principe.

Cependant, le droit d'aînesse n'est pas un droit absolu. En principe, le plus âgé des héritiers exclut totalement ou partiellement les autres membres du lignage de la succession. En effet, l'attribution de la totalité de la succession à l'aîné est la forme la plus fréquente dans les sociétés traditionnelles camerounaises, surtout chez les Beti (tout le grand Centre-Sud-Est). Le privilège consiste à donner tous les attributs de nouveau chef à l'aîné des héritiers (au Littoral-Sud, Nord-Ouest, Ouest et Nord).

Le principe de la primogéniture a pour but l'éclat du lignage, certaines qualités seront alors exigées de l'aîné. Il devra être honnête, généreux, bon gestionnaire, avoir un esprit de conciliation et jouir d'une bonne santé. Si ces qualités ne sont pas réunies en lui, un autre des frères sera appelé à recevoir la succession.

En effet, dans la plupart des cas l'aîné est purement et simplement écarté au profit d'un de ses cadets, et ce sera surtout celui qui vient après lui. Il en sera ainsi lorsqu'il est inapte à diriger le lignage pour cause de maladie, et surtout si cette maladie entraîne son infirmité totale ou partielle, lui altérant les facultés mentales.

Ce sera également le cas lorsque l'aîné des garçons manifeste une moralité douteuse. Ce sera le cas lorsqu'il sera malhonnête, belliqueux, incapable de gérer les biens communs et sera plus enclin à rechercher son profit personnel au détriment de l'intérêt de la communauté.

En fin de compte, le principe de la continuité du lignage a un but précis. Car les privilèges de primogéniture et de masculinité concourent à confier l'héritage à une personne capable d'une bonne gestion. Il s'agit là d'une exigence fondamentale, dans la mesure où les biens traditionnels servent à nouer des relations sociales, à élargir le lignage, car le chef a aussi le devoir de marier les célibataires.

---

[53] OBLE (J) : op. cit., n° 171, p. 114.

Les règles de dévolution énoncées par le système traditionnel reflètent la conception africaine de la parenté, laquelle se caractérise par une forte cohésion malgré les éléments disparates qui la composent. Et le système de lignage respecte et renforce même la cohésion par l'établissement d'un héritier unique. Cette conception traditionnelle ignore alors les idées de réserve, de quotité disponible et de la force de la volonté.

B. L'ignorance de la réserve et de la quotité disponible

Lorsque le de cujus n'avait pas de fonction au sein du lignage, les biens dont il avait possession sont des biens propres, ils peuvent donc passer à ses héritiers. Cependant, aucune coutume n'a prévu que le de cujus avait la latitude de ne disposer à sa guise que d'une partie de son patrimoine, la disposition de l'autre partie lui étant formellement proscrite. Tous ces biens sont, en principe, confiés à un héritier unique, administrateur, qui a le devoir de les gérer pour le compte de la communauté ; c'est lui qui est censé continuer la personne du défunt.

Cet état de choses se comprend mieux dans le cas où le de cujus assumait des charges au sein du lignage. En effet, les biens dont le de cujus avait la possession appartiennent au lignage, même si certains lui étaient propres.

Or, nous avons déjà souligné que les biens lignagers ne peuvent être confiés qu'à celui qui remplace le de cujus dans ses fonctions, et, en principe, l'héritier choisi acquiert également l'administration du patrimoine personnel du de cujus. Bref, il représente toute la communauté.

En somme, le système traditionnel ignore jusqu'à nos jours les notions de quotité disponible et de réserve, pourtant prisées par le système moderne. Cette situation a pour conséquence immédiate la méconnaissance de la force des dernières volontés du de cujus. En matière coutumière, le patrimoine étant un tout indivisible. Un patrimoine fondé par une seule personne ne saurait connaître deux traitements distincts.

Dans le lignage, c'est l'intérêt du groupe qui prévaut. En effet, le de cujus peut avoir désigné celui de ses enfants en qui il a le plus confiance, en passant outre, par exemple les privilèges de primogéniture et de masculinité. Si cette désignation est de nature à troubler la paix sociale, le choix du de cujus ne saurait être retenu.

Il en sera ainsi lorsque, par exemple, l'aîné ne présente pas les qualités requises pour assumer une telle fonction. Nous pouvons donc conclure que la volonté n'a pas la même incidence sur les opérations successorales dans les deux systèmes. Car si le testament est considéré comme un mode de règlement successoral, tel n'est pas le cas dans le système traditionnel.

Paragraphe 2. Le droit moderne et l'ordre public successoral

Une disposition d'ordre public est celle à laquelle les parties (sujets de droit) ne peuvent pas déroger. L'ordre public est donc un caractère des règles juridiques qui s'imposent pour des raisons de moralité ou de sécurité impératives dans les rapports sociaux.

En matière successorale, la liberté d'amender la dévolution légale n'est pas absolue. Aussi, connaît-elle effectivement trois limites. On peut dès lors citer la réserve héréditaire, l'interdiction des substitutions fidéicommissaires et enfin l'interdiction des pactes sur succession future. L'examen de ces bornes nous conduit d'abord à présenter chacune d'elles (A) avant de porter un regard critique sur l'application effective de cet ordre public successoral (B).

A. La présentation de l'ordre public successoral selon le Code civil

Le législateur n'a pas laissé au disposant la possibilité de substituer en toute liberté une dévolution volontaire à la dévolution légale. L'héritage s'ordonnant autour de la mort, il a voulu éviter qu'une volonté ne favorise le souhait de la mort ; et parce que l'héritage concerne la famille, il n'a pas voulu que celui-ci souffre d'une excessive liberté des disposants.

Ce constat nous conduit à apprécier d'un côté les mécanismes que la loi interdit au disposant soit pour restreindre les modalités d'exercice du droit de disposer, soit encore pour éviter qu'il soit disposé d'une succession non ouverte autrement que par le testament. Il s'agit plus précisément de l'interdiction des substitutions de fidéicommissaires et de la prohibition des pactes sur successions futures. Nous examinerons de l'autre côté le mécanisme qui enferme le droit de disposer à titre gratuit dans une limite quantitative.

1. L'interdiction des substitutions fidéicommissaires

C'est une manœuvre dont il nécessite de donner en premier lieu la définition (a) avant d'en présenter l'objet (b) et la sanction qui peut en découler (c).

a. La substitution fidéicommissaire

La substitution fidéicommissaire est une clause insérée dans une libéralité par laquelle « *le disposant charge la personne gratifiée de conserver toute sa vie les biens à elle donnés ou légués en vue de les transmettre à son décès à une autre personne désignée par le disposant lui-même »*[54]. Le premier bénéficiaire est dit *grevé de substitution,* et celui à qui le bien légué ou donné devra être transmis en second est dit *appelé de substitution.*

Ici, la deuxième personne est constituée non pas à défaut de la première, mais après elle. Aussi, y a-t-il deux libéralités qui doivent bénéficier successivement au grevé de substitution d'abord, et à l'appelé de substitution ensuite, au lieu qu'il y ait normalement une seule libéralité. Le disposant qui agit ainsi entend s'assurer du sort de son patrimoine à travers plusieurs générations. Et cela peut l'apaiser de l'angoisse de la mort en lui donnant un sentiment d'immortalité. En plus, cette disposition apparaît comme un moyen de conservation du patrimoine familial, et même aussi de renforcement des droits d'aînesse, surtout lorsque les grevés et les appelés successifs sont toujours les aînés de chaque génération. Mais, cette façon de procéder est en principe prohibée par la loi et le motif de cette interdiction apparaît à travers l'objet de la substitution.

b. L'objet de la substitution

La définition de la substitution fidéicommissaire fait ressortir trois éléments, à savoir :

- l'existence de deux libéralités successives consenties par le disposant. La deuxième ne doit être exécutée qu'après que la première aura épuisé ses effets.
- la charge pour le premier gratifié de conserver et de transmettre les biens reçus. Cette charge de conserver interdit au grevé d'en disposer entre vifs, alors que la charge de rendre à un tiers lui interdit de les transmettre à cause de mort. Il s'agit d'une double obligation de ne pas faire, les deux charges lui étant négatives. Concrètement, le grevé ne peut ni vendre, ni donner, ni même léguer à un tiers les biens qu'il aura reçus du gratifié dans ces conditions.
- le report de l'exécution de la seconde libéralité au décès du premier gratifié. En réalité, les effets de la libéralité adressée à l'appelé ne se produiront qu'au décès du grevé, encore faut-il qu'il survive. La transmission suit alors un ordre successif.

Dès lors, il suffit qu'un seul de ces trois éléments fasse défaut, la libéralité faite sera sauvée, car elle sera valable. Par contre, s'ils sont tous réunis, la libéralité sera sanctionnée.

---

[54] *Vocabulaire juridique*, publié par l'association Henri CAPITANT, sous la direction du Doyen CORNU (G), V. Substitution ; *Lexique des termes juridiques*, 10e édition Dalloz. ; voir art. 896 al. 2 c. civ.

c. La sanction résultant de la substitution

Une substitution qui réunit les trois éléments cités ci-dessus est nulle. Ces substitutions sont prohibées par l'art. 896 al. 1 C. civ. La loi sanctionne l'obligation faite au gratifié de conserver les biens au profit d'une autre personne pour qui le grevé n'est qu'un administrateur. Dès lors, toutes ces dispositions tombent, aussi bien la première libéralité faite au grevé que la seconde faite à l'appelé. Cette clause illicite est simplement réputée non écrite, la nullité est donc intégrale. Elle peut être demandée par toute personne. Mais le plus souvent, c'est le disposant lui-même, ou, s'il est décédé, ses successeurs, qui agissent. Car ni le grevé ni l'appelé n'a aucun intérêt à faire annuler la libéralité. Toutefois, si l'un ou l'autre est par ailleurs héritier, il peut trouver en cette seconde qualité un intérêt à la nullité. En effet, il va récupérer comme héritier ce qu'il perd comme gratifié, et libre de toute charge s'il est grevé, ou immédiatement s'il est appelé. Le droit de demander la nullité ici se prescrit par 30 ans.

La raison de la prohibition des substitutions fidéicommissaires est d'interdire à tout individu de régler le sort de ses biens pour des générations successives. Ce qui s'apparente à une disposition faite sur une succession non encore ouverte, donc future.

2. La prohibition des pactes sur succession future

Il est interdit de faire une stipulation sur la succession d'une personne qui est encore vivante. Autrement dit, tout pacte portant sur une succession non encore ouverte est nul. Cette interdiction apparaît au moins dans trois domaines différents selon les articles 791, 1130 et 1600 C. civ.

Aussi, aux termes de l'art .791 C. civ., « *on ne peut, même par contrat de mariage, renoncer à la succession d'un homme vivant, ni aliéner les droits éventuels qu'on peut avoir de cette succession* ».

Selon l'art. 1130 al. 2 C. civ., « *on ne peut cependant renoncer à une succession non ouverte ni faire aucune stipulation sur une pareille succession, même avec le consentement de celui de la succession duquel il s'agit* ».

Enfin, l'art. 1600 du même Code interdit de « *vendre la succession d'une personne vivante même de son consentement.* »

L'économie de ces trois textes appelle l'examen successif de deux points, à savoir la détermination de l'objet du pacte (a) et la sanction qui frappe une telle stipulation (b).

a. L'objet du pacte prohibé

Les trois textes ci-dessus cités interdisent toutes les stipulations qui ont pour objet d'attribuer un droit privatif sur tout ou partie d'une succession non encore ouverte[55]. Cette stipulation peut être soit une vente, soit une renonciation. Cette interdiction frappe aussi bien une convention qu'un acte unilatéral, un acte à titre gratuit qu'un acte à titre onéreux (vente de la succession d'une personne vivante), ainsi que toute la succession qu'un bien détermine. Et le pacte sera prohibé aussi bien quand c'est l'héritier présomptif qui en est l'auteur que quand c'est le de cujus qui l'a initié. À cet effet, il est prohibé à un héritier à disposer de ses droits dans une succession future. Il en sera ainsi lorsqu'il renoncera à une succession non encore ouverte, ou aliénera tous ses droits successoraux ou seulement certains d'entre eux.

Peu importe la nature de la succession, qu'elle soit légale ou testamentaire. Et s'agissant de la succession testamentaire, l'interdiction porte sur des dispositions irrévocables que peut faire le testateur de son vivant. Or l'on sait que le testament est essentiellement modifiable jusqu'au dernier jour. Une disposition faite dans l'inobservation de cette interdiction est vouée à la nullité.

b. La sanction des pactes sur succession future

Tout pacte fait sur une succession non encore ouverte est sanctionné par une nullité absolue.

Cette sanction, apparemment sévère, a pour fondement principal d'éviter que le bénéficiaire du droit ne provoque la mort du disposant. Finalement, elle a pour but de dissuader l'immoralité, car les pactes sur succession future sont des conventions passées en contemplation du décès du propriétaire des droits à céder, et leur exécution est ajournée à la date du décès, date à laquelle l'ayant-cause accède à la propriété. Parfois aussi, leur existence et l'acquisition de leur propriété par les ayants cause sont subordonnées à la condition que ce dernier survive à son auteur. À côté du souci de prévenir l'immoralité, la sanction des pactes sur succession future assure une protection contre un acte irréfléchi et lésionnaire, et la sauvegarde de la liberté de tester. Mais alors, si la prohibition des substitutions fidéicommissaires empêche que l'on ne décide du sort de son patrimoine sur des générations successives, et que l'interdiction des pactes sur succession future évite des stipulations sur des successions non ouvertes, il existe un troisième mécanisme qui lui limite quantitativement le droit de disposer. Il s'agit de la réserve héréditaire.

3. La réserve héréditaire

Parmi tous les mécanismes légaux qui limitent le pouvoir de la volonté, la réserve héréditaire est celle qui enferme le droit de disposer à titre gratuit dans une limite quantitative. Selon cette limite, l'on ne peut pas toujours donner ou

---

[55] Civ. 11 juin 1933, D.p., 1933, 1, 10 ; note CAPITANT, Code civil, LITEC, 1995-1996, par André LUCAS.

léguer tous ses biens. La loi impose que l'on préserve une portion qui revienne d'office à certains parents. L'importance de cette composante de l'ordre public successoral nous conduit à la définir d'abord (a) avant d'en présenter les bénéficiaires (b), le taux (c), et la sanction au cas où elle est entamée.

a. Qu'est-ce que la réserve héréditaire ?

La réserve héréditaire se définit comme la portion des biens dont une personne ne peut disposer à titre gratuit ,et qui se trouve réservée à ses héritiers, que l'on dit alors réservataires.

Il s'agit là d'une manifestation de l'ordre public, puisqu'elle limite la faculté de disposer d'une personne jouissant d'une entière capacité. Elle permet d'éviter l'exhérédation partielle ou totale des héritiers au cas où les bénéficiaires des libéralités ne seraient pas des membres de la famille. En plus, elle préserve l'égalité entre les héritiers lorsque seuls certains d'entre eux sont gratifiés[56].

b. Quels sont les bénéficiaires de la réserve ?

Seuls les parents proches bénéficient de la réserve. Ce qui nous amène à répondre à deux questions, à savoir, qui sont ces parents proches ? Et dans quelles conditions bénéficient-ils concrètement de cette réserve ?

i. Qui sont les parents proches réservataires ?

Il est d'abord important de savoir que la réserve n'est exigée que dans la mesure où la personne a des réservataires. Autrement dit, elle est libre de disposer de ses biens comme cela lui plaît au cas où elle n'aurait pas d'héritiers réservataires. Aussi, sont réservataires des parents directs et en ligne verticale. Il s'agit alors, d'un côté des descendants et de l'autre côté des ascendants.

S'agissant des ascendants, l'art. 914 C. civ. constitue comme réservataires aussi bien les ascendants de la ligne paternelle que ceux de la ligne maternelle. Cependant, ils ne bénéficient de la réserve qu'à défaut des descendants. Il s'agit aussi bien des ascendants privilégiés (le père et la mère) que des ascendants ordinaires (les grands-parents et arrière-grands-parents), avec la nuance que les ascendants ordinaires ne pourront bénéficier de la réserve que si les collatéraux privilégiés (les frères et sœurs du de cujus) renoncent.

---

[56] À cet effet, on lui reconnaît une fonction familiale et individuelle. Par la fonction familiale, la réserve évite la sortie définitive des biens du patrimoine et le dépouillement de la famille proche au seul profit des étrangers. Par la fonction individuelle, la réserve établit un équilibre, une égalité minimale entre les réservataires, car elle limite le seuil au-delà duquel un héritier ne peut être gratifié. Par cette fonction, elle assure la cohésion de la famille en ce qu'elle assure l'union des intérêts qui fortifie l'union des personnes. Ainsi, existe-t-il des personnes que le législateur a entendu protéger en instituant cette limite.

Quant aux descendants, l'art. 913 C. civ. désignent aussi bien les enfants que les petits-fils et arrière-petits-fils du de cujus, même venant par représentation de l'un des enfants du de cujus.

On comprend donc que le Code civil a ainsi exclu un certain nombre de successibles des rangs des réservataires tels que les collatéraux, qu'ils soient privilégiés ou ordinaires, et le conjoint survivant. Il est vrai que s'agissant de l'attribution de la réserve au conjoint survivant, les avis des auteurs français restent encore partagés[57]. Ce qui signifie qu'au niveau du Cameroun, les problèmes du conjoint survivant (la veuve surtout) concernent encore la reconnaissance de ses droits découlant par exemple de la liquidation du régime matrimonial ayant régi le patrimoine conjugal[58]. Sans attendre la solution française, nous espérons que le futur législateur camerounais se penchera sur ce problème pour attribuer au conjoint survivant des droits proportionnels au rôle qu'il aurait joué auprès du de cujus, et ce sans discrimination de sexe[59].

S'agissant par contre des collatéraux, leur exclusion résout normalement des difficultés auxquelles sont confrontées les successions dans notre société. Normalement, descendant d'un même auteur, ils sont supposés avoir eu des droits égaux avec le de cujus, et par conséquent, ils ne doivent prétendre à rien dans la succession de leur frère ou sœur en tant que réservataires. Or, nous assistons fréquemment à des situations dans lesquelles les collatéraux écartent purement et simplement les descendants au nom de la coutume. Une fois de plus, en observant les deux systèmes coutumier et moderne, le législateur camerounais devrait redéfinir la place de chaque membre au sein de la famille en ce qui concerne les droits des uns et des autres dans les règlements successoraux.

Si la loi attribue la qualité de réservataire à certaines personnes, celles-ci doivent remplir certaines conditions pour en bénéficier réellement.

ii. Les conditions du bénéfice de la réserve

Pour bénéficier de la réserve, il faut tout d'abord appartenir à l'une des classes descendante ou ascendante. En plus, il faut être appelé comme héritier au degré successible et accepter cette succession.

À cet effet, seuls ceux des parents qui viennent effectivement à la succession devront bénéficier de leur part de réserve. Celui qui renonce à la

[57] GRIMALDI (M) : op. cit., n°s 175 et s., pp. 165 et s., n°s 292 et 293, pp. 269 à 271.

[58] Voir infra, 2e partie, titre I, sous-titre I et chapitre I sur la pratique actuelle des régimes matrimoniaux.

[59] La veuve et le veuf n'ont jamais été traités de la même façon. Voir infra Sous-titre II, Chapitre I

succession[60] ne peut pas se prévaloir de ses droits à la réserve, et ne saurait la réclamer.

Tout comme celui qui a renoncé à la succession, l'indigne est frappé de la même interdiction de réclamer la réserve. Il est en effet un réservataire dit non appelé.

La réserve ne couvre pas tout le patrimoine de la personne. Aussi est-elle limitée à des taux qui varient en fonction de ceux qui en bénéficient et de leur nombre.

c. Le taux de la réserve

La réserve héréditaire n'a pas un taux fixe. En plus, elle ne porte que sur une partie du patrimoine du disposant. Une autre portion, appelée *quotité disponible*, est celle dont une personne peut disposer librement par donation ou par testament en présence d'héritiers réservataires.

Une interprétation jurisprudentielle de l'art. 913 C. civ. a conduit à la conclusion selon laquelle « *la réserve n'est autre chose que la succession elle-même diminuée de la quotité disponible* » [61] si le de cujus en a disposé. Autrement dit, lorsqu'il n'a disposé ni par testament ni par donation, sa dévolution s'opère *ab intestat*.

Tout ceci nous amène à préciser que le législateur a considéré l'ensemble des biens pour fixer la réserve à une quote-part seulement. Dès lors, le taux de la quotité disponible et partant celui de la réserve varie en fonction de trois paramètres qui sont : la qualité des héritiers réservataires (descendants et ascendants), leur nombre et la qualité de gratifié (conjoint survivant ou autre).

L'examen de ces paramètres conduit à envisager pour chaque qualité de réservataire la réserve globale (i), et la part de réserve individuelle (11).

i. La réserve des descendants

Cette réserve est d'abord déterminée dans son ensemble avant qu'on ne calcule ce que reçoit effectivement chaque réservataire.

➢ ***La réserve globale des descendants*** :

Aux termes de l'art. 913 C. civ., « *les libéralités, soit par acte entre vifs, soit par testament, ne pourront excéder la moitié des biens du disposant, s'il ne laisse à son décès qu'un enfant légitime ; le tiers, s'il laisse deux enfants ; le quart s'il laisse trois ou un plus grand nombre* ».

---

[60] Voir infra : Titre II, Chapitre II sur l'option successorale.

[61] Cf. Ch. réunies 27 nov. 1863, Arrêt LAVIALLE, S. 1863, I, 513, Rapport HELIE (F), Conclusion Proc. Gen. DUPIN ; D. P. 1864, I, 15, notes BRESILLON ; G. A., n° 262.

Corrélativement, la réserve est fixée à la moitié des biens du disposant s'il ne laisse qu'un enfant légitime, au deux tiers lorsqu'il en laisse deux, et aux trois quarts s'il en laisse trois ou plusieurs.

La loi attache une importance au nombre d'enfants et non au nombre de descendants appelés à la succession. La raison en est que le terme descendant englobe aussi bien les enfants que les petits-enfants et arrière-petits-enfants qui peuvent venir soit de leur propre chef, soit encore par représentation de l'un des enfants du de cujus prédécédé. Et l'art. 913 lève une équivoque en précisant en son alinéa 3 que les descendants autres que les enfants du de cujus ne pourront compter que pour l'enfant qu'ils représentent, quel que soit leur nombre.

Nous pouvons illustrer nos propos par les exemples suivants : lorsque l'héritier, unique réservataire, prédécède en laissant trois enfants, la réserve sera de la moitié et non des trois quarts, car, ils ne recueillent que la part de réserve de leur auteur qu'ils représentent. Si, par contre, le de cujus avait deux enfants, dont l'un est prédécédé en laissant trois enfants, ce qui fait en tout un enfant et trois petits-enfants, la réserve sera des deux tiers et non des trois quarts.

Il y a, cependant, une remarque à faire en ce qui concerne les enfants naturels. L'enfant naturel[62] jouit, sur le plan personnel, des mêmes droits que l'enfant légitime (entretien, éducation…)[63]. Sur le plan patrimonial, il est également réservataire, mais ne bénéficie en réalité que d'une quotité de ce qu'il aurait eu s'il avait été légitime. Plus concrètement, l'art. 913, al. 2 lui réserve la moitié de ce que reçoit un enfant légitime. Il ne bénéficie de la totalité de la réserve que lorsque le de cujus ne laisse personne d'autre, car, en présence d'ascendants, de collatéraux ou de descendants légitimes de ces collatéraux, il ne pourra obtenir que les trois quarts de la totalité.

Il faut quand même noter que le législateur camerounais a dans l'ordonnance du 29 juin 1981, élargi le cercle des enfants naturels dont la filiation peut être établie. C'est ainsi que les relations patrimoniales ci-dessus déterminées profiteront non seulement aux enfants naturels simples, mais également à tous les enfants naturels lorsque le lien a été établi. Il en sera ainsi de l'enfant adultérin *a patre*, pour qui le problème de reconnaissance ne se pose pas, de l'enfant adultérin *a matre*, lorsqu'il a été désavoué par son père légal et reconnu par son père biologique. Des doutes existent encore sur la position du législateur camerounais en ce qui concerne l'enfant incestueux[64].

---

62 L'enfant naturel dont il s'agit est celui dont la filiation a été établie.

63 DE JUGLART (M) : cours de droit civil. Tome 1, 1er volume, Introduction – Personnes – famille, 4e édition, pp. 214 et 224.

64 ANOUKAHA (F) : « La filiation naturelle au Cameroun après l'ordonnance n°81-02 du 29 juin 1981 », *R.C.D.*, n° 30, 1985, pp. 34 et s.

Une fois la réserve déterminée dans son ensemble, il faut maintenant savoir à quoi cela correspond par tête.

Ce que reçoit chaque réservataire :

En interprétant l'art. 913 c. civ., aucun problème de répartition ne se pose lorsqu'il y a un seul réservataire. Mais en cas de pluralité de réservataires, la réserve globale est répartie entre eux. Et cette répartition, soustraite de la volonté de leur auteur, obéit aux règles de la dévolution *ab intestat.* Cette répartition de la réserve se comprendrait mieux à travers quelques exemples.

- Si le de cujus laisse deux enfants Pierre et Paul, la réserve globale est de deux tiers, la réserve individuelle est donc d'un tiers pour Pierre et d'un tiers pour Paul.

- Si, par contre, il laisse deux fils, Pierre et Paul, et deux petits-fils, issus de Jean prédécédé, la réserve globale est de trois quarts (3/4), et s'agissant de la réserve individuelle, Pierre et Paul auront un quart (1/4) et les deux petits-fils, neveux de Pierre et Paul, auront chacun un huitième (1/8) de la réserve.

- Si le de cujus ne laisse que quatre petits-fils issus de son fils unique prédécédé, la réserve globale sera de la moitié, et chacun recevra un huitième (1/8) de la réserve.

Les exemples ci-dessus sont valables pour les descendants légitimes. L'enfant naturel ne peut prétendre qu'à la moitié de ce qu'il aurait s'il avait été légitime. Plus concrètement, si le de cujus laisse deux enfants parmi lesquels un est naturel et l'autre légitime, la réserve globale sera de deux tiers, et si la réserve individuelle est d'un tiers (1/3) pour l'enfant légitime, elle sera d'un tiers divisé par deux pour l'enfant naturel.

En définitive, la qualité de la filiation influe non sur le montant de la réserve globale, mais sur la ventilation des biens entre les successeurs.

Lorsqu'une personne meurt sans postérité, la réserve reviendra à ses ascendants.

ii. La réserve des ascendants

Elle comprend également une réserve globale qui se divise entre les différents bénéficiaires. Aussi, lorsque le de cujus meurt sans postérité, l'art. 914 C. civ. fixe la réserve globale des ascendants à la moitié des biens de leur enfant, dans les deux lignes paternelle et maternelle. S'il n'en laisse que dans une ligne, la ligne existante ne recueillera que le quart de la réserve. Ceci revient à dire que chaque ligne recueille une réserve globale d'un quart, qui se répartit ensuite entre les représentants de la ligne concernée. Même au cas où une ligne renonce, la part de la ligne acceptante ne s'accroît pas, elle demeure d'un quart, et ceci, quel que soit le nombre d'ascendants de chaque ligne. Cette renonciation n'affecte donc pas le taux de la réserve attribué à la ligne acceptante.

Lorsqu'on répartit cette réserve entre les différents bénéficiaires, on applique les règles de la dévolution légale. La réserve globale qui est d'un quart se répartit soit entre les père et mère, soit entre les grand-père et grand-mère, quelle que soit la ligne. Concrètement, si le de cujus laisse son père et ses grands-parents maternels, la réserve de la ligne paternelle revient tout entière au père (c'est-à-dire un quart), seul réservataire appelé dans la ligne paternelle, et la réserve de la ligne maternelle se divisera entre le grand-père et la grand-mère (c'est-à-dire 1/8è chacun) dont les vocations héréditaires sont égales.

L'institution des taux de la réserve est d'ordre public, le de cujus ne peut donc y déroger en en diminuant le montant. Corrélativement, la quotité disponible est limitée dans sa quantité et ne peut donc pas dépasser le seuil prévu par le législateur sous peine de sanction.

Cependant, il arrive que les dispositions faites par le testateur appauvrissent la réserve, c'est-à-dire que les libéralités faites par le testateur excèdent la quotité disponible, portant ainsi atteinte à la réserve héréditaire. Dans ce cas, le législateur prévoit des mécanismes qui permettent de réparer le déséquilibre causé par le disposant et de renflouer la masse successorale. Cette réparation se fait par le biais de la réduction qui est une opération importante et presque inévitable dans la transmission des successions en droit écrit[65].

B. La méconnaissance de l'ordre public successoral dans le règlement des successions au Cameroun.

Nous avions déjà souligné, à propos de la pratique effective de la dévolution testamentaire, que le nombre de testaments paraissait encore négligeable, compte tenu d'un certain nombre de paramètres. Il est normal que les règles qui régissent l'ordre public successoral soient également méconnues. Il est alors nécessaire de trouver la justification de cette situation (1), pour ensuite voir quel en est le résultat dans l'application effective de l'ordre public successoral (2).

1. Les raisons de cette méconnaissance

Cette situation peut trouver sa justification dans la culture africaine qui, malgré un effort d'évolution, est omniprésente. En réalité, beaucoup de camerounais restent marqués par les pratiques coutumières qui sont rémanentes et même immanentes. Et cette culture africaine consacre une certaine pudeur qui rend les Africains en général, et les Camerounais en particulier, insensibles, voire étrangers, aux procédés importés. Ils n'y attachent que très peu d'intérêts. Nous savons que dans les sociétés traditionnelles, tout est organisé de telle sorte que personne ne puisse remettre

---

[65] Sur les développements portant sur la réduction des libéralités excessives, voir, infra, IIe partie, Titre I, Sous-titre II, Chapitre II, Section III, § 2, p. 581 et s.

en cause l'ordre préétabli. Chacun connaît sa place et ce à quoi il doit s'attendre au décès de son auteur. En somme, les mêmes causes qui sont à l'origine de l'insuffisance de la pratique testamentaire justifient la méconnaissance des règles instituant l'ordre public successoral. Nous pouvons affirmer qu'il s'agit là d'une manifestation du refus d'acceptation et de réception des normes étrangères. Les répercussions de cette méconnaissance se font ressentir sur la pratique testamentaire.

2. Les répercussions de cette méconnaissance dans la pratique testamentaire

Nous pouvons classer les conséquences de la méconnaissance de l'ordre public successoral en deux groupes.

D'une part, l'ordre public basé sur la réserve est méconnu en ce sens que le plus souvent, lorsqu'une personne se décide à faire un testament, elle organise ses attributions en fonction de son affection à l'égard des uns et, disons-le, de sa haine envers les autres. Bref, elle le fait en fonction de son humeur. Et tout dépend même en plus du type de testament choisi. En effet, lorsque son choix porte sur le testament authentique, automatiquement en jouant son rôle de conseil, le notaire lui présentera les conséquences que ses volontés pourront avoir au sein de la famille. De ce fait, il guidera le disposant pour que la réserve soit respectée. Si par contre c'est le testament olographe qui a été choisi, compte tenu de la façon dont il est rédigé et reçu par le notaire, le contrôle du respect des règles relatives à l'ordre public successoral ne sera pas possible. Il faudra attendre l'exécution de ce testament pour faire, s'il y a lieu, des contestations pouvant aboutir à son annulation.

D'autre part, s'agissant des autres limites au pouvoir de la volonté, à savoir la prohibition des pactes sur succession future et l'interdiction des substitutions fidéicommissaires, nous pouvons affirmer que les Camerounais ignorent l'existence de ces notions, et par conséquent celle de leur régime. En effet, tout ce qu'ils savent est d'attribuer les biens qu'ils ont produits à leur progéniture. Nous le disons parce qu'à notre connaissance, les juges camerounais n'ont pas encore eu à se prononcer sur un litige concernant une substitution fidéicommissaire, encore moins un pacte sur une succession non encore ouverte. Les contestations pour lesquelles ils sont le plus souvent saisis concernent surtout la qualité d'héritier des uns et des autres. Il s'agit là une fois de plus d'un problème de culture. Peut-être qu'avec l'évolution de la société et surtout avec l'avènement d'un support législatif national en la matière, les Camerounais découvriront ces pratiques et ceux qui se sentiront lésés dans leurs droits pourront les revendiquer devant les juridictions compétentes. Peut-être qu'avec l'évolution de la société et surtout avec l'avènement d'un support législatif national en la matière, les Camerounais découvriront ces pratiques et ceux qui se sentiront lésés dans leurs droits pourront les revendiquer devant les juridictions compétentes.

En définitive, lorsqu'une personne choisit d'organiser elle-même sa succession par un testament non contesté, elle écarte implicitement le règlement légal avec tout son formalisme. Mais, en l'absence d'un testament, le Code civil a prévu la façon dont l'héritage laissé par le défunt doit être dévolu et réparti entre les ayants droit. On parle alors de succession ab intestat.

CHAPITRE II :

LA DUALITÉ JUDICIAIRE COMME CONSÉQUENCE DE CETTE DIFFICILE HARMONISATION

L'accession des États africains en général, et du Cameroun en particulier, à la souveraineté nationale, avait progressivement créé le besoin de l'idéal d'un État de droit. Le privilège reconnu à l'État de rendre la justice semblait garantir la neutralité et l'impartialité convenables à un État moderne et, par conséquent, susceptibles d'entraîner la disparition progressive de la justice communautaire[66].

Inévitablement, cette dualité juridique a engendré une dualité judiciaire, malgré tous les efforts d'harmonisation des textes et des juridictions entrepris par les pouvoirs publics quarante ans après l'indépendance du Cameroun.

L'organisation judiciaire dualiste actuelle du Cameroun est un héritage de la dualité qui avait été instituée à l'époque coloniale[67]. Cependant, contrairement à tous les autres pays qui ont surtout aboli les juridictions de droit traditionnel[68], le Cameroun reste le seul pays d'Afrique francophone à

---

[66] Or, dans le système juridique du Cameroun, le droit émane de deux sources principales. D'une part, il y a une grande variété de droits coutumiers et d'autre part, on a le droit importé d'origine coloniale française et anglaise. Il est vrai que des lois modificatives du droit coutumier, tendant à provoquer son changement sur certains points, sont intervenues dans les matières relevant du droit public et du droit pénal. Certaines questions importantes concernant le droit des personnes ont également été réglementées. Cependant, il n'existe aucune loi dans le domaine du droit patrimonial de la famille abandonnée à son évolution spontanée.

[67] Cette dualité comprenait deux ordres de juridiction à savoir, les juridictions de droit local et les juridictions de droit écrit. Cette organisation dualiste était en réalité la conséquence du système des statuts personnels pratiqué à l'époque, et d'après lequel il existait en réalité deux statuts juridiques pour les personnes physiques. D'un côté, il y avait les sujets de droit local, encore appelés *« personnes de statut de droit local ou indigène »*, alors que de l'autre côté se trouvaient des citoyens français que l'on désignait *« personnes de statut de droit moderne »*. Dans cette catégorie se trouvaient tous les ressortissants métropolitains ayant émigré vers les colonies auxquels s'ajoutaient certains *« indigènes »* qui avaient renoncé à leur statut local pour acquérir la nationalité française. Il est vrai qu'après son indépendance, le Cameroun, à l'instar des autres pays d'Afrique, a aboli la dualité de statut juridique des personnes physiques.

[68] - Guinée : n°47/P.R.G./ 20 nov. 1960 qui abolit les droits coutumiers et les tribunaux coutumiers.

- Sénégal : ord. N° 60/56 du 14 nov. 1960
- Côte d'Ivoire : loi n° 61/ 155 du 18 mai 1961, J.O. du 1er juin 1961
- Mali : loi du 24 juin 1961
- Niger : loi n° 62/11 du 16 mars 1962
- Tchad : ordonnance- loi n°6 du 21 mars 1967

ne s'être pas encore défait de cette organisation judiciaire dualiste. De la même façon qu'à l'époque coloniale, il existe toujours au Cameroun, uniquement dans les matières où la coutume concourt avec le droit écrit, et en l'occurrence en droit patrimonial de la famille, une dualité judiciaire consacrant la coexistence des juridictions de droit traditionnel et celles de droit écrit[69].

Dès lors, la dualité de statut ayant été aboli en faveur d'un statut unique, celui de citoyen camerounais, chaque justiciable est désormais libre de choisir la juridiction devant trancher son litige, à la seule condition de respecter les règles de saisine de chacune d'elles. Ce que l'on peut déjà relever est que le droit judiciaire, en droit patrimonial de la famille, marqué par l'influence simultanée qu'exercent les coutumes et le droit écrit, se trouve à la croisée des chemins, au point que l'on peut y voir « une justice entre tradition et modernité »[70]. L'analyse du fonctionnement actuel de la dualité judiciaire suscite l'examen successif des spécificités de cette organisation (Section I) et de l'impact de cette dualité dans le règlement des conflits successoraux (Section II). Cet examen devrait nous permettre de faire ressortir la disharmonie entre les sources du droit successoral et la jurisprudence (section III).

Section I. Les spécificités de la dualité judiciaire dans le système camerounais

Le Cameroun se caractérise par la diversité d'ethnies, de langues, de religions et surtout de coutumes. Cette diversité entraîne des sensibilités et des croyances divergentes au sein d'un même pays. De ce fait, certaines matières, touchant aux convictions personnelles des individus, sont organisées selon

---

- Zaïre (Actuelle RDC) : loi du 10 juillet 1968 portant code de l'organisation judiciaire et de compétence judiciaire
- Congo : loi du 21 avril 1983
- Mauritanie et Burkina Faso en 1983.

[69] Les premières sont régies par un décret du 19 décembre 1969. La compétence de ces juridictions a été tour à tour confirmée par l'article 16 de l'ordonnance du 26 août 1972 portant organisation judiciaire et par ses différentes modifications, laquelle leur reconnaît une compétence concurrente avec les juridictions de droit écrit, et par la loi n°90/058 de décembre 1990, la loi n°2006/015 du 26 décembre 2006 portant organisation judiciaire.
Quant aux juridictions de droit écrit, elles sont régies par la loi de décembre 1989, qui modifie celle de juillet de la même année, laquelle modifiait déjà l'ordonnance de 1972, portant organisation judiciaire.

[70] KAMTO (M) : « les défis : une justice entre tradition et modernité », in *Afrique contemporaine*, n°spécial sur la justice en Afrique, pp. 57 à 64.

leur origine. Cette origine peut être, soit d'inspiration romano-germanique, soit encore de source traditionnelle[71].

Pour mieux cerner ces spécificités, il convient d'envisager successivement la présentation des deux juridictions concurrentes en droit patrimonial de la famille (Paragraphe 2) et du fonctionnement de cet appareil judiciaire dualiste (Paragraphe 2).

Paragraphe 1. Les juridictions concurrentes en droit patrimonial de la famille

Le Cameroun est certes loin de l'idéal qu'il s'est fixé, mais cela n'enlève rien à l'originalité de son organisation judiciaire qui, pour beaucoup, est un cas d'école dans le monde.

Le système judiciaire dualiste, hérité de la colonisation en droit civil, perdure formellement. En effet, le droit civil n'a pas encore connu une unité de législation à l'instar des autres branches du droit telles que le droit public et le droit pénal. À cet effet, l'organisation judiciaire suit l'exemple de la législation en la matière.[72]

Toutefois, à cause de son double héritage colonial anglais et français, la dualité juridique paraît plus complexe au Cameroun que dans les autres pays. Ainsi, au Sénégal[73] ou encore dans d'autres pays d'Afrique francophone[74], la dualité juridique ne concerne que le droit importé et le droit traditionnel coutumier. Alors que le système camerounais fait face à une dualité sur deux fronts. Dès lors, à côté de la dualité traditionnelle que connaissent les autres

[71] Par exemple, en ce qui concerne le droit matrimonial, la législation nationale a prévu deux statuts conjugaux à savoir, la monogamie, attachée à la civilisation judéo-chrétienne, et la polygamie, héritée de la tradition originelle. Il en est également du droit successoral, ne connaissant aucune législation nationale, mais dont le règlement des conflits est confié à deux juridictions concurrentes devant appliquer des fondements juridiques différents. Le droit des successions, tout comme le droit du mariage, offre donc une hypothèse de dualité juridique dont dépend une dualité judiciaire.

[72] L'organisation judiciaire générale du Cameroun, à l'instar de celle des autres pays africains indépendants et de la France, est de type pyramidal. Car elle est caractérisée par le principe du double degré de juridiction qui consacre au premier degré les tribunaux et, au second degré, la cour d'appel. Et enfin, au sommet, il y a la Cour suprême qui, elle, n'est pas un troisième degré de juridiction, car il a pour rôle de contrôler la conformité des décisions des juridictions inférieures avec certaines exigences relatives à la fois au fond et à la forme. Cette hiérarchisation des juridictions apparaît effectivement dans la dualité. Aussi, les juridictions concurrentes évoluent simultanément dans les mêmes structures pyramidales.

[73] AMSATOU SOW SIDIBE : Thèse précitée, « Le pluralisme juridique : exemple du droit sénégalais des successions », *Afrique contemporaine*, 1990, pp. 249 à 260.

[74] COLDHAM (S): « les systèmes judiciaires en Afrique Anglophone », *Afrique contemporaine*, 1990, pp. 27-37.

pays, le système juridique du Cameroun subit encore, du moins dans certains domaines, les effets du double mandat britannique et français[75].

Cette situation trouve sa justification dans la diversité culturelle à laquelle chaque entité s'attache et s'accroche, par peur de s'acculturer. Elle apparaît donc comme « *un cadre privilégié de différenciation statutaire des habitants d'un même pays* »[76]. Toutefois, malgré la complexité de cette dualité juridique et judiciaire, il paraît toujours logique de la présenter par la distinction traditionnelle des juridictions de droit traditionnel et les juridictions de droit écrit, de la base au sommet de la pyramide. Plus concrètement, on a, à la base, les juridictions de premier degré (A), suivies des juridictions d'appel (B), et au sommet, il y a la juridiction suprême (C).

A. La base de la pyramide dans l'organisation judiciaire dualiste en matière successorale

L'application du droit dans les anciens pays colonisés s'est toujours caractérisée par la distinction entre la zone rurale et la zone urbaine. À côté de cette division, le Cameroun connaissait une autre : celle qui concernait la structure de l'appareil judiciaire, avec une organisation judiciaire propre au Cameroun oriental et une autre pour le Cameroun occidental[77]. Malgré cet effort d'harmonisation, un système judiciaire dualiste est demeuré incontournable, car la réforme a elle-même institué une compétence concurrente entre les juridictions de droit traditionnel (1) et les juridictions de droit écrit (2).

[75] La loi fondamentale du Cameroun qu'est la Constitution, les articles 711 à 892 du Code civil, l'article 18 alinéa 1c de la Loi n°2006/015 du 26 décembre 2006 portant Organisation judiciaire, la *« Section 9 du Will Act de 1837 »*, amendée par le *« Will Act de 1852 »*, la *« Section 46 Administration of Estate Act de 1925 »*, le *« Non-Contentious Probate Rules de 1954 »*. Par conséquent, après avoir fonctionné pendant plus de dix ans comme un État fédéral, comprenant le Cameroun oriental, francophone, et le Cameroun occidental, anglophone, l'unification des deux parties du Cameroun intervenue en 1972 n'a réellement atteint que certains de la vie nationale et même du système juridique général. Cette unification a été réalisée en droit public général et en droit pénal, alors par contre que les vestiges de la dualité coloniale subsistent dans le domaine du droit civil d'une façon générale et partant du système judiciaire, et ce, en dépit des efforts d'harmonisation des textes par le législateur national.

[76] MELONE (S) : « Du bon usage du pluralisme judiciaire en Afrique », *R.C.D.*, n° 31-32, p. 7

[77] Une réforme survenue en 1972, et une autre de 2006 qui était en réalité la conséquence de l'unification du Cameroun auront pour but d'instituer une organisation judiciaire unique devant s'appliquer aussi bien dans la partie anglophone que dans la partie francophone du Cameroun.

1. Les juridictions de droit traditionnel à la base de la pyramide

Le passage de deux puissances coloniales de cultures juridiques différentes a laissé une marque indélébile dans le système juridique du pays et, partant, dans son système judiciaire. En effet, l'organisation judiciaire de cette époque avait été faite à l'image de la division du territoire en deux parties, à savoir le Cameroun oriental et le Cameroun occidental[78].

Cependant, la compétence effective des juridictions de droit traditionnel de l'ex-Cameroun oriental est subordonnée au comportement des justiciables[79].

Par ailleurs, dans la partie anglophone du Cameroun, la justice traditionnelle était rendue par deux genres de juridictions de droit traditionnel, encore appelées juridictions de l'État fédéré ou *« Customaries Courts »*, qui étaient régies par la *« customary ordinance »*, chapitre 142 de la revised law of Nigeria 1948. Autrefois appelées *« Native Courts »*, ces juridictions devenues des Customaries Courts appliquaient le droit local dans tous les différends opposant les autochtones. Elles étaient divisées en deux catégories à savoir, les Alkali Courts et les Customaries Courts[80].

Depuis la loi n° 79/04 du 29 juin 1979, ces juridictions de droit local de l'ex-Cameroun occidental ont été rattachées au ministère de la Justice (article 1er). L'option offerte aux justiciables anglophones de cette époque s'apparentait à celle que le code de la famille du Sénégal offre à ceux qui optent pour un règlement successoral, soit selon le droit traditionnel musulman, soit encore selon le droit écrit. [81]Tout compte fait, une dualité a été

---

[78] Dans l'ex-Cameroun oriental, le droit traditionnel et coutumier était appliqué à la base par deux types de juridictions, à savoir les tribunaux du premier degré institués par le décret du 31 juillet 1927 et les tribunaux coutumiers instaurés par un décret du 26 juillet 1944. Un décret du 19 décembre 1969 va les rassembler en définissant aussi bien leur compétence ratione loci que celle d'attribution.

[79] Article 2 du décret du 3 décembre 1971 :

al 1 : *« La compétence de ces juridictions est subordonnée à l'acceptation de toutes les parties en cause »*

al 3 : *« La partie qui entend décliner la compétence de la juridiction traditionnelle doit le faire avant tout débat au fond, à peine de forclusion. »*

[80] Les Alkali Courts étaient compétentes pour toutes les procédures dans lesquelles les musulmans étaient intéressés, quel que soit le domaine

Par contre, les Customaries Court étaient chargés d'appliquer le droit traditionnel et coutumier dans toutes les procédures dans lesquelles les non-musulmans soumis au droit local étaient concernés. Ayant une compétence étendue, elles intervenaient dans toutes les procédures qui concernaient les affaires touchant aux terres soumises à la propriété et aux règles de dispositions indigènes, aux testaments soumis à la coutume, au mariage coutumier, au statut de la famille en droit coutumier, et à la tutelle coutumière.

[81] AMSATOU SOW SIDIBE : Afrique contemporaine, op. cit., pp. 249-260 ; « Le pluralisme juridique en Afrique : l'exemple du droit des successions au Sénégal », *Thèse précitée* ; BOUREL (P) *: Le droit de la famille au Sénégal,* Economica, 1981 ; GUINCHARD (S) : *Le*

conservée entre les juridictions de droit traditionnel de l'ex-Cameroun oriental et celle de l'ex-Cameroun occidental[82].

2. Les juridictions de droit moderne à la base de la pyramide en matière successorale

Le double mandat britannique et français, qui a divisé le pays en deux États, a légué au système juridique camerounais, surtout en droit civil, deux sources de droit moderne. Aussi, dans sa partie occidentale, c'est la Common Law anglaise, basée sur les précédents, qui sert de fondement juridique, alors que dans l'ex-Cameroun oriental, c'est le Code civil de 1804, dans sa version d'avant 1960, qui sert de législation d'emprunt. La dualité de juridictions, qui est née de cette dualité de sources, a la particularité d'opposer cette fois-ci, non pas les juridictions de droit traditionnel et celles de droit moderne, mais les juridictions anglaises et françaises. Appliquant distinctement la Common Law et le droit civil[83] avant l'avènement de l'État unitaire, une réforme judiciaire de 1972 va également unifier les deux systèmes judiciaires de l'époque[84].

---

droit patrimonial de la famille au Sénégal (Régimes matrimoniaux, libéralités, successions), LGDJ, 1980.

[82] Les premières (les tribunaux du premier degré et les tribunaux coutumiers) restent régies par le décret du 19 décembre 1969, alors que les secondes (les Alkali Courts et les Customaries Court) ont été rattachées au ministère de la Justice par la loi n°79/04 du 29 juin 1979. Toutes ces juridictions sont donc formellement soumises au même régime. En effet, leur compétence est subordonnée au comportement des justiciables. Aussi, dans les deux cas, dès que le justiciable manifeste la moindre réticence à l'endroit soit de la coutume, soit de la juridiction de droit traditionnel, celle-ci est automatiquement dessaisie au profit de la juridiction de droit moderne de même degré.

[83] MELONE (S) : *RCD*, n°31-32, op. cit., p. 11; ELA (Th): Thèse, op. cit., p. 44 et s.

[84] L'unification des deux parties du Cameroun va engendrer la nécessité d'unifier les grandes structures de la vie nationale et par conséquent du système juridictionnel. C'est alors que l'appareil judiciaire devait être refondu par l'ordonnance n°72/4 du 26 août 1972, dont le but principal consistait à instituer une organisation judiciaire unique, commune aux provinces anglophones et francophones du Cameroun. Toutefois, l'énumération faite par l'article 16 de l'ordonnance ne fait pas état des successions. Tout semble laisser croire que les procédures relatives aux successions testamentaires comme légales sont exclues de la compétence du TGI, contrairement à d'autres matières qui y sont expressément énumérées. Par ailleurs, l'article 3 alinéa 1(b) énonce qu'il soit statué d'après la coutume du de cujus en cas de conflit de coutume. Or les coutumes ignorent l'organisation testamentaire des successions telle que le prévoit le Code civil de 1804 avec les différents types de testaments[84]. S'agissant de la dévolution ab intestat, l'organisation qui en est faite par le Code civil n'est pas identique à celle des sociétés traditionnelles. À partir de ces différences, il serait illogique de croire que les procédures et actions relatives aux successions sont soustraites de la compétence du TGI alors que, en plus, le décret de 1969, qui subordonne la compétence des juridictions traditionnelles à l'acceptation de toutes les parties, prévoit la saisine automatique du TGI au cas où l'une des parties décline la compétence du TPD dans leurs domaines de concurrence. La compétence du TGI est d'autant plus logique et justifiée en matière successorale que l'ordonnance de 1972, qui ne fait pas des

Pour ce faire, l'ordonnance de 1972 va opérer une grande innovation en créant le Tribunal de Grande Instance (TGI) auquel elle attribue la compétence des procédures relatives à l'état des personnes et aux successions et dont la compétence ratione loci couvrira aussi bien les anciennes provinces francophones qu'anglophones du pays.

La loi de 2006 va dans le même sens en consacrant formellement cette compétence concurrente[85]. Toutefois, l'énumération faite par l'article 16 de l'ordonnance ne faisait pas état des successions. Tout semblait donc laisser croire que les procédures relatives aux successions testamentaires étaient exclues de la compétence du TGI, contrairement à d'autres matières qui y sont expressément énumérées. Par ailleurs, l'article 3 alinéa 1(b) énonce qu'il soit statué d'après la coutume du de cujus en cas de conflit de coutume. Or les coutumes ignorent l'organisation testamentaire des successions telle que le prévoit le Code civil de 1804 avec les différents types de testaments[86]. S'agissant de la dévolution ab intestat, l'organisation qui en est faite par le Code civil n'est pas identique à celle des sociétés traditionnelles. À partir de ces différences, il serait illogique de croire que les procédures et actions relatives aux successions sont soustraites de la compétence du TGI alors que, en plus, le décret de 1969, qui subordonne la compétence des juridictions traditionnelles à l'acceptation de toutes les parties[87], prévoit la saisine automatique du TGI au cas où l'une des parties décline la compétence du T.P.D. dans leurs domaines de concurrence. La compétence du TGI est d'autant plus logique et justifiée en matière successorale que l'ordonnance de 1972, qui ne fait pas des juridictions traditionnelles une structure permanente de l'organisation judiciaire du Cameroun, les a formellement maintenues à titre purement provisoire.

En conclusion, le législateur, tout en maintenant la dualité judiciaire, entend, sous le vocable de juridictions d'instance, deux catégories de tribunaux en matière successorale : celui de droit moderne, le TGI, et ceux de

---

juridictions traditionnelles une structure permanente de l'organisation judiciaire du Cameroun, les a formellement maintenues à titre purement provisoire.

[85] L'article 3 de la loi n°2006/015 du 26 décembre 2006 portant organisation judiciaire, modifiée et complétée par la loi n°2011/027 du 14 décembre 2011 dispose que l'organisation judiciaire comprend, entre autres, les juridictions traditionnelles. Aux termes de l'article 18 (b) de la loi de 2006, le Tribunal de Grande Instance est compétent en matière civile, pour connaître des actions et procédures relatives à l'état des personnes, à l'état civil, au mariage, au divorce, à la filiation, l'adoption et aux successions.

[86] Voir 1re partie, Titre I, Sous-titre I, chapitre I, sur les successions testamentaires en droit traditionnel

[87] Selon l'article 2, alinéa 1 du décret n°71-df-607 du 3 décembre 1971 portant modification du décret n°69-df-544 du 29 décembre 1969 organisant les juridictions traditionnelles au Cameroun oriental, « *la compétence de ces juridictions est subordonnée à l'acceptation de toutes les parties en cause. Nonobstant toutes dispositions contraires, la juridiction de droit moderne devient compétente dans le cas où l'une des parties décline la compétence d'une juridiction de droit traditionnel* ».

droit traditionnel, comprenant les Alkali Courts et les Customary Courts de l'ex-Cameroun occidental et des Tribunaux du Premier Degré de l'ex-Cameroun oriental. Dès lors, la compétence du TGI conserve son concours avec celle des juridictions traditionnelles sus–évoquées.

Étant désormais soumis au même régime, les jugements rendus par chacune de ces juridictions peuvent faire l'objet d'un appel dans les mêmes formes et délais indiqués devant la Cour d'Appel territorialement compétente.

B. Le caractère dualiste de la juridiction d'appel en matière successorale

D'une manière générale, l'appel constitue le second degré de juridiction dans la nomenclature judiciaire pyramidale du Cameroun. La structure unique actuelle de la juridiction d'appel est le résultat de la mission d'harmonisation des juridictions d'appel des deux Cameroun (Occidental et Oriental) issue de la réforme de 1972[88].

Par cette création, le législateur de 1972 a réalisé l'unification des structures juridictionnelles d'appel des deux ex-territoires coloniaux.

Cependant, la dualité instituée par le maintien provisoire des juridictions traditionnelles se prolonge au niveau de l'appel à travers la mise en place des chambres coutumières chargées d'examiner spécialement sous l'angle du droit coutumier les appels à l'encontre des décisions rendues par les juridictions traditionnelles, en l'occurrence les tribunaux du premier degré, les Alkali Courts et les Customary Courts[89].

Si l'unification des structures juridictionnelles en droit moderne et traditionnel n'a pas été effective au niveau de l'appel, avec le maintien, fût-il provisoire, de la dualité, une question se pose sur la structure de la Cour Suprême dans cette organisation dualiste.

C. La Cour suprême : sommet de la pyramide dans l'organisation judiciaire dualiste en matière successorale

La dualité judiciaire a souvent abouti à la prise de décisions contradictoires sur un même sujet, selon que la juridiction saisie statue en fonction du droit écrit ou du droit traditionnel. Aussi, le rôle régulateur de la jurisprudence de

---

[88] En effet, avant cette réforme, la complexité de l'organisation des juridictions de base se manifestait au niveau des juridictions d'appel. Le fonctionnement des cours d'appel se faisait à l'image de la division du territoire.

[89] La cour d'appel comprend deux chambres compétentes pour connaître des procédures relatives aux successions, à savoir la chambre coutumière, prolongement des juridictions traditionnelles et la chambre civile, chargée des appels provenant des TGI.

la Haute juridiction a toujours rencontré des difficultés pour maintenir une certaine harmonie au sein des praticiens.

Sans être un troisième degré de juridiction, la Cour Suprême a pour rôle d'assurer l'exacte application de la loi par son interprétation juridique qui s'impose aux juridictions inférieures. Plus concrètement, elle assure le contrôle de la conformité des décisions des juridictions inférieures avec la loi.

Dès lors, avant l'unification, au sommet de la pyramide, chacun des deux États avait une juridiction suprême, qui coiffait les juridictions inférieures[90].

Cette organisation juridictionnelle bicéphale ne pouvait pas faciliter la tâche, déjà ardue, de régulation des règles juridiques qui revenait à la jurisprudence, surtout en l'absence d'un support législatif national, aggravée par l'absence de codification des coutumes[91]. Mais, avec l'avènement de l'État unitaire, le législateur va réussir le tour de force en instituant un système judiciaire unique, avec une seule Cour Suprême, issue des deux systèmes des anciens États fédéraux, même si l'unification des différentes sources n'est pas réalisée dans certains domaines tels que le droit patrimonial de la famille[92].

Unique, elle assure des missions qui peuvent se résumer à trois points. Ainsi, primo, elle coiffe les services judiciaires de toute l'étendue du territoire par une institution dont le prestige extrême est nécessaire à la revalorisation de l'idée de justice. Secundo, dans un souci d'unité et d'efficacité, elle réunit

---

[90] Dans la partie occidentale du pays, comme juridiction de cassation, il y avait la « Court of Appeal », qui était composée d'au moins trois juges de la Cour suprême. Elle avait compétence pour connaître des recours contre les décisions de la « High Court » et des juridictions inférieures, ainsi que de toute autre matière où l'autorité lui était reconnue par la loi. Il faut toutefois relever que cette juridiction suprême avait son siège à Lagos au Nigeria et comprenait quatre juges qui étaient tous avocats au barreau d'Angleterre. Et tout naturellement, le droit qui était appliqué était celui du Nigeria. Pareillement, dans la partie orientale du pays, l'histoire de la haute juridiction varie aussi en fonction des époques. Avant l'indépendance, la cassation était assurée par la Cour de cassation de Paris. Une réforme du 17 décembre 1959, fixant l'organisation judiciaire de l'État, aura entre autres pour objectif d'assurer l'autonomie et l'indépendance du système judiciaire national et d'enlever ainsi à la Cour de cassation la possibilité de connaître des pourvois contre les décisions rendues par les juridictions camerounaises. À cet effet, une Cour Suprême, jouant un rôle comparable à celui de la Cour de cassation de Paris, sera créée. Mais, avant de parler de la Cour Suprême telle qu'elle fonctionne actuellement, il convient de faire un aperçu de son historique. En effet, le territoire ayant été divisé en deux parties, il y avait par conséquent un appareil judiciaire propre à chacune d'elles, car l'uniformisation des deux systèmes de droit était à peine ébauchée.

[91] Dans notre système judiciaire, à la fois dualiste et hiérarchisé, elle domine les tribunaux et les cours d'appel. De ce fait, elle exerce son contrôle sur les décisions rendues par toutes ces juridictions inférieures. Ainsi, d'une manière générale, le recours en cassation est ouvert contre les arrêts des cours d'appel et les jugements rendus en dernier ressort par les tribunaux et qui ne sont plus susceptibles d'être réformés par les voies de recours ordinaires.

[92] La Cour suprême unique, prévue par l'ordonnance n°72/4 du 26 août 1972 en son article 1er et organisée par l'ordonnance n°72/6 du même jour et par la loi n°75/16 du 8 décembre 1975, a remplacé les deux cours suprêmes des anciens Cameroun occidental et oriental.

dans la même institution tous les organismes qui ont à connaître des questions de justice; par conséquent, elle est chargée de diriger et d'apprécier, afin de mieux satisfaire *« les besoins de justice »* des citoyens. Tertio, servant de contrepoids à l'exécutif, elle a pour rôle de satisfaire et surtout de discipliner et de contrôler « *les besoins de justice* » de l'État[93].

En ce qui concerne particulièrement le droit successoral, la haute juridiction ne connaît pas la répartition en chambres civile et coutumière. Elle statue, au sein de la même chambre civile, sur les litiges relatifs au droit coutumier et au droit écrit provenant des juridictions traditionnelles et modernes, avec la même composition. À ce niveau, la dualité judiciaire disparaît, même si elle doit également se servir de la coutume et du droit écrit comme fondements juridiques. Tel qu'elle fonctionne, la Cour suprême ne réexamine pas les litiges et se borne à contrôler la conformité des décisions des juges du fond avec certaines exigences, telles que la loi, la coutume évoluée, l'ordre public ou encore les principes généraux du droit moderne. Ce mode de fonctionnement ne lui permet pas de satisfaire les besoins de justice des citoyens.[94]

La présentation des juridictions concurrentes en matière successorale conduit au constat selon lequel l'univers judiciaire du Cameroun, en droit patrimonial de la famille, demeure dualiste à l'image des fondements

---

[93] CHAZELLE (R) : *Pour une réforme des institutions judiciaires*, LGDJ, 1969, p. 25 et s.

[94] En effet, beaucoup de raisons justifient notre remarque. On peut noter, entre autres, le manque de maîtrise des règles de procédure par les justiciables. Presque tous les pourvois sont irrecevables soit pour non-respect des délais de pourvoi, soit encore pour non-paiement des frais de pourvoi qui s'élèvent à une modique somme de 5000 (cinq mille) francs CFA. Or, il est fait obligation à chaque justiciable d'avoir un avocat au niveau de la cassation. Et, le plus souvent, le délai du pourvoi s'écoule entre le jour où il commence à courir et le moment où le justiciable a effectivement un conseil à sa disposition. Dans ces conditions, la Cour suprême ne peut plus normalement assurer le contrôle de la conformité des décisions des juridictions inférieures avec toutes les exigences requises ; ainsi les justiciables demeureront toujours dans leur soif de justice. En effet, comment saura-t-elle que la Cour d'Appel a soit confirmé soit infirmé un jugement à bon droit si elle ne peut même pas examiner le litige qui lui est soumis ? Ne devrait-on pas créer une juridiction intermédiaire entre la Cour d'appel et la Cour suprême qui jouerait le rôle d'arbitre entre les différentes juridictions inférieures ? Ou, ne pourrait-on pas faire de la Cour Suprême un troisième degré de juridiction chargé de réexaminer les faits afin de voir à quel niveau l'erreur aurait été commise ? Toutes ces interrogations nous conduisent à une dernière, à savoir si la forme doit l'emporter sur le fond. De ce fait, la règle du double degré de juridiction, qui est l'un des principes fondamentaux de l'organisation judiciaire, peut avoir une signification justifiant la nécessité d'un troisième degré de juridiction. En effet, les réformations qui surviennent au niveau de la Cour d'appel signifient une chose : c'est que le premier juge a peut-être commis une erreur judiciaire, à moins que ce ne soit celui d'Appel. Pourquoi ne pas désigner une troisième juridiction chargée de désigner la juridiction coupable ?

juridiques qui régissent ce domaine. En plus, ce système judiciaire n'est pas seulement dualiste, mais il est aussi hiérarchisé[95].

Paragraphe 2. La justification du maintien de la dualité judiciaire dans la dévolution ab intestat

Malgré l'abolition de la différence de statut de personnes, il est apparu logique au législateur d'éviter de bousculer les sensibilités. Aussi, coexistent au sein du même ordonnancement juridique des lois et des coutumes dans certains domaines, et plus particulièrement en droit successoral. Cependant, cette coexistence ne paraît pas pacifique, car elle crée un genre particulier de conflits interpersonnels. Or, la résolution de ces conflits interpersonnels passe par l'institution d'un système judiciaire dualiste qui, bien que prévu par des textes n'a pas été organisé. Cette absence d'organisation a créé des confusions pour les justiciables quant à la détermination des critères de choix des juridictions, et même de la règle juridique applicable. Devant cette impasse juridique, la jurisprudence, dans son rôle de suppléance des insuffisances législatives, avait, pour les besoins d'une bonne administration de la justice, retenu une règle qui devait servir de guide aux justiciables. Ainsi, selon cette règle, le choix de la juridiction présupposait l'option pour la règle qui devait servir de base juridique à cette juridiction. Appliquée surtout en droit de la famille, cette règle fut étendue en matière successorale.

Ayant pendant longtemps servi de guide à la pratique judiciaire dualiste, la règle de l'option s'était trouvée vidée de tout son sens[96].

Dès lors, le juge a été obligé de retenir d'autres critères afin d'assurer la satisfaction des besoins de droit de l'État et partant, des citoyens. Aussi, allait-il tenir compte des critères tels que l'ordre public, la coutume évoluée, les principes généraux de droit pour justifier ou écarter l'application de l'une ou l'autre source de droit.

---

[95] Aussi, caractérisé par une diversité d'ethnies, de langues, de religions et surtout de coutumes, le Cameroun ne pouvait pas encore s'accommoder d'une législation familiale totalement unifiée, et partant d'une organisation judiciaire unifiée. Par conséquent, dans le souci constant de rapprocher la justice des justiciables, et surtout de ménager les sensibilités, l'organisation judiciaire a été élaborée de façon à permettre à chaque justiciable de choisir une juridiction en fonction de la règle coutumière ou de droit écrit qui s'y applique. Il convient dès lors de voir comment, dans leur organisation dualiste et pyramidale, ces juridictions interviennent dans la détermination des successibles dans la dévolution ab intestat.

[96] En effet, l'État camerounais, à l'instar de tous les jeunes États africains, se voulait, et se veut encore moderne et apte à promouvoir son développement économique, social et culturel. Pour ce faire, le droit est considéré comme un instrument au service de l'État. Or, le droit d'inspiration traditionnelle apparaît dans cette œuvre de développement comme un obstacle qu'il faut évacuer. Et cette tâche d'évacuation progressive du droit traditionnel revient au juge à qui il appartient de défendre la volonté des pouvoirs publics.

De tout ce qui précède, on peut retenir que le fonctionnement du système judiciaire dualiste avait été orienté au départ par la règle en vertu de laquelle l'option de juridiction emportait option de législation (A). Par la suite, cette règle fut évincée par l'exigence de la conformité des règles coutumières avec les principes du droit importé (B).

A. Au départ, l'option de juridiction emportait option de législation

La compréhension de tout mécanisme juridique actuel part de l'époque coloniale. En effet, avec la différence de statut de personnes, chaque catégorie avait ses lois et ses juridictions[97]. Ainsi, avant l'indépendance, la saisine des juridictions traditionnelles ne pouvait pas entraîner une option de législation, alors que l'option de législation était possible devant les juridictions de droit anglais et français[98].

Dès lors, l'application effective (1) de la règle d'option a trouvé une justification dans la dualité judiciaire en matière successorale (2). Il convient de ce fait de voir le sort qui lui est actuellement réservé (3).

---

[97] Toutefois, il existait, surtout pour les indigènes, la faculté de renoncer à la saisine de la juridiction de droit traditionnel et de réclamer le bénéfice de la juridiction française, laquelle devait naturellement leur appliquer les coutumes les régissant, à moins que, d'un commun accord, ils aient expressément opté pour l'application de la loi française (art. 13 al. 2 et 3 du décret du 27 novembre 1947 relatif à la justice française en AOF, au Togo et au Cameroun). Dans ce cas, l'option de juridiction n'entraînait pas option de législation, car les tribunaux avaient vocation à appliquer le droit coutumier. Cependant, l'inverse n'était pas possible. En effet, l'article 51 du décret du 31 juillet 1927 interdisait aux tribunaux de droit traditionnel de faire application du droit écrit. Autrement dit, l'option venant des justiciables ne concernait que le cas où le plaideur autochtone saisissait une juridiction qui, au départ, n'était pas normalement compétente selon les règles d'organisation judiciaire. Voir à cet effet, SANTOS (A). : « L'option des juridictions indigènes en faveur de l'application de la loi française en A.O.F et au Togo », *Thèse, Paris, 1943, p. 27* ; SOLUS (H) : *Traité de la condition des indigènes en droit privé*, p. 36 ; DECHEIX (P). : « Les compétences respectives des tribunaux de droit moderne et des tribunaux de droit traditionnel dans les territoires d'Afrique Noire », *Thèse,* Paris, 1960, p. 139, cités par YOUEGO (Chr), op. cit., p. 261 ; ELA (Th) : op. cit., pp. 56-58.

[98] Le législateur postcolonial n'avait pas compris cette règle de la même façon. En effet, si la différence de statut de personnes justifiait l'institution d'un critère de différenciation avant les indépendances, cette justification n'a plus de place avec l'abolition de cette discrimination. Il s'agissait désormais d'appliquer les mêmes sources de droit aux personnes de même statut, et ceci devant les mêmes juridictions.

1. La justification de la naissance de la règle de l'option dans l'organisation judiciaire postcoloniale.

Le décret n°69/DF/544 du 19 décembre 1969 fixant les conditions de saisine et la procédure devant les juridictions traditionnelles n'avait pas spécifié la catégorie de justiciables qui pouvaient y porter leurs litiges. Ce silence n'a pas été rattrapé par le législateur ni en 1972 ni en 2006 en consacrant des juridictions modernes et traditionnelles.

Ce silence n'a pas été rattrapé par le législateur lorsqu'en 1972 l'ordonnance n° 72/4 du 26 août 1972 portant organisation judiciaire institue des juridictions modernes concurrentes aux juridictions traditionnelles[99].

C'est donc fort de cette préoccupation majeure que la Cour Suprême avait, après avoir hésité[100], posé la règle selon laquelle l'option de juridiction emportait option de législation. Sa signification est simple, car elle veut tout simplement dire que le droit que le juge applique pour trancher un litige dépend de la juridiction qui a été saisie par les justiciables.

À cet effet, si les justiciables portent leur litige devant une juridiction de droit écrit, le juge leur applique le Code civil de 1804, la common law ou les textes qui les ont complétés; par contre, si c'est une juridiction de droit traditionnel qui a été saisie, c'est en principe selon la coutume des partis que le juge devra trancher.

Ainsi, cette règle indique concrètement qu'en matière successorale, lorsque les successibles portent leur litige devant un tribunal du premier degré, le juge devra en principe leur appliquer la coutume du défunt, sous réserve des dispositions de l'article 2 du décret n°71/DF/607 du 3 décembre 1971. Par

[99] Ce silence, mieux, cette omission du législateur dans les deux textes posait le problème de la détermination de la loi applicable par le juge lorsqu'il était saisi d'un litige dans les domaines où il y avait compétence concurrente des sources de droit et des juridictions tel qu'en droit des successions. Or, le juge, de par son rôle, a pour préoccupation majeure, en l'absence d'une codification des coutumes, bref, d'un support législatif national, de coordonner des règles de droit disparates, éparpillées entre les multiples coutumes d'un côté et le droit importé de l'autre côté. Cette tâche, sans doute, la plus cruciale a pour objectif de constituer un ordonnancement juridique cohérent et de dégager des règles de droit pertinentes applicables aux litiges dont il est saisi[99]. En réalité, la diversité étant difficile à gérer, ce rôle attribué au juge n'est pas du tout aisé. La difficulté vient surtout du fait que, d'une part, en ce qui concerne les coutumes, celles-ci n'étant pas consignées dans un document, elles doivent parfois être inventées, et, d'autre part, s'agissant du droit importé, le législateur ne peut pas prévoir toutes les situations auxquelles le juge peut être confronté sur le plan local.

[100] YOUEGO (Chr) : op. cit., p. 862 ; C.S., arrêt n°19 du 26 mars 1968, bull 1968, p. 2160 , PENANT, 1970, p. 359, note LAMPUE (P).

contre, lorsqu'ils saisissent le tribunal de grande instance, le juge déterminera les successibles et leurs droits conformément au droit écrit importé[101].

2. L'application effective du lien entre l'option de juridiction et l'option de législation

La règle établissant un lien entre la juridiction et la législation pendant la période coloniale avait un fondement législatif. Le législateur postcolonial ne l'a pas expressément consacrée. Aussi, cette règle d'origine judiciaire au Cameroun post-indépendant fonctionne différemment de celle instituée par des pays africains ayant déjà procédé à l'adoption d'un code de la famille. Dès lors, pour l'étudier, il convient d'envisager le fonctionnement de la règle de l'option aussi bien dans le contexte camerounais que dans ces autres pays africains.

3. La règle de l'option dans le contexte camerounais

La Cour Suprême du Cameroun, consacrant pour la première fois la règle de l'option de juridiction, énonçait dans une espèce que les justiciables de nationalité camerounaise pouvaient, à leur choix, porter leurs litiges *« soit devant le tribunal de grande instance depuis l'ordonnance de 1972, soit devant le tribunal du premier degré »*[102]. Elle précisait à cet effet que le législateur a entendu instituer au profit de tous les Camerounais une faculté d'option entre les juridictions de droit écrit et celles de droit traditionnel, et qu'à cet effet, l'option de juridiction emportait option de législation.

Cette règle sera appliquée pour la première fois en matière de divorce d'abord en ce qui concerne ses causes[103], et par la suite en ce qui concerne ses effets sur le plan patrimonial dans un arrêt du 16 septembre 1982[104]. Devant

---

[101] Cette règle, qui a servi de principe d'application générale dans tous les domaines où les structures juridiques et judiciaires de droit local étaient en concurrence avec celles du droit écrit, importé, a, après une application effective, connu des revirements.

[102] Cour Suprême, arrêt du 22 septembre 1977, *R.C.D.*, n°13-14, p. 204 et s.

[103] ELOMO NTONGA (L), ANOUKAHA (F) et OMBIONO (S) : Tendances jurisprudentielles en Droit des personnes et de la famille de l'ex- Cameroun Oriental, p. 134, voir Cour Suprême, arrêt n°28/CC, du 10 décembre 1981 affaire ANGOA Parfait c/ BELIBI Pauline. Dans la première espèce concernant les causes de divorce, cette règle avait été évoquée par le juge à propos de la différence entre les causes de divorce en droit moderne et en droit traditionnel. La Cour Suprême relevait dans cette espèce que, selon la constitution, tous les citoyens camerounais, ayant le même statut, pouvaient choisir de porter leurs litiges soit devant la juridiction de droit traditionnel, soit devant la juridiction de droit moderne et que « *... lorsqu'un camerounais opte pour le tribunal civil, il faut en déduire qu'il entend nécessairement se faire appliquer les lois en vigueur devant cette juridiction, qu'ainsi, en matière de divorce... il choisit l'application du Code civil qui prévoit expressément les causes de divorce dans ses articles 229 à 232 »*.

[104] Tendances jurisprudentielles... op. cit., pp. 90-92, voir arrêt n°120 du 16 septembre 1982, affaire ASSO'O Bénoît, *Les grands arrêts de la jurisprudence civile camerounaise*, édition

s'étendre en matière successorale, elle y a été appliquée pour la première fois dans une espèce particulière du 17 mai 1983[105] ; ceci montre la rareté des arrêts sur la règle d'option en matière successorale.

La doctrine, qui attribue à cette règle (jurisprudentielle) une base législative, estime que la Cour Suprême n'a fait que suivre le schéma que le législateur avait tracé. Aussi, ne serait-il qu'une illustration prétorienne des dispositions législatives[106]. Par conséquent, les juridictions de droit écrit ne peuvent appliquer que le droit écrit alors que les juridictions de droit traditionnel ne doivent se référer qu'à la coutume des parties[107].

L'option dans les autres systèmes africains

Certains pays africains, qui avaient déjà procédé à la codification de leur droit de la famille, avaient réussi à unifier le droit successoral. D'autres, au contraire, ont conservé un système juridique dualiste, en offrant ainsi à leurs citoyens une option entre le droit successoral traditionnel coutumier et le droit successoral importé. Dans cette deuxième catégorie, on peut citer le Togo et le Sénégal.

En effet, l'article 571 du Code de la famille du Sénégal consacre la règle de l'option en ces termes : « *Les dispositions du présent titre s'appliquent aux successions des personnes qui, de leur vivant, ont expressément ou par leur comportement, indiscutablement manifesté leur volonté de voir leur héritage dévolu selon les règles du droit musulman* »[108]. Dès lors, la loi successorale est déterminée par le de cujus lui-même, soit expressément par écrit ou encore par des paroles, soit encore de façon tacite, à travers son comportement. Les

---

LERDA, 2008, CS, arrêt n° 35 du 25 novembre 1982, AFFAIRE BIHINA Gabriel/ NGAMBA Jacqueline, obs. Guy Blaise DZEUKOU, pp. 336-374.

[105] Cour Suprême, arrêt n°114/CC du 17 mai 1983, inédit.

[106] ELLA (Th): op. cit. P. 59 et s.

[107] Dès lors, toute décision de fond qui viole le principe de l'option est exposée à la cassation. En transposant cette opinion doctrinale en matière successorale, on en déduit que si, en principe, la loi successorale compétente est celle du de cujus d'une manière générale, lorsque la jurisprudence consacre la règle de l'option en matière successorale, la loi successorale du de cujus sera évincée au profit de la loi normalement applicable devant la juridiction saisie. Le principe de l'option, tel qu'il a été adopté et appliqué dans le système juridique camerounais, mérite d'être comparé avec l'option qui a été instaurée dans les autres pays africains en droit des successions.

[108] BOUREL (P) : op. cit., p. 5 et s. ; GUINCHARD (S) : op. cit. ; AMSATOU SOW SIDIBE : Thèse, op. cit. ; voir aussi *Afrique contemporaine*, op. cit., p. 251 et s. ; ABDOULAYE DIOP (M) : « La dévolution successorale musulmane : détermination des héritiers dans le Code sénégalais de la famille », in *R.J.P.I.C.*, t. 26, n°4, p. 473 à 1420, Paris, décembre 1972, pp. 799-809.

juges ont la laborieuse tâche d'interpréter le comportement du de cujus, en l'appréciant et en recherchant les indices le déterminant[109].

Mais, quel que soit le cas, la disposition du Code sénégalais paraît claire sur la question de l'option et sur la détermination du droit applicable par le juge.

Quant au législateur togolais, il a également consacré la coexistence du droit successoral traditionnel et moderne[110]. En effet, l'article 45 alinéa 2 de l'ordonnance n° 78-35 du 7 septembre 1978 portant organisation judiciaire, qui institue la dualité du régime successoral dispose : « ... *en matière des successions et des testaments, la loi ou la coutume du défunt est seule appliquée ».* Dès lors, le règlement de la succession du de cujus se fait soit en vertu des règles de la coutume à laquelle il appartenait, soit en vertu des règles issues du droit moderne, qui est le droit écrit d'inspiration occidentale.

Ce texte, qui pose la règle de rattachement du droit successoral applicable au statut personnel du de cujus, a été repris par l'article 391 du Code de la famille du Togo qui énonce que: *« les dispositions du présent titre ne sont applicables qu'à la succession de ceux qui auront déclaré renoncer au statut coutumier en matière de successions. Cette déclaration peut résulter soit d'un testament, soit d'une option déclarée devant un Officier d'état civil ».* Par cette disposition, le Code de la famille eu Togo a résolu les conflits interpersonnels[111] susceptibles de s'élever entre le statut coutumier et le statut moderne, et offre une possibilité de choix du droit applicable entre les différentes sources de droit retenues par le Code de la famille. Autrement dit, les successions et testaments sont d'office rattachés à la loi personnelle du défunt, c'est-à-dire à sa coutume[112], lorsque le choix de la loi successorale écrite résulte de la volonté déclarée du de cujus, soit encore de sa volonté présumée[113]. Cette dernière proposition est une véritable innovation du

---

[109] Il en résulte que l'option expresse ne pose aucune difficulté, car le juge ne fera qu'exécuter la volonté du de cujus. Par contre, l'option qu'il faut déduire du comportement du de cujus pose de sérieux problèmes aux juges. AMSATOU SOW SIDIBE : op. cit.

[110] KOUEVI AGBEKPONOU : « La vocation héréditaire de la femme dans le droit togolais des successions », PENANT, 1988, pp. 421 et s.

[111] *Les conflits interpersonnels sont ceux qui tiennent à la différence des civilisations existant sur un même territoire :* voir LAMY : *Droit du patrimoine*, t. 1 sous la direction de AULAGNIER (J) et BERTEL (J P); LOUSSOUARN et BOUREL (P) : *D.I.P.*, Précis Dalloz, édition 1977, n°81 et s. ; 47e édition, 1996, n°252 ; BATTIFOL et LAGARDE : *Traité de D. I. P.* , t 1, 8e édition, L.G.D.J., 1993, n°358 ; 7e édition, 1981

[112]BOUREL (P) et FOUCHARD (Ph). : « Chronique de jurisprudence d'Afrique Noire francophone *», in CLUNET,* 1972, p. 317-363 ; LAMPUE (P) : « Droit écrit et droit coutumier en Afrique francophone », *PENANT,* 1979, n°765, pp. 245 et s.

[113]Cette volonté expresse doit nécessairement porter sur la renonciation par le de cujus de son statut coutumier soit par un testament dans les formes prescrites par le code, acte abdicatif du statut successoral coutumier du testateur, soit encore par la déclaration de renonciation devant l'officier d'état civil.

législateur togolais par rapport à la définition des actes d'état civil qui « *sont des actes authentiques destinés à assurer la constatation officielle et la preuve des faits ou des actes juridiques constituant ou modifiant l'état des personnes ».*[114]

Par ailleurs, la volonté présumée, domaine par excellence de l'option tacite, peut, quant à elle, résulter soit du mutisme du défunt qui, de son vivant, n'aurait pu de manière non équivoque manifester sa volonté *« de renoncer au statut coutumier en matière successorale »*, soit de l'existence d'un testament coutumier, dont la validité n'est pas discutée au regard de l'évolution des coutumes africaines[115].

Que ce soit dans le système sénégalais ou dans le système togolais, le choix de la loi successorale est fait par le de cujus de son vivant. Tel n'est pas le cas dans le système camerounais, dans lequel l'option pour la loi successorale applicable est faite par les survivants, après le décès du de cujus.

La Cour Suprême réaffirme même cette volonté des survivants lorsqu'elle énonce que : *« dès qu'un Camerounais ne veut pas porter son différend devant sa juridiction naturelle, c'est qu'il refuse l'application des règles coutumières... Qu'ainsi, il veut être jugé selon les lois écrites qu'il connaît bien, et que c'est délibérément qu'il fait son choix »*[116].

Cette détermination de la loi applicable indépendamment de la volonté du de cujus s'apparente à la situation qui prévaut en matière de célébration de mariage. En effet, l'ordonnance de 1981 prévoit deux modes de célébration du mariage. Principalement, la célébration doit être faite par un officier d'état civil selon les modalités qui sont clairement déterminées par le texte ; la même ordonnance mentionne la possibilité de célébrer un mariage coutumier. Cependant, elle n'en organise pas la procédure. Lorsque le divorce intervient entre les époux mariés devant un officier d'état civil, le choix de la loi applicable au divorce n'est pas relatif à l'option qui avait été faite au début par les époux, à savoir la loi écrite. Ceux-ci peuvent choisir de se faire appliquer la coutume en saisissant le T.P.D. et non le TGI qui doit normalement leur appliquer le droit écrit sous l'empire duquel le mariage a été contracté[117]. En

---

[114] FOURNIER : in *Encyclopédie juridique*, Dalloz, Droit civil, éd. 1951, Voir Actes d'état civil, n°1 et s.

[115]d'ALMEIDA (A) : « L'option de statut dans le nouveau droit togolais de la famille », *Mémoire de Maîtrise en droit*, Faculté de Droit, Lomé 1984, p.65, inédit, cité par KOUEVI AGBEKPONOU, op. cit., p. 433.

[116]Aussi, contrairement à l'article 3 alinéa 1(b) du décret de 1969 qui confère la compétence à la coutume du de cujus en cas de conflit de coutume concernant les successions et testaments, l'option instituée par la Cour Suprême fait échec à l'application de la loi successorale du de cujus. Car elle est faite par les successibles et non pas par le de cujus, même (implicitement) de façon présumée.

[117]L'option ainsi faite lors de la célébration du mariage n'est pas suivie lors de la dissolution. Il paraît donc paradoxal d'appliquer la coutume à des gens qui ont mené leur vie matrimoniale

fin de compte, l'option, tel qu'elle avait été consacrée par la jurisprudence camerounaise, s'est avérée comme une erreur à la fois historique et juridique[118] qui ne devait pas tarder à sonner le glas de ladite règle[119]. Aussi, un sort nouveau devait-il lui être réservé.

B. Le sort actuel de la règle de l'option de juridiction et de législation

L'État camerounais, à l'instar de tous les autres États indépendants d'Afrique, est en perpétuelle quête de modernité. Aussi s'active-t-il à promouvoir le développement économique, social et culturel du pays. Pour ce faire, le droit apparaît comme un instrument au service de la politique de transformation et de construction de cet État moderne alors que le juge est le défenseur de la volonté des pouvoirs publics[120].

Cette remise en cause, opérée dans le domaine matrimonial[121], peut s'étendre sur le plan successoral. Le juge, voulant appliquer cette règle dans un contexte d'unité de statut de personnes, a plutôt créé une règle hybride[122]. Plus concrètement, la règle de l'option avait subi une atteinte par deux arrêts

---

selon les règles du droit écrit. Or, d'après l'option consacrée par la Cour Suprême, la loi applicable au divorce dépendra de la juridiction saisie, quelle que soit la nature civile ou coutumière de la célébration; alors qu'il serait logique que l'option de législation faite au moment de la célébration du mariage emporte option de législation au moment de la dissolution soit par le divorce, soit par le décès de l'un des époux, et par conséquent, que cette option emporte option de juridiction

118 ANOUKAHA (F) : « La détermination du régime matrimonial légal dans le droit positif camerounais (à propos des affaires KOUM et KEMAJOU) », *PENANT*, 1995, n°817, jurisprudence, p. 71 et s.

119 Contra : BATOUM (M) : « Plaidoyer pour la réhabilitation de la règle "L'option de juridiction emporte option de législation" », *Juridis Périodique*, n°42, p. 73 à 86.

120 De ce fait, le droit traditionnel apparaît comme anachronique et contraire à ce développement, ce qui justifie la tendance qui a toujours été celle de le reléguer au second plan, alors que le droit moderne a toujours été considéré comme hiérarchiquement supérieur et ayant vocation à une application générale. Aussi comprend-on, dans le souci de construction nationale, la nécessité d'évacuer tous les obstacles à cette œuvre. C'est ce qui explique la remise en cause de la règle de l'option de juridiction et de législation par le même juge qui l'a instituée.

121 Cour Suprême arrêt n°64/CC du 16 janvier 1987 affaire KOUM, Juridis info n°3, spécial 1990, p. 99 et s. ; CS, arrêt n°88/CC du 15 juillet 1985, Rev. Jur. Afr. 1990 n°3, p.75, note ANOUKAHA (F).

122 Cour d'appel de Yaoundé, arrêt du 17 juin 1981 cassé par l'arrêt n°114 du 17 mai 1983 de la Cour Suprême inédit. Il est vrai qu'un arrêt de la Cour d'appel de Yaoundé, cassé par la Cour suprême, avait déjà annoncé que l'option de juridiction n'emportait pas option de législation pour justifier l'application de la coutume du de cujus devant une juridiction de droit écrit. Ayant été cassée par la juridiction suprême, cette décision ne peut pas valablement figurer parmi celles qui remettent en cause la règle jurisprudentielle précitée.

de la Cour Suprême rendus respectivement le 18 juillet 1985 et le 16 juillet 1987[123].

Il paraissait donc surprenant que la Cour Suprême ait adopté un chemin contraire à celui qu'elle avait toujours emprunté jusque-là. Toutefois, cela se comprenait lorsqu'on reconnaissait le rôle qui avait été attribué à la jurisprudence, à savoir d'œuvrer pour l'évacuation du droit traditionnel, qui jusque-là ne subsiste qu'à titre provisoire dans un contexte de transition juridique. Ce qui permettrait d'atteindre l'objectif de l'unification du droit patrimonial de la famille qui reste un idéal de politique juridique.

En définitive, l'œuvre de modernisation et de développement économique, social et culturel devrait normalement aboutir à une homogénéité juridique qui se justifie par plusieurs raisons. Certaines de ces raisons sont d'ordre politique, alors que les autres ont trait à la fois au renforcement de l'unité nationale, à la réalisation de l'égalité de tous devant la loi et à la recherche de l'accession du Cameroun dans le concert des pays modernes[124].

1. L'éviction des règles traditionnelles au profit du droit moderne

Malgré l'abolition de la différence de statut des personnes, des conflits s'élèvent toujours quant à la détermination de la règle applicable sur les personnes de même statut qui vivent sur un même territoire. La diversité juridique, que semblent justifier les exigences sociales, est très difficile à gérer[125].

À cet effet, le juge, dans son rôle, réduit considérablement la volonté des successibles dans le choix de la juridiction compétente et de la norme juridique à appliquer.[126] Pour tout dire, l'éviction des règles coutumières se justifie par

[123] CS, arrêt n°88/CC du 18 juillet 1985, aff. KEMAJOU, et CS, arrêt n°64/CC du 16 juillet 1987, aff. KOUM, PENANT, 1995, op. cit.

[124] Or, la réalisation de cet objectif passe nécessairement par la hiérarchisation des normes juridiques en vigueur. Cette hiérarchisation se caractérise par la suprématie du droit moderne d'inspiration occidentale et son application générale. Et le juge, qui doit concrétiser cette prédominance en tant que défenseur de la volonté des pouvoirs publics, doit faire intervenir certains critères devant aboutir à l'application exclusive du droit écrit au détriment des règles coutumières qui doivent être progressivement évacuées.

[125] Ce qui rend ardue la tâche du juge dans son œuvre de conciliation des différents intérêts en cause. Or, en tant que principal acteur de la réalisation de l'idéal de politique juridique, il doit œuvrer pour l'homogénéisation des normes et la fin de l'anarchie qui caractérise l'étape transitoire qu'est la dualité.

[126] À partir de ce moment, le lien qui existait entre la juridiction et la législation en matière d'état des personnes tend à disparaître. Pour y arriver, la Cour Suprême exige la conformite des règles coutumières avec des concepts tels que l'ordre public et les bonnes mœurs, les principes généraux du droit moderne ou encore l'évolution de la coutume. Une fois que la règle d'origine coutumière est évincée, le droit écrit, importé reste le seul à être appliqué devant toutes les juridictions indépendamment des règles d'organisation judiciaire.

l'absence de leur conformité avec l'ordre public (a), les principes généraux du droit (b) ou encore avec la coutume évoluée (c).

a. L'évacuation des règles coutumières incompatibles avec l'ordre public

Pour écarter une coutume dans le règlement des successions, la Cour Suprême évoque constamment que celle-ci n'est pas conforme à l'ordre public. Dès lors, toute coutume contraire aux conceptions sociales et juridiques de l'autorité heurte l'ordre public établi ou à établir.

Avant d'apprécier comment les juges exigent que les coutumes soient conformes à l'ordre public, il convient d'abord de définir ce concept aussi bien d'une façon générale que dans le contexte successoral.

b. En quoi consiste cet ordre public ?

Il paraît difficile de donner une définition exacte de l'ordre public. Cependant, l'esquisse de définition vient du Droit international privé en matière de conflit des lois[127]. À cet effet, la doctrine et la jurisprudence moderne s'accordent à définir l'ordre public comme étant un correctif exceptionnel qui permet d'écarter la loi étrangère normalement compétente, lorsque cette loi contient des dispositions dont l'application est jugée inadmissible par le tribunal saisi[128]. Même dans ce contexte, l'ordre public n'a pas une seule définition, car sa définition dépend en réalité de la matière. L'ordre public suppose en Droit international privé une absence de communauté juridique entre la loi désignée et la loi du for. De ce fait, le juge doit l'apprécier *« cas par cas »*[129].

Sur le plan national, l'absence de communauté juridique concerne les lois internes. Aussi, peut-il y avoir conflit entre deux ou plusieurs coutumes (on parlera de conflits de coutumes ou interpersonnels), entre les lois ou plus particulièrement entre les coutumes et le droit moderne[130], cas le plus fréquent

---

[127] BATTIFOL et LAGARDE : *Traité de D.I.P.*, t.1, L.G.D.J., 8e éd, 1993, n°358 b.

[128] LOUSSOUARN (Y). et BOUREL (P). *: D.I.P.,* Précis Dalloz, 1996, 4e éd., n°252 ; Cass. 1re, civ. 15 juillet 1963, n° 62-12-743, Bull. civ. I n°392, rev. crit. D.I.P., 1964, p. 732; Cass. Civ. 30 mai 1967, n°64-10-010, Bull. civ. I, n°189, rev. crit. D.I.P. 1967, p. 728, note BOUREL (P).

[129] BATTIFOL et LAGARDE : op. cit.

[130] KOUVI AGBEKPONOU : op. cit. p. 426 ; BATTIFOL et LAGARDE : *Traité de D.I.P.*, t. 4, 7e éd., L.G.D.J.,1981, n°258 et s . LOUSSOUAR et BOUREL : Traité de D.I.P., 2e éd,. Dalloz 1977, n°81 et s. ; P. LAPUE (P) : « Les conflits de lois interrégionaux et interpersonnels dans le système juridique français métropolitain et d'outre-mer », *rev. crit. D.I.P. (R.C.D.I.P), 1954,p.249* ; KOUASSINGAN A. (G): « Des conflits interpersonnels et internationaux de lois et de leurs incidences sur la forme de mariage en Afrique noire francophone », *rev. crit. DIP*, 1978, p. 646, note chronique ; « La détermination de la loi applicable au divorce international et le nouveau code togolais de la famille » *PENANT,*1983, n°781-782, p.283 et s, cité par KOUEVI AGBEKPONOU : op. cit.

sur le plan interne. La principale caractéristique de ces conflits internes est qu'ils opposent des règles juridiques différentes qui régissent une matière unique, tels que le mariage ou les successions, sur le même territoire géographique[131].

En ce qui concerne particulièrement notre étude, il s'agit d'un conflit interpersonnel, car il tient à la différence des civilisations qui existent à l'intérieur du territoire camerounais. Aussi, le conflit auquel le juge camerounais doit faire face en droit patrimonial de la famille oppose la coutume normalement compétente et le droit écrit. Le juge doit donc écarter cette coutume sous le prétexte qu'elle contient des dispositions dont l'application est jugée inadmissible. Dès cet instant, la coutume du de cujus heurte l'ordre public établi par le droit écrit. Et le juge écarte systématiquement toute coutume qui opère des discriminations fondées sur le sexe, l'âge, la nature de la filiation, comme étant contraire aux droits fondamentaux et aux libertés individuelles.

c. L'éviction de la coutume contraire à l'ordre public

La jurisprudence exige que les critères de détermination des successibles soient conformes à l'ordre public. Par conséquent, les juges apprécient cette conformité selon le degré de juridiction. Avec l'organisation judiciaire pyramidale, toutes les décisions rendues par les juridictions inférieures subissent un contrôle exercé par la juridiction qui lui est supérieure. Aussi, la Cour d'appel contrôle l'appréciation que les tribunaux font des règles qu'ils appliquent[132], et à son tour, ses arrêts subissent le contrôle de leur conformité avec l'ordre public par la Cour Suprême[133],

---

[131] KOUEVI (A) : op. cit., p. 426

[132] CA de Yaoundé, arrêt n°127 du 25 mars 2000, inédit. Le constat fait dans cette décision est que l'ordre public que les juges d'appel évoquent s'apparente à la règle de l'article 815 du Code civil qui permet à tout indivisaire de demander et d'obtenir sa sortie de l'indivision, car d'après ce texte, nul ne peut être contraint de demeurer dans l'indivision. Par cette lecture très européenne de l'ordre public, la décision d'appel approuve l'éviction de la règle coutumière par le Code civil. Désormais, le partage est admis dans les successions coutumières dont la caractéristique principale est la collectivité, l'indivision.

[133] Cour Suprême, arrêt n°38/L du 14 mai 1988, inédit. Plus précisément, la Cour d'Appel de Douala avait ordonné un partage inégal entre deux héritiers en se basant sur le sexe et l'âge. Pour casser ladite décision, la Cour Suprême énonçait que « *Attendu que par ces énonciations, le juge d'appel a opéré une discrimination dans le partage des rentes dont il s'agit, en faveur de Fongang Donat en raison du fait que ce dernier est plus âgé que sa sœur Mankeu Dorothée. Que ce faisant, il a violé les textes au moyen, alors surtout que la coutume Bamiléké invoquée est contraire à l'ordre public !* » ; CS, arrêt n°66/L du 19 août 1982, inédit. Ici, la Cour Suprême avait déjà eu à casser un arrêt de la Cour d'Appel, au motif qu' *« une décision de justice ne peut au nom de la coutume, sous peine d'être contraire à l'ordre public, déshériter le fils légitime au profit du petit fils »*. De plus, cette appréciation dépend de la position de la coutume par rapport à l'ordre public. Aussi, peut-elle être soit favorable, lorsque la décision à contrôler a reconnu le respect de l'ordre public par la coutume, soit encore défavorable, c'est le cas lorsque

En somme, l'ordre public apparaît comme un thème fourre-tout qui permet au juge d'éloigner la coutume, et même de l'écarter systématiquement au profit des dispositions du droit écrit. Aussi, l'ordre public évoqué par la Cour Suprême est-il celui qui impose une limite à l'application des coutumes et qui conduit le juge à écarter les règles coutumières jugées contraires aux exigences fondamentales[134].

2. L'évacuation de la coutume non conforme aux principes généraux de droit

En présentant les rapports entre la coutume et le droit écrit en droit des successions, Pierre LAMPUE souligne que *« la jurisprudence constate l'abrogation de celles des règles coutumières qui sont incompatibles avec les principes généraux du droit »*[135]. D'un côté, les règles successorales sont caractérisées en droit traditionnel par l'idée de discrimination, de ségrégation, soit selon les sexes, soit encore selon les âges, d'un autre côté, la Cour Suprême érige les règles du Code civil, et surtout de la Constitution, en principes généraux de droit auxquels les règles coutumières doivent se conformer. Ainsi, en ce qui concerne la détermination des successibles, ces principes généraux de droit semblent imposer la vocation successorale de tous les descendants du de cujus et celle du conjoint survivant. Pour justifier cette exigence, certains auteurs évoquent les concepts d'égalité et d'équité[136]. Égalité entre tous les héritiers du même degré, et équité pour plus de justice entre les survivants et le de cujus. Mais, quelle que soit la raison avancée pour justifier l'éviction de la coutume par les principes généraux de droit, il faut retenir qu'il s'agit des principes consacrés soit par la Constitution, soit par d'autres textes régissant les mêmes matières.

a. L'éviction de la coutume par les principes émis par la constitution

Toutes les constitutions que l'État camerounais a eu à adopter ont toujours eu pour mot d'ordre l'égalité de tous sans aucune discrimination. Et lorsqu'on se place sous l'angle du droit successoral, les juges apprécient la conformité de la coutume avec ce principe d'égalité proclamé par la Constitution. Dès lors qu'une coutume opère une discrimination basée sur le sexe ou sur l'âge des héritiers, celle-ci est contraire à la Constitution. Cette position de principe

la décision à contrôler constate la violation de l'ordre public par la coutume qui a été appliquée par une juridiction inférieure. L'ordre public ainsi évoqué et retenu s'identifie au droit importé.

[134]Le constat fait à propos de l'ordre public est valable pour les principes généraux de droit. En effet, le juge réduit également le champ d'application de la coutume en assimilant les prescrits du Code civil tel qu'il est applicable au Cameroun, à de véritables principes généraux de droit.

[135] LAMPUE (P). : « Les rapports de la coutume et de la loi dans le droit des successions en Afrique francophone », *R. J. P. I. C.*, t. 26, n°4,1972, pp. 833-844.

[136] YOUEGO (Chr) : thèse, op. cit., n° 286 et s. , p. 305 et s.

de la haute juridiction a été judicieusement et clairement consacrée dans plusieurs affaires concernant le droit successoral.

Ainsi, dans un arrêt du 11 juin 1963, la Cour Suprême, approuvant la position des juges du fond, avait écarté l'application de la coutume Douala en matière de dévolution successorale, laquelle excluait les filles de la succession[137]. Dans d'autres espèces, la Cour Suprême a eu à casser les décisions dans lesquelles les juges du fond méconnaissaient le principe constitutionnel de l'égalité des sexes[138].

Dès lors, chaque fois que les juges du fond tranchent sans tenir compte de cette égalité, la Cour Suprême leur oppose la Constitution en tant que norme suprême[139]. La Constitution étant la loi suprême, une telle coutume ne saurait valablement être appliquée, et si par mégarde les juges du fond s'en servaient, la Cour Suprême, dans l'exercice de son contrôle, ordonne son exclusion au profit des principes prescrits par la constitution[140].

---

[137] NGUINI (M) : *Droit moderne et Droit traditionnel*, PENANT, 1973, p.10. Pour motiver leur décision, les juges du fond énonçaient *« que la coutume invoquée, dans la mesure où elle établit une discrimination fondée sur le sexe, va à l'encontre de la Constitution laquelle a posé une fois pour toutes le principe d'égalité des sexes. De ce fait, ladite coutume ne saurait recevoir la sanction des tribunaux ; que la vocation de la femme apparaît ainsi désormais comme indiscutable ».* La Cour Suprême va justifier sa technique en concluant que l' « appréciation souveraine (faite) par les juges du fond de l'évolution de la coutume en accord avec les principes proclamés par la Constitution échappe à la critique de la Cour Suprême qui ne saurait y contredire ».

[138] CS, arrêt n° 38/L du 14 1998, précité, la Cour Suprême, dans cet arrêt, cassait un arrêt de la Cour d'appel de Douala qui avait ordonné un partage inégal entre les héritiers en se fondant sur leur sexe et leur âge. Pour ce faire, elle rappelait que la Constitution du Cameroun en son préambule dispose que « *Tous les hommes sont égaux en droits et en devoirs* ».

[139] CS, arrêt n°21/L du 7 janvier 1982, inédit. Elle soutient ici « *qu'il résulte du préambule de la Constitution du 2 juin 1972 que tous les citoyens camerounais, sans distinction de sexe, possèdent des droits égaux, inaliénables et sacrés* », et qu'en conséquence en « matière successorale ou tutélaire…, il ne saurait y avoir de discrimination sur les pouvoirs de l'administrateur du patrimoine successoral. Pour casser la décision attaquée, la Cour Suprême soutient qu'*« Attendu que contrairement à l'application du juge d'appel, il apparaît que l'arrêt confirmatif attaqué a méconnu les dispositions de la Constitution du 2 juin 1972 qui a aboli les discriminations basées sur le sexe…*

[140] En application de ces principes généraux, il est de jurisprudence constante que le fait pour une fille d'être mariée à une personne d'un lignage étranger n'enlève en rien sa qualité de descendant direct du de cujus, et par conséquent ne la prive pas de ses droits dans la succession de ce dernier. CS, arrêt n°157 du 27 juin 1968, Bull. p. 2092 (coutume Douala) ; CS, arrêt n° 96 du 11 mars 1969, Bull. p.2410 (coutume Bamiléké) cités par YOUEGO (Chr): op. cit. p. 306 et s. La jurisprudence consacre donc, de manière générale et constante, le principe constitutionnel de l'égalité de tous en droits et en devoirs, mais de façon particulière, celle de tous les descendants dans la succession de leur auteur commun. Parfois aussi, pour justifier qu'une coutume est contraire aux principes généraux du droit, la Cour Suprême évoque son incompatibilité avec d'autres textes.

b. L'éviction de la coutume par les règles régissant le droit successoral moderne

La Cour Suprême se fonde également sur les règles du Code civil, ou encore sur la Southern Cameroonian High Court law de 1955 pour priver une règle coutumière de son autorité. Dès lors, le Code civil sert souvent de fondement juridique soit pour rétablir l'égalité de tous les successibles, soit pour reconnaître la vocation successorale du conjoint survivant et ses droits successoraux.

Dans la partie occidentale du Cameroun, de culture juridique anglo-saxonne, la Cour Suprême fait souvent recours à la Southern Cameroonian High Court de 1955 dont les principes sont aussi basés sur l'équité.

L'application de cette technique apparaît clairement à travers certaines décisions.

Dans l'arrêt du 14 mai 1998 précité, la Cour Suprême évoque l'article 745 du Code civil pour rétablir l'égalité entre les héritiers du de cujus. Pour montrer et surtout sanctionner l'erreur commise par les juges d'appel, la haute juridiction leur rappelle que la Constitution, en son préambule, institue l'égalité de tous les hommes en droits et en devoirs et, surtout aussi, qu'aux termes de l'article 745 du Code civil, les enfants et leurs descendants succèdent à leurs père et mère, sans distinction de sexe ni de primogéniture[141].

La Cour Suprême part ainsi de la règle constitutionnelle qui prône l'égalité de tous, conformément à la Déclaration universelle des droits de l'homme, pour aboutir à celle du Code civil qui, elle, institue l'égalité entre tous les héritiers du premier ordre sur le patrimoine successoral[142]. C'est ainsi que dans l'arrêt précité du 7 janvier 1982[143], pour détruire la position des juges du fond, la Cour Suprême relève que « *la femme, même veuve, est un être humain possédant le droit inaliénable et sacré d'exercer ses droits reconnus par la loi, parmi lesquels le droit à une quote-part de l'usufruit du patrimoine laissé par son feu mari en vertu de l'article 767 du Code civil* ». Ce qui précède montre le manque de cohérence entre les juges du fond et ceux de la haute juridiction dans le droit traditionnel des successions[144].

---

[141] Article 745 du Code civil : « *Les enfants ou leurs descendants succèdent à leurs pères et mères, aïeuls, aïeules, ou autres ascendants, sans distinction de sexe ni de primogéniture, et encore qu'ils soient issus de différents mariages* ».

[142] Le même Code civil est aussi évoqué par la haute juridiction pour écarter une coutume qui prive le conjoint survivant de ses droits successoraux en le comptant parmi les éléments de l'actif successoral.

[143] CS, arrêt n°21/L du 7 janvier 1982, précité.

[144] Dès lors, les juges du fond, bien que magistrats professionnels formés dans la pure tradition occidentale, semblent avoir du mal à se défaire des règles coutumières discriminatoires, en dépit des textes de droit écrit qui sont manifestement en contradiction avec ces pratiques jugées rétrogrades. Ils paraissent donc plus à cheval entre la tradition et la modernité par rapport aux

D'une façon générale, la Cour Suprême met en œuvre la règle selon laquelle les dispositions coutumières, quand elles paraissent incompatibles avec ce que la jurisprudence désigne généralement sous le nom d'ordre public, doivent être regardées comme privées d'autorité. Dès lors, l'ordre public ainsi entendu, celui qui fixe une limite à la validité des coutumes, est assurément constitué des principes généraux du droit[145].

3. L'éviction de la coutume originelle par la coutume évoluée

La Cour Suprême dispose finalement de plusieurs alibis pour écarter les règles coutumières de l'ordonnancement juridique en matière successorale. Car, en dehors des raisons sus-évoquées, il lui est aussi arrivé de se fonder sur l'évolution qu'aurait connue la coutume pour justifier son éviction. Cette justification crée une situation conflictuelle entre la coutume originellement traditionnelle et celle qui est déclarée évoluée. Ce qui, une fois de plus, met en opposition de phase la tradition et la modernité. Une meilleure appréciation de l'éviction de la coutume originelle par la coutume évoluée se perçoit à travers la présentation du processus d'évolution de la coutume (a) et de la substitution effective, par le juge, de la coutume originelle par cette nouvelle coutume dite évoluée (b).

a. La présentation du processus d'évolution de la coutume

Pour mieux comprendre le phénomène d'évolution de la coutume, il paraît opportun de partir de la coutume originelle pour aboutir aux mécanismes d'évolution de celle-ci.

De la coutume originelle à la coutume évoluée

Les auteurs ne s'accordent pas pour donner une définition arrêtée de la coutume. Certains préfèrent donner les acceptions que peut revêtir ce mot. C'est ainsi que le Professeur VANDERLINDEN[146] lui confère deux

juges de la haute juridiction. En effet, dans son rôle de régulation de la jurisprudence et de déblayage du domaine qui nous préoccupe en vue de l'adoption d'une législation moderne, à l'instar des autres matières déjà codifiées, la Cour Suprême semble avoir une vision beaucoup plus moderniste, et par conséquent objective, lorsqu'elle écarte toute coutume qui contient des dispositions pouvant mettre en échec les principes consacrés soit par la Constitution, soit par la législation d'emprunt, et qui de ce fait paraît contraire à l'ordre public.

[145] Mais il s'agit des principes généraux qui dominent l'ensemble de l'ordre juridique étatique et qui se dégagent essentiellement du préambule de la Constitution et de la Déclaration universelle des droits de l'homme[145]. Ainsi, pour réduire, et même anéantir, le champ d'application de la coutume, la Cour Suprême assimile les règles constitutionnelles et celles du Code civil français et de la Common Law à de véritables principes généraux de droit, et par conséquent à l'ordre public. Parfois même, elle accuse l'évolution de la coutume.

[146] VANDERLINDEN (J) : « Justice et droits : quels droits appliquer ? : le juge et la coutume en Afrique d'aujourd'hui *», in Afrique contemporaine 1990, p. 231 et* s.

acceptions. Dans un premier sens, la coutume est une source formelle du droit au même titre que la doctrine, la jurisprudence ou la loi[147].

D'après une seconde acception, la coutume est le droit originellement africain[148]. De ce fait, elle s'oppose aux droits importés. Cependant, elle est une source non écrite, car elle se formule dans les comportements particulièrement difficiles à saisir en raison de leurs mouvements constants. L'analyse de ces deux acceptions montre que la coutume est essentiellement évolutive. À ce propos, l'idée de coutume évoluée qui s'est développée concerne surtout les habitants des villes dont les modes de comportement et de vie se rapprochent de ceux qui sont importés. Dans cette nouvelle approche, la coutume devient autre chose. Elle ne peut être dite évoluée puisqu'elle est elle-même évolution. Celle qui est dite évoluée est plutôt une coutume urbaine[149].

D'une manière générale et selon certains auteurs[150], l'acculturation appréhende non seulement les phénomènes qui se produisent lorsque les groupes d'individus ayant une culture différente entrent en contact continu et direct, mais aussi les changements qui affectent les agencements culturels originaux de l'un des groupes et de tous les groupes.

Un autre auteur[151] estime que le phénomène d'acculturation se caractérise par un équilibre entre le flux de culture reçue et la culture originale du groupe sujet à l'acculturation. À partir de cet instant, l'acculturation doit se traduire par une réaction positive au choc intellectuel qui crée un contact entre les deux

---

147 À ce titre, elle est un mode de formulation de l'abstraction qu'est le droit, et de ce fait, la coutume est universelle et éternelle. Il en déduit que la coutume est le droit tel que le formule le peuple dans son comportement quotidien, ainsi définit-il la coutume comme *« ce qu'on fait parce que d'autres l'ont fait et qu'il est normal de la faire »*. Dès lors, pour lui, la coutume est spontanée, car elle *« se forme par accrétion successive de variantes dont certaines sont acceptées et d'autres meurent comme ces branches des espèces animales ou végétales qui sont aujourd'hui éteintes à jamais »*. Pour cet auteur, la coutume est en constant devenir et n'arrête jamais de se transformer et de s'adapter aux besoins de la société. À cet effet, la coutume a toujours existé à toutes les époques et dans toutes les sociétés du monde et évolue avec le temps. Aussi conclut-il cette acception en notant que *« rien n'est moins statique que la coutume »*. Il s'agit donc d'une source évolutive de par sa nature.

148 VANDERLINDEN (J) : Systèmes *juridiques africains*, Paris, PUF, « Que sais-je ? », 1983.

149 VADERLINDEN (J): op. cit., *Afrique Contemporaine 1990, p. 236,* qui entraîne la déculturation de la coutume originellement africaine. Lorsqu'on observe cette coutume dite urbaine, et donc de déculturation, on est tenté de faire allusion à un autre phénomène dont elle se distingue, c'est celui de l'acculturation juridique.

150 NKOU MVONDO (P) : op. cit., p. 110 et s. ; voir également REDFIELD, LINTON et HERSKOVITS (M) in *« Memorandum of study of acculturation »,* cités par NKOU MVONDO (P)

151 LATOUCHE (S)*: L'occidentalisation du monde*, édition de la Découverte,1989, p. 65, cité par NKOU MVONDO (P), p. 214.

cultures et dont les traits s'échangent en se contrebalançant. Ce changement réciproque de cultures distingue l'acculturation de la déculturation.

Avec la déculturation, le contact des cultures est négatif au lieu d'être positif ; il est même déséquilibré, car le flux culturel se fait à sens unique. Dès lors, la culture « réceptrice » est envahie, menacée de disparition.

L'analyse de la jurisprudence camerounaise, dans les domaines où la coutume intervient encore, montre que celle-ci a emprunté la voie de la déculturation et non celle de l'acculturation. En effet, dans son processus d'évolution de la coutume, la jurisprudence tend à substituer la coutume originelle par la coutume dite évoluée qui, en réalité, n'est que la copie de la culture juridique occidentale[152]. C'est cette faculté d'adaptation qui a fait dire que dans la pratique le droit des successions oscille entre la tradition et la modernité. Pour mieux démontrer cette attitude des populations, un auteur fait remarquer que *« on assiste plutôt dans les sociétés africaines, à un phénomène d'adoption par sélection, réinterprétation des normes nouvelles à la lumière de celles du passé. On constate partout une attitude syncrétique, qui tend à réaliser la synthèse des deux cultures, et cherche à réaliser une adaptation harmonieuse entre les exigences d'une tradition dynamique et celle d'un environnement qui s'est profondément modifié depuis le début de la colonisation ».*[153] Dès lors, les populations ouvertes aux innovations y adaptent leurs vieilles traditions.

Par contre, lorsque le panachage des acquis importés avec la culture traditionnelle est tenté par le juge, il subsiste toujours un conflit entre les deux civilisations et en l'absence d'une loi successorale nationale, le droit des successions l'emporte sur le droit traditionnel, et l'on assiste de ce fait à un phénomène de déculturation des coutumes successorales. Cette déculturation provient du non-respect des mécanismes d'évolution de la coutume par ceux qui sont chargés d'assurer son évolution.

* *Les mécanismes d'évolution de la coutume*[154]

---

[152]Or, la coutume en elle-même n'est pas immobile, elle évolue au rythme des transformations économiques, des changements des conditions de vie, des mouvements des idées, et la tendance qui en résulte est le passage du groupe lignager à la famille conjugale. En effet, le flux culturel engendré par la jurisprudence n'est pas réciproque, il paraît plutôt négatif, car il est à sens unique. De ce fait, on constate que la jurisprudence favorise la déculturation de la coutume originelle, contrairement aux populations qui, elles, vivent le phénomène d'acculturation, car en même temps qu'elles tirent des avantages que leur procure la culture occidentale importée, elles n'abandonnent pas complètement leur culture d'origine.

[153]NICOLAS (G): « La société africaine en réaction à l'impact occidental », in *L'Afrique noire contemporaine,* Coll. U., Armand COLIN, 1968, p 224, cité par NKOU MVONDO (P) : op. cit., p. 216.

[154] YOUEGO (Chr), op. cit., p. 289 et s.

L'évolution de la coutume ne s'opère qu'à l'intérieur de la société dans laquelle elle va s'appliquer. Le mécanisme d'évolution doit donc être interne à la société traditionnelle en faisant intervenir les autorités coutumières qui sont garantes de sa bonne application et qui représentent cette population. L'initiative de la modification doit donc provenir de ces représentants[155]. Normalement, le mécanisme d'évolution de la coutume émane des membres de la collectivité et se fait par leur propre institution. Concrète dans d'autres sociétés africaines[156], l'évolution endogène de la coutume avait déjà été constatée dans la société Douala par la Cour suprême dans un arrêt du 22 janvier 1963[157].

Lorsque l'évolution de la coutume émane de la collectivité, elle continue de s'appliquer à cette communauté. Par contre, lorsque l'évolution est imposée par les juges, il y a déculturation de la coutume originelle, car son évolution s'opère totalement en dehors de sa communauté. Dès lors, évoluée dans ces conditions, cette coutume n'est plus identique à la coutume originelle, et s'identifie au droit importé.

La Cour suprême avait fait constater cette évolution imposée en matière des successions, dans un arrêt du 19 mai 1964[158]. Pour y faire ressortir le caractère évolutif de la coutume, elle avance l'argument selon lequel, *« La coutume est essentiellement dynamique et doit par conséquent évoluer dans le meilleur sens et au rythme de l'évolution du groupe concerné auquel elle*

---

[155] En effet, l'évolution peut être provoquée soit par des éléments extérieurs à la société, soit par des éléments caractéristiques de la société dont relevait le de cujus. Par sa faculté d'adaptation et d'adoption des acquis extérieurs, les membres d'une collectivité intègrent les normes étrangères dans leur vie, en réalisant ainsi une synthèse des deux cultures endogène et exogène. De ce fait, il doit y avoir un lien étroit entre l'évolution de la coutume et la société à laquelle elle est censée s'appliquer. L'évolution ne doit donc pas être imposée à la population, elle est faite par elle-même.

[156] OLAWALE (T): « La nature du droit coutumier africain » cité par YOUEGO (Chr) : op. cit., p. 298.

[157] CS, arrêt n°15/C du 22 janvier 1963, bull. n°8, p. 572 ; NDOUMBE – MOULONGO (M) : « Les coutumes et le droit au Cameroun ». p. 117-118. Pour ce faire, la Cour suprême énonce que « … le *caractère essentiel de la coutume est d'être évolutive ; que dans le domaine qui lui est réservé par le législateur, elle est élaborée, décidée et mise en œuvre par les organes institutionnels du groupe social qu'elle concerne, et ainsi se développe, se modifie et se renouvelle d'une manière autonome et par ses propres voies en vue de son adaptation continue aux conditions et aux exigences nouvelles de la vie sociale ».*

[158] CS, arrêt du 19 mai 1964, bull n°10. Dans cette espèce, la Cour Suprême fait remarquer que toutes les coutumes du Cameroun évoluent au contact des législations positives occidentales. Il s'agissait ici d'une succession dans laquelle le de cujus avait rédigé, en langue locale, un testament olographe de son vivant dans lequel il répartissait ses biens meubles et immeubles entre ses enfants et son épouse. À son décès, l'un de ses enfants est désigné héritier unique par le TPD. Par cette désignation, conforme à la coutume du de cujus, le testament sera écarté. Ce jugement sera infirmé par la Cour d'Appel qui homologue le testament. Saisie à son tour du pourvoi, la Cour suprême va approuver la position de la Cour d'Appel en décidant que les dernières volontés du défunt soient respectées.

tient lieu de règle de droit. Que la coutume Beti ne saurait être statique, comme le conçoit le tribunal... qui, en déclarant M. E. seul héritier du chef supérieur décédé, a méconnu les testaments laissés par le défunt et s'est conformé à la coutume Beti selon laquelle les femmes et les alliés sont inhabiles à succéder ». Elle continue en relevant que « *s'il y a quelques décennies, les femmes et les alliés n'avaient pas vocation à la succession, il n'en est plus ainsi aujourd'hui puisque la coutume Beti, comme toutes les autres coutumes camerounaises, évolue au contact des législations positives occidentales* ».

Il résulte de ce qui précède que la population locale et les autorités coutumières sont totalement étrangères au processus d'évolution de la coutume. D'ailleurs, la Cour Suprême, qui se reconnaît le droit de faire évoluer la coutume avait, dans un arrêt du 7 septembre 1961,[159] décidé que les autorités coutumières ne devaient pas procéder à la modification des règles coutumières en l'absence de toute autorisation législative.

En définitive, les matières dans lesquelles l'évolution de la coutume a pratiquement été imposée par la Cour Suprême sont nombreuses. Il en est ainsi en matière de mariage, de remboursement de la dot, de liberté de la femme divorcée et de la veuve, ainsi que de la vocation successorale de la femme en général[160]. En suivant ainsi le schéma tracé par leurs aînés, les juges n'hésitent pas, quand ils veulent évacuer une règle coutumière, de faire appel à l'évolution de la coutume des parties.

b. La substitution par le juge des règles coutumières par le droit écrit à travers la coutume évoluée dans la détermination des successibles

La complexité de certains litiges et l'ambiguïté de certaines règles coutumières auxquelles s'ajoutent la hiérarchisation des normes juridiques et surtout l'œuvre d'évacuation des coutumes, ont conduit à la substitution des règles coutumières originelles par celles de la coutume dite évoluée, à laquelle les juridictions, surtout celles des milieux urbains, se réfèrent de façon constante[161].

** les juges du fond et la coutume évoluée*

[159] CS, arrêt n° 274 du 7 septembre 1961, bull. n° 5, p. 183.

[160] NGUINI (M) : « Droit moderne et droit traditionnel », *PENANT*, 1973, p. 10.

[161] Suivant ainsi l'école de la haute juridiction qui, par le contrôle qu'elle exerce, ne cesse de casser leurs décisions au motif qu'elles ne sont pas compatibles avec la coutume évoluée, les juges du fond évoquent constamment l'état évolutif de la coutume pour écarter une coutume discriminatoire dans la détermination des successibles.

La lecture de la majorité des décisions rendues par les tribunaux du premier degré laisse l'impression que le droit successoral coutumier a subi une uniformisation. En effet, ces tribunaux énoncent de façon constante, selon les prescriptions de l'article 18 du décret de 1969, la coutume qui leur sert de fondement juridique. Cependant, malgré la grande diversité de ces coutumes, la formule consacrée par les TPD paraît la même pour toutes les coutumes du Cameroun, même si le contenu énoncé n'est pas celui qui a cours dans cette société traditionnelle. Sans qu'ils aient besoin de le mentionner expressément dans ces décisions, on observe à travers cette uniformisation une certaine évolution jurisprudentielle de la coutume.

Dès lors, pour retenir la qualité de successibles des descendants du de cujus, ou celle d'usufruitier de son conjoint survivant, les TPD se fondent sur les résolutions du Conseil de famille pour constater leur conformité à la fois avec la loi et avec la coutume des parties. Et ce constat est souvent le même, quelle que soit la coutume évoquée. Que ce soient donc la coutume Beti, la coutume Bamiléké, ou la coutume musulmane, tout se passe comme s'il existait une coutume uniforme, et même universelle qui aurait ainsi un contenu identique à celui du Code civil dans la version qui sert de législation d'emprunt. Cette uniformisation qui, en réalité, entraîne son évolution tacite se perçoit mieux à travers l'analyse de certaines décisions rendues par ces juridictions à l'égard des personnes relevant de différentes coutumes.

Dans une série de décisions rendues par le TPD de Yaoundé[162], le juge déclarait, après avoir énoncé la coutume Bamiléké qui régissait les parties, que les « *résolutions du Conseil de famille sont conformes à la loi et à la coutume Bamiléké régissant les parties, et selon laquelle lorsqu'un homme décède, ses enfants sont cohéritiers et la veuve jouit de l'usufruit légal sur les biens laissés par son défunt conjoint* ». Dans une autre décision homologuant les résolutions d'un Conseil de famille conformes à l'ordre public et à la coutume Bamiléké, le même tribunal énonce que *« lorsqu'un célibataire décède en laissant un enfant régulièrement reconnu, ce dernier est héritier de son père »*[163].

Ces décisions surprennent quant au contenu qu'elles attribuent à la coutume Bamiléké, que ce soit en ce qui concerne la détermination des successibles, et surtout leur égalité, que s'agissant de l'existence et des droits d'un enfant naturel. Dès lors, la coutume ainsi invoquée ne peut être autre chose que la coutume évoluée.

---

[162] TPD de Yaoundé : jugement n°327 du 26 décembre 1996 ; jugement n°938 du 10 juin 1996 ; jugement n°176 du 18 novembre 1996 ; jugement n° 291 du 19 décembre 1996 ; jugement n° 787 du 15 mars 1999, inédits

[163] TPD, Yaoundé, jugement n°291 du 19 décembre 1996, inédit.

D'autres décisions sont constamment rendues dans les mêmes termes en ce qui concerne les autres coutumes. Ainsi, s'agissant de la coutume Beti, la même formule avait été énoncée dans un jugement rendu le 4 avril 1996[164] ainsi qu'il suit : « *les résolutions soulevées par le Conseil de famille sont conformes outre à l'ordre public, à la coutume Beti dont relèvent les parties et selon laquelle lorsqu'un homme décède et laisse une veuve et des enfants, la veuve est usufruitière légale et les enfants sont des cohéritiers des biens de leur père décédé* ». Plusieurs autres décisions sont régulièrement rendues par la même juridiction dans les mêmes termes même lorsqu'il s'agit du décès d'une épouse–mère. À cet effet, le juge déclare les résolutions du Conseil de famille conforme à la coutume Beti et à la loi qui reconnaît aux enfants la qualité d'héritiers de leur mère, sans distinction de sexe, et au conjoint, celle d'usufruitier légal[165]. D'autres jugements encore, reconnaissant les mêmes droits aux enfants et aux conjoints des défunts sont ainsi rendus conformément soit à la coutume Bassa[166], soit à la coutume Boulou[167] soit encore à la coutume Haoussa[168].

De même, pour reconnaître la vocation successorale aux successibles venant par représentation, les juges évoquent la coutume des parties. C'est ainsi que dans une espèce rendue le 25 mars 1999, le TPD de Yaoundé reconnaissait la vocation successorale aux petits-fils du de cujus par représentation de leur père prédécédé. Il énonçait à cet effet que : « *cette résolution du Conseil de famille est conforme à la loi et à la coutume Beti selon laquelle lorsqu'un grand-père décède, ses petits-fils sont ses cohéritiers et peuvent administrer les biens de la succession* »[169]. Mais seulement, le juge n'a pas précisé en quelle qualité les petits-fils venaient à cette succession de leur grand-père, au point que l'on ne sait pas exactement si, selon la coutume Beti, ils viennent par représentation de leur auteur prédécédé ou de leur propre chef.

Il faut toutefois relever qu'au sujet de la représentation, la Cour d'Appel de Yaoundé avait déjà eu à se prononcer clairement en admettant la vocation par représentation conformément à la coutume Beti[170]. En l'espèce, il s'agissait d'un cas dans lequel le de cujus était mort sans enfant ni femme, mais avait laissé un frère et des neveux dont les parents étaient déjà aussi décédés. Profitant du fait qu'il était l'unique frère du de cujus, ce frère avait voulu écarter tous ses neveux. Évoquant la coutume Beti qui était celle des

[164] TPD de Yaoundé, jugement n°720 du 4 avril 1996, inédit.
[165] TPD de Yaoundé, Jugements n°228 du 19 décembre 1996 ; n°730 du 4 mars 1999 ; 1326 du 9 septembre 1996 ; n°03/DL du 1er octobre 1998 : inédits.
[166] TPD de Yaoundé, jugement n°1568 du 2 août 1999, inédit.
[167] TPD de Yaoundé, jugement n°47 du 14 octobre 1999, inédit.
[168] TPD de Yaoundé, jugement n°132 du 28 octobre 1999, inédit
[169] TPD de Yaoundé, jugement n°853 du 25 mars 1999, inédit.
[170] CA de Yaoundé, arrêt n°191 du 6 avril 1994, inédit.

parties, les juges d'appel avaient désigné le frère du de cujus comme co-héritier de ses neveux, en précisant que ces derniers succédaient par représentation de leur père prédécédé, lequel était le frère du défunt. Toujours conformément à la coutume Beti, la même position sera adoptée par la même juridiction le 1er mars 2000[171].

La position de la Cour d'Appel de Yaoundé avait déjà été plus claire au sujet de la représentation dans une espèce concernant la coutume Bassa[172]. Pour reconnaître ou renier la qualité de représentant à un successible, la Cour d'Appel de Yaoundé évoque une coutume qui n'est plus la coutume originelle, et que l'on peut qualifier d'évoluée.

La même évolution de la coutume ressort lorsque le TPD reconnaît la qualité de successibles des collatéraux. Ainsi, homologuant les résolutions du Conseil de famille, le TPD de Yaoundé les déclare conformes à « *la coutume maka dont relèvent les parties et selon laquelle, lorsqu'un célibataire sans enfants à charge décède, l'universalité de son patrimoine est déférée à ses collatéraux* »[173].

Plus intéressante paraît la situation du conjoint survivant. En effet, les juges énoncent de façon constante que la coutume reconnaît au conjoint survivant la vocation à l'usufruit des biens de la succession de son défunt conjoint. Aussi, se pose-t-on la question de savoir si toutes les coutumes du Cameroun, dans l'unanimité, reconnaissent un droit d'usufruit au conjoint survivant, et surtout à la veuve qui, dans la majorité des coutumes, a elle-même une valeur patrimoniale[174].

---

[171] CA de Yaoundé, arrêt n°072 du 1er mars 2000, inédit.

[172] CA de Yaoundé, arrêt n°207 du 4 mai 1994, inédit. Les faits sont les suivants : le sieur Mahop meurt sans postérité en laissant une veuve, une nièce et des sœurs. Un premier conseil de famille reconnaît à la veuve, conformément à la coutume Bassa, la vocation successorale et lui attribue la totalité des biens laissés par son défunt mari. Un second Conseil de famille, convoqué par la nièce du de cujus, dont la mère, sœur du de cujus est encore vivante, la désigne unique héritière du de cujus, conformément à la même coutume Bassa. Les résolutions de ce second conseil sont homologuées par le TPD de Yaoundé, qui en plus nomme la nièce administratrice des biens de la succession, accorde le droit d'usufruit à la veuve sur la totalité des biens de la succession et donne acte aux sœurs du de cujus de leur renonciation à ladite succession au profit de leur fille et nièce qu'elles désignent elles-mêmes comme leur représentante. Voulant écarter totalement la veuve, la nièce va relever appel en demandant à la cour de lui reconnaître la qualité de représentante de sa mère et de sa tante toutes deux encore vivantes. La Cour d'appel justifie le rejet de la demande de représentation en rappelant que : « *les juridictions constatent le droit et ne le créent pas suivant les allégations des parties* ». En réalité, le sens de la déclaration des juges d'appel est que la représentation ne découle pas de la renonciation et surtout de la désignation faite par le renonçant, car on ne peut pas représenter un héritier renonçant et surtout une personne vivante.

[173] TPD de Yaoundé, Jugement n°108 du 28 octobre 1996, inédit.

[174] À la vérité, nombreuses sont les décisions rendues au premier degré en matière de droit coutumier et dont les motivations font ressortir la similitude des coutumes avec le droit écrit. Aussi, si les juges du fond omettent-ils souvent de mentionner le caractère évolutif de la

- ***La coutume évoluée devant la Cour Suprême***

Les règles de droit applicable en matière coutumière sont constituées par les coutumes des différents groupes ethniques et sociaux, à condition qu'elles ne soient pas frappées d'inefficacité par un principe d'ordre public. Mais, il est un fait : c'est que la coutume évolue. Aussi, est-elle difficile à saisir et à préciser à tout moment. Si pendant longtemps elle a paru immobile, cela était dû à la stabilité des structures sociales auxquelles elle correspondait. Or actuellement, elle est en pleine mutation dans les domaines juridiques où elle a gardé son autorité, en l'occurrence, en droit patrimonial de la famille.

La mobilité des coutumes du Cameroun avait déjà été relevée sur certains points par certains auteurs[175], mais l'évolution s'est accélérée et depuis lors il y a eu un changement rapide, en particulier des rapports de famille[176]. Dès lors, l'évolution de la coutume a abouti à un rapprochement des conceptions dominantes du droit traditionnel et celles qui découlent de la législation écrite. Il se crée ainsi une sorte d'osmose entre le droit moderne et le droit traditionnel, lequel évolue sous l'influence du premier[177].

Plusieurs décisions rendues par la haute juridiction contiennent des mentions relatives au dynamisme de la coutume. Cette évolution, admise de façon générale en droit patrimonial de la famille, l'a d'abord été en matière de divorce et de régime matrimonial[178].

Dès lors, la Cour Suprême n'a jamais cessé de rappeler cette évolution soit pour approuver, soit encore pour sanctionner la position des juges du fond. C'est ainsi qu'une fois de plus, en matière de régime matrimonial, la haute

---

coutume dont ils font usage, la juridiction suprême ne manque jamais l'occasion de souligner les mutations que subissent les coutumes originelles du Cameroun.

175 BERTAUD (M) : « Le droit coutumier des Boulous : monographie d'une tribu du Sud-Cameroun », *Thèse, Paris, 1935.*

176 NDOUMBE MOULONGO (M) : « Conséquences des juridictions de droit traditionnel sur l'évolution des coutumes dans le Sud- Cameroun », *Rev. jur. Pol. d'outre-mer,* 1963, p.533 et s.

177Cela apparaît clairement dans le droit patrimonial de la famille lorsque la famille-ménage affirme son autonomie aux dépens de la cohésion de la famille étendue, et surtout quand la descendance prend le pas sur le lignage et que des droits sont reconnus à des personnes qui ne figurent pas parmi les héritiers traditionnels. Cette évolution s'apparente alors à une humanisation des coutumes. Il en résulte que la vérification par la haute juridiction de l'état actuel de la règle suivie par les juges du fond au sujet de chaque rapport juridique devient essentiellement importante. Il ressort donc de cette attitude de la haute juridiction que les juges du fond doivent indiquer qu'après avoir examiné la coutume, ils ont constaté son évolution dans le sens du droit écrit.

178CS Cam Or., arrêt du 12 janvier 1971, aff. Dayas. Penant, 1973, p. 64, note Lampue

YOUEGO (Chr) *:* thèse précitée, p. 294 et s.

MELONE (S). : - « Régimes matrimoniaux et droits fonciers », *Penant*, 1971, p. 141 ;

- « Le poids de la tradition dans le droit africain contemporain *», Penant*, 1971, p. 421 ;
- « Le Code civil contre la coutume, la fin d'une suprématie », *R.C.D*, 1972, p.12

juridiction, dans une espèce du 18 juillet 1985[179], faisait allusion à l'évolution de la coutume pour casser un arrêt rendu par la Cour d'Appel de Douala dans lequel les juges avaient fait une fausse application de l'article 1400 du Code civil de 1804 sur le partage de la communauté légale entre des époux[180].

En matière successorale, la haute juridiction a également eu à admettre l'évolution de la coutume, plus particulièrement en ce qui concerne le respect des dernières volontés du de cujus. Aussi, dans un arrêt rendu le 11 juin 1963[181], la Cour Suprême avait approuvé l'appréciation souveraine qu'avait faite la Cour d'Appel sur « *l'évolution de la coutume en accord avec les principes proclamés par la Constitution...* »[182]. Et c'est pour continuer son œuvre d'évacuation des règles coutumières que ladite cour avait, dans un arrêt du 19 mai 1964 soutenu que *« la coutume est essentiellement dynamique et doit par conséquent évoluer dans le meilleur sens et au rythme de l'évolution du groupe auquel elle tient lieu de règle de droit. Que la coutume Beti ne saurait être statique comme le conçoit le tribunal... qui, en déclarant M. E. seul héritier du chef supérieur décédé, a méconnu les testaments laissés par le défunt et s'est conformé à la coutume Beti*

---

[179] CS, arrêt n°68/L du 18 juillet 1985, inédit.

[180] En effet, la Cour d'Appel de Douala avait ordonné la liquidation de la communauté ayant existé entre les époux C. M. conformément à l'article 1400 précité, en raison du silence de la coutume des parties en la matière. Cependant, au lieu du partage par moitié, elle avait plutôt ordonné le partage dans les proportions d'imagination de deux tiers pour le mari et du tiers pour la femme, au motif que le quantum de leurs revenus mensuels ne pouvait pas leur permettre de participer à parts égales à l'acquisition des biens qui formaient le patrimoine conjugal. Et pour justifier cette répartition inégale, la juridiction d'appel avait fait preuve de création en relevant qu'il avait existé entre les époux *« une communauté de fait limitée aux acquêts »*. Or, l'article 1400 dont elle prétendait avoir fait usage prévoit un partage à parts égales. De ce fait, en ordonnant le partage dans les proportions de deux tiers et d'un tiers, ladite cour dénaturait les dispositions de ce texte. Et pour casser cette décision, la Cour Suprême soutient que les juges d'appel auraient pu rechercher et à faire application des règles coutumières en la matière eu égard à l'espèce litigieuse et surtout à l'évolution actuelle de la coutume des parties.

[181] CS. Cam. Or, arrêt n°67 du 11 juin 1963, note LAMPUE, Penant, 1966, p. 73 et s.

[182] En effet, le litige portait sur la validité d'un testament écrit par lequel le de cujus avait institué ses filles héritières de ses biens. Le testament avait alors été attaqué d'une part, comme étant établi en méconnaissance des formes prescrites par le Code civil, et d'autre part comme contraire à la coutume duala qui excluait les femmes de la dévolution successorale. Sur ce second motif, la Cour Suprême énonce que l'appréciation faite dans l'arrêt entrepris par les juges du fond sur l'évolution de la coutume en accord avec les principes proclamés par la constitution échappe à la critique des juges de cassation. Il est vrai que l'attitude de la haute juridiction dans cette décision lui a valu quelques critiques. En effet, il lui avait été reproché de n'avoir pas pris la peine de rechercher quelle était la coutume en vigueur et si elle avait été appliquée exactement par les juges du fond, et ce n'est qu'après ce constat qu'elle devait tirer la conclusion selon laquelle la coutume avait perdu sa rigueur, voire même son autorité, et que l'ancienne règle de l'exclusion des femmes ne pouvait plus être regardée comme obligatoire. Dès lors, par cette attitude, la Cour Suprême admettait que la coutume, surtout lorsqu'elle n'est pas consignée dans un texte écrit, constitue un simple fait constaté souverainement par les juges du fond, et non pas un élément de droit[182]. Tout compte fait, ce qui nous intéresse dans son argumentation est la constatation de l'évacuation de la coutume originelle par la haute juridiction au profit du droit écrit.

selon laquelle les femmes et les alliés sont inhabiles à succéder ». Faisant état par la même occasion de l'évolution générale de toutes les coutumes du Cameroun, la haute juridiction avait poursuivi en affirmant que si quelques années auparavant les femmes et les alliés n'avaient pas vocation à la succession, il n'en était plus ainsi, car « *la coutume Beti, comme toutes les autres coutumes camerounaises* avait *prodigieusement évolué au contact des législations positives occidentales* »[183].

Pour mieux faire ressortir le dynamisme des coutumes, la Cour Suprême fait obligation aux juridictions de fond d'énoncer le contenu de la coutume dont elles ont fait application conformément aux prescriptions de l'article 18(f) du décret de 1969. À cet effet, elle n'hésite pas à sanctionner toutes les décisions dans lesquelles les juges du fond ont failli à cette obligation en s'abstenant d'énoncer la coutume, et surtout d'en préciser le contenu[184], l'empêchant ainsi d'exercer son contrôle sur la conformité de la règle coutumière avec les prescrits du droit moderne.

Par ailleurs, chaque fois que les juges du fond énoncent clairement la coutume, la haute juridiction se range de leur côté. C'est ainsi que dans un arrêt qu'elle avait rendu le 12 mars 1981[185], pour rejeter un pourvoi, elle affirmait que la Cour d'Appel avait correctement énoncé la coutume Douala en déclarant « *qu'en coutume Douala..., l'héritier devient de plein droit propriétaire de tous les biens dévolus à la succession ».*

La haute juridiction va même plus loin en expliquant en quoi consiste l'énonciation de la coutume et considère comme laconique la déclaration des juges d'appel selon laquelle *« les premiers juges ont fait une saine application des faits de la cause au regard de la coutume musulmane qui était celle des parties ».* Pour ce faire, elle explique qu'énoncer la coutume c'est formuler, préciser son contenu, spécifier en quoi elle consiste compte tenu de l'objet du litige[186].

Toutes ces leçons que la Cour Suprême donne aux juridictions inférieures ne procurent pourtant pas la conviction d'un contrôle efficace de la véracité du contenu de ces coutumes. Ce contrôle paraît plutôt flottant, car il a tendance à se limiter à l'examen de la conformité et de la compatibilité des coutumes avec les exigences d'ordre public, des principes généraux édictés par la constitution ou par la législation d'emprunt. En effet, il arrive souvent que pour les mêmes faits, une même coutume ait un contenu différent devant les

---

[183] CS, arrêt du 19 mai 1964, bull., p. 10.

[184] CS, arrêts : - n° 73/L du 17 septembre 1981, inédit ;
- n° 50/L du 16 avril 1981, inédit ;
- n° 37/L du 16 février 1995, inédit ;
- n° 73/L du 16 septembre 1999, inédit.

[185] CS, arrêt n° 46/l du 12 mars 1980, inédit.

[186] CS, arrêt n° 18 du 24 décembre 1981, inédit

juridictions de même degré et de même nature, mais qui sont peut-être implantées dans des localités différentes. Cette différence se ressent surtout entre les juridictions traditionnelles des zones urbaines et celles des zones rurales. C'est ce qui a amené un auteur à préférer la notion de coutume urbaine à la place de celle de coutume évoluée[187].

Au demeurant, toutes ces exigences de compatibilité et de conformité de la coutume avec les principes du droit écrit entraînent la déculturation de la coutume, car si elle évolue, cette évolution se fait sous l'influence du droit écrit. Or, si l'on considère que la coutume, la Common Law le Code civil français dans sa version d'avant 1960 sont les principales sources du droit des successions au Cameroun, de nos jours, la coutume en tant que manière d'être, de parler, d'agir, devrait, au même titre que ce droit importé, être considérée comme une règle juridique à part entière[188].

Section II. L'existence d'un langage dysharmonieux entre les sources du droit des successions et la jurisprudence

Les spécificités que présente le droit patrimonial de la famille au Cameroun proviennent du fait que le système juridique est basé sur deux sources aux philosophies diamétralement opposées. Aussi, se côtoient le droit coutumier, constituée de multiples coutumes du pays qui ne sont consignées dans aucun document écrit, et le droit écrit, qui est de son côté composé de la Constitution, du Code civil dans sa version antérieure à 1960, de la common law anglaise, qui servent à cet effet de législation d'emprunt, et de quelques textes éparses touchant indirectement le domaine successoral, pris au niveau national. Si l'application exacte du droit écrit ne suscite pas beaucoup de remous, celle de la coutume est en proie aux contestations violentes à cause de son contenu ondoyant et divers. Aussi, pour que la coutume ne perde pas son autorité, la jurisprudence exige qu'elle soit évoluée ou compatible avec l'ordre public établi par la législation écrite.

Par ailleurs, de tous les pays d'Afrique francophone qui ont connu la domination étrangère, et dans lesquels a fonctionné un système judiciaire dualiste, le Cameroun reste le seul pays dans lequel subsistent deux ordres de juridictions, comprenant d'un côté les juridictions de droit traditionnel devant appliquer les coutumes aux parties et de l'autre côté, les juridictions modernes

---

187 VADERLINDEN (J) : *Afrique contemporaine,* 1990, op. cit., p. 231 et s.

188 Mais tel ne semble pas être le cas dans la pratique judiciaire camerounaise. D'où la recherche constante d'une nouvelle voie par le juge qui, au lieu de jouer son rôle de régulation et d'harmonisation des différentes règles juridiques en vigueur, œuvre plutôt pour la substitution des règles coutumières par le droit écrit. Et cette substitution crée toujours un état de dysharmonie entre les législations et la jurisprudence.

devant appliquer le droit écrit[189]. De ce fait, on peut attribuer l'absence d'harmonie sus-évoquée soit aux difficultés d'ordre théorique (juridique, pratique, etc.) (Paragraphe 1), soit encore aux difficultés d'ordre matériel (Paragraphe 2).

Paragraphe 1. L'absence d'harmonie liée aux difficultés d'ordre théorique

L'organisation judiciaire dualiste est la conséquence sine qua non du système « *législatif* » dualiste en vigueur en droit patrimonial de la famille.

Au départ, cette organisation judiciaire dualiste est apparue comme une technique transitoire vers un univers juridique moderne et uniforme. À cet effet, le dualisme juridique et par conséquent judiciaire s'était révélé incontournable et inévitable. C'est donc dans cette optique que le législateur avait aménagé les hypothèses dans lesquelles une juridiction traditionnelle et une juridiction moderne pouvaient exister indifféremment[190]. Pour remédier à cette insuffisance, et assurer ainsi une bonne administration de la justice, la jurisprudence avait consacré la règle en vertu de laquelle l'option de juridiction emporte option de législation[191].

Cependant, la pratique judiciaire révèle actuellement une réalité bien différente. Prévues pour être finalement phagocytées par les juridictions modernes, on assiste actuellement à un retour en force des juridictions traditionnelles qui, on peut même l'affirmer, prennent de l'ascendance sur les modernes, ce qui crée finalement une concurrence déséquilibrée entre ces deux types de juridictions (A) laquelle aboutit à une abrogation tacite des textes d'organisation judiciaire (B).

---

[189] KAMTO (M): Afrique contemporaine, 1990, op. cit., p. 61. Face à cette dichotomie, la doctrine fait remarquer que *« la première préoccupation du juge et sans doute la plus cruciale, en attendant la codification, c'est de coordonner logiquement les règles de droit disparates réparties entre les coutumes d'un côté et le droit écrit de l'autre, en sorte de constituer un ordonnancement juridique cohérent et d'en dégager les règles pertinentes applicables à tel cas d'espèce »*. Il appert, une fois de plus, de cette réflexion que la tâche qui revient au juge n'est pas du tout aisée, car la place qui est réservée à la coutume n'est pas la même dans tous les groupes ethniques. En plus, l'organisation des régimes successoraux dans les communautés traditionnelles demeure assez complexe et varie selon les régions, voire les ethnies. Dans un tel contexte, la jurisprudence tend à faillir au rôle de régulateur qui lui est conféré, car face à une situation aussi complexe, sa position paraît chancelante, et pour plusieurs raisons.

[190] Décret du 19 décembre 1969, Ordonnance 72/04 du 26 août 1972 et loi n°2006/015 du 26 décembre 2006 portant organisation des juridictions de droit écrit.

[191] MELONE (S).: RCD n°31, op. cit., p. 14. Par cette règle, un lien était établi entre la juridiction saisie et la règle juridique qu'on y appliquait. De plus, le caractère provisoire et même transitoire conféré au maintien des structures juridiques et judiciaires traditionnelles laissait entrevoir leur disparition complète au profit des seules structures modernes, au point que les juridictions traditionnelles se trouvaient dans un état que le feu Pr MELONE avait qualifié d' « *hypnagogique* ».

A. Une concurrence déséquilibrée entre les juridictions de droit traditionnel et de droit écrit

L'interprétation des articles 1 et 2 du décret de 1969 et de l'article 16 de l'ordonnance de 1972 a amené la Cour Suprême à affirmer de manière ferme que ces deux catégories de juridictions étaient également compétentes[192].

Alors, si d'après l'esprit initial des textes d'organisation judiciaire, la condition d'acceptation de toutes les parties avait pour objectif de réduire progressivement le champ d'action des juridictions de droit local, en élargissant par conséquent celui des juridictions de droit écrit, on observe actuellement, dans le domaine qui nous intéresse, un revirement de la situation, avec une nette préférence des juridictions traditionnelles, donc des TPD (1) et l'abandon des TGI, juridictions modernes, et très peu sollicitées en la matière (2), dont les raisons méritent d'être examinées.

1. La préférence des juridictions traditionnelles en droit patrimonial de la famille

En offrant aux justiciables la possibilité de décliner la compétence des juridictions traditionnelles, on se serait attendu normalement à l'usage massif de cette opportunité qui leur évitait l'application des coutumes jugées injustes et rétrogrades, et par conséquent à l'abandon tout aussi massif de ces juridictions. Mais, tel n'a pas été le cas. En effet, en matière successorale comme dans tous les domaines relatifs à l'état des personnes, la préférence semble être portée sur les TPD sans la moindre contestation sur leur compétence[193]. Les raisons de ce comportement inattendu des justiciables sont de plusieurs ordres. Elles ont trait soit à la catégorie sociale du justiciable, soit à la zone dans laquelle il évolue. À cet effet, on peut les regrouper en quatre catégories, à savoir la situation géographique des deux catégories de

---

[192] CS, arrêt n°16/L du 9 décembre 1976, inédit ; CS, arrêt du 27 janvier 1977, *RCD*, n°13 et 14, p. 173 ; MELONE (S) : op. cit., p. 14. Toutefois, l'article 2 du décret de 1969 avait circonscrit le domaine de compétence des juridictions traditionnelles en subordonnant leur compétence à l'acceptation effective de toutes les parties au procès qui, en plus, doivent toutes être de nationalité camerounaise. Aussi, en matière successorale par exemple, la coutume à appliquer étant celle du de cujus, un étranger ne peut valablement porter son litige devant le TPD. Dès lors, le successible qui ne veut pas que le litige successoral soit examiné devant une juridiction traditionnelle doit en décliner la compétence avant tout débat au fond. Par contre, les juridictions de droit moderne, en l'occurrence les TGI, peuvent être saisies sans condition préalable par les parties qui souhaitent se faire appliquer uniquement le droit écrit ; en plus, dès que la compétence d'une juridiction traditionnelle est déclinée, celle-ci revient automatiquement à la juridiction moderne concurrente.

[193] Il en est ainsi, quels que soient la situation géographique du TPD, le statut social des parties, et même déjà la nationalité des parties. En effet, il est de plus en plus fréquent de voir des justiciables de nationalité étrangère saisir le TPD, par exemple en matière de reconnaissance d'enfant.

juridictions par rapport aux populations (a), les problèmes économiques des justiciables (b), la célérité des procédures (c) et enfin la finalité même de la procédure, c'est-à-dire l'obtention du jugement d'hérédité (d).

a. Les raisons liées à la situation géographique des juridictions concurrentes

L'un des objectifs essentiels du maintien de la dualité judiciaire par le législateur camerounais consistait à favoriser le rapprochement de la justice des justiciables. En effet, d'après le découpage géographique de ces juridictions concurrentes l'arrondissement est le ressort territorial du TPD tandis que le TGI couvre le département[194].

b. Les raisons liées aux difficultés économiques des justiciables.

Les conditions de saisine du TGI ne sont pas les mêmes que celles du TPD sur le plan financier[195]. En fait, le coût trop élevé de la justice moderne pour des justiciables aux revenus dérisoires, voire inexistants, justifie aisément la sollicitation des juridictions traditionnelles par rapport aux juridictions modernes. Toutefois, les justiciables dont le pouvoir économique est faible ne sont pas les seuls à déserter les juridictions modernes. Ceux qui sont financièrement aisés adoptent la même attitude. On peut évoquer à leur égard le souci de célérité de la procédure.

---

[194] À titre d'exemple, le département de l'Océan a un TGI qui se trouve à Kribi. Et parmi les quatre arrondissements que compte ce département, seul celui de Kribi est doté d'un TPI auquel est rattachée la présidence du TPD de la même localité. Aussi, seuls les justiciables de Kribi-centre et ses environs ont la possibilité de choisir entre le TGI et le TPD en cas par exemple d'un litige successoral. Par contre, le justiciable de l'arrondissement de Mvengué, arrondissement situé à cent cinquante kilomètres de son chef-lieu de département ne pourra pas les parcourir à pied à cause de l'absence de voies de communication pour y porter son litige. Il va donc préférer saisir la seule juridiction la plus proche qui est le TPD au cas où il y est implanté. En conclusion, l'éloignement des juridictions modernes oblige les justiciables à se rabattre aux juridictions de droit traditionnel qui leur paraissent géographiquement plus accessibles. Si l'éloignement justifie la préférence que les justiciables des zones rurales portent sur les juridictions traditionnelles, les difficultés économiques de ces justiciables peuvent également expliquer ce phénomène aussi bien dans les zones rurales que dans les zones urbaines.

[195] En effet, d'après l'article 14 du décret de 1969, le TPD, quel que soit le lieu de sa situation, est saisi par une requête écrite ou orale dont le coût total s'élève à 1500 francs CFA, lesquels ne sont d'ailleurs pas à la portée de tous camerounais. Par contre, les juridictions modernes d'une façon générale sont, en matière civile, saisies par une assignation qui est un acte d'huissier et qui nécessite par conséquent le déboursement des frais importants. Avec l'état de dénuement de la majorité de la population, il paraîtrait illogique et même inimaginable de porter son litige devant une juridiction payante alors qu'on peut obtenir un résultat identique gratuitement devant une juridiction concurrente. De plus, il est fait obligation à tout justiciable de recourir aux offices d'un avocat devant le TGI, exigence que ne connaît pas le TPD, sauf au niveau de la cassation.

c. Les raisons liées au caractère diligent des procédures devant le TPD

Les TPD ne sont pas fréquentés par les seuls justiciables des zones rurales et encore moins par les plus démunis. Pour le règlement des successions, ils sont saisis par des familles dont le patrimoine successoral paraît important. Il s'agit en réalité des familles qui veulent que leurs successions soient rapidement liquidées afin que chacun puisse entrer rapidement en possession de ses droits. Or, il n'est pas possible d'obtenir un résultat dans les mêmes conditions devant le TGI à cause du formalisme qui y caractérise la procédure. En effet, devant le TGI, le justiciable est face à une machine aux exigences procédurales très complexes[196].

d. Les raisons liées à la finalité de la saisine de la juridiction.

Dans la majorité des cas, il n'existe pas un contentieux entre les successibles. Aussi, la juridiction est-elle sollicitée dans l'unique but qu'elle confirme leur qualité, soit d'enfants légitimes ou naturels (descendants directs) du de cujus, soit encore celle de conjoint survivant. Ils recherchent donc le jugement d'hérédité qui est le document qui contiendra la preuve de leur qualité et leur permettra ainsi de récupérer des droits qui leur échoient en tant qu'ayants droit du de cujus[197]. La succession n'étant pas litigieuse, les successibles ne trouvent pas la nécessité d'affronter le formalisme de la procédure devant le TGI. Ils se dirigent vers le TPD qui doit tout simplement constater leur qualité et leur délivrer par la suite le document sollicité. Toutes les raisons sus-évoquées justifient l'attraction que les juridictions traditionnelles exercent sur les justiciables et par conséquent l'abandon des juridictions modernes.

---

[196] Tout d'abord, la procédure y est exclusivement écrite, car un échange de conclusions est exigé pour le respect du principe du contradictoire. De plus, le justiciable est presque obligé de recourir aux offices d'un avocat à qui le tribunal accorde un délai pour qu'il puisse préparer la défense de son client. On ne saurait oublier l'observation des délais d'ajournement qui se rallongent au fur et à mesure de l'éloignement de certaines parties au litige. En ce qui concerne particulièrement le règlement des successions, une expertise peut être ordonnée, suivie de la commission d'un notaire qui devra diriger les opérations de liquidation et de partage. Toutes ces formalités rendent la procédure, devant le TGI, lente et surtout complexe. Le Pr Maurice KAMTO justifie cette attitude des justiciables à l'égard des juridictions de droit traditionnel par *« la complexité du système juridictionnel moderne dont la structuration par paliers, c'est-à-dire en niveau de compétence et de pouvoir, complique la procédure dans les méandres de laquelle se perdent les justiciables et allonge interminablement des procès dont l'issue est toujours incertaine »*. Or, à l'inverse, la simplicité de la justice devant les juridictions traditionnelles, qui relativisent l'importance des formes et de la procédure, présente l'avantage inestimable de se dire parfois dans le langage des justiciables. Parfois même, ce n'est que la finalité de la procédure qui guide les justiciables.

[197] Il en sera ainsi lorsque le de cujus exerçait une profession rémunérée. Il s'agit, dans ce cas, d'une pièce exigée en vue de la constitution d'un dossier.

2. L'abandon des juridictions de droit moderne par les justiciables

L'excessive sollicitation des TPD en matière d'état des personnes crée un encombrement de ces juridictions, alors que les TGI ne reçoivent que très rarement des procédures surtout relatives aux successions. Ceci se ressent aussi bien au premier degré de juridiction qu'au second. En effet, la chambre civile de la Cour d'Appel ne reçoit presque pas d'appel en matière successorale. Pareillement, au niveau de la Cour Suprême, seuls les arrêts provenant de la chambre coutumière des Cours d'Appel sont attaqués[198]. En effet, les magistrats sont uniquement dotés d'une formation occidentale et ignorent totalement les coutumes sauf peut-être celles dont ils sont originaires, et oublient le plus souvent ceux pour qui ils doivent dire le droit[199].

À cet effet, un auteur fait remarquer qu' *« il résulte quelquefois des décisions basées sur les quiproquos de la traduction, les traducteurs n'en sachant assez ni des langues officielles ni des langues locales pour traduire fidèlement les questions posées par les juges et les réponses données par les justiciables »*[200]. Les conséquences de cette situation d'incompréhension sont tirées par un autre auteur qui relève à cet effet que *« la situation du citoyen moyen est particulièrement inconfortable au cours du procès. Les débats se déroulent en français (...) et la plupart des justiciables se retrouvent ainsi plus spectateurs qu'acteurs de leur procès et ce malgré la présence des traducteurs dont les magistrats reconnaissent eux-mêmes qu'ils ne font pas toujours un travail satisfaisant »*[201].

Tout ce qui précède explique le désenchantement et la désaffection des justiciables en général et des successibles en particulier à l'égard des juridictions de droit écrit. Mais, au-delà de cette absence de dialogue, il faut quand même soulever le problème relatif à la réception et à l'acceptation du droit importé, lequel est appliqué de façon exclusive devant les juridictions modernes. De par leur façon de vivre, les justiciables n'arrivent pas à se

---

198 La possibilité offerte aux justiciables pour décliner la compétence des juridictions traditionnelles n'est pas utilisée. Les déclinatoires de compétence devant le TPD sont, à cet effet, rares. L'une des raisons justifiant cette rareté peut être l'ignorance de cette opportunité par les justiciables. Mais, une autre cause de cet abandon, et non la moindre, peut être attribuée à la difficulté de communication entre les juges du droit moderne et les justiciables le plus souvent illettrés. Ce qui rend encore plus complexe l'administration de la justice.

199 MELONE (S) : RCD, n°31-32, p. 17. De plus, ils ne sont pas nécessairement originaires du lieu où ils exercent, aussi ne parlent-ils pas les langues de toutes les communautés autochtones relevant de leur ressort territorial. De ce fait, ils abordent les justiciables dans l'une des deux langues officielles du pays. Pour établir un dialogue avec les justiciables, ils ont recours aux services des interprètes dont la traduction n'est pas toujours fidèle.

200 KAMTO (M). : op. cit., p. 63.

201 MINKOA SHE (A): « Essai sur l'évolution de la politique criminelle au Cameroun », Thèse, Droit, Strasbourg, 1987.

défaire des habitudes dictées par les coutumes ; aussi préfèrent-ils se soumettre à une coutume qui est déjà dénaturée, mais qui conserve quand même encore quelques bribes de pratiques ancestrales. En un mot, cet abandon des juridictions modernes peut être attribué à l'excessif juridisme des règles et des procédures devant ces juridictions qui éloignent finalement les justiciables de cet appareil judiciaire. Dès lors, le déséquilibre que crée la sollicitation des juridictions de droit local au détriment des juridictions de droit moderne aboutit à un constat pertinent, celui de l'abrogation tacite (ou la caducité) des textes d'organisation judiciaire.

B. L'abrogation tacite des règles d'organisation judiciaire

Les textes qui organisent les deux catégories de juridictions au Cameroun ne sont plus suivis dans leur esprit (1). Il s'en suit une déviation des objectifs initiaux du maintien de la dualité judiciaire (2).

1. Abrogation tacite des règles déterminant le champ d'application de chaque source

À titre de rappel, l'ordonnance de 1972 précitée mentionne explicitement que les juridictions traditionnelles sont maintenues à titre provisoire, en attendant que l'effectif des magistrats soit suffisant pour créer partout des juridictions modernes, car en principe ce maintien constituait une étape transitoire vers l'adoption d'un système judiciaire uniforme[202].

Dès lors, seules les juridictions de droit local, de la base au sommet de la pyramide sont saisies par les successibles pour leurs litiges successoraux, au point qu'on estime qu'elles peuvent se sentir surchargées. Et si l'on évoque alors l'abrogation tacite des textes d'organisation judiciaire, c'est parce que les juridictions traditionnelles semblent jouir d'une compétence exclusive en matière successorale, et de ce fait, la compétence n'est plus concurrente telle que les textes l'avaient prévue. De plus, d'après les mêmes textes, en principe, les fondements juridiques diffèrent selon la juridiction saisie. Aussi, la coutume devait être la loi applicable devant les juridictions traditionnelles tandis que le droit écrit reste le seul apanage des juridictions modernes.

[202]Cependant, trois décennies après, la compétence des juridictions traditionnelles, et surtout du TPD, au lieu de disparaître, s'est plutôt accrue. En effet, le TPD conserve une compétence presque exclusive sur certaines questions telles que celles relatives au règlement des successions. Cette quasi-exclusivité se ressent beaucoup dans les juridictions de degré supérieur. Aussi, devant la Cour d'Appel du Centre, par exemple, seule la chambre coutumière reçoit les appels provenant des tribunaux de droit local en matière successorale, contrairement à la chambre civile qui n'en reçoit presque pas en provenance des TGI. Pareillement, la Cour Suprême ne reçoit que les pourvois formés contre les appels des chambres coutumières des Cours d'appel et non des chambres civiles. Ce constat vient du fait qu'il nous a pratiquement été impossible de trouver un arrêt de la chambre civile de la Cour d'Appel du Centre, encore moins un rendu par la haute juridiction dans le domaine des successions particulièrement.

Toutefois, le décret de 1969 prévoit quand même l'application du droit écrit au détriment de la coutume devant les juridictions dont il organise la procédure chaque fois qu'il y aura un conflit de coutume, créant ainsi une incertitude. Il en résulte donc la possibilité que le droit écrit soit appliqué devant les juridictions dites traditionnelles, alors que la coutume ne peut jamais être évoquée devant une juridiction moderne[203].

2. La déviation des objectifs initiaux de la dualité judiciaire

Le fonctionnement actuel de l'appareil judiciaire a créé une déviation des objectifs que le législateur s'était fixés en instituant la dualité judiciaire[204]. Les TPD sont présidés par des magistrats professionnels que leur fournissent les juridictions modernes, et qui par conséquent y introduisent les idées en vigueur devant ces juridictions. On peut alors approuver ce constat du feu Pr MELONE selon lequel depuis que la dualité juridique a donné naissance à la dualité judiciaire, il n'y a jamais eu aucune jurisprudence établie sur tel ou tel problème lorsque c'est la règle coutumière qui est appliquée[205].

Par ailleurs, un décret de 1977[206] attribue à son article 21 la compétence aux chefs traditionnels d'arbitrer des litiges entre leurs administrés,

---

[203] Cependant, dans la pratique judiciaire, l'esprit de ces textes a disparu. Car, lorsqu'en matière successorale, la compétence revient exclusivement aux juridictions traditionnelles, de la base au sommet de la pyramide, on exclut totalement les coutumes et seules y restent en vigueur les règles édictées par les principes généraux du droit moderne. Dès lors, si la compétence des juridictions traditionnelles est devenue de plus en plus prépondérante, la coutume n'y est plus le fondement juridique, elle a été systématiquement remplacée par le droit écrit. On assiste donc là à un renversement de la situation qui, déviant les objectifs initiaux du législateur, suscite des questions sur l'avenir des règles de fonctionnement de ces juridictions qui au départ n'avaient été maintenues qu'à titre provisoire et transitoire.

[204] Les TPD ne sont plus des juridictions devant en principe appliquer la coutume

[205] MELONE (S). : *RCD*, n°31-31, op. cit., pp.18-19. L'impression qui ressort de ce constat est que la loi coutumière a un contenu qui dépend des parties à un litige et même des juges. Dès lors, une coutume peut ne pas avoir un contenu identique pour des litiges de même nature. Il en résulte une absence d'harmonie entre les décisions des juridictions de fond, car, ce qui est vrai pour la juridiction d'une localité donnée ne l'est pas forcément pour celle d'une autre. Une autre cause de cette déviation semble provenir du manque de clarté des textes organisant surtout les juridictions traditionnelles, et plus particulièrement en ce qui concerne l'autorité compétente. En effet, jusqu'à nos jours, l'appareil judiciaire ne dispose encore que de 85 TPD dont bon nombre ne sont encore que des sous-préfectures et par conséquent, ne fonctionnent pas comme de véritables juridictions. De plus, le décret de 1969 précise que le président, nommé par le ministre de la Justice, peut être choisi parmi les fonctionnaires en service dans le ressort de ladite juridiction. Et ce fonctionnaire qui peut avoir une formation sommaire en droit peut même être remplacé par le Sous-Préfet de l'arrondissement où siège le tribunal ou encore par un adjoint d'arrondissement désigné par ce fonctionnaire. Cela montre donc que les décisions qui émanent des TPD qui ne sont pas rattachés aux TPI, et qui ne sont donc pas présidés par des magistrats professionnels semblent ne pas avoir un caractère juridictionnel autonome, car elles doivent encore être homologuées par la juridiction d'appel territorialement compétente avant de devenir définitives. Ce qui alourdit encore la machine au détriment des justiciables.

[206] Décret n°77/245 du 15 juillet 1977 portant organisation des chefferies traditionnelles.

conformément à la coutume, lorsque les lois et les règlements n'en disposent pas autrement. Ces chefs doivent rendre des décisions qui ne sont pas susceptibles de recours comme celles des juridictions d'État[207].

L'absence d'harmonie des juridictions de fond de même nature, aggravée par la multitude et la diversité des coutumes, serait à l'origine de la position chancelante de la jurisprudence, laquelle crée une cacophonie au sein de l'appareil judiciaire[208].

Cette position peu audacieuse des juges du fond a été relevée dans un arrêt rendu par la Cour d'Appel de Yaoundé[209]. Le litige soumis à ladite Cour d'Appel portait sur la succession d'un musulman qui comprenait 24 enfants et 4 veuves. Il n'y avait ni acte de naissance pour les enfants ni acte de mariage pour les veuves. Le TPD de Yaoundé, saisi de la demande d'un jugement d'hérédité, avait tout simplement homologué les résolutions du Conseil de famille, qui avait désigné les 24 enfants cohéritiers et chacune des 4 veuves administratrices des biens de leurs enfants mineurs, et avait procédé aux dévolutions ab intestat des biens de la succession[210]. La Cour d'Appel saisie par un héritier contestataire avait tout simplement confirmé le jugement entrepris[211].

---

[207] Or, la coexistence de l'autorité des chefs traditionnels et des juridictions d'État, dont certaines sont confessionnelles (Les Alkali Courts) et d'autres laïques, n'est pas très pacifique. Appelées pourtant à connaître des problèmes de même nature, leur diversité les empêche malheureusement d'atteindre le but escompté par le législateur, à savoir rapprocher le justiciable de la justice. Et en fin de compte, ces relations quasi conflictuelles ne permettent donc pas que la justice soit réellement rendue.

[208] Ce manque d'unanimité oblige la haute juridiction à jouer son rôle de régulateur de la jurisprudence des juridictions du fond. En effet, face à certains problèmes complexes, les juges du fond se limitent au constat soit à la conformité de la coutume avec les principes généraux du droit moderne, soit encore à l'appréciation de la conformité des résolutions du conseil de famille avec la coutume ou avec la loi, sans chercher à soulever et à résoudre les véritables problèmes de droit que peut comporter un litige. Or, sans toutefois statuer *ultra petita*, il peut quand même éclairer les justiciables, profanes, sur leurs droits et les limites de ceux-ci.

[209] CA de Yaoundé, arrêt n°083 du 23 mars 2000, inédit.

[210] TPD de Yaoundé, jugement n°132 du 28 octobre 1999 ; inédit

[211] La position des juges du fond dans cette affaire surprend à plus d'un titre. En effet, lorsque le premier juge entérine les résolutions du conseil de famille, il applique la coutume musulmane qui, à l'instar de toutes les autres coutumes, demeure non codifiée. Et surtout, elle comporte beaucoup de contradictions avec les principes généraux souvent évoqués à d'autres occasions. Primo, il n'existait aucun acte d'état civil prouvant la qualité d'héritiers des uns et de conjoints survivants des autres. Or, cette pratique est conforme à la coutume musulmane appliquée, alors que l'ordonnance de 1981, portant organisation de l'état civil, ne dispense aucune communauté de l'obligation de l'établissement desdits actes. De plus, la coutume ne peut valablement avoir autorité que sur les matières dans lesquelles le législateur n'est pas intervenu. Secundo, les juges du fond entérinent un partage amiable dans lequel des mineurs devaient prendre part. Or, le Code civil qui sert de législation d'emprunt en la matière prévoit en son article 819 que la présence de mineurs même émancipés entraîne automatiquement le partage judiciaire. On dénote, dès lors, dans cette attitude des juges du fond, une certaine démission de leur rôle de

Il est vrai que même la Cour Suprême manifeste aussi parfois, par son attitude chancelante, son hésitation à adopter une jurisprudence capable de constituer des innovations permettant de résoudre définitivement des difficultés inhérentes au règlement des litiges successoraux[212]. Au demeurant, la cacophonie qui règne au sein du système judiciaire provient en partie du caractère opaque des textes d'organisation judiciaire face à une diversité de sources de droit et de structures chargées de dire le droit. Or à côté de ces difficultés d'ordre théorique, l'administration de la justice est également confrontée aux difficultés d'ordre matériel.

Paragraphe 2. Les difficultés d'ordre matériel

Les difficultés que connaît l'organisation judiciaire dualiste ne proviennent pas uniquement des lacunes que comportent les textes d'organisation judiciaire ou encore du comportement des juges face à certains obstacles ou à la complexité de certains litiges. Les moyens qui doivent permettre à la justice d'atteindre son but lui font également défaut. Aussi, peut-on par exemple évoquer les difficultés relatives au personnel judiciaire (magistrats, assesseurs, etc.) (A), soit encore à l'environnement dans lequel ce personnel est appelé à constater le droit (B).

A. Les difficultés résultant du personnel judiciaire

Les difficultés relatives au personnel judiciaire varient selon la catégorie de la juridiction en cause. Aussi, en ce qui concerne d'abord les juridictions modernes, le plus grand problème reste celui de l'absence de dialogue entre le juge et le justiciable, tandis que pour les juridictions traditionnelles on peut ajouter à ce premier problème celui des assesseurs chargés d'assister les magistrats professionnels. Dès lors, on peut les ramener en deux grands points, à savoir d'un côté les difficultés liées à la formation des magistrats (1), et d'un autre côté celles qui émanent des problèmes de communication entre les justiciables et les hommes de loi (2).

---

créateur du droit, car ils se bornent à créer le droit selon les allégations des parties sans toutefois le constater. Dans de pareilles circonstances, il revient à la Cour Suprême d'agir, et c'est ce qu'on attend d'elle dans le cas d'espèce.

[212] ELLA (Th)+ : op. cit., p. 78. Aussi peut-on qualifier les décisions de la haute juridiction de simples expédients. De plus, très fréquemment, les pourvois sont irrecevables. Ce qui laisse un grand nombre de problèmes successoraux non résolus. Par cette attitude, la Cour Suprême ne doit pas ignorer que ce n'est pas seulement une intention législative qui peut entraîner une adaptation du droit aux mœurs, l'évolution peut tout aussi bien être jurisprudentielle. En effet, la jurisprudence doit se révéler comme un moyen, un instrument d'évolution juridique en cas de défaillance du législateur. Malheureusement, le manque d'audace qu'affiche la Cour Suprême dans certains domaines tels que le droit des successions affaiblit l'autorité du droit des précédents. Ce qui nous amène à conclure que la jurisprudence manque d'engagement constructif à opérer des innovations et des guides en droit des successions

1. Les problèmes provenant de la formation des magistrats

Les magistrats chargés de dire le droit aussi bien devant les juridictions modernes que celles traditionnelles ne sont pas formés différemment. Mais en réalité, dans la pratique, la majorité des juridictions traditionnelles ne sont pas présidées par ces magistrats professionnels. Seules celles qui sont rattachées de fait au TPI ont le privilège d'avoir un magistrat[213].

Les juges actuels, modernes, sont formés dans des institutions de formation dont l'enseignement est dominé par les études dont les grands thèmes sont tirés du droit civil français et de la Common Law britannique. Apparemment, aucune place n'est réservée à la coutume dans tous ces programmes de formation[214].

2. Les difficultés de communication entre les juges et les justiciables

Les juges, de par leur formation et leur mutation, doivent exercer leur action dans l'administration d'une justice dualiste. Ils doivent appliquer le droit écrit et la coutume. Malheureusement, ils ne sont pas toujours originaires des lieux où ils exercent et sont donc obligés d'aborder les justiciables, illettrés, dans l'une des deux langues officielles. Il en résulte que sur le plan de la culture juridique, ces juges sont des « *étrangers par rapport à la coutume et au milieu dont elle est originaire et dans lequel elle naît, se développe et meurt* »[215].

---

[213] VANDERLINDEN (J). : op. cit., p. 231 et s. Cependant, ces magistrats qui statuent selon la coutume des parties rencontrent un certain nombre de problèmes. En effet, de par leur formation juridique occidentale, ils accusent beaucoup de lacune en matière coutumière. Ils maîtrisent plus le droit écrit auquel ils sont initiés. Dès lors, ils diffèrent des juges de l'époque coloniale qui, *« naviguant entre la loi coloniale (mal connue), l'ordre public "universel", les bonnes mœurs (du colonisateur), essayaient de maintenir l'esprit de leurs droits face au pseudo – pluralisme juridique de l'État »* .

[214] MARCHESIN (Ph) : « Le juge moderne et le droit musulman : le cas de la Mauritanie », *Afrique contemporaine, 1990, p. 261.* Cette absence peut être due, soit à la diversité de la coutume et partant à la complexité de son étude, soit encore par le souci constant de son exclusion de l'ordonnancement juridique national. La conséquence en est que ces juges modernes ne connaissent de la coutume que des généralités qui leur sont d'ailleurs de peu d'utilité. Aussi, sont-ils détenteurs d'un savoir exogène qui en fait des agents d'acculturation. Cette formation occidentalisée les amène à faire une lecture très européenne du droit coutumier, lecture qui aboutit à la hiérarchisation des systèmes juridiques en présence et qui justifie l'affirmation selon lequel le droit importé demeure le droit commun. En définitive, les juges qui sont censés mettre en application la dualité juridique consacrent plutôt une dualité à dominance moderniste. *Cette* formation occidentalisée du magistrat professionnel ne lui facilite pas la communication avec les justiciables pour qui ils doivent dire le droit.

[215] VANDERLINDEN (J). : « La justice et la coutume:un couple impossible », in *Actes du Cinquantenaire du CEMUBAC*, Bruxelles, CEMUBAC, 1988, p. 249 ; « D'une bonne lecture des sources du droit *», in Journal of African Law, 1987, p. 29.* Ayant peut-être pressenti cet obstacle à l'objectif principal qui était de rapprocher la justice des justiciables, le décret de 1969 a prévu l'association d'assesseurs dans toutes les juridictions traditionnelles. Ces derniers, qui

B. Les difficultés résultant de l'organisation du cadre de travail des personnels judiciaires

À l'époque coloniale, l'organisation judiciaire dualiste était liée uniquement au système législatif, lui-même dualiste. Avec l'indépendance, le législateur postcolonial a maintenu cette structure dualiste à titre purement transitoire en attendant l'unification du système judiciaire. Mais, ce que le législateur ignorait à cette époque c'est qu'un certain nombre de contraintes, surtout économiques devaient conditionner le recrutement et la formation des cadres, et surtout l'implantation effective des juridictions dans toutes les localités où elles étaient créées. Dès lors, les prévisions du législateur devaient faire face aux problèmes relatifs à l'insuffisance numérique des magistrats et à l'impossibilité de couvrir complètement toutes les localités en juridictions. À cette insuffisance d'un patrimoine humain et financier (1), il faut ajouter les problèmes occasionnés par l'absence d'un fichier central, ou mieux, national, de décisions (2).

1. L'insuffisance du patrimoine humain et des moyens matériels

En dehors des obstacles déjà relevés, l'ambition du législateur de rapprocher le justiciable de la justice paraît difficile à réaliser. En effet, les moyens en personnel, notamment les magistrats et les moyens matériels, plus particulièrement les difficultés d'implantation effective des juridictions, font obstacle à l'atteinte de ce but.

En ce qui concerne l'insuffisance constante des magistrats professionnels, la répartition de la compétence d'attribution et territoriale des juridictions modernes, l'ordonnance de 1972 relevait le caractère provisoire du maintien

---

représentent les coutumes des parties, ont une voix simplement consultative. Pour VANDERLINDEN, les assesseurs ainsi associés aux magistrats professionnels sont souvent mal connus, car leur capacité à démontrer leur connaissance de la coutume dépend de l'attitude que les juges du droit importé adoptent à leur égard. Dans la mesure où les juges sont disposés à prendre le temps du dialogue, les assesseurs, s'ils sont bien choisis, peuvent apprendre beaucoup de choses à ces juges et même les amener à respecter les coutumes. Étant donné qu'il s'agit d'un véritable apprentissage, les juges modernes doivent s'armer de courage, de patience et d'humilité. Malheureusement, le plus souvent, dans les zones urbaines, les assesseurs ne représentent pas chacune des coutumes des justiciables. De ce fait, ils sont le plus souvent éloignés du milieu naturel de la coutume. Et lorsque le décret de 1969 fait obligation au juge d'énoncer la coutume qui lui a servi de loi, le respect de cette obligation lui sera difficile à cause de l'absence de maîtrise de ce contenu aussi bien par lui que par l'assesseur qui lui est associé. Cette situation rend le rôle des assesseurs plus formel que fondamental, car il est finalement un personnage effacé à côté des représentants de l'État que sont les magistrats professionnels et les greffiers qui sont les secrétaires des juridictions. Mais, à côté des difficultés provenant des ressources humaines, il faut relever que l'environnement dans lequel le personnel judiciaire doit faire évoluer le droit ne paraît pas favorable à la création d'un dialogue harmonieux entre les sources juridiques et la jurisprudence.

des juridictions traditionnelles[216] en attendant que les magistrats professionnels soient en nombre suffisant[217]. D'après l'esprit de ces textes, lorsque l'État allait suffisamment recruter et former des magistrats professionnels modernes, les juridictions traditionnelles allaient disparaître pour céder la place aux seules juridictions modernes[218].

La suppléance des magistrats professionnels par des fonctionnaires qui parfois n'appartiennent pas au ministère de la Justice suscite des interrogations sur le caractère juridictionnel de leurs décisions. Car au lieu de rapprocher les justiciables de la justice, ce système de suppléance et de rattachement semble plutôt les en éloigne[219].

Même devant les juridictions modernes, l'insuffisance de magistrats professionnels se fait ressentir[220].

---

[216] Article 26 de l'ordonnance n°72/21 du 19 octobre 1972, modifiant l'ordonnance n°72/04 du 26 août 1972 portant organisation judiciaire.

[217] Article 27-1 de la loi n°83/3 du 21 juillet 1983 modifiant l'ordonnance n°72/04 du 16 août 1972 précitée.

[218] Décret n°83-449 du 29 septembre 1983 fixant certaines modalités d'application de l'ordonnance n°72/4 du 26 août 1972, modifiée par le décret n°84/232 du 7 mai 1984, complété par le décret n°85/1176 du 28 août 1985 fixant entre autres le siège et le ressort des tribunaux de première instance.

[219] Mais jusqu'à nos jours, les effectifs souhaités n'ont pas encore été atteints. Or, cette insuffisance de cadres professionnels apparaît comme l'une des raisons justifiant les défaillances du système judiciaire, surtout dans le domaine du droit patrimonial de la famille. Toutefois, le problème se fait sentir différemment selon que l'on se trouve devant une juridiction soit moderne soit traditionnel. En ce qui concerne les juridictions traditionnelles, lorsque le décret de 1969 prévoit un fonctionnaire non magistrat à la tête des tribunaux coutumiers et du premier degré, il résolvait le problème de l'impossibilité de pourvoir des magistrats à toutes ces juridictions. Dès lors, un TPD ne peut actuellement être présidé par un magistrat professionnel que lorsqu'il est rattaché au TPI du même ressort, conformément à l'article 9 du décret de 1969. Ce rattachement se fait de façon tacite dans les zones urbaines, et surtout dans les chefs-lieux des départements, où se trouve la majorité des TPI couvrant plusieurs arrondissements.

[220] En effet, selon les prévisions de l'ordonnance de 1972, la compétence territoriale d'un TGI couvre un département tandis que celle d'un TPDI comprend l'arrondissement. Mais, à cause de l'insuffisance des magistrats, un sel magistrat peut cumuler la présidence du TGI et celle du TPI. De plus, tous les arrondissements ne disposant pas de juridictions propres, les magistrats des mêmes ressorts territoriaux sont obligés de faire des audiences foraines afin de pourvoir la justice à tous ceux qui en ont besoin. De plus, si les justiciables des zones urbaines ont véritablement une option entre les juridictions traditionnelles et les juridictions modernes et surtout, s'ils ont l'opportunité de faire examiner leurs litiges par des magistrats professionnels, quelle que soit la juridiction saisie, la situation n'est pas identique pour ceux des zones rurales. Ces derniers, aux revenus misérables et presque inexistants, doivent parcourir des centaines de kilomètres sur des routes non carrossables s'ils souhaitent bénéficier des offices d'un magistrat professionnel. Mais, à cette insuffisance numérique qui fait obstacle à l'accès d'une grande majorité de justiciables à la justice, et accentue ainsi l'abandon des TGI localisés dans les zones urbaines en faveur des TPD de plus en plus sollicités pour le règlement des litiges successoraux, il faut ajouter l'indigence matérielle des services judiciaires.

S'agissant de la situation matérielle des services judiciaires, contrairement aux prévisions textuelles, il a été impossible pour les pouvoirs publics de créer effectivement des juridictions dans toutes les localités prévues pour les abriter. Cette carence est suppléée par la pratique des audiences foraines.

Par ailleurs, la répartition des autres juridictions ne permet pas une couverture complète de tout le territoire[221]. Cette concentration, due à la faible implantation territoriale des tribunaux, est de nature, non seulement à rendre difficile la gestion et la conservation des dossiers, mais aussi, et surtout, à mettre en échec la règle relative à l'intérêt du domicile sur le plan procédural. Car, il sera difficile de déterminer la compétence territoriale d'une juridiction par rapport au domicile du défendeur. Tout ceci concourt à aggraver les lenteurs judiciaires et à éloigner la justice moderne des justiciables. On peut, dès lors, retenir de tout ce qui précède la nécessité de réaménager le cadre de travail au personnel judiciaire dans l'ensemble, par le renforcement des infrastructures judiciaires, car ce manque de structures adéquates empêche la constitution d'un fichier national de décisions.

2. L'absence d'un fichier national de décisions

L'indigence matérielle évoquée ci-dessus amène le corps judiciaire à abandonner la confection des documents de référence. On assiste alors à une *« misère documentaire »*[222] avec l'interruption de la publication des recueils ou bulletins d'arrêts.[223] D'une façon générale, telle semble être selon nous la

[221] Aussi, seuls les justiciables des centres urbains et leurs environs ont la possibilité de choisir entre le TGI et le TPD en cas par exemple d'un litige successoral. Par contre, le justiciable des arrondissements éloignés des chefs-lieux des départements ne peut pas parcourir les longues distances à pied à cause le plus souvent de l'absence de routes en bon état pour y porter son litige. Il va donc préférer saisir la seule juridiction la plus proche qui est le TPD au cas où il y est implanté. En conclusion, l'éloignement des juridictions modernes oblige les justiciables à se rabattre aux juridictions de droit traditionnel qui leur paraissent géographiquement plus accessibles. Si l'éloignement justifie la préférence que les justiciables des zones rurales portent sur les juridictions traditionnelles, les difficultés économiques de ces justiciables peuvent également expliquer ce phénomène aussi bien dans les zones rurales que dans les zones urbaines.

[222] Du BOIS de GAUDUSSON (J) : « Le statut de la justice dans les États d'Afrique francophone », *in Afrique contemporaine,* 1990, op. cit., p. 6 et s.

[223] Or, ces fichiers qui servent de recueils de publication des décisions et des conclusions des juges doivent leur permettre de connaître leurs propres décisions et leur logique d'élaboration, de construction d'un système cohérent et global qui institueraient un débat avec la doctrine et les praticiens. Il s'agirait alors d'un mémoire national dont l'absence actuelle conduit à étouffer les tentatives de formulation d'une véritable politique jurisprudentielle reposant sur une logique juridique interne. Toutefois, la Cour Suprême tente de constituer un document qui contiendrait toutes les décisions qu'elle rend. Malheureusement, il ne contient que les décisions dont les plus récentes datent de 1980. Vieille de vingt ans, cette jurisprudence ne rend pas fidèlement compte des innovations que peut avoir connues la jurisprudence, surtout avec le caractère dynamique des coutumes et les mutations que subit constamment la société aussi bien sur le plan économique que sur le plan social.

configuration de la dualité judiciaire dans les matières qui connaissent encore comme source de droit la coutume et le droit écrit, et qui par conséquent sont soumises à la compétence concurrente de deux catégories de juridictions devant appliquer chacune l'une des deux sources.

Tout au long de ce chapitre, on a essayé de montrer que la détermination des successibles dans la dévolution ab intestat est gravement influencée par le dualisme juridique, qui a donné naissance au dualisme judiciaire. Or, les limites de chacune des deux sources n'ont pas été définies par le législateur. Dès lors, aussi bien les hommes de loi que les populations font un usage simultané des deux sources. Ceci est la conséquence de la résistance des coutumes et partant, du refus de réception et d'acceptation d'un droit importé. Malheureusement, cette coutume rémanente qui est l'émanation des populations locales a également subi les assauts de l'évolution sociale et économique, et surtout de la pratique judiciaire, au point qu'elle a perdu une grande partie de son authenticité. Dès lors, la pratique successorale, qui essaie soit de ménager l'une et l'autre source, soit encore de profiter des deux à la fois, crée une situation hybride dans laquelle aucune des deux sources du droit successoral n'est effectivement appliquée dans son authenticité. On peut donc en conclure que les règles juridiques relatives à la détermination des successibles subissent les influences de la tradition et de la modernité.

La dualité judiciaire est une conséquence de la dualité juridique dont le législateur national a hérité de son homologue de l'époque coloniale. Il faut toutefois rappeler que tous les domaines juridiques ayant déjà opéré une unification aussi bien sur le plan juridique que sur le plan judiciaire, seuls les domaines relevant du droit civil restent soumis à cette dualité. Il en est donc plus particulièrement ainsi du droit patrimonial de la famille, dont le droit des successions fait partie. Mais, alors que le législateur colonial avait basé sa dualité sur la différence de statut des citoyens en vigueur à l'époque, le législateur national postcolonial par contre, tout en retenant deux fondements juridiques et deux ordres de juridictions, n'avait précisé aucun critère de distinction devant permettre aux justiciables d'opter pour l'une ou l'autre des deux catégories de juridictions. Cette tâche devait peut-être revenir à la jurisprudence dans son rôle fondamental de cadrage social des normes juridiques. Mais, elle lui a paru difficile à cause de la diversité des coutumes qui, dans leur nombre et dans leur contenu, se sont avérées difficiles à gérer. En effet, le choix des juridictions et du droit applicable, opéré directement par les justiciables eux-mêmes, dépend des conditions dans lesquelles la justice est administrée dans les domaines concernés. Tout compte fait, le système juridique que le Cameroun a reçu en héritage de son histoire coloniale est très complexe et disparate. En effet, outre la distinction entre les droits moderne et traditionnel[224], une autre distinction spécifique au Cameroun caractérise le système juridique national. Aussi, au système d'inspiration britannique d'un droit plural soumis à un seul juge créateur adjacent des normes, s'oppose le système français de dualité de droit et de juridictions. Très tôt, cette disparité a rendu difficile la conciliation des cultures juridiques en présence. Et c'est pour essayer de les concilier que le juge camerounais a tour à tour créé des exigences auxquelles les droits locaux devaient se conformer pour conserver leur autorité.

Pour ce faire, il est parti d'une règle en vertu de laquelle l'option de juridiction emporte option de législation[225]. Malheureusement, cette règle s'est vite révélée inadéquate à l'objectif poursuivi par les pouvoirs publics. Car appliquée dans sa version originelle, la coutume provoquait des inégalités et des injustices qui battaient en brèche les principes consacrés par la Déclaration universelle des droits de l'homme et la constitution nationale. De ce fait, elle a vite été abandonnée, et d'autres critères de conformité furent institués, à savoir la conformité de la coutume avec l'ordre public et avec les principes généraux du droit moderne, et parfois même le caractère évolutif de la coutume est évoqué.

Cependant, toutes ces recherches ont conduit à une absence d'harmonie entre l'appareil judiciaire et les normes juridiques en vigueur, créant ainsi une cacophonie au sein de l'univers judiciaire qu'accompagne une évolution jurisprudentielle en dents de scie.

En somme, la justice, surtout celle des juridictions de fond, tel qu'elle est administrée en droit patrimonial de la famille, est une justice entre tradition et modernité, mais surtout, elle semble avoir perdu tout repère. À cet effet, les juges, en l'absence de ce repère, créent un droit prétorien qui n'a pour origine ni la coutume, ni le droit importé. Ce nouveau droit qui, non plus, ne sert pas de repère, encore moins de critères de référence dans l'attente de la codification future, ne permet pas au juge de jouer son rôle qui est celui de coordonner ces règles disparates réparties entre les coutumes et le droit écrit, afin de constituer un ordonnancement juridique cohérent et de dégager des règles de droit servant de principes directeurs. Dans cette situation d'impasse juridique, le législateur devrait poser les ponts solides entre la justice et les justiciables, en ce qui concerne aussi bien les sources du droit successoral ab intestat que le système judiciaire.

---

224 Cette distinction est remise en cause à la fois par le dynamisme social des populations et le constat de la spécificité mouvante du droit local dans tous les pays africains qui ont connu la colonisation.

225 Règle de bonne administration de la justice, laquelle devait servir de guide aux justiciables quant au choix des juridictions et du droit qui devait y être en vigueur. D'après cette règle, le droit écrit ou la coutume étaient appliqués en fonction de la juridiction devant laquelle les justiciables ont porté leur litige.

TITRE II :

L'AMBIVALENCE DES RÈGLES DE DÉVOLUTION AB INTESTAT

Aucun système juridique, fût-il plus favorable à la dévolution volontaire, ne peut éviter d'organiser un système successoral ab intestat, pour la simple raison que la mort peut surprendre quiconque avant qu'il n'ait arrêté ses dernières dispositions. Par ailleurs, en l'absence de dispositions gratuites, c'est la loi qui opère la dévolution des successions aux héritiers du de cujus.

La dévolution ab intestat est donc qualifiée par certains auteurs de testament tacite[226]. En effet, le législateur organise la dévolution d'après les affections présumées du de cujus. Dans la mise en œuvre de cet impératif, le législateur est voué à prendre des décisions de ses conceptions sur les données fondamentales du droit civil : la famille, la propriété[227], la liberté individuelle, la fonction sociale de l'héritage, etc.

Cette œuvre du législateur ne se vérifie que partiellement dans le système juridique camerounais. Comme dans tous les domaines qui intéressent le droit patrimonial de la famille, la dévolution ab intestat est caractérisée par le dualisme juridique. Ce dualisme juridique, qui apparaît comme le principe directeur de la détermination des successibles a déjà montré ses limites, ainsi convient-il d'envisager des solutions tendant à harmoniser le système de la dévolution ab intestat au Cameroun. La présente partie, ainsi que ses développements l'indiquent, commande sans doute d'envisager de mettre en évidence le paradoxe centré sur l'imprécision des critères de détermination de la qualité de successible en droit coutumier (Chapitre 1) et la précision des critères de détermination des successibles dans le Code civil de 1804 (Chapitre 2).

---

226 CATALA DE ROTON (MC) : « Les successions entre époux », *Economica*, 1990, n°196, p. 168.

227 ALFANDARI (E) : « Droit alimentaire et droit successoral », sur la fonction de la propriété comme « instrument de cohésion et de stabilité des familles » ; in *Mélanges SAVATIER*, p. 3 ; RAYNAUD (P) : *Droit civil. Les successions et les libéralités*, Sirey, 1983, p. 2.

CHAPITRE I :

L'IMPRÉCISION DES CRITÈRES DE DÉTERMINATION DE LA QUALITÉ DE SUCCESSIBLE EN DROIT COUTUMIER

Avec la décolonisation et l'acquisition de la souveraineté nationale, le monopole de la création du droit par l'État et de la résolution des conflits par une justice d'État semblait être une garantie de la neutralité et d'impartialité qui convient plus à un État moderne, et qui devait, par conséquent, entraîner l'abandon progressif du droit coutumier avec sa justice communautaire. Si cet idéal est devenu réalité dans certains domaines[228], tel n'a pas été le cas en droit patrimonial de la famille. En effet, dans ce domaine, le droit a deux sources principales. Il y a, d'une part, une grande variété de droits coutumiers et, d'autre part, le droit importé d'origine coloniale française et anglaise. Toutefois, malgré l'intervention des pouvoirs publics sur certains points, notamment sur certaines questions importantes concernant le droit des personnes, le droit patrimonial de la famille reste, dans son ensemble, abandonné à son évolution spontanée.

Pour tout dire, le Cameroun a hérité de son histoire coloniale, en la matière, d'un système disparate et complexe. Car outre l'opposition traditionnelle du droit écrit et du droit traditionnel[229], on doit également opposer, dans le droit moderne, un système d'inspiration britannique, avec un droit plural soumis à un seul juge créateur adjacent de normes, et un système hérité du système français de dualité de droit et de juridiction[230].

Dès lors, le droit des successions, qui n'a reçu aucun intérêt de la part du législateur national, demeure fortement marqué par cette dualité juridique qui apparaît comme le principe directeur des règles de détermination des successibles. Car tel qu'il est actuellement appliqué au Cameroun, la dualité juridique successorale consacre la coexistence de deux sources, à savoir d'un côté la source coutumière, qui englobe la multitude de coutumes et de l'autre

[228] Des lois modificatives du droit coutumier, tendant à provoquer son changement sur certains points, sont vite intervenues dans les matières relevant du droit public et du droit pénal.
[229] Le droit traditionnel est remis en cause à la fois par le dynamisme social et économique des populations et la difficulté des gouvernants à appréhender la spécificité mouvante de ce droit local dans les domaines où il demeure en vigueur.
[230] DARBON (D) : Le juge africain et son miroir : la glace déformante du transfert de jurisprudence administrative en Afrique, in Afrique contemporaine, n° spécial, 1990, p. 240.

côté, une source importée qui comprend les acquis des législations française et anglaise.

Le Cameroun, dans son immense diversité, compte approximativement trois cents ethnies[231]. Ces différentes ethnies totalisent presque deux cents coutumes. Or, les coutumes camerounaises n'ont jamais fait l'objet d'une codification. Cette absence de repère juridique rend l'organisation des successions complexe et variable dans les communautés traditionnelles. Complexe aussi, voire impossible, apparaîtrait l'examen de chacune des coutumes pratiquées dans les différentes communautés traditionnelles. Puisqu'il n'est pas alors possible de traiter du droit des deux cents coutumes, nous nous limiterons à dégager les règles fondamentales et générales que l'on retrouve dans la plupart d'entre elles. La tendance qui ressort de l'ensemble de ces systèmes est que l'imprécision et la diversité des critères de détermination des successibles découlent de l'existence des critères inégalitaires de désignation des héritiers (Section 1), laquelle désignation est l'apanage de certains organes prépondérants (Section 2).

Section I. Les critères inégalitaires de désignation des héritiers

D'une manière générale, les coutumes originellement africaines considèrent unanimement la succession comme une affaire strictement familiale, en ce sens que le patrimoine successoral, qui doit rester dans la famille natale du défunt, fait généralement l'objet d'une appropriation communautaire et non individuelle. Telle est également la conception de la majorité des coutumes du Cameroun. C'est cette considération communautaire qui explique que la gestion soit confiée à une seule personne. Et cette personne est liée au de cujus par un lien de parenté. Cependant, l'attribution ainsi faite semble créer des inégalités qui constituent à l'heure actuelle la pierre d'achoppement de la dévolution successorale en droit coutumier. Elle se caractérise par une politique d'exclusion de certaines catégories d'héritiers dans la majorité des coutumes. Dès lors, l'examen des différents critères de désignation des successeurs se révèle nécessaire, car il montre les différents principes qui gouvernent cette désignation au sein de la descendance du de cujus (Paragraphe 1). Par ailleurs, il apparaît également opportun de faire ressortir le traitement réservé au conjoint survivant (Paragraphe 2).

---

[231] NGONGANG OUANDJI (A) : « La dévolution successorale au Cameroun », *R.J.P.I.C*, 1972, pp. 639-663.

Paragraphe 1 : Les principes gouvernant la désignation du successeur en droit traditionnel

De l'examen de certaines coutumes du Cameroun, il ressort que la mort constitue pour la société traditionnelle un moment crucial. Il s'agit d'opérer, pour le défunt comme pour les vivants qui sont attachés au de cujus par des liens familiaux, le passage du monde des vivants et du visible vers celui des trépassés et de l'invisible.

Assurer un passage sans embûches de ce monde visible au monde de l'invisible constitue la base du culte des ancêtres qui, en fait, sont des génies protecteurs contre les mauvaises situations qui, semble-t-il, sont souvent suscitées par les morts mécontents. Il est question dans ce cadre de régler la dévolution des pouvoirs et des devoirs en soi indivisibles et impartageables qui intéressent des personnes en fonction d'une filiation garantissant la continuité de la parenté. Cette dévolution assure « *la continuité d'une unité de liaison vitale* »[232]. Pour atteindre cet objectif, les multiples coutumes du Cameroun consacrent, presque unanimement, mais à des degrés différents, des règles communes de désignation de la personne devant assurer cette continuité. C'est ainsi que la succession ne sera dévolue qu'à une seule personne, de préférence à l'aîné des garçons. Dès lors, malgré la variété des coutumes, trois grands principes gouvernent la dévolution successorale dans la société traditionnelle, à savoir le principe de l'héritier principal (A), le privilège de la primogéniture (B) et enfin le privilège de masculinité (C).

A. Le principe de l'héritier principal

Pour parler de l'héritier principal, nous devons prendre en compte un certain nombre d'éléments. Tout d'abord, nous devons faire la distinction entre la succession aux biens et la succession aux fonctions. Ensuite et surtout, chaque fois que nous aurons à parler du droit coutumier, il nous faudra distinguer entre le droit coutumier originel et le droit coutumier tel qu'il est actuellement vécu dans la société traditionnelle modernisée.

Aussi, dans la société traditionnelle d'antan, la succession s'analysait comme étant principalement une transmission des pouvoirs de gestion des hommes, et accessoirement, une transmission de l'administration des biens. Il s'agissait donc plus d'une succession aux fonctions que des biens. À cet effet, l'héritier coutumier remplaçait le père, en fonction de la position que ce dernier occupait dans le lignage. Il était véritablement le continuateur de la personne du défunt, il était investi de la qualité de père spirituel des autres parents. Aussi, au décès de son père, il recevait tous les attributs de ce dernier.

---

[232] LAMY (E) et LOKWA ILWALOMA : « La dévolution successorale en République du Zaïre », *R.J.P.I.C.*, 1972, t. 26, n°4, pp. 532 et s.

Succédant principalement aux fonctions, il recueillait également tous les droits et obligations composant le patrimoine du de cujus au cas où il laisse des biens. Étant le continuateur de la personne du défunt, il était tenu sur ses biens propres de toutes les dettes laissées par le de cujus, car il ne lui était pas possible de renoncer à la succession ni de l'accepter sous bénéfice d'inventaire. En réalité, ces notions étaient et demeurent inconnues en droit coutumier. À cet effet, l'héritier principal était investi du passif et de l'actif de la succession, donc un *« héritier nécessaire »*[233]. Héritant des biens du défunt, il recevait en même temps toutes les charges de cujus. Il devait assurer l'entretien et l'assistance à tous les autres membres de la famille. Il s'agissait en sorte d'assurer la pérennité de la famille.

De ce qui précède, il résulte que la désignation de cet héritier nécessaire avait pour critère la parenté. L'héritier était désigné dans la descendance du de cujus. Parfois, l'héritier était choisi et associé à la direction de la famille, par le de cujus de son vivant. Cette désignation avait pour avantage d'asseoir l'autorité du remplaçant et d'éviter des dissensions après la disparition du père. Par contre, si le de cujus n'avait pas procédé à ce choix, le conseil de lignage se chargeait de le faire. Parfois, la désignation se faisait selon les règles fixées par les ancêtres de sorte que ni le de cujus ni le conseil de lignage n'avait aucun pouvoir d'appréciation ; il s'agissait en ce temps de l'héritier naturel ou de *« successeur normal »* ; le choix était porté sur le plus âgé, considéré comme le plus sage et le gardien de la sagesse traditionnelle[234].

Cependant, il n'y avait pas désignation de l'héritier principal dans certains cas[235]. Certes, certaines pratiques continuent d'avoir cours de nos jours, mais il faut reconnaître que la société traditionnelle a été fortement ébranlée dans ses fondements. En effet, avec l'introduction et le développement de l'économie moderne et de nouveaux modes d'appropriation des richesses, l'acculturation ayant résulté du brassage des cultures occidentales et de différentes coutumes du Cameroun, la création et le développement des grandes agglomérations non régies selon les règles coutumières, et surtout la substitution de la famille clanique ou lignagère par la famille nucléaire, tout ce qui constituait des valeurs dans les sociétés traditionnelles a été remis en

---

[233] MANZILA LUTUMBU SAL'A SAL : « Les successions en droit civil zaïrois », *R.J.P.I.C*, t. 26, n°4, p. 512

[234] YOUEGO (C) : op. cit., p. 248

[235] Voir supra, p. 59. Par exemple, lorsque le de cujus, bien que membre d'un clan n'avait jamais hérité des biens lignagers, aussi, sa succession ne consistait qu'à la transmission de ses biens personnels à ses différents héritiers. Par ailleurs, il n'y avait pas désignation d'un héritier nécessaire lorsque le de cujus est une femme. À la mort d'une femme, d'une mère, ses biens étaient partagés entre ses filles et ses sœurs, et ces biens n'étaient composés que de ses vêtements et de ses ustensiles de cuisine. Parfois, il s'agissait là de la seule occasion pour les femmes de venir à la succession.

question. Un nouveau droit des Successions est né, surtout en ce qui concerne l'héritier principal.

De nos jours, dans les sociétés traditionnelles considérées comme modernisées, surtout chez les Beti de la région du Centre, l'héritier nécessaire n'a plus la même considération que dans la société d'antan. Sa situation dépend du rôle que jouait le de cujus au sein du groupe. Aussi, lorsqu'il était par exemple un chef de lignage, son successeur, collaborateur de l'administration publique, assurera uniquement la direction administrative du groupe. Sur le plan traditionnel, il recevra les attributs de l'intermédiaire entre les membres du clan qu'il dirige et l'autorité publique. On lui remettra alors une canne, un fauteuil, un tam-tam. Tandis que sur le plan administratif, il lui faudra avoir une tenue vestimentaire correspondant à son degré. Par ce fait, ses fonctions ne correspondent plus à ce qu'elles étaient dans la société traditionnelle d'antan.

Par ailleurs, lorsque le de cujus n'occupait aucune fonction sociale, l'on désignera un héritier principal, soit pour la famille dont il était le chef, soit encore pour sa famille nucléaire. Il ne reste plus à ce dernier que la direction morale de la famille[236]. Bref, cette règle, assurant l'unité et la continuité, entraînait en contrepartie l'obligation pour l'héritier ainsi favorisé d'assurer la sécurité, d'entretenir, d'éduquer et même d'assurer la tutelle des autres membres de la famille, héritiers potentiels. Cette règle se rattachait à la particularité d'inégalité propre d'ailleurs à l'ensemble du droit coutumier. Cependant, cette inégalité est de plus en plus corrigée et remplacée par la règle de la mutualité et de la solidarité.

La compréhension de la désignation de ce nouvel héritier unique dépend des autres règles qui gouvernent le choix de ce dernier.

Que ce soit dans la société traditionnelle originelle ou dans la société traditionnelle modernisée, le choix de l'héritier unique porte sur un aîné, on parle alors du privilège de primogéniture.

[236] Il ne peut plus être considéré comme celui qui continuait la personne du de cujus, et qui était personnellement tenu de toutes les dettes de ce dernier. Aussi, n'ayant que la direction morale de la famille, la succession aux biens sera dévolue selon les règles du droit écrit. Ceci revient à dire que l'héritier principal, sur le plan patrimonial, a désormais les mêmes droits successoraux que ses cohéritiers. Mais, puisqu'il n'y a pas de partage, au sens du Code civil, il a le plus souvent la charge de l'administration des biens de la succession pour le compte de tous les héritiers.

B. Le privilège de primogéniture comme critère de désignation de l'héritier principal

Parlant de l'aîné comme héritier principal, nous faisons abstraction du système successoral de la région du *« Grand-Nord »* du Cameroun dominé par la religion musulmane[237]. Cette partie du Cameroun connaît la même organisation successorale que tous les pays africains dans lesquels l'Islam est sinon la principale religion, du moins l'une des religions pratiquées dans ces pays. Nous pouvons citer à titre d'exemple, le Sénégal[238], le Tchad[239], etc. En effet, le droit musulman organise clairement la détermination des héritiers en les divisant en deux grands groupes, à savoir, d'un côté les héritiers légitimaires et de l'autre côté les héritiers universels. Bref, chaque membre de la famille musulmane connaît sa place et son sort chaque fois qu'une succession vient à être ouverte dans la famille, quelle que soit la qualité du de cujus[240].

Une fois de plus, il apparaît nécessaire de faire une distinction entre la société traditionnelle d'antan (1) et la société traditionnelle modernisée (2).

1. Le droit d'aînesse dans la société originellement traditionnelle

Dans la société originellement traditionnelle, où l'on applique *« le droit originellement africain »*[241], beaucoup de privilèges étaient reconnus au plus âgé, considéré de surcroît comme le gardien de la sagesse traditionnelle[242]. Par ailleurs, pour la coutume, la succession reposait sur les impératifs de famille, sur la nécessité de maintenir les biens dans le lignage et de lui assurer la pérennité d'un patrimoine dont devaient bénéficier les générations qui se succédaient. Et c'est pour cette raison que la terre avait longtemps été considérée comme un bien inaliénable. Aussi, l'ordre des successions était

---

237 MAZOU ABDOULAYE : « La succession chez les Foulbé », *Mémoire de licence*, Université de Yaoundé

238 ABDOULAYE DIOP (M) : « La dévolution successorale musulmane : détermination des héritiers dans le code sénégalais de la famille », *R.J.P.I.C.*, T. 26, n°4, 1972, p. 799 et s.

239 BRAHIM SEID (J) : « Coutumes traditionnelles au Tchad islamisé », R.J.P.I.C., op. cit., pp. 811 à 818.

240 MAZOU (A) : op. cit. ; ABDOULAYE DIOP : op. cit. ; BRAHIM SEID : op. cit. En dehors de cette particularité qui ne concerne d'ailleurs que la succession aux biens, nous pouvons affirmer sans risque de nous tromper que dans tout le reste du Cameroun, les coutumes consacrent presque unanimement, mais à des degrés différents, certaines règles communes, à l'instar du droit d'aînesse.

241 ALLIOT (M) : « La coutume dans les droits originellement africains », Congrès de la Société Jean BODIN sur la coutume, Bruxelles, 1er–6 octobre 1984, *Bulletin de liaison du Laboratoire d'Anthropologie juridique de Paris*, 7 et 8 janvier 1985, pp. 79-100.

242 MELONE (S) : « La parenté et la terre dans la stratégie du développement (l'expérience du Cameroun) », Étude critique, Klinsksieck, 1972, p. 36.

fondé sur la nécessité de continuer et de transmettre l'état de la société, de la génération qui passait à celle qui suivait[243]. Pour atteindre ce but, la totalité de la succession était confiée, non seulement à une seule personne, mais aussi au plus âgé. Le plus âgé cumulait donc des privilèges aussi bien sur le plan moral que sur le plan matériel. Sur le plan moral, l'aîné avait la charge de guider ses jeunes cohéritiers ; et sur le plan matériel, il avait la possession de tous les biens laissés par le de cujus, et c'est lui qui décidait de la portion et du moment à donner à ceux de ses frères qui en éprouvaient le besoin.

Plusieurs raisons justifiaient la confiance accordée à l'aîné. Tout d'abord, sur le plan religieux, le plus âgé était présumé être le plus apte à continuer les pratiques ancestrales, à être l'intermédiaire entre ces ancêtres et les vivants. Par ailleurs, l'aîné était supposé détenir le savoir, soit agricole, soit encore historique[244]. Car, comme le reconnaît M. KI ZERBO « *en face des contraintes terribles du milieu physique et géographique africain, il est évident que dans la mesure où les connaissances techniques n'étaient pas, comme en Europe, capitalisées dans des textes écrits et par conséquent à la disposition de chacun, dans la mesure où toutes ces connaissances techniques n'étaient conservées que sous forme de tradition dans l'esprit des plus âgés, les jeunes n'avaient pas d'autre issue que de se soumettre étroitement aux directives des anciens...* »[245]

Une autre raison justifiait la confiance placée sur l'aîné. La société originellement traditionnelle se caractérisait par la hiérarchie des générations et des classes d'âge[246]. Aussi, comme l'affirme M. Michel ALLIOT, « *ignorer la hiérarchie, ce serait introduire le désordre* »[247]. Le respect de cette hiérarchie, qui correspondait à la structure dynamique de cette société, concourait en même temps au maintien de sa cohérence. C'est pour cette raison « ... *que les règles successorales reconnaissaient toujours un droit d'administration et d'usage sur les biens ancestraux à l'aîné des survivants appartenant à la génération ancienne ou à l'aîné de la famille...* »[248]. L'âge

---

243 DOMAT : *Leçons de droit civil : successions et libéralités*, tome IV, p. 5, cité par NGONGANG -OUANDJI (A), in « La dévolution successorale au Cameroun », *R.J.P.I.C.*, op. cit., p. 642 et s.

244 OBLE (J) : op. cit., n° 170, p.113

245 KI ZEBRO : « La crise de la civilisation africaine », in tradition et modernisme en Afrique noire, Rencontres Internationales de Bouaké, éditions du Seuil, 1965, p. 119

246 Or, le respect de la hiérarchie fondée sur l'âge y était irréversible ; les anciens étaient par essence supérieurs aux jeunes, car ils étaient détenteurs et gardiens de la sagesse du peuple et dépositaires du pouvoir religieux.

247 ALLIOT (M) : « La coutume dans les droits originellement africains », op. cit., p. 14

248 RARIJOANA (R) : « Le concept de propriété en droit foncier de Madagascar », in *Études malgaches*, Faculté de Sciences économiques, Université de Dakar, p. 59.

jouant un rôle très important dans cette société, certaines capacités ne pouvaient s'acquérir qu'à partir d'un certain âge[249].

Enfin, le privilège d'aînesse avait un fondement économique. En effet, dans la société d'antan, l'idée de partage des biens était totalement exclue, car dans la majorité des cas, les biens appartenaient plutôt au lignage qu'à un individu, et de ce fait, ces biens étaient indivis. Au demeurant, le patrimoine répondait aux impératifs du lignage, sur la nécessité de lui maintenir des biens et de lui assurer la pérennité d'un patrimoine dont devaient bénéficier les générations qui se succédaient[250].

Avec le développement de l'appropriation individuelle et la substitution de la famille lignagère par la famille nucléaire, il y a lieu de voir si le privilège de primogéniture de la société traditionnelle originelle est resté le même dans la société traditionnelle modernisée.

2. Le droit d'aînesse dans la société traditionnelle modernisée

Aussi bien dans la zone urbaine que dans la zone rurale, la notion de bien communautaire a tendance à disparaître. La terre, autrefois perçue comme un bien collectif et considérée comme un bien inaliénable, a également subi les assauts du développement par l'introduction du régime d'immatriculation. En effet, d'après l'ordonnance n° 74-1 du 6 juillet 1974, fixant le régime foncier au Cameroun, l'appropriation des terres est soumise impérativement et exclusivement à la procédure d'immatriculation aboutissant à l'obtention d'un titre foncier dans les conditions fixées par le décret n° 76-165 du 27 avril 1976. Autrement dit, toute terre non immatriculée, c'est-à-dire sur laquelle le prétendu propriétaire ne détient pas un titre foncier conformément à la

---

249 Supra, p. 61, note 89

250 Pour réaliser tous les buts susvisés, la totalité du patrimoine était attribuée à l'aîné de la famille. Or, à cette époque, la transmission étant en principe horizontale, et exceptionnellement verticale, la succession revenait à l'aîné des frères cadets du de cujus, même si ce dernier était moins âgé que le fils aîné du de cujus, mais tout de même capable. Et ce n'est qu'à défaut de ce cadet que le fils le plus âgé du de cujus était appelé. En effet, le jeune frère du de cujus était considéré comme le « père » de son neveu, et de ce fait, il lui était privilégié.
Que ce soit l'aîné des frères du de cujus ou l'aîné de ses fils, certaines qualités étaient exigées du nouveau chef, car le but principal recherché par ces exigences était le maintien de la cohésion du groupe. Et lorsque l'aîné visé ne répondait pas à ces conditions, l'on pouvait déroger au principe de primogéniture. Il en était ainsi chaque fois que la santé de l'aîné, son manque d'énergie, son mauvais caractère paraissaient le rendre inapte à la direction du lignage. C'était également le cas lorsque l'héritier présomptif était de moralité douteuse, par exemple, lorsqu'il était belliqueux, malhonnête, plus porté vers le profit personnel au détriment de l'intérêt de la communauté. Et malgré la présence de cet aîné défaillant, la transmission se faisait au profit du puîné. L'aîné devait donc réunir des qualités, telles que la générosité, l'honnêteté, la bonne santé… Tout compte fait, la famille traditionnelle d'antan était organisée autour d'un chef, en principe le plus âgé de la communauté, justifiant d'une maturité physique et morale.

réglementation en vigueur, appartient au domaine national[251]. À partir de ce moment, la terre ne peut plus jouer le rôle qui était le sien dans la société d'antan, à savoir le maintien de la cohésion sociale. N'étant donc plus un bien collectif, toute personne peut désormais en être individuellement propriétaire, par conséquent, la gestion ne peut plus être assurée par un seul individu, fût-il le plus âgé. Cette désagrégation est déjà plus effective dans la partie sud du Cameroun que dans les régions de l'Ouest et du Nord où la terre est toujours gérée par les chefs traditionnels, pouvant en attribuer à leur gré une parcelle, à qui ils le désirent[252].

Par ailleurs, s'agissant des biens meubles, il apparaît de plus en plus difficile de les conserver sous la gestion d'une seule personne, sans se référer aux règles prescrites par le droit écrit, notamment celles relatives aux droits de la personnalité, et plus précisément, à la capacité de ceux qui doivent en bénéficier[253]. En plus, la notion d'aîné a déjà un contenu variable. Dans la société traditionnelle modernisée, l'aîné n'est plus seulement le plus âgé de la famille, mais celui qui est économiquement et socialement plus aisé. Et selon M. ALLIOT « *...encore que la gérontocratie ne soit pas absolue : le commandement peut revenir à celui qui, par ses acquis initiatiques, scolaires, économiques, peut mettre en œuvre plus d'énergie que son frère aîné, son père, son oncle* »[254]. L'aîné, et par conséquent le supérieur, est donc désormais celui qui donne, ainsi s'affirme son autorité sur ceux qui reçoivent de lui. Aussi apparaît-il une conception assez originale de la notion d'aînesse. Est donc dorénavant considéré comme « *aîné* » celui qui peut, d'une manière ou d'une autre, subvenir aux besoins des autres membres de la famille, quel que soit l'âge de l'un et des autres. On parle alors d'un « *statut artificiel d'aîné* »

---

[251] D'après l'article 14 de l'ordonnance n°74-1 du 6 juillet 1974, « *constituent de plein droit le domaine national, les terres qui, à la date d'entrée en vigueur de la présente ordonnance, ne sont classées dans le domaine public ou privé de l'État ou des autres personnes morales de droit public* » à l'exclusion, selon l'art. 2 de la même ordonnance des terres immatriculées, des « *free old lands* », des terres acquises sous le régime de la transcription, des concessions domaniales définitives, et des terres consignées au « *Grundbuch* ». Et l'art. 15 précise les terres qui dépendent du domaine national, à savoir 1°- « les terrains d'habitation, les terres de culture, de plantation, de pâturage et de parcours dont l'occupation se traduit par une emprise évidente de l'homme sur la terre et une mise en valeur probante » et 2° - « *les terres libres de toute occupation effective* ».

[252] TJOUEN (A. D.) : *Droits domaniaux et techniques foncières en droit camerounais*, Economica, 1982, p. 67 cité par YOUEGO (Ch) : op. cit., p. 593.

[253] Car, si d'après les droits originellement africains, la notion de personne juridique n'existe pas au profit de celle de statut, telle n'est pas la situation de nos jours où la situation est plutôt renversée. La personnalité juridique des membres d'une communauté entière ne peut plus être noyée dans celle d'une seule personne.

[254] ALLIOT (M) : op. cit., p. 13.

et de « *cadet artificiel* »[255]. L'aîné est donc désormais la personne qui, économiquement, est la plus fiable[256].

Quelle que soit la société traditionnelle considérée, originelle ou modernisée, la succession coutumière est régie soit par la coutume matrilinéaire soit par la coutume patrilinéaire.[257] Dans tous ces systèmes, la succession est soit verticale, c'est-à-dire de père en fils, soit horizontale, c'est-à-dire entre collatéraux. Et, en principe, l'héritier principal qui remplace le de cujus dans la hiérarchie familiale doit être de sexe masculin.

C. Le privilège de masculinité comme critère de désignation de l'héritier principal

D'une façon constante, le droit africain originellement traditionnel consacre la transmission de la succession de mâle à mâle, à l'exclusion du sexe féminin. Dès lors, le nouveau chef de famille devrait être non seulement le plus âgé, mais aussi, et surtout de sexe masculin. Et dans la succession verticale, il en sera ainsi même dans le système polygamique, et, quelque soit le rang de l'épouse, mère dudit fils. Une meilleure appréciation de la pratique du privilège de masculinité dans les sociétés traditionnelles africaines nous conduit à présenter l'évolution de cette institution de manière alternative dans les sociétés africaines originellement traditionnelles et dans leur aspect modernisé.

1. Le privilège de masculinité dans la société traditionnellement originelle

Dans la conception traditionnelle originelle, seuls les hommes étaient capables de recueillir une succession. Toute espèce féminine était complètement exclue. Cette exclusion était générale, car elle était acceptée aussi bien dans les sociétés patrilinéaires que dans les sociétés matrilinéaires dans lesquelles la femme joue un rôle primordial. Cependant, les filles

---

[255] NKOU MVONDO (P) : *Le dualisme juridique en Afrique Noire Francophone : du droit privé au droit informel*, Thèse, Strasbourg, 1995, pp. 151 et 152

[256] C'est cette technique qui a désormais cours dans la société Beti, surtout lorsque parmi les héritiers, le plus âgé est moins nanti que son cadet. Officiellement, mais d'une façon symbolique, l'aîné sera présenté comme le nouveau guide de la famille. Mais démuni, c'est à son cadet le plus nanti que reviendra réellement ce privilège, qui est en même temps une charge. Par ailleurs, dans la société traditionnelle contemporaine, il existe de plus en plus un conflit latent surtout si le fils aîné du de cujus est majeur. La famille nucléaire ayant pris le pas sur la famille large, ou tout au plus, l'étendue de la famille d'antan s'étant considérablement réduite, on préfèrera la dévolution du majorat à l'aîné des enfants du de cujus qu'à son frère cadet. Cet aspect très modernisé de la dévolution a tendance à favoriser la succession à un échelon restreint, regroupant les seuls enfants du de cujus.

[257] MANZILA LUTUMBU SAL'A SAL : op. cit., p. 510

pouvaient quand même entrer en possession des biens féminisés de leur mère prédécédée.

Certains fondements justifiaient cette discrimination aux dépens du genre féminin.

Tout d'abord, on évoquait un fondement d'ordre religieux[258]. Une seconde raison, à caractère économique, était à la base de l'exclusion des filles de la dévolution traditionnelle. Le but principal de la dévolution dans cette société d'antan étant d'assurer la pérennité du patrimoine lignager afin de le transmettre aux générations successives, il ne fallait pas laisser sortir le trésor du lignage d'origine de la femme, au profit du lignage de son époux, par le biais du mariage[259]. De nos jours, malgré une remarquable évolution des mentalités, le principe de la masculinité est demeuré très vivace aussi bien dans les zones rurales qu'urbaines où s'est considérablement développée l'institution de la famille nucléaire[260]. Certains auteurs africains parlent à cet effet d'un « *système de monogamie extensive* »[261], ou encore de « polygamie déguisée » [262]; et le plus souvent, ces situations sont génératrices de graves dissensions au sein de nombreuses familles.

Dans la société traditionnelle réelle, surtout chez les Beti, l'absence d'un enfant mâle, descendant direct du de cujus, pouvait être comblée par le fils de la fille. En effet, dans cette partie du Cameroun, à la différence de l'Ouest et du Nord[263], l'enfant naturel de la fille a toujours été très bien accueilli par les grands-parents, parfois au même titre que leurs propres enfants. C'est ainsi que, d'une façon fréquente, le nom du grand-père figurera à la place de celui

---

[258] En effet, l'homme était considéré comme le seul élément pouvant assurer la permanence du lignage, alors que la femme était appelée à quitter son lignage d'origine pour intégrer un lignage par alliance. Aussi, ne pouvait-elle pas convenablement assumer les obligations qui devaient lui incomber et, de surcroît, secrètes, à cause de son indisponibilité dans son lignage d'origine.

[259] En effet, appartenant désormais à un lignage étranger, la fille qui recevait les biens risquait d'appauvrir ainsi le lignage paternel. Or, l'on sait que la terre constituait le bien sacre qui ne pouvait, en aucun cas, être aliéné. C'est donc simplement pour éviter que la fille ne parte avec les biens du lignage paternel dans le lignage de son mari qu'elle était exclue de la succession de son père.

[260] Dès lors, un Camerounais, quel que soit son niveau intellectuel, quelle que soit sa région d'origine, ne considère pas qu'il a une progéniture en l'absence d'un élément mâle. Aussi, cherchera-t-il par tous les moyens à en reproduire un. À cet effet, soit il en fera naître hors mariage pour ensuite le ou les reconnaître ; soit encore, lorsqu'il n'est pas polygame, il épousera une autre femme pouvant lui en reproduire, en dépit des règles relatives à l'option matrimoniale.

[261] ALLOKE (V) : « Le processus de règlement des litiges comme mode de contrôle du changement social à Niamey, Niger, Thèse, Droit, Paris, 1989, p. 420, cité par NKOU MVONDO Prosper : op. cit., p. 146

[262] BIYOUDI (J) : « L'autorité parentale en République du Congo. Tradition et évolution du droit de la famille, Thèse, Paris, 1984, p. 247, cité par MKOU MVONDO (P) : op. cit., p. 147.

[263] À l'Ouest comme au Nord, une fille qui a des enfants sans aller en mariage était exclue, car son geste constituait une injure pour sa famille.

du père sur l'acte de naissance. Ceci montre l'éviction de la filiation légitime par la filiation naturelle, au profit du privilège de masculinité[264].

Toutefois, dans la société traditionnelle modernisée, le privilège de masculinité n'a pas été épargné par les assauts des transformations sociales. Aussi, convient-il d'examiner ce qu'est réellement devenu le privilège de masculinité dans la nouvelle société traditionnelle.

2. Le privilège de masculinité dans la société traditionnelle contemporaine[265]

La famille nucléaire prend de plus en plus place au détriment de la famille traditionnellement étendue. Le patrimoine du de cujus, autrefois patrimoine lignager, donc collectif, est de nos jours le fruit des efforts personnels. À cet effet, ce patrimoine ne peut réellement bénéficier qu'à ceux qui dépendent directement du de cujus. Par ailleurs, on assiste actuellement à une amélioration de la condition de la femme dans tous les domaines ; plus particulièrement sur le plan successoral. De plus, la fille n'a plus une valeur patrimoniale. Telles sont quelques-unes des multiples raisons qui concourent à une modification profonde de la situation de la fille dans la succession de son ascendant. Pour que le régime des successions actuel ne soit pas en dysharmonie, en déséquilibre par rapport aux autres institutions, l'on assiste à un fléchissement du privilège de masculinité dans les règlements successoraux[266].

D'autre part, la structure actuelle de la famille ne permet plus l'application radicale de la masculinité. La dévolution successorale est beaucoup plus verticale, filiale, qu'horizontale. En plus, une nouvelle forme de famille a vu le jour. Elle n'est plus étendue à tout le lignage, elle ne se limite pas non plus à la seule unité nucléaire. Elle peut englober tous ceux qui descendent d'un

---

264 Par ailleurs, selon les traditions originelles, la fille ne pouvait pas prétendre à la succession de son père, car elle avait elle-même une valeur patrimoniale et, dès cet instant, était dévolue à l'héritier principal au même titre que les biens meubles et immeubles qui constituaient la succession du de cujus. En plus, la famille avait l'obligation de la marier, ce qui devait par ailleurs enrichir le lignage par la dot. En définitive, la fille était un instrument de change presque au même titre que la monnaie.

265 Il s'agit d'une observation personnelle que l'auteur a faite au sein de la société traditionnelle modernisée en général, et Beti en particulier.

266 D'une part, la société traditionnelle modernisée reconnaît déjà la qualité d'héritier à la descendance féminine du de cujus. Aussi, dans la société Beti, lorsqu'une personne ne laisse que des filles dans sa descendance, non seulement celles-ci ne sont plus exclues au profit d'un cousin, mais aussi et surtout, elle leur reconnaît un droit de propriété sur les biens laissés par leur père. Parfois, c'est le de cujus lui-même qui désigne la fille comme héritière principale, c'est-à-dire administratrice des biens de la succession, et ceci en présence des enfants de sexe masculin mineurs ou incapables. En plus, lorsqu'il s'agira de procéder au partage des biens successoraux, ce qui n'est plus exclu de nos jours, la fille aura une part, même si celle-ci n'est pas égale à celle du garçon.

grand-père commun. Aussi tout dépendra de la place que le de cujus occupait au sein de cette famille[267]. Au demeurant, le privilège de masculinité, bien qu'encore vivace dans les sociétés traditionnelles, reste beaucoup plus en vigueur dans la succession aux fonctions. Pour cela, la dévolution sera soit en principe horizontale, soit exceptionnellement verticale. Par contre, lorsqu'il s'agira de la succession aux biens, le principe de la masculinité pourra subir un fléchissement, et l'administrateur pourra être aussi bien un garçon qu'une fille, pourvu qu'il remplisse les conditions de maturité requises à cet effet.

Nous venons d'exposer les différents principes qui gouvernent le choix d'un héritier. Il ressort de cet exposé que la société traditionnelle originelle basait le choix de la personne chargée de continuer la personne du défunt sur trois principes impératifs, à savoir qu'il fallait une seule personne qui, non seulement, devait être de sexe masculin, mais aussi et surtout être l'aîné de la famille. Le régime successoral de cette société était en harmonie avec les autres institutions comme le mariage, la filiation, même comme on y décelait une forte idée de discrimination. Cependant, avec les mutations que la société a connues ni la société traditionnelle ni ses principes ne sont restés intacts. Pour ne pas rester en marge des mutations, et ainsi en déséquilibre par rapport aux autres domaines de la vie sociale, l'on a assisté à la naissance d'une société traditionnelle modernisée dont le fonctionnement nécessite l'abandon de certaines pratiques pouvant apparaître comme des obstacles au développement recherché par tous les États. Désormais, la succession n'est plus une affaire de lignage, elle ne concerne plus que la famille nucléaire. À cet effet, tous les enfants du de cujus, sans distinction de sexe ou d'âge, prennent part à la dévolution.

Cette société traditionnelle modernisée, à cheval entre les pratiques traditionnelles et les mutations sociales empreintes de modernité, se présente comme une victime de la coexistence de deux civilisations, et même de deux types de droits d'origine différente, l'une coutumière, interne, orale, de nature mystico-religieuse et familiale, et l'autre, écrit, d'origine externe, individualiste et à préoccupation essentiellement patrimoniale.

La discrimination qui caractérisait la dévolution dans les sociétés traditionnelles d'antan, s'opérant en faveur de certaines catégories de

[267] Était-il l'aîné des garçons de tout le groupe, la direction du groupe passera à son cadet. Et il ne s'agira dans ce cas que d'un guide spirituel, immatériel, un rassembleur. C'est chez lui que toute la famille se retrouvera désormais pour, discuter et décider des événements de la famille, et c'est lui qui sera chargé de rendre la décision publique au sein du lignage. Ce n'est que sur ce plan que la dévolution verticale s'opère encore de nos jours. Sinon, la dévolution des biens se fera au sein de la famille nucléaire, c'est-à-dire entre les enfants du défunt ; et ce n'est qu'à ce moment qu'on fera appel à l'aîné, qui en principe sera un garçon doté d'une maturité physique et psychologique. Toutefois, le guide pourra exceptionnellement être une fille, lorsqu'elle remplit les conditions requises. Ceci est plus valable pour la succession aux biens que pour la succession aux fonctions.

personnes, l'était aussi bien vis-à-vis des descendants que des conjoints. À cet effet, il apparaît opportun d'examiner le sort réservé au conjoint survivant en droit coutumier.

Paragraphe 2. L'inégalité de traitement des conjoints survivants

Si la vocation successorale des descendants du de cujus s'opère de manière indirecte à travers l'héritier principal, telle n'est pas la situation du conjoint survivant. Dans le système traditionnel, il n'existe pas de vocation successorale entre époux. Cette absence de vocation est relative à la conception que les sociétés traditionnelles se font du mariage[268]. L'absence de vocation successorale du conjoint survivant est tributaire de la conception que le système traditionnel fait du mariage. On sait d'une manière générale que la femme, dans la société traditionnelle originelle, n'avait aucun droit tant sur les pouvoirs que sur les biens lignagers ou ménagers. Aussi, une fois de plus, il importe d'opposer le système traditionnel selon les époques traditionnelles originelles (A) et traditionnelles modernisées (B).

A. L'absence de vocation successorale entre époux dans le système traditionnel originel

Les coutumes du Cameroun ont toujours considéré le mariage comme étant, avant toute autre chose, constitutif d'une alliance entre les familles qu'une union de deux personnes. À cet effet, le mariage se définirait comme une convention par laquelle deux lignages ou clans consentent à l'union d'un homme et d'une femme. Cette définition fait ressortir la fonction principale que le mariage avait dans cette société, à savoir, la structuration de la société par l'alliance des lignages. Ici, c'est la fonction du mariage qui primait et déterminait les rapports entre époux aussi bien de leur vivant qu'après le décès de l'un. C'est cette situation que M. ALLIOT explique lorsqu'il affirme que « *les droits originellement africains ne connaissent pas des êtres appelés à remplir des fonctions : c'est la fonction qui détermine les êtres* »[269]. Dès lors, dans les droits originellement africains, le consentement des époux n'était pas requis, et plus, parfois, il n'y avait pas véritablement un choix réciproque[270].

---

[268] Depuis la nuit des temps, le mariage n'a jamais fait entrer la femme dans le lignage de son époux, au point qu'elle soit assimilée aux membres d'origine de ce lignage et d'y acquérir des droits. Or, l'on sait que l'acquisition de certains droits et, partant, la vocation successorale sont subordonnées à l'appartenance au lignage du défunt. Cette non-appartenance apparaît donc comme la raison fondamentale de l'absence de vocation successorale entre époux. Cependant, cette situation dépend de celui des époux qui survit à l'autre.

[269] ALLIOT (M) : op. cit., p. 6.

[270] Les époux étaient contraints par leurs lignages respectifs. Parfois, même l'identité du futur conjoint était cachée à l'intéressé jusqu'à la fin des cérémonies, et l'époux ou l'épouse contraint

Au contraire, l'époux ne devait donner son consentement que pour approuver le choix fait par le lignage.[271]

En fin de compte, le mariage avait un caractère communautaire qui le rendait presque obligatoire[272], car il devait remplir sa fonction secondaire, à savoir, la perpétuation des lignages par la procréation, condition du maintien d'un mariage. C'est cette seconde fonction du mariage qui déterminait les rapports qui devaient lier les époux et les lignages.

Ces différents caractères et ces différentes fonctions du mariage expliquent le maintien de l'alliance à cette époque malgré le décès de l'un des époux. C'est pourquoi, par le lévirat et le sororat, le conjoint survivant se voyait attribuer un membre de la famille de son conjoint prédécédé.

Toutefois, le veuf et la veuve n'avaient pas une situation identique. La situation de la veuve dépendait de son âge. Dans tous les cas, la veuve entrait dans l'actif successoral de son époux prédécédé et était reprise par un membre du clan de son mari, lorsqu'elle était encore en âge de se marier. Le but avoué de cette pratique était de lui assurer une sécurité morale et matérielle. Cependant, ce remariage avait deux objectifs réels. D'une part, la jeune veuve devait encore donner naissance à des filles dont la dot enrichirait le lignage. D'autre part et surtout, la coutume originelle, par le lévirat, évitait au lignage de perdre le produit qu'il avait obtenu après le versement de la dot. C'est pour cette raison qu'obligation lui était faite, du moins à son lignage, de rembourser la dot perçue au cas où elle décidait de quitter son lignage par alliance. Il ne s'agissait plus dans ce cas d'un souci de sécurité, mais plutôt de la chosification de cette personne[273].

Pareillement, à la mort de l'épouse, l'une des sœurs de la défunte lui était substituée. En effet, dans presque toutes les sociétés du monde, la mortalité masculine a toujours été plus importante, au point que le veuvage masculin, rare, n'a pas autant préoccupé les systèmes juridiques tant des sociétés dites civilisées que des sociétés traditionnelles. Néanmoins, dans les sociétés traditionnelles originelles, l'homme dont la femme était décédée avait la

---

n'avait pas le droit de manifester un quelconque mécontentement sous peine d'être maudit et exclu de la communauté.

[271] NKOUENDJIN YOTNDA (M) : *Le Cameroun à la recherche de son droit de la famille*, L.G.D.J., 1975. ; OBLE (J) : op. cit., n°s 263 et 264, pp. 174 et 175.

[272] OBLE (J) : op. cit., n°268, p. 177

[273] Par ailleurs, lorsqu'elle avait un âge assez avance, elle était mise à la charge de l'héritier principal. Elle retrouvait par là une sécurité tant matérielle que morale. Il s'agissait pour elle d'un droit aux aliments; ce droit s'apparentait à un douaire ou à un gain de survie. Cette attribution était valable aussi bien pour une femme qui avait procréé que pour celle qui n'avait plus du tout d'enfant. Tout dépendait du comportement qu'elle avait eu au sein du lignage du vivant de son mari.

possibilité de choisir l'une des sœurs de la défunte. Il s'agissait là de la pratique du sororat[274].

En somme, toutes ces institutions traditionnelles expliquent l'absence de vocation successorale entre époux, car si la veuve avait une valeur patrimoniale, et par conséquent elle ne pouvait avoir aucun droit dans l'héritage de son défunt mari, elle ne reprenait que ses biens propres. Le veuf, lui non plus, n'avait aucune vocation dans la succession de son épouse, car il appartenait également à un lignage étranger comme elle. Cependant, l'homme n'avait de valeur sociale que lorsqu'il était marié. À cet effet, la situation de conjoint survivant n'était pas concevable à son égard.

Si dans la société traditionnelle originelle, le mariage était communautaire et obligatoire, et remplissait des fonctions de structuration de la société par l'alliance des lignages et de perpétuation de ces lignages, il y a lieu de se poser la question de savoir si, de nos jours, tous ces caractères et fonctions sont restés intacts.

B. Une absence de vocation mitigée dans la société traditionnelle modernisée

La société traditionnelle a connu des transformations considérables, même comme la coutume a gardé de très fortes assises dans les milieux coutumiers qui peuvent surtout s'identifier avec les milieux ruraux.

Par contre, les milieux urbains, sous l'influence prépondérante du monde occidental, ne constituent pas un terrain pouvant accueillir aisément les structures familiales traditionnelles. Ce milieu urbain, qui n'est plus artificiel, est le milieu social, de plus en plus naturel, le mieux adapté aux contingences de la vie culturelle et économique. Et d'après une remarque assez pertinente, les villes acculturent de plus en plus les campagnes. Le droit successoral des milieux urbains, axé sur une dévolution des biens matériels individualisés, avec une grande tendance à protéger la famille nucléaire, développe progressivement ses tentacules vers la campagne. Dès lors, que ce soit dans les campagnes ou dans les milieux urbains, la situation du conjoint survivant, et surtout de la veuve, a connu une évolution considérable. Aussi, convient-il

---

[274] À côté du sororat, la polygamie étant la règle dans ces sociétés, la perte de l'une des épouses ne créait pas tellement un vide, car les autres épouses étaient toujours présentes. Aussi, le sororat avait surtout pour objectif d'éviter la rupture, par la mort, de l'alliance créée entre les deux lignages par le mariage. En plus, le sororat permettait au lignage de l'époux de ne pas perdre la dot qu'il avait versée pour le mariage de la défunte. Mais, au cas où le veuf était monogame, après le décès de son épouse, son remariage était très attendu.
Cette substitution par le lévirat ou le sororat avait pour but de maintenir l'alliance conclue entre les deux lignages et qui ne devait en aucun cas être rompue par le décès de l'un des éléments de cette source de solidarité.

d'envisager les manifestations de cette évolution à l'égard tant de la veuve que du veuf.

1. La veuve dans la société traditionnelle modernisée

Le sort de la veuve a connu un grand essor avec l'avènement des décrets du 13 novembre 1945 réglementant les mariages entre indigènes au Cameroun et du 14 septembre 1951 relatif à certaines modalités du mariage entre personnes de statut personnel en Afrique occidentale française, au Togo et au Cameroun[275].

Le premier décret instituait la liberté de consentement comme une condition de validité du mariage, et rendait ainsi nul de plein droit tout mariage forcé. Surtout, en ce qui concerne la veuve, la validité du mariage n'était remise en cause que lorsque la veuve n'acceptait pas l'héritier auquel on l'attribuait[276]. Le second décret s'attaquait à la dot coutumière. En fait, il l'avait désacralisée tout en instituant la liberté de remariage de la veuve, sans que le lignage du défunt mari puisse revendiquer la dot qu'il aurait versée pour la marier[277].

Si en parlant de société traditionnelle nous faisons appel à des textes réglementaires, c'est parce que ces textes n'avaient pas pour objectif de radier totalement les pratiques coutumières qui étaient en vigueur à l'époque, ils en

---

[275] BOUVENET (J G) et BOURDIN (R) : Codes et lois du Cameroun, tome II, pp. 314 et 315 :

- Décret du 13 novembre 1945, réglementant au Cameroun les mariages entre indigènes : article 2 : « *Le consentement des futurs époux est indispensable à la validité du mariage.*

Sont nulles de plein droit...

2°- *Toute revendication de la veuve ou de toute autre personne faisant partie d'une succession coutumière lorsque cette personne refuse de se rendre chez l'héritier auquel elle est attribuée* ».

- Décret du 1er septembre 1951 relatif à certaines modalités du mariage entre personnes de statut personnel en Afrique occidentale française, au Togo et au Cameroun. : Article 2 : « *Même dans les pays où la dot est une institution coutumière, la fille majeure de vingt et un ans et la femme dont le précédent mariage a été légalement dissous, peuvent librement se marier sans que quiconque puisse prétendre en retirer un avantage matériel, soit à l'occasion des fiançailles, soit pendant le mariage* ».

[276] Une remarque, fort impressionnante, attire notre attention. Ce texte, apparemment, ne supprimait pas le lévirat, mais il le subordonnait à la volonté de la veuve. Dès lors, on pouvait bien attribuer la veuve à un puîné du de cujus, et lorsqu'il n'y avait aucune contestation de sa part, l'attribution restait valable. Et ce n'est que lorsqu'elle n'y consentait pas que ce mariage forcé pouvait être annulé. Autrement dit, le décret permettait à la veuve de se remarier avec l'héritier de son choix, à condition que celui qui était ainsi choisi donnât son consentement.

[277] En combinant ces deux textes, la veuve retrouvait son indépendance sans aucune condition préalable. Elle était désormais, non seulement libre de se remarier ou non, mais aussi, et surtout, elle avait la liberté de choix de son nouveau conjoint, fut-il frère du de cujus; encore que le lévirat avait cet inconvénient d'imposer la polygamie même à ceux qui ne la sollicitaient pas comme option matrimoniale. Le lévirat n'étant plus une obligation pour la veuve, celle-ci n'avait plus une valeur patrimoniale et ne pouvait plus faire partie de l'actif successoral du de cujus.

avaient tout simplement atténué l'ampleur, tout en les laissant survivre d'une façon latente. Autrement dit, le lévirat et la dot coutumière continuaient d'être pratiqués, mais ils n'étaient plus des conditions d'ordre public dans le monde traditionnel.

En plus, le mariage n'a plus la même conception que dans la société traditionnelle réelle. Le consentement des époux, et surtout de la femme, veuve ou non, étant requis, le mariage n'est plus principalement une alliance des lignages, mais d'abord une union entre deux personnes au sein d'une famille plus restreinte; en effet, si cette famille ne se limite pas aux époux et à leurs enfants, elle n'englobe pas non plus toute une contrée. Il résulte de cette nouvelle conception du mariage une vocation reconnue à la veuve sur la succession de son défunt mari.

Pour tout dire, les coutumes dites traditionnelles ont évolué à l'instar de la société à laquelle elles doivent s'appliquer. D'une façon générale, la situation de la femme a évolué positivement. Et particulièrement sur le plan successoral, il est permis d'affirmer que la veuve n'a plus une valeur patrimoniale, et de ce fait elle ne tombe plus dans la masse partageable. Par conséquent, la majorité des coutumes lui reconnaissent la possibilité de se remarier sans exiger le remboursement de la dot, et sans lui imposer un membre de la famille du de cujus.

Cependant, tout ceci ne se passe pas sans heurts, car ces pratiques demeurent vivaces dans certaines traditions. Ce qui y rend encore quelque peu incertain le sort de la veuve.

Si le sort de la veuve a été aussi préoccupant, on peut se demander si le veuf a également connu autant d'attrait.

2. Le veuf dans la société traditionnelle modernisée

Que ce soit dans les sociétés traditionnelles originelles que dans les sociétés traditionnelles modernisées, le veuf n'a pas connu de difficulté. Certaines raisons expliquent ce privilège qui lui était accordé. Tout d'abord, en tant qu'homme, il est le principal producteur de biens lui assurant la survie, aussi, ne peut-il jamais être sous la dépendance d'une autre personne, surtout de la femme. Aussi, la situation du veuf n'a pas connu de changement, il a toujours conservé son entière liberté de remariage ; et on peut même affirmer que le principe légal selon lequel le mariage est dissout par le décès de l'un des conjoints a toujours été appliqué à son égard.

En plus, l'homme est inamovible et ne peut par conséquent pas quitter ses terres, ses cases et ses plantations, bref ses biens meubles et immeubles qui, la plupart du temps, lui appartiennent personnellement et non plus au lignage comme avant. Au cas où il assume une fonction sociale au sein du clan, il sera en détention des biens communautaires, des attributs de sa fonction.

Par ailleurs, la polygamie ayant toujours été la règle, le décès de l'une des multiples épouses ne se ferait pas tellement sentir, car la présence de ses autres épouses comble le vide. En dehors des rites de veuvage, le veuf reprend sa vie comme si rien ne s'était passé, parce qu'en plus il ne doit pas manifester son effondrement à côté des autres épouses. Aussi, le sororat n'apparaît plus comme une nécessité, le mariage étant plus un accord de volonté entre deux personnes qu'une alliance entre deux clans.

En somme, si la situation de la veuve a été autant préoccupante qu'il a fallu trouver des solutions pour l'améliorer, tel n'a jamais été le cas pour le veuf dont les droits n'ont jamais été remis en cause. Ce constat apparaît à travers l'absence totale de litiges dans lesquels le veuf se plaindrait d'avoir été écarté de la succession de sa défunte épouse. Certes, n'hérite-t-il pas d'elle, mais il ne subit pas non plus toutes les contraintes et humiliations dont la veuve fait toujours l'objet sous le fallacieux prétexte de lui assurer une sécurité matérielle et morale.

Au demeurant, lorsqu'on observe, dans la société traditionnelle modernisée, les situations respectives du veuf et de la veuve, on peut affirmer que, d'une part l'inégalité subsiste sous certaines formes au détriment de la veuve, mais, d'autre part que nombre de pratiques coutumières de la société traditionnelle d'antan ont disparu, ce qui permet à la veuve d'avoir recouvré une certaine liberté au sein de la famille du de cujus ; c'est ainsi qu'elle n'est plus un instrument de change entre deux lignages et n'a plus pour fonction principale la reproduction, et aussi la production de la main-d'œuvre pour le lignage. En plus, elle n'a plus une valeur patrimoniale pouvant se retrouver soit dans le passif soit dans l'actif du de cujus. Il lui est quand même reconnu une vocation dans la succession de son défunt mari, ce qui lui confère certains droits au sein de la famille et non plus seulement des obligations.

Les inégalités et les imprécisions instituées dans le choix des héritiers et le sort des conjoints survivants dans les successions traditionnelles trouvaient leur appui dans le Conseil de famille dont les décisions devaient être entérinées par le tribunal dans un jugement d'hérédité.

Section II. La prépondérance et l'omniprésence du conseil de famille dans la détermination des successibles

D'une manière générale, le système communautaire, qui a toujours été celui des sociétés traditionnelles, a pour corollaire le principe collégial pour la prise de décisions. Une raison justifie cette collégialité à savoir, l'emprise de la communauté sur les personnes qui la forment. En effet, c'est la communauté qui prime et détermine les rapports entre elle et ses membres, et ce primat de la communauté entraîne l'évanescence de l'être et même sa labilité (i.e. son instabilité, son humeur changeante). Le Conseil de famille constituait ainsi cet organe collégial de prise de décision en matière successorale. La désignation de l'héritier principal était son œuvre exclusive et ses décisions étaient toujours impératives.

Si cette institution était déjà aussi puissante dans la société traditionnelle d'antan, elle a continué à régir certains domaines de la vie sociale en milieu traditionnel, même modernisé. Mais, avec les mutations sociales incessantes, cette prépondérance s'estompe. Aussi, convient-il d'analyser son rôle successivement dans la société traditionnelle originelle (Paragraphe 1) et dans sa structure modernisée (Paragraphe 2).

Paragraphe 1. Le Conseil de famille en droit coutumier originel

Nous avions déjà noté que l'héritier principal pouvait être choisi par le de cujus lui-même de son vivant, par un testament oral ou même par un écrit. Ces dernières volontés étaient confiées aux personnes en qui le défunt avait pleinement confiance. Et ces personnes ne pouvaient publier cette nouvelle qu'après le décès et avant la fin des cérémonies funéraires. Lorsque le défunt n'avait lui-même pas procédé à cette désignation, ou encore lorsque l'héritier ainsi choisi ne satisfaisait pas aux exigences requises pour assumer ses nouvelles fonctions, cette tâche revenait au Conseil de famille (A) et ses délibérations s'imposaient à tous les membres de la communauté (B).

A. Le rôle du Conseil de famille dans la désignation de l'héritier principal

La composition du Conseil de famille justifie le caractère coutumier de cette institution. En effet, composé de tous les patriarches d'un lignage, il a toujours eu pour rôle principal de statuer sur les destinées de son lignage. Aussi, sur le plan successoral, le Conseil de famille a toujours joué un rôle important dans la désignation de l'héritier principal, ou dans la publication de l'identité de celui qui a été désigné par le de cujus.

En effet, dans la société traditionnelle réelle, la succession aux fonctions primant la succession aux biens, le Conseil de famille, après avoir rendu publique l'identité du remplaçant du de cujus, procédait à son initiation[278].

[278] Les attributs de sa nouvelle fonction lui étaient remis. Ensuite, un inventaire des biens laissés par le de cujus permettait de distinguer les biens lignagers de ceux qui lui appartenaient en propre. Et ce n'est que d'une façon subsidiaire que les membres du Conseil procédaient au partage des biens personnels du de cujus entre les différents héritiers. Vu à cette époque, le conseil de famille avait une mission importante et même noble. On peut dès lors se poser la question de savoir s'il a conservé les mêmes prérogatives avec la modernisation de la société traditionnelle.

B. La force des délibérations du Conseil de famille dans la société traditionnelle originelle

Tel que conçu initialement par la société traditionnelle originelle, le Conseil de famille était l'organe principal de désignation du remplaçant du de cujus, selon la place qu'il occupait au sein de la communauté. En tant qu'organe central dans le règlement des successions coutumières, les délibérations du Conseil de famille étaient impératives et, à cet effet, s'imposaient à tous ceux qui étaient concernés dans la succession à liquider. Dès lors, cet organe collégial avait le pouvoir d'écarter certains héritiers sous des prétextes propres à chaque coutume. Aussi, les premières personnes qui étaient le plus souvent écartées étaient la veuve et les enfants de sexe féminin, éléments du patrimoine successoral.

Les délibérations du Conseil de famille ne pouvaient et ne devaient pas être remises en cause par les héritiers sous peine de malédiction et d'exclusion, car elles étaient supposées conformes aux désirs présumés du de cujus et même des ancêtres. Aussi, était-il rare, voire impossible, de contester ou encore de changer, sauf cas de force majeure, l'héritier coopté par le Conseil de famille.

Mais, avec la désagrégation en amont du rôle de cette institution dans la société traditionnelle contemporaine, il est logique de croire qu'en aval l'influence de ses délibérations a subi la même désagrégation.

Paragraphe 2. Le Conseil de famille dans les successions traditionnelles modernisées

Étant une institution coutumière, le Conseil de famille demeure un organe de gestion des familles même dans la société traditionnelle modernisée. Cependant, le fonctionnement de cette institution (A) ainsi que ses délibérations (B) n'ont pas été épargnés par les transformations qu'a toujours subies le monde traditionnel.

A. Le fonctionnement du Conseil de famille dans les successions traditionnelles modernisées

Il existe, aussi bien dans les zones rurales que urbaines, une nouvelle forme de famille, qui n'est ni la famille traditionnelle originelle ni la famille nucléaire de type occidental. Surtout, en zone urbaine, se trouve transporté le mode de vie des zones rurales à travers la naissance des associations à base ethnique et vice-versa. Ceci apparaît comme une transposition du village en ville et c'est ce qu'un auteur a qualifié de « *village artificiel* », et qu'il a défini comme « *la reconstruction au sein des villes de certaines institutions à caractère traditionnel, permettant ainsi un prolongement fictif du village en zone urbaine »*[279]. C'est dans ce cadre de reconstruction du village en ville que le Conseil de famille continue de régir aussi bien les successions dans les zones urbaines que dans le monde rural.

Mais ayant été ébranlé par les mutations socio-économiques, le Conseil de famille a perdu son identité d'antan. L'heure étant à l'appropriation individuelle des biens, on assiste à la disparition de la forme communautaire du patrimoine successoral. Cette situation entraîne la réduction de l'importance de cette institution au sein des familles contemporaines.

Aussi, sur le plan organisationnel, le Conseil de famille n'est plus composé de tous les patriarches du village, mais de quelques membres proches de la famille du de cujus. Et même, on assiste à la multiplication des conseils de famille en autant de personnes intéressées dans une succession, chaque héritier, suivant ses intérêts, pouvant convoquer un Conseil de famille dont les membres, choisis par lui-même, ne seront jamais les mêmes que ceux choisis par son cohéritier. Cette situation arrive surtout lorsque les successibles ne s'entendent pas sur les modes de règlement successoral qui leur sont proposés. C'est ainsi que le conjoint survivant convoquera un Conseil de famille, alors que l'un des parents du de cujus fera parallèlement la même chose, mais avec des membres différents. Chacun choisit les membres qui sont acquis à sa cause ; et tout dépend du pouvoir économique de chacun et de la consistance des droits en jeu dans la succession discutée. Il ne s'agit donc plus de l'institution noble qui avait pour rôle de semer la paix dans les familles en imposant une place à chacun, selon des critères basés sur l'inégalité. Le Conseil de famille a perdu ses lettres de noblesse dans la société traditionnelle contemporaine. Il est devenu plus un instrument de discorde que de paix au sein des familles.

Par ailleurs, le rôle du Conseil de famille a également subi des changements. En zone rurale comme en zone urbaine, le Conseil de famille n'est plus l'organe de droit chargé de désigner un héritier principal au de cujus et de procéder à la répartition des biens et des personnes faisant partie de la masse successorale entre les ayants droit. Son rôle se limite actuellement à reconnaître la qualité d'héritier à toute la descendance du de cujus et celle de conjoint survivant à l'épouse, ou aux épouses en cas de polygamie. La gestion des biens revient actuellement aux proches parents du défunt.

Dès lors, après avoir analysé le rôle du Conseil de famille dans la société traditionnelle modernisée, il convient d'y envisager la force de ses délibérations.

---

[279] FOTSING (J B) : « Pouvoir fiscal en Afrique : résistance du système traditionnel au système moderne », *Penant*, 1990, p. 73 ; NKOU MVONDO (P) : op. cit., pp. 360 à 363.

B. La force des délibérations du Conseil de famille dans les successions traditionnelles modernisées

La plénitude des pouvoirs dont jouissait le conseil autrefois s'est effritée. Cette puissance a été fragilisée par le développement du mode individuel d'appropriation des biens qui rend chacun maître de la gestion et de la destination de son patrimoine.

Aussi, au décès d'une personne, le Conseil de famille, composé de tous les membres adultes de la famille, se réunit pour organiser les funérailles, car ce n'est pas la succession qui supporte les dépenses funéraires, qui au contraire, sont faites par des collectes opérées auprès de tous les membres internes et externes de la famille du de cujus. À cet effet, la famille doit se réunir pour organiser le déroulement des cérémonies et déterminer les charges financières et le rôle de chacun. On peut donc remarquer que le pouvoir de direction et de décision reconnu jadis au conseil a connu un fléchissement considérable, car ses décisions ne s'imposent plus de façon impérative aux membres de la famille qui, de surcroît, ne participaient pas aux assises, mais il s'agit de nos jours d'une assise de concertation qui inclut toutes les personnes pouvant être utiles d'une manière ou d'une autre à la réussite de l'événement.

En plus, avec le développement de nouvelles méthodes de conservation des biens et des richesses, la consistance du patrimoine du de cujus n'est, le plus souvent, connue que de la famille restreinte à qui revient soit la charge de liquider les dettes, soit le privilège de bénéficier de l'actif. Et si un Conseil de famille doit se réunir, il ne sera composé que de parents proches auxquels pourraient s'ajouter exceptionnellement quelques membres du lignage ou des amis qui serviront de témoins, surtout lorsque le de cujus laisse des enfants mineurs. Mais, s'il ne laisse à son décès que des adultes, seuls ceux-ci devraient composer le Conseil de famille et décider de la gestion du patrimoine successoral au vu des intérêts en présence.

Lorsque le patrimoine successoral paraît consistant et que les intérêts des héritiers présomptifs sont divergents, on sera obligé de faire appel à l'arbitrage des membres plus éloignés de la famille ; et c'est à ce moment que chaque successible non satisfait des résolutions d'un Conseil de famille peut prendre sur lui d'en convoquer un, avec des membres différents. Le résultat de cette situation étant que les résolutions de ces différentes assises ne s'imposent plus à tous les membres et n'ont plus, à cet effet, leur caractère impératif et coercitif.

La conséquence finale est, de nos jours, que le règlement ne pouvant pas se faire à l'amiable, la famille sera obligée de faire appel à la justice qui devra trancher en délivrant aux requérants un jugement d'hérédité. Le jugement d'hérédité, document exceptionnel dans le règlement des successions traditionnelles, est devenu de nos jours le titre qui confère la qualité d'héritier et de conjoint survivant aux successibles du de cujus[280].

Au demeurant, les règles coutumières définissant les conditions de désignation des bénéficiaires d'une succession en droit coutumier ne sont guère épargnées par les transformations dont la société africaine originellement traditionnelle fait l'objet. Aussi, le droit jadis absolu des lignages est de plus en plus contesté par ceux auxquels il s'est toujours imposé. En conséquence, toutes les institutions coutumières sont progressivement abandonnées en faveur des institutions importées et proposées par le droit écrit. Ce faisant, les populations découvrent que le droit écrit paraît plus clair et plus précis en matière successorale, et ceci contrairement au droit traditionnel, appuyé par le législateur colonial. En effet, le droit des successions a toujours été l'apanage du droit coutumier[281].

Or, ce droit coutumier, qui met beaucoup plus l'accent sur la détermination du statut personnel, n'attache pas une grande importance aux biens[282]. Cependant, cette manière de penser n'est plus concevable de nos jours ; l'augmentation des fortunes personnelles des Camerounais, aussi bien mobilières qu'immobilières, est certaine, l'aspect patrimonial du droit des successions qui était peu important dans le système traditionnel ne correspond plus à la réalité. Bien au contraire, le problème du patrimoine est devenu primordial au détriment de celui de la dévolution des pouvoirs. De plus, ce patrimoine s'est développé non plus au sein des groupements familiaux que sont les lignages, mais par les activités individuelles. Cet état des choses «*fait virer l'intérêt juridique d'un droit successoral in personam vers un droit successoral in rem* »[283]. Mais faute d'une réglementation en ce domaine, un sentiment profond d'insécurité s'installe et milite en faveur de l'instauration d'un droit successoral unifié[284]. De ce fait est née la coutume dite évoluée[285]. Désormais, les successions coutumières qui consacrent la continuité vitale avec la dévolution à un héritier mâle et unique, représentant le groupement familial et qui excluent certains membres de la succession, en particulier les femmes, veuves et enfants de sexe féminin, sont abandonnées en faveur du

---

280 Infra, même chapitre, section II, sous-section II, § 2 p. 169

281 ALLIOT (M) : Études de droit africain et de droit malgache, n°96.

282 BINET : Le droit successoral chez les « Ewé », in *Études de droits africains et de droit malgache*, n°16, p. 307.

283 LAMY (E) et LOKWA ILWALOMA : op. cit., p. 544.

284En effet, les fondements de la société traditionnelle originelle ont fortement été ébranlés, aucune institution n'a résisté. Cette situation est la conséquence de la création et du développement de grandes agglomérations non régies selon les règles coutumières, de la conception et de l'organisation de la famille nucléaire, différentes du groupement lignager, de l'introduction de l'économie moderne et par conséquent, de l'esprit de lucre et de l'acculturation résultant du brassage des cultures occidentales et des multiples coutumes du Cameroun.

285 Infra, même chapitre, section III.

système institué par le droit écrit qui essaie de déterminer la place de chaque membre au sein de la famille, ainsi que ses droits. Et pour mieux percevoir la nécessité ressentie par les héritiers de se décharger des lourdeurs du système traditionnel, il apparaît opportun de présenter le système de droit écrit de plus en plus toléré.

Dès lors, l'authentification de la qualité des uns et des autres pourra être confiée même au notaire qui devra délivrer un document tel que cela se passe dans le système français avec le certificat de notoriété. Il faudra peut-être dans ce cas revoir la responsabilité du notaire dans cette nouvelle tâche.

Une fois que les juridictions seront débarrassées des dossiers non contentieux, il sera laissé à l'appréciation du juge uniquement les cas dans lesquels il doit trancher une contestation. En conséquence, les jugements d'hérédité que le juge rendra dans ces conditions auront effectivement une nature juridictionnelle et un caractère déclaratif. Pour tout dire, toute procédure de jugement d'hérédité dans laquelle les qualités de conjoint survivant ou de parents légitimes sont tout simplement confirmées sans qu'il y ait eu une contestation au préalable apparaît comme une perte de temps pour les successibles et une surcharge pour les juridictions.

La dualité des règles de dévolution successorale a conduit le législateur à aménager un cadre juridictionnel également dualiste dans le but de rapprocher au maximum la justice des justiciables et de faciliter ainsi l'accès de tous à la justice. Il apparaît dès lors nécessaire de constater si la pratique judiciaire en droit patrimonial de la famille évolue également sous l'emprise de la tradition et de la modernité.

CHAPITRE II :

LA PRÉCISION DES CRITÈRES DE DÉTERMINATION DES SUCCESSIBLES DANS LE CODE CIVIL DE 1804

D'une manière générale, le législateur camerounais n'a pas encore effleuré les questions relatives au droit patrimonial de la famille et au droit successoral en particulier. C'est à la jurisprudence qu'est revenue la lourde et délicate tâche de tracer une voie pouvant aboutir à la construction d'un droit successoral spécifique au Cameroun. Il existe certes quelques bribes de réglementation, cependant, celles-ci sont sans grande incidence sur le droit successoral. Nous pensons particulièrement aux différents textes réglementant le mariage[286] et le système de l'état civil au Cameroun[287]. Certains de ces textes sont même supposés avoir quelque peu désorganisé le minimum d'ordre qui pouvait déjà être perçu. Plus particulièrement, on fait allusion à l'ordonnance de 1981 organisant la filiation naturelle[288], et l'affirmation de deux options matrimoniales, et surtout de l'institution de la polygamie qui n'a fait l'objet d'aucune réglementation particulière[289]. Ce n'est que d'une manière occasionnelle que ces textes font allusion aux successions[290]. Au demeurant, il n'existe à l'heure actuelle au Cameroun aucun texte qui réglemente les successions d'une façon exhaustive et complète.

Cette absence de législation nationale, mieux, cette « négligence » du législateur national, serait due au fait que le Code napoléonien a continué à être appliqué dans l'univers juridique camerounais dans toutes les matières où le législateur national n'est pas intervenu. Ce faisant, le droit successoral n'ayant donc jamais fait l'objet d'une réglementation nationale, le Code napoléonien sert dans ce domaine de législation d'emprunt à l'ordre juridique

---

[286] Loi n° 66 /2/COR du 7 juillet 1966 portant diverses dispositions relatives au mariage.

[287] Loi n° 68-LF-2 du 11 juin 1968 portant organisation de l'état civil abrogée par l'ordonnance n°81/02 du 29 juin 1981 portant organisation de l'état civil et diverses dispositions relatives à l'état des personnes physiques.

[288] ANOUKAHA (F) : « La filiation naturelle au Cameroun après l'ordonnance du 29 juin 1981 », R.C.D., n° 30, pp. 25 à 52.

[289] NKOLO née MBENGONO (P) : « L'option matrimoniale au Cameroun », R.C.D., n° 31-32, pp. 69 à 106.

[290] Ordonnance de 1981, article 77 : « Le mariage est dissous par le décès d'un conjoint… .
« En cas de décès du mari, ses héritiers ne peuvent prétendre à aucun droit sur la personne, la liberté ou la part de biens appartenant à la veuve qui sous réserve du délai de viduité de 180 jours à compter du décès de son mari, peut se remarier librement sans que quiconque ne puisse prétendre à aucune indemnité ou avantage matériel à titre de dot ou autrement, soit à l'occasion de fiançailles, soit lors du mariage ou postérieurement. »

interne camerounais, tout au moins dans sa version d'avant 1960. Pour certains auteurs, il s'agit d'une véritable « naturalisation »[291] de la législation française antérieure à l'indépendance, laquelle a été confirmée par la constitution camerounaise de 1960.

Par cette naturalisation, le Code civil fait office de droit écrit en matière successorale à côté du droit coutumier. À cet effet, il est considéré comme partie intégrante de l'ordre juridique interne camerounais. À partir de ce moment, on peut aisément l'évoquer chaque fois qu'il est question de comparer le droit coutumier au droit écrit. Il s'agit, à proprement parler, du seul texte réglementant le droit patrimonial de la famille en général, et le droit des successions en particulier. Parlant donc des successions, les dispositions fixant les critères de détermination des successibles y apparaissent de façon claire et précise, même comme l'ordonnance de 1981 y apporte quelques modifications (Paragraphe 1). Dans la pratique cependant, il existe d'autres mécanismes de détermination ou de confirmation de la qualité de successible (Paragraphe 2).

Section I. Les différents critères de détermination des successibles en droit écrit

Le Code civil, tout comme la coutume, a basé les règles de la dévolution successorale d'abord sur la parenté[292]. Cependant, la notion de parenté n'a pas le même contenu dans les deux systèmes juridiques.

Si pour le système traditionnel la parenté n'est pas seulement une communauté de sang, mais aussi et surtout une communauté sociale[293], pour le système du droit écrit, la parenté est synonyme de consanguinité. Et on y définit la parenté comme étant « *le lien unissant les personnes dont l'une descend de l'autre, qui descendent toutes d'un auteur commun, ou leur sont assimilés par la loi* »[294]. Il ressort de cette définition que, bien que fondée sur la communauté de sang, la parenté peut avoir une source artificielle instituée par la loi. Aussi, par assimilation, on peut voir l'adoption comme une fiction de la parenté.

---

[291] ELOMO NTONGA (L) : Observation sous C.S., arrêt n°74/4 du 14 janvier 1983, affaire NGOA EDJENTE Dieudonné C/ Mme MENDOUGA ETOUNDI Marie Th. Sur l'interprétation de la notion de « législation d'emprunt », *R.C.D*, n°25, 1983, pp. 72 à 77

[292] KOUASSINGAN (G) : *Famille, droit et changement social en Afrique noire francophone*, L.G.D.J, 1978, p. 168 ; RADCLIFFE BROWN et FORTES (M), « systèmes familiaux et matrimoniaux en Afrique », PUF, 1953, p. 5, cités par OBLE (J). : op. cit., pp. 77 et s.

[293] OBLE (J) : op. cit. p. 92, « *...on ne peut parler de véritable parenté que lorsqu'en plus de la communauté de sang, il s'établit une relation sociale...* ».

[294] MARTY et RAYNAUD : Droit civil, les personnes, T.1, 3e édition, SIREY, 1976, p. 3.

Qu'elle soit biologique ou légale, la parenté sert, en matière successorale, à déterminer les successibles (Paragraphe 1). Cependant, des critères extérieurs à la parenté permettent également d'attribuer une succession à des personnes n'ayant eu aucune communauté de sang avec le de cujus (Paragraphe 2).

Paragraphe 1. La parenté, principal critère de détermination des successibles en droit écrit

La parenté, telle qu'elle est définie en droit écrit, peut avoir un fondement biologique ou purement légal. Dès lors, deux individus sont parents lorsque l'un est supposé descendre de l'autre, ou lorsqu'ils sont supposés avoir tous les deux un auteur commun. Cette conception de la parenté regroupe uniquement ceux qui sont très rapprochés, et on parle alors de parenté restreinte. Ces fondements fonctionnent selon certains éléments.

A. Les fondements de la parenté en droit écrit

De la définition de la parenté se dégagent deux fondements. En premier lieu, c'est la consanguinité qui a uni le défunt avec une personne qui permet de dire que les deux ont été parents. Par ailleurs, la loi peut aussi créer, en cas de nécessité, et sous certaines conditions, des liens de parenté fictifs entre deux personnes qui, en réalité, n'avaient aucune communauté de sang. La parenté ainsi définie a, d'une part, un fondement naturel, et même essentiel (1), et, d'autre part, un fondement exceptionnel (2).

1. La consanguinité comme fondement essentiel de la parenté

La consanguinité se définit comme le lien de sang qui existe entre deux personnes. Cependant, pour qu'elle puisse servir de fondement sur le plan successoral, de façon à permettre à une personne de recueillir la succession d'une autre dont elle se déclare parent, il faut, en plus de l'élément naturel qu'est le sang, que soit établi un lien juridique. Cet élément juridique varie selon la nature de la parenté que l'on veut établir. Aussi, peut-il s'agir soit du mariage ayant uni les parents du successible, soit encore de l'aboutissement d'une action en reconnaissance lorsque les parents n'étaient pas unis par les liens de mariage. Selon que ces éléments sont réunis, la parenté sera soit légitime, soit naturelle.

a. La parenté légitime comme élément de la consanguinité

La parenté légitime résulte du lien social qui s'établit lorsque les géniteurs d'une personne sont unis par les liens du mariage. Cette parenté résulte en réalité d'un double lien de filiation légitime de l'enfant avec la mère d'une part et avec le mari de celle-ci d'autre part. Par conséquent, elle suppose réunis quatre éléments successifs, à savoir : le mariage des parents, la maternité de la femme mariée, la conception par le mari et enfin la conception dans le mariage.

Chaque fois qu'un enfant sera né de géniteurs unis par les liens d'un mariage, et qu'il n'y aura aucune contestation sur sa légitimité, il bénéficiera de la présomption de paternité prévue par l'article 312 du Code civil de 1804.

Ce principe, naturalisé en droit civil camerounais, a été adopté par plusieurs législations modernes africaines malgré quelques nuances. Ainsi, alors que certains attribuent la légitimité à tout enfant pourvu qu'il soit conçu ou né dans le mariage de ses parents[295], d'autres ont tout simplement repris le principe posé par le Code napoléonien[296].

Au demeurant, tous ces pays ont retenu comme critère d'attribution de la légitimité la naissance ou la conception de l'enfant dans le mariage de ses géniteurs. On assimile à cet enfant né ou conçu dans le mariage celui dont les parents n'étaient unis par aucun lien de mariage au moment de sa naissance, mais qui le sera plus tard. Il s'agit donc simplement de l'enfant légitimé, qui sur le plan successoral jouit des mêmes droits que l'enfant légitime.

Dès lors, la légitimité, élément essentiel de la consanguinité, laquelle est le fondement de la parenté attribuant la qualité de successible à une personne, résulte du mariage soit antérieur, soit subséquent à la naissance de cette personne. Par contre, lorsqu'aucun mariage n'est intervenu avant ou après cette naissance, la parenté, bien que résultant d'un lien de sang entre le de cujus et le successible, ne pourra être établie qu'à la suite d'une action en reconnaissance. Dans ce cas, on parlera de la parenté naturelle.

b. La parenté naturelle comme élément de la consanguinité

La parenté naturelle est qualifiée de parenté hors mariage par de nombreux auteurs[297].

On parle de filiation hors mariage lorsque le lien s'établit entre l'enfant et des géniteurs qui, au moment de sa naissance, n'étaient pas unis par les liens du mariage, et ne se sont pas non plus unis par un mariage subséquent à cette

---

[295] Art. 319 C. civ. gabonais : *« l'enfant conçu ou né pendant le mariage de ses auteurs est légitime ».*
art. 25 Code de la parenté du Mali : *« la filiation de tout enfant né ou conçu dans le mariage est établie de plein droit à l'égard des deux époux »*, Voir MESSANVI FOLI : « Le rattachement de l'enfant au mariage », *Encycl. Jur. d'Afr.*, T6, pp. 331 et s.

[296] Il s'agit des législations ivoirienne (art. 1er de la loi du 7 octobre 1964) et togolaise (art. 177 du Code de la famille du Togo)

[297] LAMINE SIDIME : « La filiation hors mariage », in *Encycl. Jur. d'Afr.*, T6, p. 363 ; ELOMO NTONGA (L). : *L'enfant naturel en droit camerounais. Étude de jurisprudence des tribunaux de l'ex-Cameroun oriental*, Mémoire de Master's degree, Université de Yaoundé, 1979, pp. 3 et 4 .

naissance. Il en sera ainsi même si l'un des deux géniteurs était engagé dans les liens de mariage avec une personne autre que l'autre. Le caractère naturel conféré à cette filiation découle de l'absence de mariage entre les parents avant ou après la naissance. À cet effet, la filiation naturelle se décompose en deux régimes. Ainsi distingue-t-on la filiation naturelle simple de la filiation naturelle adultérine[298].

Contrairement à la filiation légitime qui est indivisible, la filiation naturelle se caractérise par sa divisibilité du fait de l'absence de mariage entre les parents. Aussi, la filiation naturelle sera-t-elle soit paternelle et maternelle à la fois, soit encore uniquement paternelle ou uniquement maternelle. Et si la filiation maternelle résulte en principe du seul fait de l'accouchement, la filiation paternelle doit être établie uniquement par la voie d'une action en reconnaissance ou de recherche de paternité.

En ce qui concerne la filiation naturelle, le législateur camerounais lui a accordé une place particulière dans l'ordonnance du 29 juin 1981 portant organisation de l'état civil, en lui consacrant son titre V intitulé « De la filiation naturelle ».[299]

Pour qu'un enfant naturel puisse donc avoir vocation à succéder à ses parents, et plus particulièrement à son père, il faudra au préalable que ce lien ait été établi par le biais des actions en reconnaissance[300]. Cette reconnaissance pouvant être volontaire ou forcée, la filiation naturelle est prouvée par un acte soit judiciaire soit encore extrajudiciaire.

D'autres législations africaines, à l'instar de la législation camerounaise, ont admis l'établissement de la filiation naturelle. Il en est ainsi de la Côte d'Ivoire qui a prévu la reconnaissance volontaire comme un moyen permettant de prouver la filiation naturelle. Le même mode de preuve a été retenu par le Code de la famille sénégalais, dans son article 190, par le Code civil gabonais, article 414 et par l'article 193 al.2 du Code des personnes et de la famille du Togo[301].

---

[298] La filiation naturelle est dite simple lorsqu'aucun des géniteurs n'était engagé dans les liens d'un mariage au moment de la naissance de l'enfant.
LLorsque l'un des géniteurs était engagé dans les liens de mariage avec une personne autre que le second géniteur, la filiation sera dite naturelle adultérine. Et selon que c'est le père ou la mère qui l'était, on aura la filiation adultérine soit *a patre* soit *a matre*. Et si les deux l'étaient, il y aurait double adultérinité.
Par ailleurs, la filiation naturelle simple ou naturelle peut se doubler du caractère incestueux lorsqu'il existait entre les géniteurs des liens de parenté à un degré prohibé.

[299] Ordonnance du 29 juin 1981, articles 41 à 47.

[300] Pour les procédures de reconnaissance, voir l'ordonnance précitée dans les art. 41 al.1 (reconnaissance volontaire par le père devant le juge), 44 al.1 (reconnaissance par le père devant l'officier de l'état civil au moment de la déclaration de naissance) et 46, action en recherche de paternité naturelle intentée soit par la mère soit par l'enfant lui-même).

[301] LAMINE SIDIME : op. cit., pp. 367 et s.

En somme, qu'elle soit légitime ou naturelle, la parenté constitue le critère fondamental de détermination de la qualité de successible en droit écrit. Il s'agit en réalité de celle qui correspond à la vérité biologique, ou mieux, la traduit, car elle découle de la nature en rattachant l'enfant à ses parents par le sang. C'est pour distinguer la parenté biologique de la parenté adoptive, fictive, que certains auteurs qualifient la filiation par le sang de *« filiation par procréation charnelle »*[302], qui se distingue également de la forme de plus en plus répandue qu'est la *« filiation par procréation médicalement assistée »*[303]. Et c'est alors d'une façon exceptionnelle que la loi autorise l'établissement entre deux personnes d'un lien juridique de filiation non fondé sur un lien de sang.

2. L'adoption comme fondement exceptionnel et fictif de la parenté

L'adoption est une fiction de la parenté. En effet, la parenté adoptive naît d'un acte juridique qui crée un lien juridique de parenté entre deux personnes qui, parfois, n'ont aucune communauté de sang. L'adoption semble répondre à un double objectif. Tout d'abord, elle sert de palliatif et même de remède à l'absence de progéniture dont peut souffrir un individu ou un couple, en même temps qu'elle apparaît comme un instrument de sauvegarde des enfants abandonnés. L'adoption crée un lien de filiation artificielle entre l'adoptant et l'adopté. À cet effet, le Code civil de 1804 exige que certaines conditions soient remplies pour que le lien soit effectivement établi. Ces conditions concernent aussi bien l'adoptant que l'adopté[304].

Qu'elle soit biologique ou purement artificielle, la parenté constitue le principal critère de détermination des personnes pouvant avoir vocation à une succession donnée dans le système du droit écrit au Cameroun. Cependant, toute parenté ne confère pas cette qualité, c'est pour cela qu'il est nécessaire de dégager les éléments qui constituent la parenté attributive de la qualité de successible.

---

[302] TERRE (F) et FENOUILLET (D) : op. cit., n° 666, pp. 545 et 546 ; n°669 et s., pp. 548 et s.

[303] TERRE (F) et FENOUILLET (D) : op. cit., n°667, pp. 546 et 547 ; n°924 et s., pp. 781 et s. ; RAYMOND (G) : « La procréation artificielle et le droit français », *J.C.P.*, 1983, doctrine, 3114 ; MAZEN (J N) : « L'insémination artificielle : une réalité ignorée par le législateur », *J.C.P.*, 197 . I . 2899.

[304] Voir à cet effet les articles 344 à 348 du Code civil français de 1804 et art. 41 ord. du 29 juin 1981, précitée.

B. Les éléments constitutifs de la parenté restreinte et leur influence dans la dévolution successorale en droit écrit

Les rédacteurs du Code civil ont adopté un système de dévolution fondé sur le principe de la proximité en degré des parents du de cujus. D'après ce principe, c'est le parent le plus proche qui succède et, par conséquent, recueille toute la succession. En plus, lorsque plusieurs parents se retrouvent dans un même degré, ils se partagent la succession à égalité et par tête. Cependant, ce principe basé sur la proximité en degré de parenté est tempéré par celui de la répartition en ordre d'héritiers. Pour mieux comprendre l'influence de ces principes dans la détermination des successibles en droit écrit (2), il convient d'abord de les étudier en tant que principes qui conditionnent la dévolution successorale (1).

1. Les différents principes de la parenté attributive de la qualité de successible

La détermination des successibles se fait selon une hiérarchie, c'est le système des ordres. Chaque ordre est classé selon la proximité du lien de parenté : on parle alors du degré de parenté. Il résulte de ce qui précède que l'ordre et le degré sont les deux principes qui gouvernent la dévolution successorale en droit écrit (a). Cependant, ces deux principes subissent des tempéraments considérables qui sont en quelque sorte des palliatifs à leur application stricte (b).

a. Le double principe de l'ordre et de degré

L'ordre et le degré sont deux principes qui consacrent la parenté restreinte. Car leur application n'admet comme successibles que les parents proches du défunt. Il peut s'agir des parents légitimes, naturels ou encore adoptifs. Dès lors, l'ordre qualifie la nature du rapport de parenté tandis que le degré en qualifie la proximité.

b. L'ordre : principe qualifiant la nature du rapport de parenté

L'ordre constitue, en réalité, le premier principe conditionnant la dévolution. En effet, si ceux qui ont en commun un lien de sang sont parents, la série de personnes qui peut en résulter constitue un *ordre* ou une *ligne.*

L'ordre établit donc une hiérarchie entre les parents pouvant être appelés à une succession. De la lecture de l'article 731 du Code napoléonien, on peut classer les parents en trois grandes catégories, à savoir, les descendants, les ascendants et les collatéraux. Cependant, le système du Code civil de 1804 comporte quatre ordres d'héritiers classés par affinité décroissante. Cette classification a pour but d'assurer la conservation des biens dans la famille. D'après ces quatre ordres, la dévolution peut se réaliser en ligne directe verticale. Et cette ligne verticale peut être descendante ou ascendante. De même, la dévolution peut se faire en ligne collatérale. Et selon les lignes verticales et collatérales, on distingue un premier ordre composé de descendants du de cujus, c'est-à-dire de ses enfants et petits-enfants, un second ordre, mixte, qui comprend les ascendants privilégiés (les père et mère du défunt), et les collatéraux privilégiés (ses frères et sœurs) ou leurs descendants, un troisième ordre qui est celui des ascendants ordinaires (les grands-parents paternels et maternels), et enfin, un quatrième ordre, celui des collatéraux ordinaires qui ramasse les oncles, les tantes, les neveux, les cousins, etc.). Ces derniers ne succèdent que jusqu'au 6e degré. On ira jusqu'au 12e degré lorsque le de cujus était incapable de tester et n'était pas frappé d'une interdiction légale.

Tout le système du Code civil de 1804 semble donc reposer sur la répartition des parents en ordres ou classes, qui forment des groupes distincts rangés selon les préférences de la loi. Aussi, ne passe-t-on au second ordre qu'à défaut des membres de l'ordre précédent[305].

Si les descendants constituent le premier ordre de successibles, c'est parce qu'ils sont les continuateurs naturels du de cujus et en vertu de l'affection présumée du défunt envers eux par préférence à tous les autres parents. C'est pour cette raison qu'en leur présence, tous les ordres subséquents sont exclus.

Un ordre peut être constitué de plusieurs membres dont la vocation entraînerait l'émiettement de la succession, mais aussi *« outre la hiérarchie générale, il faut donc une hiérarchie interne, une préséance à l'intérieur de chaque ordre. Elle est basée sur la proximité de degré »*[306].

2. Le degré : principe qualifiant la proximité de la parenté

D'après l'article 735 du Code napoléonien, le degré est le nombre de générations qui sépare deux parents[307]. C'est ainsi qu'en ligne directe, un père est parent de son fils au premier degré, car une seule génération les sépare, alors que le grand-père est son parent au second degré. En ligne collatérale, deux frères sont parents au second degré puisqu'une génération sépare chacun d'eux de leur père commun ; tandis que deux cousins germains sont parents au quatrième degré, car chacun d'eux est à deux générations du grand-père[308].

---

[305] RIPERT et BOULANGER : III. n°1579 et s. ; PLANIOL et RIPERT : T 4 , *Les successions*, n°65, p. 120 ; Encycl. Jur. d'Afr., p. 446 ; CHARMANTIER (A. P.) : op. cit., pp. 36 et 37.
[306] VIALLETON (H) : *Les successions*, Librairie Armand Collin, 1963, p. 23.
[307] Article 735 c. civ : « La proximité de parenté s'établit par le nombre de générations ; chaque génération s'appelle un *degré* ».
[308] GRIMALDI (M) : *Droit civil. Successions*, 4e édition, 1989, n°111, p. 107.

Le degré crée donc une hiérarchie entre ces générations à l'intérieur de chaque ordre[309]. Aussi, l'héritier d'un degré plus proche exclut l'héritier d'un degré plus éloigné.

Cette règle de la priorité d'après le degré, qui s'applique lorsque les héritiers viennent à la succession de leur chef, n'est pas absolue. Elle subit des dérogations lorsque l'un des héritiers se fait représenter. Dans ce cas, les héritiers du degré subséquent viennent en concours avec les héritiers précédents. De même, la règle selon laquelle la succession se fait par ordre peut être écartée lorsqu'intervient la règle de la fente.

En somme, la représentation et la fente apparaissent comme deux principes correcteurs[310] du double degré de la hiérarchie des ordres et des degrés.

- **Les exceptions au double principe de l'ordre et de degré**

Aux termes de l'article 733 du Code napoléonien, *« toute succession échue à des descendants ou à des collatéraux se divise en deux parts égales : l'une pour les parents en ligne paternelle, l'autre pour les parents en ligne maternelle ».* Par ailleurs, le législateur a prévu deux manières de succéder. Soit on succède de son propre chef, soit encore on vient à la succession par représentation. Ce deuxième mode de succession fait exception à la règle du degré.

3. La fente : correctif du principe de l'ordre

La fente se définit comme le partage du patrimoine successoral entre la ligne maternelle et la ligne paternelle du de cujus. Lorsque la fente s'applique, elle détruit la règle de la hiérarchie des parents qui résulte du principe de l'ordre. En effet, en l'absence de représentant dans un ordre, la moitié de la succession dévolue à cette ligne sera recueillie par un parent de cette ligne appartenant à un ordre subséquent. À titre d'exemple, la ligne paternelle peut être représentée par le neveu du défunt alors que la ligne maternelle l'est par une tante. La priorité des ordres ne s'applique plus à l'intérieur de chaque ligne.

L'objectif reconnu à la fente dans l'ancien droit français était de remettre les biens du défunt dans la famille d'où ils provenaient. Pour ce faire, on appliquait la règle « materna maternis, paterna paternis ». Autrement dit, les biens que le de cujus avait reçus de la famille maternelle devaient y retourner, alors que ceux qu'ils avaient reçus de la famille paternelle y retournaient également. Mais, comme dans la majorité des cas, les biens successoraux sont

---

309 TERRE (F) et LEQUETTE (Y) : *Droit civil. Successions. Libéralités*, 2e édition, n°77 et s. ; GRIMALDI (M) : op. cit., n° 98, p. 98.

310 GRIMALDI (M) : op. cit. n°117 ; TERRE (F) et LEQUETTE (Y) : op. cit., p. 85 et s. ; PLANIOL et RIPERT, op. cit., n° 53 et s., p. 104 et s. ; n°66 et s. p 121 et s. ; AUBRY et RAU : T XIII, § 597 bis.

le fruit des efforts personnels du de cujus, ces biens sont tout simplement attribués à ceux des familles paternelle et maternelle auxquels la loi reconnaît la vocation en vertu de la classification des ordres. Il ne s'agit plus du droit de retour jadis pratiqué.

Le Code civil, tel qu'appliqué au Cameroun, prévoit deux cas dans lesquels la fente joue. Aussi, y aura-t-il fente chaque fois que la succession sera échue soit aux ascendants, soit aux collatéraux du de cujus. On peut ajouter ici le cas des frères et sœurs utérins ou consanguins qui, au cas où le de cujus est le germain, prendront part chacun dans sa ligne, c'est-à-dire, les utérins prendront dans la ligne qui les lie avec le de cujus alors que les consanguins ne prendront que dans la ligne consanguine. Seuls les germains prendront dans les deux lignes.

Il est cependant important de souligner que la fente ne s'applique pas aux enfants et descendants du de cujus, car elle ne joue que lorsque ce dernier est mort sans postérité. En plus, les descendants du de cujus appartiennent aux deux lignes à la fois. Mais, lorsqu'une ligne n'est pas représentée, la moitié qui lui revenait est attribuée à la seule ligne qui existe.

Dans le système institué par le Code napoléonien, l'égalité de partage par tête est l'âme de la dévolution successorale. Cependant, il peut arriver que l'une des têtes fasse défaut et se fasse remplacer. Le Code civil qui admet ce remplacement a prévu la règle de la représentation comme un correctif au principe de degré. En effet, la représentation est l'exception à la règle selon laquelle le plus proche en degré est appelé à la succession, comme la fente détruit la priorité des ordres.

4. La représentation : exception au principe de degré

La représentation substitue l'égalité par souche à l'égalité par tête lorsque l'une des têtes fait défaut. En effet, d'après l'art. 739 du Code civil de 1804 *« la représentation est une fiction de la loi, dont l'effet est de faire entrer les représentants dans la place, dans le degré et dans les droits du représenté ».*

Ce sera par exemple le cas lorsque le de cujus laisse deux enfants dont un est prédécédé en laissant à son tour deux enfants, l'autre lui ayant survécu. La proximité en degré exclut normalement ces enfants du prédécédé, puisque ceux-ci sont au second degré par rapport au défunt, le frère suivant doit recueillir toute la succession. Mais, ceci paraît injuste. Pour corriger cette injustice due à l'application stricte de la préséance des degrés, on fait jouer le système de la représentation.

Cette mesure est admise, en ligne directe, au profit des descendants du de cujus, et ceci à l'infini, et en ligne collatérale, au profit des descendants des frères et sœurs du défunt.

Par la représentation, l'héritier exerce dans une succession les droits d'un autre héritier de degré plus proche décédé avant le de cujus. L'héritier prédécédé est le « représenté » alors que celui qui prend sa place est le « représentant »[311]. Pour que ce système de représentation puisse jouer, le respect de certaines conditions est exigé. Celles-ci concernent aussi bien le représenté que le représentant.

- ***Les conditions relatives au représenté***

L'art. 744 de notre Code d'emprunt exige que le représenté soit décédé au moment de l'ouverture de la succession, car *« on ne représente pas les personnes vivantes »*. Ce qui signifie que la représentation est exclue pour l'héritier qui a été déclaré indigne. La représentation est également impossible pour un héritier qui a renoncé à la succession.

En plus, l'héritier représenté doit avoir personnellement vocation à succéder. En effet, parce que le représentant acquiert les droits du représenté, il ne pourra en acquérir plus que le prédécédé en avait[312].

Toutefois, en ce qui concerne l'exclusion de la représentation au profit des enfants d'un héritier indigne, certaines législations africaines ont apporté des dérogations. Il s'agit particulièrement des législations ivoirienne et sénégalaise. En effet, l'art. 7 de la loi ivoirienne de 1964 sur les successions énonce que *« l'indignité est personnelle. Les descendants de l'indigne succèdent comme si leur auteur était prédécédé »*. Aussi, par une fiction juridique, l'indigne est considéré comme étant prédécédé, par conséquent, ses enfants le représentent. Par cette dérogation, le législateur ivoirien applique le principe de la personnalité des peines, en sanctionnant uniquement l'héritier fautif, et non pas conjointement avec ses enfants[313].

Dans le même ordre d'idées, le législateur sénégalais fait jouer le système de la représentation en faveur des enfants de l'héritier indigne. À cet effet, les articles 521 alinéa 1 et 522 du Code de la famille consacrent le droit pour les enfants de l'indigne de le représenter[314].

Le législateur national camerounais n'ayant pas encore légiféré en la matière, seul le système de représentation institué par le Code civil français a cours, c'est-à-dire que pour être représenté, il faut être décédé au moment de

---

311 GRIMALDI (M) : op. cit., n° 130, p. 124

312 OBLE (J): op. cit., n° 183, p. 121 ; PLNIOL et RIPERT : op. cit. n° 53, pp. 104 à 116, n° 74, p. 135 ; TERRE (F) et LEQUETTE (Y) : op. cit,. n° 90 et s., p. 97 et s.

313 OBLE (J) : op. cit. n° 183, p. 120 et 121.

314 GUINCHARD (S) : « Doit patrimonial de la famille au Sénégal », L.G.D.J., 1980. p. 428 ; Pierre BOUREL : « Vie du Droit en Afrique. Le droit de la famille au Sénégal. Successions. Régimes matrimoniaux. Libéralités », Economica, 1981, pp. 39- 40 ; AMSATOU SOW SIDIBE : *Le pluralisme juridique en Afrique : l'exemple du droit successoral sénégalais*, L.G.D.J., 1991, p. 279 et s.

l'ouverture de la succession dont il s'agit. On espère que le futur législateur examinera le bien-fondé, soit du maintien de l'exclusion des enfants de l'héritier indigne, soit encore de la dérogation en leur faveur, à l'instar des législations qui l'ont précédé.

Puisque le représentant prend la place de l'héritier prédécédé, il lui faut aussi remplir certaines conditions.

- ***Les conditions relatives au représentant***

On ne peut représenter qu'une personne dont on est descendant. De plus, le représentant doit justifier d'une aptitude personnelle à succéder au de cujus. Peu importe que le représentant ait renoncé à la succession du représenté, ou qu'il soit indigne de la recueillir. Inversement, celui qui serait personnellement incapable ou indigne à succéder au défunt ne saurait prétendre à recueillir la succession par voie de représentation.

Au demeurant, la parenté, entendue comme une communauté de sang, est le critère principal de détermination des successibles dans la dévolution ab intestat. Dès lors, que ce soit par application des principes de dévolution que sont l'ordre et le degré, que ce soit encore l'application de leurs exceptions que sont la fente et la représentation, la condition première est que tous ceux qui viennent à la succession aient un lien de sang plus ou moins proche avec le de cujus.

Dès lors, l'application effective de ces principes permet de déterminer la place et les droits de chaque membre dans la famille, selon que l'on vient en ligne directe, descendante ou ascendante, ou encore en ligne collatérale, par rapport au défunt.

5. L'influence des principes de dévolution ab intestat dans la détermination des successibles en droit écrit

L'application des principes d'ordre et de degré prévus par le Code civil de 1804 consacre une hiérarchisation des filiations en ce qui concerne les descendants (a). De plus, elle précise les circonstances dans lesquelles les parents des lignes ascendantes (b) et collatérales (c) auront effectivement vocation à succéder.

a. L'ordre des descendants et la hiérarchie des filiations

Le Code civil français, tel qu'appliqué au Cameroun, prévoit en son article 745 que *« les enfants ou leurs descendants succèdent à leurs père et mère, aïeuls, aïeules, ou autres ascendants, sans distinction de sexe ni de primogéniture, et encore qu'ils soient issus de différents mariages »*.

À la lecture de ce texte, on note que l'enfant issu du mariage a préséance sur tous les autres enfants, c'est d'abord à lui que revient toute la succession des parents[315].

Ainsi, le mariage confère-t-il la primauté successorale à l'enfant légitime, autant son absence fait-il obstacle à la vocation successorale de l'enfant naturel.

i. Le mariage, critère de préséance de la filiation légitime

La lecture de l'article 745 précité fait comprendre que seuls les enfants issus du mariage ou des différents mariages du de cujus ont droit à la succession de leur parent prédécédé. C'est donc le mariage des parents qui attribue à l'enfant la légitimité et par conséquent, la primauté de sa qualité d'héritier. C'est seulement entre les différents enfants légitimes, même issus des différents mariages du de cujus que le Code civil consacre l'égalité absolue en matière successorale.

Le mariage, étant « *la plus vieille institution de l'humanité* »[316], est considéré comme l'élément de stabilité du groupe social. Dès lors, pour que l'enfant soit légitime, il faut qu'il soit né des personnes qui, au moment de sa conception, étaient unies par les liens du mariage, même s'il naît après sa dissolution.

L'enfant sera toujours considéré comme légitime, et dont héritier de premier ordre, même si au moment de l'ouverture de la succession le mariage de ses parents avait déjà été dissous par le divorce, ou même par un jugement d'annulation accordant la putativité au moins à l'un des parents.

Sont assimilés à l'enfant légitime, les enfants légitimés par le mariage subséquent de leurs parents et les enfants ayant fait l'objet d'une adoption plénière, car, cette forme d'adoption confère à l'enfant une filiation qui se substitue à la filiation d'origine ; par contre, en cas d'adoption simple, l'enfant conserve ses droits dans sa famille d'origine et n'a donc aucun droit de succession sur les biens des parents de l'adoptant.

En somme, la situation de l'enfant dans la succession de son auteur est donc tributaire du mariage ou de l'absence de mariage entre ses parents. Aussi,

---

315 S'agissant de la hiérarchisation des filiations, le droit traditionnel et le droit moderne ont toujours eu des points de vue différents. De plus, au sein de la société traditionnelle camerounaise, la filiation n'est pas traitée de la même façon. Ainsi, si la société originellement traditionnelle Beti consacrait l'égalité absolue, tant patrimoniale qu'extrapatrimoniale de tous les enfants, quelle que soit la nature de leur filiation, tel n'était pas le cas des sociétés originellement traditionnelles de l'Ouest et du Nord du Cameroun, dans lesquelles la naissance d'un enfant naturel au sein d'une famille était considérée comme un sacrilège, entraînant la malédiction et même l'exclusion de la famille de la fille qui en était coupable et de son enfant. Par conséquent, cet enfant n'avait aucun droit successoral.

316 CARBONNIER (J) : *Droit civil*, TII, Paris, P.U.F., coll. Thémis, 8e éd., 1969, p. 11

si le mariage confère-t-il la prééminence à l'enfant légitime dans la succession, tandis que son absence rend la situation de l'enfant naturel complexe.

ii. L'absence de mariage, obstacle à la vocation successorale de l'enfant naturel

L'enfant naturel, tout comme l'enfant légitime est lié à son parent par le sang, mieux encore, il existe entre eux une communauté de sang, un lien naturel, biologique. Or, étant né et conçu en l'absence des liens d'un mariage entre ses parents, sa vocation à succéder souffre de l'absence d'une preuve publique. Le problème qui se pose ici est plus celui de la vérité publique que celui de la vérité biologique. Car, si la seconde paraît évidente, la première doit être légalement établie[317].

L'établissement public, ou légal, du lien de filiation entre l'enfant naturel et son géniteur lui confère automatiquement des droits aussi bien patrimoniaux qu'extrapatrimoniaux vis-à-vis de son parent. Inversement, lorsque cette filiation, bien que biologique n'a pas été établie conformément aux textes, l'enfant naturel n'aura aucun droit sur les biens successoraux, surtout de son père naturel, puisque l'accouchement vaut reconnaissance à l'égard de la mère.[318]

Cependant, la situation de l'enfant naturel est complexe lorsque l'un au moins de ses géniteurs naturels était engagé dans les liens du mariage avec une autre personne. Il s'agit précisément de la situation de l'enfant naturel issu d'un adultère, et qualifié à cet effet d'adultérin, soit par le père, soit par la mère, soit encore des deux[319].

La question que l'on peut se poser est de savoir si, né dans ces conditions, cet enfant peut valablement être reconnu, et par conséquent bénéficier des droits successoraux. Sur ce point, le Code civil prévoit en son article 762 qu'il ne lui est accordé qu'un droit aux aliments, et qu'il ne peut pas faire l'objet d'une reconnaissance. Et ce droit aux aliments est proportionnel aux facultés du géniteur et au nombre et à la qualité d'héritiers légitimes.

Toujours dans le sens de l'exclusion de l'enfant adultérin, l'ordonnance de 1981 précitée énonce en son article 43 alinéa 2 que *« ... l'enfant né du commerce adultérin de sa mère ne peut être reconnu par le père naturel qu'après désaveu du mari en justice ».* Avec ce texte, la situation de l'enfant adultérin est devenue ambiguë. À notre avis, ce texte est susceptible de deux interprétations. L'on peut d'abord comprendre que selon ce texte, la reconnaissance de l'enfant adultérin *a patre* ne pose aucun problème même si cette reconnaissance est une preuve par excellence de l'adultère du mari; alors

---

317 Voir supra, p. 114, note 155.
318 Voir supra, p. 104.
319 Voir supra, note 154, p. 114.

que, concernant l'enfant adultérin *a matre*, sa reconnaissance par son père naturel est subordonnée au désaveu préalable du mari de sa mère, c'est-à-dire de son père présumé[320]. L'enfant adultérin par la mère et par les deux parents est en principe couvert par la présomption de paternité de l'article 312 du Code civil. Il est donc en effet supposé avoir pour père le mari de sa mère, quel que soit son père biologique.

Il résulte de ce qui précède que la législation nationale a consacré l'établissement, sans condition, de la filiation naturelle de l'enfant adultérin *a patre*, tout en subordonnant celui de l'enfant adultérin a matre au désaveu préalable de l'époux bafoué.

En autorisant l'établissement de la filiation naturelle d'un enfant adultérin, le législateur camerounais a sûrement voulu imiter son homologue français qui, par la réforme de la filiation de 1972, a aboli la hiérarchie des filiations et a institué l'égalité de filiation, quelle que soit la nature de celle-ci. Désormais, dans la législation française, l'interdiction d'établir la filiation adultérine a été supprimée ; et une fois que la filiation d'un enfant naturel a été établie, l'enfant naturel simple ou adultérin a les mêmes droits extrapatrimoniaux et patrimoniaux que l'enfant légitime, réserve faite de la situation de l'enfant adultérin qui se trouve en concours avec le conjoint de son auteur ou avec les enfants légitimes issus du mariage que sa naissance a bafoué[321]. Cette réserve peut se justifier, car la vocation à égalité de cet enfant adultérin doit « *transiger avec cette protection nécessaire de la situation qui s'est édifiée sur la foi du mariage* »[322]. Mais, en instituant la liberté d'établissement de la filiation adultérine *a patre* comme *a matre* en cas de désaveu, le législateur français a en même temps dépénalisé l'adultère. En plus, l'adultère, classé parmi les fautes les plus graves, donc les causes péremptoires de divorce par la jurisprudence française, n'a plus été expressément mentionné dans les textes relatifs au divorce. Dans cette nouvelle législation, l'adultère a perdu la qualification de cause péremptoire pour prendre celle de cause facultative. À partir de cet instant, on peut valablement reconnaître un enfant né du commerce adultérin de l'un au moins de ses auteurs, dès lors que cette reconnaissance ne cause pas de préjudice à un tiers (conjoint ou enfants légitimes).

Cependant, telle n'est pas la conception que le législateur camerounais a entendu donner à la possibilité d'établissement de la filiation naturelle d'un

---

[320] ANOUKAHA (F) : « La filiation naturelle au Cameroun après l'ordonnance n°81-02 du 29 juin 1981 », *R.C.D*, n°30, 1985, p. 25

[321] ALEXANDRE (D) : « L'enfant naturel de l'article 337 du Code civil », *J.C.P.*, 1959. I. 2250 ; VIDAL (J) : « L'enfant adultérin… a contrario (Portée du nouveau principe de la liberté d'établissement de la filiation adultérine) », *J.C.P.*, 1973 I. 2539 ; DAGOT (M) et SPITERI (P) : « La réforme de la filiation (loi n° 72-3 du 3 janvier 1972) » ; *J.C.P.*, 1972, I. 2464.

[322] VIDAL (J) : op. cit., n°2, p.13.

enfant adultérin. En effet, sa position nous paraît quelque peu ambiguë en ce que l'article 43 alinéa 2 de l'ordonnance ne fait état que de l'enfant adultérin *a matre*, tout en laissant croire à une liberté de reconnaissance de l'enfant adultérin *a patre*, sans apporter aucune nuance, à l'instar du législateur français, en ce qui concerne la présence du conjoint bafoué ou des enfants légitimes issus du mariage au cours duquel il a été conçu. Par ce texte, le législateur camerounais ne s'est pas préoccupé de la protection de la famille légitime que la naissance d'un enfant adultérin vient troubler. Il s'agirait donc ici d'une imitation maladroite qui, au lieu d'assurer la paix sociale, vient plutôt la troubler.

Plus complexe est encore la situation de l'enfant incestueux à qui le Code civil refuse également l'établissement de la filiation, et dont la situation n'a connu aucun changement avec l'ordonnance de 1981 précitée.

En somme, une fois que la filiation est établie, l'enfant naturel ordinaire et l'enfant naturel adultérin se trouvent investis de droits patrimoniaux dans la succession de son auteur. Cependant, l'infériorité de principe de la filiation naturelle par rapport à la filiation légitime demeure consacrée aussi bien sur le plan patrimonial que sur le plan extrapatrimonial. C'est ainsi que sur le plan successoral, les articles 758 à 760 fixent les droits successoraux de l'enfant naturel, dont la filiation a été établie, en présence d'enfants légitimes, des ascendants et collatéraux privilégiés du de cujus[323], alors que la nouvelle législation française a réalisé la promotion des enfants naturels en instituant l'égalité de tous les enfants, quelle que soit la qualité de leur filiation.

Au demeurant, dans le système en vigueur au Cameroun, les enfants du de cujus, légitimes ou naturels, constituent le premier ordre des héritiers, sans privilège de masculinité ni de primogéniture. Par contre, lorsqu'une personne meurt sans postérité, sa succession revient à des héritiers subséquents que sont les ascendants et les collatéraux.

b. Les ascendants et collatéraux

Parlant de cet ordre d'héritiers, on distingue d'un côté les ascendants et collatéraux privilégiés, et de l'autre côté les ascendants et collatéraux dits ordinaires.

---

[323] Article 758 : *« Le droit héréditaire de l'enfant naturel dans la succession de ses père et mère est fixé ainsi qu'il suit : si le père ou la mère a laissé des descendants légitimes, ce droit est de moitié de la portion héréditaire qu'il aurait eue s'il avait été légitime. »*
Article 759 : « Le droit est des trois quarts, lorsque les père ou mère ne laissent pas de descendant, mais bien des ascendants ou des frères ou sœurs ou des descendants légitimes de frères ou de sœurs ».
Article 760 : *« L'enfant naturel a droit à la totalité des biens lorsque ses père ou mère ne laissent ni descendants, ni ascendants, ni frères ou sœurs, ni descendants légitimes de frères ou sœurs. »*

i. Les ascendants et collatéraux privilégiés

La succession d'une personne qui, de son vivant, n'a pas eu d'enfant ou n'en a pas reconnu, est attribuée soit à ses père et mère, lorsqu'ils lui ont survécu, soit à ses frères et sœurs.

Certains auteurs qualifient ce second ordre d'ordre mixte[324], car il opère un partage entre les ascendants et les collatéraux, l'une et l'autre catégorie ne pouvant s'approprier toute la succession que si l'autre fait totalement défaut. Plus concrètement, la succession devra se diviser en deux parties, à savoir la moitié pour les ascendants, soit un quart pour chacun des deux, et l'autre moitié pour tous les collatéraux privilégiés lorsque les parents sont vivants ; soit un quart pour la ligne ascendante et trois quarts pour les collatéraux privilégiés lorsque l'un des parents fait défaut. Et entre collatéraux, le partage s'opère par parts égales s'ils sont tous du même lit ; et s'ils sont de lits différents, la division se fera par moitié entre les deux lignes maternelle et paternelle pour les utérins et les consanguins ; par contre, les germains prennent part dans les deux lignes.

Dès lors, les collatéraux privilégiés constituent le second ordre de successibles qui élimine les ordres inférieurs à l'exception des ascendants privilégiés avec lesquels ils entrent en concours. Les ascendants, quant à eux, se partagent leur part par moitié en vertu du principe de la fente.

Une remarque doit cependant être faite en ce qui concerne la dévolution de la succession d'un enfant naturel ou d'un enfant adopté par rapport aux collatéraux privilégiés. Dans son application actuelle, le Code civil prévoit, en son article 765, l'exclusion, de la succession d'un enfant naturel mort sans postérité, de ses frères et sœurs naturels au profit des parents naturels avec lesquels la filiation a été établie. Aussi, si seulement l'un des deux l'a reconnu, il recueillera la totalité de la succession ; par contre, s'il a été reconnu par les deux, chacun d'eux aura droit à la moitié.

Par ailleurs, lorsqu'un enfant qui a fait l'objet d'une adoption simple décède sans postérité, ses biens reviendront à ses parents par le sang et non pas à ses prétendus collatéraux privilégiés, descendants biologiques ou adoptifs de ses parents fictifs. En effet, les parents par le sang d'une personne ayant fait l'objet d'une adoption simple conservent un droit de retour légal dans la succession de leur enfant. Ce retour est inspiré de l'idée de la conservation des biens au sein de la famille dans laquelle ils proviennent.

Il peut arriver que le de cujus ne laisse pas de collatéraux ou d'ascendants privilégiés, seront alors appelés les collatéraux et descendants ordinaires qui lui auraient survécu.

---

[324] PLANIOL et RIPERT, par MAURY et VIALLATON, Droit civil. Les successions, T 4, n° 75 – 76, pp. 135 – 136 ; GRIMALDI (M) : op. cit., n° 101, p. 99.

ii. Les ascendants et collatéraux ordinaires du de cujus

Les ascendants ordinaires constituent le troisième ordre alors que les collatéraux ordinaires viennent en quatrième position. Les deux catégories ne forment plus un ordre mixte comme les précédentes.

Les ascendants ordinaires qui constituent le troisième ordre de successibles comprennent tous les parents en ligne directe ascendante à l'exception des père et mère du de cujus. Sont regroupés dans cet ordre les grands-parents, les arrière-grands-parents, etc. Ils viennent à la succession après les descendants, les ascendants et les collatéraux privilégiés. Plus concrètement, lorsque le de cujus n'a laissé ni père, ni mère, ni frère, ni sœur, ni descendants d'eux, la succession se divise par moitié entre le conjoint survivant et les autres ascendants. Ce n'est qu'à défaut de la présence d'un conjoint survivant que la totalité de la succession leur reviendrait. Entre ascendants, le principe de la fente joue entre les lignes maternelle et paternelle. Et si, l'une des deux lignes n'est pas représentée, la ligne existante recueille la totalité de la succession.

Il résulte de ce qui précède que les ascendants ordinaires viennent en concours avec le conjoint survivant du de cujus.

Quant aux collatéraux ordinaires, ils constituent le quatrième ordre et ne peuvent prétendre à la succession que s'ils sont parents en deçà du sixième degré. Toutefois, leur seuil de successibilité est fixé au douzième degré lorsque le défunt, non frappé d'interdiction légale, n'était pas capable de tester.

Même si la communauté de sang est le critère fondamental de la détermination des successibles en droit écrit, elle ne saurait être l'unique, car la loi a prévu d'autres critères qui favoriseraient l'attribution des biens successoraux en dehors de toute communauté de sang entre celui qui les recueille et le défunt.

C. Les autres critères de dévolution

Un lien purement juridique, à l'exclusion de tout lien biologique, peut favoriser l'attribution d'une succession. En effet, lorsqu'on évoque des critères autres que la communauté de sang, on fait tout d'abord allusion à l'alliance qui est fondée sur le mariage qui a existé entre le défunt et le survivant des conjoints. Mais, lorsqu'il n'existe ni parent au degré successible ni conjoint survivant, le Code civil de 1804 a trouvé comme solution la dévolution de la succession à l'État.

- **Le rapport de mariage : condition successorale du conjoint survivant**

La mort comme le divorce est fatale au couple. Comme le divorce, la mort brise l'équilibre patrimonial sur lequel reposait la communauté de vie des époux. Entre l'esseulement consécutif aux ruptures entre vifs et le veuvage, il y a un abîme psychologique, mais les réalités matérielles ne sont pas de même nature. Certains époux sont dans le besoin, d'autres ne le sont pas.

Dès lors, la dévolution successorale du conjoint survivant s'effectue selon un schéma tracé par le législateur. Le conjoint survivant n'est pas un héritier comme les autres. Il est relégué à l'arrière-plan, car il ne s'inscrit pas dans le cercle de la parenté. En réalité, certains paramètres le distinguent des autres. Tout d'abord, les empêchements au mariage liés à la parenté font que l'époux ne peut appartenir à la proche famille du défunt. « *Il hérite par le droit du cœur et non du sang* »[325] à telle enseigne qu'une succession fondée sur le seul lien de sang ne lui fera aucune place. Les droits et les faits, loin de méconnaître cette complexe réalité, la réglementent à bien des égards. Le conjoint, dans le Code civil de 1804, ne forme pas à lui tout seul un ordre héréditaire, à la manière des parents de sang ; il ne s'intercale pas entre les ascendants, les collatéraux et les descendants. Il concourt avec les trois premiers ordres sus-cités. Il s'agit d'un phénomène unique de dévolution, tandis que les ordres sont appelés par hiérarchie, chacun à défaut de celui qui précède. Certes, sa vocation se réalise en usufruit dans la grande majorité des cas, car l'usufruit correspond aux données de la situation par son double caractère alimentaire et viager.

Parfois même, la succession n'est pas le plus souvent partagée à la mort du premier conjoint, et ce n'est que lorsque le second décède que les héritiers peuvent se décider de le faire.

La situation du conjoint survivant appelle l'examen successif des conditions de sa successibilité dans la législation en vigueur (1), qui déterminent ses droits héréditaires (2) et de sa situation dans la pratique (3). Cette situation paraît spécifique, car certaines dispositions extrasuccessorales accordent des droits à certaines catégories de conjoints survivants (4).

1. Les conditions de successibilité du conjoint dans la législation successorale

La situation particulière du conjoint survivant au sein de la famille du de cujus fait du mariage comme principale condition de sa vocation successorale (b). Toutefois, il apparaît opportun de justifier au préalable la nécessité de cette vocation (a).

a. Les justifications de la vocation successorale du conjoint survivant

La qualité successorale du conjoint survivant est attachée, non pas au lien de sang, mais plutôt au lien conjugal. Il n'est pas un héritier, mais un

[325] CATALA de ROTON (M-C): « Les successions entre époux », *Economica*, 1990, n° 391 à 399, pp. 321 à 327.

successeur aux biens, car il reste en marge de la succession normale. Le particularisme de sa situation dans la succession ab intestat se traduit tant par la place qu'il occupe dans la hiérarchie des successibles que par le contenu de la quotité disponible auquel il a vocation.

Au demeurant, la condition successorale du conjoint survivant est dominée par l'ambiguïté de la position qu'il occupe au sein de la famille, eu égard d'une part à un système dévolutif fondé sur la consanguinité, principe qui exclut sa vocation successorale, et d'autre part à une réalité conjugale qui révèle souvent d'étroites relations affectives. La conciliation de ces deux exigences, qui sont d'une part, le ménage et d'autre part le lignage - c'est-à-dire la famille par le sang -, laisse une empreinte remarquable.

Dès lors, pour justifier la vocation de l'époux survivant, on devrait assigner à la dévolution ab intestat une fonction psychologique qui, en réalité, reflète les affections présumées du défunt. Par cette vocation, l'affection conjugale se rapproche du lien parental qui attribue au conjoint survivant une situation unique. Il a donc une vocation irréductiblement singulière.

Puisque la vocation successorale du conjoint survivant est attachée au lien conjugal, elle s'explique par la métamorphose des familles traditionnelles vers des familles étroitement resserrées autour du couple fondateur, et tire sa force de la fragilité du mariage, qui peut soit se rompre par le divorce, soit se relâcher par la séparation de corps.

b. Le mariage : condition de la vocation héréditaire du conjoint survivant

Le mariage qui justifie la vocation du conjoint survivant doit non seulement exister au moment de l'ouverture de la succession, mais aussi, et surtout avoir été valablement contracté.

Le législateur camerounais, par l'ordonnance de 1981 a, d'un côté institué deux options matrimoniales, et de l'autre côté prévu deux types de célébrations du mariage, à savoir la célébration par un officier d'état civil[326] et la survivance du mariage coutumier[327]. Dès lors, pour qu'un mariage soit valable, il doit obéir aux conditions de fond, relatives à l'âge, au consentement et au sexe des conjoints, et aux conditions de forme, et plus particulièrement, à la célébration par un officier d'état civil.

En fait de célébration, l'ordonnance précitée prévoit à l'article 49 que le mariage doit être célébré par un officier d'état civil. La même ordonnance ressuscite le mariage coutumier que la loi de 1968 avait fait disparaître, en mentionnant tout simplement qu'il doit être transcrit dans les registres d'état

---

[326] Art. 48 ord. 1981
[327] Art. 81 ord. 1981

civil, sans toutefois préciser ni les modalités de la transcription encore moins celles de sa célébration. Aussi, si la validité du mariage coutumier semble admise par la lettre du texte, il se pose un problème quant à sa preuve, les époux ne disposant apparemment d'aucun titre matérialisant leur union, au point qu'on se demande parfois si la transcription n'est pas tout simplement une forme de célébration par un officier d'état civil. Or, en l'état actuel de la législation sur les actes d'état civil, certains chefs de village sont investis de la qualité d'officier d'état civil, cependant, il dresse ces actes conformément à la législation moderne et non pas selon les rites traditionnels. Le législateur camerounais aurait dû, à l'instar de ses homologues sénégalais, togolais et malgache, organiser convenablement le mariage coutumier à côté du mariage moderne.

En effet, le Code de la famille sénégalais invite, en son article 125, les époux mariés coutumièrement à faire constater leur union au chef-lieu de leur circonscription afin d'en obtenir la preuve. Tandis que les articles 29 à 36 de l'ordonnance malgache du 1er octobre 1962 prévoient le déplacement du représentant de l'autorité sur les lieux du mariage coutumier afin d'en avertir l'officier d'état civil. Quant au législateur togolais, il confère directement la qualité d'officier d'état civil aux chefs coutumiers chargés de célébrer le mariage coutumier, à telle enseigne que les époux n'ont pas besoin de se déplacer vers le centre administratif[328].

Tout compte fait, un mariage célébré par un officier d'état civil a pour effet la facilité de la preuve et la garantie de la vocation successorale du conjoint en cas de prédécès de l'un. Et pour que le mariage valablement contracté puisse conférer une vocation au conjoint survivant, il est nécessaire que ce mariage ait été maintenu au moment de l'ouverture de la succession.

Un époux qui veut se prévaloir des droits relatifs au mariage d'une façon générale, et des droits successoraux résultant du lien matrimonial qui l'a uni au défunt en particulier, doit nécessairement présenter la preuve de l'existence de ce lien conjugal au moment de l'ouverture de la succession du prédécédé. C'est ainsi que l'article 767 du Code civil ne reconnaît une vocation, en pleine propriété ou en usufruit, qu'à l'époux non divorcé et contre lequel il n'existe aucun jugement de séparation de corps passé en force de chose jugée.

Un problème se pose cependant à ce niveau : il peut arriver que l'un des époux décède avant que le jugement prononçant le divorce ne soit définitif. On peut se poser la question de savoir si les droits successoraux de l'époux survivant sont maintenus ou non. Or, pour que le jugement devienne définitif, il faut qu'il ait été signifié aux intéressés et que toutes les voies de recours soient épuisées. Et si le décès du conjoint intervient avant la signification du

---

[328] OBLE (J) : op. cit., n° 373, pp. 235 et 236 ; CONNEN (B) : « un Code de la famille au Togo » , Penant, 1982, n° 774, p. 8

jugement, quelle est la cause de dissolution qu'on devra prendre en compte : le divorce ou le décès ? La réponse à cette question est importante, car la dissolution par le décès n'a pas les mêmes effets que celle qui découle d'un divorce.

En effet, si l'on considère que le mariage est dissous par le divorce malgré l'absence de signification, le conjoint survivant perdra tous ses droits dans la succession de son ex-conjoint. Par contre, si l'on retient que par l'absence de signification le jugement de divorce n'acquiert pas l'autorité de la chose jugée, le mariage est considéré comme dissout par la mort et par conséquent, le survivant des conjoints conserve ses droits successoraux. Cette dernière solution conforme à l'exigence de signification paraît paradoxale, car elle ignore la réalité de la rupture du lien entre les conjoints au moment du décès. Il appartient aux juges d'apprécier la situation au cas par cas afin de rendre des décisions peu choquantes[329].

Plus complexe est la situation qui résulte de la séparation de fait. Situation fréquente dans les sociétés traditionnelles où les époux, bien qu'ayant contracté leur mariage conformément aux textes, décident de se séparer, soit par la répudiation ordonnée par le mari, soit encore par le retrait de la femme de la famille conjugale. Il appartient une fois de plus au juge d'apprécier chaque cas qui lui est présenté[330].

Ce dispositif se comprend peut-être aisément dans le contexte camerounais, car, la mortalité est de plus en plus précoce, et on remarque que dans la majorité des cas, le défunt laisse des enfants en bas âge dont il convient de protéger les intérêts contre les conséquences préjudiciables d'un éventuel remariage du parent survivant. C'est la situation inverse en France où l'âge de la mortalité a plutôt augmenté, l'espérance de vie étant déjà fixée à plus de 75 ans, les héritiers réservataires sont la plupart du temps des adultes ayant des ressources personnelles, alors que le conjoint survivant, généralement une veuve âgée, se trouve en possession de revenus faibles. Or, lui attribuer des biens en pleine propriété signifierait les soustraire de la famille, et c'est là la principale raison qui a conduit les rédacteurs du Code civil de 1804 à l'exclure de la « famille successorale »[331].

D'une manière générale, la situation du conjoint survivant n'est vraiment plus identique de nos jours. La famille vit de plus en plus des revenus personnels des époux, et non plus des biens familiaux se transmettant de génération en génération. Dès lors, s'il y a une fortune successorale, il s'agit

---

[329] Voir infra sur la pratique jurisprudentielle dans la détermination des successibles. IL existe des situations dans lesquelles les époux étaient déjà divorcés de fait , car ne partageant plus rien ensemble alors que le divorce n'a pas encore été engagé.

[330] Ibid. ; YOUEGO (C) : op. cit., pp. 434 et s

[331] RAVANAS (J) : « Le conjoint survivant. Approche comparative de sa condition successorale », *Revue de la Recherche juridique, Droit prospectif*, 1999, n°5, p. 314.

actuellement de celle qui a été acquise par le de cujus et son conjoint, et non plus d'une fortune héréditaire. Par conséquent, l'homme ne saurait être redevable à ses descendants en ligne directe ou collatérale de ce qu'il n'a pas reçu de ses ancêtres.

Nous venons de justifier et d'exposer les conditions de successibilité du conjoint survivant. Il en découle que tenant sa vocation du lien matrimonial et non pas de la parenté, le conjoint survivant ne pourra effectivement jouir de ses droits successoraux que pour autant que le mariage a été valablement contracté et qu'il subsiste au moment de l'ouverture de la succession.

2. Les droits successoraux du conjoint survivant en droit écrit

La vocation successorale du conjoint survivant ne se rattache pas à la parenté, mais elle est fondée sur une qualité issue du mariage. C'est donc la loi du mariage qui détermine les successions entre époux.

Dans le système camerounais, le rattachement de la vocation du conjoint survivant résulte du Code civil de 1804[332] et, d'une manière un peu légère, de l'ordonnance de 1981.

D'après l'art. 767 du c. civ., le conjoint survivant peut succéder soit en pleine propriété, soit en qualité d'usufruitier.

Lorsqu'il succède en pleine propriété, il peut recueillir soit une partie seulement soit encore la totalité de la succession. Aussi, succèdera-t-il en pleine propriété et en totalité si le défunt ne laisse aucun parent au degré successible, ni enfant. Par contre, il recueille une part seulement en pleine propriété lorsque le de cujus ne laisse comme héritiers que des parents à un degré successible dans l'une au moins des deux lignes paternelle ou maternelle.

Par contre, lorsque le de cujus laisse des descendants, le conjoint survivant ne succède plus en pleine propriété, mais seulement en usufruit, démembrement du droit de propriété, et le taux de cet usufruit varie en fonction du nombre de descendants avec qui il est en concours.

Dès lors, ce droit d'usufruit sera, soit d'un quart lorsque le de cujus laisse un ou plusieurs enfants issus de son mariage avec le survivant, soit d'une part d'enfant légitime le moins prenant, sans qu'elle puisse excéder le quart, si le défunt laisse des enfants issus d'un précédent mariage.

Lorsqu'on jumelle le Code civil et l'ordonnance de 1981, qui confirment les textes antérieurs sur la double option matrimoniale et l'institution de la polygamie, on peut assimiler les enfants nés d'un précédent mariage aux

[332] Le Code civil énumère dans son article 767 les conditions dans lesquelles le conjoint survivant vient à la succession du prédécédé

enfants issus des autres mariages d'une personne polygame. Cependant, puisque la polygamie n'a pas été organisée, des difficultés se poseront lorsqu'il faudra déterminer la quotité revenant à chacune des épouses survivantes par rapport au nombre d'enfants issus des différents mariages du défunt. Cet usufruit sera de la moitié, si le défunt laisse des enfants naturels, des enfants légitimes des enfants naturels, des frères et sœurs, des descendants des frères et sœurs ou des ascendants.

En somme, la vocation ab intestat du conjoint survivant paraît jusqu'à présent limitée. Car, dès lors qu'il existe des descendants, situation la plus fréquente, le conjoint survivant ne dispose plus que du quart des biens du défunt en usufruit. La présence d'ascendant ou de collatéraux privilégiés dans les deux lignes le prive également de droits en pleine propriété et limite au surplus son droit d'usufruit à la moitié de la succession. Les droits en pleine propriété du conjoint restent donc résiduels : moitié en pleine propriété en présence d'ascendants dans une seule ligne ; totalité en pleine propriété lorsque les lignes maternelles et paternelles sont vides ou simplement occupées par des collatéraux ordinaires.

Telles sont les prévisions du Code civil de 1804 à l'égard du conjoint survivant. L'examen de l'ordonnance de 1981 montre une préoccupation très légère de la situation du conjoint survivant. En effet, l'article 76 alinéa 2 de ladite ordonnance, qui reprend l'article 16 de la défunte loi de 1966 sur le mariage[333], dispose qu' *« en cas de décès du mari, ses héritiers ne peuvent prétendre à aucun droit sur la personne, la liberté ou les biens de la veuve, qui sous réserve du délai de viduité de 180 jours à compter du décès de son mari, peut se remarier sans que personne ne puisse prétendre à aucune indemnité ou avantage matériel, à titre de dot ou autrement, soit à l'occasion de fiançailles, soit lors du mariage ou postérieurement ».*

Un constat à deux variantes ressort de l'analyse de ces deux textes sur le conjoint survivant[334].

Primo, l'article 767 du Code civil paraît plus asexué que le texte camerounais, car il ne parle que du conjoint survivant sans en spécifier le genre, même comme d'après la majorité des auteurs, c'est le veuvage féminin qui pose beaucoup plus de problèmes par rapport au veuvage masculin. Il est quand même vrai que depuis la nuit des temps, la surmortalité masculine[335], ayant pour conséquence la supériorité du veuvage féminin, a toujours justifié l'attention accordée à la situation de la veuve et des enfants plus qu'à celle de

---

[333] Loi n°66- cor du 7 juillet 1966 portant diverses dispositions relatives au mariage, abrogée par la loi du 11 juin 1968 portant organisation de l'état civil, elle-même abrogée par l'ordonnance du 29 juin 1981, actuellement en vigueur.

[334] Il s'agit des articles 767 du Code civil de 1804, et 76 de l'ordonnance camerounaise de 1981.

[335] Cette surmortalité masculine s'explique aisément par le fait que lors des guerres, seuls les hommes étaient envoyés au front.

l'homme, fût-il veuf. C'est la raison pour laquelle aussi bien les législations, en l'occurrence l'article 76 précité, que les populations accordent des traitements différents selon que le conjoint survivant est un homme ou une femme.

Secundo, alors que l'article 767 du Code civil se penche beaucoup plus sur les droits patrimoniaux du conjoint survivant, en détaillant leur consistance face aux autres successibles, l'ordonnance de 1981, non seulement ne s'est occupée que de la situation de la veuve, mais aussi, et surtout, n'a résolu que sa situation extrapatrimoniale, sans aucune précision sur ses droits patrimoniaux. L'interprétation que l'on peut faire de cette prévision est que le législateur camerounais a voulu par cette solution prompte résoudre les problèmes posés par la pratique du lévirat. Par cette solution, l'ordonnance de 1981 reconnaît deux causes de dissolution du mariage, à savoir le divorce et le décès, contrairement à la conception traditionnelle de continuité du mariage malgré le décès de l'un des époux, et surtout du mari.

L'application conjonctive des sources traditionnelles et modernes fait naître des distorsions au sein des familles. En effet, pris entre la tradition et la modernité, influencés par la rémanence des coutumes et le changement des mentalités, en faveur des mentalités importées, les Camerounais cherchent toujours à bénéficier des avantages que peut procurer chacune de ces sources à telle enseigne que l'on ne peut pas déterminer avec exactitude le sort que la pratique successorale réserve au conjoint survivant.

3. Le conjoint survivant dans la pratique

Des interrogations et des réflexions ne cessent de se succéder, tant chez les praticiens que dans les milieux extra-professionnels, sur le sort réservé au conjoint survivant dans le droit successoral. Lorsqu'on aborde les problèmes liés à la situation du conjoint survivant, tout laisse croire que seul le veuvage féminin est concerné. Or, tel n'est pas toujours le cas, car avec le développement des sociétés et la conception conjugale du patrimoine successorale, les problèmes soulevés par le veuvage touchent indifféremment, peut-être pas dans les mêmes proportions, les hommes et les femmes. L'examen du sort du conjoint survivant laisse apparaître un certain nombre de points dans le système camerounais. On peut tout d'abord relever la quasi-inexistence de textes législatifs en la matière, à laquelle on ajoute l'influence qu'exercent les règles coutumières. En plus, les Camerounais, voulant chacun tirer le meilleur parti de chacune des sources modernes et coutumières, évoluent dans un désordre dans lequel le juge a de la peine à se retrouver.

Aussi, en se posant la question de savoir comment les Camerounais considèrent le veuvage dans la pratique, on se rend compte qu'il existe une discrimination entre le veuvage masculin et féminin, et que cette discrimination est plus ou moins accentuée selon le système matrimonial qui a été adopté par les époux.

a. Le sort du veuf dans la pratique

Si à une époque donnée le veuvage féminin a paru plus développé que le veuvage masculin, cela avait eu pour cause la participation massive des hommes dans les guerres. Cependant, la tendance semble être sinon à l'égalité, du moins à un accroissement considérable du veuvage masculin. Aussi, paraît-il opportun que l'on se penche sur sort qui est réservé à l'homme en cas de prédécès de son épouse. L'examen de cette situation s'apprécierait mieux en distinguant le veuf dans les deux systèmes monogamique et polygamique.

1) Lorsqu'une femme décède dans un foyer monogamique, il ne se pose pas de question dans la pratique sur le sort de son époux autant sur le plan patrimonial que sur le plan extrapatrimonial.

Sur le plan extrapatrimonial, les textes n'ayant rien prévu de particulier à son égard, tout le monde lui accorde la faculté de contracter un nouveau mariage au point qu'on affiche des inquiétudes lorsque la décision de se remarier tarde à être prise. Cette liberté de remariage du veuf n'est qu'une manifestation de la rémanence de la coutume qui ne conçoit pas un homme sans épouse, et ce, quel que soit son âge.

Sur le plan patrimonial, les échos de la liberté de remariage du veuf se répercutent sur la libre continuation du régime matrimonial, sauf dans les rares cas de séparation de biens. En effet, le veuf gèrera le patrimoine conjugal, duquel on devrait, en principe, extraire le patrimoine successoral de la conjointe prédécédée, comme si cette dernière n'avait jamais participé à la production dudit patrimoine. Il est quand même vrai que ce n'est pas le veuf qui va se présenter devant le juge pour lui demander de liquider le régime et d'ordonner le partage desdits biens selon l'organisation prévue par les articles 767 et suivants du Code civil. L'intervention du juge ne sera sollicitée que lorsque l'époux survivant sera contraint de produire un jugement d'hérédité en vue de jouir de certains droits résultant du veuvage. Sur ce point, la saisine des juges ne peut être l'apanage que d'une poignée de veufs bénéficiant d'un intérêt financier lors du décès de son épouse. En effet, un paysan veuf n'en éprouverait aucun besoin. Cette continuation de la communauté se ferait même au détriment des descendants de la défunte, surtout de ceux qu'elle aurait eus hors de son mariage.

2) Par ailleurs, lorsque l'une des épouses d'un survivant polygame décède, la situation paraît plus complexe pour ses héritiers du sang.

Sur le plan extrapatrimonial, en principe, à la mort de l'une des épouses d'un mari polygame, le vide doit normalement être comblé par la présence des autres.

Et sur le plan patrimonial, il faut tout d'abord noter que la polygamie, bien que prévue par l'ordonnance de 1981, n'a pas été organisée par le législateur, à telle enseigne qu'on essaie d'appliquer les règles que le Code civil a prévues pour la monogamie à chacune des unions du polygame. Il est tout aussi important de relever que les Camerounais, dans l'immense majorité, ignorent la pratique notariale des contrats de mariage. Dans ce cas précis de mariages multiples, on se retrouve généralement avec autant de communautés légales qu'il y a d'épouses, ou même avec des communautés confondues en une seule, c'est-à-dire celle de toutes les épouses ensemble et le mari ; cette situation rend complexe toute tentative de liquidation de l'une des communautés en cas de prédécès de l'une des épouses, quand on sait que la chronologie des décès des épouses ne suit pas celle des mariages. Et dans ces conditions, on ne saurait être en mesure de déterminer les biens acquis en communauté avec l'une ou l'autre de ses épouses. Ces problèmes sont de nature à mettre le juge et même toute la société dans une situation embarrassante, car dans ces conditions, aucun parent du sang de la défunte ne sera sûr de pouvoir entrer en possession des biens successoraux que la loi lui reconnaît.

Tout compte fait, la situation du veuf est toujours celle d'un privilégié, quel que soit le système matrimonial dans lequel il a évolué. Il importe alors d'examiner la situation à laquelle la veuve fait souvent face dans la pratique.

b. Le sort de la veuve dans la pratique

Nous avions déjà relevé que le Code civil ne faisait aucune discrimination quant au sexe pour faire bénéficier au conjoint survivant des droits successoraux en pleine propriété ou en usufruit, selon les cas, mais que l'ordonnance camerounaise fait uniquement état des droits extrapatrimoniaux de l'épouse survivante. Il est alors question de voir comment le citoyen camerounais traite la veuve par rapport aux prévisions du Code civil et de l'ordonnance précitée. Pour ce faire, il convient d'examiner distinctement la situation de la veuve dans les différentes options matrimoniales.

1) Dans le système monogamique, la situation de la veuve n'est pas très enviable. En effet, sur le plan extrapatrimonial, le remariage de la veuve est en général très mal perçu. Les raisons de cette conception peuvent être multiples, la principale étant la crainte de voir un étranger venir bénéficier du patrimoine laissé par le défunt. Cependant, cela ne pourra être accepté que dans le cas où la veuve reprenait pour époux un parent du défunt. Ce souci d'éviter que les biens successoraux ne soient utilisés par un étranger justifie la pérennisation du lévirat dans certaines communautés. On voit une fois de plus par là l'influence des coutumes dans la pratique quotidienne, et même la non-réception du droit importé au profit d'un droit intermédiaire, qui n'est ni le droit traditionnel originel ni le droit moderne importé et imposé.

Sur le plan patrimonial, les comportements sont également à cheval entre la tradition et la modernité. Sans toutefois lui reconnaître, comme autrefois, une valeur patrimoniale, la pratique populaire est hostile à l'acquisition des biens successoraux par la veuve, car on considère que tous ces biens appartiennent uniquement au défunt mari. Aussi, dès le décès de ce dernier, les membres de sa famille, ascendants et collatéraux, se précipitent sur le patrimoine sans même tenir compte de la présence des enfants, parfois mineurs du de cujus. La situation de la veuve est encore plus grave lorsqu'elle n'a pas eu d'enfant. Tout se passe comme si elle n'avait en aucun cas participé à l'acquisition des biens conjugaux. Souvent, elle se retrouve spoliée et même expulsée du local conjugal.

2) Dans le système polygamique, l'épouse survivante mène une bataille sur plusieurs fronts. Elle devra affronter tour à tour sa ou ses coépouses, sa belle-famille et les enfants d'un autre lit du de cujus, surtout s'ils sont majeurs et qu'elle n'en a jamais eu.

Face à ses coépouses, la veuve devra d'abord se battre pour prouver la validité de son union avec le défunt. Autrement dit, elle devra prouver que toutes les conditions requises pour la formation du mariage ont été respectées et, par conséquent, que son union ne souffre d'aucune irrégularité l'entachant de nullité, telle que la bigamie par exemple. Si cette première étape est franchie, elle devra par la suite prouver sa participation dans l'acquisition des biens conjugaux sous peine de son exclusion de l'éventuel partage. Sur ce point, le problème des contrats de mariage refait surface. En effet, l'absence de contrats de mariage et surtout de la séparation des biens dans un système de polygamie compliquent davantage la situation des différentes veuves du de cujus. La complication s'accentue lorsqu'elles exercent des activités différentes, car il devient difficile de prouver la participation exacte de chacune dans cette communauté confondue.

Tels sont les problèmes qui laissent souvent les juges perplexes devant une absence totale de législation. Aussi, sont-ils parfois obligés de trancher selon les cas[336].

Le combat de la veuve avec les descendants du défunt dépend de la situation de cette dernière au sein de la famille. Il paraît moins rude lorsqu'elle a eu des enfants avec le de cujus, car ses propres enfants ne peuvent pas lui contester la qualité d'épouse de leur père. Sa situation semble fragile lorsque ceux-ci sont majeurs et d'une autre mère. Lorsqu'il n'y a pas entente entre eux, ces derniers s'emploient à l'expulser du domicile conjugal.

Dans cette situation, il est difficile que les dispositions du Code civil trouvent une application exacte, étant entendu que les populations semblent

[336] Voir infra, sur la position de la jurisprudence sur la désignation des successibles.

être des victimes de la dualité juridique, et qu'elles la vivent à leur manière. Plus précisément, elles ne sont en réalité fidèles à aucune des deux sources, et n'adoptent l'une ou l'autre que dans la mesure où elle leur procure des avantages directs. À cet effet, les règles de droit sont dépouillées de leur caractère impersonnel et général, d'où la tâche ardue d'appréciation particulière des situations qui revient à la jurisprudence afin de trouver une solution spécifique à chaque cas. Ce qui a pour conséquence de rendre le conjoint survivant et surtout la veuve vulnérable.

En fin de compte, la vocation successorale ab intestat du conjoint survivant paraît limitée sur le plan juridique et dans la pratique. En effet, elle soulève de sérieux problèmes aussi bien quant à son existence que quant à sa consistance. En plus, sa mise en œuvre semble également soulever de sérieuses difficultés, car, se réalisant en usufruit en présence de descendants, il paraît souvent difficile aux praticiens de démembrer la propriété compte tenu du caractère dérisoire de l'actif successoral. Cependant, ces insuffisances trouvent un palliatif dans la législation extrasuccessorale à caractère social.

4. Les droits du conjoint survivant dans les différentes législations extrasuccessorales

La législation sociale n'est pas restée indifférente au conjoint survivant. Aussi, a-t-elle prévu, selon les cas, le capital décès, de la pension de survivant et des allocations de survivant.

Par ailleurs, d'autres actes, au demeurant facultatifs, que Jacques RAVANAS qualifie de « *prévoyance conjugale* »[337], peuvent également améliorer son sort. Il s'agit plus particulièrement du régime de communauté dont la liquidation combinée avec celle de la succession devrait considérablement améliorer le sort du conjoint survivant, de l'assurance - vie, des donations entre époux et même des droits résultant de la puissance paternelle.

Toutefois, ces dispositions ont un caractère partiel, car elles ne profitent qu'à une poignée de conjoints survivants. Ainsi, en est-il plus précisément, d'une part, de ceux dont les conjoints prédécédés exerçaient une fonction dans l'administration publique ou privée, et d'autre part de celui qui aurait été gratifié par son conjoint ou qui serait appelé à gérer les biens de ses enfants mineurs.

Pour tout dire, le conjoint survivant peut tirer des avantages pécuniaires simultanément dans la législation sociale, dans la « prévoyance conjugale » et dans la filiation.

---

[337] RAVANAS (J) : op. cit., pp. 313 – 318.

a. Le conjoint survivant dans la législation extrasuccessorale à caractère social

Ces textes à caractère social accordent au conjoint survivant des droits en fonction de l'activité que le défunt exerçait. Aussi, sont principalement visés les conjoints survivants des députés, des fonctionnaires, des militaires et travailleurs du secteur public ou privé. L'on peut donc les classer en deux catégories en fonction de la nature des textes qui en organisent les conditions d'attribution.

i. La première catégorie : les conjoints survivants du fonctionnaire, du député et du militaire

Au décès du fonctionnaire, du militaire ou du député, son conjoint aura droit à un capital décès, ou à la pension de réversion. Cependant, pour qu'il puisse bénéficier effectivement de ses droits, le conjoint survivant doit respecter certaines exigences. Ces exigences sont de deux ordres : aussi doit-il d'abord remplir les conditions générales de la vocation[338] et celles qui sont spécifiques au capital-décès et à la pension de réversion. Le conjoint survivant d'un militaire et d'un fonctionnaire, il dispose d'un délai de quatre ans pour demander ces droits[339], alors qu'aucun délai n'est imposé au conjoint d'un député[340]. Il résulte de ce qui précède que le conjoint survivant du député semble bénéficier de plus de facilités dans l'accomplissement des formalités requises.

Mais, quel que soit le cas, il doit justifier de l'existence d'un mariage valable au moment du décès de son conjoint. Et dès lors qu'un mariage aurait été célébré par un officier d'état civil compétent, le conjoint survivant du fonctionnaire, du député ou du militaire n'éprouvera en principe aucune difficulté pour en prouver la validité et l'existence. Par contre, lorsqu'il s'agira d'un mariage coutumier, son existence et sa validité dépendront de l'époque à laquelle il a été contracté.

Aussi, pour un mariage coutumier datant de la mise en vigueur de l'ordonnance de 1981, celui qui veut s'en prévaloir doit avoir procédé à sa transcription, formalité requise par ce texte pour sa preuve et même sa validité. Or, si l'article 81 dudit texte prévoit l'existence et la transcription des mariages coutumiers à côté de ceux célébrés par un officier d'état civil, il n'en organise pas la procédure. L'ordonnance précitée a ressuscité les mariages

---

[338] Il s'agit des conditions relatives à la validité et à l'existence du mariage au moment de l'ouverture de la succession et aussi de celles relatives à l'absence d'indignité successorale.

[339] Arrêté n° 00572/MINFI/ DS du 6 décembre 1984 fixant les conditions à remplir par les ayants droit des fonctionnaires décédés, article 16.

[340] Loi n° 64/LF/ 24 du 13 nov. 1964 fixant les conditions d'attribution du capital décès aux ayants droit des membres de l'Assemblée nationale.

coutumiers que la loi de 1968 avait déjà fait disparaître. Par contre, seuls les mariages coutumiers qui seraient régis par le décret de 1935 auront une existence valable. L'examen des textes fixant les conditions d'octroi des droits aux ayants droit des travailleurs précités montre que les conjoints survivants du fonctionnaire et du militaire risquent d'être bloqués par l'exigence de transcription pour un mariage coutumier qui aurait été célébré après l'abrogation du décret de 1935[341], alors, par contre, que le conjoint survivant du député, aux termes de l'article 5 alinéas a, b et c de la loi de 1964 prouvera leur mariage coutumier en présentant tout simplement des certificats délivrés par un maire ou une autorité administrative, judiciaire ou coutumière compétente du lieu du mariage ou du domicile du défunt. Cependant, avec la mise en vigueur de l'ordonnance de 1981, le conjoint survivant d'un député devra également faire face à l'exigence de transcription, car ce texte a uniformisé, sans aucune discrimination, les règles relatives à l'état civil. De cette contradiction concernant la situation du conjoint survivant du député par rapport au mariage coutumier, il résulte la nécessité de réactualiser le texte de 1964 qui paraît déjà largement dépassé.

Les différents textes précités fixent également la répartition du capital-décès entre le conjoint survivant et les descendants du défunt : aussi, un tiers reviendra au conjoint alors que les deux tiers restants iront aux descendants[342]. Et lorsque le défunt était polygame, ces textes prévoient la répartition entre les différentes veuves en faisant une distinction entre celle du député et du fonctionnaire et militaire.

Mais en dehors du capital décès, le conjoint survivant peut avoir droit à une pension de réversion. Si les conjoints du député et du militaire bénéficient des conditions assez souples, tel n'est pas le cas de celui du fonctionnaire. Cette souplesse concerne surtout le conjoint survivant séparé de corps et même divorcé du député ou du militaire, car il suffit que le jugement prononçant soit la séparation de corps, soit le divorce soit exclusivement à son avantage pour qu'il bénéficie de la pension de réversion[343]. À leur égard, les textes passent outre l'exigence de l'existence du mariage au moment du décès de leur conjoint.

Le conjoint divorcé du fonctionnaire ne peut en aucun cas prétendre à un tel avantage[344]. C'est à la rigueur le conjoint séparé de corps qui peut prétendre

---

[341] Cour Suprême du Cameroun, arrêt n°1 du 18 janvier 1979, Affaire NOUDOU.
[342] Article 2 de la loi de 1964 pour les membres de l'Assemblée nationale et l'article 4 décret n° 82/341 fixant les conditions d'attribution du capital décès aux ayants droit du fonctionnaire
[343] Article 15 de la loi du 1er juillet 1978 portant création et organisation d'une caisse de retraite des députés à l'Assemblée nationale et articles 65, 66, 67 du décret n°76/460 du 12 octobre 1976 pour les ayants droit des militaires.
[344] Article 19 du décret n° 74 – 759 du 26 août 1974 portant organisation du régime des pensions civiles.

à la pension de réversion lorsque le décès du conjoint intervient avant l'expiration du délai de la séparation de corps qui est de trois ans[345].

Ce même texte interdit au conjoint survivant de cumuler deux ou plusieurs pensions, ou l'une d'elles avec une rémunération versée par un organisme public. Dès lors, aucune pension de réversion ne sera versée à un conjoint survivant qui émarge lui-même au budget de l'État[346]. Cette interdiction touche aussi bien le conjoint survivant du fonctionnaire que ceux du député[347] et du militaire[348]. Le texte concernant les ayants droit des membres de l'Assemblée nationale étend même cette interdiction aux orphelins du député (article 11).

En somme, tous ces textes accordent un capital décès au conjoint survivant, seules les conditions d'obtention de la pension de réversion varient en fonction de la qualité de fonctionnaire, de député ou de militaire du défunt. Mais la condition principale pour en bénéficier est l'état de nécessité du conjoint survivant.

Les textes ci-dessus n'organisent pas l'octroi des droits aux ayants droit des agents de l'État relevant du Code du travail et des travailleurs du secteur privé. Ceux-ci sont régis par des textes particuliers relevant de la prévoyance sociale. Ils forment donc ensemble une deuxième catégorie.

ii. La deuxième catégorie : les conjoints survivants des agents de l'État relevant du Code du travail et des travailleurs du secteur privé

Pour cette deuxième catégorie, le législateur a prévu l'allocation d'une pension ou d'une rente de survivant. Cette pension équivaut à 50% de la pension de vieillesse dont bénéficiait ou pouvait bénéficier le salarié prédécédé. Le taux est le même en faveur du conjoint survivant d'un salarié ayant bénéficié d'une pension d'invalidité ou encore d'une pension anticipée. Cette deuxième catégorie est régie par une loi du 4 juillet 1984[349]. Mais, pour jouir effectivement de cette pension, certaines conditions sont exigées du salarié prédécédé et du conjoint survivant.

En ce qui concerne particulièrement le conjoint survivant, la loi exige tout simplement que leur mariage n'ait pas été dissous par le divorce. Elle ne fixe pas une durée minimale d'un an de mariage comme le faisait la loi de 1969 dont elle a tempéré la rigueur. Cette condition est valable aussi bien pour le

---

[345] Article 19 – 8 du décret de 1974 précité.

[346] Article 34 du décret du 26 août 1974 précité, Voir également YOUEGO (Chr) : op. cit.

[347] Articles 11 et 12 (f) de la loi du 1er juillet 1978 précitée.

[348] Article 82 du décret du 12 octobre 1976 précité.

[349] Loi n° 84/007 du 4 juillet 1984 modifiant la loi de 1969, instituant le régime d'assurance, de pension de vieillesse, d'invalidité et de décès.

conjoint du salarié que pour celui de l'agent de l'État relevant du Code du travail.

En ce qui concerne le conjoint du salarié, les conditions d'octroi de la pension sont relatives à la personne même du salarié prédécédé. Aussi, le conjoint survivant ne pourra effectivement en bénéficier que si le salarié avait totalisé au minimum 180 mois d'assurance à son décès, soit 15 ans d'activité professionnelle, lui ayant permis de bénéficier lui-même de la pension vieillesse.

Au cas où le décès a été causé par un accident de travail ou une maladie professionnelle, le survivant bénéficiera de la pension même si le mariage a été dissous par un divorce ou simplement relâché ; la seule condition est que le jugement prononçant le divorce ou la séparation de corps l'ait été à son profit[350].

Concernant maintenant le conjoint survivant de l'agent de l'État relevant du Code du travail, son régime paraît différent de celui des autres travailleurs. En effet, le régime de leur pension n'est plus de la compétence de la Caisse Nationale de Prévoyance Sociale (C.N.P.S.) qui, d'une manière générale, gère les pensions de vieillesse, d'invalidité et de décès. Car, depuis le 19 décembre 1990, une loi a transféré leur gestion à l'État, il est vrai que les textes appliqués en la matière sont ceux qui étaient utilisés naguère par la C.N.P.S., mais leur application tient normalement compte des spécificités de la gestion administrative et des finances publiques.

Toutefois, celui-ci a la possibilité de prétendre à la pension de survivant et aux allocations de survivant en plus de l'indemnité de décès prévue par l'art 15 al 12 de décret n°78/484 du 9 décembre 1978.

Aussi, pour que le conjoint de l'agent de l'État jouisse de la pension, le décès du conjoint doit être survenu pendant qu'il était en pleine activité professionnelle ou bénéficiait d'une pension[351]. De plus, l'agent prédécédé doit avoir rempli les conditions d'attribution d'une pension de vieillesse ou d'une pension d'invalidité[352].

---

[350] Article 80 alinéa 1(b) de la loi n° 77/11 du 13 juillet 1977 portant réparation et prévention des accidents de travail et maladies professionnelles.

[351] BEPE DIARO (G) : « Tout sur les pensions des agents de l'État relevant du Code du travail », in *Le commis de l'État*, janvier-mars 1996, pp. 32 à 34.

[352] Il doit avoir accompli au moins 180 mois d'assurance, soit 15 ans d'activité au moment de sa mise à la retraite. Ce texte fixe également certaines conditions relatives à l'âge de l'agent. Aussi, l'âge de 50 ans sera requis pour les agents de la 1re à la 7e catégorie, et pour ceux de la 8e à la 12e catégorie, ils doivent avoir 55 ans d'âge. La pension sera calculée sur la base de la rémunération mensuelle moyenne de l'agent.

Si au contraire au moment de son décès, l'agent n'avait pas encore accompli 180 mois, soit 15 ans d'assurance, son conjoint ne pourra bénéficier que d'une allocation de survivant qui se fait en un versement unique.

Si d'un côté il est vrai que ces textes, à caractère social, améliorent considérablement la situation pécuniaire des conjoints survivants, car ils leur procurent une certaine garantie financière en plus des droits qu'il peut acquérir des liquidations matrimoniale et successorale. Il est tout aussi vrai d'un autre côté qu'ils paraissent discriminatoires, car ils ne touchent pas toutes les catégories sociales. Une bonne partie de la population est exclue. Plus particulièrement, ces textes ne visent les conjoints survivants ni des commerçants, ni des artisans, ni des paysans, ni des personnes exerçant des professions libérales. Le sort des conjoints de ces personnes dépend uniquement de la consistance du patrimoine conjugal. Aussi, lorsque la communauté ou la succession sera oblitérée ou dérisoire, le conjoint survivant se retrouvera sans soutien matériel et surtout financier. Pour les couples avertis, le conjoint survivant pourra trouver son salut dans la prévoyance conjugale. Cependant, ce réflexe n'est pas encore cultivé chez les Camerounais par peur de voir leur mort précipitée.

De plus, ces textes ne mettent l'accent que sur le veuvage féminin, alors qu'on assiste de plus en plus aux situations où la femme nantie meurt en laissant un époux dans le besoin. L'on peut donc entendre par là qu'il faille tout simplement transposer ces textes aux cas de veuvage masculin.

L'amélioration de la situation du conjoint survivant résultant des textes à caractère social peut également provenir, même d'une façon conditionnelle, à travers certaines dispositions légales relatives aux mariages.

b. La situation du conjoint survivant consécutive à certaines dispositions d'ordre matrimonial

Certaines dispositions légales relatives au mariage confèrent, d'une façon générale, des avantages pécuniaires aux conjoints. Au décès de l'un d'eux, le survivant peut voir sa situation améliorée par l'application effective de ces dispositions. Il en est ainsi des droits issus de la prévoyance conjugale (1) et de ceux qu'il peut obtenir de l'administration légale des biens de ses enfants mineurs (2).

i. Le conjoint survivant dans la prévoyance conjugale

La prévoyance conjugale, qui dépend de la volonté des époux et non plus du législateur, inclut aussi bien les avantages procurés par le régime matrimonial ayant existé entre les époux que les libéralités qu'ils ont pu se consentir l'un à l'autre.

** Les avantages résultant du régime matrimonial*

Au moment de la célébration de leur mariage, les époux ont la faculté de choisir le mode de gestion du patrimoine conjugal pendant et après le mariage. À cet effet, le Code civil de 1804 leur offre le choix, entre autres, entre le régime de séparation des biens et les régimes de communauté[353]. Si le premier ne peut résulter que d'un contrat dûment signé par devant un notaire, les régimes de communauté peuvent être soit conventionnels soit légaux[354]. Et le sort du conjoint survivant dépendra donc du régime choisi, et surtout de la manière dont le patrimoine conjugal aura été géré.

- Le conjoint survivant dans le régime de séparation des biens

Lorsque les époux ont opté pour la séparation de leurs biens, les opérations de liquidation du régime seront très simplifiées. Chacun assurant la gestion personnelle de ses biens, à la mort de l'un, l'autre récupèrera son patrimoine, et ce n'est qu'après qu'il pourra prétendre aux droits que la loi lui accorde dans la succession du défunt.

D'après certains auteurs[355], ce régime est le plus en harmonie avec la capacité de la femme. Pour eux, c'est le régime de l'époux moderne, un régime simple qui ne nécessite pas la liquidation puisque chacun des époux reste propriétaire de ses biens, en conserve l'administration et la libre disposition. En plus, il peut en acquérir autant qu'il peut. Cependant, *« ce dernier avantage n'existe que si la femme a la volonté d'exercer les pouvoirs qui lui appartiennent et ne remet pas en fait à son mari la gestion de ses biens, ce qui est loin d'être toujours le cas »*[356].

En somme, dans ce cas le conjoint peut cumuler les droits résultant de la gestion individuelle de son propre patrimoine, et les droits qu'il possède dans la succession de son époux. Et lorsque la succession est oblitérée, il récupèrera son patrimoine sain et sauf.

Paragraphe 2 : Le conjoint survivant dans le régime de communauté

Dans le cas où le patrimoine conjugal a été commun aux deux époux, tout dépendra du caractère conventionnel ou légal de cette communauté. À cet effet, le Doyen CARBONNIER relève que «... *sur le terrain d'une*

---

353 Articles 1387 et suivants du Code civil.

354 Voir infra, IIe partie, titre I, sous-titre I et chapitre I, section II, §1 et §2 sur les régimes matrimoniaux dans le Code civil de 1804.

355 AUBRY et RAU, op. Kit. 6e édition, par ESMEIN, § 532; PLANIOL et RIPERT : op. cit., t. 9

356 PONSARD cité par MELONE (S) : in « Régimes matrimoniaux et droits fonciers en Afrique », *Penant*, 1971, pp. 141 à 161.

classification rationnelle du droit civil, un lien unit les régimes matrimoniaux et les successions puisque les deux institutions ressortissent également au droit de la famille largement conçu. Sur le terrain législatif, le même lien est patent, et l'on ne saurait apprécier les conditions des époux sans combiner leurs droits successoraux avec les bénéfices résultant directement de la société conjugale »[357].

Ainsi, à la dissolution du mariage, la communauté est également dissoute, l'on doit alors procéder à sa liquidation et au partage de l'actif entre les ex-conjoints. Les droits de chacun dépendront de la nature conventionnelle ou légale de la communauté. Si un contrat avait été signé devant un notaire, le contrat étant la loi des parties, les opérations se feront selon les termes qui y sont inclus[358]. Par contre, lorsqu' aucun contrat n'a été signé, la loi a prévu le partage de l'actif par parts égales entre les conjoints. C'est ainsi que le conjoint survivant aura droit à la moitié des biens du ménage et ce n'est que la moitié qui va rester qui constituera la succession du de cujus, qui sera d'abord liquidée puis partagée entre tous les successibles.

Des problèmes se posent souvent lorsque le de cujus laisse des héritiers issus de plusieurs lits parmi les successibles. Certaines personnes ont toujours tendance à croire que le partage doit se faire entre les différentes épouses et non pas entre les enfants du de cujus. Or, la liquidation de la communauté n'est pas aisée dans les foyers polygamiques à cause des différentes dates des mariages d'un de cujus et celles d'acquisition des différents biens qui composent le patrimoine conjugal. Les solutions données par les juridictions sont souvent calquées sur celles que le Code civil a prévues pour la liquidation des communautés dans les unions monogamiques[359].

Toutefois, il n'est pas superflu de faire remarquer que l'amélioration du sort du conjoint survivant par le régime matrimonial dépendra de la gestion qui en aura été faite. En effet, le Code civil de 1804 institue le mari comme chef de la communauté, et partant, il est le principal gérant des biens conjugaux. Ainsi, peut-il même les aliéner sans le consentement de la copropriétaire qu'est son épouse[360]. Le mari qui aura bien géré la communauté s'assurera à lui-même ou à son conjoint un patrimoine consistant lors de la dissolution de leur mariage et de la liquidation du régime matrimonial. Par contre, celui qui aura consciemment ou non dilapidé les biens conjugaux, en contractant des dettes au point de laisser une communauté complètement obérée, aggravera la situation du survivant, car au décès de l'un, le survivant

---

[357] CARBONNIER (J) : « Le régime matrimonial : sa nature juridique sous le rapport de la notion de société et d'association », Thèse, Bordeaux, 1932, p. 246, cité par OBLE (J), op. cit., p. 247.

[358] C. S. du Cameroun 8 juin 1971, affaire BOLLO, *Penant*, 1973, pp. 270 et s.

[359] Voir infra sur la pratique des régimes matrimoniaux au Cameroun…

[360] OBLE (J) : op. cit., n° 3396 et s, p. 249 et s.

devra non seulement payer les dettes de la communauté, mais encore et surtout ne recevra rien du patrimoine successoral.

Tout compte fait, le partage de la communauté permet au conjoint survivant de recevoir ce qui lui appartient, car ayant participé à sa constitution, il a droit à une part. Cependant, il a aussi la possibilité de continuer la communauté. Il y aura continuation de la communauté lorsque, au décès d'un époux, le survivant n'ayant pas fait liquider la communauté qui a existé entre lui et le prédécédé, la maintient avec les enfants communs du mariage[361]. Cette communauté continuée est spontanément et régulièrement pratiquée au Cameroun dans le règlement des successions. En effet, rarement, le survivant ou les descendants demandent le partage de la communauté, surtout légale, qui aurait existé soit entre le de cujus et lui, soit encore entre leur parent prédécédé et le survivant. Il faut toutefois noter que la communauté continuée n'est possible qu'en présence d'enfants communs aux deux époux, car l'existence d'enfants d'autres lits mettrait en échec et même en difficulté le mécanisme. Or, ce mécanisme est plus conseillé lorsque le survivant reste avec des enfants mineurs qui ne peuvent pas encore assurer eux-mêmes la gestion de leurs biens en cas de partage. Par contre, les enfants majeurs peuvent, d'un commun accord, décider soit de ne liquider la communauté de leurs parents qu'après le décès du second, soit encore de continuer de vivre en communauté, ce qui a pour objectif de renforcer la cohésion familiale.

En dehors des avantages que peuvent procurer les régimes matrimoniaux, le conjoint prédécédé peut améliorer la situation du survivant par des libéralités.

** Les avantages résultant des libéralités*

Un époux peut, de son vivant, disposer en faveur de son conjoint, afin de lui garantir un veuvage aisé, au nom de ce que Marie Claude CATALA de ROTON appelle *« la vérité affective »*[362]. Il s'agira là d'un aspect de la prévoyance conjugale.

Le de cujus peut avoir fait au survivant une donation de biens présents ou de biens à venir, appelés « institutions contractuelles »[363]. Il peut aussi lui avoir consenti des legs, à la seule condition de respecter la réserve héréditaire. L'article 1520 du Code civil admet même l'attribution intégrale de la

---

361 BERNADI : « Traité de la communauté », tome 2, in *Œuvres de Pothier*, Paris, Letellier librairie, 1806, pp. 202 et s., cité par OBLE (J), n°397, p. 250, note 212.
362 CATALA de ROTON (M-C) : op. cit., p 45.
363 GRIMALDI (M) : « La nature juridique de l'institution contractuelle », Thèse, Paris II, 1977 ; FLOUR et SOULEAU, par COLIN (A) : ° 449 – 450; CATALA de ROTON (M-C) : op. cit., pp. 46 et s.

communauté au survivant par le de cujus, attribution qui est en réalité une dérogation à la règle du partage par moitié de la communauté[364].

En plus de l'amélioration pouvant provenir de l'administration sociale et la prévoyance conjugale, la situation du conjoint survivant peut également provenir de la gestion des biens des enfants que ce dernier a eus avec le défunt, étant donné que l'administration légale de leurs biens est assurée par leurs parents biologiques.

A. Le conjoint survivant dans l'administration légale des biens des enfants mineurs

En l'état actuel de la législation camerounaise, l'administration légale est du vivant des deux parents confiés au père, en vertu de la puissance paternelle dont l'exercice lui revient. L'administration légale est donc un attribut de la puissance paternelle.

En effet, la puissance paternelle se définit comme l'ensemble des prérogatives que les parents ont sur la personne et les biens de leurs enfants mineurs[365]. Or, le parent qui exerce la puissance paternelle sur un mineur est automatiquement l'administrateur légal de ses biens. Et ce n'est qu'aux parents biologiques de l'enfant que la loi attribue ce rôle, à savoir au père à titre principal, à qui la mère apporte son concours, et en cas d'indisponibilité du père, la mère prend le relais.

En tant qu'administrateur légal, le père ou la mère de l'enfant mineur (légitime ou reconnu), représentera le mineur dans tous les actes de la vie civile dans lesquels il est concerné. À cet effet, il accomplira les actes d'administration, les actes conservatoires et sous certaines conditions, les actes de disposition.

En contrepartie, le parent qui gère le patrimoine de son enfant mineur en est l'usufruitier. Dès lors, de l'administration légale découle la jouissance légale. À travers cette jouissance légale, le conjoint survivant a un avantage, fût-il indirect, et par conséquent, une amélioration de sa situation patrimoniale[366].

En conclusion, le veuvage en général, et le veuvage féminin en particulier, peut être supporté sans trop de difficulté si tous les mécanismes successoraux et extra successoraux prévus par les différents législateurs étaient effectivement mis en œuvre. Or, sa situation actuelle est le résultat de l'influence de plusieurs cultures et exigences. Pourtant, il bénéficie de

---

364 CORNU (G) : « Les régimes matrimoniaux », 3e édition, Thémis, 1981, p. 622.
365 GUILLIEN (R) et VINCENT (J) : Lexique des termes juridiques, 10e éd., 1985, p. 446 ; 13e éd., 2001, p. 450.
366 Sous réserve du respect scrupuleux des règles d'administration légale.

plusieurs avantages qui sont en marge du strict droit civil que le législateur lui a progressivement reconnu. Leur éparpillement dans divers domaines, suscite le souhait, pour les pouvoirs publics, de les harmoniser pour assurer au conjoint survivant le bénéfice effectif de toutes ces prévisions.

Toutes ces difficultés pratiques qui empêchent le survivant de jouir effectivement de ses droits découlent de la position ambiguë qu'il occupe au sein de la famille eu égard, d'une part, au système de dévolution fondé sur la consanguinité, principe qui exclut sa vocation successorale et, d'autre part, d'une réalité conjugale que révèlent souvent d'étroits liens affectifs. La conciliation de ces deux exigences qui sont d'une part le lignage, et, d'autre part, le ménage ne paraît pas aisée. Le conjoint survivant n'est pas un héritier comme les autres. Ceci implique qu'il est d'abord un héritier. Comme l'atteste le droit positif, il succède en concours avec tous les parents proches du défunt, et exclut les plus éloignés d'entre eux. Il bénéficie sans restriction de la saisine[367]. En cette matière, le fait doit corroborer le droit: la succession entre époux doit être perçue dans l'opinion comme étant aussi naturelle que la dévolution aux ascendants et aux collatéraux.

Dès lors, la qualité de la vocation successorale, normalement attachée au lien conjugal, devra s'expliquer par la métamorphose des familles, étroitement resserrées autour du couple fondateur. Il serait donc nécessaire pour la future loi successorale nationale de ne pas ajouter les soucis d'argent à la douleur du veuvage, qui s'ajoute, pour certains, aux tourments de la vieillesse. Il devra simplement tenir compte du fait que le problème propre au survivant est précisément de survivre, de survivre dans la dignité et si possible dans l'aisance matérielle qu'il aurait connue avant le décès de son conjoint. Pour ce faire, plusieurs questions doivent trouver des réponses, à savoir: « *le conjoint a-t-il en propre un patrimoine, une profession, une retraite ? », « est-il commun en biens ? », « la communauté est-elle consistante ? », « bénéficie-t-il d'une pension de réversion, d'une assurance-vie... ?».* Si la réponse à toutes ces questions ou à certaines d'entre elles est affirmative, on verra que le conjoint survivant sera à l'abri du besoin et la succession pourra même être inutile à son confort. Par contre, dans d'autres cas, dépourvu de toute ressource extrasuccessorale, le conjoint se trouvera voué au dénuement s'il est exclu de la succession, seule une protection sur mesure, calculée cas par cas, pourrait donc apporter au survivant le toit, les subsides indispensables à sa maintenance. Car, le décès de l'un brise l'équilibre patrimonial sur lequel reposait la communauté de vie des époux, et l'esseulement consécutif aux

[367] En effet, autrefois considéré par le Code civil comme un successeur irrégulier au même titre que l'État, le conjoint survivant est, depuis une ordonnance française du 30 décembre 1958 (à cette époque, le Cameroun n'était pas encore indépendant), devenu un successeur régulier. À cet effet, il a désormais la saisine, et par conséquent il n'est plus soumis aux exigences d'envoi en possession requises pour les successeurs irréguliers.

veuvages crée un abîme psychologique qu'aggravent les réalités matérielles. En plus, certains époux sont dans le besoin alors que d'autres ne le sont pas.

Mais, lorsque le défunt n'a laissé ni parent au degré successible ni conjoint survivant, son héritage ne sera pas abandonné, mais sera récupéré par l'État qui n'a ni un lien de parenté ni un lien d'alliance avec le de cujus.

B. L'État : un successeur à part

La possibilité pour l'État d'entrer en possession des biens dans une succession résulte d'abord de deux articles du Code civil de 1804. Il s'agit des articles 539 et 723 dudit code qui offre à l'État la possibilité de recueillir les biens d'une succession. Ainsi, aux termes du premier article, l'État « *s'approprie* » les biens du de cujus sans héritiers, ou dont la succession est abandonnée. L'article 723 abonde dans le même sens en précisant qu'à défaut d'héritiers légitimes et naturels, et du conjoint survivant, les biens successoraux passent à l'État[368].

Toutefois, dans une autre hypothèse, l'État est toujours présent dans les règlements successoraux sans toutefois être considéré comme un successeur. Il en est ainsi lorsqu'il prélève les droits de mutation par décès.

La vocation héréditaire de l'État doit de ce fait être envisagée sur deux plans. Il s'agit de présenter en premier lieu la qualité de successible de l'État (1), avant de démontrer son intervention par le biais des droits de mutation (3).

1. La qualité de successible de l'État

L'article 539 confère un droit de souveraineté à l'État sur tous les biens vacants et sans maître, alors que l'article 723 semble lui attribuer une véritable vocation héréditaire. Une question découle cependant de l'analyse de ces deux dispositions, et cette question est relative au fondement de la vocation héréditaire de l'État[369].

N'étant lié au défunt par aucune affinité consanguine ou conjugale, le droit de l'État est connu comme un droit régalien. À cet effet, il est considéré comme un successeur irrégulier, à titre particulier. Et à ce titre, le Code civil détermine les modalités d'acquisition des biens successoraux et les effets de cette acquisition par l'État.

368- Article 539 code civil : « *Tous les biens vacants et sans maître et ceux des personnes qui décèdent sans héritiers, ou dont les successions sont abandonnées, appartiennent au domaine public* »

- Article 723 : *« La loi règle l'ordre de succéder entre les héritiers légitimes et les héritiers naturels. A leur défaut, les biens passent à l'époux survivant, et s'il n'y en a pas, à l'État. »*

369 PLANIOL et RIPERT : op. cit., T. 4, n°206, p. 334

a. Les modalités d'acquisition requises pour l'État

L'État est un successeur dit irrégulier. À cet effet, il n'a pas la saisine et doit d'abord demander l'envoi en possession pour avoir accès à la succession de celui qui n'a pas d'héritiers. Pour ce faire, PLANIOL et RIPERT définissent l'envoi en possession comme étant « *l'ensemble des formalités imposées aux successeurs irréguliers à raison de l'incertitude de leur titre pour entrer en possession de l'hérédité.* »[370]

D'une façon générale, l'envoi en possession a un triple but : il permet de constater en premier lieu la qualité de successible de celui qui s'en prévaut, ensuite, il assure une certaine publicité permettant à tous les successeurs de connaître l'ouverture de la succession, enfin, le jugement d'envoi en possession définit les droits de celui qui en bénéficie.

Dès lors, sans toutefois les étudier dans leur régime juridique, nous allons évoquer succinctement les différentes formalités que la loi impose à l'État pour acquérir une succession.

En premier lieu, l'État doit faire apposer les scellés et faire inventaire des biens aux termes de l'article 769 du Code civil de 1804[371]. Par la suite, il doit adresser au tribunal territorialement compétent une demande d'envoi en possession.

Ces formalités ont pour objectif la vérification de la qualité et des droits de l'État, même s'il est vrai qu'en vertu de son droit régalien il ne peut jamais être exhérédé. Elles permettent surtout de renseigner au moyen d'une certaine publicité, d'autres personnes qui pourraient faire valoir des droits sur la succession et, dans l'éventualité où leurs droits seraient reconnus, de leur donner des garanties pour que les biens leur soient restitués. Il peut s'agir des héritiers du sang qui se font connaître par la suite ou encore des créanciers. Elles permettent également de déterminer la limite dans laquelle l'État sera tenu du passif envers les créanciers de la succession.

Il faut quand même avouer que la question relative au fondement de la vocation héréditaire de l'État ne s'est pas encore réellement posée dans le contexte camerounais en l'état actuel de la pratique successorale. En effet, quelle que soit la localité, la notion de parenté élargie permet que l'on puisse toujours trouver un parent, successeur qui recueille la succession. En plus, les Camerounais ne connaissent en général que le côté actif de la succession, et

---

370 Ibid., n°s155 à 157, pp. 237 à 243

371 Article 769 code civil : « *Le conjoint survivant et l'administration des domaines qui prétendent avoir droit à la succession sont tenus de faire apposer les scellés, et de faire l'inventaire dans les formes prescrites pour l'acceptation des successions sous bénéfice d'inventaire.* », *mais le conjoint survivant n'en est plus concerné depuis l'ordonnance française du 30 décembre 1958.*

ne se soucient pas beaucoup de la situation passive de celle-ci, aussi sera-t-il difficile de trouver une succession abandonnée parce qu'elle sera obérée.

Une fois que les formalités requises ont été accomplies par l'Administration des domaines, les effets prévus se produisent.

b. Les effets de l'acquisition

Les formalités que l'État accomplit étaient en réalité des mesures de publicité en faveur des éventuels héritiers du sang du défunt. Autrement dit, l'État, successeur irrégulier, n'exerce pas son droit de plein droit, il n'a donc pas la saisine. Ce n'est que lorsqu'il aura accompli toutes les formalités que la loi lui impose que l'on considère que la propriété et la possession des biens héréditaires lui sont acquises dès le jour du décès. Cette prise de possession vaut acceptation de la succession. Une fois que le tribunal a prononcé l'envoi en possession en faveur de l'État, celui-ci se trouve investi des droits d'un successeur régulier. Il peut donc désormais exercer les actions judiciaires du défunt, agir contre les débiteurs de la succession, les détenteurs des biens successoraux... Dès lors, cet envoi en possession équivaut à la saisine que la loi lui refuse. Il bénéficie de la « saisine judiciaire »[372]. Il peut en plus accomplir tous les actes, y compris les actes de disposition, et jouir des fruits.

Au demeurant, la vocation héréditaire de l'État a deux conceptions possibles ; celle de l'État souverain et celle de l'État successible en cas de déshérence, c'est-à-dire en cas de vacance d'une succession sans maître ou encore lorsqu'un absent n'a pas d'héritier. En tant que successible, l'État réalise par le droit de déshérence une acquisition à titre universel. Il recueille, tout comme un héritier ab intestat, l'actif entier de la succession, les biens et droits de toute nature qui la composent, à l'exception des droits d'auteur qui s'éteignent faute d'héritiers ordinaires.

En revanche, étant désormais considéré comme un successeur universel, il est exposé aux actions des tiers. Aussi, est-il tenu de supporter la charge du passif héréditaire en payant les dettes du défunt, bref en s'acquittant de toutes les obligations du défunt, mais seulement, proportionnellement à l'actif. On dit alors qu'il est tenu *intra vires successionis*.

S'il est difficile pour l'État de se constituer successeur dans le contexte social actuel au Cameroun, il ne pourra à la rigueur avoir des droits souverains qu'en cas de déshérence.

Un autre point cependant, c'est celui de l'État et le fisc. Dans tous les cas, l'État est partie prenante dans toutes les successions, à travers les droits de mutation par décès.

[372] PLANOIL et RIPERT : op. cit., T.4, n°215, p. 344.

2. L'État percepteur des droits de mutation par décès

Afin de voir comment les parents peuvent agir pour éviter l'intervention de l'État dans leurs successions (b), il convient de présenter au préalable les méthodes qui lui permettent de s'y ingérer (a).

a. Comment l'État intervient-il ?

En dehors de ses droits d'héritier sur les successions vacantes et sans maître, l'État a un autre droit sur toutes les successions qui s'ouvrent : c'est le droit pour lui de percevoir l'impôt successoral. Cet impôt successoral se présente sous la forme d'une taxe unique: les droits de mutation par décès qui consistent en une somme que les héritiers doivent payer au Trésor public normalement avant de pouvoir entrer en possession des biens de la personne défunte. Aussi, par le biais de cet impôt, l'État perçoit son écot sur toute succession, quelle que soit son importance. Il perçoit ce droit en vertu du Code de l'enregistrement du timbre et de la curatelle, législation harmonisée en U.D.E.A.C[373]. En effet, l'article 85 de ce Code dispose : *« les droits de mutations par décès sont fixés pour l'ensemble des biens (actif net) compris dans la succession tels que déterminés par chaque État, entre les héritiers et le de cujus au taux progressif suivant les tranches de capital ».* Les ayants droit du de cujus y sont tenus de façon solidaire, car le paiement global peut être réclamé à l'un quelconque des héritiers par l'Administration fiscale qui pourra se retourner contre ses cohéritiers pour réclamer à chacun la part qu'il aurait dû payer. Pour tout dire, les droits de mutation par décès doivent être répartis entre les héritiers de façon proportionnelle aux parts reçues.

Et même, plus une succession est consistante, plus également la taxe est élevée.

Toute propriété successorale est soumise à des droits de mutation qui s'élèvent le plus souvent à *2%*, et peuvent même atteindre *10%* si la succession est très importante. Le code camerounais ne prend pas en considération l'éloignement ou l'inexistence du lien de parenté, contrairement au système français qui élève le taux à *60%* si le lien de parenté est éloigné ou inexistant. Plus concrètement, l'article 303 du Code précité fixe ces droits tels qu'il suit : pour les successions dont la valeur est comprise entre 500.001 à 2.000.000 de francs, le taux est de 2% ; pour une succession comprise entre 2.000.001 à 5.000.000, les droits seront de 5%, pour une dont la tranche est de 5.000.001 à 10.000.000, les droits seront de 8%, et enfin lorsque le patrimoine d'une succession est évalué à plus de 10.000.000 l'Administration fiscale prélèvera 10% de cette valeur.[374]

---

373 DINZE N. (A) : *Codes et lois de la fiscalité camerounaise*, 1999, Collection des codes DIN, Édition G.F.C, p. 157.
374 Ibid, p. 206.

Il s'agit donc en réalité de droits très lourds qui touchent aussi bien les enfants de tous ceux qui laissent derrière eux un patrimoine consistant que leurs conjoints survivants, surtout lorsque le patrimoine successoral dépasse un certain montant.

Par la perception de l'écot, l'État participe d'une manière indirecte au partage des successions et il doit même être servi par préférence aux autres participants en vertu du privilège du trésor dont il jouit.

b. Comment éviter l'intervention de l'État ?

Alors, pour éviter cette intervention désagréable de l'État dans la gestion du patrimoine familial, Françoise SIMON recommande aux uns et aux autres d'organiser eux-mêmes leurs successions de leur vivant, pour ne pas laisser l'État croquer leur héritage[375]. Cet auteur recommande aux parents et conjoints de ne pas attendre l'âge de la retraite pour commencer à se poser la question sur le devenir des biens que l'on va laisser, en particulier lorsque l'on a des enfants dont on veut protéger les intérêts. Certes, personne n'aime aborder les conséquences de sa propre disparition, mais *« faire un testament ne fait pas mourir »,* comme le précise Me J. TARRADE. Or, *« bien préparer sa succession c'est avant tout faire en sorte que ses héritiers supportent le moins possible de frais et de droits »,* ajoute-t-il[376].

En réalité, une bonne partie de l'argent peut échapper aux caisses de l'Administration fiscale si des mesures, tout à fait légales, sont prises à temps pour éviter aux héritiers d'avoir à payer des sommes exorbitantes. Malheureusement, il y a lieu de s'indigner de la politique d'autruche que les uns et les autres adoptent, en croyant qu'après eux il y aura le déluge.

Comme mesures légales permettant d'éviter que « *l'État croque l'héritage* », nous pouvons citer les donations, et particulièrement des cadeaux ayant des valeurs d'usage, des donations avec réserve d'usufruit qui offrent un avantage fiscal important. Les donations-partages permettent également d'éviter le choc fiscal de la succession, car en l'absence de telles dispositions, les familles peuvent être contraintes de vendre une grande partie de leur succession afin de payer leurs droits.

Une autre possibilité, sinon la première, du moins la plus importante consiste à rédiger un testament dans les formes édictées par le Code civil, dans lequel le défunt procède lui-même à la répartition de la majeure partie de ses biens entre ses différents héritiers.

---

375 SIMON (F) : « Ne laissez pas l'État croquer votre héritage », *Sélection*, n° 551-janvier 1993, Reader's Digest, p. 124

376 Me TARRADE (J) : « Comment préparer votre succession », cité par François SIMON, op. cit., p. 119

De plus, la loi prévoit la possibilité pour les époux d'inclure dans les contrats de mariage des donations ou des legs entre époux, appelés « legs au dernier survivant ». En effet, les textes qui régissent la transmission de la propriété à cause de mort au Cameroun privilégient surtout les héritiers du sang au détriment des conjoints, en n'offrant qu'une maigre protection matérielle à celui des deux qui survit. Aussi, en l'absence d'un testament, le survivant, et surtout la veuve, peut se retrouver dans une situation dramatique, surtout lorsque le contrat de mariage stipule la séparation de biens alors que ce dernier ne dispose pas suffisamment de ressources personnelles. Par ailleurs, en se mariant sans contrat, les époux se trouvent automatiquement soumis au régime de la communauté de meubles et acquêts que leur impose la loi[377]. Et, quel que soit le régime qui organise la gestion des biens conjugaux, le conjoint survivant n'a droit qu'au quart des biens, simplement en usufruit en présence de descendants, de la moitié s'il existe des ascendants ou des frères et sœurs, et de tout seulement lorsqu'il n'y a aucun héritier direct.

En plus des contrats de mariage, les contrats d'assurance peuvent permettre de réduire le taux de la taxe fiscale. En effet, les conseils d'un professionnel compétent seront toujours précieux pour les couples qui chercheront à réduire au maximum le coût fiscal de leurs héritages sans aucun frais de succession à la charge de leurs héritiers. On peut donc leur conseiller de contracter une assurance-vie qui apparaît comme un bon moyen pour éviter aux héritiers d'avoir à revendre à la hâte et souvent à perte une partie de leur héritage pour faire face à l'impôt successoral.

En somme, il serait possible d'éviter les désillusions, les rancunes, mais aussi les frais inutiles si les gens s'inquiétaient de ce qui se passerait après leur décès. Or, une succession bien préparée assurerait une véritable paix du cœur et de l'esprit.

Au demeurant, le Code civil de 1804 a basé la détermination des successibles sur des principes bien définis que sont l'ordre et le degré. Ces principes consacrent à leur tour, même dans leur exception, la consanguinité entre le de cujus et l'héritier comme critère principal de successibilité. À côté de cette consanguinité, le code précité a également retenu comme critère de successibilité, le lien matrimonial. Mais lorsque les personnes concernées dans les critères sus-évoqués font défaut, un dernier recours est fait à l'État, car la détérioration des biens d'une succession ferait obstacle à la circulation des biens et des richesses et par conséquent, au développement économique.

À ce titre, le Code civil de 1804 paraît clair et précis, cependant, dans la pratique des règlements successoraux, l'on remarque l'intervention d'organes non prévus par les textes, soit pour la détermination, soit pour la confirmation

377 Voir infra sur l'étude des régimes matrimoniaux.

de la qualité de successible de ceux qui prétendent avoir des droits dans une succession donnée.

Section II. L'intervention de certains organes dans la détermination et la confirmation de la qualité de successible

Le Code civil de 1804 détermine la qualité et les droits des parents du défunt dans la succession. Mais, à cause de l'influence des coutumes et du brassage des populations et des civilisations, les dispositions du Code civil subissent des attaques au point qu'il paraît difficile pour les ayants droit de faire valoir leur qualité. En effet, la pratique fait recours à certaines procédures qui servent soit à déclarer tout simplement les uns ou les autres héritiers, soit encore à confirmer cette qualité pour ceux à qui elle paraît douteuse ou est contestée. Cette entreprise se réalise par le biais des délibérations du Conseil de famille. Mais, il faut reconnaître que cet organe ne joue pas réellement en droit successoral camerounais le rôle que le Code civil de 1804 lui a attribué. Aussi convient-il d'y apprécier la dénaturation des objectifs du rôle du Conseil de famille (Paragraphe 1) dont la tenue est une première étape d'une procédure qui doit aboutir à l'obtention d'un jugement d'hérédité devant le tribunal (Paragraphe 2).

Paragraphe 1 : La dénaturation des objectifs initiaux du Conseil de famille en droit successoral camerounais

Le Conseil de famille se définit comme une *« assemblée de parents et de personnes qualifiées chargées, sous la présidence d'un juge des tutelles, d'autoriser certains actes graves accomplis au nom d'un mineur ou d'un majeur en tutelle, et de contrôler la gestion du tuteur »*[378]. Telle est la définition que le droit patrimonial de la famille donne du Conseil de famille.

De cette définition, il découle que le Conseil de famille ne doit intervenir que dans les successions comprenant des mineurs dont on doit organiser la tutelle, et surtout la gestion des biens. Cependant, cette conception que le Code civil a du Conseil de famille n'est pas la même que celle qui a été adoptée par la pratique successorale au Cameroun. Pour faire ressortir cette divergence entre la loi et la pratique, il convient de présenter le rôle du Conseil de famille dans la dévolution successorale (A), pour ensuite montrer le rôle que le droit positif et la pratique lui assignent dans le règlement des successions (B).

---

[378] GUILLIEN (R) et VINCENT (J) : op. cit., p. 141

A. Le rôle du Conseil de famille dans le Code civil de 1804

D'après le Code civil de 1804, le Conseil de famille est l'un des organes de la tutelle, en tant que mesure de protection des incapables en général et des mineurs sous-tutelle en particulier. Mais, en observant la pratique, on s'en rend compte que, non seulement le Conseil de famille est sollicité dans tous les cas où les intérêts des mineurs sont concernés, mais aussi qu'il intervient dans presque toutes les successions quel que soit l'état de maturité psychologique et physiologique des successibles

D'une manière générale, le Code civil organise la protection des intérêts tant patrimoniaux qu'extrapatrimoniaux de toutes les personnes qui sont frappées d'une incapacité d'exercice. Cette protection se fait par le biais de la représentation de ces incapables dans l'exercice des actes de la vie civile. Et pour le cas particulier du mineur, cette représentation dépend de sa situation familiale. Aussi, le mineur sera sous administration légale lorsque ses deux parents biologiques sont vivants, ou au moins l'un des deux seulement. Par contre, lorsque le mineur est dans une situation familiale délicate, c'est-à-dire lorsque soit tous ses parents biologiques sont décédés, soit qu'ils ont été déchus de la puissance paternelle, il sera placé sous tutelle. Déchus de la puissance paternelle ou décédés, les parents biologiques ne peuvent plus assurer l'administration légale qui se fait normalement, dans le contexte légal camerounais, sans le contrôle d'un organe extérieur. C'est alors que ses intérêts patrimoniaux et extrapatrimoniaux seront confiés à un membre capable de la famille appelé tuteur.

La tutelle ainsi instituée fonctionne avec la combinaison de plusieurs organes. Et parmi ces organes, figure le juge des tutelles, le tuteur et enfin le Conseil de famille, objet de notre réflexion.

Le Conseil de famille est l'organe collégial de la tutelle, car d'après l'article 407 du Code civil de 1804, il est composé de six membres, parents ou alliés des père et mère du mineur. Ces membres sont désignés par le juge des tutelles. Le rôle du Conseil de famille sera d'abord de désigner un tuteur lorsque le dernier survivant des parents biologiques de l'enfant n'en a pas désigné un. De plus, son autorisation sera toujours essentiellement nécessaire pour la validité de tous les actes qui grèvent le patrimoine du mineur.

Lorsqu'on ramène ces développements sur le plan successoral, on peut retenir que le Conseil de famille ne doit intervenir que si parmi les successibles se trouvent un ou plusieurs mineurs en tutelle. Car, il devra donner son autorisation à la prise de toutes les décisions importantes concernant les intérêts du mineur. Aussi, le tuteur sollicitera l'autorisation du Conseil de famille pour exercer le droit d'option successorale pour le compte de son pupille, surtout en ce qui concerne l'acceptation pure et simple de la succession. Cette autorisation sera également nécessaire pour que le tuteur provoque le partage dans lequel son pupille est copartageant.

Ainsi, le Conseil de famille, tel qu'il est organisé par le Code civil, ne doit intervenir exceptionnellement et essentiellement, que lorsqu'un mineur en tutelle ou encore un majeur en curatelle, est partie prenante dans les opérations de liquidation d'une succession. Autrement dit, si une succession ne comprend que des majeurs capables, le Conseil de famille n'aura aucun rôle à jouer. Tel n'est pas le rôle qui semble lui être assigné dans la pratique.

B. Le Conseil de famille dans la pratique des règlements successoraux

Dans la pratique, le Conseil de famille subit l'influence de deux civilisations distinctes. En effet, institution de protection des intérêts des mineurs sous-tutelle et des majeurs incapables, le Conseil de famille intervient dans toutes les successions. Il apparaît en fait comme une étape de la procédure obligatoire d'envoi en possession instituée dans la pratique. À bien observer, il est imposé à toute personne qui prétend avoir des droits dans une succession, fût-il un descendant légitime du défunt, de justifier sa qualité, en produisant un jugement d'hérédité. À cet effet, on peut le définir comme une assemblée coutumière, traditionnelle, qui a pour rôle de désigner les différents successibles et de décider du sort des biens laissés par le défunt.

Tel qu'il est institué par le Code civil, le Conseil de famille n'a en principe aucune attribution précise en matière de dévolution successorale, car aucune disposition ne le réglemente en tant qu'organe de désignation des héritiers. Son intervention est plutôt la manifestation de la rémanence des pratiques coutumières que l'on assimile, peut–être à tort, à l'organe collégial de la tutelle. Elle n'est donc plus désormais qu'une assise coutumière dont le nombre et la qualité des membres ne sont précisés par aucun texte, et varient en fonction des coutumes et même des familles. C'est ainsi que dans une famille où les membres ne s'accordent pas sur les modalités de liquidation de la succession, il y aura autant d'assises que de pôles de contestation. Chacun des contestataires convoquera « son » Conseil de famille avec des membres acquis à sa cause. En plus, lorsque la femme est le conjoint survivant, les membres de sa famille utilisent le Conseil de famille comme une arme contre la veuve toujours considérée comme une étrangère[379].

---

[379] En effet, le procès-verbal du conseil de famille est pour les familles camerounaises un document très important qui amène la veuve à se soumettre aux exigences coutumières qui lui sont imposées pour qu'elle ne soit pas écartée de la succession de son défunt époux. Si nous ne faisons allusion qu'à la veuve, c'est simplement pour deux raisons. Primo, il est rare de voir un conseil de famille siéger lorsque c'est la femme qui prédécède au mari. Ni ses père et mère ni ses frères et sœurs ne viendront réclamer le partage des biens conjugaux qui sont censés être la

Il y a donc dans la pratique une dénaturation du rôle du Conseil de famille tel qu'il a été réglementé dans le Code civil. N'étant plus seulement l'organe collégial de la tutelle des mineurs, il est pratiquement l'institution qui décide de la qualité de successibles des parents du défunt et du sort des biens successoraux[380]. Le Conseil de famille siège et délibère. Ses délibérations doivent être consignées dans un procès-verbal, que la famille du de cujus présente comme l'une des pièces importantes dans la constitution du dossier de la demande du jugement d'hérédité, ou encore dont la famille se sert pour liquider elle-même une succession.

Étant une pièce du dossier, on peut se poser la question de savoir quelle est la valeur de ses délibérations.

Tel que le Conseil de famille fonctionne dans la pratique, il n'a aucune base légale, et se trouve à cheval entre tradition et modernité. Il n'a en réalité aucune fonction précise. De ce fait, ses délibérations ne jouissent pas d'une opposabilité *erga omnes.* Elles ne sont pas opposables au juge du droit écrit, ni même aux successibles qui peuvent les contester et les écarter purement et simplement.

Pour prendre en compte ses délibérations, le juge doit d'abord contrôler si elles sont conformes au droit écrit. À ce titre, les délibérations du Conseil de famille sont purement consultatives, et donc le juge n'est pas obligé de les appliquer. En plus, en principe, devant le juge du droit écrit, le procès-verbal du Conseil de famille n'est pas nécessaire, car ce juge statue en principe selon les règles du droit écrit et non pas selon la coutume du de cujus, et encore moins selon les desiderata des successibles.

Finalement, il s'agit d'une formalité inutile et encombrante qui parfois n'est qu'une manœuvre dilatoire aux opérations de liquidation de la succession, faisant obstacle à la jouissance effective des droits successoraux par les ayants droit légitimes du défunt.

Dès lors, il sera nécessaire que le futur législateur décide soit de sa disparition, soit de son maintien dans le processus de règlement des successions. Dans l'hypothèse où la seconde solution est retenue, il devra en

---

propriété exclusive de l'époux. Secundo, l'on remarque qu'il y a une diminution de l'espérance de vie dont le résultat est la mortalité précoce des chefs de famille laissant des enfants en bas âge ne jouissant pas encore de la capacité d'exercice et le plus souvent une ou plusieurs veuves en proie aux tracasseries familiales. Or c'est la situation inverse qui est observée en France , par exemple, où l'espérance de vie a plutôt augmenté au point que les descendants directs ont déjà du mal à entrer en possession des biens successoraux, étant déjà eux-mêmes socialement bien établis et assez âgés, et le plus souvent ce ne sont que leurs enfants, petits-fils du de cujus qui sont en mesure de recueillir l'héritage de leurs grands-parents.

[380] NGONGANG WANDJI (A).: op. cit., p. 639 ; MEKE ME ZE (Chr) : op. cit. ; YOUEGO (Chr): « La situation juridique du conjoint survivant au Cameroun », R. J. A., op. cit.

déterminer de façon précise la qualité et le nombre de ses membres, ses attributions et les cas précis dans lesquels cet organe doit intervenir.

Quelle que soit son influence dans la liquidation d'une succession, le Conseil de famille, étape importante de la procédure d'envoi en possession imposée à tout héritier par le droit positif camerounais, précède l'obtention d'un jugement d'hérédité donnant droit à la jouissance des droits et biens successoraux.

Paragraphe 2 : L'exigence d'un jugement d'hérédité

L'exigence du jugement d'hérédité connaît également le phénomène de la dualité juridique. En effet, le règlement successoral en droit coutumier se solde par la désignation d'un héritier unique. Dans les successions régies par le droit écrit, les héritiers doivent obtenir un jugement d'hérédité. Mais seulement, aucun texte ne la prévoit ; cette exigence découle donc des usages. Il convient de justifier l'exigence de ce document (A) avant de voir ses caractères (B) et sa nature.

A. Les raisons de l'exigence du jugement d'hérédité

Le jugement d'hérédité s'apparente au jugement d'envoi en possession que réglemente le Code civil pour les successeurs irréguliers, en l'occurrence l'État qui doit d'abord faire vérifier sa qualité de successible. Cependant, si le Code civil n'impose le jugement d'envoi en possession qu'à une certaine catégorie de successibles, le droit positif camerounais innove une fois de plus en exigeant de tout successible l'obtention d'un jugement d'hérédité, sans distinction d'ordre ni de degré de parenté. Cette exigence s'impose surtout aux descendants et au conjoint survivant désirant revendiquer tous les droits résultant du décès de leur auteur ou de leur conjoint.

En droit positif camerounais, le jugement d'hérédité se présente comme étant la pièce à conviction par excellence de la qualité de successible ou de conjoint survivant, car son aboutissement suppose que le tribunal a contrôlé et s'est assuré de la qualité dont on se prévaut. En plus, le jugement d'hérédité apparaît comme une mesure de publicité pour toute personne qui peut être intéressée par la succession (créanciers ou autres héritiers oubliés). Pour ce faire, le tribunal ne rend son jugement qu'après trois publications et affiches conformément à l'article 770 du code civil[381] et après réquisition du procureur de la République. Il faut relever qu'aucune disposition législative ou réglementaire n'institue cette

---

[381] Cet article imposait la procédure d'envoi en possession au conjoint survivant et à l'État, mais depuis une ordonnance française du 30 décembre 1958, avant l'indépendance du Cameroun, le conjoint survivant est désormais investi de la saisine et n'est plus successeur irrégulier. Par contre, le jugement d'hérédité, imitation de la procédure de l'article 770, est exigé de tous sans exception.

formalité, elle a été instaurée par la pratique à cause de la constatation de nombreuses revendications successorales frauduleuses, donc non fondées[382]. Ainsi, le manque d'harmonie et d'honnêteté et l'ignorance de la pratique notariale par les Camerounais ont amené les autorités judiciaires à s'entourer de précautions pour ne pas léser les véritables successeurs en faveur des usurpateurs. Par ailleurs, l'immixtion de ceux qui n'ont aucun droit successoral, l'application anarchique des règles coutumières et celles du droit écrit sont également des raisons qui ont poussé les juridictions et même l'administration camerounaises à exiger des ayants droit des défunts la production d'un document certifiant leur qualité et leurs droits. Aussi, le jugement d'hérédité est-il exigé aux descendants et conjoints survivants qui veulent bénéficier par exemple du capital décès, de la pension d'orphelin ou de celle de survivant. Pour mieux apprécier le moment où le jugement d'hérédité peut être nécessaire, il convient d'en apprécier la nécessité.

B. La nécessité du jugement d'hérédité dans le règlement des successions en droit écrit

Comme le Conseil de famille, le jugement d'hérédité peut soit déclarer soit confirmer la qualité de successibles de ceux qui la sollicitent en fonction du lien de sang ou de mariage qui les liait au de cujus. À cet effet, on peut lui reconnaître deux fonctions principales. Tout d'abord, le jugement d'hérédité a un caractère déclaratif[383]. Par ce caractère, sa procédure s'apparente à celle de la pétition d'hérédité[384]. À côté de ce caractère déclaratif, la majorité des demandes de jugements d'hérédité que les tribunaux reçoivent ont un caractère purement confirmatif[385]. De ces deux caractères déclaratif et confirmatif, on peut se poser la question de savoir dans quel cas ce document mérite d'avoir une nature juridictionnelle.

Parler de la nature juridictionnelle du jugement d'hérédité revient en réalité à se poser la question de savoir s'il est nécessaire que tout document prouvant la qualité de successible soit délivré par un tribunal.

---

[382]Si chaque membre de la famille reconnaissait sa place et ses droits, l'on ne s'encombrerait pas d'une procédure aussi harassante.

[383] En effet, il permet à un héritier de se voir reconnaître son titre lorsque ce dernier lui aurait été contesté ou encore lorsqu'il a été oublié lors du décompte des héritiers.

[384] Par cette procédure de jugement d'hérédité, les descendants qui au départ n'étaient pas connus ou avaient été omis, et le plus souvent le conjoint survivant, sollicitent la reconnaissance par le tribunal de leur qualité en produisant la preuve du lien de sang ou conjugal qui les unissait au défunt. Voir infra titre II, chapitre II, section III.

[385] Dans ces cas, la qualité de descendants légitimes ou naturels ou encore de conjoint survivant des demandeurs n'est pas contestée, mais ils sollicitent souvent l'obtention de ce document juste pour l'établissement des papiers leur permettant d'entrer en possession de certains droits tels que le capital décès ou la pension de survivant ou d'orphelin.

En général, est juridictionnel tout acte qui émane d'une juridiction. Mais en réalité, il n'existe pas une définition précise de l'acte juridictionnel, car il est difficile de préciser ce qui permet de qualifier un acte de juridictionnel. Néanmoins, des critères communs se dégagent des différentes définitions proposées par des auteurs; et on peut les regrouper en deux catégories. Dès lors, on retient les critères formels[386] à côté des critères matériels[387]. Cependant, les critères formels sont à eux seuls insuffisants tout comme d'ailleurs les critères matériels. Aussi, la définition de l'acte en question appelle-t-elle inévitablement la combinaison des deux catégories de critères[388].

De cette combinaison, il ressort qu'un acte juridictionnel est un acte qui émane d'un organe chargé de constater une contestation basée sur un droit. À cet effet, un auteur précise que *«l'acte juridictionnel est un acte composé d'une constatation portant sur une contestation et d'une décision qui tranche définitivement la contestation »*[389]. En effet, il consiste de la part du juge, agissant dans le cadre de formes spéciales tendant notamment à garantir la possibilité d'un débat contradictoire, à faire application d'une règle juridique en vue de trancher un conflit d'intérêts par l'accueil ou le rejet d'une prétention soumise à la justice[390].

Tel qu'il ainsi est défini, il importe de vérifier si tous les jugements d'hérédité rendus par les juridictions renferment le caractère juridictionnel.

En effet, la vérification de l'effectivité des trois critères sus-évoqués dans les jugements d'hérédité passe nécessairement par la distinction entre le jugement d'hérédité déclaratif et le jugement d'hérédité confirmatif.

---

386 Les partisans du caractère formel mettent l'accent sur l'organe, auteur de l'acte et sur la procédure utilisée. De ce fait, l'acte juridictionnel est l'œuvre du juge, c'est le critère organique, voir à cet effet WIEDERKRHR : qu'est-ce qu'un juge ? in Mélanges PERROT ; d'AMBRA (D) : L'objet de la fonction juridictionnelle : dire le droit et trancher les litiges, LGDJ 1994 ; MOURY : De quelques aspects de l'évolution de la *« Jusdictio » (*en droit judiciaire privé, Mélanges PERROT, cités par COUCHEZ [G] : op. cit., pp. 158-159.

387 NKOU MVONDO (P) : op. cit., p. 390 et s.

388 COUCHEZ (G) : *Procédure civile. Cours élémentaire.* Droit – Économie, 10e édition, Sirey, 1998, pp. 158-159.

389 D'après cette définition, le litige est considéré comme le facteur déterminant de l'acte juridictionnel. Aussi, établit-elle un lien absolu entre le litige et le jugement juridictionnel. Dès lors, cette théorie exclut de la catégorie d'actes juridictionnels tous les actes qui ne tranchent pas de litiges même s'ils émanent d'une juridiction. Tout compte fait, trois critères conférant la juridictionnalité à un acte ont été retenus. Primo, il faut qu'il y ait une prétention, c'est-à-dire la revendication d'un résultat économique ou social correspondant au bénéfice d'une règle de droit. Secundo, l'on doit constater la coïncidence ou l'absence de coïncidence entre le fondement de fait de cette prétention et les éléments nécessaires à l'octroi de ce bénéfice. Tertio, la constatation doit être faite par un organe chargé d'y procéder BONNARD : Précis de Droit public, 1940, p. 70, cité par NKOU MVONDO (P) : op. cit. p. 391.

390 TOMASIN : *Essai sur l'autorité de la chose jugée en matière civile*, LGDJ, 1975, cité par COUCHEZ (G) : op. cit., p. 159.

Par le jugement d'hérédité déclaratif, les successibles obtiennent de la juridiction la reconnaissance de leur qualité d'héritiers et par conséquent des droits qui leur étaient au préalable contestés. De ce fait, les trois critères de détermination de la juridictionnalité de l'acte sont réunis dans le jugement d'hérédité, car il existe au départ un litige que la juridiction tranche.

Par contre, l'examen de jugement d'hérédité confirmatif révèle l'absence de l'un des trois critères retenus, à savoir l'existence préalable d'un litige. En effet, les ayants droit du de cujus saisissent la juridiction non pour revendiquer un droit qui leur est contesté, mais pour qu'on le confirme tout simplement. Dès lors, le but poursuivi ici est non pas la constatation d'une contestation, mais l'obtention d'une pièce entrant dans la constitution d'un dossier. Alors, si le résultat recherché n'est pas celui qu'on attend normalement d'un acte juridictionnel, l'on se pose la question de savoir s'il est vraiment nécessaire de passer par une juridiction pour obtenir ladite pièce. Puisqu' aucun contentieux n'est à la base, on pourrait donc désencombrer les juridictions de ces procédures non contentieuses, et les confier, au besoin, à un autre organe. En effet, les informations requises sont déjà contenues dans les actes d'état civil, qui sont déjà des actes authentiques faisant foi jusqu'à inscription de faux ; il s'agit des actes de naissance pour les enfants et les actes de mariage pour les conjoints survivants. Ceci exigerait de la part des pouvoirs publics la réorganisation et la consolidation du système de l'état civil pour une maîtrise effective du système d'identification des citoyens. Dès lors, l'authentification de la qualité des uns et des autres pourra être confiée même au notaire qui devra délivrer un document tel que cela se passe dans le système français avec le certificat de notoriété. Il faudra peut-être dans ce cas revoir la responsabilité du notaire dans cette nouvelle tâche.

Une fois que les juridictions seront débarrassées des dossiers non contentieux, il sera laissé à l'appréciation du juge uniquement les cas dans lesquels il doit trancher une contestation. En conséquence, les jugements d'hérédité que le juge rendra dans ces conditions auront effectivement une nature juridictionnelle et un caractère déclaratif. Pour tout dire, toute procédure de jugement d'hérédité dans laquelle les qualités de conjoint survivant ou de parents légitimes sont tout simplement confirmées sans qu'il y ait eu une contestation au préalable apparaît comme une perte de temps pour les successibles et une surcharge pour les juridictions.

La dualité des règles de dévolution successorale a conduit le législateur à aménager un cadre juridictionnel également dualiste dans le but de rapprocher au maximum la justice des justiciables et de faciliter ainsi l'accès de tous à la justice. Il apparaît dès lors nécessaire de constater si la pratique judiciaire en droit patrimonial de la famille évolue également sous l'emprise de la tradition et de la modernité.

DEUXIÈME PARTIE :

L'IMPRÉCISION DES RÈGLES RELATIVES À L'ADMINISTRATION DE LA SUCCESSION

À l'instar des difficultés liées à la détermination des successibles, l'administration de la succession en droit camerounais n'échappe pas au phénomène de conflits de normes. Le droit applicable en ce domaine n'est pas uniforme, mais dualiste : à côté du droit moderne résultant notamment du Code civil, on a le droit coutumier tout aussi diversifié (Titre 1) ; toute chose qui nécessite des préconisations (Titre 2) pour l'harmonisation, l'unification, la stabilité et la sécurité du système normatif.

TITRE I :

LA PRÉDOMINANCE DU DROIT ÉCRIT DANS LA DÉTERMINATION DE LA MASSE SUCCESSORALE

Le partage des successions en droit positif camerounais exige que soit au préalable déterminée la masse des biens soumis au partage. Or, cette détermination ne peut être faite qu'à la suite d'un préalable légal, très souvent ignoré de l'opinion sociale. Il paraît significatif de constater que le droit écrit en matière successorale est caractérisé par la complexité procédurale liée à la liquidation préalable du régime matrimonial (Chapitre1) et la complexité des opérations de liquidation des biens personnels du de cujus pour leur partage (Chapitre 2).

CHAPITRE I :

LA COMPLEXITÉ PROCÉDURALE LIÉE À LA LIQUIDATION PRÉALABLE DU RÉGIME MATRIMONIAL

Le régime matrimonial se définit comme l'ensemble des règles qui gouvernent les intérêts pécuniaires des époux, dans leurs rapports entre eux, et dans leurs rapports avec les tiers et dont l'objet est de régler le sort des biens actifs et passifs des époux pendant le mariage et à sa dissolution[391]. Il peut résulter d'un contrat passé obligatoirement devant notaire : le contrat de mariage. Il peut également être imposé par la loi à titre supplétif, par présomption de la volonté des époux. Toutefois, la pratique actuelle des régimes matrimoniaux conjugue à la fois droit moderne et droit coutumier, suscitant nombre d'incertitudes et de suspicions, et même d'incohérences, au regard des solutions suggérées par le juge. Si ces incohérences engendrées par la dualité juridique apparaissent fortement dans la liquidation du régime matrimonial en l'absence d'un contrat de mariage (Section I), elles sont, en principe, moins perceptibles dans la liquidation du régime conventionnelle, à cause, peut-être, de la rareté des contrats de mariage (Section II). La présentation de la liquidation de ces différents régimes matrimoniaux conduit à proposer certaines règles pouvant régir ces opérations de liquidation dans la législation en perspective (Section III).

Section I. La liquidation en cas d'absence d'un contrat de mariage

L'absence d'un contrat de mariage peut s'observer aussi bien en droit coutumier qu'en droit écrit moderne. Toutefois, on peut se poser la question de savoir si réellement, les biens peuvent être coutumièrement liquidés en pratique. Par ailleurs, de par la préoccupation portant sur l'apport de la jurisprudence, suivant que les époux sont régis par le droit coutumier ou par le droit écrit moderne, débouche sur le constat selon lequel, dans ces deux cas, chaque fois qu'elle a eu à intervenir, la jurisprudence à apprécier les situations au cas par cas. Du fait de la dualité en la matière, la liquidation peut y être extrajudiciaire (§ 1) ou judiciaire (§ 2).

---

[391] GUILLIEN (R) et VINCENT (J) : *Lexique des termes juridiques*, 13e édition, 2001, p. 472.

Paragraphe 1. La liquidation extrajudiciaire : cas de la répudiation ou de la séparation de fait

Les régimes matrimoniaux sont une institution moderne ignorée des coutumes « traditionnelles » camerounaises. Leur pratique est une conséquence du système juridique dualiste, lequel se caractérise par l'opposition entre leur inexistence en droit traditionnel et l'institution de plusieurs régimes matrimoniaux par le Code civil. Dans l'impossibilité de trouver un terrain d'entente entre les deux conceptions lors des opérations relatives à la dissolution du mariage, la jurisprudence camerounaise a adopté une position dont il importe de retracer l'évolution. La séparation de fait qui a cours dans les sociétés traditionnelles tient au fait que, dans l'ensemble, les coutumes ne reconnaissent pas l'existence de rapports patrimoniaux entre époux. Plusieurs raisons, qui justifient cette situation, sont relatives au fondement du mariage dans ces sociétés (A), aux relations patrimoniales entre les époux (B) et à la place que la coutume réserve au conjoint survivant dans la succession du conjoint prédécédé (C).

A. Les raisons relatives au fondement du mariage dans les sociétés traditionnelles

Dans le système traditionnel, le mariage est loin d'être un accord de la volonté des époux. Il crée et consolide plutôt une alliance entre deux groupes lignagers ou familiaux. Aussi, dans la conception traditionnelle africaine, le mariage se définit d'une manière générale comme une convention par laquelle deux groupes familiaux (clans ou lignages) consentent à l'union d'un homme et d'une femme. Cette définition fait ressortir les traits caractéristiques du mariage dans la société traditionnelle africaine dans toutes les structures sociales tant patrilinéaires que matrilinéaires.

La perception du mariage en droit coutumier se résume alors en trois points. Le mariage est plus qu'un contrat entre deux personnes. Par-delà les époux, c'est l'union de deux clans ou de deux lignages qui est scellée. Aussi, revêt-il un caractère social, communautaire très marqué (1). De plus, il a pour finalité essentielle la perpétuation du groupe à travers la procréation (2). L'admission de ces principes fait revêtir au mariage un caractère obligatoire et même contraignant (3).

1. Le caractère communautaire du mariage

La grande particularité du mariage en Afrique, et d'une grande partie des sociétés traditionnelles camerounaises, est son caractère exogène, hormis certains groupes, minoritaires, qui consacrent l'endogamie[392] ethnique et même familiale[393]. Toutefois, qu'il soit endogamique ou exogamique[394], le mariage est avant tout l'union entre deux communautés.

Ce caractère est exigé dès la formation. En effet, le choix des futurs époux et le consentement à l'union sont l'œuvre, non pas des futurs époux eux-mêmes, mais des deux groupes parentaux (a). Ce qui justifie la continuation de l'union après le décès de l'un des époux. Ainsi, au lieu d'être dissous au décès de l'un, le mariage lui survit, car le conjoint survivant doit continuer l'union avec un membre de la famille du de cujus (b).

a. La spécificité du consentement des époux dans les sociétés traditionnelles

Dans la société traditionnelle originelle, en général, l'approbation du choix d'un conjoint à un membre revient impérativement au chef de chacun de ces groupes. La responsabilité de choisir un époux pour une jeune fille incombe au chef de son groupe familial, car, compte tenu de son inexpérience et de son âge[395], il sait là où l'intérêt du lignage se trouve en même temps qu'il est capable d'apprécier les chances de réussite d'une telle union.

Le consentement des époux, qui n'intervient pas à proprement parler au moment du choix, ne se manifeste que, *a posteriori*, pour ratifier en quelque sorte le choix fait par les aînés de leurs lignages respectifs.

Au demeurant, la spécificité du caractère communautaire du mariage réside dans le fait qu'il ne se limite pas au moment de l'union, car l'union ne se dissout pas avec le décès de l'un des époux ; l'alliance est maintenue malgré le décès d'un conjoint.

b. Le maintien de l'alliance malgré le décès du conjoint

La mort de l'un des époux n'entraîne pas, *ipso facto,* la rupture du contrat conclu entre les deux groupes lignagers. Le mariage, une fois conclu, entraîne l'établissement d'un lien d'alliance indissoluble entre les familles des deux époux. Cette alliance est une source de solidarité et de paix; aussi, ne peut-elle pas prendre fin avec le décès de l'un des conjoints. Pour pérenniser le lien d'alliance, les traditions ancestrales ont prévu la possibilité de substitution de l'époux prédécédé par un membre de sa famille. On parlera du lévirat en cas de substitution du mari et du sororat en cas de prédécès de la femme. Par cette

---

392 L'endogamie est la règle qui fait obligation à un individu de se trouver un conjoint à l'intérieur de son groupe (ethnique, familial, lignager, etc.)

393 Il en est ainsi dans les zones qui sont sous l'influence de l'Islam.

394 L'exogamie est la règle contraignant une personne à choisir son conjoint en dehors du groupe auquel elle appartient.

395 En Afrique, on admet qu'un certain nombre de privilèges s'attachent à l'âge. Les personnes âgées bénéficient de la présomption de sagesse.

substitution, l'alliance continue malgré l'interruption momentanée due au décès de l'un des conjoints. On comprend alors que le caractère communautaire du mariage, qui commande que le consentement au mariage ne soit pas directement exigé des époux, ni exprimé par eux, et que l'alliance continue malgré la mort de l'un des époux, trouve son fondement dans la finalité essentielle du mariage dans les sociétés traditionnelles.

2. La finalité du mariage dans les sociétés traditionnelles

La fonction principale du mariage est qu'il permet de structurer la société par l'alliance des lignages, et sa fonction seconde est la perpétuation des lignages. Ce sont ces fonctions qui déterminent les rapports qui lient les époux et les lignages. Dès lors, si le mariage permet la création des alliances tout en étant une source de main-d'œuvre, surtout dans le cadre de la polygamie, la procréation en constitue un des buts essentiels. En effet, l'union d'un homme et d'une femme constitue un moyen qui permet d'atteindre l'une de ses finalités qu'est la procréation. La naissance d'un enfant est tellement importante qu'elle est exhortée par les rites qui accompagnent la célébration du mariage[396]. À cet effet, au bout d'un terme limité, l'absence de progéniture susciterait des inquiétudes des familles alliées. Des recherches peuvent alors être entreprises pour déterminer les causes qui seraient à l'origine de l'infertilité et les moyens de la soigner. S'il s'avère que cette infertilité est attribuée à la femme, de manière irréversible, le mari a le choix entre la répudier ou, surtout, recourir à la polygamie. Par contre, si la stérilité du couple provient de l'homme, ce qui est difficilement admissible et même vérifiable, il peut être permis que la femme puisse procréer avec un membre de la famille de son mari, mais les enfants ainsi nés auront pour père le mari de leur mère. Il s'agit dans ce cas d'une polyandrie-remède. Ce domaine constitue un point de convergence entre les coutumes et la règle de la présomption de paternité de l'article 312 du Code civil en vigueur. En effet, dans la coutume comme dans le droit écrit, la vérité légale ou sociale l'emporte sur la vérité biologique.

Si la naissance de l'enfant est tant désirée dans les mariages, c'est parce que dans la société originellement traditionnelle, les enfants constituent une source de richesse surtout pour les parents qui sont démunis; on espère toujours que les enfants, une fois devenus adultes, pourront subvenir aux besoins des parents, et donc les enrichir[397]. L'enfant est une valeur supérieure

---

[396] Chez les Beti par exemple, le jour où la mariée est remise à la famille de son mari, on égorge un cabri et la tête lancée doit impérativement être attrapée par le futur mari. Un épi de maïs, dont les grains représentent l'abondante progéniture qu'on attend du nouveau couple, est également remis aux futurs époux. D'autres objets ou rites symbolisant la fertilité du couple leur sont remis ou célébrés.

[397] Les filles constituent une source de richesse par la dot et les garçons par leur travail et la perpétuation de l'espèce.

à la richesse matérielle, car on considère qu'être riche, mais sans progéniture ne sert à rien, parce que le nom et la richesse d'une telle personne risquent de disparaître avec sa propre mort.

Toutes ces missions dévolues au mariage dans les sociétés africaines originellement traditionnelles expliquent son caractère quasi obligatoire.

3. Le caractère obligatoire du mariage

Pour marquer l'importance accordée au mariage, un auteur déclarait que *« le mariage est obligatoire et le célibat est volontaire, un phénomène pathologique hormis les cas exceptionnels de sacerdoce. Le mariage apparaît aussi à la fois comme un devoir social, un facteur de survie individuelle et collective, et comme le signe d'un équilibre social et moral »*[398].

Il ressort de cette affirmation que, parce que le mariage a pour but non seulement de créer une alliance entre deux groupes familiaux, mais aussi et surtout d'assurer la perpétuation des lignages, il est inconcevable qu'une personne veuille délibérément se soustraire à ce devoir social. En effet, la valeur sociale de l'homme repose sur le mariage, car l'homme marié exprime par cet acte sa maturité physiologique, économique, politique et sociale. Car, il devient d'abord le chef de sa petite entité familiale avant d'être le chef du lignage, et sera ensuite traité avec beaucoup de considération.

De par les fonctions qui lui sont assignées, le mariage prime et détermine les rapports sociaux. Ce primat de la fonction du mariage explique la fréquence, autrefois non négligeable dans les droits africains originellement traditionnels, des mariages sinon, sans consentement des époux, du moins sans un choix réciproque véritable. C'est ainsi que, les époux étant contraints d'être mariés par leurs lignages respectifs, l'identité de l'un des époux était volontairement cachée à l'autre, parfois jusqu'à la fin des cérémonies. C'est ce qui justifie la fréquence des mariages préférentiels et la pratique du sororat et du lévirat.

Cette conception du mariage fait du célibat une option contraire à la norme et à la nature et développe la tendance à pratiquer la polygynie chez la femme ; car, pour être conforme à la norme, une femme préfère épouser un homme qui est déjà marié plutôt que de demeurer célibataire.

Les traits caractéristiques du mariage ainsi dégagés expliquent la nature des relations patrimoniales entre époux dans ce système.

[398] MEMEL FOTË : *Colloque sur les religions*, Abidjan, avril 1961, Présence africaine, 1962, p. 39.

B. Les raisons découlant des relations patrimoniales entre époux

Dans les sociétés traditionnelles, la famille est basée sur les notions d'autorité et d'origine ancestrale. À cet effet, elle est composée de trois éléments indissolubles. C'est une « *unité* » humaine, sociale et économique.

En tant qu'unité humaine, chaque individu se fond dans le cadre et, en principe, n'a pas, en dehors du chef de lignage, une responsabilité propre, et donc une personnalité juridique. Tout s'ordonne autour de l'autorité du chef de famille, qui exerce un pouvoir absolu sur les personnes et les biens du groupe[399].

Le mariage ne crée pas de rapports patrimoniaux entre époux ; le principe est celui de la séparation du travail, source de richesse. Les fruits du travail exécuté par la femme, en dehors du travail commun, lui appartiennent en propre et constituent son patrimoine personnel.

D'une manière générale, la coutume permet au mari de s'enrichir sans partager avec son épouse la richesse acquise, même si elle a contribué, sinon à la production des biens, du moins à l'augmentation du patrimoine conjugal[400]. Cette exclusion de la femme, qui s'apparente à la séparation coutumière des biens, est comparable à la séparation des biens du Code civil napoléonien en vigueur. Elle convient à la conception coutumière du droit foncier qui avait cours avant l'intervention du législateur.

S'agissant de la propriété foncière, la terre appartient au lignage et fait corps avec lui. La terre n'est pas un bien simple, c'est un bien sacré, c'est une source de vie. Ainsi, un individu ne peut avoir des droits sur la terre que parce qu'il est membre du lignage. La femme, une étrangère qui entre dans un nouveau lignage, ne peut pas prétendre à un droit de propriété sur la terre, son droit ne se limite qu'à l'usage. Il en résulte que le mariage ne crée pas une unité économique et sociale nouvelle incorporant la femme. Elle demeure rattachée à sa famille d'origine, de telle sorte qu'en principe aucun rapport d'ordre pécuniaire ou patrimonial ne naît de l'union conjugale.

La séparation coutumière des biens est censée protéger la terre du lignage. Qu'on la possède en tant que propriétaire individuel, ou qu'on l'administre au nom du groupe lignager, le résultat est le même. Le mari, chef de famille et chef de la terre, ne saurait avoir en commun la propriété de cette terre avec son épouse. La terre est donc bien attachée au lignage, la propriété foncière

---

[399] DIALLO SEYNI SAMBO, « Droit de la famille dans la coutume Mossi, Burkina Faso », *Penant,* 1967, pp. 13 à 31.
[400] MELONE (S) : « Régimes matrimoniaux et droits fonciers en Afrique », *Penant*, 1971, op. cit., p. 145.

est tant et si bien comprise comme fonction, que les droits de la femme y sont nuls.

Cependant, dès l'instant où le législateur a adopté une autre conception du droit foncier, en en faisant un instrument de production économique, dès lors que l'acquisition de la propriété foncière a pu être reconnue aussi bien à l'homme qu'à la femme, et au moment où toute la politique de l'État tend à désacraliser le droit foncier, le régime coutumier de la séparation des biens semble avoir perdu son caractère idéal pour l'acquisition des droits par la femme dans la terre du mari.

En somme, la notion de régime matrimonial qui implique une organisation du patrimoine conjugal paraît, en fin de compte, étrangère à la structure des sociétés traditionnelles, la femme n'étant pas intégrée dans la famille de son époux. Cette absence d'intégration justifie la place qui est réservée au conjoint survivant dans la succession du prédécédé.

C. La situation patrimoniale du conjoint survivant

La place que le conjoint survivant occupe dans la succession du conjoint prédécédé s'analyse par rapport à la propriété foncière. En effet, puisque le mariage ne crée pas de rapports patrimoniaux entre les époux, il n'existe donc pas de régime matrimonial et par conséquent, la propriété de tous les biens est attribuée au mari. La situation patrimoniale du conjoint survivant dépend ainsi de son sexe. De ce fait, le décès de l'épouse ne donne pas lieu, à proprement parler, à aucune liquidation matrimoniale ou successorale (2), alors qu'à la mort de l'époux, les coutumes déterminent le sort qui est réservé aux épouses et aux biens de la succession. Aussi, n'ayant aucun droit sur le patrimoine du de cujus, sa situation au sein du lignage dépendra de son comportement (2).

1. L'absence de liquidation matrimoniale et successorale en cas de décès de l'épouse

Dans les droits africains originellement traditionnels, la terre est le bien le plus précieux. Or, étant immuable, elle appartient au lignage. La femme qui demeure attachée à son lignage d'origine ne peut ni vendre ni échanger la terre de son lignage par alliance, ni même en disposer. Aussi, ne peut-elle jamais acquérir la qualité de propriétaire. À cet effet, elle ne dispose pas de pouvoirs réels.

Pourtant la femme, une fois mariée, perd toute attache et toute propriété foncière dans sa famille d'origine, car elle y est toujours considérée comme étant en transit et donc, incapable d'acquérir et de transmettre par succession. Le droit de propriété appartient donc aux hommes et plus particulièrement au chef de lignage. Aussi, à son décès, la femme n'a pas de terre à transmettre à sa progéniture.

Par ailleurs, la femme, en tant qu'épouse, a elle-même une valeur patrimoniale. À ce titre, elle fait partie de la masse successorale de son époux et, de ce fait, doit être attribuée à l'héritier de ce dernier. Par conséquent, aucune succession, aucun héritage ne peut exister à son décès.

2. L'absence d'un droit patrimonial pour la femme au décès de l'époux

Dans la conception originelle des traditions africaines, la mort de l'époux ne dissout pas le mariage. Aussi, la veuve demeure-t-elle liée par l'effet de la dot perçue par ses parents. Elle est donc astreinte au lévirat et fait partie de la succession de son défunt époux. Cette pratique du lévirat aurait eu le mérite d'éviter à la femme d'avoir à résoudre les problèmes matériels concernant son existence ou celle de ses enfants et d'apaiser la souffrance morale due à la perte de son conjoint. Pour cela, elle était appelée à choisir un protecteur dans la famille de son époux, qui avait le devoir de subvenir à ses besoins. Ce n'est qu'à cette condition qu'elle devait continuer de jouir des terres de son défunt mari. Avec cette solution, l'existence et la liquidation d'un régime matrimonial ne pouvaient être envisagées. Ceci signifiait aussi, de la part de la femme, l'absence de vocation héréditaire dans la succession du conjoint prédécédé.

Cette conception, que les droits africains originellement traditionnels se sont faite du mariage et des rapports patrimoniaux entre époux, justifie l'inexistence et l'absence de liquidation du régime matrimonial. Aussi, s'oppose-t-elle au système institué par le droit écrit moderne qui a organisé les rapports patrimoniaux entre les époux en instituant un régime matrimonial même en l'absence d'un contrat de mariage. Ainsi, le décès de l'un des conjoints implique-t-il, en principe, la liquidation de la communauté légale par le juge.

Paragraphe 2. La liquidation homologuée par le juge

Le législateur camerounais post-indépendance, à l'instar de ses homologues africains, a eu pour souci majeur le maintien de la paix et la promotion des droits fondamentaux de l'Homme universellement proclamés. Aussi, en considération du fait que *« toute société, à des degrés d'intensité variables, possède une multiplicité hiérarchisée d'ordonnancements juridiques que le droit officiel reconnaît, tolère ou nie »*[401], il lui a paru judicieux de faire participer toutes les sources de droit en présence pour l'atteinte de cet objectif, à savoir la coutume locale et le droit écrit importé. Cependant, cette coutume, qui est une source vivante du droit patrimonial de

---

[401] ROULAND (N) : *L'anthropologie juridique*, Collection « que sais-je ? », Paris, P.U.F., 1990, p. 39.

la famille, se trouve constamment en situation conflictuelle avec le droit écrit moderne qui cherche à l'anéantir.

En réalité, le droit qui découle des coutumes décèle le plus souvent des tares qui le rendent parfois rébarbatif et surtout en font une application difficile et controversée. Cette portée relative des coutumes est très perceptible et même visible dans les rapports patrimoniaux entre époux où les difficultés d'application du droit issu des coutumes donnent naissance à une jurisprudence chancelante (A) et qui a des répercussions sur le règlement des successions (B).

A. Une liquidation influencée par la dualité juridique et judiciaire

La communauté légale est celle qui s'établit par simple déclaration qu'on se marie sous le régime de la communauté ou à défaut, de contrat. C'est celle qui est soumise aux règles appliquées par le Code civil en vigueur en son article 1400. Le législateur national n'ayant rien prévu dans ce sens, seules les dispositions de la législation d'emprunt demeurent en vigueur.

Par ailleurs, la coutume est, en Afrique en général et au Cameroun en particulier, la source de droit la plus ancienne. Elle y est solidement implantée, puisqu'elle est profondément attachée à la tradition et, donc, aux situations acquises. Cependant, apparaissant comme la forme la plus archaïque du droit, elle est constamment opposée aux conceptions modernes de l'organisation économique et sociale. Avec cette opposition de phases, la coutume paraît, sur l'organisation des rapports patrimoniaux entre époux, dépassée, parce que fondée sur des principes qui ne cadrent pas avec les aspirations de la société moderne en perpétuelle évolution.

En effet, d'une façon générale, et en particulier dans les rapports patrimoniaux entre époux, le droit traditionnel pose comme principe l'inégalité entre l'homme et la femme. Le premier est considéré comme étant supérieur à la seconde qui, elle, apparaît comme une donnée négligeable, dépourvue de toute capacité juridique. Divorcée, elle est écartée du partage des biens conjugaux ; veuve, elle est considérée comme faisant partie de la succession.

Bien que moins accentuée, l'inégalité entre l'homme et la femme apparaît également, mais très légèrement, dans les rapports patrimoniaux entre époux organisés par le Code civil tel qu'il est appliqué au Cameroun.

Cette inégalité est, à l'évidence, contraire aux principes fondamentaux inscrits dans la Déclaration universelle des droits de l'homme et la Charte des Nations Unies et réaffirmés par toutes les constitutions successivement adoptées par le Cameroun depuis son accession à la souveraineté nationale.

Le préambule de la constitution du 18 janvier 1996, qui proclame que « *l'être humain, sans distinction de race, de religion ou de croyance, possède des droits inaliénables et sacrés* », affirme à cet effet que « *tous les hommes sont égaux en droits et en devoirs* ».

La Cour Suprême, qui s'est réservé le droit de juger les coutumes, les écarte logiquement du droit positif lorsque les solutions découlant du droit traditionnel sont jugées contraires à ces principes égalitaires. Cependant, si la Cour Suprême reconnaît l'égalité entre tous les Hommes dans tous les autres domaines du droit patrimonial de la famille, en l'occurrence en matière successorale, entre les enfants de sexe masculin et féminin du de cujus[402], entre frères et sœurs cohéritiers du de cujus[403], cette reconnaissance contraste curieusement avec sa jurisprudence sur le terrain des effets patrimoniaux du mariage où elle semble paradoxalement entretenir l'idée d'une inégalité entre l'homme et la femme par sa constante référence à la coutume.

Or, le principe avait déjà été posé et acté par la jurisprudence que la loi écrite moderne s'applique, comme législation d'emprunt ou raison écrite, à la place de la coutume, lorsque cette dernière est muette ou obscure sur une question en ces termes, « *Dans le silence de la coutume ou dans toutes les matières non réglementées par elle, il y a lieu d'appliquer les principes généraux de droit écrit* »[404].

Appliqué plusieurs fois par la Haute Juridiction, le même principe avait été affirmé en ces termes : *« À défaut de dispositions coutumières réglant les difficultés qui leur sont soumises, les tribunaux doivent se référer à la loi écrite»*[405].

Toutefois, après avoir constaté dans plusieurs décisions que la coutume ignore en principe les régimes matrimoniaux, la propriété des biens étant dévolue au mari[406] et opéré une évolution en posant le principe selon lequel l'option de juridiction emporte option de législation, la Cour suprême a

---

402CS, arrêt n°67 du 11 juin 1963, bull. n°8, p. 554 ; arrêt n°65 du 19 mai 1964, bull. n°10, p. 804.

403 TPD Edéa, jugements n° 47 du 29 décembre 1967, n° 4 du 4 octobre 1968, n°116 du 18 avril 1976 ; CS, arrêt n°29/L du 11 mars 1969, bull. n°96

404 CS/COR arrêt n°14 du 14 janvier 1965, bull, p. 212

405 CS/COR arrêt n° 138 du 4 janvier 1966, inédit, cité par PANNIER (J) : « Les sources du droit au Cameroun oriental », *Annales de la Faculté de Droit du Cameroun*, 1972, n°3, p.112. ; n°57 du 24 mai 1966, inédit, n°52 du 17 janvier 1967, n° 151 du 25 juin 1968, bull. n°18, p. 1087.

406 CS/COR arrêt 87/L du 28 mars 1972, n°5, p.71, obs. DOUBLIER ; arrêt n°30/L du 12 janvier 1971 (Affaire DAYAS), RCD, n°1, p. 64, obs. MELONE (S), Penant, 1973, p. 63, obs. LAMPUE (P).

curieusement entériné l'application de la règle coutumière alors même que les décisions querellées émanaient des juridictions de fond de droit écrit [407].

On peut être fondé de dire que la Haute juridiction a toujours profité de l'ambiguïté de certaines situations factuelles pour retourner à la coutume[408], et s'est toujours obstinée à écarter le Code civil, alors même que son application s'imposait[409], comme il l'a fait dans les deux affaires sus évoquées,[410]dans lesquelles, à la dissolution par le divorce des deux mariages célébrés sans contrat de mariage, se posait la question du partage des biens conjugaux.

Dans l'affaire KOUM, le mari, exerçant déjà une profession, avait aidé son épouse à acquérir une formation professionnelle qui lui permit subséquemment d'obtenir un emploi. Et dans l'affaire KEMADJOU, chacun des époux exerçait, déjà au moment de la conclusion du mariage, une profession séparée et distincte de celle de l'autre. S'étant mariés sans avoir expressément choisi par contrat de mariage un régime matrimonial, il appartenait aux juges de rechercher pour eux un régime matrimonial suppléant la manifestation de leur volonté.

Jusqu'à ces deux décisions, les réponses aux problèmes relatifs à l'état des personnes variaient selon qu'ils étaient posés soit devant une juridiction de droit traditionnel, soit devant une juridiction de droit écrit, en application de la règle *« option de juridiction emporte option de législation ».* Devant une juridiction de droit traditionnel, au départ, la communauté de biens y étant ignorée, tous les biens, parce que présumés acquis par le mari seul, lui reviennent logiquement. Par la suite, l'exercice d'une profession séparée par la femme, qui présume de participation à la formation de la communauté, va lui permettre de bénéficier du partage des biens[411]. Plus tard, une réserve sera émise: l'épouse qui demande le partage de la communauté devra rapporter la preuve de sa participation financière et effective à la formation de celle-ci[412].

En revanche, devant une juridiction étatique appliquant le droit écrit, la solution qui se fonde logiquement, après quelques hésitations sur les articles 1399 et s. du Code civil[413] consiste en un partage sans condition des biens

---

[407] CS, arrêts n°88/CC du 18 juillet 1985 (aff. KEMADJOU) et n°64/CC du 16 juillet 1987 (aff. KOUM), PENANT, 1985, obs. ANOUKAHA (F), pp. 71-98.

[408] MELONE (S). « Le Code civil contre la coutume, la fin d'une suprématie (à propos des effets patrimoniaux du mariage) », *RCD,* n°1, p.12.

[409] CS/COR, arrêt n° 138 du 6 juin 1967, n°86, CC du,13 octobre 1979, aff. LANTUM

[410] CS, arrêts n°88/CC du 18 juillet 1985 (Aff. KEMADJOU) et n°64/CC du 16 juillet 1987 (aff. KOUM), op. cit.

[411] Affaire DAYAS, CS/COR arrêt n°30 du 12 janvier 1972, RDC, n°1, p. 64.

[412] CS arrêt n°23/CC du 13 décembre 1979, affaire LANTUM

[413] S. MELONE (S) : « le Code civil contre la coutume… », op. cit., note 82 ; NKOLO (P), op. cit., note 78.

communs en application de la communauté de meubles et acquêts pris comme régime matrimonial légal supplétif[414]. La même solution était logiquement attendue dans les deux affaires, étant donné qu'elles avaient été portées devant une juridiction moderne, en l'occurrence le Tribunal de Grande Instance. Mais les juges de la Cour Suprême sont tout simplement retournés à la coutume, en remettant en cause sa propre jurisprudence.

En effet, le tribunal de Grande Instance de Douala saisi de l'affaire KOUM avait ordonné le partage de la communauté à la demande de l'épouse. La Cour d'Appel, du Littoral pour infirmer ledit jugement, soutenait que la femme n'avait pas rapporté la preuve de l'existence de la communauté dont elle demandait le partage.

Dans la seconde affaire, opposant les époux KEMADJOU, le Tribunal de Grande Instance de Yaoundé avait rejeté la liquidation de la communauté au motif que la femme n'avait pas participé à l'acquisition des biens. C'est cette décision qui avait été confirmée par la Cour d'Appel du Centre.

Les deux Cours d'Appel du Littoral à Douala et du Centre Yaoundé, approuvées par la Cour Suprême, étaient d'accord sur l'exigence de la participation de l'épouse demanderesse à l'acquisition des biens conjugaux dont le partage est demandé.

Cette nouvelle position de la jurisprudence a suscité des avis partagés en doctrine.

Une partie de la doctrine l'approuve en la trouvant *« a priori bonne »* et *« équitable »*[415]. Ainsi, pour le Professeur François ANOUKAHA, elle est bonne, parce que le juge a eu un souci évident d'unifier les règles applicables en la matière, en transposant devant les juridictions de droit écrit le régime matrimonial supplétif applicable devant les juridictions de droit traditionnel ; elle est équitable parce que la solution qu'elle préconise est à mi-chemin entre le droit coutumier qui attribuait la propriété de tous les biens au mari, et le droit écrit qui admet automatiquement le partage par moitié des biens en l'absence d'un contrat de mariage fixant un régime choisi par les époux.

Cette position adhère donc entièrement à l'exigence faite à la femme de prouver sa participation à la constitution de la communauté, tout en évitant qu'elle ne bénéficie *« trop facilement des biens acquis par le seul mari alors qu'ayant la possibilité d'apporter sa contribution, elle s'en est abstenue »*[416].

---

[414] Affaire ASSO'O, CS, arrêt n°120/CC du 18 septembre 1982, Tendances jurisprudentielles de l'ex-Cameroun oriental, p. 90.

[415] ANOUKAHA (F). : « La détermination du régime matrimonial légal dans le droit positif camerounais (à propos des affaires KOUM et KEMADJOU) *», Penant,* 1995, Jurisprudence, p. 74 et s.

[416] ANOUKAHA (F).: op. cit., n°46, p. 89

Une position semblable, cependant très nuancée, avait déjà été adoptée par le Docteur Siméon OMBIONO. Il soutenait que, si la preuve permet au juge de déterminer la participation proportionnelle de chaque époux, elle permet aussi et surtout à la Femme au foyer ou *« ménagère »* de réclamer une part de la communauté[417]. Cette interprétation, qui bénéficie de l'adhésion d'un grand nombre d'auteurs, paraît conforme aux tendances évolutives du droit contemporain des régimes matrimoniaux où la contribution de la femme au foyer aux charges du ménage, ou plus précisément à l'acquisition des biens conjugaux se prouve par une interprétation large de ses activités domestiques[418].

Reconnaissant que le mariage constitue le seul fondement du régime matrimonial et que, par conséquent, seule l'absence d'un contrat antérieur à la célébration du mariage justifie la soumission des époux à un régime matrimonial légal, sans qu'aucune autre condition ne leur soit exigée, nous adhérons à ce courant doctrinal dont la pertinence devrait entraîner l'adoption, par le législateur national, de dispositions reconnaissant expressément la valeur de la contribution de la femme au foyer à la constitution du patrimoine familial, à l'instar de son homologue français[419]. Car, le Code des Personnes et de la Famille en gestation semble muet sur cet aspect et se contente de reprendre in extenso les dispositions des articles 213 et 214 du Code civil actuellement en vigueur[420].

---

[417] OMBIONO (S) : « L'application de la loi du 7 juillet 1966 portant diverses dispositions relatives au mariage dans l'ex-Cameroun oriental », Thèse précitée, p. 251

[418] MELONE (S). « Les effets du mariage dans l'ordre des rapports patrimoniaux », *Encyclopédie juridique d'Afrique*, tome 6, p. 232 ; BOKALLI (V E). « La coutume, source de droit au Cameroun » , *in revue générale de droit,* 1997 (tiré à part), p. 59 et s. ; MEKE-ME-ZE née BAYIHA (I Chr.): « La problématique des biens de la femme mariée en droit positif camerounais », *thèse 3e cycle*, Université de Yaoundé, pp. 115-118.

[419] Une loi française votée en l'an 2001 reconnaît la participation de la femme au foyer à la constitution du patrimoine commun.

[420] Article 350 : (1) Le mari est le responsable de la famille. Il exerce cette fonction dans l'intérêt commun du ménage et des enfants.

(2) La femme concourt avec le mari à assurer la direction morale et matérielle de la famille, à pourvoir à son entretien, à élever les enfants et à préparer leur établissement.

(3) La femme remplace le mari dans sa fonction de responsable de famille s'il est hors d'état de manifester sa volonté en raison de son incapacité, de son absence, de son éloignement ou de toute autre cause.

(4) Les époux ont en outre les mêmes droits et responsabilités en matière de tutelle, de garde et d'adoption des enfants, ou toutes autres mesures de protection similaires.

Article 351 : (1) Si le contrat de mariage ne règle pas la contribution des époux aux charges du mariage, ils contribuent à celles-ci en proportion de leurs facultés respectives.

(2) L'obligation d'assumer ces charges pèse, à titre principal, sur le mari. Il est obligé de fournir à la femme tout ce qui est nécessaire pour les besoins de la vie selon ses facultés et son état.

(3) La femme s'acquitte de sa contribution aux charges du mariage par ses apports en dot ou en communauté et par les prélèvements qu'elle fait sur les ressources personnelles dont l'administration lui est réservée.

L'observation de la tendance jurisprudentielle en matière de régimes matrimoniaux permet alors de mettre en évidence l'inadaptation des règles coutumières et celles du Code civil, tel qu'il est appliqué au Cameroun, aux exigences du monde moderne et surtout la méconnaissance des principes fondamentaux inscrits dans la Déclaration universelle des droits de l'homme et la Charte des Nations Unies, notamment l'égalité des hommes[421].

Dès lors, les difficultés qui résultent de la liquidation des régimes matrimoniaux ont manifestement des conséquences dans le règlement des successions.

B. Les répercussions de l'homologation de la liquidation dans la détermination de la masse successorale

En principe, puisqu'il est acquis que la loi impose la communauté de meubles et acquêts aux époux qui n'ont pas organisé la gestion de leur patrimoine, les modalités de partage suscitent quelques interrogations respectivement sur les proportions dans lesquelles s'effectue le partage, sur la manière dont se réalise ce partage et sur ses effets.

En ce qui concerne les proportions du partage, le principe est celui du partage égal. En effet, s'agissant de la communauté légale, et donc exclusive de toute clause particulière, le principe n'offre aucune difficulté d'interprétation : le partage s'effectue par moitié entre les époux. C'est la règle qu'énonce l'article 1474 du Code civil qui dispose à cet effet que *« après que tous les prélèvements des deux époux ont été exécutés sur la masse, le surplus se partage par moitié entre les époux ou ceux qui les représentent »*. Autrement dit, d'après l'esprit du législateur (français), lorsque les époux n'ont pas pu choisir, par contrat, un régime, la liquidation du régime légal aboutit au partage à parts égales de l'actif conjugal. Ainsi, une fois que le conjoint survivant a retiré sa part, le reste des biens revient au de cujus et forme une partie de la masse successorale. Et ce n'est que sur cette portion que les héritiers exercent leurs droits et non sur l'ensemble des biens conjugaux.

Toutefois, l'application de cette règle suscite beaucoup de difficultés d'application dans le contexte camerounais. En effet, les juges hésitent à faire bénéficier à la femme la moitié de l'actif conjugal.

Ces hésitations, qui résultent de la diversité des sources juridiques, rendent le droit positif inapte à assurer la promotion de l'homme en général, et celle de la femme en particulier. En effet, au décès de l'un des époux, et surtout du

---

(4) Si l'un des époux ne remplit pas ses obligations, il peut y être contraint par l'autre époux dans les formes prévues au Code de procédure civile.

[421] BOKALI (V. E) : op. cit., p. 56 et s.

mari, la femme survivante est confrontée aux problèmes relatifs au partage des biens. Dans le but d'entretenir l'idée d'une inégalité patrimoniale entre l'homme et la femme consacrée par le droit d'origine coutumière, la jurisprudence utilise constamment des arguments divers pour repousser l'action de la conjointe survivante ou pour lui imposer la règle du partage inégalitaire. Cette tendance laisse la veuve dans une situation d'infériorité quant aux intérêts pécuniaires du ménage : elle est souvent abandonnée à elle-même à la mort de son époux au risque d'être dépouillée. En effet, en exigeant la preuve de sa participation à l'acquisition des biens conjugaux, la veuve qui n'a pas pu en ménager des preuves écrites se retrouve impuissante.

La situation semble différente lorsque les époux ont librement opté pour un mode de gestion de leur patrimoine conjugal.

Section II. La liquidation d'un régime conventionnel

Contrairement aux droits originellement africains pour lesquels le régime matrimonial est fondamentalement et pratiquement inexistant, le droit écrit, en l'occurrence le Code civil en vigueur, en a prévu tout en leur accordant une place très importante dans les relations entre époux. De plus, ce texte consacre le principe de la liberté de choix par les époux du régime matrimonial. Ce choix doit en principe s'opérer avant la célébration du mariage et uniquement par un contrat de mariage dûment signé devant un notaire.

Le législateur camerounais, à travers les textes successifs relatifs au mariage, ne s'est véritablement pas penché sur cette question. La loi du 7 juillet 1966, portant diverses dispositions relatives au mariage dans l'ex-Cameroun oriental, n'en a pas fait état. Et c'est celle du 11juin 1968, portant organisation de l'état civil qui, dans son article 43 (h), en énumérant les mentions qui doivent figurer sur l'acte, évoque la possibilité de faire mention du régime matrimonial que les époux auraient adopté. Cette disposition avait été reprise par l'article 49 de l'ordonnance de 1981 presque dans les mêmes termes. En effet, cet article prévoit tout simplement que, parmi les éléments que doit comporter un acte de mariage, soit éventuellement mentionnée l'existence d'un contrat de mariage portant sur la communauté ou la séparation des biens, sans toutefois en préciser les modalités de mise en œuvre. Ce qui suppose que les règles relatives à l'organisation de chacun des régimes choisis sont empruntées au Code civil.

Dans la partie occidentale du Cameroun, la législation en vigueur étant celle qui était appliquée par l'Angleterre, qui y assurait le protectorat avant l'accession du pays à la souveraineté nationale, à laquelle s'ajoutent quelques dispositions antérieures à 1960, l'idée de régime matrimonial n'y est pas connue[422].

Dès lors, en adoptant le principe édicté par la législation d'emprunt, le Cameroun consacre, dans la partie orientale, le principe de la liberté des conventions dans le choix des régimes matrimoniaux. Cependant, cette liberté se limite au choix d'un régime, car l'organisation interne du régime est entièrement faite par le législateur. En effet, il existe en droit positif des régimes conventionnels définis. Sans proposer aux époux des choix illimités pouvant égarer leur volonté, la loi leur offre un choix entre divers types de régimes conventionnels déterminés. Ainsi distingue-t-on les régimes communautaires du régime de séparation de biens.

Le respect scrupuleux des termes de la convention signée par les époux (§ 1) facilite en principe la détermination du patrimoine du de cujus (§ 2).

Paragraphe 1. L'exigence du respect des dispositions contractuelles

Le contrat de mariage est comme tous les autres. Ses dispositions s'imposent aux parties, que sont les deux époux, conformément à l'article 1134 du Code civil, aux termes duquel « *les conventions légalement formées tiennent lieu de loi à ceux qui les ont faites* ». Dès lors, cette exigence aussi bien qu'il s'agisse d'un contrat par lequel les époux optent pour la communauté (A) ou de celui de la séparation (B) de biens.

A. Le respect des termes du contrat dans la communauté conventionnelle

Le juge ne semble pas souvent avoir eu à connaître des problèmes relatifs à la liquidation d'une communauté conventionnelle en cas de décès de l'un des époux. En effet, l'unique cas connu avait concerné la liquidation d'une communauté conventionnelle des suites d'un divorce[423].

En l'absence d'une jurisprudence illustrative, il convient de faire recours au Code civil de 1804 sur la détermination du patrimoine successorale à travers la liquidation d'une communauté conventionnelle.

D'une manière générale, la législation d'emprunt donne aux régimes matrimoniaux une place importante et y consacre ainsi le principe de la liberté de choix. Ce choix s'opère soit par le truchement d'un contrat de mariage, acte authentique, soit encore par présomption du fait du mimétisme des époux. Du

---

422 Matrimonial causes Act 1973

423 CS – COR, arrêt n° 86 du 25 mai 1971, affaire BOLLO, tendances jurisprudentielles, op. cit.? p. 87.

fait de cette liberté de choix, les époux peuvent opter, par contrat, pour l'un des régimes de communauté.

La communauté se caractérise par le fait qu'elle établit, entre les époux, une union certaine d'intérêts pécuniaires. Même si chacun a ses biens propres, il existe aussi des biens communs qui sont destinés à être partagés le jour venu entre les époux, ou couramment, entre l'époux survivant et les héritiers de l'époux prédécédé.

La masse commune, brièvement appelée communauté, peut-être plus ou moins étendue, ainsi la quantité respective des biens communs et des biens propres peut être déterminée selon des critères différents. Il est alors question de connaître entre les communautés conventionnelles lesquelles peuvent permettre à l'un des époux d'obtenir des avantages considérables. Pour cela, les époux ont le choix entre la communauté réduite aux acquêts [424], et la communauté à titre universel[425] et même de la communauté des meubles et acquêts.

Quelle que soit sa forme, la communauté prend fin avec la dissolution du mariage. Ainsi, la dissolution de la société conjugale donne-t-elle lieu à une indivision post–communautaire qui peut exister entre les époux (cas de séparation de corps ou de séparation judiciaire de biens), entre les ex-époux (cas de divorce) ou enfin entre l'époux survivant et les héritiers du de cujus.

La situation paraît simple lorsque la dissolution survient du vivant des époux. Dans ce cas, l' indivision est *« à deux têtes »*[426].

Plus complexe et plus fréquent est le cas où la dissolution est consécutive au décès de l'un des époux. L'indivision est alors *« à plusieurs têtes »*[427]. Dans ce dernier cas, il y a dualité des indivisions, car l'indivision post-communautaire[428] se double de l'indivision successorale. En effet, si les biens

---

[424]La caractéristique principale du régime conventionnel de communauté réduite aux acquêts est relative à la répartition des biens. En effet, dans ce régime, aucun bien présent et aucun bien futur n'a le caractère commun. Seuls les acquêts sont communs. Cette communauté comprend donc au minimum les acquisitions réalisées à titre onéreux au cours du mariage, notamment au moyen des revenus professionnels ou autres des époux. À cet effet, la répartition repose sur le seul critère de l'origine des biens. Tous les biens présents et futurs sont propres, sans distinguer entre meubles et immeubles. Et pour constituer la communauté, il ne reste que les acquêts.

[425] La communauté réduite aux acquêts tend à la composition d'intérêts divers, dont certains sont communs aux deux époux et les autres propres à chacun d'eux. La part des intérêts communs se concentre, pour l'essentiel, sur les seuls biens désormais communs : les acquêts. C'est ainsi que les époux peuvent convenir dans leur contrat que les acquêts comprendront à la fois les meubles et les immeubles, tout comme ils peuvent stipuler l'exclusion de leur communauté de tout leur mobilier présent ou futur, ou d'une partie seulement.

[426]FLOUR (J) et CHAMPENOIS (G), Les régimes matrimoniaux, n°524, p. 439.

[427] Ibid.

[428] La législation d'emprunt offre à l'époux dont la communauté vient d'être dissoute par le décès de son conjoint la faculté d'accepter ou de renoncer à la communauté. Et l'existence ou

communs sont indivis entre le survivant et les héritiers, les propres du prédécédé sont indivis entre les héritiers seulement. Entre l'une et l'autre indivision, il y a enchevêtrement tenant à deux causes. D'abord une cause constante qui tient au fait que la succession du prédécédé, c'est-à-dire l'indivision successorale, comprend, outre ses propres, tous ses droits non encore liquidés de la communauté. La deuxième cause est occasionnelle. Dans certains cas, le conjoint survivant est héritier ab intestat. C'est souvent le cas lorsque le prédécédé n'a laissé aucun parent par le sang pour lui succéder, mais en présence d'un enfant du de cujus, il n'est pas héritier ab intestat, sauf pour un droit d'usufruit. Dans ce cas, il fait partie des deux indivisions et avec des droits inégaux dans chacune.

On applique à cette indivision les règles de l'article 815 du Code civil relatives à l'indivision successorale. Cependant, l'indivision post–communautaire présente une spécificité par rapport à l'indivision successorale du fait qu'elle ne consiste pas en la transformation d'une propriété privative, celle du *de cujus*, en une propriété collective, mais plutôt à la succession de deux figures de propriété collective, l'indivision se substituant à la communauté. De plus, l'ex-conjoint indivisaire n'est pas étranger à l'indivision dans la mesure où il était en communauté avec le *de cujus*.

Aussi, convient-il de relever très succinctement qu'activement, l'indivision post–communautaire comprend fondamentalement tous les biens communs existant au jour de la dissolution du régime[429], alors que passivement on y englobe les dettes communes[430]. Mais, la dissolution de la communauté aboutit à la liquidation avec ou sans partage de la communauté.

La mort est donc une cause nécessaire de dissolution. En effet, un décès déclenche en principe deux liquidations : celle de la communauté qui précède

---

non d'une indivision post–communautaire dépend du comportement du conjoint survivant. Lorsqu'elle renonce à la communauté, tout se passe comme s'il y avait toujours été étranger. Par contre, lorsqu'il l'accepte, les opérations de liquidation et de partage seront précédées par cette indivision.

429 C'est l'actif qui sert à déterminer la liquidation, mais il s'agit autant que possible de l'actif net, après déduction du passif. Le partage des biens communs, qui porte sur l'actif net, se fait sur les biens ayant existé au moment de la dissolution, auxquels on ajoute les récompenses dont la communauté est éventuellement créancière, et on déduit celles dont elle est éventuellement débitrice.

430 Le passif à liquider est celui qui est né au cours du régime, mais qui n'a pas été acquitté avant la dissolution de la communauté. Il s'agit donc exclusivement des dettes non acquittées au jour de la dissolution. Naturellement, le passif commun peut être réglé avant le partage. Mais il peut arriver qu'il ne le soit qu'après. D'une façon générale, le règlement du passif dépend du parti que prend la femme. En effet, elle a la faculté de répudier ou d'accepter la communauté. La renonciation lui retire tout droit à l'actif commun et la libère corrélativement du passif, avantage évident lorsque cette communauté est déficitaire. Par contre en acceptant, elle jouit du bénéfice d'émolument grâce auquel elle n'est tenue du passif qu'à concurrence de l'actif qui lui est attribué.

toujours celle de la succession. Après la liquidation de la communauté, la part qui revient aux héritiers du défunt dans les biens communs fait partie de sa succession.

Cependant, la dissolution n'implique pas la liquidation et le partage nécessaires. Le plus souvent, lorsque la communauté est liquidée, le partage n'intervient nécessairement que lorsque les héritiers sont des parents éloignés. Autrement dit, lorsque les héritiers sont les enfants du ménage dissous, très fréquemment le partage ne suit pas la liquidation, ceux-ci restent en indivision tant entre eux qu'avec le parent survivant. Lorsque cette indivision se prolonge jusqu'à sa mort, la liquidation deviendra inutile, car il n'y aura aucun besoin de calculer et de régler les récompenses, car tous les biens, communs ou propres à l'un des époux sont indistinctement recueillis par les descendants.

Dès lors, la mort qui dissout la communauté fait l'objet de précision spéciale pour le cas de défaut d'inventaire. En effet, l'article 1442 du Code civil oblige l'époux survivant à faire dresser un inventaire notarié des biens communs afin d'éviter toute possibilité de détournement par lui au préjudice des héritiers du prédécédé. Du moins, il l'y oblige indirectement par les sanctions qu'il attache au défaut d'accomplissement de cette formalité.

Si la dissolution de la communauté conventionnelle aboutit à l'extraction du patrimoine du de cujus au bout de multiples opérations, la tâche paraît moins ardue en cas de séparation de biens.

B. Le respect des termes du contrat dans la séparation conventionnelle de biens

À côté des régimes de communauté, il est laissé aux époux la latitude de choisir par contrat la gestion séparée de leurs biens pendant le mariage.

Contrairement à la communauté de biens, qui peut intervenir parfois sans la volonté des époux, la séparation de biens a la caractéristique d'être essentiellement conventionnelle.

Se présentant comme l'exacte antithèse de la communauté, la séparation de biens s'entend du contrôle et de la gestion de ses biens et des pouvoirs y relatifs par chaque conjoint, sans interférence ni comparaison avec ceux de l'autre.

Les traits fondamentaux, considérés aussi comme des avantages, qui le caractérisent, sont la simplicité, l'absence de masse commune et l'indépendance patrimoniale des époux. En effet, aucun conjoint n'acquiert aucun pouvoir sur les biens de l'autre.

La simplicité est évidente, car dès lors qu'il y a dissociation complète des intérêts pécuniaires, il n'y a plus au cours du mariage, cet entremêlement de pouvoirs qui, sous la communauté, rend souvent difficile la détermination de ce que chacun peut ou non faire seul, en subissant ou non le pouvoir concurrent de son conjoint.

L'indépendance est pertinente, en ce que la séparation existe sur le plan tant de l'actif que du passif. Et comme les titulaires de ces patrimoines sont des époux et non pas des tiers, il se pose des problèmes au niveau de la preuve, c'est-à-dire, quant à savoir comment établir que tel bien appartient à tel ou tel époux[431].

Paragraphe 2 : L'extraction facile du patrimoine du de cujus

D'une manière générale, en cas de décès de l'un des époux séparés de biens, il n'y a pas, en principe, les complexités de la liquidation du fait de la dissociation complète des intérêts pécuniaires.

Ainsi, théoriquement, la liquidation de ce régime n'apparaît pas nécessaire. Cette conception théorique tient à la règle selon laquelle la liquidation d'un régime matrimonial doit être globale et consécutive à la dissolution de celle-ci. De par cette règle, il n'y a pas en principe une masse de biens à partager. Le régime de séparation n'a pas pour objet de créer une union d'intérêts pécuniaires entre les époux, union dont le résultat doit être nécessairement apprécié au moment de la dissolution comme c'est le cas pour les régimes de communauté. Et si les conjoints ont scrupuleusement maintenu la séparation des patrimoines, la disparition du régime ne devrait entraîner aucun règlement particulier.

Cependant, en réalité, la liquidation est inévitable. En effet, il est non moins vrai que le mariage, par la communauté de vie qu'il implique, aboutit presque nécessairement à un entremêlement, plus ou moins grand, des intérêts pécuniaires. Aussi, une clarification, mieux un apurement des comptes justifie la nécessité d'une liquidation

[431] En ce qui concerne l'évolution historique du régime de séparation proprement dit, il faut savoir que, au départ, la femme, considérée comme une incapable, ne jouissait pas de l'indépendance patrimoniale. Aussi, pour disposer de ses biens, il lui fallait l'autorisation de son mari, à défaut, celle de la justice. Par la suite, la loi du 18 février 1938 avait supprimé l'incapacité de la femme mariée. Cependant, les régimes matrimoniaux n'avaient pas été réformés. Aussi la femme séparée de biens ne pouvait toujours pas disposer seule de ses immeubles. Voir PLANIOL et RIPERT, Traité élémentaire de droit civil, T III, 11e édition, Addendum au 1er octobre 1939, n°1426 et s. ; FLOUR (J) et CHAMPENOIS (G), p. 18.

Il a fallu attendre la loi du 22 novembre 1942, loi de circonstance, votée essentiellement pour faciliter la gestion des biens du ménage par les femmes des prisonniers. Avec cette loi, plusieurs innovations ont vu le jour, plus particulièrement en ce qui concerne la séparation de biens, où le pouvoir pour la femme de disposer seule de ses biens est expressément affirmé. Voir : RIPERT et BOULANGER, Traité de droit civil, T. IV, 1959, n°1105 et s.

La communauté de vie peut donc avoir fait constituer un patrimoine commun dans la séparation de biens. Ces biens indivis doivent être partagés entre l'époux survivant et les héritiers du de cujus à la demande de l'un d'entre eux conformément à l'article 815 al 1. À cet effet, on fait application du droit commun du partage aussi bien quant à la forme, à la liquidation, qu'aux effets du partage.

En somme, quoi qu'il en soit, des interférences existent inévitablement entre le droit des régimes matrimoniaux et celui des successions. De façon plus nette, le droit des successions et celui des régimes matrimoniaux s'imbriquent l'un dans l'autre. Et l'exemple le plus caractéristique est relatif au droit du conjoint survivant. Aussi convient-il de suggérer certaines directives au futur législateur sur l'institution des régimes matrimoniaux et les opérations de leur liquidation en cas de décès de l'un des conjoints.

Section III. La lex ferenda des régimes matrimoniaux pour une liquidation matrimoniale et successorale harmonieuse

[h1]Avant-projet du Code des personnes et de la famille Cameroun

En effet, le décès de l'un des époux entraîne simultanément l'ouverture de la succession et la dissolution du régime matrimonial. Le partage de la communauté ou des biens indivis, dans le régime de séparation, et celui de la succession doivent en principe être soumis aux mêmes règles. De plus, la situation faite au conjoint survivant doit dépendre de la loi successorale qui fixe les vocations héréditaires et de la nature du régime matrimonial. Ces deux paramètres doivent normalement avoir un même fondement juridique. Comment peut-on réellement concilier, mieux, sauvegarder les intérêts du conjoint survivant lorsqu'on liquide une communauté et une succession selon les règles coutumières, alors que le mariage a été célébré selon les règles du droit écrit ? Or, il est évident que le simple fait pour deux personnes de se marier, selon le droit écrit, donne naissance à un régime de communauté[432] qui permet à chaque conjoint de se voir attribuer la moitié des biens conjugaux.

En effet, l'examen de l'évolution du droit des régimes matrimoniaux montre l'existence, en droit positif camerounais, d'un déséquilibre entre les intérêts patrimoniaux des différents époux. Si ce déséquilibre est déjà suffisamment perçu entre les époux monogames, il est encore beaucoup plus accentué dans les unions polygames. Par ailleurs, et surtout, les problèmes qui naissent dans les relations patrimoniales entre époux diffèrent selon que les

[432] Hypothèse très majoritaire au Cameroun à cause du nombre insignifiant de contrats de mariage en général et de séparation de biens en particulier.

époux ont ou non librement choisi un régime matrimonial par un contrat de mariage.

Paragraphe 1. La problématique du régime matrimonial supplétif

Lorsqu'un contrat de mariage a été au préalable signé, les tribunaux sont obligés de s'en tenir à la volonté des parties, car le contrat de mariage devient leur loi conformément à l'article 1134 du Code civil[433]. La situation devient plus complexe lorsqu' aucun régime n'a été choisi par les époux avant la célébration de leur mariage. Dans ce cas, le Code civil, suppléant la volonté des époux, a prévu, pour eux, un régime, qui d'ailleurs est supposé traduire leur volonté présumée.

Le législateur camerounais admet la polygamie, et la jurisprudence y trouve même une forme de mariage de droit commun[434]. Or, la détermination du régime légal, en général et, en particulier dans les unions polygamiques, est controversée en droit camerounais.

Certaines législations africaines post-indépendance ont tranché de façon radicale le problème des rapports patrimoniaux entre les époux polygames en faisant purement et simplement disparaître cette forme de mariage[435]. D'autres, comme le Mali [436]ou le Sénégal[437], sans toutefois la supprimer au profit de la monogamie, l'ont plutôt réglementée en imposant un régime de séparation de biens aux époux polygames. Ces deux législations ont été suivies par le législateur gabonais qui, à son tour, a consacré la séparation de biens comme le régime applicable aux époux polygames lorsqu'ils n'ont pas fait de contrat de mariage[438].

Le problème du choix du régime matrimonial est important et en même temps délicat : important en raison de la rareté des cas dans lesquels un contrat de mariage organise les rapports patrimoniaux entre époux, délicat par le fait que le régime légal doit correspondre aux conditions de vie et aux structures familiales. Or, il est évident que ces conditions ne sont pas identiques au Cameroun et en France. Aussi, si le choix porté par le législateur français sur le

---

433 CS affaire BOLLO, op. cit.

434 CS/COR arrêt n°61/2 du 23 février 1971, RCD, n°1, p. 62. ; arrêt n°174/L du 6 juillet 1971.

435 Le Code civil ivoirien de 1964. voir : ÉMANE (J) : « Droit patrimonial de la femme mariée ivoirienne », *Annales africaines,* 1967, p. 90 ; ABITOL (E) : « La famille conjugale et le droit nouveau du mariage en Côte d'Ivoire » ; *Penant,* 1966, p. 303 et s.

436 Code du mariage et de la tutelle de 1962 au Mali

437 L'article 390 du Code de la famille du Sénégal fait de la séparation de biens le régime de droit commun

438 Loi (Gabonaise) n°18/89 du 30 décembre 1989 modifiant celle de 1972

régime communautaire comme régime légal[439], ne pouvant pas convenir à la configuration patrimoniale d'une famille polygamique, le futur législateur camerounais devrait, tel qu'il est préconisé dans la législation en gestation, d'une part, adopter un régime légal adapté aux réalités nationales, en tenant compte de certains paramètres tels que la relation entre l'option matrimoniale[440] et le régime matrimonial et, d'autre part, organiser les régimes conventionnels.

Aussi, dans le souci de sauvegarder les valeurs traditionnelles et surtout de promouvoir un droit authentiquement camerounais, en faisant intervenir toutes les sources, au lieu de, préconiser la condamnation pure et simple de la polygamie, à l'instar de certaines législations africaines, il est attendu de la future législation l'organisation des rapports patrimoniaux des familles polygamiques, afin de faciliter les opérations de liquidation de la succession dans les différents cas de figure.

Il ressort de cette analyse que la nécessité de l'intervention du législateur se fait ressentir avec acuité afin non seulement de mieux organiser les relations patrimoniales entre époux, mais aussi, d'harmoniser ainsi les interférences entre le droit des régimes matrimoniaux et celui des successions.

Le respect des droits fondamentaux de l'Homme universellement reconnus, auquel on ajoute des paramètres d'ordre économique, socioculturel, psychologique et de modernité dans le droit du développement[441], devrait guider le législateur dans son entreprise de systématisation des relations et incidences patrimoniales conjugales.

Par ailleurs, il est clair que le même régime ne convient pas fatalement à tous les ménages. La composition des patrimoines respectifs des époux, leur situation familiale[442], le fait pour la femme d'exercer ou non une profession ou une quelconque activité lucrative, font naître des intérêts économiques et moraux divergents. C'est pour cette raison que la thèse de la corrélation entre la forme de mariage et le régime matrimonial légal, dont les avantages paraissent pertinents, semble retenir notre adhésion. Dès lors, sans toutefois consacrer, comme certains pays africains[443], le principe de la séparation de

---

[439] Avant la réforme de 1965, la communauté des meubles et acquêts était le régime légal, mais depuis cette réforme, la communauté réduite aux acquêts est devenue le régime légal.

[440] Voir l'avant-projet du Code des Personnes et de la famille : Article 748 : Les époux mariés sous le système monogamique et qui optent pour la séparation des biens, doivent le faire par convention.

Article 749 : La loi soumet le mariage polygamique au régime de la séparation des biens.

[441] AKMNDJA AVOM (V) : Les incidences du mariage et du divorce en droit camerounais de la famille à la lumière du droit français, thèse, Lyon III, 1998, p. 316

[442] La situation familiale renvoie surtout à la forme de mariage, et aussi à la situation de remariage d'un époux, lorsqu'il existe des enfants du premier lit.

[443] Sénégal, loi du 12 juin 1972 portant code de la famille; Togo, ordonnance du 31 janvier 1980 portant code des personnes et de la famille ; Gabon, loi du 30 décembre 1989 portant modification de la loi du 29 juillet 1972 portant adoption de la 1re partie du Code civil français.

biens comme régime légal applicable aussi bien à la monogamie qu'à la polygamie, le régime légal de la séparation de biens pourrait être rendu obligatoire uniquement en cas de polygamie, tandis qu'une communauté d'acquêts, subordonnée à la participation de sa formation[444] serait aménagée comme régime légal de la monogamie en lieu et place de la communauté de meubles et d'acquêts préconisée par la législation en gestation[445].

Plusieurs raisons justifient le choix de la séparation de biens[446] comme régime légal des ménages polygames. Elle confère l'autonomie et la libre disposition de ses biens propres à chacun des époux, et surtout une réelle indépendance de chacune des épouses vis-à-vis tant de leur époux commun que des autres épouses, elle a le mérite d'éviter les interférences lésionnaires entre les patrimoines de différentes épouses. Par ailleurs, elle présente la possibilité de rendre facile la liquidation du régime en cas de dissolution du mariage. Aussi, la chronologie des divorces ne suivant pas celle des mariages, l'épouse divorcée retirerait ses biens propres, sans qu'il y ait ces interférences. Et, en cas de décès de l'époux commun, chacune des épouses devrait récupérer ses biens propres, ceux de l'époux prédécédé devraient former automatiquement la masse successorale et les biens restés indivis pourraient être partagés selon les règles de la communauté d'acquêts sous condition participative.

En plus et surtout, l'institution de la séparation de biens en cas de polygamie devrait enlever au mari la liberté que l'absence de dispositions relatives à la polygamie semble lui octroyer. De plus, elle mettrait fin aux situations extrêmement complexes créées lors de la liquidation des régimes matrimoniaux par la confusion de plusieurs régimes matrimoniaux au sein d'un foyer polygamique. En effet, étant donné que ni le Code civil ni l'ordonnance de 1981 ne réglementent les relations patrimoniales dans les ménages polygamiques, le mari polygame a actuellement la faculté d'opter, tacitement ou expressément, pour la communauté de biens avec certaines femmes, et pour la séparation de biens avec d'autres.

Il faut toutefois noter que cette séparation de biens ne pourrait pas servir les intérêts de toutes les femmes polygames. Lorsque celles-ci exerceront une profession rémunérée, elles devraient être entièrement protégées. Celles qui n'exerceraient que les activités domestiques seraient sacrifiées, car, ne pouvant disposer d'aucune preuve, leur situation risquerait de s'apparenter à

---

[444] AKOMNDJA V.: op. cit., p. 314 et s.

[445] L'avant-projet du Code des Personnes et de la famille (article 750) préconise que la communauté des meubles et d'acquêts soit de droit lorsque les époux, mariés sous le système monogamique, n'ont pas choisi de régime.

[446] La séparation de biens dont il est question ici sera celle qui est inspirée des règles du droit moderne et non pas la séparation coutumière de biens.

celle qui est réservée aux femmes dans la séparation coutumière de biens du système positif camerounais actuel.

Cet inconvénient ne doit pas inhiber tous les avantages de ce régime du fait de la séparation des intérêts aux plans actif et passif, en l'occurrence la responsabilisation des époux, l'autonomie de production et de gestion de ses biens par chaque époux et aussi la préservation du patrimoine de chacun contre les poursuites éventuelles à l'encontre du conjoint.

Pour ce faire, le législateur camerounais pourrait s'inspirer d'un côté des autres législateurs africains qui ont déjà adopté cette composition ,et aussi surtout du *Married women's property act de 1882* et du *married women's property act de 1970,* en vigueur dans l'ex-Cameroun occidental, et qui imposent la séparation de biens comme seul régime applicable aux relations entre époux[447].

En définitive, il y a lieu de préconiser l'institution de deux régimes légaux corrélatifs aux différentes formes de mariage, à savoir la séparation de biens pour la polygamie et la communauté d'acquêts sous condition participative pour les monogames. À côté des régimes légaux, le législateur devrait prévoir les régimes conventionnels.

Paragraphe 2. L'option pour un régime conventionnel

Si la séparation des biens apparaît comme le cadre juridique idéal d'organisation des rapports patrimoniaux des époux polygames, tel ne semble pas être le cas pour les époux mariés sous l'option monogamique auxquels devrait être reconnue la latitude de choisir par contrat soit une communauté soit la séparation de biens.

Cette liberté d'option devrait permettre de mettre fin aux situations d'entremêlement des régimes dans un même ménage, dans lesquelles l'époux polygame est uni coutumièrement à certaines de ses épouses et marié à l'état civil avec d'autres[448] et qui soumettent le juge à un exercice périlleux pour départager les conjointes survivantes dans la liquidation des différents régimes matrimoniaux dont certains peuvent éventuellement être conventionnels.

Aussi, la séparation de biens étant actuellement essentiellement conventionnelle, elle ne le serait désormais que dans le cas où elle sera choisie par les époux monogames. S'agissant des régimes de communauté, seule la communauté réduite aux acquêts devrait être conventionnelle tandis que la

---

[447] NGWAFOR (E N).: "Family law in the former West Cameroon", *first-year law of Licence, 1986-1987.*

[448] Affaire SOPPO PRISO, pendante devant les juridictions de Douala, affaire NZIKO devant les juridictions de Yaoundé et d'autres encore.

communauté d'acquêts sous condition participative devrait suppléer l'absence de choix des époux.

Le principe de la liberté des conventions matrimoniales préparé par l'ancien droit français devrait également servir de leitmotiv au législateur camerounais pour permettre aux époux d'exprimer expressément leur volonté sur le cadre juridique d'organisation de leurs relations patrimoniales. Cependant, cette liberté ne devrait pas aboutir à une démission du législateur. Aussi, afin de simplifier et de faciliter les stipulations conventionnelles, le législateur devrait établir des modèles.

De plus, qu'elle soit expresse ou tacite, la décision des époux ne devrait aucunement être modifiée au cours du mariage. Cette règle est restrictive de la liberté des époux et consacre le principe traditionnel de l'immutabilité des conventions matrimoniales[449].

Dès lors, tenant compte des considérations d'ordre psychologique et social, deux grands principes devraient servir de base aux régimes matrimoniaux d'une façon générale et au contrat de mariage en particulier. Il s'agit respectivement de la liberté des conventions matrimoniales et de l'immutabilité[450] de ces conventions. En effet, laisser aux époux la latitude de modifier leur régime matrimonial comporterait le risque d'entraîner l'arbitraire et donc des abus contre les intérêts des tiers. Par ailleurs, cette immutabilité conviendrait à la conception coutumière des relations patrimoniales des époux. Le droit coutumier qui ignore l'existence du régime matrimonial, et donc du contrat de mariage, ne peut pas être favorable à un changement du mode de gestion des biens conjugaux. Il faut donc lui reconnaître le mérite d'assurer la stabilité des ménages sur le plan tant personnel que patrimonial[451].

Cependant, contrairement au droit positif en vigueur au Cameroun, qui consacre encore l'application « *rigoureuse et absolue* » de ce principe, en droit français, il s'est trouvé infléchi[452].

Aussi, l'opportunité du maintien de ce principe dans la future législation appelle quelques réflexions. Les raisons de l'interdiction de la mutabilité du régime matrimonial par le législateur français de 1804 ne semblent plus se justifier à une époque où certaines circonstances de fait survenues après le mariage

---

449 CORNU (G): p. 49, et RAUNAUD, n°5 sur les raisons de la proclamation du principe de la liberté des conventions matrimoniales par le Code civil de 1804.

450 Ce dernier principe devra toutefois être assorti de règles d'assouplissement comme c'est le cas en droit français.

451 AKOMNDJA AVOM. (V).: op. cit., pp. 338-339.

452 Dès lors, en droit français, suite aux réformes successives des 13 juillet 1965 et 23 décembre 1985, les époux ont désormais la possibilité de modifier leur régime, soit par voie purement judiciaire, soit par voie de convention matrimoniale entre époux, mais sous contrôle judiciaire (art. 1397 c. civ. nouveau).

rendraient impératif le changement du régime matrimonial initial. Dès lors, les inconvénients du principe de l'immutabilité étant de en plus perceptibles, les réformes successives du Code civil français ont maintenu le principe de l'immutabilité tout en l'assouplissant dans le but d'adapter un régime à une situation de fait donnée (situation familiale ou professionnelle, ou encore à une modification des circonstances économiques générales au sein d'un ménage), Le maintien tient au fait que la mutabilité n'est pas absolument libre, car la seule convention des époux ne peut aboutir au changement, ce changement n'étant possible que sous un contrôle judiciaire qui permet de vérifier s'il est conforme à l'intérêt de la famille. C'est donc l'intérêt de la famille qui devrait commander le changement de régime[453].

Les transformations que la société camerounaise a subies depuis son indépendance et surtout la promotion continue de la femme, qui a cessé d'être un objet de droit pour devenir un parfait sujet de droit, sont également de nature à justifier l'institution de la mutabilité conditionnelle dans la future législation nationale[454]. Une opinion dominante soutient d'ailleurs, d'une façon générale,

---

[453] MORIN (G et M), n° 412, le statut matrimonial du français, Travaux du 75e congrès des notaires , T II, n° 90 et s. ; Couples et modernité , Travaux du 84e congrès des notaires , 1988, n°62 et s. ; R. THERY, L'intérêt de la famille, J.C.P., 1972, I, 2486, n°14, FLOUR (J) et CHAMPENOIS (G) ; op. cit., n°207, p. 176-177.

[454] Avant-projet du Code des Personnes et de la Famille :

ARTICLE 751 : (1) Les changements qui seraient apportés aux conventions matrimoniales avant la célébration du mariage doivent être constatés par un acte passé dans les mêmes formes. Nul changement ou contre-lettre n'est, au surplus, valable sans la présence et le consentement simultanés de toutes les personnes qui ont été parties dans le contrat de mariage, ou de leurs mandataires.

(2) Tous changements et contre-lettres, même revêtus des formes prescrites à l'alinéa 1 ci-dessus, sont sans effet à l'égard des tiers, s'ils n'ont été rédigés à la suite de la minute du contrat de mariage ; et le notaire ne peut délivrer ni grosses ni expéditions du contrat de mariage sans transcrire à la suite le changement ou la contre-lettre.

(3) Le mariage célébré, il ne peut être apporté de changement au régime matrimonial que par l'effet d'un jugement à la demande de l'un des époux dans le cas de la séparation de biens ou des autres mesures judiciaires de protection, soit à la requête conjointe des deux époux ou par l'effet d'un acte notarié, le cas échéant, homologué dans le cas de l'article suivant.

ARTICLE 752 : (1) Après deux (2) années d'application du régime matrimonial, conventionnel ou légal, les époux peuvent convenir, dans l'intérêt de la famille, de le modifier, ou même d'en changer entièrement, par un acte notarié qui est soumis à l'homologation de la juridiction compétente de leur lieu de domicile.

Mention du jugement d'homologation est faite sur la minute du contrat de mariage modifié.

(2) À peine de nullité, l'acte notarié contient la liquidation du régime matrimonial modifié si elle est nécessaire.

(3) Les personnes qui avaient été parties dans le contrat modifié et les enfants majeurs de chaque époux sont informés personnellement de la modification envisagée. Chacun d'eux peut s'opposer à la modification dans un délai de trois (3) mois.

(4) Les créanciers sont informés de la modification envisagée par tous moyen laissant trace. Chacun d'eux peut s'opposer à la modification dans les trois (3) mois suivant la notification.

(5) En cas d'opposition, l'acte notarié est soumis à l'homologation de la juridiction compétente du lieu du domicile des époux. La demande et la décision d'homologation sont publiées dans les conditions et sous les sanctions prévues par la législation en vigueur.

que l'exercice de certaines professions exigerait une organisation adéquate des rapports patrimoniaux des époux afin de préserver les intérêts de la famille; il en est ainsi de l'activité commerciale[455][h2], des professions libérales[456].

Le changement de l'option matrimoniale peut aussi être justifié par la nécessité d'adapter le régime à la nouvelle option[457].

En somme, les raisons qui justifieraient la nécessité de permettre aux époux de modifier leurs rapports patrimoniaux sont multiples et pertinentes. Aussi, sans toutefois passer d'une immutabilité absolue à une mutabilité libre, le futur législateur pourrait donner la possibilité aux époux de changer leur régime

---

(6) Lorsque l'un ou l'autre des époux a des enfants mineurs, l'acte notarié est obligatoirement soumis à l'homologation de la juridiction compétente du lieu du domicile des époux.

(7) Le changement homologué a effet entre les parties à la date de l'acte ou du jugement qui le prévoit et, à l'égard des tiers, trois (3) mois après que mention en a été portée en marge de l'acte de mariage.

Toutefois, en l'absence même de cette mention, le changement n'en est pas moins opposable aux tiers si, dans les actes passés avec eux, les époux ont déclaré avoir modifié leur régime matrimonial.

(8) Lorsque l'un ou l'autre des époux fait l'objet d'une mesure de protection juridique dans les conditions prévues par la législation en vigueur le changement ou la modification du régime matrimonial est soumis à l'autorisation préalable du juge des tutelles ou du conseil de famille s'il a été constitué.

(9) Il est fait mention de la modification sur la minute du contrat de mariage modifié et, si l'un des époux est commerçant, au registre du commerce et du crédit mobilier.

(10) Les créanciers non opposants, s'il a été fait fraude à leurs droits, peuvent attaquer le changement de régime matrimonial dans les conditions prévues par la législation en vigueur relative à l'interprétation des conventions.

(11) Si l'un des époux est commerçant au moment de la célébration du mariage ou le devient ultérieurement, le contrat de mariage doit être publié dans les conditions prévues par les dispositions relatives au registre de commerce et du crédit mobilier.

455 Pour des besoins de publicité, des règles spéciales de publicité sont prévues pour le contrat de mariage des commerçants. L'acte Uniforme OHADA portant sur le Commerce général prescrit que la mention du contrat de mariage doit être inscrite au Registre du Commerce. L'article 25 al 6 précise que la demande d'immatriculation doit indiquer la date et le lieu du mariage, le régime matrimonial adopté, les clauses opposables aux tiers restrictives de la libre disposition des biens des époux ou bien mention de l'absence de telles clauses, les demandes de séparation des époux.

Cette obligation s'impose si l'un des époux est commerçant au moment du mariage. Mais elle s'impose aussi si un des époux devient commerçant après la célébration du mariage, c'est-à-dire au cours du mariage.

Les règles propres à la publicité du contrat de mariage des commerçants sont sanctionnées, notamment par l'inopposabilité aux tiers des faits ou actes sujets à mentions ou à dépôts, à moins que ceux-ci n'en aient eu personnellement connaissance au moment où ils ont traité. Mais cette opposabilité ne peut être invoquée contre le conjoint non commerçant, du moins s'il n'était pas lui-même assujetti à immatriculation, de sorte qu'il pourra, par exemple, invoquer à l'encontre des créanciers de son conjoint, le régime de séparation de biens adopté par contrat.

Enfin, les mesures de publicité foncière peuvent être nécessaires en cas de besoin, si le régime adopté et les clauses prévues au contrat opèrent des mutations immobilières.

456 J. P. FERRANDES, Le point de vue du notaire : pourquoi changer de régime matrimonial, cité par AKOMNDJA A. (V). : op. cit , p. 341.

457 Ibid.

initial, mais sous contrôle judiciaire, afin d'éviter que l'intérêt de la famille soit mis en péril par des changements fantaisistes ou imposés par un époux non habile ou peu scrupuleux[458].

Si la liquidation préalable du régime matrimonial, qui est une étape importante dans le processus de la transmission de l'hérédité, permet de déterminer la masse exacte du patrimoine du de cujus sur laquelle vont s'opérer les techniques de transmission de la succession, elle n'est pas l'unique opération et n'est même pas nécessaire lorsque le de cujus n'était pas marié. Aussi, existe-t-il d'autres opérations dont la réalisation permet de sortir l'actif net du patrimoine successoral, lequel sera soit attribué à l'unique héritier, soit réparti entre les héritiers, au cas où il y en a plusieurs.

[458] FLOUR (J) et CHAMPENOIS (G) : op. cit., n°207, p. 176.

CHAPITRE II :

LA COMPLEXITÉ DES OPÉRATIONS DE LIQUIDATION DES BIENS PERSONNELS DU DE CUJUS POUR LEUR PARTAGE

D'après le Code napoléon, la liquidation de la succession consiste à fixer la masse successorale qui sera en définitive attribuée aux héritiers. Afin de réaliser cette fixation, il faut procéder au règlement des affaires du de cujus. De ce fait, il est question de recouvrer ses créances, d'exercer les actions en justice qui lui appartenaient, de payer ses dettes et de régler les charges successorales.

La liquidation comprend donc l'ensemble des opérations par lesquelles on détermine la consistance de l'actif. C'est ce qui reste après la réalisation des différentes opérations qui sera attribué à l'héritier ou partagé entre les différents héritiers.

Au Cameroun, la dualité juridique n'a pas épargné les techniques de transmission de la succession. Aussi, les opérations de liquidation de l'actif et du passif successoral diffèrent-elles suivant que la succession est liquidée selon les règles du droit coutumier ou du droit écrit. La jurisprudence essaie péniblement de trouver un droit adapté aux deux sources en vigueur.

Compte tenu des difficultés que suscite toute tentative d'une analyse comparative de la composition de la masse successorale dans les systèmes coutumiers et dans le système du Code civil, il s'avère opportun de les présenter distinctement afin de faire ressortir l'approche de la jurisprudence en la matière. Ainsi, concrètement, seront successivement présentées la liquidation des successions en droit coutumier (section I), les techniques de liquidation selon le droit écrit (section II), une vue jurisprudentielle de la liquidation des successions (section III) .

Section I. La liquidation de la succession en droit coutumier

De manière générale, la coutume admet comme axiome que l'héritier principal doit toujours accepter purement et simplement la succession. Ce qui implique qu'il est tenu des dettes de la succession non seulement sur l'actif successoral, mais aussi sur ses biens propres : le patrimoine du défunt et le sien sont donc désormais confondus. L'héritier coutumier est toujours tenu *ultra vires successionis.*

La confusion des patrimoines voulue en droit coutumier est plus forte que celle qui est instituée en droit écrit. En effet, la recherche permanente de la cohésion et de la solidarité familiales semble justifier cette confusion. Dès lors, en principe, il n'y a qu'un seul héritier, même si le de cujus laisse une abondante descendance. Ce dernier est investi de la qualité de père juridique dont était investi le défunt et est désormais titulaire de tous les droits et obligations qui composaient son patrimoine. Véritable continuateur de la personne du de cujus, il l'est d'une façon absolue, puisqu'il est tenu sur ses propres biens de toutes les dettes qu'il aurait laissées et qu'il ne lui est pas possible de renoncer à la succession ou de l'accepter sous bénéfice d'inventaire, ces concepts étant inconnus en droit coutumier[459].

Dès lors, dans le premier cas, la détermination des biens qui composent la succession a pour finalité le partage desdits biens entre les différents héritiers. Dans le second cas, le partage des biens successoraux est ignoré, et même interdit.

Paragraphe 1. La liquidation de la masse successorale dans la perspective du partage

La liquidation des biens successoraux dans la société traditionnelle Beti paraît identique aux opérations effectuées dans la société traditionnelle d'obédience musulmane. On y fait une nette différence entre la succession aux fonctions et la succession aux biens. Ainsi, tandis que la première est désignée par le terme succession, la seconde est considérée comme l'héritage.

En effet, dans ces sociétés, toute ouverture de succession donne lieu à une liquidation obligatoire. La situation du défunt doit être apurée. Ses dettes à terme deviennent immédiatement exigibles. Pendant cette période de

[459] Pour certains auteurs, il est un héritier nécessaire. Il se trouve au moment du décès investi de l'actif et du passif de la succession. De ce fait, il reçoit en même temps toutes les charges du prédécédé, notamment les devoirs d'entretien et d'assistance envers les autres membres de la famille.
La succession réalise principalement l'accession à la propriété dans sa plénitude. L'héritier principal reprend l'actif tout comme il s'engage aux obligations de la succession, car qui succède aux biens succède aux affaires.
Toutefois, cette situation n'est pas vraie pour toutes les sociétés. Aussi, dans certaines sociétés traditionnelles, opère-t-on une distinction entre la succession aux fonctions et la succession aux biens, alors que dans d'autres, la succession aux fonctions implique automatiquement la succession aux biens. Il est vrai que, avant de procéder à cette liquidation, tous les biens successoraux sont d'abord confiés à une seule personne afin qu'elle les conserve.

liquidation, les héritiers ne doivent et ne peuvent accomplir aucun acte qui puisse léser les créanciers du de cujus dans leurs droits[460].

La liquidation de la succession consiste alors dans un premier temps à établir l'actif et ensuite à acquitter les charges.

Paragraphe 2. La détermination de la masse successorale dans la perspective d'une indivision coutumière

Dans les sociétés originellement traditionnelles, l'individu n'existe qu'à partir du moment où il est intégré dans le groupe familial. N'ayant donc pas une entité distincte du groupe, il ne peut avoir des biens exclusifs. L'indivision y est orientée vers la protection et la garantie de la survie de la communauté. Dans ce système, la situation de chaque co-indivisaire est caractérisée par une certaine dépendance vis-à-vis du groupe familial[461].

---

[460] L'établissement de l'actif successoral conduit les héritiers à faire l'inventaire des biens que le défunt détenait à son décès : biens immeubles, meubles corporels et meubles incorporels. Ils doivent, par la suite, exiger toutes les créances du défunt afin de réunir l'intégralité de sa fortune en y soustrayant les donations qu'il avait consenties entre vifs. Cependant, il n'y a aucune obligation au rapport ou à la réduction des libéralités excessives. De la masse ainsi formée, les héritiers devront distraire tous les biens que le de cujus détenait à titre de dépôt, les biens non achetés et qui lui ont été confiés, et surtout les biens lignagers. Et ce n'est que lorsque ces différentes opérations auront été effectuées qu'ils pourront désintéresser les créanciers successoraux.
Une légère différence apparaît à ce niveau entre la société traditionnelle musulmane et la société Beti originellement traditionnelle. En effet, dans la première, les héritiers acquitteront les charges successorales telles que les frais funéraires, les dettes alimentaires et sommes nécessaires pour la veuve pendant la période de retraite de continence, les dettes garanties par une sûreté réelle donnée par le défunt, et enfin les dettes ordinaires. L'actif constitué est réparti entre les différents héritiers selon les règles du coran.
Dans la société Beti originellement traditionnelle, au contraire, il y a une fierté pour les héritiers à organiser les obsèques de leurs parents et à assumer toutes les charges funéraires. Ainsi, la veuve est-elle prise en charge par eux, même si elle n'a pas eu d'enfants avec le de cujus. Seules, peut-être, les dettes ordinaires peuvent être supportées par la succession, et si celle-ci n'est pas consistante, les héritiers prendront également sur eux de les rembourser.
En effet, tous les biens réunis après l'apurement du passif constituent l'actif successoral qui devra être réparti entre les différents héritiers, bien sûr à l'exclusion des filles, et ceux que le de cujus détenait en qualité de chef de lignage seront confiés à un seul héritier. Et c'est lui que le conseil de famille, mieux le conseil de notables désigne comme d'héritier principal et administrateur des biens lignagers d'intérêt commun.
Dans ces sociétés, la liquidation est ainsi faite dans le but du partage et non pas dans celui d'une indivision perpétuelle.

[461] Cette situation se vérifie aisément dans la partie ouest du Cameroun où la mort du de cujus n'entraîne pas le partage de la succession et oblige ainsi les autres membres de la communauté à demeurer dans l'indivision. Dans ce système, c'est le communautaire qui détermine les droits des indivisaires, compte tenu de la conception de la famille et de la propriété.

Dès lors, malgré la communauté, chaque indivisaire a quand même des droits sur les biens lignagers communs (A). Par ailleurs, les co-indivisaires entretiennent entre eux des rapports (B).

A. Les droits des indivisaires coutumiers sur les biens communs

Le patrimoine lignager est un patrimoine collectif composé d'éléments matériels et immatériels[462] qui ne peuvent pas être soumis au partage. Ainsi, les indivisaires ont-ils simplement un droit d'usage et de jouissance sur ces biens. Les modalités de ces droits sont déterminées par la structure hiérarchique de la famille. Cette hiérarchie a pour conséquence « *l'inégalité des droits des cohéritiers relativement aux biens indivis* »[463].

L'héritier coutumier succède alors seul à tout et le partage ne s'impose pas[464]. Cette absence de partage implique implicitement la participation de tous les héritiers à la jouissance et à l'usage des biens successoraux.

En définitive, le nouveau chef de famille n'utilise pas les biens laissés par le de cujus pour la satisfaction exclusive de ses intérêts personnels. Toutefois, l'usage et la jouissance des biens communs sont inégalitaires dans cette société traditionnelle, car ils doivent s'effectuer conformément à la hiérarchie familiale[465].

Toutefois, si dans la société Bamiléké le patrimoine éventuel du de cujus se confond avec le patrimoine lignager, dans les autres sociétés sus-évoquées, le patrimoine personnel du de cujus est séparé du patrimoine lignager qui, lui, est soumis aux règles de l'indivision coutumière.

462 Voir supra…

463 RATOVO ANDRIANAVALONA RIVO : « L'évolution de la notion d'indivision successorale en droit malgache », *thèse Poitiers, 1988,* p. 78.

464 Cette jouissance peut être soit directe soit indirecte. En effet, en prenant la place du de cujus, l'héritier coutumier devient le nouveau chef de famille. Il est de ce fait investi des fonctions religieuses, sociales et politiques du de cujus. Aussi a-t-il l'obligation d'assumer les charges qui incombaient à son prédécesseur. Sur le plan matériel, il doit entretenir les membres de la famille, satisfaire leurs besoins matériels. Ils en jouissent alors directement. Sur le plan spirituel, la jouissance est plutôt indirecte. En effet, les attributs des fonctions et les objets de culte et de sacrifices aux ancêtres, ne pouvant pas être matériellement partagés entre les membres du groupe, ne doivent être confiés qu'à une seule personne initiée à leur utilisation. Et lorsqu'elle pratique le culte des ancêtres, elle le fait dans l'intérêt de tous les membres de la collectivité familiale qui, de ce fait, peuvent être considérés comme des bénéficiaires indirects.

465 YOUEGO, op. cit., n° 526, p. 549. Ainsi s'agissant par exemple de l'attribution des terres, les attributaires doivent être en âge de se marier, mais aussi, et surtout de sexe masculin. Aussi y sont exclus tous ceux qui ne remplissent pas cette condition de mariage et toutes les filles du de cujus qui, considérées comme étant en transit dans leur famille d'origine, ne sont pas titulaires du droit d'exploitation individuelle. L'inégalité qui caractérise les droits des indivisaires sur les biens communs se justifie par leur destination. En effet, ils servent au maintien de la cohésion et de la solidarité familiales. En plus, étant donné que les individus passent et l'indivision coutumière subsiste, celle-ci doit à tout moment pouvoir satisfaire les préoccupations permanentes qui tendent au respect de cette destination. L'organisation de cette

B. Les rapports entre les indivisaires dans l'indivision coutumière

La communauté d'intérêts n'a jamais été discutée dans les sociétés originellement traditionnelles, elle l'est encore moins dans l'indivision coutumière. Étant de l'essence même de ces sociétés, on y parle d'un esprit communautaire. L'existence de l'esprit de cette communauté d'intérêts (1) appelle l'examen de sa nature (2).

1. L'existence de la communauté d'intérêts

Une tendance doctrinale présente la communauté d'intérêts comme étant le trait dominant de l'indivision coutumière[466]. Ce trait permet de l'opposer à l'indivision du Code civil. D'après cette doctrine, l'indivision coutumière est une *« communauté de biens qui repose sur une communauté de personnes »*[467]. Ces biens coutumiers *« forment un ensemble homogène affecté aux besoins du groupe »*[468]. Dès lors, la satisfaction de ces besoins du groupe constitue l'intérêt commun des indivisaires coutumiers, intérêt qui crée des obligations entre les coïndivisaires[469].

2. La nature de la communauté d'intérêts

La communauté d'intérêts dans l'indivision coutumière doit être envisagée sous plusieurs angles, à savoir économique, social et religieux.

Sur le plan économique, l'indivision apparaît comme le seul mode d'exploitation des biens. La volonté individuelle ne présente alors aucune importance *« tant que la communauté des biens, soudée par la nécessité économique d'une exploitation commune, est demeurée obligatoire au décès du chef de famille »*[470]. Toutefois, la communauté d'intérêts économiques dans l'indivision coutumière ne constitue qu'une vue superficielle de

---

indivision échappe alors à toute orientation individualiste et repose plutôt sur la solidarité entre les indivisaires, laquelle est fondée sur la communauté d'intérêts.

466 BLANCO JOUVAN (X): « Les droits fonciers collectifs dans les coutumes malgaches », in *revue internationale de droit comparé*, n°2, 1964 ; n°388 ; RATAVO ANDRIANAVALONA, op. cit., p.16

467 BLANC JOUVAN (X): op. cit.

468 RATOVO (AV), op. cit., p. 116.

469 La communauté d'intérêts apparaît comme une marque naturelle de l'indivision coutumière. L'existence de cette communauté ne semble pas propre aux sociétés africaines : elle semble avoir caractérisé toutes les sociétés dites primitives. Il en a été ainsi de la Grèce antique où il a été noté que « malgré la fréquente concentration de l'autorité en la personne d'un seul individu, il y a entre les proches un groupement fondé sur la vie commune, le travail commun et le sentiment d'une étroite solidarité ». Certains termes formels caractérisent alors l'indivision coutumière, à savoir la communauté d'intérêts, la communauté de personnes, la solidarité entre les indivisaires. Il convient alors de déterminer la nature de cette communauté d'intérêts.

470 Ibid.

l'institution, car, c'est dans ses aspects social et religieux que cette indivision révèle son originalité.

Ainsi, la communauté d'intérêts découle des fonctions que remplit l'indivision coutumière. Elle constitue « *une richesse commune parce qu'elle est le fondement de la reproduction du groupe, c'est-à-dire des générations actuelles et futures* »[471].

La fonction sociale de l'indivision en fait une institution totalement indépendante de la volonté humaine : elle ne naît pas de la volonté des coïndivisaires, elle n'est même pas créée par le décès du chef de famille comme c'est le cas dans l'indivision du Code civil[472].

À travers un résumé parfait des rapports entre les coïndivisaires, KOUASSINGAN estime que dans l'indivision coutumière, la solidarité qui règne entre les consorts amène chacun à se considérer « *non pas comme propriétaire de tous les biens existants dans le groupe, mais comme titulaire d'une sorte de droit de créance...* ». Il précise par ailleurs que « *ce droit de créance, d'ailleurs virtuel, ne devient effectif que lorsque, sous l'autorité du chef de famille, la solidarité du groupe doit jouer au profit d'un membre en difficulté* »[473]. Il s'agit alors d'un droit de créance d'une nature spécifique[474].

Section II. Les techniques de liquidation de la succession en droit écrit

En droit écrit plusieurs paramètres entrent en ligne de compte dans les opérations de détermination de la masse à partager. Aussi, dans la liquidation du passif et de l'actif, distingue-t-on suivant que le de cujus a laissé un seul héritier ou que plusieurs héritiers sont appelés à hériter de lui.

En effet, lorsqu'il y a un seul héritier appelé, la liquidation sera la seule opération que l'on aura à effectuer, car il n'y aura pas de partage à faire, puisque cet héritier unique prend à lui seul tous les biens successoraux. Il en

---

[471] KI ZERBO (F) : « Coutume et succession au Sénégal. Logiques d'une transmission des richesses et des statuts chez les Joola du Ulif (Casamance) », Thèse, Paris I, 1991, p. 315.

[472] Il en est ainsi parce que dans ses aspects social et religieux, l'indivision coutumière n'a pas une valeur patrimoniale. Son origine remonte à des temps que personne ne peut situer, et elle n'a aucune durée dans la mesure où les rapports qui se nouent à travers elle, entre les vivants d'une part, puis entre ces derniers et les morts d'autre part, ont un caractère perpétuel, caractère qu'emprunte l'indivision.

[473] KOUASSINGAN (G. A.) : *L'Homme et la terre*, ORSTON, 1966, p. 143.

[474] L'indivision coutumière présente à cet effet une spécificité par rapport à l'indivision classique du Code civil de 1804 qui est l'une des étapes de la procédure de liquidation des successions en droit écrit.

est de même lorsque, parmi tous les héritiers appelés, un seul a accepté la succession[475].

Afin de mieux démontrer ces techniques, il convient de distinguer le cas où la succession est recueillie par un seul héritier (§ 1) de celui où il y a plusieurs héritiers appelés à la succession (§ 2). Par ailleurs, il apparaît opportun de présenter certaines techniques qui, lors de la détermination de la masse successorale à partager, permettent d'assurer une égalité entre les héritiers. Il s'agit concrètement de la réduction des libéralités et du rapport des libéralités et des dettes (§ 3).

Paragraphe 1. La liquidation de la succession en cas d'héritier unique

Malgré la saisine de plein droit dont jouit un héritier appelé, une option lui est laissée afin de se prononcer sur l'appréhension effective du patrimoine successoral. Aussi, en dehors de la renonciation qui le rend étranger à la succession, l'héritier peut accepter soit purement et simplement la succession dont il est saisi, soit encore sous bénéfice d'inventaire[476]. Dès lors, au cas où il y a un seul héritier appelé à recueillir une succession, les opérations de liquidation diffèrent suivant qu'il a accepté la succession purement et simplement (A), ou sous bénéfice d'inventaire (B). Afin de sauvegarder leurs intérêts en cas de confusion des patrimoines sur la tête de l'héritier, et compte tenu de l'état du patrimoine personnel de l'hériter, les créanciers successoraux peuvent demander la séparation des patrimoines (C).

---

[475]Il faut noter que cet héritier unique diffère de l'héritier nécessaire du droit coutumier qui, lui, joue le rôle d'administrateur des biens de la succession pour le compte de tous les autres héritiers.

Par contre, lorsque plusieurs héritiers sont appelés à la succession, la liquidation ne sera pas la seule opération à effectuer, il faudra par la suite attribuer à chacun de ces héritiers une part divise de l'actif successoral. Cette attribution se fait par le moyen de l'opération du partage. Aussi, la liquidation et le partage apparaissent-ils comme deux opérations théoriquement distinctes. Toutefois, il ne peut y avoir d'attribution et de partage de l'actif qu'après le paiement des dettes et l'exécution des legs.

Qu'il y ait un ou plusieurs héritiers, la liquidation consiste dans le paiement du passif et dans l'administration et la réalisation possible de l'actif, avec cette différence qu'en cas de pluralité d'héritiers, la liquidation est plus complexe, car les biens de la succession se trouvent dans l'indivision et par conséquent, les dettes se divisent entre les différents héritiers.

[476] Voir infra, sur la faculté d'option offerte à l'héritier saisi.

A. La liquidation de la succession en cas d'acceptation pure et simple

Puisque le patrimoine du de cujus s'intègre tout seul dans le patrimoine personnel de l'héritier, la liquidation du passif (2) devient l'opération la plus importante à côté de celle de l'actif successoral (1).

1. La liquidation de l'actif en cas d'héritier unique

L'héritier pur et simple a en même temps la propriété et la possession de l'actif héréditaire. Il peut donc administrer librement la succession, exercer les actions du de cujus. Ayant désormais l'entière maîtrise du patrimoine successoral en sa qualité de propriétaire, il peut aussi aliéner soit à titre onéreux, soit à titre gratuit, les biens successoraux ou constituer sur eux des droits réels[477].

2. La liquidation du passif successoral en cas d'unicité d'héritier

Le passif successoral coïncide avec celui qui pesait sur le de cujus. Il passe *de plano* à l'hériter qui, dès lors, est tenu du passif (a) et doit, de ce fait, payer les créanciers successoraux (b).

a. L'étendue de l'obligation au passif

Le passif auquel l'héritier est obligé comprend les dettes et les charges auxquelles s'ajoutent les legs de choses de genre, spécialement de sommes d'argent.

- **L'obligation aux dettes**

Les dettes sont composées des obligations, d'origine contractuelle ou délictuelle, dont le défunt était tenu de son vivant, à l'exclusion de celles qui résultent des contrats *intuitu personae* qui s'éteignent à la mort du de cujus, tels que le mandat ou le louage de chose.

Les créanciers successoraux ont pour gage tous les biens héréditaires. Cette solution est admise aussi bien par les tenants du principe de la continuation de la personne que par ceux de la succession aux biens[478]. En effet, la succession

---

[477] Cette liberté d'action vient du fait qu'il est tenu personnellement de ses biens au paiement des dettes du de cujus. Le patrimoine du de cujus demeure le gage exclusif des créanciers successoraux qui n'ont rien à redouter de l'insolvabilité personnelle de l'héritier.

[478] BOURREL (P) : op. cit., p. 104.

se compose de l'actif et du passif. L'actif doit répondre du passif. Il s'agit d'un patrimoine qui, du vivant du de cujus, pouvait être saisi par les créanciers[479].

- **L'obligation aux charges successorales et aux legs**

Les charges quant à elles sont les obligations qui prennent naissance par le fait du décès et dont le défunt n'était pas tenu de son vivant[480]. Elles comprennent spécialement les dettes qui résultent du décès même, tels les frais funéraires, les frais d'inventaire, de liquidation et de partage, les frais de deuil.

Quant aux legs, on distingue les legs de meubles ou d'immeubles des legs de sommes d'argent. Pour les premiers, le légataire est *de plano* propriétaire depuis le jour du décès, il se paie lui-même en demandant l'envoi en possession. Dans le second cas, le légataire est titulaire d'un droit qu'il doit exercer contre une personne et non pas sur un bien. Il s'agit alors d'un droit personnel, droit de créance et non pas d'un droit réel[481].

Étant ainsi obligé aux dettes du de cujus, l'héritier doit satisfaire les créanciers successoraux.

b. Le paiement des créanciers successoraux

Aucune règle particulière n'est imposée à l'héritier pur et simple pour le paiement des créanciers. Il procède librement au paiement de ces derniers,

---

[479] S'ils avaient agi en temps utile, ils auraient pu saisir tous les biens pour se faire payer leurs créances. Il n'est donc pas admissible que la mort de leur débiteur arrête leurs poursuites. Il en résulte que sur les biens de la succession, les créanciers doivent être payés avant les légataires. Ils ont le droit de faire saisir les biens qui composent la succession, et même ceux que le de cujus a légués, car ils avaient déjà ce droit avant la mort de leur débiteur.
Mais en cas d'insuffisance d'actif, les héritiers saisis, auxquels on assimile le légataire, sont responsables ultra vires successionis. Dès lors, il est obligé aux dettes parce qu'il a la saisine. La saisine et l'obligation aux dettes sont alors deux conséquences de la qualité d'héritier. Aussi, si l'héritier est tenu indéfiniment aux dettes, c'est parce qu'il continue la personne du défunt et non pas du tout parce qu'il a la saisine.

[480] GRIMALDI (M) : op. cit., p. 500, n°539, TERRE (F) et LAQUETTE (Y) : op. cit., n°743.

[481] GORE (F): « Le transfert de propriété dans les ventes de choses de genre » , D. 1954, chron. 175, ; G. SOUSI : « La spécificité juridique de l'obligation de somme d'argent » *: RTD Civ.*, 1982, 514, spéc. n°s 11 à 15. La question ne se pose que pour les legs de choses de genre imposés par le de cujus à ses héritiers. À cet effet, il importe de distinguer les legs particuliers des legs universels ou à titre universel.
Le légataire universel ou à titre universel acquiert un ensemble comprenant des éléments d'actif et de passif, il ne devient pas créancier de la succession, car il doit s'acquitter des dettes. Pas davantage le légataire particulier d'un corps certain n'est-il créancier de la succession. En effet, étant devenu de plein droit propriétaire d'un bien isolé dès le décès, il dispose d'une action en revendication pour entrer en sa possession, car il n'a aucun rapport d'ordre personnel avec les héritiers; et parce qu'il n'a aucun droit personnel contre eux, il a seulement un droit réel sur la chose qu'il peut leur opposer.
En revanche, le légataire particulier d'une chose de genre, spécialement d'une somme d'argent, devient créancier de la succession. Dans ce cas, le transfert de propriété étant subordonné à la spécification ou au paiement de la chose , il appartient aux successeurs d'y procéder.

dans un ordre qui lui convient. Certes, il peut être insolvable, mais si les créanciers redoutent son insolvabilité, la loi leur permet de demander la séparation des patrimoines. Une telle inquiétude ne hante pas les créanciers au cas où l'héritier unique a accepté la succession sous bénéfice d'inventaire.

B. La liquidation de la succession en cas d'acceptation sous bénéfice d'inventaire

L'effet essentiel du bénéfice d'inventaire est d'empêcher la confusion du patrimoine personnel de l'héritier avec celui du défunt, et ce, malgré la transmission de la propriété qui s'est opérée de plein droit au profit de l'héritier. Il en résulte que l'héritier bénéficiaire n'est tenu du paiement des dettes et charges de la succession que jusqu'à concurrence de l'actif recueilli. Ce double effet de l'acceptation bénéficiaire explique l'existence de règles particulières de liquidation au point de vue tant de l'administration et de la réalisation de l'actif successoral (1) que du paiement du passif (2).

1. La liquidation de la succession par un héritier unique bénéficiaire

L'héritier se trouve à cet égard dans une situation particulière. Les biens de la succession deviennent sa propriété sans pour autant entrer dans son patrimoine. En effet, étant un héritier acceptant, il est propriétaire de l'hérédité. Mais, il est obligé seulement dans la limite de l'actif qu'il a recueilli[482].

a. L'obligation pour l'héritier bénéficiaire d'administrer la succession

Comme tout administrateur, l'héritier bénéficiaire doit rendre compte de son administration aux créanciers et légataires. Il doit établir un compte de tout ce qu'il reçoit et de tout ce qu'il a payé. Ce compte rapproché de l'inventaire permettra d'examiner son administration[483].

---

[482] Dans cet objectif, on peut même le considérer comme propriétaire d'un patrimoine affecté à un but déterminé, particulier, à savoir le paiement des créanciers. On comprend dans ces conditions qu'il ne puisse pas avoir une liberté totale vis-à-vis du patrimoine successoral dont il est comptable à l'égard des créanciers de la succession. Il est ainsi soumis à deux grandes obligations, celle d'administrer d'une part et celle de liquider, mais suivant certaines formes d'autre part.

[483] Il est responsable des fautes qu'il commettrait dans l'administration de la succession. Cependant, sa responsabilité est allégée. En effet, n'étant pas un administrateur des biens d'autrui, mais propriétaire des biens qu'il administre, l'héritier bénéficiaire ne peut être obligé d'apporter dans l'administration de la succession plus de soins que dans l'administration de ses propres affaires.

Dès lors, la mission de l'héritier bénéficiaire est en principe de conserver le patrimoine successoral en attendant que les créanciers le saisissent. Cependant, afin de préserver ses intérêts, il devra faire diligence en procédant à la liquidation du passif héréditaire afin de vérifier s'il subsiste un reliquat dont il pourra alors librement disposer.

b. La nécessité de liquidation de la succession par l'héritier unique bénéficiaire

L'héritier unique n'est pas tenu de liquider l'hérédité, car il est propriétaire ; et on ne peut pas obliger un propriétaire à vendre ses biens s'il ne le veut pas. Il est donc libre de ne pas liquider. Mais, s'il décide de liquider, il ne peut le faire à sa guise, sous peine de sanction. Il est donc obligé de respecter les formalités déterminées par la loi. Ces formalités varient en fonction des biens qui composent la succession et elles obéissent aux règles prévues par le code de procédure civile[484]. Les formalités relatives à la vente des immeubles successoraux par l'héritier réservataire sont plus rigoureuses[485].

Au cas où l'héritier bénéficiaire enfreint les exigences légales de liquidation, il encourt des sanctions[486].

On peut affirmer à cet effet que l'héritier bénéficiaire dispose de pouvoirs plus larges que l'administrateur du patrimoine d'autrui. Il est certes obligé, comme lui, d'administrer, mais à la différence que parmi les actes de disposition, seules les aliénations font l'objet d'un contrôle. Quant au pouvoir d'administration, il ne connaît qu'un seul impératif : l'inaction lui est interdite.

[484] En effet, aux termes de l'article563 dudit code, l'héritier bénéficiaire, qui voudrait vendre les meubles dépendant de la succession, doit adresser une requête au président du TPI du lieu d'ouverture de la succession. La vente devra se faire par un officier public après avoir rempli les formalités de publicité.

[485] En effet, l'art. 564 du C.PR.C.C. exige également qu'une requête soit présentée au président du TPI du lieu d'ouverture de la succession et qu'elle contienne la désignation sommaire desdits immeubles. Par la suite, la requête doit être communiquée au ministère public, et, à la suite de ses conclusions, un jugement sera rendu qui, soit autorisera la vente et fixera la mise à prix, soit ordonnera une expertise préalable des immeubles. Dans ce dernier cas, le rapport d'un expert nommé d'office sera entériné sur requête par le tribunal, et sur les conclusions du ministère public, le tribunal ordonnera la vente.
Chaque immeuble soumis à la vente devra au préalable être immatriculé suivant les règles relatives à la vente des immeubles appartenant au mineur (articles 540 à 543 du C.P.R.C.C.).

[486] Si l'héritier bénéficiaire aliène les biens successoraux sans une autorisation de justice et sans observer les formalités prescrites par la loi, l'acte ne sera pas moins valable, puisqu'il est l'œuvre d'un propriétaire. Par conséquent, les créanciers successoraux ne peuvent, sauf jeu éventuel de l'action paulienne, poursuivre le bien irrégulièrement vendu entre les mains de l'acquéreur. Mais l'héritier sera déchu du bénéfice d'inventaire, et sera réputé, aux termes de l'article 566 du Code de procédure civile, acceptant pur et simple avec toutes les conséquences que cette qualité entraîne sur ses biens personnels. En sa qualité de propriétaire des biens qu'il recueille, l'héritier bénéficiaire doit liquider le passif successoral.
Par ailleurs, si l'héritier bénéficiaire trouve la gestion et la liquidation de la succession lourdes, il peut requérir auprès du tribunal la nomination d'un administrateur qui aura les mêmes

2. La liquidation du passif successoral par un héritier unique bénéficiaire

La conséquence de l'isolement des patrimoines est la limitation de l'obligation au passif. En effet, l'héritier bénéficiaire n'est tenu de payer les dettes et les legs que dans la limite de l'actif qu'il recueille. En cas d'acceptation bénéficiaire, on peut alors se poser la question de savoir si le successeur qui est tenu au passif doit l'acquitter tout entier[487].

a. L'étendue de son obligation aux dettes

La conséquence principale de l'isolement des patrimoines est la limitation de l'obligation au passif. En effet, l'héritier bénéficiaire n'est tenu de payer les dettes et les legs que dans la limite de l'actif qu'il recueille. Cette limitation pro et cum viribus est énoncée à l'article 802 al 2 du Code napoléon[488]. On dit alors qu'il a une obligation intra vires successionis. Cette limitation exclut l'obligation ultra vires successionis à laquelle est tenu l'héritier pur et simple. À cet effet, les créanciers successoraux ne peuvent saisir que les biens de la succession et jamais les biens personnels de l'héritier[489].

---

pouvoirs que lui et sera tenu des mêmes obligations. Il peut même abandonner tous les biens de la succession aux créanciers et légataires.

En plus, les héritiers et légataires peuvent provoquer le remplacement de l'héritier par un administrateur, si leurs intérêts risquent d'être compromis du chef de l'héritier bénéficiaire. Le retrait des pouvoirs d'administration et la nomination d'un administrateur judiciaire constituent la sanction la plus efficace de l'inertie, de la maladresse ou de la malveillance de l'héritier bénéficiaire.

[487] Le règlement du passif successoral en cas d'acceptation sous bénéfice d'inventaire présente certains aspects spécifiques en raison de l'isolement du patrimoine. En effet, la clé du régime de protection qui est prévu pour l'héritier réside dans l'absence de confusion de son patrimoine propre et du patrimoine héréditaire. Il convient dans ces conditions d'examiner successivement l'étendue de son obligation aux dettes et le procédé de paiement des créanciers.

[488]Article 802 al. 2 du Code civil : *« L'effet du bénéfice d'inventaire est de donner à l'héritier l'avantage : 1°- de n'être tenu du paiement des dettes de la succession que jusqu'à concurrence de la valeur des biens qu'il a recueillis... »*

[489] C'est pour cette raison que la loi exige qu'il fasse un inventaire fidèle et liquide selon certaines formes, afin de ne pas dilapider l'actif successoral, car le gage des créanciers successoraux est strictement cantonné aux biens dont il a été dressé un inventaire.

L'importance pratique de cette limitation de l'obligation aux dettes explique le fait que l'acceptation bénéficiaire soit le parti conseillé lorsque la solvabilité de la succession est douteuse. Chaque fois que la solvabilité de la succession sera incertaine, l'acceptation bénéficiaire évitera au successeur une mauvaise surprise. Plusieurs raisons peuvent justifier ce doute. Il en est ainsi lorsque le désordre ou la complexité des affaires du de cujus rendent malaisée la détermination des éléments d'actif et de passif. En plus, l'existence d'un passif latent peut aussi être à craindre.

Cette limitation de l'obligation aux dettes successorales justifie l'exigence de certaines formalités pour le paiement des créanciers.

b. Le paiement des créanciers

Le Code civil n'a pas organisé une liquidation collective du patrimoine du défunt analogue à celle de la faillite, puisque le patrimoine successoral est réputé insolvable. Et puisqu'il n'y a pas dessaisissement du débiteur, les poursuites individuelles ne sont pas suspendues. Chaque créancier a le droit de poursuivre l'héritier pour son compte personnel. Par ailleurs, la liquidation n'étant pas obligatoire, l'héritier bénéficiaire ne liquide que s'il le veut, car il peut attendre les poursuites individuelles des créanciers.

Toutefois, l'héritier bénéficiaire ne peut pas payer à son gré les créanciers héréditaires et les légataires. Le code lui impose certaines règles de paiement. Il faut distinguer ici les créanciers hypothécaires des créanciers chirographaires[490].

La loi n'organise « *un embryon de liquidation* »[491] que lorsque les ayants droit ont fait opposition[492]. Ce paiement est au contraire régi par le droit commun en l'absence d'opposition[493]. Dès lors, les paiements ne s'effectuent pas au hasard de l'ordre des demandes.

Si, au mépris de l'opposition, l'héritier payait certaines créances de préférence à d'autres, il engagerait sa responsabilité personnelle à l'égard des

---

[490] Les créanciers hypothécaires ou privilégiés du défunt, usant de leurs garanties, passent avant tous les créanciers chirographaires. Ils sont alors payés sur le prix des immeubles vendus par l'héritier qui, compte tenu de la limitation de ses pouvoirs sur l'actif successoral, n'a pas le droit de toucher lui-même le prix. Il doit le faire verser directement aux créanciers hypothécaires par les tiers acquéreurs. Mais pour bénéficier de ce droit, le créancier doit avoir inscrit son hypothèque avant le décès de son débiteur.
Au cas où il y a un reliquat après le paiement des créanciers privilégiés, il faut penser aux créanciers chirographaires. Leur situation varie suivant qu'ils sont opposants ou non. Les créanciers chirographaires sont privilégiés aux légataires. Au sein de chacune de ces catégories, la répartition de l'actif se fait au marc le franc, proportionnellement au montant de la créance ou du legs.

[491] TERRE (F) et LEQUETTE (Y) : op. cit., n° 829.

[492] L'opposition résulte de toute initiative par laquelle créanciers ou légataires font connaître à l'héritier l'existence de leur créance ou de leur legs. Cette notion n'a pas été définie par la loi.

[493] S'il y a des créanciers opposants, l'article 808 c. civ. prévoit qu'ils devront être payés dans l'ordre et la manière fixés par le juge, c'est-à-dire suivant une procédure de distribution par contribution. Quand il n'y a pas de créanciers opposants, l'héritier bénéficiaire peut payer les créanciers et légataires dans l'ordre où ils se présentent. Une fois que l'actif est épuisé, il est libéré. Les créanciers non payés ont un recours contre les légataires pendant trois ans, parce que les créanciers devaient être payés avant les légataires. Ils n'ont aucun recours contre les autres créanciers.

autres créanciers opposants. De plus, les créanciers non payés auraient un recours contre ceux qui auraient été payés à tort[494].

Mais, si les créanciers ont des doutes sur la solvabilité de l'héritier, ils peuvent demander la séparation des patrimoines.

C. La liquidation de la succession en cas de séparation des patrimoines

Lorsqu'un héritier est appelé à une succession insolvable, pour éviter la confusion de son patrimoine avec celui du défunt, et pour ne pas voir ses biens personnels saisis par les créanciers du défunt, il accepte la succession sous bénéfice d'inventaire. Mais, pour remédier au danger que représente pour les créanciers héréditaires, et accessoirement pour les légataires particuliers, la confusion des patrimoines du défunt et du successeur lorsque celui-ci est insolvable, les créanciers héréditaires peuvent demander la séparation des patrimoines. Dès lors, lorsque la succession est solvable et qu'elle est acceptée par un héritier personnellement insolvable, qui a plus de dettes que de biens, par suite de la confusion des patrimoines, les créanciers du défunt vont se trouver en concours avec les créanciers personnels de l'héritier. L'art. 878 c.civ. leur permet d'écarter les créanciers personnels de l'héritier en demandant la séparation du patrimoine du défunt d'avec celui de l'héritier[495].

Il paraît dès lors opportun d'en présenter les conditions d'application (1), avant d'en relever les effets (2).

1. Les conditions d'application de la séparation des patrimoines

Deux conditions principales sont exigées pour que la séparation des patrimoines soit accordée à ceux qui la sollicitent. Primo, il faut avoir la qualité de créancier de la succession, et, secundo, en faire la demande. Pour l'essentiel, trois questions nécessitent à cet effet d'être posées à savoir : contre qui elle peut être demandée ? À quels biens doit-elle s'appliquer ? Et, enfin,

---

[494]Si par exemple, l'héritier a payé les legs, les créanciers opposants peuvent forcer les légataires à restituer les legs, ils peuvent même en cas d'insuffisance des legs demander aux créanciers qui ont été payés la restitution des sommes qu'ils ont touchées ou tout au moins une partie de ces sommes et ce pendant trois ans. Il ne s'agit pas d'une action paulienne, car celle-ci suppose une fraude. Or ici la loi n'exige pas la fraude. Ce n'est pas davantage une action en répétition de l'indu, puisque les créanciers qui ont été payés ont touché ce qui leur était dû. Il s'agit d'une action personnelle fondée sur la nullité du paiement fait au mépris de l'opposition, et qui appartient aux créanciers opposants contre ceux qu'on leur a préférés à tort.

[495] On peut alors définir la séparation des patrimoines comme un bénéfice accordé aux créanciers de la succession et aux légataires de sommes d'argent, jamais aux créanciers de l'héritier, par l'effet duquel ils sont payés sur les biens de la succession par préférence aux créanciers personnels de l'héritier. C'est, à la fois, une mesure légale destinée à éviter la confusion des patrimoines dans l'intérêt des créanciers du défunt et un privilège qui leur est accordé.

comment se perd-elle ? L'analyse de la première condition conduit à reconnaître le bénéfice de la séparation des patrimoines non seulement aux créanciers héréditaires, mais aussi à ceux qui tiennent leur titre des charges héréditaires et aux légataires particuliers de sommes d'argent. Elle n'est pas une mesure d'exécution, mais simplement une mesure conservatoire du patrimoine du défunt contre les créanciers de l'héritier. Par ailleurs, elle est une mesure individuelle, car chaque créancier a un droit individuel à réclamer, ainsi chacun agit-il dans son intérêt[496].

La séparation des patrimoines est une institution légale, aussi, suffit-il que les créanciers demandent à être payés avant ceux de l'héritier sur le prix de la vente des biens de la succession[497].

Enfin, les créanciers perdent le droit de demander la séparation des patrimoines soit pour des causes communes à tous les biens de la succession, soit pour des causes spéciales aux biens meubles[498].

---

[496] Dès lors, destinée à préserver le gage que constituait le patrimoine du défunt, l'institution a théoriquement pour bénéficiaires naturels tous les créanciers du défunt, peu importe la qualité de leurs créances : chirographaires ou hypothécaires et donc privilégiés. Mais, dans la pratique, la séparation des patrimoines est demandée seulement par les créanciers chirographaires, car ceux qui ont un privilège n'ont pas besoin de la réclamer puisqu'elle équivaut à un privilège.

Quant à savoir contre qui elle est demandée, on retient que la séparation des patrimoines est d'abord demandée contre les créanciers personnels de l'héritier qui viennent discuter aux créanciers héréditaires les biens de la succession. Mais, lorsque les créanciers ne sont pas connus, elle sera demandée contre l'héritier qui les représente.

Par ailleurs, tous les biens n'en sont pas soumis. En effet, étant donné que c'est sur les biens héréditaires que les créanciers successoraux demandent à être payés par préférence aux héritiers personnels de l'héritier, la séparation des patrimoines ne peut porter que sur ces biens. Elle ne s'applique que sur les biens héréditaires qui constituent le gage des créanciers héréditaires, c'est-à-dire uniquement aux biens qui existaient à la date du décès et non pas ceux qui sont sortis par libéralité et qui sont rapportables à la succession.

[497]En effet, la séparation des patrimoines n'est pas une action en justice exercée à titre principal. Il suffit d'une initiative par laquelle le créancier héréditaire ou le légataire manifeste la volonté de se prévaloir du privilège. Ils doivent alors demander au juge chargé de la distribution des deniers qui en proviennent à être payés par préférence aux créanciers personnels. Mais comme tous les biens de la succession ne sont pas vendus en même temps, les créanciers héréditaires feront des oppositions en temps utile auprès du juge chargé de régler la distribution des deniers, afin que les biens ne soient pas vendus à leur détriment. Une fois que les biens ont été aliénés, ils ne peuvent plus exercer leur privilège.

Dans certains cas où elle a lieu de plein droit au profit des créanciers, tant à l'initiative du créancier que de l'héritier, l'inscription du privilège ne sera pas nécessaire. Il en est ainsi en cas d'acceptation sous bénéfice d'inventaire de succession vacante ou de faillite d'un commerçant après le décès.

Cependant, les créanciers peuvent user de ce droit dans certaines conditions.

[498]D'une façon générale, d'après l'art. 879 du c. civ., ce droit ne peut plus être exercé en cas de novation dans la créance contre le défunt, et aussi en cas d'aliénation de l'immeuble, sauf droit de suite pour inscription du privilège avant l'aliénation. De façon spéciale la possibilité de demander la séparation des patrimoines disparaît en cas de confusion des meubles du défunt et de l'héritier. Et même, ce droit se prescrit par trois ans pour les meubles, prescription qui ne

Une fois que la séparation des patrimoines a été accordée aux créanciers héréditaires, elle produit certains effets.

2. Les effets de la séparation des patrimoines

Tout en isolant le patrimoine du défunt de celui de l'héritier, la séparation des patrimoines confère surtout un privilège aux créanciers héréditaires. Dès lors, si la situation du successeur ne s'en trouve pas modifiée, celle des créanciers successoraux est notablement améliorée[499].

a. L'administration de la succession

En cas de séparation des patrimoines, l'héritier propriétaire de la succession peut l'administrer librement et même accomplir sur elle des actes d'aliénation, sans pour autant qu'il soit soumis à des formalités particulières. En dépit de la séparation des patrimoines, le successeur demeure dans la situation d'un héritier pur et simple en ce qui concerne tant ses droits que ses obligations. Ses pouvoirs demeurant intacts, sa responsabilité reste illimitée. Il y a donc une stabilité tant des droits que des obligations du successeur[500].

Véritable privilège institué au seul profit des créanciers successoraux, la séparation des patrimoines doit faciliter le paiement de leurs créances.

b. Le paiement des créanciers héréditaires

Étant une sûreté, la séparation des patrimoines confère aux créanciers à qui elle est accordée un droit de préférence et un droit de suite sur les biens du défunt. Ils ont également des droits sur les biens personnels de l'héritier.

1) Les créanciers ont un droit de préférence sur les biens de la succession par rapport aux créanciers de l'héritier[501].

Si tous les créanciers du défunt et tous les légataires ont demandé la séparation des patrimoines, ils sont préférables aux créanciers de l'héritier[502].

---

joue pas pour les immeubles, car aux termes de l'art. 880 al. 2, du c. civ. le droit existe à l'égard des immeubles tant qu'ils sont entre les mains de l'héritier.

[499] Cependant, à la différence de l'héritier bénéficiaire, l'héritier pur et simple reste personnellement tenu vis-à-vis des créanciers du défunt. Dans tous les cas, l'héritier a le devoir d'administrer la succession et d'assurer le paiement des créanciers héréditaires.

[500] TERRE (F) et LEQUETTE (Y), op. cit., n°774. Cependant, les créanciers héréditaires peuvent prendre des mesures conservatoires telles que l'apposition des scellés sur les biens, l'inventaire et la nomination d'un séquestre.

[501] Ils leur sont préférés. Mais ce droit de préférence n'existe qu'au profit des créanciers et légataires qui ont demandé la séparation des patrimoines. À cet égard, deux situations distinctes se présentent :

[502] •Le prix de vente des biens héréditaires est distribué entre eux selon les règles de la procédure de distribution par la contribution.

2) Les créanciers séparatistes ont également un droit sur les biens personnels de l'héritier. En effet, l'héritier qui n'a pas demandé le bénéfice d'inventaire est, suite à une confusion des patrimoines, débiteur personnel des créanciers du défunt[503].

Paragraphe 2. Les techniques de liquidation en cas de pluralité d'héritiers

La présence de plusieurs héritiers, hypothèse la plus fréquente, complique singulièrement la liquidation de la succession, car en plus des règles applicables à l'héritier unique, il faut tenir compte d'autres règles particulières à l'actif et au passif. Au point de vue de l'actif, à partir du décès et jusqu'au partage, les biens de la succession appartiennent indivisément à tous les héritiers ; ceux-ci sont propriétaires de parts indivises, c'est l'indivision héréditaire (A). Au point de vue du paiement du passif, la présence de plusieurs héritiers soulève quelques difficultés spéciales au niveau du paiement des créanciers (B).

A. La pluralité d'héritiers et l'indivision héréditaire

Il y a indivision lorsque plusieurs droits de nature identique s'exercent sur un même objet sans division matérielle des parts. La situation peut avoir plusieurs origines telles que la succession dévolue par la loi, le testament à plusieurs, la dissolution d'une communauté conjugale ou d'une société, ou encore l'acquisition conjointe d'un bien à titre onéreux ou à titre gratuit.[504]

En ce qui concerne particulièrement le droit successoral, au moment du décès, les héritiers deviennent de plein droit propriétaires des biens de la succession. Les biens qui, jusque-là, étaient la propriété privative du défunt deviennent la copropriété des héritiers, on parle alors de l'indivision héréditaire[505].

•La situation est plus compliquée lorsque la séparation des patrimoines a été demandée par un ou seulement quelques-uns. La négligence des créanciers héréditaires qui n'ont rien demandé ne doit pas nuire à ceux qui, usant de leurs droits, ont demandé la séparation.
La part de ceux qui ne l'ont pas demandé retombe dans l'actif et constitue le gage commun des créanciers de la succession et des créanciers personnels de l'héritier.

[503] Mais, les créanciers séparatistes sont chirographaires sur le patrimoine personnel de l'héritier, ils y sont en concours avec les créanciers personnels de l'héritier. Si la liquidation d'une succession paraît légère au cas où un seul héritier appelé la recueille, les opérations sont plus compliquées lorsque plusieurs héritiers sont appelés à succéder.

[504] TERRE (F) et LEQUETTE (Y) : op. cit., n°703.

[505] Le code Napoléon a consacré à cette institution quelques textes. Ainsi, que ce soit l'organisation de l'indivision ou la définition des droits de ceux qui la composent ou encore de la détermination de sa durée, le législateur a essayé de concilier la liberté des personnes et la stabilité du groupe, l'intérêt de chacun et l'intérêt collectif. Aussi, si la loi donne aux

La présentation de cette institution nous conduit à examiner successivement la composition de cette indivision (1), sa durée (2), les droits des cohéritiers pendant l'indivision (3) et enfin, la cession des droits indivis (4).

1. La composition de l'indivision successorale

Si le partage n'intervient pas de plein droit au jour du décès, les droits du défunt sont néanmoins divisés en autant de fractions qu'il y a de successeurs. La masse indivise constitue alors *« une collection de valeurs déjà partagées en Droit et destinée à une prochaine distribution »*[506].

Dès lors, les biens meubles et immeubles existant au moment du décès constituent le noyau de l'indivision[507]. À ces biens s'ajoutent certains biens donnés par le de cujus[508], ceux qui ont été subrogés[509] ainsi que les fruits et intérêts de ces biens.

Le législateur a également cherché à concilier les intérêts des ayants droit en fixant une durée déterminée à l'indivision.

2. La durée de l'indivision successorale

L'indivision entre héritiers ne doit normalement durer que le temps nécessaire pour procéder au partage de l'actif successoral (a). Cependant, elle peut être prolongée dans certaines hypothèses (b).

---

coïndivisaires les moyens de coexister, elle ne le leur impose pas. Satisfaction est donc donnée à la fois à ceux qui désirent le partage qu'à ceux qui souhaitent rester ensemble pour un temps déterminé ou indéterminé, avec la possibilité de conclure une convention relative à l'exercice des droits indivis.

[506] DESHAYES : « Les comptes entre héritiers », *thèse,* CAEN, 1949, n°11, p. 579, n°1399.

[507] En premier lieu, l'indivision comprend tous les biens qui existent lors du décès. Ce sont les meubles et immeubles dont le défunt était propriétaire à sa mort, titres, actions, droits corporels, droits d'auteur, propriété littéraire et artistique, fonds de commerce, obligations, etc. On y inclut également les créances et dettes du défunt qui, si elles se divisent de plein droit entre les héritiers du point de vue du droit de poursuite des créanciers contre les débiteurs, font partie de l'indivision dans les rapports des cohéritiers entre eux.

[508] Viennent éventuellement s'ajouter les biens qui, au jour du décès, n'appartenaient plus au de cujus, parce qu'ayant fait l'objet de libéralités, mais qui viendront accroître la masse successorale soit réellement soit fictivement par suite d'opération de rapport ou de réduction.

[509] C. Cass., ch. Réunies, 5 décembre 1907, D. 1908, 1, 113, conclusions. BAUDOIN, note COLIN (A), S. 1908, 1, 15, note Lyon, Caen, grands arrêts, n°241, affaire CHOLLET-DUMOULIN. L'affectation des biens indivis à la satisfaction de l'intérêt collectif du groupe familial a été renforcée par la position de la jurisprudence française en ce qui concerne les biens nouveaux qui remplacent les biens indivis vendus ou échangés. Elle considère qu'ils leur sont subrogés. En effet, si l'on vend un bien héréditaire, le prix de ce bien figure dans la masse, et si l'on achète un autre bien avec ce prix, ce nouveau bien acquis en remploi entre dans la masse indivise. Dès lors, la créance du prix d'un immeuble est indivise entre tous les héritiers comme l'était l'immeuble.

a. La durée normale de l'indivision

L'indivision successorale prend normalement fin par le partage de l'actif qui substitue les parts divises aux parts indivises. Mais, elle prend aussi fin de plusieurs autres façons. Il en est ainsi lorsque tous les droits sont réunis sur une même tête[510]. De plus, elle peut prendre fin par l'épuisement de l'actif successoral, c'est-à-dire que le passif est supérieur à l'actif, elle disparaît aussi lorsqu'on transforme l'indivision en société.

L'indivision est un état temporaire qui prend fin dès qu'un cohéritier demande le partage. En effet, aux termes de l'article 815 du Code Napoléon *« Nul ne peut être contraint à demeurer dans l'indivision... »*. Elle cesse alors dès qu'un cohéritier le demande. Cependant, elle peut exceptionnellement faire l'objet de prolongation.

b. Les hypothèses de prolongation de l'indivision

Le principe selon lequel le partage de la masse indivise peut être demandé par tout héritier connaît deux exceptions, l'une résulte de la convention des parties et l'autre d'une décision judiciaire et vise certains biens particuliers. Il s'agit concrètement de la convention d'indivision et du maintien judiciaire de l'indivision.

Les cohéritiers peuvent convenir de retarder le partage et donc de maintenir l'indivision pendant un temps limité. Ils le font en passant par une convention à durée déterminée conclue pour une durée de cinq ans, mais cette durée de cinq ans peut être renouvelée. Au cas où la convention d'indivision est stipulée pour une durée supérieure à cinq ans, elle ne sera pas annulée, mais simplement réduite à la durée légale[511].

La convention d'indivision valable dans les rapports entre cohéritiers est opposable aux créanciers de l'héritier. Ceux-ci ne peuvent demander le partage que dans le cas où leur débiteur pourrait lui-même le demander[512].

---

[510] C'est souvent le cas lorsque parmi plusieurs héritiers, certains renoncent, d'autres sont indignes et qu'il ne reste qu'un seul.

[511] La validité de la convention d'indivision est subordonnée au consentement de tous les coïndivisiares. En effet, la suspension du droit de provoquer le partage résulte du consentement unanime des indivisaires. Chacun a librement accepté cette contrainte.

[512] Une décision judiciaire peut aussi permettre de parvenir à un résultat voisin en l'absence de toute convention d'indivision. Mais, à la différence de la convention d'indivision, qui requiert le consentement unanime des coïndivisaires, le maintien judiciaire de l'indivision permet d'imposer cet état à l'un des coïndivisaires ou même à la majorité d'entre eux, et ce, à la demande d'un ou de plusieurs indivisaires.

Cette suspension est possible dans deux cas. Il en est ainsi lorsque la succession comprend soit une entreprise commerciale, industrielle, artisanale ou agricole dont l'exploitation était assurée par le défunt ou par son conjoint, soit des parts sociales dans une entreprise. C'est également le

Dans les deux cas, le maintien est décidé, par le tribunal, à la demande du conjoint survivant s'il n'y a pas de descendants mineurs, de tout autre héritier ou encore du représentant légal des mineurs.

L'indivision est également maintenue lorsque, dans la succession, il existe des mineurs proches de la majorité. Le partage intervient dès qu'ils deviennent majeurs.

Avec l'indivision, le droit de chaque héritier indivisaire porte sur une quote-part de la masse successorale de sorte que chaque bien qui s'y trouve est l'objet de droits concurrents.

3. Les droits des indivisaires pendant l'indivision

Dans une masse indivise, tout est à tout le monde. Aussi, chaque indivisaire a un droit sur l'ensemble de la chose commune et sur chaque molécule de la chose commune. Il n'a donc pas une part matérielle de la chose, mais une quote-part du droit qui s'exprime par une fraction.

a. Les droits du cohéritier sur la quote-part

Chaque cohéritier a un droit privatif sur sa quote-part. Elle est déterminée par la part qu'il doit recueillir dans la succession. Il peut alors disposer librement de cette quote-part, l'aliéner, la céder et même l'hypothéquer. Toutefois, le droit du cohéritier est limité à cet égard par plusieurs règles :

1°) S'il cède sa quote-part à un tiers étranger à la succession, les autres cohéritiers peuvent évincer l'acquéreur en se substituant à lui, et donc reprendre pour eux la cession par le moyen du retrait successoral, en lui remboursant le prix de l'acquisition[513].

2°) Le droit de l'héritier se trouve limité par l'effet déclaratif du partage. L'hypothèque d'une quote-part sur un immeuble indivis reste valable, mais son maintien dépend du résultat du partage[514].

---

cas lorsqu'il y a des immeubles ou une partie d'immeubles servant effectivement d'habitation au défunt et à son conjoint ou un droit au bail des locaux servant d'habitation.

[513]En effet, établi par l'article 841 c. civ., le retrait successoral est un moyen qui permet de circonscrire l'état d'indivision et les opérations du partage dans le cercle des cohéritiers, en écartant les acquéreurs de droits indivis qui sont étrangers à la succession. Cette institution a pour but d'empêcher l'immixtion des étrangers dans les affaires successorales et les dangers qu'elle emporte, telle que l'intrusion d'un tiers dans les affaires privées et les secrets de la famille . Le retrait successoral confère alors un droit de préemption aux coïndivisaires de l'héritier cédant contre un étranger à titre onéreux.

[514] Aussi, si l'immeuble hypothéqué est mis par le partage dans le lot du cohéritier qui l'a hypothéqué, l'hypothèque subsiste, car en vertu de l'effet déclaratif, il est censé avoir été propriétaire depuis le jour du décès. En revanche, si ledit immeuble est mis dans le lot d'un autre cohéritier que le constituant, l'hypothèque disparaît.

3°) Les créanciers personnels de l'héritier ne peuvent pas saisir la quote-part sur laquelle l'héritier a un droit privatif.

b. Les droits des cohéritiers sur l'ensemble des biens

Un cohéritier ne peut pas disposer seul d'un bien de la succession, le vendre en totalité, ni même en partie. Pour qu'elle soit valable, l'aliénation doit recevoir le consentement unanime des cohéritiers.

Et en ce qui concerne l'administration, elle peut être confiée à un ou plusieurs gérants. Sans toutefois être une obligation, la nomination d'un gérant peut faciliter la gestion de la masse indivise. Le gérant ainsi nommé jouit d'un pouvoir général de représentation dont l'étendue dépend de la nature de l'acte à accomplir[515].

En somme, chaque cohéritier peut se servir ou user des biens héréditaires, à condition d'en respecter la destination fixée par l'usage et de ne pas nuire au droit concurrentiel des autres. Aussi, l'exercice des droits indivis est-il souvent réglé soit par une décision des indivisaires, soit à défaut par le juge. L'héritier peut aussi décider de céder ses droits successifs.

4. La cession des droits successifs

Le cohéritier qui a un droit sur sa quote-part héréditaire peut vendre sa quote-part dans un immeuble, céder sa part dans une créance à titre particulier. Mais, s'il le préfère, il peut faire une cession de tous ses droits successifs ou une vente d'hérédité. Cette opération présente deux caractères spécifiques. D'une part, l'héritier ne perd pas son titre d'héritier, car, ce titre est une qualité légale attachée à la personne, il ne cède que les droits attachés à son titre, c'est-à-dire les émoluments de l'héritier. D'autre part, la cession de droits successifs n'est pas une cession globale à titre universel. Aussi, faut-il une transcription pour les immeubles et une signification de la cession aux débiteurs pour les créances[516].

---

[515] Ainsi, s'agissant des actes d'administration relatifs aux biens indivis, en cas de changement d'affectation, le gérant doit obtenir l'autorisation de la majorité des indivisaires. Pour les héritiers incapables, leur autorisation sera donnée par leurs représentants légaux.

Quant aux actes de disposition, on distingue, d'une part, les emprunts, la constitution d'hypothèque et autres sûretés réelles, la vente d'un bien déterminé et, d'autre part, l'aliénation des biens indivis ayant pour effet de mettre fin à l'indivision. Dans la première série d'hypothèses, il lui faut obtenir l'autorisation de la majorité des indivisaires, en nombre et en parts indivises. Dans le second cas, il lui faut le consentement unanime de tous les indivisaires.

[516] En effet, la cession de droits successifs est une opération qui peut également faciliter la répartition lorsqu'elle est faite à un cohéritier, car elle est valable et se fait de façon définitive. De plus, elle diminue le nombre des ayants droit et par conséquent des lots à former dans la masse indivise, surtout lorsque le partage est à l'amiable. Lorsqu'au contraire, elle est faite au profit d'un tiers étranger à la succession, elle ne sera définitive qu'autant que les cohéritiers

B. La liquidation du passif en cas de pluralité d'héritiers

Du vivant du de cujus, les héritiers avaient un seul débiteur à qui ils demandaient le paiement de leurs créances. Avec son décès, ils ont désormais plusieurs débiteurs. Par conséquent, le droit de créance se trouve fractionné. Les rapports obligatoires qui existaient entre les créanciers et le défunt existent désormais entre les créanciers et les héritiers dans le patrimoine desquels est venu se perdre le patrimoine du défunt[517].

Afin de comprendre l'opération relative à la liquidation du passif, il convient d'examiner successivement la réalisation de l'actif successoral (1) et le paiement des dettes héréditaires (2).

1. La réalisation de l'actif successoral

Pour payer les créanciers, les héritiers sont parfois obligés de vendre les biens héréditaires qui sont compris dans l'indivision. Il s'agit là de *la réalisation de l'actif successoral.*

Contrairement à l'hypothèse d'un seul héritier où tout dépend du parti pris par ce dernier[518], la réalisation de l'actif soulève ici des difficultés particulières. Ces difficultés tiennent au fait que, les biens étant dans l'indivision, l'accord des héritiers est nécessaire, et que les héritiers peuvent prendre chacun un parti différent vis-à-vis de la succession, les uns acceptant purement et simplement, d'autres sous bénéfice d'inventaire[519].

2. Le paiement du passif successoral

Il est permis aux créanciers héréditaires de saisir les biens de la succession pendant l'indivision. Ils peuvent aussi agir directement contre les héritiers de leur débiteur défunt et réclamer à chacun d'eux sa part dans la dette. Pour ce faire, l'héritier poursuivi doit avoir accepté purement et simplement la

---

n'exerceront pas le droit de préemption à travers le retrait successoral. Cependant, la présence d'une pluralité d'héritiers soulève certaines difficultés quant au paiement du passif.

[517] Il en résulte que les créanciers qui pouvaient poursuivre le défunt vont pouvoir agir contre les héritiers, continuateurs de la personne du de cujus, pour se faire payer. Ainsi, les créanciers héréditaires peuvent-ils réclamer le paiement de leurs créances même pendant l'indivision.

[518] Voir supra, même chapitre, section I., p. 544 et s.

[519] Lorsque les héritiers ont adopté des partis différents, il est préférable de reporter la liquidation après le partage. Aussi commence-t-on par partager les biens entre les héritiers pour ensuite soumettre la part de chacun aux règles de la liquidation qui correspond au parti qu'il aura pris vis-à-vis de la succession.

Une fois que l'actif successoral a été effectivement réalisé, il faut penser au paiement proprement dit des dettes du de cujus.

succession, car l'acceptant sous bénéfice d'inventaire n'est tenu que dans la limite de l'actif qu'il recueille[520].

a. L'obligation aux dettes successorales

Les dettes du de cujus se divisent entre les cohéritiers. Les créanciers du de cujus ont désormais autant de débiteurs que d'héritiers, chacun étant tenu proportionnellement à sa part héréditaire. Aussi, celui qui recueille un quart de l'actif est tenu au paiement du quart de chaque dette.

Ce principe de la division des dettes est une conséquence de l'idée de continuation de la personne du défunt par l'héritier. En effet, chacun des héritiers continue la personne du défunt dans une certaine mesure pour une fraction qui est celle de sa part héréditaire. Et dans cette mesure, il est tenu du paiement des dettes. S'il est héritier pur et simple, il est tenu même sur ses biens propres. S'il est héritier bénéficiaire, il n'est tenu au paiement de sa part que sur l'actif qu'il recueille. Le principe de la division des dettes, en ce qui concerne son étendue, s'applique à tous les héritiers, quelle que soit leur qualité. Par ailleurs, son fonctionnement paraît délicat, car le partage du passif se fait dans la même proportion que le partage d'actif[521].

Ce principe a pour conséquence de diviser la dette entre les cohéritiers. La dette du défunt devient conjointe même si au départ elle était solidaire. On lui applique alors la règle des obligations conjointes[522].

---

520 Le paiement du passif soulève des difficultés du fait de la pluralité d'héritiers. Les créanciers ont devant eux plusieurs héritiers qui sont chacun tenus chacun d'une part du passif héréditaire. Par ailleurs, il faut déterminer la part de dette que chacun des cohéritiers doit supporter en définitive. C'est la question de la contribution aux dettes ou des rapports des cohéritiers entre eux. Mais, un héritier peut payer plus que sa part contributive, dans ce cas le problème de la contribution se pose.

521 La détermination de cette part déduit également le droit de poursuite des créanciers contre chacun des héritiers. Lorsque la part héréditaire est connue exactement dès le jour de l'ouverture de la succession, les créanciers ne sont pas obligés d'attendre le partage pour agir contre les héritiers. Mais quelquefois, la part ne peut être déterminée au moment de l'ouverture de la succession, elle ne le sera qu'après l'estimation des biens. Dans ce cas, les créanciers héréditaires pourront agir contre tous ceux qui sont appelés à la succession. Mais comme ils ignorent l'étendue de la part héréditaire de chacun, ils peuvent, aux termes de l'art. 873 c. civ., poursuivre chacun des héritiers pour sa part virile, c'est-à-dire chacun pour une part, comme s'ils recueillaient tous la même part dans la succession. Dans ce cas, le paiement des dettes et charges dans la succession peut être réclamé à chacun d'eux pour une part égale.

522 Ainsi l'action intentée contre un héritier ne fait courir des intérêts moratoires et n'interrompt la prescription que contre l'héritier poursuivi. Par ailleurs, chacun des héritiers se libère en payant la part à laquelle il est tenu. Une fois cette part payée, il ne peut plus être poursuivi par les créanciers. Enfin si l'un des héritiers est insolvable, l'insolvabilité est supportée par les créanciers qui ne peuvent pas se retourner contre les autres héritiers pour leur réclamer la part de l'insolvable, puisque chaque héritier ne peut être poursuivi que pour sa part.

La loi réglemente également la situation d'un héritier qui paie plus qu'il n'était tenu en organisant la contribution de chacun aux dettes.

b. La contribution des héritiers au paiement des dettes du de cujus

Il peut arriver qu'un héritier paie plus qu'il ne doit, le Code civil lui accorde alors un recours contre ses cohéritiers pour se faire rembourser ce qu'il a payé en plus de sa part contributoire ; car chaque héritier n'est tenu des dettes et charges de la succession que pour sa part et portion virile (art. 873 c. civ.).

Les fondements de l'action de cet héritier qui a payé plus nous sont fournis, non par le Code Napoléon, mais par la doctrine. Ainsi, parlant du droit sénégalais de la famille sur cette question, Pierre BOURREL[523] trouve trois fondements à l'action de l'héritier, qui a payé, contre ses cohéritiers. Il considère qu'il peut tout d'abord agir contre eux par l'*action en gestion d'affaires*[524]. Il évoque également une *action en garantie du partage*[525]. Enfin, il suggère qu'il y ait *subrogation personnelle* dans les droits et actions du créancier qu'il a payé[526].

Certaines opérations s'avèrent indispensables dans la détermination de la masse partageable et le rétablissement de l'égalité entre tous les héritiers que la succession ait un seul héritier ou qu'elle en ait plusieurs. Il s'agit des opérations relatives au rapport et à la réduction de libéralités.

Paragraphe 3. L'opportunité des opérations de rapport et de réduction des libéralités en droit écrit

D'un côté, la dévolution successorale en droit écrit est dominée par l'idée d'égalité entre les cohéritiers et la conservation des biens dans la famille[527]. Dès lors, le rétablissement de l'égalité entre les cohéritiers est assuré par le

---

523 BOURREL (P) : op. cit., p. 124-125.

524 En effet, ayant payé pour les autres, il a géré leurs affaires; aussi peut-il leur demander le remboursement des dépenses utiles qu'il a effectuées pour eux.

525 Celui qui a payé au-delà de sa part n'a plus son lot dans la succession. Or la garantie des lots que chaque cohéritier doit aux autres héritiers est assurée par un privilège, celui du copartageant.

526 En effet, le cohéritier qui a payé plus que son dû peut en réclamer le remboursement en se substituant au créancier qu'il a désintéressé et auquel il est subrogé. Toutefois, n'ayant pas le droit du créancier de réclamer la totalité, le subrogé doit diviser son recours contre ses cohéritiers, et il ne peut demander à chacun que sa part contributoire. Et si l'un d'eux est insolvable, sa part est répartie entre tous les cohéritiers solvables, proportionnellement à la part contributoire de chacun.

527 D'un autre côté, toute personne a le droit de disposer de son patrimoine comme elle l'entend. Cependant, la loi confine ce droit dans certaines limites au-delà desquelles certaines techniques sont instituées pour faire rentrer les biens dans la famille et réaliser ainsi l'égalité entre les héritiers.

rapport des libéralités (A), tandis que la conservation des biens dans la famille se réalise par la réduction des libéralités excessives (B).

A. La nécessité du rapport des libéralités

Le principe de l'égalité qui domine la loi successorale française se manifeste dans le Code civil par la règle que les héritiers devant être sur la même ligne, celui d'entre eux qui a reçu ou reçoit une libéralité est présumé tenu au rapport[528]. À cet effet, l'art. 843 c. civ. précise que *« Tout héritier, même bénéficiaire, venant à la succession, doit rapporter à ses cohéritiers, tout ce qu'il a reçu du défunt, par donation entre vifs, directement ou indirectement... »*

Il ressort de ce texte que le rapport est l'institution en vertu de laquelle un héritier appelé avec d'autres à recueillir une succession doit restituer à la masse partageable des biens ou valeurs qu'il a reçus du de cujus à titre gratuit. Cette opération, qui est un vecteur d'égalité dans les partages, a pour but essentiel de permettre au disposant d'avantager différemment ses successibles de son vivant, suivant leur situation et leurs besoins, et ceci tout en restant assuré que l'inégalité ainsi momentanément créée sera effacée à sa mort par le jeu du rapport à la masse des choses données en avancement d'hoirie, c'est-à-dire, à valoir sur la part héréditaire du successible gratifié[529].

Le code Napoléon fait également allusion au rapport des dettes, en supposant que l'un des héritiers est débiteur du de cujus[530]. En effet, aux termes de l'art. 829 du c. civ., « *chaque héritier fait rapport à la masse.. des sommes d'argent dont il est débiteur* ». Le rapport des dettes est une institution qui, dans la pratique, paraît très importante. En effet, une doctrine majoritaire en France considère ce mécanisme comme un procédé simplifié de liquidation

---

528 PLANIOL et RIPERT, par MAURY et VIALLETON, T IV, n° 564 ; GRIMALDI (M) : op. cit., n° 662 et s., TERRE (F) et LEQUETTE (Y), op. cit. n°880 et s. ; FLOUR (J) et SOULEAU (H), édition A. COLIN, n° 366 et s.

529 Le rapport des libéralités, ainsi défini, est une opération par laquelle un héritier doit rendre à la succession les libéralités qu'il a reçues du de cujus. Il doit les rapporter à la masse successorale qui, ainsi reconstituée, se partagera entre tous les héritiers à proportion de la vocation héréditaire de chacun. Le rapport assure donc l'égalité entre les héritiers au niveau de la composition de la masse. C'est une opération préalable au partage. L'égalité ainsi assurée est-elle en réalité pour chaque héritier, celle de la vocation héréditaire et de la quote-part recueillie de l'ensemble des biens transmis aux héritiers par succession ou libéralités.

530 ROUAST : « Du droit de préférence résultant du rapport des dettes », *R. T. D. Civ.* 1911, 687 ; GARSON : « Du rapport des dettes », *thèse* Paris 1939 ; LEVIE : « Le rapport des dettes », thèse, Louvain, 1938 ; FLOUR (J) et SOULEAU (H) : op. cit., n° 406 et s.

de la succession entre cohéritiers[531]. De ce fait, il assure l'égalité entre copartageants[532].

En dehors du domaine d'application qui lui est particulier, les règles relatives au mode d'exécution de ce mécanisme et à ses effets sont celles qui s'appliquent au rapport des libéralités. C'est pour cette raison qu'un accent particulier sera mis sur le rapport des libéralités.

En effet, procédant de l'idée que les libéralités ne doivent pas rendre illusoires les vocations héréditaires des héritiers, le rapport permet *« le respect scrupuleux des vocations légales »*[533]. Aussi, est-il dû uniquement entre les héritiers ab intestat.

Telle est la présentation générale de l'institution du rapport. Ainsi pour mieux la comprendre, il convient de déterminer successivement son domaine (1) et ses modes d'exécution (2).

1. Le domaine du rapport des libéralités

Le rapport des libéralités est dû uniquement entre les héritiers ab intestat. À cet effet, il est nécessaire de déterminer qui en est le débiteur et qui en est le créancier (a). Par ailleurs, le rapport des libéralités porte sur certains biens ; aussi faut-il également savoir quelles sont les libéralités qui peuvent en être sujettes (b).

a. Les personnes soumises au rapport

Lorsque l'article 843 du c. civ. énonce que *« Tout héritier, même bénéficiaire, venant à la succession doit rapporter à ses cohéritiers tout ce qu'i a reçu du défunt... »,* il en ressort deux groupes de personnes sujettes à l'obligation au rapport : d'un côté celles qui y sont assujetties et de l'autre celles qui en profitent.

Ainsi, est tenu au rapport l'héritier ab intestat qui a été personnellement gratifié par le de cujus. une personne ne peut donc être soumise au rapport

---

[531]Ainsi pour qu'une dette soit rapportable, il faut primo qu'elle ait existé à la charge de l'un des héritiers envers le de cujus sans distinction de source. Secundo que l'héritier en soit tenu à l'égard de l'indivision et tertio, il joue aussi bien dans le partage des successions ab intestat que testamentaire, car, en sont également tenus les légataires universels ou à titre particulier

[532] RIPERT et BOULANGER, n° 2997 ; COLIN et CAPITANT, t. 3, n°1247 ; MAZEAUD et BRETON, n°1684.

[533] TERRE (F) et LEQUETTE (Y) : op. cit. n°880

qu'autant qu'elle cumule deux qualités: celle d'héritier ab intestat[534] et celle de bénéficiaire personnel d'une libéralité[535].

Toutefois, ce principe du bénéfice personnel connaît une atténuation en cas de représentation[536].

Le débiteur de l'obligation au rapport restitue l'objet du rapport dans la succession et y prend ensuite lui-même ce que la loi lui attribue.

Ce rapport n'est dû qu'aux héritiers qui viennent effectivement à la succession. Il ne peut donc être exigé ni par le renonçant, ni par l'indigne[537].

D'un autre côté, le droit de demander le rapport est d'abord individuel pour chaque héritier; cependant, il peut être exercé en son nom par ses créanciers personnels par la voie de l'action oblique de l'art 1166 c. civ.

---

[534] Sur la qualité d'héritier, il faut rappeler que le rapport tend au respect des vocations que la loi reconnaît à chacun des héritiers. Or seule une libéralité adressée à ceux-ci est susceptible d'y déroger. L'égalité des héritiers n'est pas atteinte par une libéralité faite à un étranger, car tous les héritiers perdent ce que celui-ci reçoit. Aussi, trois précisions doivent être apportées. Une fois que les libéralités ont été rapportées à la masse, elles doivent être partagées entre tous les héritiers ab intestat qui en sont donc les créanciers. En effet, le rapport a été institué pour rétablir l'égalité entre les seuls cohéritiers ab intestat d'une même succession lorsqu'elle a été momentanément rompue par le de cujus. Pour cela, l'art 857 c. civ. affirme que « le rapport n'est dû que par le cohéritier à son cohéritier; il n'est pas dû aux légataires ni aux créanciers de la succession ».
1 - La qualité d'héritier s'entend exclusivement de celle de l'héritier ab intestat. Il en est ainsi de l'héritier en ligne directe ou en ligne collatérale, du conjoint survivant lorsqu'il hérite en pleine propriété.
2 - La qualité d'héritier s'entend de celle d'acceptant. Par conséquent, l'héritier renonçant est affranchi de l'obligation au rapport, car il devient étranger à la succession.
3 - Pour être soumis au rapport, il suffit d'avoir eu la qualité d'héritier au jour de l'ouverture de la succession. Il n'est donc pas nécessaire d'avoir eu la qualité d'« *héritier présomptif* » au moment de la donation, c'est-à-dire d'avoir été à ce moment-là, le parent le plus proche du donateur, celui qui devait normalement lui succéder.
[535] Sur la qualité de bénéficiaire personnel d'une libéralité, la lecture des articles 847 à 849 c. civ. fait ressortir l'exigence selon laquelle la personne tenue au rapport doit avoir été personnellement gratifiée par le de cujus. En effet, l'héritier ne doit rapporter que ce qui lui a été personnellement donné et non ce qu'ont reçu ses proches parents ou son conjoint. On dit alors qu'il n'y a pas de rapport pour autrui.
[536] PLANIOL et RIPERT, op. cit., n°574-575 ; GRIMALDI (M) : op. cit., n° 664 ; TERRE (F) et LEQUETTE (Y) : op. cit., n°884, FLOUR (J) et SOULEAU (H), op. cit., n° 370. En effet, l'art 848 c. civ. soumet le fils qui vient en représentation de son père au rapport de ce qui avait été donné par le de cujus au représenté. La raison en est que le représentant ne peut pas avoir plus de droits que n'en aurait eu le représenté s'il avait survécu. Il en est ainsi même dans le cas où il aurait répudié la succession. Et naturellement, le représentant n'est pas dispensé de rapporter toutes les libéralités qu'il aura personnellement reçues du de cujus qu'il représente, car le mécanisme de représentation n'absorbe pas la vocation personnelle du représentant.
[537] Req. 5 mars 1856, D.P. 1856, I. 97 ; Civ. janvier 1934, D. H. 1934. 148. Ni même le conjoint survivant, lorsqu'il succède en usufruit, ne peut demander le rapport, car son usufruit ne peut pas s'exercer sur les biens donnés; aussi, bien qu'héritier, il n'est pas créancier du rapport.

De plus, exonéré de l'obligation de rapporter les libéralités reçues, il est juste que les créanciers successoraux et légataires soient exclus du bénéfice de ce mécanisme[538].

Le rapport dû par certains héritiers à d'autres doit certainement porter sur certaines libéralités.

b. Les libéralités soumises au rapport

Au départ, le Code civil ne distinguait pas entre les donations et les legs. Ainsi, toutes les libéralités étaient-elles présumées rapportables, sauf volonté contraire du disposant expressément manifestée dans l'acte gratuit. Toutefois, une distinction entre libéralités entre vifs et libéralités à cause de mort a été introduite par la loi française du 24 mars 1938 (art. 843 c. civ.).

Dès lors, les donations faites à des héritiers sont toujours présumées rapportables. En revanche, les legs sont toujours préciputaires[539]. Toutefois, le rapport reposant sur une volonté présumée n'est pas d'ordre public. En effet, le disposant peut en affranchir la libéralité[540]. Dans ce cas, le donataire est exempté du rapport. Il n'est pas comptable envers la succession de ce qu'il a reçu. Partant, sa donation brise l'égalité entre les cohéritiers. Mais, s'il existe des héritiers réservataires, le donataire reste comptable de ce qu'il aurait reçu au-delà de la quotité disponible conformément à l'article 844 c. civ.[541]

---

[538] En effet, les legs n'étant exécutoires que sur les biens laissés par le de cujus lors de son décès, les légataires universels, à titre universel ou même particulier, ne peuvent ni demander le rapport ni en bénéficier quand il a été effectué sur la demande des héritiers.
À l'instar des légataires, les créanciers successoraux ne peuvent ni demander le rapport des donations en avancement d'hoirie ni se faire payer sur les biens rapportés. À leur égard, les biens donnés sont définitivement sortis du patrimoine du de cujus. Ces derniers subissent alors les conséquences des actes entre vifs accomplis sans fraude par leur débiteur. Leur seule ressource réside alors dans l'action paulienne.

[539] Il apparaît contradictoire de rapporter une libéralité au moment où elle devient exécutoire étant donné que le legs ne peut être exécuté qu'après le décès du testateur. L'exécution du legs viendrait alors paralyser l'exécution de la libéralité. Alors au contraire que par la donation, sans toutefois avantager un de ses héritiers par rapport à d'autres, il apparaît raisonnable que le donateur ne lui consente qu'une jouissance anticipée.

[540] GRIMALDI (M): op. cit. n° 675 et s. aussi dira-t-on que la libéralité est préciputaire ou qu'elle est faite par préciput et hors part. Si la loi veille à ce que la libéralité ne rompe pas l'égalité entre les héritiers, c'est parce qu'elle présume que le disposant n'a pas voulu y déroger. c'est ainsi que l'article 843 c. civ. oblige le donataire au rapport des dons *« à moins qu'ils ne lui aient pas été faits par préciput et hors part » ;* et il en dispense le légataire *« à moins que le testateur n'ait exprimé la volonté contraire »*. Ces deux dispositions sont alors supplétives de volonté.

[541] art. 844 c. civ. *« Les dons faits par préciput ou avec dispense de rapport ne peuvent être retenus ni es legs réclamés par l'héritier venant à partage que jusqu'à concurrence de la quotité disponible ; l'excédent est sujet à rapport »*

Une fois que les sujets et les objets de l'obligation au rapport ont été déterminés, il convient de montrer comment le rapport des libéralités s'exécute.

2. Les modes d'exécution du rapport des libéralités

Rationnellement et conformément au Code civil (art 858 c. civ.)[542], deux façons d'exécuter le rapport sont possibles, étant donné qu'il y a deux façons de concevoir l'égalité dans le partage[543].

L'analyse de ces deux modes d'exécution montre que, contrairement aux donations qui peuvent être exécutées soit en nature, soit en moins prenant, le rapport des legs n'offre pas véritablement de choix, il ne se conçoit qu'en valeur. Aussi convient-il de préciser les règles relatives aux deux modes d'exécution.

a. Les règles relatives au rapport en moins prenant

Le principe du rapport en moins prenant est posé par l'art. 858 c. civ. pour les donations, et par l'article 843 du même code pour les legs stipulés rapportables[544]. Il en résulte que le rapport en moins prenant a un domaine bien déterminé et que son exécution repose sur une technique qui permet d'en évaluer le montant[545].

---

[542] Art. 858 c. civ. : *« Le rapport se fait en nature ou en moins prenant »*

[543] L'égalité entre copartageants peut être une égalité en nature. Les lots doivent alors avoir non seulement la même valeur, mais aussi la même composition: pour chacun, autant de meubles que d'immeubles et, allant plus loin, autant de meubles de la même espèce. L'égalité entre copartageants peut aussi être une égalité en valeur. Il suffit alors que les lots soient égaux en chiffres; ils peuvent être différemment composés. À la limite entre deux héritiers, on peut attribuer tous les meubles à l'un et tous les immeubles à l'autre, pourvu que les deux sortes de biens soient pécuniairement égales.

Lorsque le rapport est exécuté en nature, c'est le bien donné qui est effectivement restitué à la masse à partager. Il en résulte que juridiquement la donation est résolue par l'effet du rapport. Et le bien ainsi restitué peut par hasard être récupéré par le donataire dans son lot lors du partage. Ce bien peut aussi parfaitement être attribué à un héritier autre que lui. La masse héréditaire est reconstituée exactement comme si cette donation n'avait jamais eu lieu. L'égalité entre cohéritiers est ainsi rétablie en nature.

Si en revanche le rapport est exécuté en moins prenant, le donataire conserve la propriété du bien qu'il avait reçu et n'est redevable que de sa valeur. La donation est donc maintenue, mais en compensation il prend moins que les autres sur les biens existants. L'égalité entre cohéritiers n'est ainsi rétablie qu'en chiffres.

[544] Art 843 c. civ. (in fine): « ... *les legs faits à un héritier sont réputés faits par préciput et hors part, à moins que le testateur n'ait exprimé la volonté contraire, auquel cas le légataire ne peut réclamer son legs qu'en moins prenant* »

[545] Selon la loi, le rapport en moins prenant apparaît comme la règle, que la libéralité soit mobilière ou immobilière, qu'elle soit entre vifs ou à cause de mort. La finalité n'est pas que la masse soit reconstituée dans son identité physique, mais dans sa valeur d'ensemble. Ainsi, à la

Le mode de calcul du montant de la valeur de l'immeuble est commandé par la finalité de l'institution : faire régner l'égalité entre les cohéritiers[546]. Ce mode de règlement offre certains avantages. Ainsi, les opérations de partage sont-elles simplifiées et les cohéritiers ne courent pas le risque de l'insolvabilité de celui-ci. Par ailleurs, les cohéritiers du donataire devront recevoir plus que ce dernier sur les biens que le de cujus aura laissés à son décès[547].

L'article 860 c. civ. édicte les principes d'évaluation destinés à établir le montant du rapport en moins prenant. En effet, l'évaluation du montant du rapport laisse une marge de manœuvre aux volontés individuelles. Ainsi, l'article 860 c. civ., tel qu'il s'applique en droit camerounais, fixe le montant du rapport à la valeur du bien donné à la donation [548].

Le rapport en moins prenant qui se présente comme le régime légal peut ainsi subir des aménagements volontaires qui peuvent lui être apportés.

---

place d'un corps certain, la dette de l'héritier porte sur son équivalent pécuniaire dont le montant doit être déterminé.

[546]La technique du rapport en moins prenant doit permettre de réincorporer à la masse la valeur exacte des biens qui, en l'absence des libéralités, auraient fait partie du patrimoine du de cujus. Autrement dit, l'héritier donataire se trouve débiteur de la créance qu'a sur lui l'hérédité et qui, de ce fait, s'éteint par confusion. Aussi, diffère-t-il sur ce point du rapport en valeur, car au lieu de verser dans la masse partageable la somme qu'il doit, il prend moins que ses cohéritiers sur les autres biens; le règlement se fait donc en moins prenant

[547] Au demeurant, le rapport en moins prenant tempère l'atteinte à l'égalité en nature que constitue le rapport en valeur. Ce rôle justifie les techniques retenues par le législateur pour l'exécuter.

Dès lors, l'exécution du rapport en moins prenant peut se faire de deux manières qui aboutissent exactement au même résultat. Il s'agit des techniques du prélèvement et de l'imputation.

La technique du prélèvement est la seule qui soit prévue par le Code civil dans l'art. 830 . Elle consiste pour les héritiers bénéficiaires du rapport à prélever sur la masse successorale, avant la composition des lots, les biens d'une valeur égale à celle des biens rapportés. Le reste des biens existants se partage ensuite à égalité entre tous les héritiers, y compris celui qui était tenu du rapport.

La méthode de l'imputation, non prévue par la loi consiste, quant à elle, à incorporer dans la masse partageable le montant du rapport, puis à l'attribuer à l'héritier qui le doit par l'imputation sur ses droits.

Ces deux méthodes, qui conduisent évidemment au même résultat, permettent d'évaluer le montant du rapport en moins prenant.

[548] Avec l'avènement de la loi française de 1971, le législateur a fait en matière de rapport une œuvre novatrice, en fixant désormais la valeur du bien donné à l'époque du partage, d'après son état à l'époque de la donation : GRIMALDI (M) : op. cit., n° 686 et s.; TERRE (F) et LEQUETTE (Y) : op. cit. n° 900 et s. ; FLOUR (J) et SOULEAU (H) op. cit., n° 389 et s.

b. Le rapport dérogatoire en nature

Le rapport en nature est surtout exigé pour les immeubles. En effet, lorsque le donataire n'a pas aliéné l'immeuble donné, il est normal qu'il le restitue à la masse partageable (art. 859 c. civ.)[549].

Toutefois, bien que visant à réaliser l'égalité entre les héritiers ab intestat, le rapport ne leur assure aucune protection contre les libéralités adressées à des tiers[550]. Aussi, la loi prévoit-elle la possibilité et la nécessité de les réduire lorsqu'elles atteignent la réserve.

B. La nécessité de réduire les libéralités excessives.

La réduction est la sanction du dépassement de la quotité disponible ou de l'atteinte à la réserve. Elle sanctionne les libéralités qui portent atteinte à la réserve dans la mesure de leur excès.

En effet, l'institution de la réserve constitue une limite au droit pour chaque individu de disposer librement et à titre gratuit de ses biens. Pour ce faire, le législateur confère aux héritiers, en ligne directe ascendante ou descendante, un droit intangible sur une portion de l'hérédité ; dès lors que les libéralités consenties par le de cujus y portent atteinte, elles sont réduites. Les héritiers réservataires sont donc, non seulement, tous protégés contre les libéralités

---

549 art. 859 c. civ. : « *Il est exigé en nature à l'égard des immeubles toutes les fois que l'immeuble donné n'a pas été aliéné par le donataire, et qu'il n'y a pas dans la succession, d'immeubles de même nature, valeur et bonté, dont on puisse former des lots, à peu près égaux pour les autres cohéritiers* ». *La conséquence de ce mode de rapport est que l'on reconstitue la masse partageable telle qu'elle aurait été à l'heure du partage si le de cujus avait conservé les biens qu'il avait donné. La masse est alors reconstituée, non pas dans sa valeur d'ensemble, mais dans son identité physique. À cette fin, l'héritier gratifié devra restituer à la succession aussi bien le bien qui lui a été remis que les fruits qu'il a produits depuis l'ouverture de la succession (art. 856 c. civ.). Dès lors, le rapport en nature opère comme une condition résolutoire. Le bien replacé dans la masse commune va y suivre le sort de tous les autres biens. L'héritier gratifié perd ainsi les droits exclusifs qu'il avait sur le bien.*

Toutefois, avec la nouvelle législation française, le rapport en nature apparaît comme une dérogation au principe que constitue le rapport en moins prenant. La réforme française donne la latitude aux donateur et donataire de décider que le rapport aura pour objet les biens eux-mêmes. Aussi, prévoit-elle deux cas de rapport en nature : l'un résulte d'une stipulation contractuelle et l'autre de la volonté unilatérale du donataire.

550 L'égalité ainsi poursuivie reste au libre vouloir du disposant. Autrement dit, si le rapport des libéralités, agissant entre les membres d'une même famille, permet de rétablir l'égalité entre les cohéritiers d'une même succession, en faisant revenir, sinon le bien donné, du moins sa valeur dans la masse partageable, la réduction des libéralités poursuit un objectif tout à fait différent. En effet, elle sanctionne l'atteinte à la réserve héréditaire qui peut être occasionnée par les libéralités qui excèdent la quotité disponible et amoindrissent ainsi la réserve héréditaire.

excessives, mais aussi, assurés d'une égalité, certes relative, mais d'ordre public[551].

Sans toutefois analyser en profondeur l'institution de la réduction, nous nous en tiendrons à l'examen successif des règles de détermination des libéralités réductibles (1) et des modalités de rétablissement de la réserve héréditaire (2).

1. La détermination des libéralités réductibles

La réserve est la portion de ses biens dont une personne ne peut disposer à titre gratuit et qui se trouve consacrée à ses héritiers. Le surplus, laissé à sa libre disposition, constitue le lignage

. La réserve a donc pour rôle de renfermer le pouvoir de disposer du de cujus à titre gratuit dans une limite quantitative, en effet, on ne peut pas toujours donner ou léguer tous ses biens. Si le de cujus outrepasse cette quotité, ses héritiers réservataires pourront, à sa mort, demander la réduction de ces libéralités excessives.

La réserve et la quotité disponible étant donc connues en termes de fractions arithmétiques, deux opérations sont nécessaires afin de vérifier si les libéralités consenties par le de cujus sont ou non excessives.

Pour y parvenir, il importe de déterminer, en premier lieu, les chiffres absolus auxquels doivent être appliquées ces fractions ; c'est l'établissement de la masse de calcul (a). Ensuite, il faut comparer aux valeurs ainsi obtenues les libéralités que le défunt a consenties ; c'est le problème de l'imputation des libéralités (c). Mais, avant d'arriver à l'imputation des libéralités, il est au préalable nécessaire d'évaluer la réserve et la quotité disponible (b).

---

[551] La réduction présuppose d'évidence qu'il existe au moins un héritier acceptant et une libéralité adressée à un autre que lui.

Elle diffère absolument du rapport. En effet, la réserve étant l'expression de l'ordre public successoral, les règles qui la protègent sont impératives. Il en est ainsi de la réduction des libéralités excessives. Aussi, le de cujus ne peut-il déroger ni aux règles qui permettent de détecter les libéralités réductibles ni à celles qui déterminent les modalités de réduction, sauf s'il le fait dans un sens favorable à un réservataire.

Il faut cependant noter que la réduction des libéralités excessives ne se réalise pas de plein droit. Étant simplement dites réductibles, leur réduction suppose une demande préalable.

a. La composition de la masse de calcul

La masse de calcul de l'article 922 c. civ.[552] ne doit être confondue ni avec la masse partageable ni avec la masse successorale. Elle est plus étendue[553]. Aussi, les opérations de réduction, parmi lesquelles figure l'établissement de la masse de calcul, sont-elles des préalables à la détermination des deux autres masses[554].

Pour ainsi établir la masse de calcul, trois opérations sont nécessaires. On rassemble d'abord les biens existants[555], auxquels on déduit le passif[556], et on réunit fictivement les biens donnés[557].

---

552 Art. 922 c. civ. : « *La réduction se détermine en formant une masse de tous les biens existant au décès du donateur ou testateur. On y réunit fictivement tous ceux dont il a été disposé par donation entre vifs, d'après leur état et leur valeur à l'époque des donations et leur valeur au temps du décès du donateur. On calcule sur tous ces biens après avoir déduit les dettes, qu'elle est, eu égard à la quantité des héritiers qu'il laisse, la quotité dont il a pu disposer* ».

553 Elle réunit, aussi bien les biens existants que tous les biens dont le de cujus a disposé par donation, alors que la masse successorale est limitée aux biens dévolus à cause de mort, et ne comprend que les biens donnés que dans la mesure où ils doivent être restitués. La masse partageable, plus restreinte encore, ne rassemble les biens dévolus à cause de mort que par distraction faite de ceux qui le sont à titre particulier.

554 Elles sont indispensables pour fixer la consistance de la masse successorale, puisque celle-ci s'accroît des restitutions dues par les donataires qui subissent la réduction. Elles sont aussi nécessaires pour fixer la consistance et la répartition de la masse partageable. Elles fixent la consistance en y faisant entrer les valeurs données, ou en empêchant des valeurs léguées d'en sortir (c'est l'effet de la réduction). Elles fixent sa répartition en déterminant la quote-part revenant au légataire universel (c'est encore l'effet de la réduction).

Dès lors, la composition de la masse de calcul répond à l'idée très simple selon laquelle la réserve ne saurait se calculer sur les seuls biens laissés par le de cujus. À cet effet, il faut la calculer sur le patrimoine que le défunt aurait laissé à sa mort s'il n'avait rien donné, et donc, sur un patrimoine fictivement reconstitué.

555 La masse de calcul, à cause de sa finalité, qui est de reconstituer le patrimoine du défunt comme s'il n'avait consenti aucune libéralité, n'est rien d'autre que le patrimoine du de cujus au jour du décès augmenté de ce qui s'en est échappé par voie de libéralité. Les biens ainsi laissés se composent d'un actif et d'un passif.

L'actif existant au décès comprend tous les biens dont le défunt est resté propriétaire jusqu'à son décès. On y inclut les biens dont il a disposé à cause de mort. Par contre, on y exclut les droits viagers dont il était titulaire et qui s'éteignent avec lui, ainsi que les biens grevés d'un droit de retour (légal ou conventionnel). Ensuite, on procède à la déduction du passif.

556 De l'actif laissé par le de cujus, on déduit toutes les dettes dont il était tenu au jour de son décès. On y ajoute même les charges, dettes postérieures à son décès, mais qui trouvent leur origine à ce décès. Il en est ainsi des charges funéraires, des frais de liquidation et de partage de la succession.

Après avoir déterminé le passif existant au jour du décès, on soustrait le passif de l'actif. Ainsi, le total du passif existant vient en déduction de la valeur de l'actif existant. À ce résultat, on ajoute fictivement les biens donnés.

557 En effet, après avoir déduit le passif de l'actif existant, si le résultat est positif, c'est-à-dire l'actif excède le passif, on obtient l'actif net existant qui exprime exactement la richesse du de cujus à sa mort, il n'y a plus alors qu'à y réunir fictivement les biens donnés. En revanche, si la soustraction dégage un solde négatif, c'est-à-dire que le passif excède l'actif, on déduit que le

b. L'évaluation de la masse de calcul de la réserve et de la quotité disponible

Par cette évaluation, on procède non seulement à une estimation des biens existants, mais aussi à celle des biens donnés.

L'évaluation des biens existants se fait au jour du décès. Cette date s'impose à l'exclusion de celle du partage, car c'est au jour du décès que les héritiers acquièrent leurs droits successoraux. C'est donc à ce jour qu'il faut se placer pour évaluer ce que la loi leur garantit contre la volonté du de cujus.

L'évaluation des biens existants doit précéder celle des biens donnés et qui sont fictivement réunis dans la masse de calcul [558].

Une fois que la réserve et la quotité disponible ont été liquidées, il convient de vérifier si la réserve a été atteinte ou non. Cette vérification se réalise par le biais de l'imputation.

c. L'imputation des libéralités

L'imputation consiste, après la réalisation de toutes les évaluations, à prendre les libéralités une à une afin de savoir de chacune d'elles si elle est ou

---

de cujus est mort insolvable. Et dans ce cas, la masse de calcul sera égale à la valeur de ces biens fictivement réunis. À cet effet, l'art. 922 c. civ. précise que les dettes ne doivent être déduites que des seuls biens existants en ces termes : *« On y réunit fictivement, ceux dont il a disposé par donation entre vifs... On calcule sur tous ces biens après avoir déduit les dettes... » La réunion est alors un corollaire de la protection que la réserve assure aux héritiers contre les donations, et non pas seulement contre les legs. Toutefois, il ne s'agit que d'une réunion fictive. Ce qui en fait une opération purement comptable.*

Par ailleurs, cette réunion concerne tous les biens donnés, peu importe la personne du donataire: étranger ou héritier. On y inclut quand même les fruits et revenus échus entre le jour de la donation et le décès.

Une fois que la masse de calcul a été déterminée, il faut alors évaluer la réserve et la quotité disponible.

[558] Initialement, le Code Napoléon prescrivait à l'art. 922 que les biens donnés dussent, comme les biens existants, être évalués au jouir du décès, compte tenu de leur état au jour de la donation. Cependant, cette solution rendait aléatoire toute prévision, surtout, elle était sévère lorsque le donataire avait aliéné le bien et que la valeur de celui-ci était sensiblement accrue depuis l'aliénation. Il risquait alors une réduction par suite de plus-values qu'il n'avait même pas recueillies. S'il était insolvable, le risque rejaillissait sur ses ayants droit.

Civ. 30 juin 1910, aff. De la Bénédictine, D 1914, I, 25, note NAST ; S. 1910, I, 529, note Ch LYON – CAEN : Les actions de la société « La Bénédictine » avaient décuplé de valeur entre la donation et le décès, mais le donataire les avait vendues bien avant le décès. Afin d'assurer la sécurité du gratifié, une loi de 1938 décida que désormais les biens donnés seront inclus dans la masse pour leur valeur au jour de la donation. Toutefois, si la sécurité des gratifiés était assurée, du même coup, la protection des réservataires se trouvait bafouée comme l'était celle des cohéritiers créanciers du rapport. Mais, le droit français actuel est revenu aux solutions du Code civil de 1804, avec quelques nuances pour prévenir les excès qui avaient conduit à l'abandon de la loi de 1938 (voir art. 922 nouveau c. civ.).

non attentatoire à la réserve. Elle permet alors de constater et de mesurer l'excès éventuel[559].

2. L'ordre de l'imputation

La loi indique l'ordre dans lequel les libéralités doivent être réduites en cas d'excès avéré, et non celui dans lequel il convient de les imputer pour déceler et mesurer l'excès éventuel. Tout compte fait, l'ordre des réductions donne l'ordre d'imputation. La question prend tout son intérêt lorsque la totalité des libéralités excède le disponible et met la réserve en danger. La désignation des libéralités réductibles et l'importance de leur réduction dépendent alors, en effet, de l'ordre d'imputation.

Au demeurant, l'ordre d'imputation n'est autre chose que l'ordre de réduction[560] inversé (art. 926 c. civ.)[561].

Si au contraire, les libéralités s'imputent successivement sur le disponible, la réduction se fera libéralité après libéralité en commençant par la dernière qui est imputée (art. 923 c. civ.)[562] .

Trois règles peuvent être dégagées de cet ordre légal de réduction.

---

559 Une double attention est exigée pour mener à bien cette délicate opération de liquidation. Il faut d'abord respecter l'ordre des imputations en déterminant les libéralités qui vont en être l'objet. Ensuite, il est nécessaire de connaître sur quel secteur de l'hérédité et dans quel ordre va s'effectuer cette imputation.

Au demeurant, les imputations obéissent à des règles qui en fixent aussi bien l'ordre que le secteur.

560 L'ordre légal de réduction est fixé par les art. 923 à 926 c. civ. Aussi, si les libéralités s'imputent simultanément sur la quotité disponible, elles seront réduites dans la mesure où elles empiètent sur la réserve, proportionnellement à leur montant, c'est-à-dire au marc le franc.

561 Art. 926 C. civ. « *Lorsque les dispositions testamentaires excèderont, soit la quotité disponible, soit la portion de cette quotité qui restait après avoir déduit la valeur des donations entre vifs, la réduction se fera au marc le franc, sans aucune distinction entre les legs universels et les legs particuliers* ». À titre d'exemple, le de cujus laisse deux enfants et un patrimoine de 9 millions ; il a consenti à des tiers A et B des libéralités respectivement de 2 et 4 millions. Le disponible étant d'un tiers, c'est-à-dire de 3 millions, les libéralités empiètent sur la réserve pour 3 millions. Si l'on retient une imputation simultanée sur le disponible, la réduction se fera proportionnellement à leur montant, c'est-à-dire qu'elle sera d'un million pour A et de 2 millions pour B. Chacun aura donc subi une réduction de moitié de sa libéralité.

562 Art. 923 C. civ. « *Il n'y aura jamais lieu à réduire les donations entre vifs, qu'après avoir épuisé la valeur de tous les biens compris dans les dispositions testamentaires ; et lorsqu'il y aura lieu à cette réduction, elle se fera en commençant par la dernière donation, et ainsi de suite en remontant des dernières aux plus anciennes* ». Lorsqu'on reprend l'exemple précédent, en supposant que la libéralité adressée à A s'impute avant celle de B, on constate que la première libéralité diminuera la quotité disponible à concurrence de 2 millions. Seul 1 million restant libre pour l'imputation de la libéralité adressée à B, celle-ci porte atteinte pour trois millions à la réserve. De ce fait, A conservera sa libéralité entière, celle de B sera réduite aux 3/4.

Primo, d'après l'art. 923 précité, les legs sont réduits en priorité par rapport aux donations[563]. Secundo, d'après le même art. 923, lorsqu'il y a réduction des donations, elle se fait en commençant par la plus récente[564]. Tertio, la réduction peut aussi être proportionnelle. On parle aussi de l'imputation concurrente des legs[565].

La doctrine trouve une dualité de fondement à cet ordre légal, à savoir d'une part, une raison de pur fait qui est relative à la date de dessaisissement du disposant et d'autre part, une raison de droit, qui tient à l'irrévocabilité des donations[566].

Une fois que l'ordre légal d'imputation a été déterminé, il faut maintenant indiquer le secteur de l'hérédité qui doit supporter cette imputation.

3. La détermination du secteur d'imputation

Concrètement, imputer une libéralité c'est soustraire le montant de chacune des libéralités prises en compte pour l'établissement de la masse de calcul, du montant du secteur auquel elle doit être comparée. Aussi, se pose-t-on la question de savoir si la libéralité s'impute sur le disponible ou sur la réserve. En principe, la comparaison devrait s'effectuer au seul disponible ; il en est ainsi lorsque le de cujus n'a consenti des libéralités qu'à des tiers ; le gratifié n'ayant aucun droit sur la réserve, on ne saurait imputer la libéralité sur un secteur de la succession auquel il ne peut prétendre.

Par contre, lorsque le gratifié est en même temps réservataire, la question se pose de savoir si cette qualité permet d'imputer en priorité sur la réserve les libéralités qui lui ont été consenties et de laisser libre le disponible pour des libéralités ultérieures. La réponse à cette question dépend du caractère préciputaire ou rapportable de la libéralité[567].

---

[563]Autrement dit, les donations s'imputent de façon prioritaire. Il s'ensuit que les donations doivent être imputées avant les legs qui ne peuvent s'exécuter que dans le cas où le disponible a un reliquat. Aussi, si les donations égalent ou excèdent le disponible, l'art. 925 c. civ. précise que ces donations deviennent caduques.

[564]Dans ce cas, on impute les donations en suivant l'ordre chronologique, en descendant le fil du temps : on va des plus anciennes aux plus récentes. On parle dans ce cas de la réduction successive des donations en commençant par les plus récentes, ou encore de l'imputation successive des donations en commençant par les plus anciennes.

[565] En effet, lorsque le legs excède le disponible, son imputation se fait au marc le franc, chacun supporte une réduction partielle. Dans ce cas, il n'y a pas à suivre comme pour les donations, un ordre d'imputation; ils sont imputés ensemble, donc concurremment.

[566] GRIMALDI (M): op. cit. n°s 742-744, MAZEAUD et BRETON, n°s 932 et s., TERRE (F) et LEQUETTE (Y) : n°1020.

[567] En effet, si la libéralité est préciputaire, cela traduit l'intention du de cujus d'avantager le gratifié par rapport à ses cohéritiers; il a donc voulu que cette libéralité lui soit acquise en plus de sa part de réserve. Et de ce fait, elle s'impute sur le disponible. Si par contre, la libéralité est

En somme, le caractère préciputaire ou rapportable de la libéralité, l'existence ou non au profit du gratifié d'un droit de réserve constitue donc les deux principales variables qui affectent le régime de l'imputation[568].

4. Le rétablissement de la réserve

Avant d'examiner la question proprement dite des modalités de réduction, il paraît important de dire quelques mots sur la demande en réduction. En effet, il a été relevé que les libéralités ne se réduisent pas de plein droit, et que, de ce fait, elles sont simplement réductibles. Aussi, la réduction doit-elle être demandée. Il nous revient alors de répondre à la question de savoir qui peut demander la réduction d'une libéralité (a) avant de présenter les modalités de la réduction encourue (b).

a. La demande en réduction des libéralités

À la différence du rapport, la réduction n'opère pas de plein droit. Par conséquent, le décès à lui seul ne résout pas la libéralité ni ne constitue le gratifié débiteur d'une indemnité. La libéralité excessive est simplement réductible. Et la réduction effective suppose une demande.

L'action en réduction est une action exclusive de toute autre action. Elle ne peut être demandée que par les héritiers réservataires, à condition qu'ils viennent effectivement à la succession. Aussi, y sont exclus, les gratifiés et les créanciers successoraux, les héritiers renonçant ainsi que ceux qui sont frappés

---

rapportable, l'avancement d'hoirie fait au gratifié manifeste l'intention du de cujus de réaliser un allotissement anticipé :elle s'impute alors sur la réserve.

En résumé quatre situations doivent être distinguées quant à la détermination du secteur de l'hérédité dans lequel s'imputent les libéralités.

1- Lorsque la libéralité est adressée à un tiers, elle présente par définition un caractère préciputaire et s'impute toujours sur le disponible.

2 - Lorsque la libéralité est adressée à un héritier non réservataire, quel que soit son caractère, préciputaire ou rapportable, elle s'impute sur la quotité disponible, et sera réduite si elle l'excède.

3 - Au cas où la libéralité est adressée à un réservataire renonçant, une fois de plus, quel que soit son caractère, l'imputation se fera sur le disponible et l'excédent soumis à réduction.

4 - Enfin, lorsque la libéralité est adressée à un réservataire acceptant, deux hypothèses doivent être envisagées. Si la libéralité est préciputaire, elle s'impute exclusivement sur la quotité disponible, l'excédent étant réduit. Si au contraire la libéralité est rapportable, elle s'impute sur la part de réserve du gratifié et subsidiairement sur le disponible ; lorsque ce double seuil est dépassé, l'excédent est réduit.

[568] Au terme de la réalisation des opérations d'imputation, le liquidateur sait si les libéralités consenties par le de cujus sont ou non réductibles, et connaît, le cas échéant, leur portion réductible. Si aucune n'est sujette à réduction, il lui est désormais possible de passer à l'établissement de la masse partageable. Si au contraire, certaines le sont, il lui faudra, encore préalablement à l'établissement de cette masse, déterminer comment va se rétablir la réserve.

d'indignité. Sanction du droit à la réserve, l'action en réduction présente à la fois un caractère personnel[569] et indivisible[570].

Les titulaires de l'action en réduction, ainsi que les bénéficiaires d'une libéralité qui excède totalement ou partiellement la quotité disponible étant connus, il est nécessaire de préciser les modalités selon lesquelles la reconstitution de la réserve devra s'effectuer.

b. Les modalités de la réduction encourues

Concrètement, la question qui se pose ici est celle de savoir si le bénéficiaire d'une libéralité devra restituer le bien même qui avait fait l'objet de la libéralité, ou s'il devra tout simplement verser la contre-valeur. Dans le premier cas, on parlera de la réduction en nature ou en corps héréditaires[571], alors que dans le second, la réduction se fera en valeur ou en argent[572].

Le Code civil, tel qu'il est actuellement appliqué au Cameroun, a posé comme principe le rétablissement en corps héréditaires dans tous les cas où la loi ne l'écarte pas au profit de la réduction en valeur[573].

---

[569]De par son caractère personnel, on retient que l'action en réduction appartient aux héritiers réservataires ou à leurs ayants droit, à la condition qu'ils viennent effectivement à la succession, c'est-à-dire qu'ils y soient appelés en rang utile et l'acceptent. Et conformément au droit commun de l'action oblique, l'action en réduction peut être intentée par les créanciers personnels d'un héritier réservataire négligent.

En revanche, l'article 921 c. civ. précise que les créanciers successoraux ne peuvent en principe ni l'exercer ni en profiter. Autrement dit, non seulement qu' ils ne peuvent agir en réduction, mais qu'en outre, une fois que cette action a été exercée par les réservataires, ils ne pourront pas saisir les biens récupérés par ces derniers. En effet, à leur égard, les biens dont il s'agit sont définitivement sortis du patrimoine du défunt, et c'est dans le patrimoine personnel des héritiers qu'ils se trouvent réintégrés.

[570]Quant à la divisibilité de cette action, elle tient au fait que les réservataires peuvent agir soit collectivement soit individuellement. Chaque héritier peut l'exercer dans la mesure de ses droits héréditaires.

En agissant collectivement, hypothèse la plus fréquente, les réservataires procèdent à la reconstitution globale de la réserve. Par contre, lorsqu'ils agissent individuellement, chacun poursuit seul et pour sa part la réduction des libéralités excessives. Aucun partage n'est alors nécessaire, si ce n'est pour la répartition des biens existants.

[571] Lorsque la réduction se fait en nature, elle permet aux réservataires de récupérer ou de conserver les biens mêmes qui ont été donnés ou légués au-delà de la quotité disponible. Elle constitue alors la réserve en corps héréditaires. S'il s'agit d'un legs, ces biens légués ne seront pas acquis par le légataire ; et s'il s'agit d'une donation, les biens donnés seront restitués par le donataire à la masse.

[572] Par contre, lorsque la réduction se fait en valeur, le légataire acquiert les biens qui lui ont été légués et le donataire conserve ceux qui lui ont été donnés. L'un et l'autre doivent tout simplement aux réservataires une compensation pécuniaire pour l'excès. La réserve est donc seulement reconstituée en argent.

[573] CATALA (P) : *« Les règlements successoraux depuis la réforme de 1938 et l'instabilité économique »*, thèse, MONPELIER, 1954 ; HEBRAND, *« L'instabilité monétaire et les règlements familiaux »*, Mélanges RIPERT, T 1, p. 499 et s ; MARTY : observations sur la

Les deux principaux fondements que l'on reconnaît communément à la réserve héréditaire sont, d'une part, la conservation des biens dans la famille[574] menacée par les libéralités faites aux étrangers, et d'autre part, le maintien d'une égalité minimale entre les héritiers, compromise par des libéralités adressées à l'un d'entre eux[575].

En résumé, la prise en compte des fondements de la réserve conduit à faire une distinction en fonction de la personne du gratifié :

1 - si la libéralité est adressée à un non-successible[576], sa réduction tend alors à assurer la conservation des biens dans la famille.

2 - si la libéralité est adressée à un héritier, sa réduction tend à assurer une égalité minimale entre les héritiers. Or, à présent, cette égalité n'est assurée en nature que s'il n'en résulte pas d'inconvénients économiques sérieux. Dans

---

réduction en valeur, T.1, p. 525 et s. ; JEANTET « Le droit à la réserve en nature », thèse, Paris, 1939 ; PERNEY : « La nature de la réserve héréditaire », thèse, Nice, 1976, p. 182 et s.

[574] La conservation de biens dans la famille s'entend des biens considérés dans leur identité physique. C'est alors autour de tel ou tel bien particulier que se cimente la cohésion familiale. Aussi conclut-on que les libéralités faites aux étrangers doivent être réductibles en nature. Dès lors, le principe demeure en droit positif que la libéralité adressée à un non-successible est réductible en nature.

À propos de ce principe de la réduction en nature des libéralités faites aux non successibles, le droit français actuel a amorcé une évolution qui pourrait conduire à l'assouplir. En effet, à une époque où la circulation des richesses se fait de manière accélérée, on peut estimer que si le patrimoine cimente la famille, c'est par la valeur qu'il représente plus que par la nature des biens qui le composent. La conservation des biens dans la famille s'entendrait d'une conservation de la fortune. Alors la réserve, même opposée aux étrangers, serait marquée d'une fongibilisation qui autoriserait la réduction en valeur. Il en est par exemple lorsque les libéralités portent sur des biens dont la valeur économique ou nationale éclipse la valeur familiale – donation d'une entreprise à un tiers appelé à une donation-partage, legs à l'État d'un bien à caractère culturel.

[575] Si l'on s'attache maintenant à l'autre finalité de la réserve, qui est de garantir une égalité entre les enfants, elle commande que la réduction d'une libéralité adressée à l'un des enfants se fasse en nature. Car c'est en nature que les codificateurs de 1804 exigeaient que fût assurée l'égalité entre cohéritiers.

En ce qui concerne la réduction en nature des libéralités faite à un héritier ; actuellement le législateur français, dans ses différentes réformes, se satisfait d'une réduction en valeur lorsque l'égalité en nature conduirait à un partage économiquement nocif. Aussi, la réduction en nature n'est-elle plus exigence absolue.

[576] Par le terme successible, le Code civil vise l'héritier qui vient effectivement à la succession. En revanche, il n'est pas nécessaire que l'héritier gratifié soit réservataire, car le collatéral privilégié ou le conjoint survivant peuvent se prévaloir de cette qualité. Voir civ. 1re 7 janvier 1958, D. 1958, 441, note ESMEIN (P) *: J.C.P.* 58, II, 10582, note. PONSARD (A) : Defrénois, art 27582 ; G.A. n°266.

Le successible est un héritier venant à la succession. N'a pas cette qualité dans ce cas l'héritier qui est primé par un héritier de rang préférable, l'héritier frappé d'indignité successorale, l'héritier renonçant, l'héritier qui décède avant le donateur et qui n'est pas représenté dans la succession. GRIMALDI, op. cit., n°781, CATALA (P) : op. cit., n°81; G MORIN (G) : n°69 et 89 ; TERRE (F) et LEQUETTE (Y) : n°1029.

le cas contraire, on se contente d'une simple égalité en valeur. Par suite, il y a place pour une réduction en nature et pour une réduction en valeur.

Le fonctionnement diffère également selon que la réduction se fait en nature ou en valeur.

La réduction en nature sauvegarde l'identité physique de la réserve. C'est le bien même dont le de cujus avait indûment disposé qu'elle a pour effet de placer dans la masse partageable, en tout ou en partie, selon qu'elle est intégrale ou partielle. Les réservataires ont droit aux biens mêmes qui ont été donnés ou légués au-delà de la quotité disponible[577].

Quant à la réduction en valeur, elle ne remet pas en question l'effet translatif de la libéralité : la propriété reste acquise au gratifié qui devient ainsi débiteur d'une indemnité. Par suite, outre le confort du gratifié, c'est surtout la sécurité des tiers qui se trouve assurée. Il n'y a donc pas lieu de craindre l'effet dévastateur de la résolution. Devenu débiteur d'une indemnité, le gratifié devra récompenser les cohéritiers en argent. Un règlement pécuniaire est ainsi substitué à une restitution de la chose. Aussi, est-il important de fixer[578] et de régler l'indemnité à payer[579].

Au demeurant, deux évaluations sont nécessaires, l'un au jour du décès, pour fixer la quotité disponible et déterminer quelle fraction de la libéralité excède éventuellement cette quotité, l'autre au jour du partage pour fixer l'indemnité due par le gratifié..

Telles se présentent succinctement les règles instituées par le Code Napoléon, jusqu'à sa modification de 1956, afin que la masse de biens qui sera répartie entre les héritiers soit rassemblée. Mais, la jurisprudence camerounaise essaie de trouver un droit original, en appliquant les règles

---

[577] Ce rétablissement ne s'opère pas de la même façon selon que la libéralité excessive est un legs ou une donation. En effet, contre les légataires, il n'est nul besoin d'exercer une action, il suffit de leur refuser la délivrance des legs. La réduction des legs s'effectue alors par voie d'exception. Contre les donataires au contraire, il ne s'agit plus pour les réservataires de conserver ce à quoi ils ont droit, mais de le reprendre. La réduction dans ce cas s'effectue par voie d'action TERRE (F) et LEQUETTE (Y) n° 1043 et s. ; FLOUR (J) et SOULEAU (H) :n°532 et s.

[578] 1 - Fixer l'indemnité due par le gratifié c'est d'abord déterminer le bien ou la portion de bien soumis à réduction et ensuite l'évaluer.

2 - L'assiette de la libéralité est aisée à déterminer lorsque la libéralité excède le disponible. Dans ce cas, c'est le bien objet de la libéralité, considéré dans son entier qui doit être évalué. La solution est, en revanche, plus délicate lorsque la libéralité s'impute en partie sur la quotité disponible et pour le surplus sur la réserve. Seule la portion du bien excédant le disponible est alors sujette à réduction.

[579] S'agissant, par ailleurs du règlement de l'indemnité, elle est en principe payable au moment même du partage où elle a été liquidée. Son règlement s'effectue soit en moins prenant, soit par un versement effectif en numéraire, TERRE (F) et LEQUETTE (Y) : n°1040 et s. ; GRIMALDI (M) : n°813 et s., 817 et s.

coutumières et modernes apparemment identiques, mais fondamentalement opposées.

Section III. La nécessité du partage des successions en droit écrit

Le juge camerounais, dans le but de trouver une solution aux multiples problèmes qui se posent dans la résolution des conflits successoraux, ne s'encombre pas de toutes les techniques prévues par le Code civil. Confronté à la fois aux règles traditionnelles de l'indivision coutumière et à celles de droits plus complexes, le juge choisit de substituer l'indivision successorale[580] à l'indivision coutumière[581].

L'indivision successorale regroupe *« tous les éléments du patrimoine du de cujus au moment de son décès »*[582]. Ce rôle ne correspond pas avec la conception individualiste de la propriété. Ainsi, expliquant la *« haine »*[583]

---

580 En droit écrit, l'indivision est très fortement marquée par les idées socio-économiques en vigueur au moment de la rédaction du Code civil en 1804 et que la jurisprudence camerounaise prétend parfois appliquer. D'après ces idées, un bien ne peut être convenablement exploité que s'il est soumis au pouvoir individuel total de son titulaire. Pour ce faire, le droit de propriété, du fait de son absolutisme et de son exclusivisme, apparaît comme le seul moyen qui permette cette exploitation maximale de la chose. L'indivision successorale reflète les idées socio-économiques par son contenu et par le sort qui lui est réservé. En effet, dans la conception classique du Code civil, l'indivision constitue un obstacle à l'exploitation individuelle et absolue des biens, car elle paralyse la force du pouvoir du titulaire et surtout l'administration et l'exploitation des biens, voir YOUEGO (Ch). Supra, p. 203

581 En effet, le juge camerounais considère que tous les biens dont le de cujus avait la possession de son vivant et qu'il laisse à sa mort forment l'indivision successorale. Ce raisonnement paraît simpliste dans la mesure où il semble ignorer que les biens laissés par le de cujus font partie d'une indivision qui traduit l'organisation sociale soit dans la société traditionnelle, soit dans la société moderne.

Dans le droit coutumier en général, l'indivision successorale est fonction de la place que le de cujus a occupée au sein de la société. Ainsi, s'il assumait des fonctions sociales, il n'aura laissé que des biens dont il n'avait que la gestion et non pas la propriété, son décès ne modifie alors ni la nature, ni le régime de ces biens qui restent de façon perpétuelle indivis, parce que l'indivision ici est liée à l'organisation sociale communautaire. Par contre, s'il n'occupait aucune fonction sociale, il laissera des biens dont il était propriétaire; dans ce cas, l'indivision oblige les ayants droit à demeurer ensemble, en attendant une éventuelle répartition de ces biens.

Les juges camerounais, quant à eux, tendent à confondre l'indivision telle qu'elle est conçue en droit écrit avec l'indivision coutumière, mieux, à opérer une substitution de la première à la deuxième. Ce qui, évidemment, entraîne de nombreuses conséquences.

La masse successorale définie par la jurisprudence camerounaise comprend en réalité des biens de nature différente. Certains, dont le de cujus n'était que le gérant coutumier, appartiennent à l'indivision coutumière. D'autres sont ceux dont il était le propriétaire. Cette indivision comprend également la communauté conjugale, peu importe la forme polygamique ou monogamique du mariage.

582 MAZEAUD, Leçons de droit civil, t. IV, p. 735, n°1601.

583 FLOUR (J) et SOULEAU (H) : op. cit., n° 336, p. 229.

manifestée envers l'indivision en général et l'indivision successorale en particulier, les rédacteurs du Code civil en avaient fait une institution éphémère, qui doit se terminer le plus tôt possible par la répartition, entre les successibles du de cujus, des biens qui en font partie[584].

L'indivision successorale ne semble avoir aucun fondement juridique dans le droit positif camerounais, car elle ne repose ni sur la coutume, si souvent évoquée, ni sur le Code civil que les juges prétendent appliquer. Et en prenant appui sur les dispositions du Code civil en la matière, les juges camerounais décident que cette indivision originale prend fin avec le partage des biens entre les successibles.

Ainsi dit, dans la société africaine originellement traditionnelle, le chef de famille qui décède laisse des biens qui sont composés surtout des terres et objets matériels nécessaires à l'exercice de diverses fonctions dévolues à l'héritier coutumier. Ces biens ont un caractère essentiellement communautaire. Les biens personnels résultant du travail du de cujus n'ont qu'une valeur limitée[585].

L'examen de ces conflits révèle la coexistence conflictuelle de trois types d'indivision. Le juge est souvent appelé à déterminer les biens qui composent chacune de ces indivisions afin de les répartir entre les différents ayants droit. Ainsi, certains biens relèvent de l'indivision successorale du droit écrit, d'autres de l'indivision coutumière, d'autres encore de l'indivision conjugale. Or, chacune de ces indivisions est soumise à des règles spécifiques et subit de ce fait un sort distinct de celui des autres[586].

---

[584] Ce faisant, le Code civil a tout d'abord conçu l'indivision comme un état essentiellement temporaire pouvant cesser à chaque instant de la seule volonté de l'un des indivisaires demandant le partage (art. 815 c. civ.). Ensuite, ayant un effet déclaratif (art.883) , chacun est considéré comme étant propriétaire de son lot depuis le décès. L'indivision est ainsi effacée, même pour le passé. Dès lors, les biens successoraux cessent d'être sous l'emprise du de cujus pour passer sous le contrôle de ses héritiers, voir FLOUR (J) et SOULEAU (H) : op. cit. n°336 ; MALAURIE (Ph) et AYNES, op. cit. n°262.

[585] De nos jours, la situation a considérablement changé ainsi que le montrent les inventaires présentés aux juges en vue du règlement des litiges successoraux, car ils comprennent notamment les immeubles bâtis ou non, des meubles, des sommes d'argent résultant de l'activité professionnelle du de cujus. La diversité des richesses laissées par le de cujus est souvent à l'origine de nombreux conflits qui naissent entre les membres de sa famille. Ces litiges ne portent pas exclusivement sur la répartition des biens successoraux, mais aussi sur la détermination des biens qui doivent être inventoriés. Certains ayants droit invoquent souvent le caractère familial et même lignager de certains biens - les héritiers de sang - alors que d'autres prétendent avoir des droits sur certains biens parce qu'ayant contribué à leur acquisition - le conjoint survivant. Pour tout dire, tous ces conflits présentent comme problème juridique la définition de l'indivision successorale.

[586] L'indivision successorale a pour trait spécifique d'être créée par le décès et de s'achever par le partage. L'indivision coutumière est perpétuelle sans être successorale, alors que l'indivision conjugale, sans être successorale, parce qu'elle regroupe les biens ayant appartenu aux époux

Dans cette coexistence, l'indivision successorale a tendance à englober les deux autres. Ce mécanisme d'absorption mérite d'être examiné sur les rapports entre, d'une part, l'indivision successorale et l'indivision coutumière (§1), et, d'autre part, l'indivision successorale et la communauté conjugale (§2).

Paragraphe 1. La coexistence de l'indivision successorale et de l'indivision coutumière

La coexistence de l'indivision successorale avec l'indivision coutumière sont considérées par la doctrine comme la conséquence de l'évolution commencée depuis l'époque coloniale, et qui a conduit de l'appropriation collective de la terre à sa propriété individuelle[587]. Cette appropriation individuelle s'est réalisée par le biais du système de la propriété immatriculée à l'époque coloniale et le système contraignant de la législation après les indépendances[588]. Malheureusement, les solutions envisagées par une partie de la jurisprudence montrent une confusion généralisée entre ces deux types d'indivision pourtant en conflit. Cette confusion se perçoit mieux lorsqu'on distingue les biens successoraux des biens lignagers (A) et qu'on apporte la preuve du caractère lignager d'un immeuble (B).

A. La distinction entre biens successoraux et biens lignagers dans la jurisprudence camerounaise

Apparemment, la Cour Suprême n'a pas encore été concrètement sollicitée pour se prononcer sur un problème relatif à la nature lignagère ou successorale d'un bien. Toutefois, certaines juridictions de fond auraient déjà

---

avant le décès de l'un, est parfois influencée par les effets produits par ce décès. En effet, le décès met fin à la communauté conjugale.

587 CHABAS (J) : « La propriété foncière en Afrique Noire », *JurisClasseur civil outre-mer*, Paris, 1957, Librairies techniques ; « de la transformation des droits coutumiers en droits de propriété », *Annales africaines*, Université de Dakar,1959, p. 73 ; Victor GRASSE : *Le régime foncier à Madagascar et en Afrique*, Paris, 1959, Hyres. 2e édition, 1969 ; DOUBLIER (R) : « La propriété foncière en A.O.F. (régime en droit privé), Saint-Louis du Sénégal », 1962, cités par ALLIOT (M) in : « Le droit des successions dans les États africains francophones », *R.J.P.I.C.*, 1972, p. 852

588 Or, aucune des lois adoptées dans ces États post-indépendance n'a organisé le sort des biens lignagers. La législation camerounaise ne fait pas exception. De ce fait, officiellement, le problème de la coexistence de l'indivision successorale et de l'indivision coutumière ne se pose pas, car, selon une opinion commune des populations camerounaises, tous les biens sont devenus l'objet de la propriété individuelle.

Toutefois, dans la pratique, à en croire le volume important des litiges soumis aux juges, des problèmes se posent.

eu à se prononcer sur la distinction à faire entre les biens ayant appartenu personnellement au de cujus et ceux qu'il détenait en qualité d'héritier coutumier.

À titre d'exemple, on peut citer le jugement du tribunal du premier degré de Yaoundé qui avait eu à trancher un litige dans lequel la mère et les sœurs du de cujus revendiquaient le partage des terrains que ce dernier détenait en sa qualité d'héritier coutumier. Ledit tribunal avait ordonné le partage des biens entre la veuve, la mère et les sœurs du de cujus. Mais, malheureusement, son jugement fut infirmé en appel parce que le premier juge n'avait pas tenu compte de l'existence des dix enfants laissés par le de cujus[589].

Le cas le plus remarquable vient d'un arrêt rendu par la Cour d'appel de Bafoussam le 22 mars 1990[590].

Saisie par les enfants du défunt, la Cour d'appel avait approuvé la décision des premiers juges[591].

Ces décisions illustrent le conflit qui existe de nos jours dans le régime des biens lignagers face aux règles successorales du droit écrit[592]. En tout état de

[589] TPD Ydé, jugement n°1061 infirmé par la Cour d'appel du Centre, arrêt n° 278 du 7 septembre 1999, inédit

[590] CA Bafoussam, arrêt du 22 mars 1990, inédit. Dans cette affaire, un collatéral revendiquait deux catégories de biens qu'il considérait comme étant des biens lignagers. Il s'agissait d'une part des crânes des ancêtres de la famille qu'il estimait devoir lui revenir selon les règles coutumières et d'autre part, d'un terrain collectif qui avait été confié au de cujus en sa qualité d'héritier coutumier. Alors que ses prétentions étaient contestées par les enfants du défunt, pour qui ses demandes étaient contraires à la coutume Bamiléké, celles-ci avaient été au contraire favorablement accueillies par les juges du premier degré. Pour ce faire, le tribunal avait reçu le demandeur « en sa demande de partage du terrain querellé et de distraction des crânes de ses ancêtres ». Par la suite, le tribunal avait ordonné le retrait desdits crânes du domicile du de cujus et la restitution au demandeur de sa quote-part divise de la parcelle du terrain litigieux. Finalement, n'avait fait partie de la masse successorale du de cujus que la quote-part divise du terrain qu'il avait acquis de son défunt père.

[591] Toutefois, tout en procédant à cette distinction, les juges avaient oublié certains détails non moins importants. Tout d'abord, ils ne s'étaient plus prononcés sur le sort des biens lignagers autres que le terrain, à savoir les crânes après avoir ordonné leur retrait du patrimoine personnel du de cujus. Or, puisqu'ils ne peuvent pas être partagés, ils doivent de ce fait être attribués à une seule personne qui en assure la garde. Par ailleurs, en ordonnant le partage du terrain revendiqué entre le de cujus et le collatéral demandeur, les juges n'avaient pas cherché à savoir s'il n'existait pas d'autres personnes qui pouvaient à raison prétendre aux mêmes droits sur le même terrain. Ils se sont donc basés sur les seules déclarations du demandeur, oubliant que le droit est juste constaté par les juridictions et non créé selon les demandes et les allégations des parties.

[592] Elles paraissent intéressantes, car elles procèdent à une séparation entre le patrimoine lignager et le patrimoine individuel du de cujus. Or, normalement, les héritiers du de cujus, tels que déterminés par le droit écrit et la jurisprudence, ne peuvent prétendre à l'acquisition exclusive et totale des biens que leur auteur gérait au nom de la collectivité familiale. En répertoriant tous les biens dont il avait la possession au jour du décès, on doit avoir, d'un côté, les biens du lignage et, de l'autre côté, les biens propres du défunt.

cause, des difficultés existent quand il faut faire la preuve de l'appartenance d'un bien, surtout immobilier, à l'une ou l'autre de ces indivisions.

B. La preuve du caractère lignager d'un bien immobilier

Dans les sociétés africaines originellement traditionnelles, la terre constitue le bien essentiel de l'indivision coutumière. De nos jours, elle est aussi le bien successoral le plus important dans les villes comme dans les campagnes au Cameroun. Elle peut alors avoir tantôt un caractère lignager, tantôt un caractère individuel. Une question se pose alors de savoir comment peut-on prouver qu'un terrain lassé par le de cujus relève de la communauté coutumière ou de l'indivision successorale. En principe, la terre coutumière appartient à la famille lignagère et le de cujus ne peut l'avoir acquis qu'en sa qualité de gérant coutumier. N'en ayant jamais eu la propriété, ce terrain ne peut compter parmi les biens successoraux et, de ce fait, il ne peut pas constituer un élément de l'indivision successorale.

Lorsque les juges camerounais sont saisis pour se prononcer sur la nature lignagère ou individuelle d'un immeuble, la solution varie suivant qu'il existe (1) ou non (2) un titre foncier établissant l'appartenance de la terre soit à la collectivité coutumière, soit au de cujus.

1. La preuve de la nature de l'immeuble par le titre foncier

Le titre foncier joue un rôle considérable dans la distinction entre la masse successorale et l'indivision coutumière. En effet, il résulte de l'article 1er du décret du 27 avril 1976, qui consacre les caractères *« inattaquable, intangible et définitif »* du titre foncier, que l'immeuble revient irrévocablement au propriétaire par le titre foncier, car *« le titre foncier est la certification officielle de la propriété immobilière ».*[593]

Lorsque les prétentions des parties reposent sur des titres qu'elles présentent, le litige est tranché aisément. C'est à la partie qui présente le titre que revient la propriété de l'immeuble litigieux. Il peut ainsi s'agir d'une personne physique ou d'une collectivité coutumière. En effet, alors que l'art. 15 de l'ordonnance du 6 juillet 1974[594] énumère les terres qui font partie du domaine national, l'art 17 al 2[595] du même texte reconnaît aux collectivités

---

[593] Décret n°76/165 du 27 avril 1976 fixant les conditions d'obtention du titre foncier.

[594] Ordonnance n°74/1 du 6 juillet 1974 fixant le régime foncier.

Art. 15 : « *Les dépendances du domaine national sont classées en deux catégories :*

1°) les terrains d'habitation, les terres de culture, de plantation, de pâturage et de parcours dont l'occupation ne traduit pas une emprise évidente de l'homme sur la terre et une mise en valeur probante.

2°) Les terres libres de toute occupation effective. »

[595] art. 17 : « *Les dépendances du domaine national sont attribuées par voie de concession, bail ou affectation dans des conditions déterminées par décret.*

coutumières, au même titre que toute personne physique, la possibilité d'obtenir un titre foncier sur les dépendances du domaine national qu'elles occupent ou exploitent.

Des cas de privation frauduleuse des familles lignagères de leurs droits fonciers sont de plus en plus fréquents. Ainsi, afin de mettre fin à ces actes de dépossession, le législateur camerounais a prévu des sanctions tant civiles que pénales. Sur le plan civil, l'art. 1er de la loi du 14 juillet 1980 déclare nulle de plein droit et de nul effet, toute cession immobilière à titre onéreux portant sur une propriété indivise. Pour prévenir de tels comportements, l'art. 2 al. 1er du décret du 22 mai 1984, portant application de la loi de 1980, prescrit d'office, sur les titres fonciers indivis existants ou à venir, par les services compétents de l'Administration des domaines, des clauses d'inaliénabilité. Sur le plan pénal, l'art.2 de la loi de 1980 prévoit des peines qui sanctionnent ceux qui dépossèdent les collectivités coutumières de leurs droits.

En principe, les terres coutumières sont placées sous l'autorité du chef de la collectivité, et ses pouvoirs, qui se limitent aux actes de gestion, excluent toute possibilité de disposition. Mais dans la pratique, ces chefs de communauté, les tribunaux et même les administrations, confondent souvent le pouvoir d'administration avec les attributs de la propriété individuelle[596].

Or, il faut encore le rappeler, s'agissant de l'appropriation collective, d'une part, on ne devrait pas confondre appropriation collective et indivision. En effet, dans la plupart des cas, l'appropriation collective des terres par un lignage signifie qu'on lui reconnaît non la propriété de cette terre, mais le monopole d'utilisation[597] : elle est réservée à ses membres. Par conséquent, aucun de ceux-ci n'a d'autres droits qu'une vocation à l'usage et à la jouissance. Personne n'y a donc ni droit de propriété ni quote-part définie comme dans le Code civil[598].

Toutefois, les collectivités coutumières, leurs membres ou toute autre personne de nationalité camerounaise qui, à ka date d'entrée en vigueur de la présente ordonnance, occupent ou exploitent paisiblement des dépendances de la première catégorie prévue pat l'art 15, continueront à les occuper ou à les exploiter. Ils pourront, sur la demande, y obtenir des titres de propriété conformément aux dispositions du décret prévues à l'art. 17... »

[596] Cour d'appel de Garoua, arrêt du 26 juin 1984, cité par TJOUEN (A. D.) in Droit domaniaux et techniques foncières en Droit camerounais, Economica, 1982, p. 67, affaire du Lamido de Garoua qui s'était comporté comme propriétaire d'un terrain collectif, confondant ainsi administration et propriété.

[597] LABOURET (H): Paysans d'Afrique occidentale, N.R.F., 1941 (livres II et IV sur l'évolution des droits fonciers) ; GRASSE (V) : Le régime foncier à Madagascar et en Afrique, 1959 ; KOUASSINGAN (G. A.) : L'homme et la terre, thèse Toulouse 1962 ; PAULME (D) : Régimes fonciers traditionnels en Afrique Noire, présence africaine, n° spécial 48, 4e trimestre 1963… cité par ALLIOT (M) : op. cit., p. 854, note 16.

[598] Par ailleurs, quant à l'utilisation de la propriété collective, lorsqu'une parcelle de terrain est confiée à un membre du lignage pour qu'il l'exploite, il ne s'agit pas là d'une quote-part fixe des terres du lignage. L'attribution doit tenir compte des disponibilités du moment, de la place

2. Le sort du bien immobilier en l'absence du titre foncier

Toute terre non immatriculée relève du domaine national[599]. De ce fait, elle n'appartient ni au de cujus, ni à la collectivité lignagère.

En principe, une telle terre ne doit pas poser de problème, car elle ne peut et ne doit être intégrée ni dans l'indivision coutumière ni dans l'indivision successorale. Mais, en réalité, tel n'est pas le cas, car ce serait sous-estimer les résistances coutumières aux réformes successives en matière foncière intervenues au Cameroun depuis l'époque coloniale[600].

Dans la pratique, les juges sont constamment saisis des litiges portant sur la revendication des terres coutumières sans qu'un titre foncier soit présenté. Tout se passe alors comme si le titre n'était pas la condition fondamentale d'appropriation des droits fonciers collectifs ou individuels.

Lorsqu'on examine l'arrêt de la Cour d'appel de Garoua précité[601], rien ne laisse apparaître la présentation d'un titre foncier pour justifier la propriété collective sur le terrain litigieux et fonder ainsi les revendications du demandeur.

Cette absence de titre permet aux juges du fond[602] de limiter les débats sur le terrain de la preuve en soutenant que les conflits qui portent sur des terres non immatriculées relèvent de la compétence exclusive de la commission consultative créée à cet effet par la loi du 26 novembre 1983[603].

En adoptant une telle position, le terrain querellé est extrait de la masse successorale, en attendant la décision de la Commission consultative compétente[604].

---

de chacun dans le réseau parental du lignage, de ses charges à l'égard des autres membres du groupe, de ses possibilités d'exploiter. Il s'agit alors d'un simple droit d'usage qui peut, plus ou moins, facilement être remis en question.

Pour conclure, d'après la jurisprudence, le titre de propriété ne constitue pas une garantie des droits appartenant au de cujus. La raison en est que le titre foncier, qui est un mal nécessaire, s'accommode mal des biens lignagers. Mais, la situation est encore plus sérieuse en l'absence d'un titre.

[599] Art 14 ord. n°74/1 du 6 juillet 1974 « *Constitue de plein droit le domaine national, les terres qui, à la date d'entrée en vigueur de la présente ordonnance, ne sont pas classés dans le domaine public ou privé de l'État ou des personnes morales de droit public* »

[600] TJOUEN (A. D.) : op. cit., p. 50 à 89.

[601] Cf. supra,note 744.

[602] Cour d'Appel de Yaoundé, arrêt n°126 du 25 avril 1991, inédit ; TGI Bamenda, jugement du 26 juin 1992, inédit.

[603] Loi n° 19 du 26 novembre 1983 modifiant les dispositions de l'article 5 de l'ordonnance n°74-1 du 6 juillet 1974 fixant le régime foncier.

[604] En somme, la divergence observée dans les décisions judiciaires rend incertaine la composition de la masse successorale. Il en résulte un constat suivant lequel l'existence ou l'absence d'un titre foncier ne garantit pas l'exclusion de l'indivision successorale de tous les biens qui ne sont pas la propriété du de cujus.

Paragraphe 2. La coexistence de l'indivision successorale et de l'indivision conjugale

Dans les sociétés africaines originellement traditionnelles, la femme n'a pas de pouvoir sur la terre, principal bien de la collectivité lignagère. Par ailleurs, l'homme est celui qui pourvoit aux besoins matériels de la famille.

Or, dans le nouveau droit positif camerounais, occidentalisé, la masse successorale comprend exclusivement les biens dont le de cujus a la propriété individuelle. Aussi, y sont exclus tous les biens appartenant au conjoint survivant, quelle que soit leur nature, et si possible ceux des enfants[605].

La question ainsi posée renvoie au problème du régime matrimonial, et beaucoup plus au sort des biens ménagers après la dissolution du mariage par le divorce et surtout par le décès de l'un des époux, et encore plus de l'homme. La réponse à cette question montre des confusions qui apparaissent aussi bien dans les textes (A) que dans la jurisprudence (B).

A. L'incertitude des textes sur l'existence des biens de la femme

Les textes qui ont été successivement adoptés au Cameroun, sur le mariage, depuis l'indépendance ont consacré l'autonomie de la femme face à la famille traditionnelle[606], à l'instar de certains textes de l'époque coloniale[607]. En effet, l'article 74 de l'ordonnance de 1981, qui reprend l'article 13 de la loi de 1966, permet à la femme d'exercer une profession séparée de celle de son mari et, l'article 75 du même texte poursuit en lui permettant de se faire ouvrir un compte en son nom pour y déposer des fonds dont elle a la libre disposition. Toutefois, il lui fait obligation de contribuer aux charges du ménage.

À l'analyse de ces textes, on décèle dans l'esprit du législateur le souci de permettre à la femme de pouvoir se constituer un patrimoine et de contribuer à l'édification du patrimoine familial.

C'est encore le lieu de nous poser la question de savoir si les mêmes confusions observées dans la coexistence des indivisions successorale et coutumière sont également perceptibles quand il s'agit de déterminer et de distinguer l'indivision successorale de la communauté conjugale, c'est-à-dire, de déterminer la masse successorale par rapport aux biens du conjoint survivant.

[605] Dans ce contexte marqué d'un côté par le poids de la tradition et de l'autre côté par l'influence de l'évolution de la société vers le modernisme, aucun problème ne se pose apparemment pour l'homme, et on se pose alors la question de savoir si la femme peut être propriétaire des biens et par conséquent, si elle peut prétendre à des droits conjugaux et successoraux après le décès de son époux.

[606] Loi du 7 juillet 1966 portant diverses dispositions relatives au mariage dans l'ex-Cameroun oriental ; ordonnance du 29 juin 1981 portant organisation de l'état civil au Cameroun.

[607] L'arrêté du 11 janvier 1936 portant dissolution du mariage indigène, J. O. C 1936, p. 132, suppression du lévirat ; décret Mendel du 13 novembre 1945, J.O.C., 1946, p. 528 (liberté inconditionnelle des veuves) ; décret Jacquinot du 14 septembre 1951, J.O.C. 1951, p.1494 (suppression de la dot en tant qu'obstacle au remariage de la veuve)

Mais, malgré cette promotion, face à son époux ou à ses héritiers, la femme se trouve toujours exposée au risque d'expropriation au moment de la dissolution du mariage soit par le divorce soit par le décès de son époux. Aussi, pour lui assurer une protection tant personnelle que patrimoniale au moment de la dissolution du mariage, la même ordonnance en organise les conséquences, surtout en cas de décès du mari[608]. Ce texte vise la libération de la veuve de tout engagement matrimonial au sens du droit coutumier en interdisant la pratique du lévirat. Cette libération lui donne l'entière responsabilité de sa personne en la détachant du cadre social traditionnel.

Contrairement donc au système coutumier, le texte susvisé donne à la veuve le droit d'être propriétaire de certains biens au décès de son mari. Il en résulte, implicitement, une coexistence des biens relevant de l'indivision successorale et de la communauté conjugale. Ainsi, au décès du mari, en principe, on sépare les deux indivisions en isolant les biens qui appartiennent à la veuve de l'indivision successorale[609].

L'imprécision des dispositions légales aurait dû être comblée par les juges. Malheureusement, on constate que la jurisprudence hésite à reconnaître la propriété des biens à la femme mariée en général, et à la veuve en particulier.

---

[608] En cas de dissolution par le divorce, on se réfère en principe au Code civil de 1804 afin d'éviter les règles traditionnelles préjudiciables à la femme. Par ailleurs, aux termes de l'article 77 de l'ordonnance « *En cas de décès du mari, ses héritiers ne peuvent prétendre à aucun droit sur la personne, la liberté ou la part de biens appartenant à la veuve qui, sous réserve du délai de viduité de 180 jours après le décès de son mari, peut se remarier librement sans que quiconque ne puisse prétendre à aucune indemnité ou avantage à titre de dot ou autrement à l'occasion des fiançailles, soit lors du mariage ou postérieurement* ».

[609]Toutefois, il apparaît opportun de préciser la notion de « *biens appartenant à la femme* », car dans les conflits successoraux, la veuve est souvent solitairement opposée à tous les autres héritiers du de cujus, qui peuvent être ses descendants, ses ascendants ou ses collatéraux. Ceux-ci, le plus souvent en grand nombre, mettent la veuve en position de faiblesse. Or la loi de 1966 ainsi que l'ordonnance de 1981 sont imprécises sur ce qu'on peut considérer comme les biens propres de la femme. Aussi les juges devraient toujours faire recours aux dispositions du Code civil de 1804 relatives aux régimes matrimoniaux, pour déterminer la nature des biens revendiqués par les héritiers et la veuve.

Par ailleurs, il faut tout de même noter que si l'on considère que les articles 74 et 75 de l'ordonnance de 1981 organisent implicitement les biens réservés de la femme, ces textes ne concernent que les femmes qui exercent une profession qui leur assure un revenu et excluent par conséquent toutes celles qui n'ont aucune fonction rémunératrice et qui restent ainsi au foyer. Celles-ci, en grand nombre, se trouvent, d'après ces textes, dans l'impossibilité légale d'être propriétaires des biens. Cette situation encourage davantage les héritiers à écarter systématiquement les veuves du bénéfice des biens successoraux et même des biens conjugaux.

B. Les hésitations de la jurisprudence sur la notion de biens appartenant à la femme

La liquidation du régime matrimonial intervient chaque fois que le mariage prend fin. Il en est ainsi en cas de divorce, de séparation de corps et de décès de l'un des époux. En ce qui concerne la dissolution par le décès, il existe un principe selon lequel le décès de l'un des époux entraîne non seulement la dissolution du régime matrimonial, mais aussi l'ouverture de la succession de l'époux prédécédé. Il en résulte que le décès de l'un des époux donne lieu à deux liquidations : celle du régime matrimonial qui précède celle de la succession du conjoint prédécédé.

La position de la jurisprudence est surprenante, et même curieuse, en la matière. En effet, si la jurisprudence accorde avec beaucoup d'hésitations la liquidation du régime matrimonial en cas de divorce[610], elle ne l'admet pas en cas de décès de l'un des époux. De ce fait, elle opère une confusion entre les indivisions successorale et conjugale.

Il a été constaté, lors de l'analyse de la jurisprudence relative à la liquidation du régime matrimonial, que *« la Cour Suprême s'en remet aux juges du fond, cautionnant de ce fait les variations jurisprudentielles en la matière »*[611]. On en déduit en définitive qu'en l'état actuel du droit positif camerounais, le régime matrimonial ne repose sur aucun fondement juridique stable et reconnu. Il ne résulte ni de la coutume ni du droit écrit. Aussi, peut-on conclure qu'il est entre la tradition et la modernité. Cette incohérence apparaît davantage à la lecture des décisions rendues par différentes juridictions nationales.

S'agissant du sort du régime matrimonial en cas de décès de l'un des époux, la situation est beaucoup plus préoccupante. Tout simplement, le juge ignore l'existence d'un régime matrimonial en cas de décès de l'un des époux. Il s'agit là d'une manifestation de la rémanence de la coutume dans le domaine du droit patrimonial de la famille en général.

Rappelons qu'en cas de prédécès de l'épouse d'un polygame[612] ou d'un monogame[613], les juridictions se montrent hostiles à la liquidation et au partage des biens conjugaux. Tout se passe comme si aucun patrimoine n'avait

---

[610] MELONE (S) : Le Code civil et la coutume, la fin d'une suprématie, op. cit., p. 12 ; régimes matrimoniaux et droits fonciers…, op. cit. P141 ; NKOUENDJIN Y (M). : Le Cameroun à la recherche de son droit de la famille…. Op. cit. P. 226 et s. ; ANOUKAHA (F) R.J.A, n°3. op. cit. p. 75 et s. YOUEGO (Ch) : op. cit., n° 579-583.
CS : arrêt n°30/L du 12 janvier1971, aff. DAYAS ; arrêt n°23/CC du 13 décembre 1979, aff. LANTUM, arrêt n° 86/C/C du 18 juillet 1985, aff. KEMADJOU, arrêt n°64/CC du 16 juillet 1987, aff. KOUM.

[611] YOUEGO : op. cit., n°614.

[612] TPD de Ydé, jugement n° 840/DCL du 25 mars 1999, inédit

[613] TPD de Ydé, jugement n°730 du 4 mars 1999, inédit.

été acquis au cours de leur mariage. Ainsi, les commentaires qui vont suivre seront faits indifféremment à la forme du mariage.

Si certaines décisions admettent le partage de la succession entre le conjoint survivant et les héritiers biologiques du de cujus, d'une façon générale la jurisprudence éprouve une horreur certaine à reconnaître l'existence d'un régime matrimonial du vivant des époux.

Il existe toutefois quelques décisions isolées et même accidentelles des juridictions de fond et de la Cour Suprême dans lesquelles les juges avaient ordonné la liquidation de la communauté, en faveur de la veuve, après le décès du mari. Ainsi, dans un arrêt du 16 novembre 1971[614], la preuve de la non-existence de la communauté avait été exigée des collatéraux du de cujus qui contestaient l'attribution de la moitié des biens conjugaux faite par les juges du fond à la veuve[615].

Plus impressionnant paraît le jugement du 7 octobre 1996 rendu par le TPD de Yaoundé. Dans cette espèce, les juges avaient miraculeusement ordonné la liquidation de la communauté ayant existé entre les époux et avaient déclaré la veuve propriétaire de la part qui lui revenait et usufruitière de la part qui revenait à son défunt mari[616].

Plusieurs raisons peuvent justifier cette absence totale de décision en faveur de cette liquidation[617]. Par ailleurs, même lorsqu'elle sollicite la

---

[614] CS, arrêt n° 15/L du 16 novembre 1971, bull. p. 3259.

[615]En effet, la Cour d'Appel avait reconnu que « dans la coutume Bamiléké moderne, la succession réelle du défunt se compose de la moitié des biens seulement, l'autre moitié revenant de droit à la femme et que celle-ci ne peut être écartée de ladite succession ». Un pourvoi formé contre cet arrêt par les collatéraux du de cujus avait été rejeté par la haute juridiction qui avait ajouté, à cet effet, que les demandeurs n'avaient pas apporté la preuve que« les époux ne vivaient pas dans la communauté de biens ».

[616] En appliquant les règles de dissolution du mariage prévues par le Code civil de 1804, ces décisions avaient reconnu non seulement l'existence d'un régime matrimonial légal en l'absence d'un contrat de mariage, mais aussi la liquidation dudit régime en cas de dissolution du mariage par le décès de l'un des époux et surtout du mari, et par conséquent l'exercice par le conjoint survivant (la veuve) de ses droits sur la succession du prédécédé.
En dehors de ces décisions, les juges se prononcent difficilement sur la liquidation du régime matrimonial préalablement à celle de la succession du conjoint prédécédé. C'est ainsi que dans une décision rendue par la Cour d'appel de Douala , les juges n'avaient reconnu à la veuve, en plus de sa qualité d'héritière en usufruit, que le droit d'usage et d'habitation de la maison qu'elle partageait avec son mari de son vivant, et à l'acquisition de laquelle elle avait probablement participé; ils ne lui avaient accordé ni la liquidation, encore moins le partage de la communauté ayant existé entre eux.

[617] Tout d'abord, le conjoint survivant en général, et en particulier la femme, ignore la notion de régime matrimonial. Par conséquent, elle ignore qu'elle a droit à une partie du patrimoine conjugal lorsqu' aucun contrat de mariage n'a été signé entre eux et qu'elle doit en demander l'attribution au décès de son époux. Or, parce que le juge ne peut pas statuer ultra petita, il ne peut se prononcer que sur les questions qui lui sont posées. Et le plus souvent, la demande de

liquidation de la communauté conjugale, les juges se montrent, de façon irascible, hostiles à la lui accorder. Cette attitude des juges apparaît clairement dans un arrêt rendu par la Cour d'Appel de Yaoundé le 8 mai 1985[618]. Dans cette décision, les juges avaient délibérément refusé la liquidation de la communauté revendiquée par la veuve.

Toutefois, de temps à autre, les juridictions de fond développent une tendance plus moderne destinée à sauvegarder les droits successoraux de la veuve ainsi que le montrent deux arrêts de la Cour d'Appel de Yaoundé rendus respectivement le 6 août 1987 et le 3 octobre 1990[619].

Dans la première espèce, la cour avait accordé à la veuve l'usufruit sur tous les biens de la succession de son défunt mari. Dans la seconde, pour donner suite aux revendications de la veuve, la cour était allée au-delà de la demande, car, sans lui accorder la moitié des biens, la cour lui avait attribué la pleine propriété de tous les biens en ces termes :

« *Considérant que les époux Ela n'avaient pas d'enfants, que selon la coutume Beti qui est celle des parties, la veuve hérite en pleine propriété des biens laissés par son mari* ».

De l'analyse de ces trois décisions, il ressort que les juges s'écartent du problème de liquidation de la communauté, et ce faisant, confondent tout le patrimoine conjugal sur la tête du mari. Il en est ainsi même lorsque la veuve apporte la preuve de sa contribution à l'acquisition du bien qu'elle revendique,

---

jugement d'hérédité introduite par les veuves se limite à la reconnaissance de leur qualité d'épouses légitimes du de cujus. Ce qui n'entraîne pas l'examen de leur situation patrimoniale.

[618] CA Yaoundé, arrêt n° 636 du 8 mai 1985, inédit. Selon ces juges, « La coutume Bamiléké qui régit les parties n'admet pas la liquidation de la communauté proposée par une jeune veuve, tutrice des enfants encore mineurs, ceci de peur que les biens ne soient reversés dans une autre famille que celle du défunt ». Il y a lieu de se poser la question de savoir si les juges lui auraient accordé la liquidation au cas où ils avaient estimé qu'elle était au-delà de l'âge de se remarier. Ils avaient ainsi oublié que la veuve n'avait demandé que la part qui lui revenait personnellement du fait de son mariage avec le de cujus, et non pas l'ensemble du patrimoine conjugal. Il s'agit alors là d'une confusion entre les droits personnels et les droits successoraux.

[619] CA Yaoundé, arrêts n° 314 du 6 août 1987, inédit. Elle avait, à cet effet déclaré que :
« *Considérant que dame Wong soutient que le terrain litigieux avait été acquis avec l'aide de son mari, qu'elle a continué après la mort de ce dernier à verser les acomptes pour solder le reliquat au propriétaire...* »
Considérant que de tout ce qui précède, il ressort que les biens revendiqués appartiennent à la communauté des époux Wong qui malheureusement à la mort du mari n'avaient pas de descendants... »
« *Que dans ces conditions, la coutume Beti autorise l'époux survivant à conserver l'usufruit sur les biens de la succession, laquelle est dévolue au plus proche parent mâle du mari qui ne peut aliéner les biens* ».
CA Yaoundé, arrêt n°2 du 3 octobre 1991, inédit. La veuve, sans enfants, avait demandé aux juges de constater que la mort de son mari avait mis fin à la communauté et de la liquider en lui attribuant la moitié des biens dans les conditions de l'article 767 alinéa 2 du Code civil parce que la mari n'avait laissé de parents successibles que dans la ligne maternelle.

telle que l'exige la jurisprudence en matière de divorce. Ces juges écartent les règles légales de liquidation en faveur de la coutume. De plus, ils ne suivent pas les directives de la Cour suprême sur cette question[620].

Cette attitude des juges du fond confirme le rapprochement qui a souvent été fait entre la justice qu'ils rendent et la règle suivant laquelle « *selon que vous serez puissant ou misérable, les jugements de la cour rendront blanc ou noir* »[621]

Dans ce chapitre, nous avons examiné les techniques de liquidation des successions en droit écrit et en droit coutumier, ainsi que la façon donc la jurisprudence aborde la question de la composition de la masse successorale. Aussi, avons-nous constaté que les juges, en essayant de déterminer le patrimoine successoral, confondent l'indivision successorale avec deux autres types d'indivision. D'une part, la confusion est faite avec l'indivision coutumière avec laquelle elle se distingue non seulement par le contenu, mais aussi par les prérogatives reconnues aux héritiers sur les biens successoraux. Par ailleurs, en confondant l'indivision successorale avec la communauté conjugale, les juges se montrent hostiles à la liquidation de la communauté après le décès de l'un des époux, malgré quelques soubresauts qui laissent croire à tort à l'amélioration du sort de la veuve. Cette hostilité apparaît à travers des solutions jurisprudentielles qui varient à l'infini à l'instar des solutions dans les sociétés traditionnelles[622].

---

620 Par ailleurs, en refusant de liquider la communauté, la tendance de l'attribution des droits successoraux importants à la veuve se dégage. Mais, en voulant à tout prix sauvegarder les droits de la veuve, l'arrêt de 1990 avait violé une règle procédurale en accordant à la veuve plus de droits qu'elle n'en avait sollicités conformément à la loi. Les juges avaient alors statué ultra petita. Chose qui leur est proscrite.
Une remarque curieuse et inquiétante est cependant faite en marge de la tendance moderniste en faveur de la veuve. Il s'agit de l'incohérence quant à la coutume Beti que les juges avaient invoquée dans les deux décisions de 1987 et 1990.
En effet, dans l'arrêt du 6 août 1987, les juges s'étaient fondés sur la coutume Beti pour accorder à la veuve sans enfants un droit d'usufruit sur l'ensemble des biens successoraux. Il est étonnant que, trois ans après, dans l'arrêt du 3 octobre 1990, pour des faits identiques à ceux de la première décision, les juges de la même juridiction aient invoqué la même coutume Beti pour attribuer cette fois-ci à la veuve la pleine propriété de tous les biens de la succession, et même de tout le patrimoine conjugal.
De telles variations auraient été compréhensibles, si les juges avaient invoqué des coutumes différentes, il paraît difficilement admissible que la même juridiction, statuant sur des faits identiques, ait, malgré trois ans de séparation, rendu des décisions différentes en se fondant sur la même coutume Beti. L'incohérence n'existe donc pas seulement entre les différentes juridictions d'un même degré, mais au sein d'une même juridiction.
Ce constat, qui porte quelque peu atteinte à la crédibilité de la jurisprudence, nous amène à conclure que les juges du fond rendent et motivent leurs décisions de manière discrétionnaire et en fonction des justiciables en conflit.
621 KAMTO (M) : op. cit., p. 63.
622 ALLIOT (M). : op. cit., p. 845 et s.

La détermination de la masse partageable, en droit positif camerounais actuel, est donc profondément influencée par l'intervention de plusieurs paramètres qui découlent tous à la fois des règles émanant des coutumes et de celles édictées par le Code civil de 1804. En effet, pour déterminer les biens qui doivent être soit attribués à un héritier, soit répartis entre les successibles, on distingue selon que le de cujus était ou non marié. Le problème des biens d'un célibataire ne se pose pas avec la même acuité que ceux de celui qui laisse un survivant. En effet, dans le second cas, un régime matrimonial, fût-il légal, a certainement existé entre les époux. Il faut alors le liquider avant de passer à la liquidation de la succession du de cujus.

En droit coutumier, il n'existe pas de liquidation du régime matrimonial. Par ailleurs, les opérations de liquidation de la succession y sont ignorées, car la succession y est obligatoire. Par contre, en droit écrit, la liquidation du régime matrimonial est de règle. Dès lors, la situation patrimoniale du conjoint survivant dépend non seulement du régime sous lequel les époux ont soumis la gestion de leurs biens, mais aussi de la gestion qui en a été faite.

Une fois que le régime matrimonial a été liquidé, les biens qui reviennent au de cujus sont ceux qui composent la masse successorale. Cette masse n'est pas automatiquement attribuée aux héritiers. Le de cujus avait certainement laissé des créanciers, il faut alors savoir comment les désintéresser. Il peut aussi avoir laissé des créances, il convient également de les récupérer. Ce n'est que lorsque les opérations d'apurement du passif, de rapport des libéralités consenties à des étrangers et de réduction des libéralités portant atteinte à la réserve, seront effectuées que la masse partageable proprement dite sera déterminée. Et c'est cette masse qui devra être distribuée entre les différents ayants droit. Ce qui nous amène à examiner le problème de la distribution, mieux, de la répartition de la succession.

Section IV. La nécessité du partage des successions en droit écrit

Lorsqu'une succession est dévolue à un seul héritier, soit parce qu'il est le fils unique du de cujus, soit parce que ses cohéritiers y ont tous renoncé, les problèmes de partage ne se posent pas, car, il devient le propriétaire des biens successoraux. Mais, la situation est toute différente lorsque le de cujus laisse plusieurs héritiers, réservataires de surcroît. Non seulement ils devront se répartir les biens héréditaires entre eux, mais, avant d'y arriver, ils devront passer par une étape transitoire en principe[623] obligatoire qu'est l'indivision.

[623] On verra par exemple que le partage testamentaire abolit toute période d'indivision, v ° infra, sur le partage d'ascendant.

On peut alors définir le partage comme le moyen qui permet à chaque successeur de réaliser son droit à une portion d'hérédité[624]. En d'autres termes, le partage est l'opération qui met fin à l'indivision, en substituant aux quotes-parts indivises qui appartenaient aux héritiers sur le patrimoine successoral des droits privatifs attribués à chacun d'eux sur les biens déterminés qui composent son lot[625].

Les biens laissés par le de cujus constituent une propriété familiale. C'est cette propriété qui doit être répartie entre les différents ayants droit selon des règles bien déterminées (paragraphe 1). Cependant, le règlement des successions en droit écrit prévoit également la possibilité pour le père d'organiser sa succession de son vivant, en confectionnant un testament ou en attribuant certains biens à certains de ses enfants ou même à d'autres personnes que ses descendants. Toutefois, il existe un autre moyen de répartir, en principe, entièrement son patrimoine uniquement entre ses descendants de son vivant pour éviter toute contestation de la part des héritiers au moment des opérations de partage. Il s'agit du partage d'ascendant (paragraphe 2).

Paragraphe 1 : Le partage dans les successions ab intestat

La continuation de la personne du défunt, qui est le fondement du droit moderne des successions, avait conduit le législateur de 1804 à établir une indivision en cas de pluralité d'héritiers. En énonçant à l'article 815 que « *Nul ne peut être contraint à demeurer dans l'indivision* », le Code civil Napoléon consacrait l'institution du partage obligatoire. Mais, cette indivision qui se crée entre les héritiers présomptifs dès le décès du père n'est alors prévue que comme une situation transitoire qui devrait aboutir au partage, et donc, à l'attribution des biens successoraux en propriété privative aux différents cohéritiers[626]. L'appréciation de la nécessité du partage des successions ab intestat (I) conduit à l'examen de son caractère égalitaire avec ses particularités (II).

---

[624] TERRE (F) et LEQUETTE (Y) : op. cit., n° 924.

[625] FLOUR (J) et SOULEAU (H) : op. cit., n° 412.

[626] Le partage n'institue pas seulement un esprit individualiste au sein de la famille, mais aussi, et surtout l'égalité entre les héritiers. Dès lors, l'individualisme et l'égalité qui sont les deux idées qui ont dominé le droit successoral français pendant le XIXe siècle, ils sont les deux principes qui continuent de gouverner les règles de transmission successorale en droit moderne de nos jours.

I. La nécessité du partage des successions ab intestat

La nécessité du partage des successions résulte du fait que l'indivision qui s'instaure dès le décès du de cujus entre ses ayants droit est unanimement considérée comme une situation qui ne convient à personne. Aussi, devrait-elle cesser dès qu'elle déplaît à un seul des héritiers. L'indivision successorale qui est donc admise en droit moderne (A) doit disparaître avec le partage (B).

A. Le caractère provisoire de l'indivision

D'une manière générale, l'indivision se définit comme le concours de plusieurs droits de même nature sur un même bien, sans qu'il y ait division matérielle des parts[627].

En matière successorale, il y a indivision héréditaire lorsqu'une personne meurt en laissant plusieurs héritiers et un certain nombre de biens. Contrairement au système traditionnel où l'indivision est indépendante d'une succession, c'est un état perpétuel, *« le code civil, imbu des idées individualistes n'a conçu l'indivision successorale que comme une situation provisoire et précaire »* [628]. Il s'agit alors d'une situation essentiellement provisoire qui constitue une étape préliminaire au partage. Pour mieux préserver les droits de chaque héritier, la période de l'indivision a été réduite[629]. Les règles qui l'organisent sont empreintes du caractère précaire de l'institution. Un auteur fait remarquer à cet effet que «... *La complexité de l'indivision vient de ce qu'elle est la résultante de l'association de deux idées apparemment antithétiques: organisation essentiellement individualiste dans un cadre communautaire »*[630]. Ainsi, d'un côté, le régime de la masse indivise tient compte du caractère communautaire de la masse (1), tandis que, de l'autre côté, la situation faite aux indivisaires est plutôt guidée par le principe individualiste (2).

1. Le régime de la masse indivise

La masse indivise est marquée par son caractère communautaire. Ce caractère apparaît clairement dans les règles qui gouvernent la composition et la gestion de cette masse.

---

627 Répertoire civil : Indivision ; CAPITANT (H) : « L'indivision héréditaire ». Revue critique, 1929, p. 76.

628 ANOUKAHA (F) : *juridis Info*, n° 22, p. 62

629 Aussi, devant résulter de la seule volonté unanime des cohéritiers, l'indivision ne peut demeurer obligatoire après une période de cinq ans (art. 815 al 2).

630 DEJEAN (F): « Réaction de la loi, de la jurisprudence et de la pratique contre l'organisation de l'indivision héréditaire », *thèse,* Montpellier, 1935, p. 10.

a. La composition de la masse indivise

La masse héréditaire indivise est distincte des patrimoines des indivisaires, à cet effet, elle a un caractère autonome. Cette autonomie est nécessaire pour faciliter la détermination des éléments actifs et passifs dont la gestion incombera aux indivisaires.

Entrent dans l'actif de la masse indivise, les biens et droits ayant appartenu au de cujus, excepté ceux qui ont un caractère viager ou qui ont été conclus intuitu personae. La masse indivise est donc ainsi composée de biens corporels (meubles ou immeubles), de biens incorporels auxquels il faut ajouter les biens qui, par le biais du rapport ou de la réduction, viendront accroître l'actif héréditaire.[631], les fruits et revenus produits par les biens indivis[632].

L'autonomie de la masse indivise apparaît aussi quant au passif. En effet, les dettes héréditaires seront réglées par les biens indivis. À cet effet, les créanciers héréditaires pourront se constituer afin de saisir les biens du de cujus. Font alors partie du passif héréditaire, aussi bien les dettes contractées par le de cujus de son vivant que les frais de conservation et de gestion de la masse indivise·

b. La gestion de la masse indivise

La gestion de l'indivision est régie par le principe de l'unanimité. Tous les indivisaires, ayant des droits égaux, doivent concourir ensemble aux actes de gestion. Toutefois, il faut reconnaître que la mise en pratique de cette règle ne pose pas de problème lorsqu'il existe une entente parfaite entre les indivisaires. Par contre, elle conduit à des résultats désastreux lorsque les ayants droit sont en désaccord.

2. La gestion de l'indivision en cas d'entente entre les héritiers

La règle de l'unanimité des héritiers ne pose pas de problème lorsqu'il y a entente entre les héritiers. C'est ainsi que la vente d'un immeuble indivis consentie par tous les héritiers pendant l'indivision est définitive. Le prix tombe dans la masse indivise par subrogation. De même, une hypothèque consentie à l'unanimité sur un immeuble indivis subsiste après le partage, quel

---

[631]À cette masse originaire, la jurisprudence française a ajouté des éléments à travers des solutions qu'elle a dégagées pour combler l'absence de dispositions légales. Ainsi, sont inclus dans l'actif héréditaire les biens acquis par subrogation. C. cass., Ch reu. 5 décembre 1907, D. P. 1908. I. 113, note LYON-CAENarrêt CHOLET-DUMOULIN. Dans cette décision, la Cour de cassation a estimé que le prix des biens indivis aliénés pendant l'indivision ou l'immeuble acquis avec des deniers indivis devient indivis par l'effet de la subrogation réelle.

[632] FLOUR (J) : « Plus-value et fruits de biens indivis », *JCP, 1943, I. 336.*

que soit l'héritier à qui l'immeuble hypothéqué a été attribué. Il en va de même de tous les actes d'administration réalisés par l'ensemble des cohéritiers; ils sont valables immédiatement et de façon irrévocable[633]. Les cohéritiers entre qui règne une entente peuvent, afin d'éviter les lourdeurs de la cogestion, confier la gestion de la masse indivise à l'un seulement d'entre eux, en lui donnant un mandat exprès ou tacite ; aussi, les actes qu'il passera seront-ils opposables à tous les autres indivisaires. Même la jurisprudence camerounaise leur reconnaît le droit de désigner un administrateur[634]. Mais l'atmosphère sera toute différente lorsque les cohéritiers seront en désaccord.

a. La gestion de l'indivision en cas de désaccord entre les coïndivisaires

La gestion de la masse indivise s'avère en revanche difficile lorsque l'entente fait défaut entre les cohéritiers, puisque le refus d'un seul empêche la réalisation d'un acte. Le partage est alors la seule solution prévue à cet effet, ainsi que le précise l'art. 815 c. civ.: « *Nul ne peut être contraint à demeurer dans l'indivision, et le partage peut être toujours provoqué...* ». Cette disposition, qui consacre le caractère précaire de l'indivision, est constamment reprise aussi bien par les juges du fond[635] que par la Cour Suprême pour prononcer le partage des successions[636].

En dehors des jugements, certains arrêts de la Cour d'appel de Yaoundé montrent la faveur des juges du fond pour l'admission du partage non sans quelques nuances.

Ainsi, dans une espèce du 28 avril 1988[637], en se référant à l'article 815 du code civil pour admettre le partage, la cour déclarait que *« Considérant que les coutumes Banen et Beti qui sont celles des parties étant muettes dans ce domaine, le tribunal ne peut que recourir aux dispositions du Code civil. »*

« que dame Idouine et ses enfants ne peuvent pas être contraints à rester dans l'indivision (article 815 du Code civil). Que c'est donc en vain que les intimés cherchent à imposer l'indivision aux appelants qui ne désirent plus continuer à y rester ».

Dans une autre décision, la cour d'appel ordonne le partage, sans toutefois énoncer clairement le fondement de ce partage. Ainsi, dans un arrêt du 27 décembre 1990, pour accorder le partage sollicité par les appelants, la cour

---

633 GUILLET (Y) : « De l'administration des successions indivises », *Thèse, Caen, 1930*, p. 71 et s., cité par OBLE (J) : op. cit., n°573.
634 Cour u suprême, arrêt n° 42/L du 18 janvier 1979, bull., p. 6060
635 TPD Yaoundé, jugements n° 496 et 530 du 19 juillet 1995, inédits ;
.Cour d'appel de Yaoundé, arrêts n° 36 du 27 décembre 1990, n° 131 du 23 mai 1991, inédits
636 CS, arrêt n° 5/L du 12 avril 1990, v° note ANOUKAHA (F) : Juridis Info, n°22, p. 62 et s.; YOUEGO (Chr) : op. cit., n° 594 et s.
637 Cour d'appel de Yaoundé, arrêt n°135 du 28 avril 1988, inédit

énonce que nul n'est contraint à demeurer dans l'indivision et que la coutume Beti ne s'oppose pas au partage des biens dans la succession. On ne sait pas exactement quel fondement, de la coutume ou du droit écrit, a servi de base aux juges pour admettre le partage.

L'incompréhension est plus surprenante ainsi que la confusion des fondements juridiques, dans un autre arrêt rendu par la même juridiction. Statuant cette fois-ci en tant que juridiction de renvoi[638], la cour d'appel, pour ordonner le partage, se base sur « *l'existence de l'attribution éliminatoire dans la coutume Bamiléké* ».[639]

Ces trois décisions paraissent originales en ce qu'elles ne fondent le partage qu'elles prononcent ni sur la coutume ni sur le Code civil.

Pour la Cour Suprême, le sort de l'indivision successorale est celui que prévoit l'art. 815 c. civ. C'est ce qu'elle avait affirmé dans l'arrêt du 22 avril 1990.[640].

Dans cette affaire, les juges étaient une fois de plus confrontés à la différence de conception qui existe entre droit coutumier et droit écrit

[638] Cour d'appel de Yaoundé, arrêt n° 131 du 23 mai 1991, affaire Peute Jacqueline c/ Ngouoko Joseph ; v° infra. Elle énonce à cet effet que « *Mme Peute est en droit de revendiquer sa part d'héritage; que ceci est d'autant plus judicieux qu'en coutume Bamiléké qui régit les parties, les filles qui vont en mariage reçoivent leur part d'héritage pour éviter de s'immiscer dans la succession de leurs parents puisque le mariage est exogamique du côté de la femme* ».

[639] YOUEGO (Chr): op. cit. n° 597., p. 631.

[640] En l'espèce, le sieur NGOUOKO meurt le 15 janvier 1970. laissant une trentaine d'enfants et plusieurs veuves dont certaines étaient mariées uniquement selon la coutume et les autres devant l'officier d'état civil. De son vivant, il avait institué sa fille mariée, PEUTE Jacqueline, héritière principale. Par un jugement du 28 août de la même année, le Tribunal du premier degré de Bafoussam, confirmant cette qualité, va confier à Dame Peute l'administration des biens successoraux indivis. Par une requête du 6 novembre 1982, un des cohéritiers, Ngouoko Joseph, reprochant à sa sœur sa gestion irrationnelle et égoïste et sa qualité de femme mariée, va solliciter le changement de l'administrateur à son profit. Le tribunal du premier degré de Bafoussam accède à sa demande et ordonne en même temps le partage partiel de la succession en attribuant deux des appartements de l'immeuble paternel à Peute Jacqueline. La gestion du reste de biens restés en indivision est confiée à Ngouoko Joseph. Contestant le partage, Ngouoko J. interjette appel en soutenant le maintien de tous les biens dans l'indivision afin de sauvegarder l'intérêt de tous les cohéritiers.
La Cour d'Appel de Bafoussam, saisie pour infirmer partiellement le jugement du tribunal du premier degré en ne le réformant que sur le partage, estime « *qu'il échet de rétablir l'équilibre en laissant en indivision tous les biens de la succession* ». Et c'est contre cette décision que Dame Peute introduit un pourvoi en cassation en se fondant sur la violation de l'art. 815 C. civ.

concernant une même institution juridique[641]. Pour résoudre le problème dont elle avait été saisie, la Cour Suprême s'était fondée sur l'art. 815 c. civ.[642]

La Cour Suprême a donc adopté l'indivision successorale telle qu'elle est régie par le Code civil, comme étant seule en mesure d'assurer la protection de la famille en aboutissant au partage. Par la même occasion, elle prononçait la suppression de l'indivision coutumière, à l'instar de la politique générale de la jurisprudence qui concourt à écarter systématiquement les règles coutumières en matière successorale.

Ainsi, dans une espèce du 18 janvier 1979, elle avait déclaré qu' *« est dépassée la coutume qui interdit le partage des biens lorsqu'il y a un héritier principal et d'autres cohéritiers, car elle n'est ni juste ni équitable ; à moins que tous les cohéritiers s'accordent pour confier la gestion de tous les biens à l'un d'entre eux, en cas de désaccord, s'applique l'article 745 du Code civil »*[643].

Un auteur analyse cette attitude de la Cour suprême comme étant le désir manifeste de résoudre un problème social réel, à savoir, éradiquer l'habitude prise par certains héritiers coutumiers, administrateurs, de gérer l'indivision successorale, selon les règles coutumières, dans leur intérêt personnel et au détriment des autres coïndivisaires[644].

Le partage prononcé par la Cour suprême traduit à cet effet l'hostilité de la haute juridiction à l'encontre de l'indivision coutumière[645] autant que la haine du législateur de 1804 à l'égard de l'indivision successorale[646].

Mais, en dehors du partage des biens indivis, qui est conforme à la loi, une autre solution consisterait, pour les juges, à nommer un tiers comme administrateur provisoire pour remédier à une mésentente grave des indivisaires qui s'avèrerait préjudiciable aux intérêts communs.

---

[641]Dans le cas d'espèce, d'une part Ngouoko Joseph se réfère à la coutume BAMILEKE qui n'admet pas le partage pour soutenir le maintien de l'indivision. D'autre part, Dame Peute Jacqueline se base sur l'art. 815 c. civ. pour demander sa sortie de l'indivision.

[642]Elle énonce que « Attendu que si l'article 815 du Code civil pose en principe le droit pour tout cohéritier de demander le partage…, l'alinéa 2 de ce texte et l'article 817 du même code dérogent à ce principe en admettant le maintien de l'indivision par convention et par décision de justice. ».

[643] Cour Suprême arrêt n° 42/L du 18 janvier 1979, précité ; article 745 c. civ. : *« Les enfants ou leurs descendants succèdent à leurs père et mère, aïeuls aïeules ou autres ascendants, sans distinction de sexe ni de primogéniture, et encore qu'ils soient issus de différents mariages. Ils succèdent par égales portions et par tête quand ils sont tous au premier degré et appelés de leur chef: ils succèdent par souche lorsqu'ils viennent tous ou en partie par représentation »*

[644] YOUEGO (Chr). : op. cit., n° 596, p. 628.

[645] Ibid, n° 598.

[646] FLOUR (J) et SOULEAU (H) : op ; cit. n°336 ; MALAURIE (Ph), p. 262

C'est heureusement cette attitude que les différentes juridictions saisies ont adoptée dans la succession SOPPO PRISO en nommant des administrateurs provisoires pour la gestion des sociétés du de cujus[647]. Ces nominations n'étaient pas seulement rendues obligatoires par l'urgence de cette situation, mais aussi par nécessité. En effet, il s'agit de sauvegarder non seulement les intérêts privés des membres de la famille SOPPO, mais aussi, et surtout l'intérêt général, en faisant fonctionner les différentes sociétés du de cujus et en préservant ainsi les emplois et de ce fait, en favorisant la circulation des biens et richesse.

On peut donc adhérer à l'idée d'OBLE selon laquelle, la prise en considération de ces deux sortes d'intérêts doit donner naissance, pour les successions de grande envergure, à un régime exceptionnel d'administration, qui apparaît beaucoup plus comme un régime de suppléance qu'un régime d'administration provisoire proprement dit[648].

En définitive, le droit positif camerounais, en se fondant sur l'article 815 du Code civil, semble suivre la tendance générale des droits africains modernes. Toutefois, il convient de relever que cet article 815 a subi beaucoup de modifications dans la législation française, conformément aux circonstances propres à cette société à l'époque actuelle.

Si la masse indivise et sa gestion sont marquées par le caractère communautaire, les droits des indivisaires sont plutôt empreints du caractère individualiste.

b. La situation des indivisaires

Le Code civil de 1804 est muet sur les droits des indivisaires. Ce mimétisme peut s'expliquer par le caractère purement provisoire attribué à cette institution.

De plus, si le principe égalitaire domine le droit du partage, il est normal que l'étape préalable au partage soit marquée de la même empreinte. Étant donné que l'indivision confère le droit sur le tout à tous les cohéritiers, et que le partage consiste à doter chacun d'eux d'une quote-part divise, chaque indivisaire est tributaire d'une quote-part sur l'ensemble des biens indivis. Cette quote-part peut être égale à la moitié ou au quart selon les cas. Il peut alors disposer soit de la totalité de son droit, soit d'une partie[649].

---

[647] TGI de Douala, jugement n° 689/ADD du 16 juillet 1998 ; Cour d'appel du Littoral arrêt n° 105/ ADD/C du 3 avril 2000, n°176/ADD/CC du 15 septembre 2000 ; Cour suprême, Ordonnances n°610 du 24 août 2000 et n°380 du 12 mars 2001.

[648] OBLE (J) : op. cit., n° 577, p. 358.

[649]Lorsqu'il dispose de la totalité de sa part, on parle de cession de droits successifs. Il y a substitution du cessionnaire à la personne de l'indivisaire -cédant. Lorsque le cessionnaire est une personne étrangère à la succession, les coïndivisaires du cédant peuvent exercer une

La jurisprudence camerounaise, à l'instar du Code civil sur lequel elle se fonde, ne détermine pas non plus les droits des indivisaires. Les juges se contentent pour le moment de prononcer le partage, seule solution expresse prévue par le Code civil de 1804. Mais le plus souvent, les problèmes soulevés par les différents ayants droit d'une succession créent des situations de blocage qui provoquent souvent une indivision indéfiniment prolongée qui n'a plus alors de fondement juridique[650].

Les intérêts pratique et juridique qui découlent de ces problèmes apparaissent à travers les prétentions des parties relatives à la sortie d'indivision dans les nombreux conflits successoraux. Deux arrêts illustrent particulièrement ces problèmes. Il s'agit des arrêts du 22 novembre 1984[651] et du 22 avril 1990 (précité).

Dans ces deux décisions, les prétentions des contestataires sont identiques. En effet, les demandeurs reprochent aux administrateurs la gestion peu rationnelle des biens communs[652].

Afin d'éviter toutes ces tribulations, le Code civil a reconnu à chaque coïndivisaire le droit de demander le partage, le maintien en indivision étant alors une situation exceptionnelle.

Le législateur français de 1804, aidé par les auteurs de cette époque, avait clairement manifesté son hostilité à l'indivision et sa faveur au partage.

---

expropriation pour cause d'utilité privée, à savoir, le retrait successoral. L'indivisaire peut aussi ne céder uniquement que ses droits portant sur un bien déterminé, par exemple une hypothèque sur un immeuble indivis pour la valeur de sa quote-part. Cette faculté est reconnue à tout indivisaire. Cependant, le sort de l'hypothèque dépendra du résultat du partage. En effet, l'effet déclaratif du partage sacrifie souvent les droits des créanciers, car il a pour conséquence de réduire à néant tous les droits consentis par un autre que l'attributaire au bien.

650 Lorsque les juges prononcent le partage des successions, ils évitent volontairement de statuer par la même occasion sur les droits des indivisaires sur les biens indivis. Or, les problèmes que pose l'absence de détermination des droits des indivisaires sont sérieux et constants dans les différents conflits successoraux portés devant les juridictions camerounaises. Il est question de savoir comment et dans quelle mesure chacun des cohéritiers consacrés par le droit positif camerounais peut user et jouir convenablement des biens indivis. En effet, les contestations soulevées concernent le plus souvent l'administration des biens indivis et surtout les prérogatives que chacun des coïndivisaires devrait y avoir.

651 Arrêt du 22 novembre 1984 sur la succession FOUDA.

652 Il apparaît clairement, dans l'analyse de ces faits, que ces conflits sont surtout relatifs à la détermination des droits des cohéritiers sur les biens successoraux indivis, car les contestations portent le plus souvent sur les actes accomplis par le coïndivisaire administrateur, qui non seulement paralysent le droit des autres coïndivisaires, mais aussi les privent de l'usage et de la jouissance effective des biens communs.

L'indivision a ainsi été sujette à de nombreuses critiques, sur le plan à la fois social[653] et économique[654].

Transposées en droit camerounais, les justifications du partage font du droit au partage une règle fondamentale du droit successoral au Cameroun.

B. Le principe : le droit des héritiers à demander le partage

L'affirmation du droit au partage est lourde de conséquences en droit camerounais autant qu'il l'a toujours été en droit français. En effet, il suffit que l'un des cohéritiers sollicite le partage pour qu'il se réalise. Le partage est de ce fait la cause inévitable de la cessation de l'indivision successorale. En effet, *« nul ne peut être contraint à demeurer dans l'indivision, et le partage peut être toujours provoqué... »*. Ainsi est posé le principe selon lequel le droit écrit confère à tout indivisaire le droit de demander le partage, qui peut intervenir sous diverses formes.

Le partage est donc un droit pour chacun des cohéritiers[655], un droit qui plus est, a un caractère d'ordre public[656]. Son caractère impératif n'y admet pas de dérogation[657]. Ce caractère a été consacré par les rédacteurs du Code civil de 1804 qui ont interdit aux cohéritiers, même de leur commun accord, et au de cujus d'imposer une indivision perpétuelle[658].

---

653 Sur le plan social, un auteur écrivait à propos de l'indivision que « cette communauté de biens qui aurait pu convenir aux hommes dans l'état d'innocence ne convient pas aujourd'hui ; il faut pour entretenir la paix entre les hommes tels qu'ils sont, que chacun ait le sien séparément ». Et faisant l'apologie du partage, CHABOT de L'ALLIER déclare que « l'indivision ne convient pas à nos habitudes ni à notre régime, elle met des entraves à l'exercice du droit de propriété, et n'est d'ailleurs que trop souvent un sujet de discorde entre les copropriétaires ». Il précise à cet effet que « dès le commencement du monde, les enfants de nos premiers pères ne sont point demeurés en communauté de biens, et ont partagé la terre entre eux, et successivement d'âge en âge, leurs enfants ont fait la même chose : c'est pourquoi la communauté de biens est un état qui, par sa nature, n'est pas durable; elle exige un partage par lequel les parties entre lesquelles elle est puissent en sortir. De là naît l'action en partage, qui appartient à chaque héritier. Aucun d'eux ne peut être contraint à rester dans l'indivision. ». Voir : BUGNET, Œuvres de POITHIER, Paris, ; CHABOT de L'ALLIER : p. 189 : cités par YOUEGO (Chr) : op. cit., n°599.

654 Sur le plan économique, l'indivision est considérée comme un obstacle à la circulation des biens et au développement des transactions. Or la circulation des propriétés constitue un des besoins les plus pressants dans les sociétés modernes, aussi, l'indivision ne doit-elle pas être maintenue.
DEMOLOMBE, tome XV, n°486.

655 DELHAY (F) : op. cit., p. 199 ; MALAURIE (Ph) et AYNES : op. cit., p. 431 ; MAZEAUD : op. cit., p. 744 ; GRIMALDI (M) : op. cit., p. 781

656 JOSSERAND (L) : *Cours de droit civil*, 3e édition, T. III, n°1052.

657 MAZEAUD : op. cit., p. 744

658 Ibid.

Cette prérogative impérative a été introduite dans le droit positif camerounais par la jurisprudence[659] qui partage l'idée selon laquelle il dépend de chacun de mettre fin à l'indivision quand il lui plaît[660] .

Par ailleurs, lorsqu'un héritier exerce son droit de sortir de l'indivision, les autres coïndivisaires ont l'obligation de subir ce partage, sans qu'on puisse tenir compte du nombre de chacune de ces deux catégories[661]. Dans l'affaire NGOUOKO, le partage avait été demandé par une seule personne sur la trentaine d'enfants du de cujus.

La doctrine française avait déjà eu à justifier le caractère absolu du droit au partage. Aussi, POITHIER déclarait que *« La communauté de biens est un état qui ne peut subsister pour toujours et qui exige un partage. De là naît l'obligation que chacun des héritiers contracte envers ses cohéritiers de partager les biens de la succession lorsqu'il en sera acquis et de cette obligation naît l'action aux fins de partage, que chacun des héritiers peut intenter contre ses cohéritiers »*[662]. Pour DELHAY, le législateur de 1804 a voulu *« écarter tous les obstacles susceptibles de surgir devant celui qui désirerait provoquer le partage »*[663].

Dès lors, le droit au partage, tel qu'il est consacré par le Code civil de 1804, apprécié par la doctrine et adopté par la jurisprudence camerounaise, est reconnu à toute personne ayant la qualité d'indivisaire (1). Il peut toutefois être suspendu par l'existence d'une convention d'indivision (2).

1. L'initiative du partage

La demande en partage ne peut être faite que par une personne qui a qualité (b), mais pour que le partage soit ordonné, il est nécessaire que la volonté de le faire soit expressément manifestée (a).

a. La nécessité de l'existence de la demande en partage

Le partage de la succession doit découler de la volonté d'au moins un indivisaire. L'article 815 du Code civil subordonne le partage à l'existence d'une demande[664].

---

659 Affaire NGOUOKO précitée.

660 YOUEGO (Chr) : op. cit., n°605, p. 636.

661 Ibid., n° 606, p. 637 et s.

662 POITHIER : *Coutumes d'Orléans*, T. III, section VI, article 1er, n°71.

663 DELHAY (F) : op. cit., p. 202.

664 En effet, celui qui veut sortir de l'indivision doit en manifester la volonté. Aussi, la demande est-elle nécessaire, car elle permet au cohéritier de porter sa revendication à la connaissance des autorités qui sont chargées d'y statuer et des autres cohéritiers. Par ailleurs, l'exigence de la demande constitue une mesure de sécurité pour le patrimoine familial. Celui-ci ne doit pas être disloqué sans que le partage ait été sollicité par les indivisaires.

L'examen de la jurisprudence camerounaise sur ce sujet montre que les juges ordonnent souvent le partage des biens successoraux sans qu'aucun héritier l'ait sollicité. Tout se passe alors comme si le problème de l'existence de la demande ne se posait pas. Cette attitude des juges apparaît dans deux arrêts rendus respectivement par la cour suprême le 14 février 1974[665] et la Cour d'appel de Yaoundé le 27 août 1984[666].

L'exigence d'une demande préalable du partage permet de protéger les patrimoines et les intérêts privés de la famille, en évitant que des étrangers puissent s'y introduire. Si le partage doit être sollicité, il doit l'être par une personne y ayant qualité.

b. La qualité de demandeur au partage

L'article 815 alinéa 1er du Code civil exige implicitement que seuls ceux qui sont en indivision demandent le partage. Ainsi, il faut être indivisaire pour solliciter le partage (i). Autrement dit, la demande des tiers ne saurait en principe être recevable (ii).

i. L'indivisaire demandeur au partage

D'après l'esprit du législateur de 1804, faisant office de législation en matière successorale au Cameroun, la faculté pour les cohéritiers de demander le partage est discrétionnaire, elle n'est donc pas susceptible d'abus. En outre, elle peut intervenir à tout moment tant que subsiste l'indivision; aussi, est-elle imprescriptible.

---

665 Cour suprême, arrêt n° 56/L du 14 février 1974, inédit. Dans cet arrêt, la veuve et le frère du de cujus avaient saisi chacun le tribunal afin de se faire déclarer héritier exclusif du de cujus. Reconnaissant plutôt cette qualité à tous les deux, la Cour d'appel avait ordonné et procédé au partage des biens entre les deux antagonistes. Évoquant le défaut de motif, le défaut de réponse aux conclusions, et la dénaturation des faits, la veuve s'était pourvue en cassation.
Pour motiver le rejet du pourvoi, la Cour suprême estima que le partage ordonné par la Cour d'appel était conforme à la coutume Bamiléké qui était celle du de cujus, en application de l'article 3 du décret de décembre 1969 sur les juridictions traditionnelles. Dans cette décision, la position que la Cour suprême avait adoptée laisse apparaître une incertitude sérieuse sur le fondement juridique du partage et crée ainsi surtout une confusion relative au problème de la nécessité de la demande en partage.
La veuve aussi bien que le frère du de cujus désiraient peut-être seulement qu'on leur reconnaisse la qualité de nouveau propriétaire des biens conformément à la coutume qui d'ailleurs n'admet pas le partage des biens. Ce partage paraît alors sans fondement juridique.

666 Cour d'appel de Yaoundé, arrêt n° 670 du 22 août 1984, inédit. En revanche, dans cette espèce, la Cour d'Appel de Yaoundé avait fait un effort surprenant en annulant un jugement qui avait ordonné le partage de la succession sans qu'une demande préalable ait été engagée. En l'espèce, chacune des deux parties revendiquait la qualité d'unique héritier du de cujus en demandant aux juges d'exclure l'adversaire de la succession. Sans exclure aucun, le tribunal les avait tous déclarés cohéritiers du de cujus et avait procédé au partage par moitié de l'immeuble successoral. La Cour d'appel, saisie, avait alors annulé le jugement querellé au motif que le partage de l'immeuble n'avait été demandé par aucune des parties, et que, de ce fait, les premiers juges avaient statué *ultra petita* en ordonnant ce qui n'avait pas été sollicité.

Les caractères imprescriptible et discrétionnaire du droit au partage sont des manifestations de la plus grande liberté et de la plus grande indépendance que le Code civil de 1804 a accordées à l'individu contrairement au système traditionnel dans lequel l'individu ne s'identifie que par rapport à sa communauté. Mais, le plus souvent, le de cujus laisse des personnes ayant des droits de nature différente sur les mêmes biens. Ainsi, lorsque le de cujus laisse plusieurs enfants et un conjoint survivant[667], les premiers succèdent en pleine propriété tandis que le second est usufruitier. Or, de par sa définition et d'une façon générale, l'indivision n'existe qu'entre droits de même nature. Aussi, les coïndivisaires doivent-ils tous être soit des propriétaires, soit des nus-propriétaires, soit encore des usufruitiers. Elle ne peut par exemple avoir lieu entre usufruitiers et nus-propriétaires[668].

S'agissant particulièrement de l'indivision successorale, elle regroupe rarement des droits homogènes et de même nature.

* Les enfants, indivisaires en pleine propriété

Il est admis en droit positif camerounais, à l'instar du Code civil de 1804, que les enfants du de cujus sont titulaires d'une part indivise dans la succession de leur auteur. Lorsqu'ils forment une demande en partage, ils sollicitent que leur part leur soit attribuée d'une façon privative. Aussi, agissent-ils en qualité de propriétaires. Pour ce faire, ils doivent avoir la capacité. Pour RIPERT et BOULANGER, « *Le partage est un acte grave, parce que par nature, il entraîne la transformation des droits de ceux qui y participent. Bien qu'il n'ait pas un caractère translatif, il a la même importance pratique qu'une aliénation* »[669]. Dès lors, le partage, parce qu'il s'apparente à un acte de disposition, est un acte grave qui ne peut être accompli que par une personne qui jouit de toutes ses facultés mentales. Les articles 817 et 838 du Code Napoléon prévoient à cet effet des mesures de protection pour les héritiers absents et incapables[670].

---

[667] Il y aura plusieurs veuves en cas de polygamie.

[668] AUBRY et RAU (E) : T. IX, § 606 bis, not 5.

[669] R Les enfants, en raison de leur lien de parenté avec leurs auteurs, sont toujours indivisaires en pleine propriété dans la succession de ceux-ci. En revanche, la situation du conjoint survivant varie en fonction de ses droits dans la succession de son conjoint prédécédé. Il résulte de ce qui précède que les conjoints survivants et les enfants peuvent solliciter le partage dans des conditions identiques. Aussi convient-il de distinguer la qualité d'enfant de celle de conjoint survivant pour déterminer la qualité en vertu de laquelle chacune de ces catégories de successeurs peut demander le partage successoral. IPERT et BOULANGER : III, p. 959, n°3024

[670]Aussi, si les indivisaires majeurs peuvent eux-mêmes provoquer le partage, il en va différemment des incapables mineurs ou majeurs et des absents pour qui cette action ne peut être exercée que par leur tuteur. Des mesures tendant à assurer leur protection sont prescrites par les articles 817 et 838 du Code civil. À cet effet, dans ce cas l'article 838 impose le partage

Des interprétations faites par la jurisprudence camerounaise, en ce qui concerne la participation des incapables à l'action en partage, méritent une attention particulière[671].

D'après elle, l'article 817 s'applique automatiquement chaque fois que des mineurs sont impliqués dans une indivision successorale. Une telle interprétation est paradoxale au principe de l'article 815. Il faudra plutôt l'interpréter au regard de l'article 465 du Code, duquel il résulte l'autorisation du Conseil de famille n'est indispensable que lorsque le partage est provoqué par le représentant de l'héritier incapable[672].

Les mêmes difficultés apparaissent lorsqu'il faut savoir si le conjoint survivant est habilité à demander le partage.

* Le conjoint survivant demandeur en partage

La situation du conjoint survivant suscite une question délicate, à savoir si la qualité de successible en usufruit confère au conjoint le droit de demander le partage au même titre que les enfants.

La réponse à cette question est nuancée. D'une façon naturelle, le conjoint survivant, usufruitier d'une quote-part des biens héréditaires, a le droit et l'obligation de figurer aux opérations de partage pour y faire ou y voir fixer l'assiette de ses droits[673]. Il a donc en principe qualité pour demander le partage et même la licitation de l'usufruit des biens compris dans la succession. Aussi, peut-il hériter selon les cas en pleine propriété ou en usufruit[674]. Il est également admis de façon constante en jurisprudence que le conjoint survivant peut bel et bien demander le partage avec succès. Cependant, certaines difficultés apparaissent quant au fondement de cette

judiciaire, tandis que l'article 817 précise que cette action peut être intentée par le tuteur spécialement autorisé par le conseil de famille.

671En effet, dans l'arrêt Ngouoko précité, Dame Peute Jacqueline avait sollicité le partage à titre personnel et pour son propre compte, les juges du fond, agréés par la Cour suprême, avaient rejeté sa demande au motif qu'elle n'avait pas obtenu l'autorisation du conseil de famille dans las conditions de l'article 817 du Code civil sans avoir vérifié au préalable si la demanderesse était effectivement soumise aux conditions de l'article 817.

672Cet article précise que l'autorisation du conseil de famille est « nécessaire au tuteur pour provoquer un partage, mais il pourra, sans cette autorisation, répondre à une demande en partage dirigée contre le mineur, ou s'adjoindre à la requête collective à fin de partage, présentée par tous les intéressés conformément aux dispositions de l'article 822 ».

673 PLANIOL (M) et RIPERT (G) : t. IV, n° 126, p. 200-201.

674Dans les cas où il succède en pleine propriété, il acquiert la qualité d'indivisaire en propriété, si du moins il concourt avec d'autres héritiers titulaires du même droit. Par contre, lorsqu'il existe des enfants et descendants dans la succession, le conjoint survivant est usufruitier et acquiert la qualité d'indivisaire en usufruit, lorsqu'il existe des indivisaires ayant le même droit. C'est généralement le cas des veuves lorsque le défunt mari était polygame.

affirmation, ainsi que le démontre l'arrêt de la Cour d'appel de Yaoundé du 28 avril 1988 précité[675].

[675]Dans cet arrêt, il s'agissait de la succession du sieur Ndounoukon Alphonse décédé le 11 juillet 1973 à Yaoundé. Il avait laissé sept (7) veuves et de nombreux enfants. Par un arrêt du 30 juin 1976, la tutelle des enfants et l'administration des biens successoraux avaient été confiées au sieur Moulel qui avait procédé au partage de certains immeubles entre les 7 lits avant de décéder à son tour. Après son décès, le tribunal avait été saisi de deux demandes : une portait sur la désignation d'un nouvel administrateur, une autre était introduite par l'une des veuves qui réclamait l'un des immeubles au motif que, en sa qualité d'agent public, elle avait seule contribué financièrement à sa construction avec leur époux commun, soit deux millions sur les six de la valeur de l'immeuble querellé. Répondant aux demandes, le tribunal avait désigné deux des enfants du de cujus administrateurs des biens héréditaires. Ceux-ci avaient été chargés de répartir les loyers futurs et arriérés entre les sept lits, à raison d'un septième (1/7è) par lit. Déboutée, la veuve avait saisi la Cour d'appel de Yaoundé qui, ayant accueilli sa demande, avait infirmé le jugement au motif que le tribunal avait statué *ultra petita* et qu'ainsi, il avait outrepassé sa compétence en la matière en ordonnant à nouveau le partage des biens de la succession conformément selon les dispositions du Code civil.

En déclarant que la veuve et ses enfants ne pouvaient pas être contraints de demeurer en indivision, la cour d'appel n'avait précisé ni la qualité qui lui octroyait ce droit ni l'objet du partage.

En ce qui concerne la qualité, dame Idouine avait saisi le TPD de Yaoundé en ses qualités de mère et de veuve pour revendiquer ses intérêts de ses enfants et les siennes propres.

En tant que représentante des enfants mineurs, elle pouvait provoquer le partage, mais seulement avec une autorisation du conseil de famille. Or, dans le cas d'espèce, l'administration, et donc la tutelle, avait été confiée à d'autres personnes.

En tant que veuve, le problème soulevé relevait d'abord de la question de liquidation du régime matrimonial. Le de cujus avait laissé sept veuves, dont une seule prétend avoir participé à l'acquisition de l'immeuble revendiqué. Pouvait-elle en revendiquer l'attribution intégrale ? La réponse à cette question avait semé la confusion aussi bien dans l'esprit des juges de la Cour d'appel que dans celui de la veuve. En effet, la jurisprudence subordonne la liquidation de la communauté conjugale à la participation financière effective de l'époux qui la sollicite. Et pour le moment, cette liquidation est plus admise en cas de divorce et ne l'est que très timidement en cas de décès de l'époux. Il y avait alors dans cette espèce une confusion entre la liquidation du régime matrimonial et le partage des biens héréditaires selon le Code civil de 1804.

La cour d'appel aurait été plus logique si elle avait ordonné le partage de jouissance entre les différentes veuves qui n'étaient toutes qu'usufruitières. Ce qui supposait au préalable la liquidation de la communauté collective ayant existé entre le de cujus et ses différentes épouses qui dans ce cas avaient des droits de même nature.

Dans cette espèce, la Cour d'appel de Yaoundé avait accueilli la demande en partage de la veuve Idouine qui évoquait sa participation à la construction de l'un des immeubles à partager. En appliquant l'article 815 du Code civil, les juges avaient estimé que la demanderesse et ses enfants ne pouvaient pas être contraints à demeurer dans l'indivision, oubliant que le de cujus avait laissé plusieurs enfants et surtout sept veuves, parmi lesquelles la demanderesse. L'action de dame Idouine était donc en principe irrecevable pour défaut de qualité. Les juges du fond, en lui donnant gain de cause, ont à tort ordonné le partage des biens successoraux dans les conditions de l'article 815 qu'ils prétendaient appliquer. Mais, après cette entorse, la même juridiction va se rattraper dans une autre espèce du 5 juillet 1989 en admettant cette fois-ci qu'il convient de procéder à *« la combinaison de l'article 767 avec la pratique de la polygamie »* afin d'accorder à la veuve une fraction de la quotité de l'usufruit prévue par le Code civil. Cette analyse nous amène à nous pencher sur un autre problème non moins complexe, celui de la

En effet, l'alinéa 2 de l'article 767 permet au conjoint survivant de succéder en pleine propriété en l'absence de parents au degré successible dans l'une des deux lignes. Il devient à cet effet coïndivisaire des parents de la ligne survivante ; et en cette qualité, il est habilité à demander le partage de l'indivision successorale[676].

En revanche, lorsque le conjoint survivant concourt avec les héritiers descendant du de cujus ou des parents successibles dans les deux lignes, certaines difficultés sont perceptibles. Dans ces deux cas, il ne bénéficie que d'un droit d'usufruit partiaire qui grève soit le quart, soit la moitié de la succession, selon les cas. Ici, deux catégories différentes de droits coexistent, à savoir l'usufruit du conjoint survivant d'une part et les droits des autres cohéritiers qui eux succèdent en pleine propriété d'autre part. La question qui se pose dans ces conditions est donc celle de savoir *« qui a qualité pour mettre en mouvement le mécanisme du partage et jusqu'à quelles limites pourra être poussée l'opération ainsi déclenchée par tels ayants droit à l'encontre de la volonté des autres »*[677]. La réponse à cette question nous est fournie par la jurisprudence française à des époques différentes.

Ainsi, une jurisprudence ancienne, reposant sur une conception erronée des rapports entre les droits successoraux en usufruit et en nue-propriété, avait refusé au conjoint survivant, successeur en usufruit, la faculté de demander le partage contre les héritiers du sang du de cujus, au motif que l'indivision n'existe pas entre les droits de nature différente[678]. La Cour d'appel de Lyon avait même déclaré qu'une veuve « *légataire de la moitié en usufruit des biens de la succession de son mari, ne peut puiser dans cette qualité le droit de demander le partage de la succession ; qu'il n'existe en effet aucune indivision entre l'usufruitière et l'héritier nu-propriétaire, les droits de l'un et de l'autre, bien qu'affectant la même chose, étant de nature essentiellement différente* ».

Une telle solution présentait des inconvénients aussi bien pour l'usufruitier que pour le nu-propriétaire. Le premier devait se contenter d'un usufruit théorique dont l'exercice était paralysé à cause de l'impossibilité de déterminer son assiette ; ce qui devenait en même temps une gêne pour les héritiers du sang.

Pour remédier à cette injustice, une doctrine et une jurisprudence françaises unanimes ont soutenu « *qu'il existe au fond de toute pleine propriété, un usufruit et une nue-propriété qui sommeillent; notamment, ces droits ne se manifestent pas, mais ils se révèlent lorsqu'ils viennent à être mis en contact*

---

nature des droits du conjoint survivant, dont les précisions nous sont données par le droit positif français antérieur et postérieur à la réforme de 1976.

[676] PLANIOL (M) et RIPERT (G), tome IV, par MAURY et VIALLETON, n°474, p. 673.

[677] Lyon, 5 mars 1931, D.P. 1932, II. P. 1, note JOSSERAND (L)

[678] Bordeaux 1er août 1900, rec. Sirey, 1902. II, p. 94 ; trib. Civ. de la Seine, 1er décembre 1893, D. P. 1894, II. P. 105, note PLANIOL (M)

avec un usufruit formel, avec une nue-propriété effective ; ils sortent alors de l'état latent où ils végétaient pour constituer les éléments d'une indivision qui justifie leur partage »[679].

Il résulte de cette conception que l'indivision qui existe entre le conjoint survivant et les cohéritiers porte exclusivement sur l'usufruit dont ils deviennent coïndivisaires; ainsi, par application de l'article 815, chacun peut demander le partage. Il est vrai que cette solution n'apparaît avantageuse que pour le conjoint survivant, car les autres héritiers, qui ont la pleine propriété d'une fraction des biens héréditaires, sont réduits à ne demander que le partage de la jouissance à l'exclusion du partage de la pleine propriété.

Et c'est une fois de plus pour parer aux injustices qu'il a été admis que « *le conjoint survivant usufruitier légal ne peut demander que le partage de l'usufruit pour acquérir la jouissance privative de certains biens et celui de la nue-propriété »*[680] ou de la propriété. Les autres sont eux aussi habilités à provoquer le partage de leurs droits. Ainsi, « *en thèse générale, on décide qu' il appartient à chacun des intéressés d'agir dans la mesure de ses droits, et uniquement dans cette mesure : les pleins propriétaires sont admis à poursuivre le partage de la pleine propriété, les usufruitiers, celui de la jouissance ; ... le partage se réalise à double ou triple détente »*[681].

Dans certains cas, la jurisprudence écarte la règle du cantonnement de l'action de chacun en ordonnant le partage en propriété chaque fois que cette solution s'avère nécessaire pour permettre à l'usufruitier d'exercer ses droits[682]. Toutefois, la solution demeure de portée limitée, car, l'usufruitier ne peut demander le partage en propriété[683].

En somme, la demande en partage de l'usufruitier est limitée par l'objet de son droit successoral.

---

679 JOSSERAND (L) note sous arrêt CA de Lyon, précité.

680 GRIMALDI (M) : op. cit., n° 831, p. 782. , t. IV, 2e édition, 1971, p. 745, n°1621 ; MALAURIE (Ph) et AYNES, op. cit., n° 931, p. 433.

681 JOSSERAND (L), note précitée, p. 4., ; dans le même sens, MAZEAUD t. IV, 2e édition, 1971, p. 745, n°1621 ; MALAURIE (Ph) et AYNES, op. cit. n° 931, p. 433.

682 Cass, 20 juillet 1932, D. P. 1933. I, p. 113, note SAVATIER ® ; Civ, 21 juin 1954, bull. civ., 1954. I. n°205, p. 173 ; Civ. 26 novembre 1956, G. P. 1957, p. 127.

683 La réforme de 1976 n'a pas remis le fondement de cette solution en cause. En effet, l'usufruit participe désormais au maintien de l'indivision, dans laquelle il est désormais intégré. Par ailleurs, elle n'a pas bouleversé les principes traditionnels. Ainsi, continue-t-on d'affirmer sur le plan des principes que l'usufruitier ne peut pas demander le partage de la pleine propriété, l'indivision ne pouvant exister qu'entre droits de même nature, aussi n'est-elle pas susceptible d'avoir lieu entre usufruitier et nu-propriétaire. cf. RIEG (A) et CATALA (P) : « Successions », *JurisClasseur civil, 1991, art. 765 à 767.*

Si la demande en partage accordée au conjoint survivant apparaît nuancée et complexe, il en est peut-être de même de celle qui peut être introduite par un tiers.

ii. La demande en partage introduite par les tiers

Des personnes autres que les indivisaires peuvent être intéressées au partage de la succession ; mais on se pose la question de savoir si elles ont le droit de le provoquer.

Il est de principe que le demandeur en partage doit être un indivisaire, aussi les personnes qui n'ont pas cette qualité ne peuvent pas être recevables. En ce qui concerne particulièrement le Cameroun, il faut noter que, à cause de la nouveauté de l'admission du partage successoral, les créanciers n'ont pas encore eu à ester en justice dans ces conditions[684].

- **Les créanciers demandeurs en partage**

Le problème des créanciers qui sont habilités à solliciter le partage successoral conduit à distinguer les créanciers successoraux des créanciers personnels des cohéritiers. En effet, non seulement les intérêts des créanciers doivent être pris en considération, mais aussi leur protection doit être assurée contre ceux des cohéritiers, aussi leur situation apparaît-elle délicate.

En ce qui concerne les intérêts des créanciers personnels des cohéritiers, l'article 2205 du Code civil énonce que *« ...la part indivise d'un cohéritier dans les immeubles d'une succession ne peut être mise en vente par ses créanciers personnels, avant le partage ou la licitation qu'ils peuvent provoquer s'ils le jugent convenable, ou dans lesquels ils peuvent intervenir conformément à l'article 882[685] ».*

Il résulte de la combinaison de ces deux dispositions que les créanciers personnels des héritiers sont habilités à provoquer le partage soit, lorsqu'ils pressentent une fraude de leurs droits, soit chaque fois qu'ils le jugent utile.

---

[684] Par conséquent, nous pouvons affirmer, sans risque de nous tromper, que la jurisprudence camerounaise n'a pas encore été confrontée à ce problème. Aussi, devons-nous nous référer au Code civil de 1804 qui nous sert de législation d'emprunt. D'après ce code, des personnes étrangères à la succession sont quelquefois habilitées à solliciter le partage. Il s'agit précisément, d'une part, des personnes étrangères à la succession à qui un des cohéritiers aurait cédé son droit à la succession et d'autre part des créanciers.

[685] Article 832 code civil : *« Les créanciers d'un copartageant, pour éviter que le partage ne soit fait en fraude de leurs droits, peuvent s'opposer à ce qu'il y soit procédé hors de leur présence. Ils ont le droit d'y intervenir à leurs frais ; mais ils ne peuvent attaquer un partage consommé, à moins toutefois qu'il n'y ait été procédé sans eux et au préjudice d'une opposition qu'ils auraient formée »*

Pour ce faire, certaines conditions doivent être remplies. Les unes sont relatives à la personne du débiteur[686] et les autres à la qualité de la créance[687].

Certaines législations africaines ont opté pour la même solution[688] dans le but d'empêcher que des étrangers à l'indivision successorale aient des prérogatives pouvant paralyser les droits des cohéritiers.

Tout compte fait, le créancier personnel du cohéritier, qui agit en partage, n'exerce qu'une action qui appartient au débiteur, conséquence de l'action oblique[689].

S'agissant maintenant des créanciers de la succession, il faut relever que la créance successorale peut naître avant ou après la naissance de l'indivision[690].

Il paraît actuellement difficile de trouver des décisions ayant statué sur ce problème au Cameroun. Mais il est certain que le problème existe dans la pratique compte tenu des circonstances dans lesquelles les droits des créanciers naissent et surtout de l'évolution qu'a connue le droit patrimonial de la famille dans notre pays.

Si les créanciers successoraux sont habilités à provoquer le partage, on se demande si une telle prérogative est reconnue aux créanciers de droits successifs.

- **Le partage provoqué par les créanciers des droits successifs**

Chaque indivisaire a la faculté de céder en partie ou en totalité sa quote-part indivise dans la succession. Toutefois, des personnes étrangères à la

---

[686]Tout d'abord, le cohéritier débiteur doit avoir lui-même la possibilité d'agir en partage. Aussi l'action des créanciers est-elle subsidiaire et non concurrente à la sienne. Ils agissent alors pour leur compte, mais à la place du cohéritier débiteur. Par conséquent, lorsque l'action en partage est exercée par ce dernier, celle des créanciers est anéantie. Par ailleurs, l'action des créanciers est irrecevable lorsque celle du débiteur l'est également; c'est le cas lorsque le coïndivisaire a signé une convention d'indivision qui l'empêche pendant un certain temps de solliciter le partage. Cf. JOSSERAND (L). *Cours de droit civil français*, tome III, 2e édition, 1933, n°1057, p. 605.

[687] La créance dont il est question doit être certaine, exigible et liquide ; de plus, l'action doit être justifiée par un intérêt légitime et actuel, à savoir la conservation par le créancier de son droit de gage général

[688]Il en est ainsi du code de la famille du Sénégal qui dans son article 462 consacre le droit pour les créanciers personnels de provoquer le partage, mais seulement *« dans le cas où le débiteur pourrait lui-même le demander »*. Il est vrai que ce texte, qui se contente de dire que les créanciers peuvent provoquer le partage, n'a pas doté les cohéritiers de moyens devant leur permettre de faire obstacle à l'action des premiers. GUINCHARD (S) : op. cit., p. 599.

[689] MARTIN (D). : Le droit de l'indivision : commentaire de la loi n° 76-1286 du 31 décembre 1976 relative à l'organisation de l'indivision. Rép. Not. 1977, n°16 .

[690]Dans la première hypothèse, la créance ayant été contractée par le de cujus de son vivant, elle existe avant l'indivision; alors que dans le second cas, les droits des créanciers naissent du fonctionnement de l'indivision successorale. Il faut donc savoir si l'une et l'autre catégorie de créanciers est habilitée à provoquer le partage.

succession, mais, auxquelles un des héritiers aurait cédé son droit à la succession, n'acquièrent pas la qualité d'héritiers. On se pose alors la question de savoir si les cessionnaires, malgré l'absence de qualité d'héritiers, sont habilités à provoquer le partage successoral.

La réponse à cette question est affirmative. Car, sans toutefois lui attribuer la qualité d'héritier, la cession de droits successifs opère une substitution du cessionnaire au cédant et transfère ainsi la qualité d'indivisaire au cessionnaire, qualité qui lui permet de solliciter le partage successoral. Le droit pour le cessionnaire de provoquer le partage paraît tellement évident qu'il n'a jamais été l'objet de critiques doctrinales[691], et de plus, a été adopté par certaines législations africaines contemporaines, tel que la loi ivoirienne de 1964 dans son article 104[692] et le code de la famille du Sénégal, article 456[693].

Cependant, tout en accordant aux cessionnaires le droit de solliciter le partage, l'article 841 du Code civil de 1804 prévoit un obstacle à l'action des cessionnaires, en permettant aux cohéritiers du cédant d'écarter le cessionnaire par le retrait successoral, et ce, jusqu'au moment du partage. Le droit du cessionnaire découle naturellement du transfert des droits successifs par l'un des cohéritiers.

Pour le futur code camerounais, une disposition expresse serait intéressante pour plusieurs raisons.[694]

Il découle de tout ce qui précède que la demande en partage est un droit absolu pour toute personne qui en a la faculté. Toutefois, ce droit, qui est reconnu à tout indivisaire de demander le partage, connaît un tempérament qui découle de la possibilité offerte aux cohéritiers d'établir une convention d'indivision.

2. L'atténuation du principe du partage : la convention d'indivision

Le principe de la précarité de l'indivision, qui est énoncé par l'article 815 alinéa 1er du Code civil, trouve un tempérament dans l'alinéa 2 du même texte, lorsqu'il prévoit la possibilité qui est reconnue aux cohéritiers de la maintenir

---

691 AUBRY et RAU : tome X, § 621 bis ; PLANIOL et RIPERT, tome IV, n°474 ; BEUDANT, tome V, n°887.

692 OBLE (J) : op. cit., n°581

693 GUINCHARD (S) : op. cit., n°454, p. 599 ; AMSATOU (S. S). : op. cit., p. 560.

694 Le droit de céder constitue dans les milieux africains une innovation, aussi sera-t-il nécessaire d'expliquer aux populations toutes les implications, en précisant à l'intention des cohéritiers les risques que présente l'exercice de leurs droits par des étrangers relativement à l'indivision successorale. Cette disposition aurait alors un caractère didactique et inciterait les cohéritiers du cédant à exercer rapidement leur droit de préemption afin d'écarter l'intrusion de tout éventuel cessionnaire. Cf. YOUEGO (Chr) : op. cit., n°645, p. 675.

l'indivision par une convention. Plusieurs raisons peuvent ainsi motiver ce contrepoids du droit au partage. Il peut s'agir des raisons de convenance familiales ou économiques[695]. DEMOLOMBE écrit à cet effet que « *le législateur, malgré les inconvénients irréparables de l'indivision, ne la défend pour autant pas d'une manière absolue: et l'indivision volontaire peut durer aussi longtemps que les copropriétaires demeurent tous d'accord pour la maintenir »*[696].

Aussi, « *si l'un des cohéritiers donne la demande à fin de partage, les autres pourront, par une exception dilatoire résultant de la convention des parties ou de la disposition du testateur, arrêter l'effet de cette action, jusqu'au temps prescrit »*[697]. Cette convention ne peut en principe être conclue que pour cinq ans. Toutefois, il existe la possibilité de la renouveler. Il s'agit là d'un avantage certain, car le danger de l'indivision réside dans le fait que chacun des indivisaires peut à tout moment exiger le partage[698]. Ce renouvellement a lieu en général à l'expiration de la période de cinq ans. Aussi, le maintien sera-t-il renouvelé chaque fois pour une période de cinq ans. À cet effet, toute convention qui sera stipulée pour une période supérieure à cette durée ne sera pour autant pas annulée, mais tout simplement réduite à la durée légale[699].

Le Code civil de 1804, applicable au Cameroun, n'a pas prévu la possibilité pour le juge d'imposer l'indivision aux cohéritiers.

La doctrine française avait déjà émis l'idée de maintien de l'indivision dans certains cas[700].

695Sur le plan familial, la convention d'indivision peut être convenue entre les héritiers lorsque par exemple après le décès de l'un de leurs parents, les enfants décident d'attendre le décès du second pour demander le partage. Alors que sur le plan économique, les héritiers peuvent décider de surseoir au partage dans l'attente des conditions économiques meilleures afin de procéder à la licitation d'un bien impartageable ou même par la volonté d'éviter le morcellement d'une exploitation agricole ou commerciale.

696 DEMOLOMBE : *Cours de code napoléon*, T XV, n° 87.

697 POITHIER *: succession*, chapitre IV, §1.

698 GUILLET (Y) : « De l'administration des successions indivises », *thèse, Caen, 1930, p. 139 et s.*

699 Toutefois, le maintien temporaire de l'indivision semble avoir une portée limitée en droit positif camerounais. En effet, il suppose une convention, donc une manifestation de la volonté des cohéritiers de rester dans l'indivision successorale, et cette volonté devra être prouvée par les cohéritiers hostiles au partage sollicité par l'un d'eux. Or, les conventions sont encore ignorées dans nos mœurs et les juges ont toujours été saisis des demandes en partage concernant exclusivement le partage de l'indivision successorale légale et non pas celui de l'indivision conventionnelle. Dès lors, l'article 815 alinéa 1er conserve alors toue sa rigueur et son absolutisme, car il n'a y pas souvent de contrepoids aux prétentions du demandeur. Ainsi, le droit de demander le partage de l'indivision successorale reste alors soumis au bon vouloir de chacun des cohéritiers et peut même l'imposer au juge.

700 AUBRY et RAU : t X, § 623, note 1 ; PLANIOL et RIPERT : t. IV, n° 510 ; BEUDANT et Le BALLE : t. V, bis, n° 660-661 ; COLIN (A) et CAPITANT (H) : t. II, n°1175 RIPERT et

En premier lieu, lorsque parmi les cohéritiers se trouvent des mineurs proches de leur majorité ou des non-présents dont le retour est probable. Aussi, les cohéritiers majeurs et présents pourront-ils convenir de maintenir les biens en indivision jusqu'à la majorité pour cinq ans. Elle prévoit à cet effet la possibilité d'un partage provisionnel ou de jouissance qui permettrait aux héritiers de jouir des biens jusqu'à la majorité ou jusqu'au retour du non-présent.

C'est également le cas lorsque les copartageants se portent fort[701] (c'est-à-dire, les héritiers qui, malgré la défense de la loi, ont procédé aux dévolutions ab intestat, se portent mutuellement garants les uns envers les autres) que l'incapable ratifiera les opérations effectuées dès que son incapacité aura cessé[702].

Toutefois, ces mesures ne sont plus d'aucune utilité en droit positif français, car les réformes de 1964 (loi du 14 décembre 1964), 1968 (loi du 3 janvier 1968) et 1977 (loi du 28 septembre 1977) ont autorisé le mineur à participer au partage amiable.

La convention d'indivision peut quand même aboutir à un partage provisionnel, qui ne porte que sur la jouissance des fruits des biens mis au lot de chaque copartageant tout en laissant subsister l'indivision. Mais, lorsque le partage met fin à l'indivision, il est définitif, aussi renferme-t-il certaines particularités.

II. Les particularités du partage ab intestat

Les éléments épars de l'actif successoral ayant été agrégés pour constituer la masse partageable, on procède à son fractionnement afin de substituer au droit indivis de chaque héritier sur la masse commune des droits privatifs sur un lot déterminé. Le partage est, à cet effet, l'instrument qui permet à chaque successeur de réaliser son droit à une portion d'hérédité[703]. Les impératifs de

---

BOULANGER : t. IV, n° 3083 ; MAZEAUD : t. IV, n° 1716 ; MARTY et RAYNAUD, n°749 ; JOSSERAND : t. III, p. 670-671, n°1165 à 1167 ; TERRE (F) et LEQUETTE (Y) : op. cit. n° 930 ; HAMEL (A). Du partage transactionnel, de son application en présence d'incapables. Thèse, Paris, 1909 ; GHAUFFRE (L) : Études des procédés pratiques ayant pour but d'éviter le partage judiciaire des biens de mineurs et utilité d'une réforme législative, thèse Poitiers 1911 ; CAILLARD (H) : Le partage judiciaire et les mineurs, thèse, Toulouse, 1926. LELOUTRE : « Observation sur l'emploi du partage pur et simple ou transactionnel en présence de mineurs », *RTDC, 1909, p. 71.*

701 SAVATIER (R) : « la clause du porte-fort ». *Rép. prat. du not., 1928, p. 61 et* s.

702 PLANIOL et RIPERTT, T. IV, n° 510, p. 710.

703 Chaque cohéritier doit en principe recevoir un lot correspondant à sa vocation. De plus, les biens qui composent son lot doivent lui revenir libres de tous les droits réels qui auraient pu éventuellement être constitués durant l'indivision par l'un des copartageants. Il s'agit là de la consécration du principe de l'égalité. Par ailleurs, le partage réalise des attributions vis-à-vis

stabilité et d'égalité gouvernent les formes du partage ab intestat (A). Ce caractère égalitaire (B) influe également sur les conséquences du partage des successions (C).

A. Les formes du partage ab intestat

En proscrivant le maintien obligatoire dans l'indivision, l'article 815 alinéa 1er du Code civil de 1804 fait du partage un droit pour tout héritier qui souhaite sortir de l'indivision et y mettre fin. Aussi, dans le souci permanent d'assurer l'égalité entre les copartageants, les formes dans lesquelles ce partage peut avoir lieu sont-elles diversifiées. Il peut ainsi intervenir selon les cas soit à l'amiable (1), soit sous la forme judiciaire (2).

1. Le partage amiable

Le partage amiable est la convention par laquelle les copartageants se répartissent, d'un commun accord, l'hérédité[704]. Considérant que chaque copartageant est le meilleur juge de ses intérêts, cette forme constitue le meilleur moyen d'assurer l'autonomie successorale des héritiers, étant donné que l'indivision est contrôlée par les héritiers eux-mêmes[705].

En effet, au terme de l'article 819 du Code civil, encore en vigueur au Cameroun, lorsque *« tous les héritiers sont présents et majeurs, l'apposition des scellés sur les effets de la succession n'est pas nécessaire, et le partage peut être fait dans la forme et par tel acte que les parties intéressées jugent convenable »*.

Cette disposition a été reprise par les législations ivoirienne[706] et sénégalaise[707]. Il est certain que le futur législateur camerounais empruntera le même chemin.

Toutes ces législations font du partage amiable un acte en principe consensuel, étant donné qu'il n'est réalisé qu'au gré des cohéritiers et *« sous une forme quelconque... dès lors que les volontés se sont accordées d'une manière ou d'une autre »*.

En admettant le partage amiable en droit positif camerounais, les héritiers sont libérés de contraintes coutumières.

---

desquelles les copartageants vont se comporter en maîtres et sur lesquelles les tiers vont acquérir des droits, aussi, doit-il être un acte stable.

704 TERRE (F) et LEQUETTE (Y) : op. cit., n° 928, p. 893. ; OBLE (J): op. cit. n° 584, p. 362.

705 YOUEGO (Chr). op. cit., n°646, p. 676

706 Article 86 de la loi ivoirienne de 1964, v° OBLE (J) : op. cit., n° 584, p. 362.

707 Article 464 du code sénégalais de la famille, v° GUINCHARD (S) : op. cit. n° 1459, p. 601 ; AMSATOU (S. S) : op. cit. p. 560.

Dès lors, au fond, la seule exigence est que tous les copartageants y consentent et que chacun reçoive une part correspondant à ses droits. Une liberté effective est reconnue aux intéressés de composer les lots à leur guise. Les lots peuvent être destinés aux héritiers selon leur aptitude professionnelle et même selon leurs états de besoin. Ils peuvent décider soit d'attribuer intégralement tel bien à un seul des copartageants à charge pour lui de payer une soulte aux autres successeurs, soit de vendre le bien afin de se répartir le prix[708].

Quant à la forme, le partage amiable ne réclame aucune formalité. Il peut alors se réaliser soit par un écrit - acte sous seing privé ou acte notarié - soit verbalement[709].

Tout compte fait, le partage amiable est une manifestation de l'autonomie de la volonté qui caractérise le consensualisme dans les relations contractuelles. Mais, il s'agit ici d'un consensualisme assez complexe[710]. Or, dans la pratique, la protection des intérêts individuels prime sur le consensualisme, d'où le recours à un formalisme qui est plus sociologique que légal[711].

Pour tout dire, le partage amiable ne doit concerner et ne concerne surtout que les petites successions qui ne nécessitent pas l'intervention du notaire. Ainsi, les banques consentent-elles généralement de remettre aux héritiers les fonds ayant appartenu au de cujus sur présentation d'un jugement d'hérédité ou d'un certificat d'acquit de droit délivré par le service des impôts et qui prouve que la succession n'est pas redevable de taxes à l'administration.

---

708 TERRE (F) et LEQUETTE (Y) : op. cit. n° 921, p. 895.

709 L'acte sous seing privé présente l'avantage d'être moins onéreux que l'acte notarié qui nécessite les frais et honoraires. Par ailleurs, le partage verbal renferme le danger d'être une source de difficultés quant à sa preuve, surtout lorsque des immeubles sont compris dans la masse partageable.

710 En effet, pour que le partage amiable soit stable et efficace, chaque cohéritier doit faire des concessions en tenant compte des intérêts des autres, malgré l'individualisme qui se manifeste dans la sauvegarde des intérêts personnels.

711 Ainsi, les héritiers, les plus avertis et les plus nantis, éprouvant le besoin de se prémunir contre les éventuelles contestations de leurs consorts, recourent le plus souvent au notaire, surtout lorsque le partage porte sur un immeuble, exigeant ainsi la publicité de la transaction immobilière qui ne se fait que par acte notarié.

YOUEGO (Chr) : op. cit., n°648. Mais, ceux qui sont démunis, ignorants ou encore ceux qui croient encore aux pouvoirs de l'autorité coutumière recourent à leurs offices. Ils y sont même encouragés par la jurisprudence qui reconnaît parfois aux notables la faculté de procéder au partage. C'est le cas d'un arrêt de la Cour d'appel de Yaoundé dans lequel les juges avaient décidé que *« les notables de la communauté à laquelle appartenait le défunt procèdent au partage amiable des biens équitablement et de manière à faire régner la paix entre les héritiers »*. Il est quand même curieux de constater que les juges confient la tâche de mettre fin à l'indivision aux autorités coutumières garantes des traditions dont certaines consacrent une indivision coutumière perpétuelle des biens lignagers.

678. Cour d'Appel de Yaoundé, arrêt n°183 du 27 juin 1987, inédit.

Parce qu'il est la forme plus simple et la moins onéreuse, le partage amiable, qui convient parfaitement aux petites successions, est la forme la plus utilisée. Les avantages qu'il renferme ont certainement conduit certains auteurs à reconnaître que « *c'est en outre, le partage le plus éclairé, le plus intelligent, puisque c'est celui qui permet de répartir les biens entre les héritiers suivant leurs goûts, leurs professions, leurs aptitudes. C'est enfin le seul qui puisse éviter le morcellement des terres, des exploitations industrielles...* »[712].

Le législateur ivoirien, devançant son homologue français[713], a admis le partage amiable, même en présence d'héritiers mineurs ou interdits, à la seule condition qu'ils soient régulièrement représentés[714].

2. Le partage judiciaire

En l'absence de certains éléments, le partage judiciaire se substitue au partage amiable.

Le partage judiciaire, contrairement au partage amiable, fait l'objet d'une réglementation minutieuse. Dans toutes les phases de sa réalisation, il est entouré d'un formalisme qui a pour but d'assurer la protection de certains cohéritiers.

Le Code civil de 1804 prévoit deux cas dans lesquels le partage amiable peut s'imposer aux copartageants.

Ainsi, aux termes de l'article 823 de ce code[715], lorsque les cohéritiers sont en désaccord sur le partage, la composition ou l'attribution des lots, le juge devient compétent pour procéder au partage à la demande d'une ou de tous les

---

712 COLIN (A) et CAPITANT (H) : t III, n°518., rapporté par OBLE (J) : n°585, p. 363, note 260.

713 La présence d'un mineur ou d'un incapable ne fait plus obstacle au partage amiable. V° TERRE (F) et LEQUETTE (Y) : op. cit. n° 930, p. 896-897 ; DAGOT (M.) : « L'homologation des partages intéressant un incapable », Sem. Jur. 1974. I. 2612 ; BONNOIS : « Compétence territoriale du tribunal chargé d'homologuer l'état liquidatif d'un partage amiable dans lequel un mineur est intéressé *», sem. Jur. 1977. I. 2853* ; BALENSI : « L'homologation judiciaire des actes juridiques », *RTDC, 1978, 42 et 233.*

714 L'al. 2 de l'article 86 de la loi ivoirienne assure la protection des héritiers incapables en obligeant solidairement les héritiers majeurs des préjudices résultant du partage et lésant les intérêts des mineurs ou interdits. Le consensualisme qui caractérise le partage amiable doit, non seulement émaner des personnes capables, mais aussi exister jusqu'à la clôture des opérations de partage. Autrement dit, selon le droit positif actuel, si des divergences apparaissent au cours du partage ou qu'il existe des incapables parmi les copartageants, les cohéritiers peuvent recourir au partage judiciaire.

715 Article 823 code civil : « *Si l'un des cohéritiers refuse de consentir au partage, ou s'il s'élève des contestations soit sur le mode d'y procéder, soit sur la manière de le terminer, le tribunal prononce comme en matière sommaire ou commet, s'il y a lieu, pour les opérations de partage, un des juges sur le rapport duquel il décide les contestations* »

cohéritiers. Lorsque l'incident intervient au cours d'un partage amiable, ce dernier est interrompu et le juge compétent est saisi.

Par ailleurs, l'article 838 du même code[716], complété par l'article 466[717], institue le partage judiciaire lorsque, parmi les copartageants, il y a des cohéritiers absents, des incapables mineurs ou majeurs. Le partage judiciaire ainsi institué tend à protéger les personnes qui sont énumérées dans ce texte.

En résumant ces deux textes, on retient que le partage judiciaire est obligatoire dans deux cas: en cas de mésentente entre les cohéritiers sur les opérations de partage ,et si parmi les cohéritiers figurent des incapables, mineurs ou majeurs, ou des absents ou des non-présents.

Soumis à des exigences de forme et de procédure compliquées, le partage judiciaire comporte parfois des formalités préliminaires à la demande[718].

La première opération qui doit être effectuée est la formation de la masse partageable. Celle-ci comprend tous les biens indivis. Il s'agit de tous les biens laissés par le de cujus, les fruits y provenant, ceux qui y sont subrogés ainsi que ceux qui ont été rapportés.

La vente ou la licitation de certains biens indivis est la deuxième opération. Seulement, elle ne se réalise que dans certains cas. De plus, elle n'est pas laissée à l'initiative du notaire[719].

Après cette première série d'opérations, on procède à l'estimation des biens qui devront être partagés en nature. Par la suite, on passe à la composition des lots, lesquels devront être répartis entre les copartageants par

---

716 Article 838 code civil : « *Si tous les héritiers ne sont pas présents, ou s'il y a parmi eux des interdits, ou des mineurs, même émancipés, le partage doit être fait en justice, conformément aux règles prescrites par les articles 819 et suivants, jusque et compris l'article précédent. S'il y a plusieurs mineurs qui aient des intérêts opposés dans le partage, il doit leur être donné à chacun un tuteur spécial et particulier.* »

717 Article 466 code civil : « *Pour obtenir à l'égard du mineur tout l'effet qu'il aurait entre majeurs, le partage devra être fait en justice, et précédé d'une estimation faite par experts nommés par le tribunal de première instance du lieu d'ouverture de la succession.* »

718 Ainsi, en présence de copartageants incapables et au cas où il y a des absents et non-présents, l'apposition des scellés et l'inventaire des biens seront nécessaires. à la requête des héritiers ou encore à la diligence du procureur de la République. L'apposition des scellés peut aussi être requise par les créanciers munis d'un titre exécutoire ou d'une permission du juge.
Quant à la procédure, qui, aux termes de l'article 822 alinéa 1, se déroule devant le tribunal compétent du lieu d'ouverture de la succession, elle débute par une demande en la forme ordinaire, l'ajournement. Mais lorsque le partage est demandé par tous les intéressés, le tribunal sera saisi par une requête collective (article 822, alinéa 2 C. civ.). Saisi, le tribunal désigne un notaire chargé de procéder aux opérations de partage.

719 La vente des meubles et même des immeubles peut être sollicitée par la majorité des cohéritiers en vue de payer les dettes successorales (art. 826 c. civ.). Quant aux immeubles, à défaut de la possibilité qu'ils soient commodément partagés ou qu'ils fassent l'objet d'une attribution préférentielle, leur licitation peut être faite soit devant le tribunal, soit devant le notaire choisi par les parties (art. 827 c. civ.).

voie de tirage au sort, après homologation du partage par le tribunal qui a été saisi par les contestataires. En principe, les lots doivent être égaux. À défaut, l'inégalité devra être compensée par la soulte. Ainsi, chacun des copartageants se verra attribuer des titres particuliers aux objets qui lui sont échus[720].

La réforme française a, après les législations africaines, également réduit les hypothèses de partage judiciaire à cause de multiples inconvénients que renferme cette forme de partage[721].

En somme, le partage judiciaire, contrairement au partage amiable, conduit à des résultats peu satisfaisants. Particulièrement, tel qu'il est encore exigé en droit positif camerounais, le partage judiciaire, au lieu d'assurer la protection des incapables et des absents, constitue plutôt un danger pour cette catégorie de personnes et même pour les cohéritiers. En effet, le morcellement des propriétés, la composition des lots ainsi que les attributions qui en résultent ne tiennent pas compte des aptitudes des uns et des autres à exploiter les biens qui leur reviennent[722]. En plus, *« La procédure judiciaire traîne pendant des années, en raison de l'âpreté des conflits, de la complexité du droit et de la négligence des praticiens »*[723].

Fort de toutes expériences, le futur législateur camerounais devrait s'inspirer des avantages de ces nouvelles législations pour déterminer une fois pour toutes les cas dans lesquels le partage judiciaire sera indispensable.

L'observation de ces deux formes de partage successoral conduit à la conclusion selon laquelle le partage amiable reste la forme la plus satisfaisante pour les héritiers. Cette forme permet aux parents de préserver leur intimité, de faire valoir leur capacité de conciliation et de réaliser la paix dans les familles[724].

---

[720] Le Code civil de 1804 impose le partage judiciaire chaque fois qu'il existe parmi les héritiers des incapables, alors que le droit sénégalais rend le partage judiciaire facultatif lorsqu'il y a des incapables (art. 470 al. 3 c. f. s.). La loi sénégalaise soustrait les incapables du cadre du partage judiciaire obligatoire pour les intégrer dans les cas où le partage judiciaire est facultatif.
Le législateur ivoirien a été beaucoup plus restrictif en prévoyant, dans l'article 90 de la loi de 1964, comme unique hypothèse du partage judiciaire, le désaccord entre les cohéritiers

[721] Critiquée depuis le début du XIXe siècle en France, la procédure du partage judiciaire est considérée par les législations africaines et française comme coûteuse et compliquée. Coûteuse, elle occasionne des frais importants qui réduisent la masse partageable de laquelle ils doivent être déduits. De plus, elle empêche des attributions conformes aux intérêts familiaux et aboutit à une loterie. Cf. FLOUR (J) et SOULEAU (H) : op. cit. n° 427, p. 289.

[722] Parfois donc, un héritier peut recevoir un bien dont il ne pourra pas se servir efficacement parce qu'il n'aura pas la formation requise (une coiffeuse qui hérite d'un cabinet médical). De plus, parce que la procédure est compliquée, le partage aboutit le plus souvent quand il ne reste plus grand-chose dans la masse.

[723] MALAURIE (Ph) et AYNES : op. cit., p. 441.

[724] YOUEGO (Chr). : op. cit., n° 657, p. 687.

Qu'il ait été fait à l'amiable ou par décision judiciaire, le partage successoral aboutit à l'attribution privative d'une portion héréditaire, il s'agit là de la manifestation strictement individualiste de la transmission successorale en droit moderne. Toutefois, on ne saurait perdre de vue un autre principe non moins important qui le domine, à savoir son caractère égalitaire.

B. L'égalité dans le partage ab intestat

Le principe égalitaire du partage, institué par le Code civil de 1804 et admis par la jurisprudence camerounaise, marque la différence qui existe entre le droit moderne et les multiples privilèges institués par le régime traditionnel des successions.

Désormais, en droit positif camerounais, tous les enfants sont appelés à la succession de leur auteur; ils ont tous en principe des droits égaux. Il est donc maintenant question de respecter les mécanismes mis en place pour faire respecter cette égalité.

Pour ce faire, le Code civil de 1804 a prévu certaines opérations qui doivent être réalisées, préalablement au partage, au moment de la constitution de la masse partageable[725]. Après toutes ces opérations préalables, on procède à la constitution des lots au cours de laquelle chacun des cohéritiers peut demander sa part en nature (1). Une fois que le partage a été réalisé, l'égalité sera maintenue et parfois rétablie par le biais de certaines règles (2).

1. L'égalité lors de la composition des lots

L'établissement d'une égalité entre les cohéritiers suppose la constitution des parts identiques pour tous. Cette égalité peut se réaliser soit en nature (a), soit en valeur (b). Il convient d'analyser également la position de la jurisprudence sur l'égalité lors la constitution des lots (c).

a. De l'égalité en nature

L'égalité en nature est prévue par l'article 826 du Code civil de 1804. Ce texte énonce que « *Chacun des héritiers peut demander sa part en nature des meubles et immeubles de la succession...* ». Cette disposition, qui institue le partage en nature, est la conséquence logique du droit au partage que l'article 815 alinéa 1er a reconnu à chacun des cohéritiers. La combinaison de ces deux textes donne droit à tout cohéritier, non seulement de demander le partage, mais aussi d'exiger qu'il soit fait en nature, c'est-à-dire que son lot soit composé d'autant de meubles et d'immeubles contenus dans la masse héréditaire[726]. Un exemple permet de montrer clairement l'application de ces

[725] Voir supra sur la constitution de la masse partageable.

[726] Ces deux textes énoncent alors deux principes liés (les principes égalitaire et individualiste) qui consacrent la primauté de l'individu sur le groupe, marquant ainsi une nette distinction entre

deux principes[727]. Et en ce qui concerne particulièrement les immeubles bâtis ou non, leur partage confère à chacun des copartageants une portion, si petite qu'elle soit. C'est cet émiettement qui avait amené LEPLAY à qualifier le droit des successions d' *« une machine à hacher le sol »*[728].

Depuis toujours et jusqu'aujourd'hui, le partage en nature a été critiqué en droit français. La doctrine, critiquant également ce mode de partage[729], trouve qu'il comporte des inconvénients de trois ordres, *« familial: le conjoint du défunt et ses enfants sont obligés d'abandonner le foyer et l'entreprise familiale ; économique, en entraînant le morcellement des exploitations, ce qui est surtout dénoncé depuis une soixantaine d'années, où les méthodes modernes de gestion recommandent la concentration. Voire politique, notamment de politique rurale, en incitant les enfants à quitter la terre que cultivaient leurs parents, ce qui accélère à l'excès l'exode rural. »*[730]

La prise de conscience de ces inconvénients a conduit certains parents dans les familles françaises à recourir aux libéralités ou au partage d'ascendant afin d'éviter le morcellement des biens qu'ils devaient laisser à leurs enfants[731].

---

le système traditionnel et le droit moderne. Pour parfaire le partage en nature, l'attribution des lots se fait par tirage au sort, car « dans la composition des lots, il ne faut tenir aucun compte des convenances personnelles. Si l'on plaçait d'un côté les immeubles et de l'autre les meubles et les capitaux, le lot immobilier pourrait échoir à celui qui a besoin d'argent, tandis que les valeurs mobilières seraient adjugées à celui qui désire conserver les immeubles. Le seul moyen de rendre la chance égale pour tous est de mettre autant que possible dans chaque lot une pareille quantité d'objets de même nature ».

[727]Un père décède en laissant quatre héritiers, la masse partageable se compose de biens de valeur approximativement identique, à savoir, une palmeraie, un troupeau de bœufs, un fonds de commerce et des actions. La solution la plus simple et la plus adéquate serait que chacun de ces biens soit attribué à chaque enfant, sous réserve des soultes. L'avantage de cette solution est que chaque catégorie de biens demeurera intacte et conservera sa valeur économique. Or, l'article 826 du Code civil permet à chacun des quatre de demander sa part en nature de l'ensemble des biens qui composent la masse héréditaire. En appliquant cette disposition, les lots devront être de composition identique et contenir chacun une partie de tous les biens compris dans la masse à partager; aussi, chacun des héritiers obtiendra-t-il le quart de la bananeraie, le quart de la palmeraie, le quart du troupeau de bœufs et le quart des actions. Si le partage ainsi opéré satisfait les intérêts privatifs de chaque héritier, il sacrifie par contre l'intérêt général. Cette prééminence de l'individualisme sur l'intérêt général a pour conséquence néfaste le morcellement des propriétés.

[728] LEPLAY (F) : op. cit., cité par YOUEGO (Chr).: op. cit., n° 679, p. 709.

[729] JOSSERAND (L) : op. cit., p. 676, n° 1176, MALAURIE (Ph): op. cit., p° 447, n° 952.

[730] MALAURIE (Ph) : op. cit., p. 447, n° 952, cité par YOUEGO (Chr): op. cit., n° 680, p. 710.

[731]Dans le souci de préserver les intérêts tant familial, en permettant par exemple aux héritiers qui avaient été associés à l'exploitation du de cujus de conserver une situation acquise, qu'économique, en évitant l'émiettement défavorable au rendement, le législateur a permis l'attribution préférentielle créée en 1922 et dont le régime juridique n'a cessé d'être modifié FLOUR (J) et SOULEAU (H) : op. cit., n°434, p. 294 ; GRIMALDI (M). : op. cit., n°885, p. 820-823 ; TERRE (F) et LEQUETTE (Y) : op. cit., n°937, p. 906-907. Ceci marquait ainsi *« l'influence de la destination des biens sur leur transmission successorale »* TEXTU X. :

L'égalité en nature est beaucoup plus évidente dans le partage judiciaire, car le partage amiable est dominé par la règle du consensualisme. En effet, à partir du moment où les copartageants sont tous d'accord pour procéder eux-mêmes au partage, il leur appartient de constituer les lots convenablement aux besoins et aux aptitudes de tous les copartageants. Il en est de même pour le partage d'ascendant. Les héritiers pourront alors se contenter d'une égalité en valeur.

Tout compte fait, le partage en nature conduit à deux solutions possibles. Ainsi, les biens peuvent-ils soit être partagés entre les cohéritiers, soit, dans le cas contraire, être vendus et seuls les fonds provenant de la vente seront répartis entre les ayants droit.

b. De l'égalité en valeur

Lorsque le partage en nature des biens héréditaires s'avère commodément impossible, l'article 827 propose comme solution, la vente par licitation devant le tribunal des immeubles. L'article 828 réserve le même sort aux meubles.

Par ailleurs, l'article 832 c. civ., beaucoup plus complexe[732], énonce deux exigences. Il recommande au juge d'éviter l'émiettement des héritages, ce ne sera possible qu'en renonçant à l'égalité en nature pour adopter l'égalité en valeur[733] .

« L'influence de la destination des biens des biens sur leur transmission successorale », thèse Paris X 1935 cité par YOUEGO (Chr) : op. cit., n°680, p. 710.

[732] L'art 832 dispose : « *Dans la composition des lots, il faut éviter de morceler les héritages et de diviser les exploitations et il convient de faire entrer dans chaque lot, s'il se peut, la même quantité de meubles, d'immeubles, de droits ou de créances de même nature ou valeur* ». Avant 1938, les dispositions originaires de l'article 832 du Code civil énonçaient déjà deux recommandations contradictoires. Alors que dans l'alinéa 1er, les rédacteurs recommandaient le maintien de l'unité des héritages, dans l'alinéa 2, ils réaffirmaient le principe de l'égalité en nature. Les controverses qu'avait suscitées cette contradiction portaient sur la question de savoir laquelle de ces dispositions devait être considérée comme étant le principe. Pour une partie de la doctrine, l'article 832 posait comme règle générale l'obligation de ne pas morceler les héritages et il indiquait à titre de faculté et d'exception la mise dans chaque lot des biens de même nature. Pour l'autre, au contraire, c'est le maintien de l'unité des héritages qui devait être l'exception. Cette dernière solution, qui était la plus communément admise par la jurisprudence, avait entraîné le morcellement des terres qui avait été vivement dénoncé.

[733]Pour tenir compte des inconvénients du partage en nature,le décret-loi de 1938 avait modifié l'alinéa 2 de l'article 832 qui était désormais ainsi conçu : « ...*chaque lot doit autant que possible être composé, soit en totalité, soit en partie, de meubles ou d'immeubles, de droits ou de créances de valeur équivalente*».

Sur la question, voir MALLOT (A) : « De l'égalité en nature dans les partages », *thèse, Paris, 1903, p. 25 ;*

JONESCU (C): « La règle du partage en nature », *thèse, Paris, 1911, p. 32* ; GATEAU (L) : « Les règles du partage successoral dans le Code civil et la propriété foncière », *thèse, Paris,*

D'après cette conception, en vigueur en droit camerounais, l'égalité en valeur consiste à attribuer à l'héritier un lot composé, en tout ou en partie, en valeur des biens formant la succession et non des biens eux-mêmes. Pour ce faire, le recours à la licitation est indispensable, car les héritiers n'auront plus à se partager l'immeuble, mais le prix représentant la valeur de cet immeuble. De ce fait, la licitation devient une opération accessoire au partage[734].

c. La position de la jurisprudence face au principe de l'égalité du partage

Les juges camerounais qui sont souvent sollicités pour le partage des successions n'ont presque pas encore eu à se prononcer sur le partage en nature ou en valeur des biens successoraux, quand bien même ils en ordonnent le partage.

Nous reprenons à cet effet l'exemple de l'affaire Ngouoko précitée[735], ni les premiers juges ni ceux de la Cour d'appel n'avaient appliqué les règles du Code civil (articles 826 ou 832 du Code civil).

1924, p. 92,. ; MAURY et VIALLETON : op. cit. p. 723, PLANIOL et RIPERT : op. cit. t. IV, Cités par OBLE (J) : op. cit., n° 601, p. 372, note 290.

[734]En reprenant l'exemple du de cujus qui laisse quatre héritiers et quatre biens formant la masse héréditaire, lorsque leur partage en nature aurait été impossible, tous ces biens auraient été vendus devant le tribunal et le produit de la vente distribué aux quatre héritiers de façon à retrouver une part du prix de chaque bien dans le lot de chacun. En Afrique, en général et au Cameroun en particulier, les réalités socioculturelles ne sont pas favorables au partage en nature. En effet, les successions comprennent généralement un grand nombre d'enfants pour une masse héréditaire de peu de valeur. En optant pour le partage en nature, on aboutirait à l'attribution de parts inexploitables ou sans aucune valeur aux héritiers. Si par contre, on opte pour l'égalité en valeur, le partage risque d'entraîner l'appauvrissement des héritiers. Dans ce cas, les biens qui ne sont pas susceptibles d'être partagés seront vendus et les produits de la vente seront répartis entre les cohéritiers qui risquent de les dépenser sans les investir.

Face à tous ces paramètres, nous nous posons la question de savoir quelle attitude le juge camerounais a-t-il adoptée devant ces contradictions de la loi et la pression des coutumes qui, même lorsqu'elles admettent le partage, ignorent le principe d'égalité dans le partage.

[735]En l'espèce, le de cujus avait laissé une trentaine d'enfants et plusieurs veuves. La masse héréditaire était composée d'un fusil, de deux plantations de caféiers et de raphia, de trois maisons en dur et des objets mobiliers non évalués. Dans le but d'assurer l'égalité en nature ou en valeur du partage de ces biens, c'est-à-dire en en mettant dans le lot de chacun des trente enfants une quantité égale d'objets de même nature, ou leur valeur, on devait diviser chacun des biens énumérés en trente parts, et ceux qui n'étaient pas en mesure d'être partagés devaient être vendus, sur accord des héritiers ou par décision du tribunal. Les premiers avaient attribué l'une des maisons plus une partie d'une autre maison à la demanderesse. Trouvant qu'elle avait ainsi reçu à elle seule les trois quarts de la masse héréditaire, son frère interjeta appel en se fondant sur les difficultés de partage de ces biens entre un très grand nombre de copartageants. Aussi, ne sollicita-t-il pas la vente, pour un partage en valeur, mais leur maintien en indivision dans l'intérêt de tous les cohéritiers.

Pour que leur décision ait été conforme aux principes légaux en la matière, les juges auraient dû procéder à trois opérations successives, à savoir, l'évaluation des biens, la constitution des différents lots en fonction du nombre de copartageants et leur attribution, par tirage au sort[736]. Or, aucune de ces opérations n'avait été réalisée, le partage ainsi ordonné ne pouvait réaliser ni l'égalité en nature ni l'égalité en valeur qui aurait abouti à l'attribution que du 1/30è des biens ou de leur valeur à dame Peute Jacqueline.

Il résulte de l'examen de la jurisprudence camerounaise en général, et de l'affaire Ngouoko en particulier, que le droit positif camerounais ne dispose pas de règles juridiques en matière de composition et d'attribution de lots[737]. Cette absence de règle juridique marque le retrait du Cameroun en la matière par rapport à d'autres pays africains, à l'instar de la Côte d'Ivoire[738] et du Sénégal[739] qui, en dépit des similitudes avec le Code civil français, ont quand même apporté des innovations en la matière.

Afin de dissiper les contradictions, les législations sénégalaise et ivoirienne[740] ont introduit dans leur droit au partage, à l'instar du droit

---

La cour d'appel prétendant rétablir l'équilibre entre les cohéritiers avait réduit la part attribuée à dame Peute Jacqueline. Ainsi, d'une maison et de la moitié de l'autre, elle lui laissa un appartement loué par une société et comprenant plusieurs pièces.

Les juges de la cour d'appel ne s'étaient pas non plus fondés sur le Code civil pour ordonner un tel partage; ils avaient plutôt évoqué la coutume Bamiléké qui est déjà hostile au partage des successions. De ce fait, ils n'avaient pas appliqué l'article 824 du Code civil qui recommande l'évaluation des biens préalablement à la composition des lots pour un partage égal entre cohéritiers. Ils avouaient avoir ordonné le partage sur la base, non de la valeur des biens, mais de l'inventaire qui en avait été fait. L'égalité ne pouvait dont pas être respectée lors de l'attribution d'une part de l'héritage à dame Peute Jacqueline, ni lors de la première attribution, ni lors de la seconde avec réduction faite par les juges de la cour d'appel et encore sans prévoir la compensation par la soulte qu'elle devait payer à ses copartageants.

[736]Aux termes de l'article 834 du Code civil, « *les lots sont faits par l'un des cohéritiers, s'ils peuvent convenir entre eux sur le choix, et si celui qu'ils avaient choisi accepte la commission; dans le cas contraire, les lots sont faits par un expert que le juge-commissaire désigne* »

[737] YOUEGO (Chr) : op. cit., n° 684, p. 714

[738]Ainsi, malgré l'adoption des recommandations contradictoires du Code civil par l'article 96 de la loi de 1964, la jurisprudence ivoirienne semble, elle, avoir opté pour l'égalité en nature énoncée par l'article 93 alinéa 1er de la même loi OBLE (J) : op. cit., n° 601 et 602, p. 372 à 374.

[739] Par ailleurs, le législateur sénégalais, se démarquant nettement de l'article 826 du Code civil, soumet les meubles et les immeubles à des régimes différents. Ainsi, tandis que l'article 474 du code de la famille fait prévaloir la règle de l'égalité en valeur pour les immeubles, la règle de l'égalité en nature s'applique, selon l'article 670 du code de procédure civile sénégalaise, aux meubles. En définitive, de l'analyse de ces textes par la doctrine divergente, il résulte que chaque lot pourra comprendre en totalité ou en partie des meubles ou des immeubles, des droits ou des créances de valeurs équivalentes. Voir AMSATOU (S. S). : op. cit., p. 562 à 564 ; S. GUINCHARD (S): op. cit., p. 624 à 625; contra BOUREL (P) : op. cit., p. 133, n°236.

[740] Article 476 du Code de la famille du Sénégal, article 106 de la loi ivoirienne de 1964, v° J. OBLE : op. cit. n° 624 et s. etr 684 et s.

français[741], la technique de l'attribution préférentielle. Mais, il faut relever que l'efficacité de cette mesure de sauvegarde des fortunes familiales risque d'être effritée par l'extrême dénuement de la majorité des familles africaines[742].

Le futur code camerounais devrait alors tirer des leçons de toutes ces interrogations afin de pourvoir les modalités de partage des règles juridiques qui leur font défaut actuellement[743].

2. L'égalité par les effets du partage

Après le partage, chaque héritier devient propriétaire de son lot, et n'est plus copropriétaire de l'ensemble. Le partage réalise alors la substitution, au profit de chacun des héritiers, d'un droit de propriété privative sur les biens qui lui sont attribués au droit indivis qu'il avait jusque-là sur l'ensemble de la succession. Même à ce niveau, l'égalité des héritiers doit être préservée. Pour ce faire, le législateur de 1804 a attribué au partage un caractère déclaratif (a). Lorsque l'égalité n'arrive pas à être obtenue, l'héritier qui s'en plaint dispose de diverses actions lui permettant de la rétablir (b).

a. L'effet déclaratif du partage

À la suite du partage définitif, amiable ou judiciaire, chaque héritier perd ses droits sur la masse indivise des biens de la succession et ses droits sur sa quote-part. En revanche, il acquiert un droit privatif et exclusif sur les biens qui sont mis dans son lot. Cette attribution exclusive des biens à chaque cohéritier

---

[741]PATARIN (J) : « la loi du 19 décembre 1961 tendant à éviter le morcellement des biens dans les partages de succession et de communauté », 1963 ; « égalité, finalité économique et finalité sociale dans la loi du 19 décembre 1961 », R.T.D.C., 1962 ; 421 ; « Le pouvoir des juges de statuer en fonction des intérêts en présence sur le maintien de l'indivision et l'attribution préférentielle », *J. C. P. 1962. I. 687* ; SAVATIER (R) : « Les pouvoirs du juge dans la nouvelle figure de l'attribution préférentielle », *Mélanges VOIRIN, p. 763 et s. ;* « Réflexions sur l'attribution préférentielle de l'exploitation familiale agricole dans la loi d'orientation agricole du 4 juillet 1980 », *D. 1981. chron. 187* ; BOURREL (P) : *Les bénéficiaires de l'attribution préférentielle*, préf. CHEVALLIER (J) : 1967 ; BOURGEOIS : « L'exploitation agricole dans les la législation récente », *1967,* RAYMOND (G) : « L'attribution préférentielle des biens non ruraux en vertu de l'article 832 du Code civil », *R.T.D.C., 1966, 427.* ; DAGOT (M). : « La loi successorale du 3 juillet 1971 », *J.C.P. 1971. I. 2434, n° 12 à 28 ;* « Retouches de 1980 au droit des partages successoraux (incidence de la loi du 4 juillet 1980 d'orientation agricole sur le droit des successions) », *J.C.P., 1980, I. 3000* ; CATALA (P) : *La réforme des liquidations successorales*, op. cit., n° 142 et s.

[742]En effet, le bénéficiaire de l'attribution intégrale risque le plus souvent d'être confronté à l'absence de fonds devant lui permettre de payer la soulte dont il sera débiteur en faveur des autres cohéritiers. Elle risque alors de souvent constituer pour lui une charge financière si des dispositions d'assouplissement des modalités de paiement ne seront pas mises en place YOUEGO (Chr) : op. cit., n° 685, p. 716.

[743] Ainsi, l'égalité des cohéritiers établie au moment du partage devrait et pourrait se maintenir même après. Car, il ne suffit pas, pour qu'une égalité entre les cohéritiers soit effective, que la répartition égale soit faite de façon arithmétique, il faut également que cette égalité des droits privatifs soit maintenue et assurée pour l'avenir.

remonte, non pas au jour du partage, mais au jour où l'indivision a commencé, c'est-à-dire au jour du décès du de cujus. Dès lors, le cohéritier attributaire est censé tenir tous ses droits sur les biens mis dans son lot du défunt lui-même. La période de l'indivision est alors rétroactivement anéantie. C'est ce qu'on qualifie d'effet déclaratif ou rétroactif du partage (art. 883 c. civ.)[744].

Il y a lieu de se poser la question de savoir si le partage ne peut pas avoir plutôt un effet translatif. La réponse à cette question conduit à l'examen successif du fondement (i), des conditions (ii) et des conséquences (iii) de l'effet déclaratif.

i. Les fondements de l'effet déclaratif

L'effet déclaratif avait été institué dans l'ancien droit français pour faire échec aux droits fiscaux et assurer en même temps l'égalité des héritiers. À cet effet, deux conceptions, qui s'opposent rationnellement sur la nature juridique du partage, se sont succédé dans l'histoire des législations.

Selon la première interprétation[745], l'effet déclaratif du partage est une fiction légale, une règle contraire à la réalité, car, par sa nature, le partage est bien un acte translatif de propriété. À cause de son caractère artificiel, cette règle doit être interprétée, comme toute fiction, de façon restrictive[746].

Selon une seconde conception, l'effet déclaratif correspond, au contraire, à la nature véritable du partage, il en est l'expression véritable, car il est une réalité[747]. Cette deuxième conception, bien que n'ayant pas été absolument satisfaisante[748], est celle qui domine le droit français actuel[749].

744L'article 883 du Code civil de 1804 dispose à cet effet que « *Chaque cohéritier est censé avoir succédé seul et immédiatement à tous les effets compris dans son lot, ou à lui échus par licitation, et n'avoir jamais eu la propriété des autres effets de la succession* ».

745Il y a bien un échange de parts indivises, mais afin de simplifier et d'éviter les difficultés de recours entre cohéritiers, d'assurer le lotissement d'une manière plus solide et plus stable, on fait comme si chacun est l'ayant-cause direct du de cujus, effaçant ainsi la période d'indivision. BAUDRY-LACANTINERIE et WAHL, III, n° 3270, COLIIN (A) et CAPITANT (H) : t. III, n° 1146 ; RIPERT et BOULANGER, III, n° 3120 ; QUEREL : « Du caractère fictif de l'article 883 », *thèse Lyon 1923 ;* LECOCQ (A) : « De la fiction comme procédé juridique », *thèse Paris 1914, p. 84 et s.* ; SAVATIER (R), note D. 1926, I, 57, III.

746 PLANIOL et RIPERT, T IV, n° 639, p. 878 ; FLOUR (J) et SOULEAU (H) : op. cit., n° 450, pp. 304-305 ; P. BOUREL (P) : op. cit., p. 147.

747Dans cette seconde conception, les auteurs ont fait appel à la notion de condition. L'effet déclaratif serait alors une application des règles générales de la condition. Chaque héritier est propriétaire des biens indivis sous la condition que les biens seront mis dans son lot. Il est propriétaire sous la condition suspensive en ce qui concerne les biens qui seront effectivement mis dans son lot et propriétaire sous condition résolutoire pour les biens qui iront dans les lots de ses cohéritiers ; au moment du partage, l'effet se réalise, et par l'effet de la rétroactivité de la condition, il est considéré comme n'ayant jamais été propriétaire des biens mis dans le lot des autres cohéritiers et comme l'ayant toujours été pour les biens mis dans son lot.

748 JOSSERAND (L) : *Essai sur la propriété collective*, Livre du Centenaire, I, p. 372 et s.

749 CAPITANT (H) : « L'indivision héréditaire », *Rev. crit.* 1924.

Mais en réalité, l'effet déclaratif doit être compris comme une règle complémentaire d'organisation de la propriété indivise[750].

Parce que le partage fera disparaître rétroactivement l'indivision, tous les actes faits par un héritier ne produiront des effets que si les biens sur lesquels ces actes ont été accomplis sont mis dans le lot de l'héritier qui en est l'auteur. Par contre, ils ne produiront aucun effet si les biens sont mis dans les lots des autres[751]. Lorsque l'effet déclaratif du partage anéantit rétroactivement les droits consentis pendant l'indivision, on dit qu'elle est une règle d'organisation négative de la propriété indivise[752].

En définitive, en conciliant les deux conceptions, l'effet déclaratif est une fiction en ce qu'il y a rétroactivité. Aussi convient-il d'en déterminer les conditions.

ii. Les conditions de l'effet déclaratif

En adoptant la deuxième conception, le législateur français de 1804 considère que le partage confère au cohéritier, depuis le jour où l'indivision a commencé, un droit exclusif sur les biens mis dans son lot, et lui enlève rétroactivement tout droit sur les biens mis dans les lots des autres. Il est donc important de déterminer le domaine d'application de l'effet déclaratif du partage du point de vue des actes qui le produisent et des biens auxquels il s'applique.

- **Les actes soumis à l'effet déclaratif**

Le principe est que l'effet déclaratif régit tous les actes de partage, c'est-à-dire, les actes qui ont pour effet de faire cesser l'indivision. Il en est ainsi du partage définitif et de tous les actes qui lui sont assimilés.

S'agissant du partage, il importe de relever que le partage en nature[753] et le partage de la soulte[754] sont spécifiquement des actes de partage.

---

[750] En effet, durant l'indivision, les cohéritiers sont propriétaires des biens et chacun d'eux peut aliéner et hypothéquer sa part indivise. Or, en cas d'insolvabilité d'un héritier, les droits réels qu'il aurait consentis sur les biens héréditaires grèveraient pour sa part indivise les biens mis dans le lot des autres copartageants solvables, les exposant à une perte par suite de l'inutilité d'un recours exercé contre lui ou à des frais et risque qu'un éventuel recours qui serait engagé. Ceci causerait alors une inégalité.

[751] DUPOUY-LACAVE (Ch) : « Des principales conséquences de l'effet déclaratif », *th. Toulouse, 1905, p. 9 et s.*

[752] BOUREL (P) : op. cit. p. 148.

[753] En effet, le partage en nature, c'est-à-dire, celui qui porte directement sur les biens successoraux, met fin à l'indivision et chaque cohéritier reçoit son lot en nature, car, il est caractérisé par l'attribution à chacun de biens qui, dans leur individualité, faisaient partie de l'indivision.

[754] Quant au partage de la soulte, en dépit de quelques interrogations, on note que lorsqu'un héritier reçoit un lot plus important que les autres, il doit payer aux autres, pour compenser

La cession de droits successifs, faite par un cohéritier au profit d'un autre héritier, fait jouer naturellement l'effet déclaratif du partage, car elle fait également sortir de l'indivision ou facilite la fin de celle-ci, à la seule condition qu'elle soit faite à titre onéreux[755].

En ce qui concerne la licitation, c'est-à-dire la vente aux enchères ou la vente amiable d'un immeuble successoral indivis, une différence essentielle est faite entre la licitation dont l'adjudication est prononcée au profit d'un des cohéritiers et celle qui fait passer le bien licité aux mains des étrangers[756].

Si seuls certains actes sont soumis à l'effet déclaratif, il en est également des biens dont certains seulement sont régis par ce principe.

- **Les biens régis par le principe de l'effet déclaratif**

L'effet déclaratif du partage s'applique de manière indiscutable aux biens corporels. Étant donné que chaque héritier est considéré comme propriétaire de tous les biens qui lui ont été attribués depuis le décès du de cujus, il les tient alors du de cujus.

Cependant, des difficultés apparaissent dans l'application du principe de l'effet déclaratif aux créances successorales et aux prix d'adjudication d'un immeuble licité au profit d'un étranger.

En ce qui concerne les créances, il faut noter qu'une créance successorale peut être attribuée à un copartageant, créance dont le de cujus était titulaire. On se pose alors la question de savoir si, en appliquant l'effet déclaratif, l'héritier attributaire doit être considéré comme ayant été créancier depuis le décès. La difficulté qui résulte de la réponse à cette question provient d'un conflit de textes (article 883 et 1220 du Code civil) et de principes (effet déclaratif et division des créances)[757].

---

l'inégalité des lots, une somme d'argent. Cette opération met également fin à l'indivision qui pourrait encore subsister entre l'héritier nanti et ses consorts.

[755]Dans ce cas, le cessionnaire devient ayant droit du de cujus, aussi bien pour sa quote-part originaire que pour celle qu'il a acquise de son consort. Mais, lorsque la cession est faite au profit d'un étranger à la succession, elle emporte les effets d'une vente.

[756]Dans le premier cas, il y a acte de partage. L'effet déclaratif, de par sa nature n'emporte ses conséquences immédiates qu'à l'égard des copartageants, alors qu'au profit d'un tiers, la licitation vaut au contraire vente ; car le tiers est un véritable acheteur, ce qui emporte les effets de la vente. Ainsi, la vente est résolue au cas où l'étranger acquéreur ne paie pas le prix, tandis que cette action est ignorée dans la licitation-partage. De plus, en cas de lésion, les règles ne s'appliquent plus de la même façon du fait de l'existence dans le droit du partage d'une rescision pour cause de lésion du plus du quart. Enfin, en ce qui concerne la garantie, suivant que la licitation est faite au profit d'un tiers ou d'un cohéritier, on applique des règles différentes, à savoir celles de la vente pour le premier cas et celle du partage pour le second.

[757]L'article 883, qui pose le principe de l'effet déclaratif, s'applique de façon générale à tous les biens successoraux. Aussi, doit-il, *a priori*, régir aussi bien les attributions de créances que celles des biens corporels. En effet, en prévoyant qu'on doit mettre dans chaque lot autant de

Afin de résoudre ce conflit entre l'héritier attributaire et le créancier hypothécaire, la jurisprudence française a opté pour l'application de l'effet déclaratif dans un arrêt des Chambres réunies, l'arrêt Chollet-Dumoulin[758].

iii. Les conséquences de l'effet déclaratif

L'effet déclaratif consiste, avant tout, à faire disparaître tous les droits qui ont pu être constitués pendant l'indivision, par d'autres héritiers que le cohéritier attributaire, sur les biens qui lui ont été attribués par le partage[759].

Il s'en suit que, le sort de tous les actes de disposition accomplis par les indivisaires dépend des résultats du partage. Ainsi, y aura-t-il confirmation ou destruction rétroactive des droits nés pendant l'indivision. Autrement dit, les droits nés du chef d'un indivisaire se trouvent rétroactivement consolidés si les biens auxquels ils se rapportent lui sont attribués. Ces mêmes droits s'évanouissent dans le cas contraire.

---

meubles, d'immeubles de créances ou de droits de valeur équivalente, on n'exclut pas les créances de la masse indivise, car elles se divisent comme les biens corporels.
Or, l'article 1220 du même code pose le principe de la division des créances entre les héritiers. En effet, les créances du défunt, comme ses dettes, se divisent de plein droit entre les héritiers proportionnellement à leur part héréditaire. En devenant automatiquement titulaire d'une part dès le décès du de cujus, chacun devient également créancier d'une part, il n'y a donc pas d'indivision pour les créances.

[758] Ch. réun., 5 décembre 1907, D. 1908.1.113, note COLIN (A), S. 1908. 1. 5, note LYON-CAEN, MAZEAUD et BRETON, Lectures, p. 953 ; v. dans le même sens, Req. 2 février 1925, D. 1926.1.57, note SAVATIER (R)

[759] En tant qu'acte déclaratif, le partage a pour conséquence essentielle de conférer à l'héritier un droit exclusif sur les biens mis dans son lot, comme s'il avait été seul propriétaire depuis le commencement de l'indivision, c'est-à-dire depuis le décès du de cujus, et qu'inversement, il n'a jamais eu aucun droit sur les autres biens. Par conséquent, en essayant de concilier les deux principes, à savoir, d'un côté le principe de l'indivisibilité des obligations et d'autre part l'effet déclaratif du partage et la garantie des lots, on applique distributivement les articles 1220 et 883. Ainsi, l'application de l'article 1220 qui régit les rapports des héritiers avec le débiteur, suppose la division de la créance entre les cohéritiers qui, de ce fait, peuvent poursuivre le débiteur chacun pour sa part. Ces créances se divisent dès le décès et l'on applique l'effet déclaratif. Toutefois, l'effet déclaratif ne joue pas dans les rapports entre les cohéritiers et le débiteur.
D'autres difficultés surgissent en ce qui concerne le prix d'adjudication d'un immeuble licité au profit d'un étranger. On sait que lorsque l'immeuble est licité au profit d'une personne étrangère à la succession, cet acte est considéré comme une vente. Le problème ne se pose pas à ce niveau. Le problème provient plutôt de la situation de l'héritier attributaire. Doit-on, ou non, soumettre cette attribution à l'effet déclaratif ? Autrement dit, doit-on considérer l'héritier attributaire comme ayant toujours été titulaire de la créance, c'est-à-dire, comme ayant été rétroactivement le seul vendeur de l'immeuble ? Or, une hypothèque peut avoir été constituée sur l'immeuble par un autre héritier. Aussi, si on applique l'effet déclaratif, l'hypothèque n'aura pas de valeur. Si on n'applique pas l'effet déclaratif, le créancier hypothécaire pourra exercer son droit de préférence sur le prix.

Le législateur sénégalais a apporté trois exceptions à cette conséquence de l'effet déclaratif[760]. Il appartiendra au futur législateur camerounais de se conférer aux expériences de ses aînés pour ne retenir que ce qui sera avantageux et plus adapté au contexte camerounais. Autrement dit, il devra, contrairement au législateur français de 1804, qui n'a privilégié que les héritiers au détriment des tiers ayant transigé avec eux pendant l'indivision, de tenir compte à la fois des intérêts des héritiers et de ceux de leurs cocontractants, en leur conférant ainsi un peu plus de sécurité, afin que soit respecté le principe l'équilibre des prestations indispensable aux relations contractuelles[761].

b. Les actions permettant de rétablir l'égalité entre les cohéritiers

Le partage successoral est non seulement un acte déclaratif, mais aussi, un acte égalitaire. Ces deux caractères expliquent l'application des règles particulières en cette matière. En effet, c'est dans le but d'assurer l'égalité entre tous les cohéritiers que le Code civil de 1804 a imposé le rapport des libéralités et des dettes dans la succession, a prescrit que chaque lot devait contenir des biens de même valeur et de même nature, et a édicté l'effet déclaratif du partage. Cette égalité, qui est exigée lors du partage, doit également être maintenue pour l'avenir. À cet effet, il existe d'abord une garantie particulière en matière de partage (i). Par ailleurs, un partage inégal peut être attaqué en annulation (ii).

i. L'action en garantie en matière de partage

L'action en garantie a été prévue par l'article 884 alinéa 1er du Code Napoléon[762]. Ce texte a été reproduit par certaines législations africaines, en l'occurrence l'article 126 de la loi ivoirienne de 1964[763], et l'article 483 du code sénégalais de la famille[764].

---

[760] D'une part, l'article 478 alinéa 3 du Code de la famille du Sénégal subordonne la disparition rétroactive des droits réels et les aliénations consenties par tout autre héritier que le cohéritier attributaire du bien grevé ou aliéné que sous réserve de l'application des règles de la gestion d'affaires. D'autre part, le même texte permet aux cohéritiers d'écarter d'un commun accord les conséquences de l'effet déclaratif en consentant tous à l'acte ou à la constitution de la charge. Enfin, et surtout, dans tous les cas d'indivision organisée, les actes valablement accomplis conservent leurs effets, quel que soit le résultat du partage. Voir BOUREL (P) : op. cit., pp. 151-152.

[761] Le souci de maintenir à tout prix l'égalité entre cohéritiers qui a conduit le législateur français à donner au partage un effet déclaratif va également l'amener à permettre à tout héritier lésé d'exercer des actions devant aboutir au rétablissement de cette égalité.

[762] Art. 884 al. 1er *« Les cohéritiers demeurent respectivement garants les uns envers les autres des troubles et évictions seulement qui procèdent d'une cause antérieure au partage ».*

[763] OBLE (J) : op. cit., n° 604, p. 375 ;

[764] BOUREL (P) : op. cit., p. 153.

Étant donné que le partage est déclaratif et non translatif[765], l'obligation de garantie entre copartageants est destinée à maintenir, après le partage, l'égalité qui existait au moment où il est intervenu, chaque copartageant doit pouvoir garder sa part intacte.

Pour que l'action permette à l'héritier qui aspire à une indemnité compensatrice d'atteindre son but, le législateur l'a subordonnée à la rupture de l'égalité. Cette rupture doit être due à une éviction ou à un trouble[766] qui n'a pas été expressément exclu dans l'acte de partage et qui lui est nécessairement antérieur[767].

Enfin, la garantie ne pourra pas être invoquée lorsque les cohéritiers auraient fait une convention l'excluant expressément dans le cas particulier qui a entraîné l'éviction[768].

La garantie se traduit par une compensation pécuniaire. L'héritier évincé ou troublé sera indemnisé pour que l'égalité soit rétablie[769]. Ainsi, l'éviction ne peut donner lieu à la rescision du partage, car « *il y a en effet divers intérêts à concilier en matière de garantie: ce ne sont pas seulement ceux de l'héritier*

---

765 Il faut toutefois noter que l'existence de l'obligation de garantie était parfaitement logique lorsque le partage était considéré comme translatif système romain), car celui qui transfère un droit en promet l'existence. On la trouvait alors un peu moins logique dans la conception du partage déclaratif. Mais, il a été admis pour assurer l'égalité entre les copartageants.

766L'éviction suppose la perte d'un droit ou d'un bien par l'héritier, à la suite de l'action du véritable titulaire de ce droit ou du propriétaire de ce bien. Il en est ainsi lorsqu'on a placé dans le lot d'un cohéritier une chose qui n'appartenait pas au défunt et qui est enlevée à l'héritier attributaire par son véritable propriétaire. Le trouble résulte soit de l'exercice d'un droit ou d'une action par un tiers contre le cohéritier attributaire, soit par l'existence de droits réels qui diminuent la valeur de ce bien. Le trouble procède en général de l'éviction. Il en est ainsi lorsqu'un tiers, qui se prétend propriétaire, revendique un bien placé dans le lot de l'héritier. MAZEAUD, op. cit., p. 967 et s. ; COLIN (A) et CAPITANT (H) : op. cit., p. 656 et s. ; FLOUR (J) et SOULEAU (H) : op ; cit., n° 465, p. 313-314.

767Le trouble et l'éviction doivent provenir d'une cause antérieure au partage, car, ce qu'on garantit, c'est que le bien mis dans le lot de l'héritier avait bien la valeur qui lui avait été attribuée. C'est le cas lorsque le bien litigieux avait été transmis au de cujus par un propriétaire qui l'avait hypothéqué, l'héritier est alors évincé par le créancier hypothécaire. Une éviction postérieure au partage n'emporte pas garantie, tel le vol du bien mis dans le lot ou encore l'expropriation pour cause d'utilité publique.

768La clause de non-garantie est valable, elle procède du principe de l'autonomie de la volonté, si elle est expresse. Elle doit ensuite être particulière, c'est-à-dire qu'elle doit être relative à un bien déterminé. Une clause générale de non-garantie est nulle, car elle ferait disparaître toute garantie dans le partage, affranchissant réciproquement les copartageants de toute obligation de garantie.

769Cette indemnité est due à l'héritier évincé par ses copartageants et sa charge se divise entre tous, chacun en proportion de sa part, y compris celui qui a subi l'éviction. Au cas où un des cohéritiers est insolvable, sa part sera également répartie entre le garanti et tous les héritiers solvables.
L'indemnité que doit payer chaque copartageant est fixée proportionnellement à la part héréditaire de chacun et conformément au préjudice subi, à *« la perte que lui a causée l'éviction » (*article 885 alinéa 1 c. civ.).

évincé qui sont en jeu, mais encore ceux de ses cohéritiers et même ceux des tiers... »[770].

La protection accordée par l'action en garantie ne peut être efficace que si le cohéritier est solvable. Pour éviter que le recours de l'héritier lésé ne soit sans effet, on l'a garanti en instituant le privilège des copartageants grevant tous les immeubles de la succession (article 2103-3° c. civ.)[771].

Se résolvant en une indemnité, l'action en garantie ne remet pas en cause le partage précédemment effectué. Toutefois, l'héritier lésé peut dans certains cas obtenir la nullité du partage.

ii. La possibilité d'agir en nullité du partage

Comme tout acte juridique, le partage peut être attaqué, parfois avec quelques changements, pour les causes de nullité de droit commun. Il peut également l'être pour une cause particulière au partage : la rescision pour lésion.

L'article 887 c. civ. énonce qu'un partage peut être rescindé pour cause de lésion. Il en est ainsi de tous les actes qui mettent fin à l'indivision. À cet effet, le partage, ainsi que la vente sont les deux contrats entre majeurs qui sont rescindables pour lésion[772].

Parce qu'elle protège un héritier lésé, l'action en rescision peut être considérée comme nulle d'une nullité relative. À cet effet, elle peut être écartée par le défendeur à l'action qui versera un supplément en nature ou en numéraire de sa part héréditaire[773]. Cette faculté reconnue au défendeur permet de concilier l'esprit égalitaire et la stabilité du partage.

La rescision pour lésion est également admise dans le partage d'ascendant[774].

---

[770] BENOIT (P) cité par OBLE (J) : op. cit. n° 605, p. 376.

[771] Article 2103-3° du Code civil : « *Les créanciers privilégiés sur les immeubles sont : 3° - les cohéritiers, sur les immeubles de la succession, pour la garantie des partages faits entre eux et des soultes ou retour des lots »*

[772] Cette dérogation au droit commun est admise dans le partage dans le but de maintenir l'égalité des cohéritiers même après le partage. Car, n'étant pas un acte de spéculation comme la vente, le partage, acte égalitaire, doit tendre à la répartition équitable des biens indivis. Pour ce faire, certaines conditions sont exigées pour que l'action aboutisse. Aussi, faut-il qu'il y ait lésion, c'est-à-dire un préjudice résultant du déficit constaté dans la valeur du lot. En outre, cette lésion doit avoir une certaine gravité, son taux est fixé à plus du quart, c'est-à-dire que le lot de l'héritier lésé doit être inférieur aux rois quarts de ce qu'il aurait dû légitimement recevoir pour que la lésion soit établie. Son évaluation se fait au jour du partage.

[773] CATALA (P) : « La jurisprudence gardienne de l'égalité successorale », *D. 1962, chronique 99.*

[774] À cet effet, l'article 1079 du Code civil de 1804 dispose : « Le partage fait par un ascendant pourra être attaqué pour cause de lésion de plus du quart ; il pourra l'être aussi dans le cas où il résulterait du partage et des dispositions faites par préciput que l'un des copartageants aurait un

Hormis la rescision pour lésion, le partage successoral peut également être remis en cause par la nullité proprement dite, découlant du droit commun des contrats. En effet, certaines causes de nullité du partage successoral découlent, à quelques changements près, de l'application du droit commun des contrats.

Parmi les diverses causes, on peut citer le vice de forme[775], le vice de consentement d'un cohéritier (dol, violence, erreur). Le partage peut également être annulé, car, étant une convention, les causes d'annulation des conventions y sont appliquées (art. 887 c. civ.)[776]. Cependant, ce texte ne fait pas allusion à l'erreur[777]. De plus, l'incapacité d'un cohéritier ne peut être une cause de nullité du partage.

Dans tous ces cas, il s'agit de la nullité relative, car elle ne peut être invoquée que par le copartageant incapable ou victime du dol ou de la violence.

Tout ce qui précède concerne les opérations de partage des biens après le décès de leur premier propriétaire. Toutefois, il est offert aux pères, mères et autres ascendants de procéder de leur vivant à la répartition de leurs biens.

Paragraphe 2 - Le partage d'ascendant en droit écrit

Le partage des successions ab intestat contient des avantages. En plus, il a subi beaucoup d'améliorations. Toutefois, il ne présente pas moins d'inconvénients graves. Par exemple, le tirage au sort des lots aboutit le plus souvent à des attributions inadéquates, tandis que leur licitation entraîne souvent leur sortie de la famille, avec le grand risque de créer des dissensions entre les héritiers.

---

avantage plus grand que la loi ne le permet ». Par contre, cette action a été expressément rejetée par le droit français nouveau, en l'occurrence par l'article 1075-1 qui dispose à cet effet que « *le partage fait par un ascendant ne peut être attaqué pour cause de lésion* ». Telle est également la position du législateur ivoirien qui n'a prévu aucune disposition faisant allusion à la rescision pour lésion dans le partage d'ascendant. Ce silence s'expliquerait par la volonté du législateur de rendre le partage fait par un ascendant définitif, d'autant plus que les héritiers réservataires bénéficient d'une protection suffisante par l'action en réduction qui leur est reconnue. DAGOT (M) et PERIGOUT : op. cit., p. 122

[775] Il en est ainsi lorsque le partage a été fait à l'amiable alors qu'il aurait dû être judiciaire à cause de la présence soit d'un incapable, soit d'un absent. La nullité ne pourra alors être invoquée que par les personnes dans l'intérêt desquelles le partage judiciaire était imposé. Toutefois, l'acte de partage gardera sa valeur et pourra valoir comme partage provisionnel.

[776] À cet effet, l'article 887 c. civ. dispose « *les partages peuvent être rescindés pour cause de violence ou de dol* »

[777] Cette lacune paraît volontaire. La raison en est que l'erreur n'est pas, en tant que telle, une cause spéciale d'annulation en matière de partage ; elle n'intervient que dans des cas spéciaux et exceptionnels. Voir CABRILLAC : « l'erreur dans les partages », *R.T.D.C., 1955, p. 39 et s.*

Certains moyens permettent de parer à ces inconvénients. L'un des plus efficients est la possibilité qui a été reconnue aux père et mère et à d'autres ascendants d'effectuer eux-mêmes le partage de leurs biens de leur vivant[778].

Pour justifier la nécessité du partage d'ascendant, PREAMENEU se posait la question de savoir *« À qui donc pourrait-on confier avec plus d'assurance la répartition des biens entre leurs enfants qu'à des pères et mères qui mieux que tous les autres connaissent la valeur, les avantages et les inconvénients, à des pères et mères qui rempliront cette magistrature, non seulement avec l'impartialité des juges, mais encore avec ce soin, cet intérêt, cette prévoyance que l'affection paternelle peut seule inspirer... »*[779]

Pour parer aux séquelles du partage, le législateur français a institué deux formes de partage anticipé (I) dont la pratique qui en est faite en droit positif camerounais mérite d'être appréciée (II).

I. Les différentes formes de partage d'ascendant

Le partage anticipé institué par le Code civil de 1804 revêt deux formes. D'une part, il peut se réaliser sous la forme d'une donation entre vifs nécessitant l'accord des donataires, et soumis aux règles du contrat à titre gratuit : c'est la donation-partage (A). D'autre part, la possibilité est offerte à l'ascendant de recourir à la forme testamentaire, c'est-à-dire qu'il peut décider seul de la répartition de ses biens entre ses descendants : on est alors en présence du testament-partage (B).

A. La donation – partage

La donation-partage, opération originale, se définit comme étant un contrat entre vifs par lequel un ascendant transmet immédiatement et irrévocablement tout ou partie de ses biens présents à tous ses enfants et descendants et opère le partage entre eux[780]. La compréhension de cette institution conduit à analyser successivement les conditions de validité (2), les effets (3) et les

---

[778] DESPAX : « le partage d'ascendants : paix dans la famille ou guerre des successions ? », *D. 1959, chr. 245.* MAURY et VIALLETON : op. cit., p. 723, PLANIOL (M) et RIPERT (G) : op. cit. t. IV. S'inspirant du droit romain et du droit coutumier, le législateur français de 1804 a permis à l'ascendant de régler, à l'avance, le partage de sa succession, en distribuant ses biens entre ses descendants. Il faut reconnaître que le parent est la seule personne à mieux connaître ses enfants que quiconque ; aussi, sera-t-il présumé faire des attributions conformes aux aptitudes de chacun et respectueuses des ensembles patrimoniaux. Arbitre des siens, il usera de son influence pour éviter que ces attributions portent atteinte à la paix de la famille.

[779] BIGOT PREAMENEU, rapporté par MALLOT (A) : « De l'égalité en nature dans les partages ». *Thèse Paris, 1903, p. 47-48, cité par OBLE, n° 857.*

[780] J. PATARIN (J) : *Rép. Civ. Dalloz, 2e édition, v° Partage d'ascendant, n°* 9 ; TERRE (F) et LEQUETTE (Y) : op. cit., n° 1052.

sanctions (4) de la donation-partage, après en avoir donné les caractéristiques essentielles (1).

1. Les caractéristiques essentielles de la donation - partage

La donation-partage ainsi définie ne paraît pas aisée à manipuler. En effet, complexe dès sa conclusion, elle est par nature une donation entre vifs qui est soumise aux formalités, conditions et règles prescrites pour ce type de contrats. Toutefois, elle comporte un élément d'anticipation successorale[781] qui produit tout son effet au décès de l'ascendant-donateur. La conciliation de ces deux aspects fait de la donation-partage un acte à caractères successifs: une donation du vivant du donateur qui se transformera au décès en un partage[782]. Pour qu'un acte soit soumis au régime juridique de cette opération complexe, on doit nécessairement y discerner une distribution des biens faite à titre gratuit[783]. Dès lors, le respect de certaines conditions est exigé pour qu'elle soit valable.

2. Les conditions de validité de cette forme de partage

Ces conditions sont empruntées aux deux opérations qu'elle recouvre: la donation et le partage. Cette dualité se manifeste-t-elle aussi bien dans les conditions relatives aux parties à la donation-partage (a), aux biens sur lesquels elle peut porter (b), et à sa formation (c).

a. Les conditions relatives aux parties de la donation - partage

Faire allusion aux parties revient à déterminer d'un côté les personnes qui peuvent consentir une donation-partage et de l'autre celles qui peuvent en bénéficier.

En ce qui concerne la première catégorie, le partage entre vifs ne peut être fait que par les ascendants, c'est-à-dire les père et mère ainsi que les grands-parents, qu'ils soient légitimes, naturels ou adoptifs[784]. Autrement dit, une

---

781 FLOUR (J) et SOULEAU (H) : op. cit., n° 550.

782 Les deux caractères sont alors liés tant avant qu'après le décès de l'ascendant donateur. Primo, de son vivant, les descendants ont à la fois la qualité de donataires et de copartagés : double qualité qu'ils conservent après le décès de l'ascendant. Secundo, la gratuité de la transmission et la répartition des biens sont les deux traits fondamentaux qui caractérisent, depuis sa formation jusqu'à l'épuisement de ses effets, la donation-partage.

783 PATARIN (J) : op. cit., n° 13.

784 L'article 1075 c. civ. ne reconnaît alors ce droit qu'à ceux qui sont par hypothèse mieux placés pour connaître leurs enfants, leurs aptitudes et leurs désirs, et qui, de ce fait, peuvent réaliser un partage équitable. Aussi, le texte dispose-t-il à cet effet que « *Les père et mère et autres ascendants pourront faire entre leurs enfants et descendants la distribution de leurs biens* ».

répartition des biens présents, faite par des collatéraux, des descendants ou des étrangers, constituerait une donation ordinaire et non une donation - partage.

L'ascendant qui désire répartir ses biens doit avoir la capacité de disposer à titre gratuit entre vifs, capacité de jouissance et d'exercice[785].

Quant aux bénéficiaires de la donation-partage, l'article 1075 al. 2 ne réserve ce droit qu'aux enfants et descendants du donateur, sans distinction entre les enfants légitimes, naturels et adoptifs. De plus, ayant la même fonction que le partage après le décès, la donation-partage ne peut être adressée qu'à des descendants qui ont normalement vocation ab intestat dans la succession du donateur par eux-mêmes ou par représentation et de même rang. Ainsi, selon une position adoptée depuis longtemps par la jurisprudence[786], et à laquelle adhère la doctrine[787], une distribution de biens faite par l'ascendant entre les enfants et les petits-enfants, c'est-à-dire les enfants des premiers, ne serait pas considérée comme une donation-partage, mais comme une donation ordinaire, sauf si, au moment du décès, les petits-enfants gratifiés viennent par représentation de leur ascendant prédécédé. En revanche, si le partage est effectué par l'ascendant entre ses petits-fils exclusivement, alors qu'il a un ou plusieurs enfants, on sera en présence d'un partage d'ascendant valable si lors du décès les petits-enfants sont les seuls héritiers.

Il s'en suit par ailleurs que, du bénéfice de la donation-partage, ne doit être omis aucun enfant ou descendant ayant vocation à recueillir la succession. Une telle omission est ainsi sanctionnée par la nullité du partage pour le tout, sauf si, au moment de l'ouverture de la succession, il existe encore des biens suffisants, et non compris dans le partage d'ascendant, pour le couvrir de ses droits[788].

En dehors des personnes, les biens sur lesquels la donation-partage peut porter doivent également être déterminés.

---

785 FLOUR (J) et SOULEAU (H) : *les libéralités*, n° 287 et s. (les incapacités de disposer à titre gratuit)

786 Civ. 14 mai 1879, D. P. 1879. 1. 244 ; Civ. 11 juillet 1951, D. P. 1951. I. 201 ; Lyon, 29 janvier 1948, S. 1948. 2. 93, note AZARD.

787 TRASBOT *: rép. Dr. Civ. Dalloz, v° partage d'ascendant, n° 58 à 64 et 100,* rapporté par CATALA (P) : *La réforme des liquidations successorales. Loi n° 71-523 du 3 juillet 1971*, n° 112., p. 239.

788 Dans ce domaine, la législation française a elle-même subi une évolution. Car, depuis la loi du 3 juillet 1971 portant réforme des liquidations successorales, l'omission d'enfant dans la donation-partage est désormais sanctionnée par l'action en réduction, la nullité du partage étant abolie, à moins qu'il existe au moment de l'ouverture de la succession des biens suffisants pour composer sa réserve (art 1075-2 nouveau).

b. Les conditions relatives aux biens pouvant faire l'objet d'une donation-partage

Le partage peut porter soit sur tous les biens de l'ascendant donateur, soit sur une partie seulement. Et parce qu'elle est irrévocable, la donation-partage ne peut porter que sur les biens présents (art. 1076 c. civ.)[789]. Il s'agit des biens qui figurent effectivement, au moment où elle est conclue, dans le patrimoine du donateur. Par conséquent, sont exclus tous les biens à venir, ceux que l'ascendant se propose d'acquérir ou qu'il est susceptible de recueillir plus tard par succession. Elle peut porter sur certains biens seulement. Aussi, le donateur peut-il conserver certains biens qui pourront faire l'objet d'une nouvelle donation-partage distincte de la première. S'il reste au décès des biens non compris dans le partage, selon l'art. 1077 c. civ., les héritiers se les partageront entre eux conformément aux règles habituelles de dévolution successorale.

De plus, la donation-partage ne peut porter que sur les biens dont le donateur a effectivement la propriété. Aussi, le partage ne peut-il comprendre ni les biens indivis ni des biens communs. Cependant, les deux parents peuvent faire une donation-partage conjonctive à leurs descendants[790]. Elle a pour avantage de faciliter le partage et de supprimer les causes de dissensions.

La validité de la donation-partage conjonctive a été admise depuis fort longtemps par la jurisprudence française[791]. Elle a ensuite été consacrée par la loi française du 7 février 1938, article 1080 alinéa 2 c. civ. ; ce texte prévoit la possibilité pour l' ascendant qui veut attaquer le partage de le faire après le décès du donateur ou du survivant des ascendants en cas de donation-partage conjonctive [792].

S'il est permis aux deux parents de faire une donation-partage conjonctive à leurs descendants communs, il est en revanche interdit de réaliser une donation-partage cumulative, par la confusion des patrimoines. En effet, puisque la donation-partage ne peut porter que sur les biens dont l'ascendant a la propriété, il ne saurait donc comprendre cumulativement dans la donation-

---

[789]L'article 1076 al 1er qui dispose à cet effet que « *les partages faits par actes entre vifs ne pourront avoir pour objet que des biens présents* ».

[790]Il y a donation-partage conjonctive lorsque les père et mère procèdent ensemble à une donation-partage ayant pour objet une masse unique de leurs biens respectifs, propres ou communs, qu'ils répartissent entre leurs descendants sans avoir égard, pour la composition des lots, à l'origine de tel ou tel bien. Il s'agit de la répartition d'ensemble entre tous les descendants, des biens appartenant à la fois au père et à la mère.

[791] Paris, 23 juin 1849, D. P. 1850. 2. 10.

[792] SAVATIER (R) : « Caractères et difficultés pratiques du partage conjonctif d'ascendants, réalisé par donation ». *Rép. Defrénois, 1929, art. 21903* ; BILLEY : « le partage d'ascendant conjonctif *», thèse Paris 1928* ; LEAUTE : « les partages conjonctifs d'ascendants depuis 1938 *», J.C.P., 1951. I. 924.* PATARIN : op. cit. ; LINOSSIER : « Le partage des successions confondues ». *Thèse, Paris, 1963, n° 154, n° 163, 183.*

partage ses propres biens et ceux qui dépendent de la succession de l'époux prédécédé, car, ce faisant, il disposerait des biens qui ne lui appartiennent pas. La donation-partage cumulative est donc en principe nulle[793]. Toutefois, cette opération peut être valable dans certains cas. Ainsi, en est-il des cas de la ratification du conjoint[794] et de la clause pénale[795]. Mais, la clause pénale est souvent considérée comme un pacte sur succession future, tout comme la donation-partage elle-même l'est. Aussi, sa validité a-t-elle fait l'objet de contestation. La jurisprudence française admet également la validité de la donation-partage cumulative lorsque tous les descendants majeurs et capables y consentent[796]. Étant un acte de disposition à titre gratuit, la donation-partage obéit au formalisme qui est exigé pour la validité de ces actes.

c. Les conditions de formation de la donation – partage

Les conditions de forme de la donation-partage ne lui sont pas spécifiques, elles sont celles de la donation ordinaire. Mais, quelques particularités doivent être relevées lorsque la donation et le partage se font par actes séparés.

En effet, aux termes de l'art. 1076 c. civ., les partages d'ascendant devront être faits avec les formalités, conditions et règles prescrites pour les donations entre vifs et testaments.

Certains effets sont attachés à la réalisation des conditions exigées pour la validité de la donation-partage[797].

---

[793] LINOSSIER : op. cit., n° 155, PLANIOL et RIPERT, tome VIII, n° 618, p. 777.

[794] Lorsque le conjoint du donateur ratifie l'acte, la ratification couvre le vice de la donation-partage cumulative qui devient conjonctive, v° LINOSSIER, op. cit., n° 156.

[795] LINOSSIER, ibid. ; BILLEY : op. cit., n° 105, p. 96 ; Besançon, 16 janvier 1846. Dans cet arrêt, la clause pénale est valable même à l'égard des mineurs.

[796] Civ, 20 juin 1955, D. 1955. 737. Mais depuis la loi française du 14 décembre 1964, la donation-partage cumulative peut valablement être consentie au profit d'incapables mineurs ou majeurs, à condition de suivre la procédure amiable prévue par l'art. 466 al. 2 C. civ.

[797] Ainsi, à peine de nullité, la donation-partage doit être faite par acte notarié. L'acceptation du donataire, qui doit être formulée dans un acte séparé, doit également être notariée et notifiée à l'ascendant donateur avant le décès de ce dernier (art. 932 c. civ.). Lorsque la donation-partage comprend des effets mobiliers, un état estimatif de ces biens devra être annexé à la minute (art. 948 c. civ.).
Par ailleurs, la donation et le partage peuvent être faits par actes séparés, pourvu que l'ascendant intervienne dans les deux actes. Le premier acte - acte de donation - est certainement soumis au formalisme des donations, tandis que le second acte - l'acte de partage - n'y est pas soumis, la seule exigence légale étant que l'ascendant y intervienne. La nature de l'opération impose que l'acte qui constate la donation précise que la donation est faite à titre de partage anticipé et contienne l'obligation de procéder, par la suite, à la répartition des biens donnés avec le concours de l'ascendant, afin qu'un lien apparaisse nettement entre la donation et le partage.

3. Les effets de la donation - partage

En tant qu'acte de partage, la donation-partage opère un effet translatif immédiat. Étant un acte à titre gratuit entre vifs, destiné à répartir les biens de l'ascendant, ses effets doivent être examinés tant pendant la vie (a) qu'après le décès (b) du donateur.

a. Les effets du partage entre vifs pendant la vie du donateur

La donation-partage met en relation, d'un côté le donateur et les donataires (i) et de l'autre côté les donataires entre eux (ii).

i. Les effets dans les rapports entre le donateur et les donataires

Les effets produits par la donation-partage, dans les rapports entre l'ascendant donateur et ses descendants, sont ceux de la donation ordinaire. Aussi, emporte-t-elle tout d'abord transmission irrévocable des biens qui en font l'objet. Étant donné que la donation-partage n'entraîne pas ouverture de la succession, le transfert ainsi opéré est à titre particulier. Aussi, les donataires ne sont-ils pas tenus des dettes dues par l'ascendant-donateur. Ils restent tenus aussi bien des dettes présentes qu'à venir, parce qu'il n'a pas pu transmettre son patrimoine en totalité[798]. En tant que donataires, les descendants sont tenus de respecter les charges dont est grevée la donation-partage. Elle est révocable pour cause d'ingratitude (art. 953) ou d'inexécution des charges (art. 954). Par ailleurs, l'ascendant-donateur n'est pas tenu à garantie, sauf de son fait personnel.

ii. Les effets dans les rapports entre donataires

Du vivant du donateur, la donation-partage est un acte de partage entre les co-donataires. Ils ont donc déjà entre eux la qualité de copartagés. Mais, il ne s'agit pas ici du partage de la succession, car, elle n'est pas encore ouverte. II s'agit plutôt du partage des biens compris dans la donation-partage. À cet effet, les donataires peuvent immédiatement exercer les recours qui découlent du partage. De plus, ils se doivent des garanties, telles que la garantie d'éviction, sauf stipulation contraire de l'acte de donation.

Par ailleurs, si une soulte peut être prévue, le co-donataire qui y a droit peut en réclamer le paiement immédiat au débiteur, sauf si des délais ont été stipulés. Dans ces deux hypothèses, le co-donataire bénéficie du privilège du co-partageant.

---

798 Le patrimoine ne peut être transmis dans sa totalité qu'au décès de son titulaire, v° OBLE (J) : op. cit., n° 588

b. Les effets après le décès du donateur

Les effets de la donation-partage sont plus perceptibles au décès de l'ascendant-donateur. En règle générale, à son décès, les donataires prennent la qualité d'héritiers, dans ces conditions, la donation-partage tient lieu de partage successoral pour les biens qui en font l'objet. Les autres biens – ceux qui n'ont pas été incorporés dans le partage – restent seuls à être partagés entre descendants acceptants. Dès lors, les donataires héritiers peuvent exercer la faculté d'option[799].

Une donation-partage qui ne remplit pas les conditions exigées et qui ne produit pas les effets escomptés fait l'objet de sanctions.

4. Les sanctions de la donation-partage

Hybride par nature, la donation-partage est soumise aux sanctions des mécanismes auxquels elle se rapporte. Elle est ainsi soumise aux sanctions variées du droit commun des donations entre vifs (nullité, révocation, réduction), à celles du droit commun des partages (rescision pour lésion) et à celles particulières au partage anticipé (la nullité pour omission d'enfant ou pour inégalité des lots en nature, action en réduction spéciale).

Il faut cependant relever que, dans cette cohorte de sanctions auxquelles est soumise la donation-partage, elle risque « *de succomber aux feux croisés de trois ordres de sanctions* »[800]. Pour ce faire, seules deux catégories de sanctions ont été retenues[801]. D'une part, il y a l'action en nullité pour inobservation des conditions de fond et de forme des donations ordinaires, et d'autre part, il y a la réduction qui a remplacé la nullité pour omission

---

[799] De ce fait, ils peuvent renoncer à la succession et conserver les biens qui leur ont été donnés, car, la donation devient irrévocable par le décès du donateur, mais ils perdent la qualité d'héritiers, aussi, les biens qui lui ont été donnés s'imputent sur la quotité disponible, et l'excédent doit être réduit. En revanche, ils échappent au paiement des dettes du donateur, en dehors de celles qu'il aurait mises à la charge de la donation-partage.
Lorsqu'ils acceptent la succession, la donation est considérée comme ayant été faite par préciput et hors parts, ils ne doivent donc pas la rapporter. La dispense du rapport s'explique par le caractère définitif du partage que l'ascendant a opéré. Ainsi, admettre le rapport remettrait en cause cette répartition et entraînerait un nouveau partage. Le passif successoral se liquide conformément au droit commun des successions : en cas d'acceptation pure et simple, chacun des héritiers est tenu pour sa part *ultra vires,* même si le de cujus ne laisse pas de biens à son décès, c'est-à-dire, les biens qui n'ont pas été compris dans la donation-partage. Mais si le donataire accepte sous bénéfice d'inventaire, son obligation au passif est limitée à l'actif successoral qu'il a recueilli, il n'est tenu qu'*'intra vires.*

[800] CATALA (P) : op. cit., n° 129, p. 281

[801] Ainsi, dans le souci d'assurer la stabilité du partage d'ascendant, la réforme du 3 janvier1971, accentuant un processus commencé par la loi du 7 février 1938 et le décret-loi du 20 juillet 1940, a très sensiblement diminué et simplifié les sanctions qui peuvent atteindre la donation-partage. En effet, le descendant omis, qui le désire, peut désormais, en droit français, obtenir le rétablissement de ses droits, en engageant une action en réduction.

d'enfant. Il appartiendra au futur législateur national d'apprécier les deux situations afin de trouver une solution adéquate à notre système de sanction de la donation-partage.

Le partage anticipé peut aussi être réalisé par la seule volonté de l'ascendant sous la forme testamentaire.

B. Le testament-partage

Le testament-partage, qui constitue l'autre modalité du partage d'ascendant, est un acte de dernière volonté par lequel l'ascendant répartit son patrimoine entre ses descendants. Mais, il est généralement considéré comme une modalité mineure par rapport à la donation-partage. Aussi, traité de parent pauvre, le législateur s'en est peu soucié; et même, « *il n'a pas suscité le zèle de la pratique ni celui des commentateurs* »[802]. Ainsi, peu adopté par la pratique et peu étudié par la doctrine, le partage à cause de mort apparaît comme un acte déconcertant[803]. À cet effet, son étude renvoie le plus aux règles relatives à la donation-partage. Toutefois, la perception des particularités qu'il renferme conduit à relever tout d'abord certaines caractéristiques de cette forme de partage d'ascendant (1), et l'examen successif des conditions requises pour sa validité (2), de ses effets (3) et de ses sanctions (4).

1. Quelques caractéristiques du testament-partage

Le droit applicable au testament-partage découle, soit des règles communes à tous les partages d'ascendant, soit des dispositions spécifiques.

Du testament, il n'emprunte que les règles de forme. À cet effet, il peut être olographe ou fait par acte authentique, ou prendre la forme mystique. Il a les effets du partage et se trouve soumis aux sanctions de la donation-partage. Le testament-partage n'en constitue pas moins un acte spécifique et original.

Aussi, bien que soumis aux règles du testament, il ne s'analyse nullement en une libéralité. En effet, la dernière volonté, bien qu'habillée de l'apparence testamentaire, n'investit pas les légataires, elle allotit les héritiers. Ceux-ci viennent à la succession grâce à leur vocation légale, mais à une succession divise, partagée par leur auteur. Le titre qui les pourvoit n'a pas d'effet dévolutif; il réalise un partage sans opérer une disposition à titre gratuit. Sa fonction est donc uniquement de répartir les biens du testateur entre ses descendants. Ceux-ci gardent leur qualité d'héritiers ab intestat, ils ne prennent aucunement celle de légataires.

Pour qu'il soit valable, certaines conditions doivent être observées.

---

802 CATALA (P) : op. cit., n° 138, p. 297.
803 Ibid.

2. Les conditions de validité du testament-partage

Le testament-partage est soumis aux formalités, conditions et règles du testament. L'acte doit donc être chaque fois conforme aux règles formulées par la loi pour les testaments ordinaires. De plus, il peut, comme le testament ordinaire, être révoqué, et les causes de caducité affectant les legs peuvent également le perturber.

Par ailleurs, les personnes pouvant faire un testament-partage et celles qui peuvent en bénéficier sont les mêmes que celles qui peuvent être parties à la donation-partage; il s'agit d'après l'article 1075 c. civ. des ascendants et des descendants.

La part étant faite aux aspects de l'opération qui procèdent de sa forme testamentaire, c'est sa nature de partage qui gouverne l'essentiel de ses effets et surtout, sur les biens qui peuvent en faire l'objet (a) et sur leur répartition (b).

a. Les biens pouvant faire l'objet du testament-partage

Le testament-partage a pour objet les biens existants à l'ouverture de la succession, c'est-à-dire ceux dont l'ascendant n'a pas disposé entre vifs, ni à cause de mort par une institution contractuelle. Il peut également comprendre les biens futurs, c'est-à-dire ceux qui ne lui appartiennent pas encore au moment de la confection de l'acte, mais qui ont été acquis avant le décès. À la différence de la donation-partage, il ne se prête pas à l'incorporation systématique des donations antérieurement faites par l'ascendant. De plus, le testateur peut tenir compte, dans sa répartition testamentaire, des biens qu'il avait précédemment donnés en avancement d'hoirie à certains de ses descendants[804].

En revanche, le testament-partage n'englobe pas nécessairement tous les biens existant à l'ouverture de la succession. Il en est sur lesquels il ne peut porter[805]. Cette limite technique est actuellement infranchissable, et les époux ne sauraient tourner l'interdiction du partage de tels biens, car, la prohibition des testaments conjonctifs, édictée par l'art. 968 c. civ., s'applique au testament-partage[806]. Il n'est pas non plus possible de contourner cette

[804] P. CATALA (P) : op. cit., n° 140, MORIN (G) : op. cit., n° 139.

[805]Le testament-partage ne peut donc pas porter sur les biens appartenant à la succession du conjoint prédécédé. Il en est également ainsi des biens communs dont le sort dépendra de la communauté qui ne sera dissoute que par le décès du disposant, mais qui n'est pas encore partagée.

[806] SAVATIER (R) : « le partage conjonctif d'ascendant par voie testamentaire ». *Rép. Defrénois, 1929, 22048* ; BILLEY : « Le partage d'ascendant conjonctif ». *Thèse, Paris, 1928* ; LINOSSIER : op. cit. n° 146 et s ; Civ. 13 nov. 1849, D. P. 1849. 1. 311 ; Civ. 25 février 1925, D. p. 1925. 1. 185, note SAVATIER (R) ;

prohibition par la confection de deux testaments faits par actes séparés, mais conformes l'un à l'autre[807].

Le testateur peut également exclure du testament-partage certains biens propres qui devront être attribués conformément à la loi ; ils feront alors l'objet d'un partage complémentaire, selon les règles ordinaires ou encore, ils serviront à former ou à compléter la part d'un descendant omis ou sous alloti, ou donneront lieu à attribution préférentielle[808]. Le rôle du testament-partage étant uniquement de répartir les biens de l'ascendant testateur entre ses descendants, comment doit-il procéder ?

b. La répartition des biens compris dans le partage testamentaire

Le testament-partage est l'œuvre d'un ascendant qui allotit des réservataires présomptifs. Il doit, à cet effet, nécessairement comporter la répartition effective des biens du testateur entre ses descendants; il s'agit de l'élément caractéristique de cet acte qui permet d'ailleurs de le distinguer d'un testament ordinaire. Il n'y a partage testamentaire que si plusieurs descendants sont appelés ensemble, de leur chef ou par représentation, à la succession du disposant. Si la pluralité est la condition principale de l'opération, elle n'est pas indispensable, car certains héritiers peuvent ne pas être allotis par le testateur. L'héritier non alloti dispose à cet effet d'une action pour obtenir sa part de réserve.

Par ailleurs, le testateur reste libre de composer ses lots à sa guise ; il n'est pas tenu de respecter l'égalité en nature. S'il ne le fait pas, l'absence d'allotissement sera compensée par le paiement de la soulte mis à la charge de l'héritier alloti. Mais, cette répartition n'emporte pas d'effet dévolutif.

3. Les effets du testament-partage

Du vivant du testateur, le testament-partage ne produit aucun effet. Comme un testament ordinaire, il est révocable par la seule volonté du testateur.

Après le décès du testateur, étant uniquement un acte répartiteur entre les descendants qui recueillent les lots composés par le testateur en qualité d'héritiers et non à titre de légataires, le testament-partage ne produit aucun effet dévolutif. Et comme un partage, il délimite sur des lots divis l'assiette des droits de chaque héritier. Mais, là se bornent ses effets. Le testament-partage n'opère pas alors la transmission des biens sur lesquels il porte. Les conséquences en sont claires. Le partage étant imposé aux descendants en leur qualité d'héritiers, ces derniers ne peuvent donc renoncer à se prévaloir du testament pour réclamer un nouveau partage de la succession. Ils ne disposent

---

[807] Civ. 25 février 1925, op. cit. Mais l'efficacité de telles dispositions pourrait être assurée au moyen d'une clause pénale valable dans la mesure où elle ne porte pas atteinte à la réserve.
[808] CATALA (P) : op. cit., n° 140-a ; FLOUR (J) et SOULEAU (H) : op. cit., n° 580.

que d'une option, acceptée en bloc, et la succession et le lot qui leur est destiné.

Par ailleurs, le testament-partage abolit toute période d'indivision et tout ce qui se profile à travers elle. Il en est ainsi de toutes les règles et de tous les mécanismes des partages ordinaire et judiciaire, du tirage au sort, de la licitation, de l'attribution préférentielle, des lignes paternelles et maternelles, etc.

De plus, l'héritier qui accepte purement et simplement est tenu ultra vires des dettes du défunt. S'il accepte sous bénéfice d'inventaire, il ne sera tenu du passif héréditaire que jusqu'à concurrence de la valeur des biens qu'il recueille.

Les effets ordinaires du partage accompagnent l'acte répartiteur de l'ascendant. Mais l'un d'entre eux, l'effet déclaratif, apparaît sans objet, puisque l'indivision ne s'ouvre pas. Toutefois, les autres effets se développent en tant que de besoin : les héritiers se doivent mutuellement garantie, celui qui reçoit une créance à son lot peut inscrire le privilège du copartageant (et non l'hypothèque légale du légataire) sur les immeubles du débiteur.

Un partage testamentaire qui n'est pas réalisé dans les conditions légales requises s'expose aux sanctions.

4. Les sanctions du testament-partage

Le testament-partage encourt les nullités de fond (capacité et consentement du testateur) et de forme auxquelles le testament risque de succomber. Les actions qui tendent à le prononcer ressortissent du droit commun.

En revanche, il échappe aux causes de révocation qui menacent les libéralités à cause de mort. Il ne saurait être question de révocation pour ingratitude, mais, éventuellement pour indignité en la personne des héritiers.

Comme en matière de donation-partage, le testament-partage peut être attaqué par l'action en rescision pour lésion et par l'action en nullité pour omission d'enfant[809].

L'omission d'un seul enfant entraîne en principe la nullité du partage. Mais, cette sanction ne peut être effective que si au décès de l'ascendant il ne restait pas suffisamment de biens pour constituer la part de l'enfant omis. Il s'agit alors d'une nullité conditionnelle dont le fondement était la volonté du législateur d'assurer la stabilité des partages d'ascendant. Mais, s'il n'existe

[809]Ces deux sanctions qui ont déjà été supprimées dans la législation française actuelle et ont été remplacées par l'action en réduction. Celle-ci, déviée de sa fonction ordinaire, est devenue, en droit français, le moyen de corriger les inégalités du partage dans la seule mesure nécessaire du rétablissement de la réserve des maux lotis

aucun bien à l'ouverture de la succession pour allotir l'enfant omis, une nouvelle répartition devra être faite[810]. En effet, « *le père procède au partage de tout ou partie de sa succession future: il doit donc y comprendre, non pas tous ses enfants lors de l'acte, mais tous ceux qui seront héritiers, il leur doit égalité à laquelle ils pourront prétendre à sa mort* »[811].

Telles sont succinctement les prévisions législatives en matière de partage d'ascendant, il est maintenant question d'analyser les implications juridiques de leur application effective dans le règlement des successions, en droit positif camerounais.

II. La pratique du partage d'ascendant en droit positif camerounais

À l'instar de toutes les opérations qui concourent au règlement des successions, le partage d'ascendant souffre du phénomène de la dualité des sources juridiques. En effet, le Code civil de 1804 l'a réglementé, tandis que la coutume et la pratique, qui ne la soumettent à aucune règle de fond ni de forme, la laissent à la discrétion du disposant. Dès lors, les formes du partage d'ascendant sont tout simplement le reflet des deux sociétés dans lesquelles il est pratiqué.

À titre de rappel, le droit coutumier reconnaît au chef de famille la faculté d'attribuer les biens de son vivant aux enfants de son choix. De ce fait, le partage d'ascendant apparaît comme l'une des manifestations de l'autorité du chef de famille dans les sociétés traditionnelles. Cette autorité apparaît même dans les effets du partage d'ascendant. Car la répartition faite par le parent ne sera jamais remise en cause ni de son vivant ni après son décès. Il en résulte que les attributaires conservent définitivement ce qu'ils auront reçu tout en reprenant part au partage des biens restant, même si leur part devient supérieure à celle des autres copartageants. Le droit traditionnel, sur ce point, ignore complètement les règles techniques de rapport et de réduction en vigueur en droit écrit.

Toutefois, la liberté reconnue au chef de famille de répartir ses biens entre ses héritiers présomptifs ne se limite qu'à ses biens personnels. Les biens lignagers, qui ne lui appartiennent pas, et dont il n'aura été que le gérant, sont exclus du partage d'ascendant.

Au demeurant, tel qu'il est admis en droit traditionnel, le partage d'ascendant présente une portée beaucoup plus limitée qu'en droit écrit. Les

---

810 DESROUSSEAUX (L) : «Les réformes de 1938 en matière de partage d'ascendants», *th. Lille, 1940, p. 123 et s.*

811 PELLEGRIN (A) : *De la nature juridique du partage d'ascendants*, L. G. D. J, Paris, 1961, p. 13.

circonstances et les techniques dans lesquelles il intervient le distinguent nettement de l'institution prévue par le Code civil de 1804.

Face à cette dualité de conception du partage d'ascendant, la position de la jurisprudence est aussi diversifiée. En effet, elle fait intervenir aussi bien le droit écrit que la coutume, sans qu'il soit toujours facile de déterminer le domaine de compétence de chacune de ces deux sources en la matière. Dans ces conditions, la consécration d'un double fondement du partage d'ascendant par la jurisprudence la conduit à soumettre sa forme au droit écrit (A), tandis qu'elle laisse ses conditions de fond sous la compétence de la coutume (B).

A. L'application du droit écrit du partage d'ascendant par la jurisprudence

La Cour suprême ne s'étant pas, à proprement parler, prononcée sur les fondements du partage d'ascendant, la question sera examinée à partir de certaines décisions de la Cour d'appel de Yaoundé et plus particulièrement dans un arrêt du 27 juillet 1989[812].

Dans cette espèce, ladite juridiction avait décidé que la donation-partage d'un immeuble était soumise au formalisme du Code civil. Par conséquent, elle avait annulé la donation, ordonné la réintégration des maisons données dans la masse successorale et la reprise du partage en ces termes : « *...en droit positif, les donations, matière non réglementée par la coutume Haoussa, doivent être faites par-devant notaire ; qu'en l'absence de l'acte notarié la constatant, la donation invoquée par Yaya doit être déclarée nulle* », qu'ainsi, « *compte tenu de la réintégration de cette maison dans le patrimoine du de cujus, il y a lieu de revoir le partage effectué par les notables dans le sens d'un partage plus équitable* ».

En affirmant que les donations doivent être faites par-devant notaire, les juges de la cour d'appel ont appliqué, sans toutefois l'énoncer expressément, l'article 8 de l'ordonnance du 6 juillet 1974 qui exige que toutes les transactions portant sur les droits réels immobiliers soient faites par-devant notaire à peine de nullité[813].

---

[812] Cour d'appel de Yaoundé, arrêt du 27 juillet 1989, inédit. Les faits y étaient les suivants : le de cujus avait de son vivant attribué des maisons à certains de ses enfants. À son décès, ceux qui n'avaient rien reçu avaient exigé la restitution de ces maisons dans la masse, afin de procéder à un partage égalitaire. Se prévalant de la donation qu'ils avaient reçue du de cujus, les attributaires contestèrent la revendication. Saisie, la Cour d'appel de Yaoundé donna gain de cause aux héritiers demandeurs.

[813] Ordonnance n° 74/1 du 6 juillet 1974 fixant régime foncier article 8 : « *les actes constitutifs, translatifs ou extinctifs de droits réels immobiliers doivent à peine de nullité, être établis en la forme notariée* »

D'une manière générale, la coutume n'exige aucune forme pour le partage d'ascendant. En revanche, l'article 1076 du code civil renvoie expressément aux formalités prescrites pour les donations entre vifs et les testaments[814]. Et parce qu'aucune forme n'est exigée pour ce mode de partage, toutes les décisions sont laissées à l'entière discrétion du chef de famille. Mais, en appliquant au partage d'ascendant le formalisme prescrit par le Code civil pour les libéralités et celui de l'article 8 de l'ordonnance précitée, la liberté que la coutume reconnaît au chef de famille d'attribuer, de son vivant, ses immeubles aux héritiers de son choix se trouve considérablement restreinte.

Toutefois, on observe une rémanence de la coutume quant aux conditions de fond du partage d'ascendant.

B. La rémanence de la coutume dans l'appréciation des conditions de fond du partage d'ascendant par la jurisprudence

Une fois de plus, en l'absence de décisions rendues par la Cour suprême, l'affirmation selon laquelle les conditions de fond du partage d'ascendant relèvent de la coutume a été émise par la Cour d'appel de Yaoundé. Deux arrêts rendus respectivement le 25 juin 1983 et le 18 mars 1986[815] semblent le confirmer.

Dans la première espèce, le de cujus, de son vivant, avait réparti une partie de ses biens à tous ses enfants en laissant l'autre partie dont il avait exigé le maintien en indivision. À son décès, certains de ses enfants avaient demandé le partage des biens laissés en indivision. La Cour d'appel de Yaoundé avait alors rejeté la demande en partage en invoquant la coutume Beti en ces termes : *« lorsqu'une personne, avant sa mort, a pu clairement et de manière non équivoque, exprimer ses dernières volontés pour le partage et l'administration des biens qu'il laisse, lesdites volontés doivent être scrupuleusement respectées »*.

Dans la deuxième espèce, par testament olographe, un mari polygame avait procédé à un partage inégal de ses immeubles entre ses enfants. Il avait pour cela confié à chaque femme la part qui revenait à ses enfants. À son décès, les enfants contestèrent le partage et en demandèrent l'annulation pour une répartition plus égalitaire. La Cour d'appel de Yaoundé justifia le rejet de la demande en soutenant que « *la coutume, dont relèvent les parties, permet à un chef de famille de décider par voie de testament du sort de ses biens après*

---

[814] Article 1076 c. civ. : « *Ces partages pourront être faits par acte entre vifs ou testamentaires, avec les formalités, conditions et règles prescrites pour les donations entre vifs et testaments* »
[815] Cour d'appel de Yaoundé, arrêts n° 593 du 25 juin 1983 et n° 119 du 18 mars 1986, inédits.

sa mort; que ce testament doit être exécuté dès lors qu'il ne tend pas à léser injustement un héritier légitime ».

Si la réponse de la cour d'appel satisfait sur la reconnaissance de la faculté reconnue au chef de famille de procéder lui-même au partage de ses biens entre ses héritiers présomptifs, elle pêche sur les modalités de ce partage. En effet, contrairement à l'article 1079 du Code civil, qui fixe les conditions du partage d'ascendant, et interdit ainsi au disposant d'attribuer à l'un des donataires une part supérieure à celle que la loi lui accorde, la coutume, évoquée par les juges de cette juridiction, ignore l'égalité des héritiers en instituant les différents privilèges de masculinité et de primogéniture. Ainsi, se basant sur cette coutume, les juges avaient évité le principe de l'égalité institué par le Code civil, lequel avait été violé par le de cujus, et dont les demandeurs revendiquaient le respect.

Par ailleurs, dans la première espèce, la Cour d'appel de Yaoundé approuve le maintien, forcé et perpétuel, en indivision imposée par un ascendant à ses héritiers alors que le Code civil ne l'a instituée que de façon temporaire et à certaines conditions uniquement.

Or, la Cour suprême, dans la lutte qu'elle a engagée contre l'inégalité créée par le droit successoral coutumier, avait déjà elle-même reconnu l'égalité de tous les enfants du de cujus sans distinction de sexe et de primogéniture. Aussi, avait-elle déjà eu à l'appliquer dans un partage d'ascendant dans un arrêt du 9 mars 1978[816], où elle avait annulé un partage que le de cujus avait effectué de son vivant exclusivement au profit des garçons. Par cette décision, la haute juridiction consacrait le principe d'égalité des héritiers en matière de partage d'ascendant, dont elle imposait le respect scrupuleux aux juges du fond.

Ainsi, lorsque la cour d'appel opère une discrimination entre les enfants bénéficiaires du partage d'ascendant, elle va à l'encontre des orientations de la Cour suprême, et partant du principe constitutionnel de l'égalité de tous, affirmé par la Cour suprême en matière successorale. Car, selon les juges de cette juridiction d'appel, le partage inégal fait par un ascendant ne pourra être annulé que lorsqu'un enfant légitime est lésé.

Le partage d'ascendant, tel qu'il est pratiqué en droit positif camerounais, est problématique. En effet, les parents qui usent de ce mode de règlement de leur succession future ne respectent pas toujours ou jamais les conditions de fond édictées par le droit écrit. Ainsi, procèdent-ils le plus souvent selon les directives du droit coutumier qui conduisent à un partage inégal. Cette situation suscite toujours des contestations de la part des bénéficiaires, créant ainsi le blocage des successions et des troubles sociaux. D'où l'intervention

[816] Cour suprême, arrêt du 9 mars 1978, inédit.

constante du juge, qui, selon la source juridique appliquée, maintient ou annule les libéralités contestées.

Il ressort de ce qui précède que le droit positif camerounais du partage successoral est fortement marqué par l'incohérence de la jurisprudence. Cette incohérence existe non seulement entre les juges des mêmes juridictions, mais surtout entre les juges du fond et ceux de la Cour suprême; et elle provient naturellement de la dualité juridique qui embarrasse les juges. En effet, ceux-ci se trouvent en permanence dans l'obligation de chercher à concilier des intérêts divergents. Le plus souvent, alors que certains héritiers évoquent le Code civil pour revendiquer le partage successoral, d'autres se basent sur la coutume ou le respect des dernières volontés du de cujus pour faire échec au partage égalitaire, et même pour demander le maintien en indivision coutumière. Il se pose dans ce domaine le problème du fondement juridique du partage successoral mettant le Code civil en conflit contre la coutume. Par conséquent, dans certains cas, le principe de l'égalité successorale, auquel la Cour suprême semble accorder une importance capitale, n'est pas respecté. De plus, des personnes n'ayant pas qualité sont même souvent admises à prendre part au partage, à l'exclusion de celle qui légalement doivent en bénéficier.

Tout compte fait, tout en déplorant la façon dont il est pratiqué par les camerounais et interprété par les juges, le partage d'ascendants présente le mérite d'éviter qu'un parent averti n'attribue une partie de son patrimoine à un fils déjà établi, donc déjà riche et qui a des frères et sœurs qui sont soit en bas âge, soit dépourvus de toute fortune. Le partage d'ascendant doit alors permettre au parent de réparer les inégalités naturelles ou accidentelles.

Un constat du règlement des successions nous amène à déduire que les règles qui gouvernent la transmission successorale en droit moderne ont été édictées selon les principes individualiste et égalitaire. Et c'est pour satisfaire les intérêts économiques de l'héritier que la règle de partage forcé a été admise et érigée en principe. Or la satisfaction des intérêts privatifs ne devrait pas avoir pour corollaire le sacrifice total de ceux de la collectivité qui sont protégés par le droit coutumier. Aussi, apparaît-il opportun de suggérer quelques solutions pouvant permettre au futur législateur de réaliser une conciliation des intérêts en présence, solutions qui prendraient en compte aussi bien des éléments positifs du droit coutumier que ceux du droit importé, afin de doter les futurs héritiers de moyens qui leur permettraient désormais de régler pacifiquement les successions qui leur seront dévolues.

TITRE II :

DES PRÉCONISATIONS POUR UN DROIT DES SUCCESSIONS ADAPTÉ

L'analyse de l'impact du dualisme juridique sur le droit des successions aboutit au constat de l'instabilité du cadre normatif oscillant entre les règles éparses des droits coutumiers et l'extrême rigidité du droit écrit. Plus complexe paraît la finalisation du code en gestation depuis plusieurs décennies. Toute chose qui appelle la formulation et la proposition des solutions idoines pour l'effectivité, la stabilité et la sécurité juridique, gage d'une protection optimale des droits fondamentaux conforme à l'état de droit.

Il est attendu une réformation aussi bien des règles de dévolution (chapitre I) que de partage (chapitre II).

CHAPITRE I :

LA LEX FERENDA DE LA DÉVOLUTION SUCCESSORALE

La caractéristique principale des systèmes juridique et judiciaire du Cameroun, en Droit patrimonial de la famille, est leur dualité. Cependant, le fonctionnement actuel de ces structures ne paraît plus en harmonie avec les mutations permanentes que subit notre société. En effet, le maintien de la dualité dans ce domaine par le législateur avait été initialement prévu à titre provisoire, en attendant l'unification des systèmes juridique et judiciaire à l'instar des autres, tels que le droit pénal ou le droit public. Cette unification tardant à venir, les structures actuellement mises en place apparaissent déjà obsolètes. Cette obsolescence crée beaucoup de difficultés aussi bien aux praticiens qu'aux successibles dans les opérations de règlement des successions. À cet effet, un règlement immédiat des maux qui minent nos systèmes juridique et judiciaire en Droit patrimonial de la famille s'impose afin de les adapter au rythme du temps, car, en principe, si le temps change, les lois doivent également changer. L'adaptation ainsi préconisée passe normalement, pour le cas particulier du Cameroun, par l'adoption d'une législation adaptée aux réalités locales. Or, cette adoption doit avoir deux atouts essentiels, à savoir, la volonté politique des pouvoirs publics et la forte mobilisation du pays[817]. Cette métamorphose pourra passer par un réaménagement profond du système juridique (Section I) pour aboutir à une véritable réorganisation des structures de l'appareil judiciaire dans les matières qui relèvent du Droit patrimonial de la famille (Section II).

Section I. Le nécessaire réaménagement du système juridique

Le maintien provisoire de la dualité des sources du Droit patrimonial de la famille a favorisé au sein d'un même pays, dans lequel la diversité des statuts

---

[817]Comme toute œuvre humaine, cette législation sera perfectible au fur et à mesure qu'elle sera appliquée. Pour ce faire, le futur législateur ne devra pas perdre de vue que la loi doit être le reflet des mœurs et ne doit donc pas s'inscrire à contre-courant. Elle doit à cet effet épouser son temps sous peine de perdre son impact, et plus grave, sa légitimité. Dès lors, en Droit patrimonial de la famille, beaucoup de défis sont à relever, car on observe une recrudescence des conflits familiaux et patrimoniaux, et plus particulièrement des conflits successoraux. De ce fait, la synergie des actions devra être accentuée au sein de l'État afin de contribuer à la métamorphose de la société sous l'angle du droit successoral.

avait déjà été abolie, l'émergence d'une pluralité de points de vue, et partant, des solutions de droit fondamentalement opposées pour des litiges de même nature. Cette disharmonie, aggravée par l'absence d'un support législatif national, avait créé une situation de désordre qui suscite l'élaboration d'un ordre juridique nouveau[818].

Pour le cas particulier du Cameroun, la tâche du législateur consistera à éviter à notre société « *de s'isoler des autres civilisations et de les ignorer, de les haïr ou mépriser, mais plutôt de vivre en symbiose avec elles, et d'aider à la construction d'un humanisme qui fut authentique parce que totalement humain. Totalement humain parce que formé de toutes les planètes* »[819]. Tout ceci revient à la nécessité pour la nouvelle législation de conserver les traditions dans ce qu'elles ont de positif et de préserver les acquis importés dans le souci de la préservation de la paix sociale. Cet impératif passe par l'accélération du processus de codification des sources déjà amorcé (Paragraphe 1). La codification des sources ne sera une solution efficace que si une maîtrise effective du système de l'état civil est assurée (Paragraphe 2). La réalisation de ces deux exigences rendra claire et précise la détermination des successibles et de leurs droits (Paragraphe 3).

Paragraphe 1. La nécessité de codifier les sources du droit patrimonial de la famille

Le droit des successions, dans son ensemble, doit épouser les orientations des instruments juridiques internationaux qui promeuvent les droits fondamentaux de l'homme. Ainsi, pour mettre fin à la situation d'anarchie provoquée par la diversité des sources, il apparaît urgent que l'organe législatif du Cameroun puisse enfin s'intéresser de façon décisive à l'élaboration d'un document devant régir les relations entre les citoyens dans les domaines aussi délicats que sont la famille et son patrimoine. En effet, la loi successorale devrait prendre en compte à la fois la famille qui lui fournit les sujets, et le patrimoine qui lui fournit la matière.

En réalité, le droit a pour finalité l'ordre et la sécurité. Pour atteindre cet objectif, la future codification devrait se réaliser par l'unification des sources

---

[818]Pour cela, la lourde tâche du futur législateur devra consister à concilier les acquis présents avec les impératifs de l'heure en instaurant le dialogue entre les civilisations. Dès lors, dans son entreprise de codification, le législateur devra éviter, d'une part, le chauvinisme en cherchant à tout prix à sauvegarder les traditions originales, même dans ce qu'elles ont de négatif, et d'autre part, l'exclusion des coutumes au profit du seul droit importé. En d'autres termes, il devra lutter contre la tendance de mimétisme aveugle et de sauvegarde des traditions négro-africaines dans leur originalité et la destruction des acquis importés. Dès lors, s'il est vrai que la survie des Africains dépend de la conservation de leur environnement culturel, il est aussi vrai que ceux-ci ne devraient pas être réfractaires à toute influence extérieure en vivant en vase clos.
[819] SENGHOR (L. S). : « Négritude, arabisme et francité », *Beyrouth, 1962.*

existant (A), laquelle devrait faire montre d'un syncrétisme en intégrant toutes les composantes actuelles dans le nouvel ordonnancement juridique, surtout dans ce qu'elles ont de positif (B).

A. La codification par l'unification des sources

Dans le cadre de l'élaboration d'une loi régissant la famille et le patrimoine dans tous leurs aspects, le futur législateur devra recevoir les droits coutumiers pour leur donner un support matériel et les consigner en principe par écrit. Il est vrai que cette démarche comporte des inconvénients, mais elle paraît également avantageuse. Ainsi, l'intérêt que présente la codification peut être perçu à un double niveau. En effet, avant d'unifier les différentes sources en présence, la codification réalise d'abord l'unification des coutumes. Celles-ci sont caractérisées par leur extrême variété, qui peut même être d'origine ethnique. Or, même au sein d'une même ethnie, il existe souvent des diversités sur des points de détail. On peut alors éviter des difficultés d'application en instaurant *« une unité de principes à laquelle pourront être rattachées les différences de détails »*[363]. L'intérêt que présente la codification à ce niveau est de réaliser une unité dans la pluralité.[820] Étant donné que cette branche du droit est victime de l'absence de l'unité de sources, les pouvoirs publics y ont tout simplement reconduit les systèmes juridique et judiciaire surannés et hétéroclites de l'époque coloniale.

Cette situation montre alors la nécessité de l'adoption dans ces domaines d'un support législatif national. La grande victoire de cette nouvelle législation commune à tous les citoyens résiderait dans l'unification de l'actuelle multitude de sources, car, comme l'a souligné KOFFI AMEGA dans sa *« Prière pour code civil »* au Togo, le Code civil remplit certaines fonctions spécifiques[364]. Aussi, en tant que corps législatif unique, le Code civil est d'abord un ensemble de règles jouant un rôle considérable dans la vie des peuples en régissant les rapports entre les individus, leurs actes et leurs faits juridiques. De ce fait, il fait régner la paix et la sécurité dans la société sans lesquelles l'ordre public serait troublé par les prétentions opposées de ses membres. De plus, il fait donner aux rapports entre particuliers une solution valable sur tout le territoire et s'applique à tous les citoyens, quelles que soient leurs ethnies, coutumes, situations sociales ou leur obédience religieuse. Ces fonctions sont aussi celles que nous attendons du futur Code civil camerounais. En effet, par l'unification législative, va naître un droit commun

---

[363] SOLUS (H) : cité par OBLE (J), op. cit., p. 130.

[820] l'unité juridique avait déjà été réalisée dans tous les autres domaines. Seul le droit civil en général, et le droit patrimonial de la famille en particulier, demeure sous l'emprise de la diversité tant juridique que judiciaire. À cet effet, l'élaboration des textes dans ce domaine semble constituer l'une des préoccupations majeures des pouvoirs publics.

[364] KOFI AMEGA : « Prière pour un Code civil », *Penant*, 1966, pp. 275 à 283.

applicable à tous citoyens nationaux et permettra ainsi l'harmonisation de leurs rapports juridiques. Il devrait donc s'agir d'une œuvre de synthèse entre les cultures juridiques modernes, biculturelles et traditionnelles diversifiées. Et, en tant qu'instrument d'unification du droit privé, de manière générale, le nouveau Code civil devrait supprimer le fossé qui existe entre ce qui tient actuellement lieu de droit commun et le droit qui découle des différentes coutumes.

En effet, le fonctionnement actuel de toutes les structures en droit civil est victime de cette absence d'une législation nationale. Car le droit moderne dans son essence biculturelle et le droit traditionnel dans son extrême diversité ont engendré, en droit positif des successions et de la famille, une impasse qui est préjudiciable aussi bien aux praticiens du droit qu'aux justiciables. Or, seule une codification orientée vers une unité législative serait en mesure de faire disparaître cette situation.

Dès lors, l'unité législative, qui doit aboutir à l'établissement entre les citoyens de diverses conditions sociales, de divers statuts coutumiers l'égalité civile tant désirée, devrait être le leitmotiv du futur législateur national.

Si l'on évoque la nécessité d'un droit patrimonial de la famille unique, c'est parce que de façon générale, le droit écrit, de par sa fixité, et donc sa permanence, paraît plus fiable que la coutume qui, de par son caractère oral, est très mouvante, car, elle dépend surtout de la fidélité des souvenirs des peuples qui s'en servent[365]. Aussi, cette codification préconisée n'assurerait-elle certainement la permanence tant souhaitée que si elle s'opère de manière syncrétique, c'est-à-dire si elle intègre les différents concepts et catégories juridiques actuellement en vigueur dans ce qu'ils ont de positif.

B. La codification par l'intégration de toutes les sources

Selon LEVY-BRUHL, le droit est un antagonisme permanent des valeurs sociales opposées. Privilégier l'une d'entre elles au détriment des autres génère inévitablement des tensions, des dysfonctionnements, voire des injustices[821]. Aussi souhaitons-nous que l'unité législative en perspective puisse réaliser une véritable association de droits[822]. Pour ce faire, la nouvelle source devrait être syncrétique, et se développer à partir des modèles du droit traditionnel d'un côté et des droits français et anglais, si possible, de l'autre

---

[365] KOFI AMEGA : op. cit., p.275 et s.

[821] LEVY-BRÜHL (H). : « Tensions et conflits au sein d'un même système juridique », *in Cahier international de Sociologie, vol. XXX, 1961, p. 135, cité par* BEAUBRUN (M) : « La sécurité des règlements successoraux à l'épreuve de l'établissement de la filiation naturelle par la possession d'état : art. 348 al 2 du Code civil », *D. 1997, Chr, pp. 387 à 394.*

[822] ELA T (h) : op. cit., p. 105.

côté. Aussi convient-il de justifier la nécessité d'une codification intégrative (1) avant de présenter les modalités d'intégration (2).

1. La justification d'une codification intégrative

L'élaboration d'un code national en droit patrimonial de la famille devrait avoir pour objectif de faire intervenir toutes les tendances juridiques en présence. **Cette ingénierie juridique devrait donner lieu à un** véritable organe unificateur. Pour y parvenir, elle devrait éviter d'exclure totalement une source et ne retenir que l'autre. Toutes les sources doivent donc d'une manière ou d'une autre y figurer. De plus, le nouvel ordre juridique aurait la particularité non seulement de tenir compte du passé, mais aussi, et surtout de se projeter dans l'avenir. Il serait donc la résultante des acquis traditionnels et contemporains biculturels. Pour ce faire, le futur législateur ne devrait prendre en considération que les principes constants reconnus par presque toutes les coutumes et qui, de surcroît, seraient en harmonie avec les nécessités **contextuelles** de la vie moderne. Tout n'étant pas parfait en droit traditionnel, il existe de bonnes et de mauvaises coutumes. La codification permettrait de faire un tri en faisant disparaître les règles jugées négatives[823].

La tâche ainsi dévolue au futur législateur connaît normalement beaucoup de difficultés techniques, car pour y arriver, il devrait abattre un travail de longue haleine afin de trouver un compromis entre les différents concepts et catégories juridiques anglo-saxons, franco-romains et les multiples coutumes locales.

L'entreprise à laquelle le législateur civil camerounais devrait se livrer s'apparente à celle qui avait abouti à l'adoption du Code civil français en 1804 sous l'égide de Napoléon, qui à cet effet avait déclaré que *« ma vraie gloire n'est pas d'avoir gagné quarante batailles... Waterloo effacera le souvenir de tant de victoires. Mais ce que rien n'effacera, ce qui vivra éternellement c'est mon code civil »*[824] . Cette déclaration, qui donne aujourd'hui raison à son auteur, montre **à suffire** les difficultés auxquelles est confronté le futur législateur en droit patrimonial de la famille[825]. En effet, l'ancien droit civil

---

[823]À cet effet, devraient être en principe rejetées toutes les coutumes discriminatoires, et donc haineuses et rétrogrades. Cette démarche donnerait naissance à un droit dont le fond ne serait constitué que des principes tirés des coutumes juridiques et non pas de simples usages sociaux. En plus, elle éviterait que le nouveau code ne soit qu'un simple recueil de coutumes, pour qu'il soit plutôt un ouvrage scientifique et synthétique. Ce n'est alors que dans ces conditions qu'il serait le gage de la permanence de l'unité nationale.

[824] NAPOLÉON : Ile de l'ELBE, cité par KOFI AMEGA dans « Prière pour un code civil », *Penant, 1966, p. 275.*

[825] En effet, l'apparition d'un droit civil unifié avait été le fruit d'une longue évolution dans les pays où régnait la civilisation romaine. Pour le cas particulier de la France, elle fut l'objet de division. C'est ainsi qu'au Nord on avait des pays de coutumes, avec plus de trois cents coutumes ; et chaque pays avait un statut civil particulier et défendait son autonomie juridique.

français était composé d'éléments hétérogènes, et cela avait pour conséquences l'extrême diversité des règles juridiques applicables à laquelle s'ajoutait une profonde inégalité entre les personnes que la révolution de 1789 avait fait disparaître en réalisant l'unité législative, expression de l'unité de l'État et de l'égalité entre les personnes devant la loi.[826].. Transposée au contexte camerounais, la situation française suscite la remarque selon laquelle le législateur colonial avait tenu compte de la diversité des ethnies ayant chacune ses propres coutumes, et les avait purement et simplement adoptées. Ce mélange avait donné naissance à un ordre juridique composite, car la loi successorale différait en principe selon les ethnies qui se trouvaient éparpillées sur l'ensemble du territoire. Le problème qui se pose au Cameroun, **six décennies** après son indépendance, est de déterminer laquelle de la loi écrite importée ou de la coutume orale doit être appliquée en droit patrimonial de la famille. L'intégration juridique qui s'impose donc au futur législateur civil devrait lui permettre d'avoir un large éventail de sources ayant un caractère complémentaire et qui devraient toutes évoluer en harmonie[827]. Dès cet instant, on peut se poser la question de savoir comment le futur législateur devrait-il procéder pour réaliser une unité législative intégrative.

2. Les modalités d'intégration juridique dans la codification

La réflexion faite par le feu Pr MELONE, concernant l'avant-projet du Code civil, reste d'actualité. Ainsi, le futur Code aurait l'avantage de pouvoir puiser dans les législations des autres pays africains[828] et du contexte mondial de l'heure de promotion et de protection des droits fondamentaux de l'homme, des éléments d'inspiration qui pourraient servir pour résoudre les différents problèmes qui se posent dans ce domaine. Ainsi, *« Du génie propre du législateur camerounais, naîtra peut-être le Code civil dont l'Afrique rêve »*[829].

Telle est la démarche que doit en principe suivre le législateur camerounais pour réaliser la codification intégrative tant attendue. Dès lors, pour envisager les modalités qui conviendraient au système camerounais (a), il nous faut présenter en premier lieu les modèles qui ont été adoptés par les autres pays africains (b).

En revanche, au Sud, il y avait les pays du droit écrit. Ce n'est qu'après une métamorphose *« lente, magique, phénoménale »,* commencée depuis le 13e siècle que le code Napoléon fut adopté en 1804.

[826] KOFI AMEGA : op. cit., P. 277 et s.

[827] ELA (Th). : op. cit., p. 107

[828] En l'occurrence, le Sénégal, le Mali, la Guinée, la Côte d'Ivoire, le Gabon, le Togo, le Congo, etc.

[829] MELONE (S). : « Techniques de codification *», inédit, cité par ELA T., p. 93.*

a. Les modèles des autres pays africains

Issac FOSSER, condamnant le maintien de la coutume dans l'ordonnancement juridique, déclarait que *« La coutume ne mérite pas le respect, elle est la cause extrêmement basse où est restée la société africaine. Elle est une cause du sous-développement sous toutes ses formes. C'est par ces résultats qu'il faut la juger, et c'est par eux qu'elle mérite d'être condamnée »*[830].

Certains pays africains avaient suivi ce conseil de M. FOSSER dans leur entreprise de codification, en procédant à l'ablation pure et simple du droit provenant des coutumes traditionnelles, pour ne consacrer que le droit moderne importé. Pour ces pays, le droit coutumier est instable et à cause de la diversité de tribus et d'ethnies, il y aurait autant de coutumes qu'il y a de tribus, d'ethnies, voire de villages. Dans cette catégorie, on peut citer en premier lieu le législateur civil ivoirien[831]. Cette voie adoptée par le législateur ivoirien, qui a été très justifiée, peut également être critiquée.

La première justification proviendra du Président de l'Assemblée nationale ivoirienne de l'époque en ces termes : « *les règles qui commandent les rapports des particuliers entre eux, c'est-à-dire le droit privé, ont pris dans notre pays un retard considérable par rapport aux structures politiques et économiques mises en place. Si ce retard s'accentuait, il serait un frein au développement économique »* [832]. Que dirait son homologue camerounais quarante ans après ? Abondant dans le même sens, Marc DUMETZ déduira que la codification des coutumes est une solution irréaliste[833]. Et pour sonner le glas des coutumes, René DAVID conclura que *« Le code ne doit pas être conçu comme une coutume refondue et améliorée, mais doit viser à donner les solutions les meilleures pour assurer le développement de la société qu'il doit régir »*[834].

Les critiques que l'on peut adresser à cette législation ivoirienne discriminatoire sont identiques à celles qui ont toujours été formulées au sujet des problèmes de réception et d'acceptation du droit étranger par des populations enracinées dans leurs traditions, et auxquelles a été imposé un changement radical de comportement brutal. On peut, en ce sens, partager le

---

[830] ISAC FOSSER : « La place de la coutume dans le droit moderne de la République du Sénégal », *Revue internationale de Criminologie et de police technique (R.I.C.P.T)*, 1963, p. 166.

[831] Voir les lois n° 64-379 du 7 octobre 1964 relatives aux successions et libéralités, et n° 64-380 de la même année relative aux donations entre vifs et testaments, s'est fortement inspiré de code civil français dans ses titres I et II du troisième livre, évacuant de ce fait les règles coutumières.

[832] OBLE (J). : op. cit., n° 37, p. 29.

[833] DUMETZ (M) : *Le droit du mariage en Côte d'Ivoire*, L.G.D.J., 1975, p.17.

[834] DAVID (R) : *Grands systèmes de droit contemporain*, Précis, Dalloz, p. 573.

point de vue de PAPACHRISTOS qui soutient à cet effet que *« l'introduction d'un droit étranger dans un milieu social suscite... des résistances sociologiques de la part des droits traditionnels »*[835]. Quand on sait que les lois ne doivent pas être très en avance sur les mœurs de peur qu'elles ne soient pas appliquées. Par ailleurs, *« l'abrogation juridique ne coïncide pas toujours avec l'abrogation sociologique, et la loi que le législateur a voulu supprimer peut très bien continuer à vivre, très vivante dans les consciences des individus »*[836]. Et, la survivance du droit antérieur a souvent pour conséquence d'entraîner la naissance d'un conflit entre le droit dogmatiquement abrogé et la loi nouvelle qui, en droit, fait partie de l'ordre juridique interne. Il convient à cet effet de rappeler que le législateur ivoirien de 1964 avait perdu cette recommandation de MONTESQUIEU selon laquelle *« les lois doivent être tellement propres au peuple pour lequel elles ont été faites que c'est un très grand hasard si celles d'une nation peuvent convenir à une autre... »* [837]

La conséquence de tout ce qui précède est que les populations, pour manifester leur indifférence ou leur inadaptation au droit patrimonial de la famille étranger qui leur est imposé, risquent de continuer de régler leurs problèmes familiaux et successoraux selon leurs différentes coutumes.

En revanche, d'autres pays africains, retenant la pluralité de sources, avaient plutôt procédé à un réaménagement profond des coutumes jugées rétrogrades et donc contraires aux principes fondamentaux de droit universellement reconnus. À cet effet, les exemples du Togo[838] et du Sénégal[839] nous paraissent plus intéressants. Ces deux pays ont adopté chacun un système d'intégration des sources en offrant la possibilité aux populations d'opter soit pour le droit moderne, soit encore pour le droit coutumier des successions. Chacune de ces deux législations présente certaines particularités, en dépit de la similitude de la méthode adoptée.

Ainsi, l'article 403 du Code de la Famille du Togo offre une possibilité de choix du droit applicable entre le droit écrit et le droit coutumier **en matière** successorale[840]. La particularité ici est que le choix doit avoir impérativement été opéré par le de cujus lui-même de son vivant[841]. Par ailleurs, le statut

---

[835] PAPACHRISTOS (A. C). : *La réception des droits privés étrangers comme phénomène de sociologie juridique*, L.G.D.J., 1975.

[836] CARBONNIER (J) : *Flexible droit*, L.G.D.J, 1976, 3e édition,

[837] MONTESQUIEU : *L'esprit des lois*, Livre 1, Chapitre 1, édition GARNIER, p. 4

[838] AGBEKPONOU (K) : op. cit., Penant, 1988, p. 421 et s

[839] GUINCHARD (S) : op. cit. ; BOUREL (P) : op. cit. ; AMSATOU (S. S). : op. cit.

[840] Article 403 Code de la famille du TOGO : *« la loi reconnaît en matière de succession la coutume du défunt et les dispositions du présent Code »*.

[841] AGBEKPONOU (K) : op. cit. Aux termes de l'article 404 du même Code : «Les dispositions du présent titre sont applicables à la succession de ceux qui en auront fait l'option».
En effet, ce texte reconnaît deux statuts dans le droit togolais des successions, à savoir le statut coutumier et le statut moderne. Le premier évoque une diversité de coutumes de tradition orale

coutumier, considéré comme statut de droit commun évoque l'application de la coutume à laquelle appartenait le défunt. Et comme la coutume ne fait l'objet d'aucune réglementation écrite, elle se trouve en dehors du code[842].

Le modèle d'option qui a été adopté par le législateur sénégalais a un caractère tout particulier. En effet, l'option ne concerne qu'une catégorie de la population, à savoir les musulmans qui constituent la majorité de la population sénégalaise[843]. Les autres populations non musulmanes sont d'office soumises au régime de droit commun, qui ne diffère que sensiblement du code napoléonien[844].

---

applicable sur toute l'étendue du territoire togolais, alors que le second fait l'objet d'une réglementation. Dès lors, le statut moderne constitue le droit écrit des successions contenues dans le code de la famille, lequel comporte deux variantes, à savoir les successions légales ou ab intestat et les successions testamentaires.

[842]Ce modèle togolais semble pécher par l'absence de codification des coutumes, qui devait conduire à leur réaménagement par l'élagage des coutumes trop encombrées. Or, s'il est vrai que la coutume dépend de la fidélité des souvenirs des peuples de par son caractère essentiellement mouvant, l'unification des sources et des statuts des citoyens ne peut plus se réaliser, car les règles applicables à ces citoyens ne sont plus identiques et, par conséquent, il serait difficile de construire une jurisprudence harmonieuse et uniformisée. Dès lors, adopter le système togolais aurait l'inconvénient de servir à nouveau aux praticiens et aux justiciables un droit non codifié, ce qui risque de réinstaurer la situation de désordre et de cacophonie initiale que l'on souhaite abandonner. En somme, le besoin de codification par l'unification et l'intégration des sources ne s'accommode pas du modèle instauré par le code de la famille du Togo.

[843] ABDOULAYE DIOP (M) : « La dévolution successorale musulmane : détermination des héritiers dans le code sénégalais de la famille », *R.J.P.I.C., 1972, p. 807.* Le Code de la famille du Sénégal traite, dans deux titres distincts, des successions ab intestat de droit commun (articles 515 à 565) et des successions de droit musulman (articles 571 et suivants).

[844] La particularité de ce modèle d'option est liée à la religion musulmane, car un non musulman ne peut en aucun cas opter pour l'application du droit musulman à son héritage. De plus, la faculté d'option ainsi offerte est relative à la structure de la société sénégalaise composée en majorité de musulmans. En effet, dans ce domaine particulier, le législateur sénégalais n'a pas du tout innové, car, l'objectif poursuivi était, moins d'édicter un nouveau code civil rigide et révolutionnaire d'application purement aléatoire, mais d'opérer une synthèse rationnelle des us et coutumes qui y prévalaient. Il en résulte un dualisme complet en droit sénégalais des successions. Aussi, l'option appartient au de cujus, musulman, qui seul manifeste soit expressément par voie de testament, soit implicitement, par son comportement général dans l'ensemble de sa vie juridique, qu'il entend que la dévolution de ses biens soit faite suivant le mode du droit commun ou du droit musulman. C'est ce qu'exprime l'article 571 du code sénégalais de la famille lorsqu'il dispose que « l'article 571 du Code sénégalais de la famille lorsqu'il dispose que « *Les dispositions du présent titre s'appliquent aux successions des personnes qui de leur vivant, ont expressément ou par leur comportement, indiscutablement manifesté leur volonté de voir leur héritage dévolu selon les règles du droit musulman ».* La codification ainsi réalisée en droit sénégalais, surtout en ce qui concerne les successions musulmanes, se présente comme une expérience juridique intéressante, car le législateur semble avoir réussi à réaliser l'unité du droit de la famille au Sénégal « *où règne une multiplicité de statuts personnels, le statut de droit moderne faisant ménage avec les statuts traditionnels (islamisés, animistes, ou chrétiens) ».*

Transposé dans le contexte camerounais, l'adoption de ce modèle sénégalais pourra connaître des difficultés d'adaptation, car s'il est conforme à la structure de la société sénégalaise dont la population est en majorité musulmane, les données risqueront d'être très différentes avec la société camerounaise dans laquelle la population musulmane, bien que non négligeable, est basée sur une partie du territoire, contrairement à la population chrétienne, toutes obédiences confondues auxquelles on ajoute des animistes, est disséminée sur toute l'étendue du territoire. De plus, la constitution camerounaise consacre le caractère laïc de l'État camerounais, aussi, paraît-il inadmissible en l'état actuel de subordonner l'option successorale au Cameroun à l'appartenance à une quelconque religion.

De tout ce qui précède, il ressort que l'élaboration des dispositions relatives au droit patrimonial de la famille se révèle particulièrement délicate pour le législateur camerounais au point que l'on se pose la question de savoir comment il devrait procéder pour réaliser la tâche qui lui incombe.

b. Quels procédés pour la codification intégrative au Cameroun ?

KEBA M'BAYE notait que devant l'unification du droit une réalité se dresse : *« les citoyens d'un même pays ont pris des habitudes différentes. Les uns sont familiarisés avec les arcanes des lois modernes alors que les autres sont toujours restés sous l'empire de la coutume. Ce constat avait suscité les deux interrogations suivantes : au nom de quelle vérité pourrait-on contraindre les uns et les autres à être régis par des règles qui leur sont tout à fait étrangères ? Que faire ? »*. À cette double interrogation, il répondait lui-même en recommandant *« au nom de l'unité et de la cohésion nationale, de créer un nouveau droit formé des coutumes locales fécondées par le droit moderne, et admettant sur les matières les plus délicates, aux exigences les plus irréductibles, une faculté d'option entre deux règles »*[845].

En s'inspirant de cette recommandation, il y a lieu de se convaincre que la réalisation de l'unité du droit patrimonial de la famille apparaît comme l'une des mesures à prendre pour faire évoluer la société traditionnelle vers une organisation à même de contribuer au développement économique du Cameroun. Pour y parvenir, le législateur camerounais devrait, à partir des expériences tirées des catégories sus-évoquées et celles des autres pays qui l'ont précédé[846], se frayer un chemin qui lui permettra d'élaborer un texte adapté aux nécessités de l'heure.[847]

---

[845] KEBA M'BAYE : *Le droit de la famille en Afrique noire et à Madagascar*, Études préparées à la requête de l'UNESCO, Éditions J.P. Maisonneuve et Larose, Paris, 1968.

[846] On peut citer à cet effet le Gabon, le Congo-Brazzaville, la Guinée, le Mali…

[847]À cet effet, il faut rappeler que le droit est par excellence un phénomène social, par conséquent, la législation est fille des nécessités sociales. Pour cela, la règle *« ubi societas ibi jus »* devrait conduire le futur législateur à prendre en considération les coutumes ayant admis

Ainsi, procéder à l'exclusion du droit coutumier ne permettrait pas la résolution de tous les problèmes qui peuvent se poser en droit patrimonial de la famille. Et surtout, la disparition du droit coutumier au profit du seul droit écrit importé fera resurgir le vieil épineux problème de la réception et de l'acceptation du droit étranger qui, même jumelé au droit local, est déjà difficilement digeste. De plus, en ignorant le droit coutumier, le législateur aurait oublié que le droit est avant tout un phénomène social étroitement lié aux conditions spécifiques d'une formation sociale, et que le droit n'existe et ne subsiste que dans un équilibre délicat avec le terroir social dont il est issu[848].

Dès lors, l'adoption radicale des modèles importés supposerait une société camerounaise qui a perdu toutes ses valeurs culturelles traditionnelles, et donc *« plus aérée, complètement individualiste et totalement laïcisée, culturellement évoluée et économiquement dynamique »*[849]. Or, tous ces qualificatifs ne se justifient peut-être pas au Cameroun, car, si sur le plan constitutionnel, l'État est laïc, en réalité, chaque Camerounais demeure jaloux de son appartenance religieuse et attaché à son identité socioculturelle et cultuelle. Même avec une telle métamorphose, les reflets de la société traditionnelle se font ressentir aussi bien dans le comportement culturel et social que dans le développement économique[850].

---

des principes qui leur sont propres **et pertinents**. Même les auteurs du Code civil français de 1804 avaient puisé dans les coutumes certaines règles relatives aux successions, ceci parce que non seulement le droit coutumier était le droit de la majorité des Français, mais aussi, et surtout le droit romain n'était pas un droit législatif, mais un droit coutumier d'inspiration romaine appliqué par le midi de la France. De plus, selon la conception anglo-saxonne des pays de la common law, le droit doit être adapté à la société à laquelle elle a été édictée. De ce qui précède, il ressort que le législateur camerounais devrait être guidé par le souci de conserver le droit coutumier et de le moderniser progressivement en suivant l'évolution de la société à laquelle elle devrait s'appliquer. Cette démarche serait susceptible d'instaurer le dialogue entre les différentes cultures. Dialogue qui s'avère nécessaire pour que l'intégration des droits coutumiers puisse se réaliser, car les successions coutumières, qui font partie intégrante de l'environnement culturel des camerounais, doivent être intégrées dans le système juridique national tout comme les successions modernes.

[848] TJOUEN (A. D). : op. cit., pp. 51-88

[849] ELA (Th). : op. cit., p. 108

[850] On aurait par exemple le Grand Nord, qui comprendra l'Adamaoua, le Nord et l'Extrême-Nord ; l'Ouest qui englobera le Nord-Ouest, le Sud-Ouest et l'Ouest, et enfin le Grand Sud où l'on trouvera le Centre, le Sud, l'Est et le Littoral. On regroupe ainsi les régions qui ont de grands principes coutumiers identiques. Il faut comprendre à cet effet que le changement social est généralement lent et varie selon les couches sociales, selon les zones (urbaines ou rurales) et selon les générations. Par ailleurs, on observe que les modèles de référence évoluent au rythme du temps, et que ces transformations rendent obsolètes les règles que nous maintenons dans nos systèmes. Car, nous adoptons toujours ce que notre législation modèle abandonne, c'est-à-dire, nous arrivons le plus souvent au moment où les autres quittent. Au demeurant, l'unification devrait se faire par la fusion des systèmes moderne et traditionnel ; ce qui permettrait de répondre aux exigences locales. Pour y arriver, il serait opportun pour le futur législateur de répartir, par exemple, les coutumes camerounaises en trois grands groupes afin d'obtenir un socle juridique à partir duquel on saurait exactement ce qu'il faudra retenir ou

À titre d'exemple, toutes les coutumes du Cameroun consacrent la polygamie comme forme principale de mariage, il suffira que le législateur en mentionne l'existence, mais il faudra surtout qu'il en organise le fonctionnement uniforme sur toute l'étendue du territoire.

De cette façon, chaque Camerounais, quelle que soit sa coutume d'origine, devrait se retrouver dans le futur code et ceci éviterait également que la suprématie de certaines coutumes soit consacrée parce que celles-ci seraient privilégiées au détriment des autres.

Par la codification intégrative, le législateur national fera le tri en écartant les coutumes réprouvées. Aussi, les règles coutumières considérées comme négatives disparaîtront.

Toutefois, la codification des coutumes présente souvent certaines difficultés dont trois apparaissent comme des inconvénients de cette œuvre. Primo, la rédaction des coutumes est loin d'être parfaite, à cause de leur extrême diversité et les difficultés que présente leur connaissance, surtout pour les juristes formés uniquement à l'école occidentale. Cependant, pour surmonter cette difficulté, il serait nécessaire que les futurs rédacteurs, pour lesquels on devrait opérer un choix judicieux, fassent des recherches minutieuses afin de recueillir l'ensemble des coutumes. Secundo, la rédaction du droit traditionnel risquerait d'entraîner la sclérose de la coutume. Or, la coutume est essentiellement évolutive, et une fois écrite, elle ne pourra plus évoluer librement. Aussi, pourrait-il se produire un décalage entre la coutume telle qu'elle est vécue par la masse et le droit coutumier rédigé. Toutefois, on ne doit pas oublier qu'un code peut être révisé. SOLUS déclare à cet effet que *« La codification, loin d'être un obstacle du droit en consacrera législativement les étapes et mettra les coutumes en harmonie avec les progrès sociaux »*[851]. Tertio enfin, la codification présente le danger de favoriser

---

rejeter. Car, malgré la diversité apparente, beaucoup de règles de base sont identiques dans la majorité des coutumes. Ce regroupement aurait l'avantage d'éviter le rejet en bloc des règles coutumières, aussi prendrait-on dans chaque coutume ce qu'elle aurait de positif et d'universel.

[851] SOLUS, cité par KOFI AMEGA : op. cit. p. 277 et s. Il faut comprendre à cet effet que le changement social est généralement lent et varie selon les couches sociales, selon les zones (urbaines ou rurales) et selon les générations. Par ailleurs, on observe que les modèles de référence évoluent au rythme du temps, et que ces transformations rendent obsolètes les règles que nous maintenons dans nos systèmes. Car, nous adoptons toujours ce que notre législation modèle abandonne, c'est-à-dire que nous arrivons le plus souvent au moment où les autres quittent. Au demeurant, l'unification devrait se faire par la fusion des systèmes moderne et traditionnel ; ce qui permettrait de répondre aux exigences locales. Pour y arriver, il serait opportun pour le futur législateur de répartir, par exemple, les coutumes camerounaises en trois grands groupes afin d'obtenir un socle juridique à partir duquel on saurait exactement ce qu'il faudra retenir ou rejeter. Car, malgré la diversité apparente, beaucoup de règles de base sont identiques dans la majorité des coutumes. Ce regroupement aurait l'avantage d'éviter le rejet en bloc des règles coutumières, aussi prendrait-on dans chaque coutume ce qu'elle aurait de positif et d'universel.

l'utilisation privilégiée des concepts hérités de l'occident et qui pourraient dénaturer le droit traditionnel. Il reviendrait aux auteurs de la codification d'y prendre garde.

Tout compte fait, il existe un palliatif à tout ce qui apparaît comme un inconvénient de la codification des coutumes. Dès lors, la possibilité de codification des coutumes, dans les matières où elles demeurent en vigueur, se ressent comme une nécessité. Cependant, cette entreprise requiert un effort soutenu qui ne peut aboutir qu'après un terme aussi long que celui qu'a connu notre législation, car il y a plus de quatre décennies que le Cameroun a acquis son indépendance et qu'il est dépourvu d'un code national régissant le droit patrimonial de la famille[852].

Paragraphe 2. La poursuite de l'assainissement et de la maitrise effective du système de l'état civil

Le système de l'état civil, tel qu'il fonctionne actuellement, connaît et cause beaucoup de problèmes. En effet, l'état civil se définit comme un élément d'individualisation permettant de connaître la situation exacte de la personne physique par rapport à la société dans laquelle elle vit, par rapport à la famille dont elle dépend.

L'état civil, preuve de l'état dont se réclame une personne physique, doit avoir un système de fonctionnement en harmonie avec le droit patrimonial de la famille, car il est le facteur d'intégration des individus dans les familles qui, en droit patrimonial de la famille, fournissent les sujets[853].

Or, le règlement des successions se fait normalement en fonction des liens et du degré de parenté qui existaient entre le de cujus et les survivants. Dès lors, ce sont les différents actes d'état civil qui permettent de classer les ayants droit en héritiers descendants, ascendants, collatéraux ou encore à déterminer le conjoint survivant.

Au Cameroun, la preuve extrajudiciaire de la qualité d'héritier repose encore presque uniquement sur les actes d'état civil. À cet effet, le conjoint survivant ou les descendants du de cujus ne peuvent faire valoir leurs droits

---

[852]Cependant, ce long temps apparaît à la fois suffisant et peu suffisant. Suffisant pour une codification discriminatoire, mais peu suffisant pour une codification totalement unificatrice et intégrative qui nécessite beaucoup de compromis et de sacrifices. Et la réalisation de l'unité législative par une codification intégrative ne pourrait réellement assurer l'ordre, la paix et la sécurité que si toutes les disciplines qui intéressent l'état des personnes sont parfaitement maîtrisées et assainies par le législateur. Il en est ainsi du système de l'état civil.

[853] L'acte de naissance prouve la qualité de descendant légitime ou naturel du de cujus, tandis que l'acte de mariage prouve celle de conjoint survivant de celui qui s'en prévaut ; enfin, l'obtention de l'acte de décès sera la preuve de la mort du de cujus ouvrant ainsi la procédure de règlement de sa succession.

successoraux qu'en produisant les actes y afférents. Sans que le règlement des successions ait été organisé par le législateur national, l'organisation et le fonctionnement du système de l'état civil ont fait, depuis l'indépendance du Cameroun l'objet de deux textes[854]. Ainsi, au terme de son article 1er, l'ordonnance de 1981 « *régit la constatation juridique des naissances, des mariages et des décès...* ». Les articles 30 à 33, dont la rédaction est améliorée par la loi n° 2011/011 du 6 mai 2011, non seulement fixent les délais et le lieu de déclaration de la naissance[855], mais aussi déterminent les personnes habilitées à recevoir cette déclaration ainsi que celles qui doivent la faire[856].

Par ailleurs, pour le règlement de la succession du de cujus, il sera exigé aux héritiers présomptifs la production d'un acte de décès. Théoriquement, tout décès doit être constaté et déclaré dans les quatre-vingt-dix jours[857] où il est survenu, même lorsque le décès est survenu dans un centre pénitentiaire ou encore dans un centre hospitalier[858].

---

[854]Il s'agit respectivement de la loi du 11 juin 1968 abrogée par l'ordonnance n° 80/02 du 29 juin 1981 portant organisation de l'état civil et diverses dispositions relatives à l'état des personnes physiques

[855] Aussi, en ce qui concerne le délai et le lieu de déclaration, et dans le souci de permettre même à ceux qui sont éloignés de pouvoir obtenir l'établissement des actes de leurs enfants, l'article 30 énonce qu'elle doit être faite dans un délai de 30 jours à compter du jour de l'accouchement. Au cas où la naissance n'est pas déclarée dans le délai légal de trente jours, les services de l'état civil ne seront en mesure de l'enregistrer que sur réquisition du procureur de la République, dans les trois mois qui suivent la naissance, soit deux mois après l'expiration du délai légal de trente jours. Si au bout des trois mois qui suivent la naissance de l'enfant aucune déclaration n'a été faite dans les conditions ci-dessus, il faudrait alors un jugement pour que l'officier d'état civil puisse établir l'acte. Il s'agira ici d'un jugement supplétif de reconstitution de l'acte pour déclaration hors délai, conformément à l'article 22 de ladite ordonnance.

[856] En ce qui concerne les personnes chargées de faire la déclaration, l'article 31 en attribue la charge tout d'abord au chef de l'établissement hospitalier au médecin ou à toute personne qui a assisté la femme au moment de la délivrance. Elles doivent le faire dans les quinze jours qui suivent l'accouchement. Et lorsque la déclaration n'a pas été faite dans les conditions ci-dessus, la charge reviendra aux parents de l'enfant qui disposent également d'un délai supplémentaire de quinze jours. Et ce n'est qu'à défaut du respect de ce délai de trente jours que l'enregistrement de la naissance va requérir l'autorisation du procureur.

[857] Aux termes de l'article 78 (nouveau) (1) de la loi de 2011 modifiant et complétant l'ordonnance de 1981 (qui fixait ce délai à un [01] mois) « Le décès doit être déclaré à l'officier d'état civil du lieu de survenance, d'inhumation, de résidence ou de naissance du défunt dans les quatre-vingt-dix jours par le chef de famille, un parent du défunt ou par toute autre personne ayant eu connaissance certaine du décès.
(2) La déclaration des personnes visées à l'alinéa 1 ci-dessus doit être certifiée par deux témoins.
(3) En cas de décès dans un établissement hospitalier ou pénitentiaire, le chef dudit établissement est tenu d'en faire la déclaration dans les quatre-vingt-dix jours qui suivent. »

[858] La déclaration sera faite dans le premier cas par le chef de famille, un parent ou toute personne ayant eu une connaissance certaine du décès et elle doit être appuyée par deux témoins. Et dans le second cas, la déclaration du décès sera faite par le chef de cet établissement. Des délais supplémentaires n'ont pas été prévus par cette ordonnance, ainsi, en cas de déclaration après le délai d'un mois, en principe s'ouvre la procédure de reconstitution.

Ce texte, qui prévoit normalement trois types d'actes d'état civil et attribue la compétence de leur établissement à l'officier d'état civil, connaît des difficultés. Celles-ci proviennent aussi bien des lacunes du texte même que de son application effective et ont des répercussions sur le règlement des successions. Ce constat appelle alors un réaménagement profond du système actuel de l'état civil du Cameroun dans le cadre de l'élaboration d'un support législatif national fiable en droit patrimonial de la famille. Et pour mieux percevoir les influences du système de l'état civil sur le règlement des successions, il convient de déceler les difficultés que le système actuel engendre lors du règlement des successions (A). Cette appréciation montrera les implications d'un bon fonctionnement du système de l'état civil sur le règlement des successions (B).

A. Les problèmes engendrés par le fonctionnement de l'État civil dans le règlement des successions

Avant les améliorations apportées par la loi n°2011/011 du 6 mai 2011, beaucoup de difficultés proviendraient de l'interprétation du texte (1), alors que d'autres résultaient de la pratique (2).

1. Les problèmes provenant de l'interprétation du texte organisant l'état civil

Malgré les avancées apportées par les réformes de 2011 dans ce domaine au Cameroun, certains problèmes, qui ont toujours entravé le règlement paisible des successions, subsistent. Il en est ainsi des problèmes relatifs à la reconstitution des actes d'état civil (a) et surtout à la validité des mariages dits coutumiers (b) et du principe consacré par la jurisprudence selon lequel il n'y a pas de nullité sans texte (c).

a. Les problèmes liés à la reconstitution des actes d'état civil

La reconstitution d'un acte d'état civil signifie normalement que l'acte en question avait déjà été établi et que par suite d'un événement, le bénéficiaire n'est plus en mesure de produire le document qui doit servir de preuve à son

---

Les naissances et les décès sont des événements dont le déroulement se réalise en l'absence de l'officier d'état civil. Pour dresser les actes y afférents, il ne se fie qu'au récit qui lui est fait par des tiers. Dès lors, leur force probante ne tenant qu'à ces déclarations, leur authenticité peut être mise en cause par la preuve contraire. Tel n'est pas le cas du mariage qui est personnellement constaté par l'officier célébrant, ce qui donne à l'acte ainsi dressé un caractère authentique intangible. Aucun mariage ne pourra exister s'il n'est pas célébré par l'officier d'état civil territorialement compétent. De ce fait, l'événement ne lui étant pas rapporté par les tiers, le mariage n'obéit pas au régime de déclaration comme la naissance et le décès.

état. Elle a donc pour but de suppléer à l'impossibilité matérielle de produire un acte d'état civil[859].

Cependant, certaines précisions méritent d'être faites lorsqu'on analyse les conditions de cette reconstitution ;

La première condition est la perte ou la destruction des registres. Mais le texte ne précise pas que la personne qui sollicite devrait au préalable avoir perdu l'extrait qui lui avait été remis. Car, comment pourrait-on solliciter la reconstitution d'un acte d'état civil simplement parce que les registres sont perdus ou détruits alors qu'on est encore en possession de l'original de l'acte ?[860]

Cette première condition de la reconstitution, bien que peu explicite, convient parfaitement à tous les trois types d'actes d'état civil. Tel ne semble pas être le cas quant à la seconde condition relative à la déclaration des événements après le délai prescrit. Deux points méritent d'être examinés à ce niveau.

Tout d'abord, lorsqu'on parle de déclaration n'ayant pu être faite dans les délais prescrits, cela voudrait normalement dire que l'événement dont on sollicite la preuve n'a jamais fait l'objet de l'établissement d'un acte[861]. Par ailleurs, la déclaration hors délai, telle qu'elle est prévue dans l'ordonnance de 1981 ne convient qu'aux actes de naissance et de décès. Elle ne paraît pas seoir aux actes de mariage.

Le mariage n'obéit pas à la procédure de déclaration des tiers, l'officier d'état civil constate lui-même l'événement au moment de la célébration. À cet effet, aucun délai n'est exigé, car la signature de cet officier n'est apposée sur

---

[859] L'acte d'état civil est un document qui permet à son détenteur de faire soit la preuve de l'état dont il se prévaut pour les actes de naissance et de mariage, soit la preuve du décès du de cujus. Cependant, il existe des situations dans lesquelles une personne se trouve dans l'impossibilité de fournir la preuve de sa qualité ou celle du décès du de cujus. Aussi, l'ordonnance de 1981 à l'instar des textes antérieurs, a prévu, dans ses articles 22 et suivants, la procédure de reconstitution des actes indisponibles. C'est ainsi que d'après ce texte, « *Il y a lieu à reconstitution en cas de perte ou de destruction des registres ou encore lorsque la déclaration n'a pu être faite dans les délais prescrits par la présente ordonnance.* »

[860] Le texte aurait dû être plus clair en précisant comme condition de la reconstitution, la perte préalable de cet original et la destruction ou la perte des registres. Car, lorsque l'acte seul est perdu ou détruit, on fera recours aux registres qui contiennent les souches pour se faire établir une copie. Inversement, lorsque seul le registre est perdu ou détruit et qu'on est en possession de son acte, aucun problème de preuve ne peut se poser. Ce n'est alors que lorsque l'acte et le registre seront tous indisponibles qu'on procèdera normalement à la reconstitution.

[861] Aussi, paraît-il illogique de parler de reconstitution alors que l'acte devrait être établi pour la première fois, mais avec retard, il faut plutôt instituer une autre procédure qui a pour résultat de suppléer à l'inexistence préalable de l'acte dont on sollicite l'établissement. Il s'agira en réalité d'un jugement supplétif qui permettra la constatation de l'événement pour la première fois, et à la suite duquel une autorisation sera donnée à l'officier d'état civil d'établir l'acte correspondant.

l'acte de mariage que lorsque les époux auront satisfait aux exigences requises par le texte en vigueur, et plus particulièrement, lorsqu'ils auront donné leur consentement solennellement au moment de la célébration[862].

Par ailleurs, la reconstitution des actes d'état pose un problème de toute une autre nature : celui de la reconstitution des mariages coutumiers. L'article 24 de l'ordonnance de 1981 exige qu'une enquête soit au préalable faite par le parquet à la requête du tribunal saisi. Cette enquête a pour but de vérifier non seulement s'il n'existe pas déjà un acte d'état civil de même nature, mais encore et surtout si le jugement supplétif sollicité n'aura pas pour effet le changement frauduleux d'état tel que le nom, la filiation, la date de naissance ou de décès, ou encore la situation matrimoniale.

S'agissant particulièrement de la reconstitution de l'acte de mariage, le problème se pose avec acuité en ce qui concerne le mariage coutumier non transcrit au registre, surtout si l'un des époux est décédé.[863].

Pour tout dire, l'exigence de la reconstitution des actes d'état civil, qui obéit à des conditions précises, soit contourner et soit un motif pour l'établissement de faux actes de l'état civil.

À côté des difficultés que peut rencontrer un conjoint survivant pour la reconstitution d'un mariage coutumier non transcrit, il se pose le problème de la validité desdits mariages lors du règlement de certaines successions.

b. Les problèmes relatifs à la validité des mariages coutumiers lors du règlement des successions

Le mariage coutumier, tel qu'il est prévu dans l'ordonnance de 1981, n'obéit à aucune condition de fond ni de forme. Aussi peut-on se demander si cette réhabilitation du mariage coutumier par le législateur de 1981 institue une nouvelle forme de mariage distincte du mariage civil, aussi bien quant à son fond que quant à sa forme.

---

[862] Il apparaît dès lors normal d'affirmer que les dispositions de l'ordonnance de 1981, relatives aux conditions de reconstitution des actes d'état civil, ne s'appliquent que de façon partielle aux actes de mariage. En effet, il sied peu de parler de déclaration hors délai à propos de cet événement.

[863] Ce problème s'était déjà posé sous l'égide de la loi du 11 juin 1968 abrogée par la présente ordonnance. Cependant, on doute que la solution adoptée à cette époque puisse être identique à celle qu'on prendrait aujourd'hui. En effet, avec la loi de 1968, la position de la jurisprudence était claire à ce sujet. Aussi, les juges refusaient-ils d'accorder la reconstitution en l'absence de la célébration par l'officier d'état civil du mariage dont le jugement supplétif est sollicité. Un arrêt de la Cour Suprême du Cameroun rendu le 18 janvier 1979 illustre parfaitement la tendance de cette époque. Cour suprême, arrêt n° 1 du 18 janvier 1979, affaire NCUDOU, voir Tendances jurisprudentielles par ELOMO NTONGA (L) ; OMBIONO (S) et ANOUKAHA (F).

La réponse peut être nuancée selon qu'il s'agit des conditions de fond ou des conditions de forme. Les études menées jusqu'ici montrent que les conditions de fond sont les mêmes que celles du mariage célébré devant un officier d'état civil[864].

Le problème se pose au niveau des règles de forme. Elles n'y ont pas été organisées. En premier lieu, il n'existe pas dans le mariage coutumier l'exigence de publication des bans. De plus, il n'existe aucun rituel de célébration. Autrement dit, le texte n'a désigné ni les personnes qui ont qualité pour le célébrer ni le lieu où il peut l'être. Or le rituel diffère d'une tribu à une autre.

Le mariage coutumier apparaît donc original par rapport au mariage civil en ce qui concerne les formalités de publicité et le rite de célébration.

Il est tout aussi original dans l'exigence de transcription du mariage coutumier. En effet, la transcription est une formalité de publicité qui consiste à recopier totalement ou partiellement un acte juridique dans un registre officiel. La transcription ainsi exigée au mariage coutumier permet aux époux d'avoir la preuve écrite de leur état, et constitue de ce fait une mesure de publicité qui rend un tel mariage opposable aux tiers.

Cette mesure de transcription apparaît comme une formalité substantielle. Car, si elle est exigée par le législateur, c'est par le souci d'harmoniser et de soumettre ce mariage aux règles modernes d'organisation et de fonctionnement de l'état civil. En effet, du fonctionnement harmonieux de l'état civil dépendent l'efficacité du contrôle de l'État sur les personnes et l'organisation rationnelle du système probatoire sur l'état des personnes.

La transcription apparaît comme une formalité importante dont l'absence priverait celui qui s'en prévaut de la preuve et, donc, des effets juridiques qui découleraient de cet état ; car si sa validité ne fait aucun doute du fait de la célébration coutumière, l'autorité coutumière ne disposant pas d'un support écrit de preuve, il sera impossible pour l'époux qui souhaite jouir des avantages du mariage de prouver sa qualité d'époux légitime. De ce fait, sans être un acte constitutif d'état, la transcription devra plutôt être un acte déclaratif d'état, dans la mesure où elle a pour but non pas de créer un état, mais de constater un état qui existe depuis le jour de la célébration.

Tout ce qui précède nous emmène à nous poser la question de savoir si l'objectif voulu par le législateur en ressuscitant le mariage coutumier a été atteint.[865] Ceux en faveur desquels le mariage coutumier a été réinstauré ne

---

864 OMBIONO (S) : « Le mariage coutumier dans le droit positif camerounais », *Penant,* 1989 ; pp. 40-54

865 Ce retour en arrière trouverait sa justification dans le fait que les lois antérieures n'avaient pas satisfait le peuple, et plus particulièrement, la loi du 11 juin 1968 n'avait pas prévu des mesures transitoires compte tenu des coutumes et pratiques locales. Pour s'en convaincre, on

semblent pas y faire recours. Afin d'éviter les entorses que cette situation peut causer à la réforme du système de l'état civil, les pouvoirs publics concourent eux-mêmes désormais à l'éviction du mariage coutumier en organisant systématiquement les mariages collectifs dans l'objectif d'officialiser les couples dont certains sont ensemble depuis de nombreuses années. Cette politique a un impact certain sur la gestion des successions en ce qu'elle facilite la détermination des ayants droit du de cujus[866].

La lecture de l'ordonnance de 1981 suscite une autre préoccupation, cette fois-ci en ce qui concerne certaines nullités qui n'y figurent pas expressément et qui font appel à un principe général de justice selon lequel « *il n'y a pas de nullité sans texte* ».

c. L'évocation du principe selon lequel il n'y a pas de nullité sans texte

La nullité est une sanction qui frappe un acte juridique établi dans le mépris des conditions exigées par un texte. Elle a pour effet l'anéantissement rétroactif des effets que ledit acte avait déjà produits ainsi que les effets futurs. La nullité apparaît dès lors comme une sanction grave privant le bénéficiaire de l'acte de la preuve dont il se prévalait. À cause de ses effets brutaux, il est recommandé de n'infliger cette sanction à un acte que lorsque le législateur l'a expressément prévue. C'est cette considération qui a donné naissance au principe selon lequel « *il n'y a pas de nullité sans texte* ».

En ce qui concerne le système de l'état civil du Cameroun, ce principe peut être évoqué dans deux cas, à savoir en cas de reconstitution des actes d'état

---

peut lire dans l'exposé de motif de la loi n° 124/P/AN, autorisant le président de la République à modifier et à compléter par ordonnance la législation sur l'état des personnes physiques, que : « *La loi de 1968 n'a pas tenu compte de l'existence d'une forte proportion de Camerounais pour qui les actes d'état civil rendus obligatoires à l'égard des situations antérieures à cette date devaient constituer un handicap sérieux dans la jouissance des droits inhérents à leur condition de citoyens à part entière de la nation naissante* ».

[866] Ces mariages collectifs officialisent les unions résultant d'une cohabitation continue caractérisant un concubinage notoire qui pose des problèmes de preuve et de validité de l'état de leurs membres lors du règlement des successions.

civil pour déclaration hors délai[867], et aussi en cas de non-transcription des mariages coutumiers[868].

Tout ce qui précède interpelle le futur législateur à se pencher sur la clarification des concepts et méthodes juridiques devant assurer un fonctionnement harmonieux du système d'état civil, et qui, par conséquent, rendrait efficace le contrôle de l'État sur les personnes et l'organisation rationnelle du système de preuve sur l'état des personnes.

Il y a lieu de saluer les améliorations pertinentes depuis la mise en place du Bureau National de l'État civil (BUNEC) par décret n^0 013/031 du 13 février 2013, confirmée par la loi de 2011 dans son article 10 (nouveau) (1) qui est chargé, entre autres, du contrôle et de la vérification de la tenue régulière des registres d'état civil et de la constitution et de la gestion du fichier national de l'état civil ». Le BUNEC répond à cette préoccupation »[869].

---

[867] En ce qui concerne la reconstitution des actes d'état civil pour déclaration hors délai, deux hypothèses sont possibles. Soit l'événement dont la reconstitution de l'acte est sollicitée n'a jamais fait l'objet d'établissement d'un acte. Soit encore l'acte a été établi à la suite d'une déclaration faite en dehors du délai prescrit, soit un mois pour le décès et trois mois pour la naissance. Et c'est cette seconde hypothèse qui nous intéresse. Dans ce cas, la reconstitution supposerait que cet acte irrégulier est au préalable annulé par application du principe des nullités virtuelles. Or le législateur ne précise pas le sort réservé à de tels actes. Et s'il avait voulu qu'il soit annulé, il l'aurait expressément prévu. Cela peut-il signifier que le principe selon lequel il n'y a pas de nullité sans texte peut s'appliquer ici, auquel cas l'acte dressé après le délai requis reste valable, ce qui confèrerait aux délais requis un caractère purement indicatif. Pour trouver une solution à cette interrogation, il appartiendra au futur législateur de spécifier les cas dans lesquels la reconstitution sera un palliatif nécessaire à l'absence de l'acte d'état civil ou de registre et comment devraient être établis les actes dont les événements seront déclarés après les délais prévus par le texte.

[868] En ce qui concerne les mariages coutumiers, l'exigence de transcription apparaît comme une formalité importante dont l'absence devrait entraîner automatiquement la nullité du mariage même si le législateur ne l'a pas expressément prévue. Une fois de plus, ce serait par application du principe des nullités virtuelles. Or, les inconvénients que la nullité emporterait pour le mariage coutumier non transcrits seraient incalculables. En effet, l'absence de transcription d'un mariage coutumier pose surtout le problème de sa preuve alors que sa validité ne fait pas de doute. Or, sans preuve, la validité même est remise en cause. Et ceci pourrait engendrer des difficultés successorales, les descendants directs ou le conjoint survivant voudraient se prévaloir des droits patrimoniaux et extrapatrimoniaux découlant de leurs différentes qualités.

[869] Le décret de 2003 a attribué au BUNEC la mission de supervision, de contrôle, de régulation et de l'évaluation du système national de l'état civil. À cet effet, il était chargé :

- de la collecte, de l'archivage et de la centralisation des données et documents relatifs à l'état civil, en vue de la constitution d'un fichier national de l'état civil. À cet effet, le BUNEC reçoit ou sollicite la transmission des registres et autres actes ou documents concernés dont il assure la conservation ;
- de l'exercice du contrôle administratif et technique sur l'organisation et le fonctionnement des centres d'état civil, ainsi que sur la tenue des registres et l'établissement des actes d'état civil ;
- de l'élaboration, de la diffusion et du respect des normes, documents types et manuels de procédures applicables aux actes et centres d'état civil ;

La loi n°2011/011 du 6 mai 2011 apparaît dès lors comme une réponse au souci d'amélioration du système d'état civil au Cameroun, dans le but d'endiguer les irrégularités qui ont souvent été engendrées par les défaillances pratiques.

2. La récurrence des problèmes relevant de la pratique de l'état civil

Sans toutefois être en mesure de recenser tous les problèmes que soulève la pratique de l'état civil au Cameroun, nous allons quand même en évoquer certains, surtout ceux qui présentent une gravité certaine et qui ont ainsi des répercussions sur le règlement harmonieux des successions. Dès lors, si certains relèvent du non-respect des règles d'établissement des actes d'état civil (a), d'autres ont des causes diverses telles que la mobilité des populations (b) et l'immigration massive dont l'une des causes serait la perméabilité des frontières (c).

a. Les problèmes découlant de l'établissement anarchique des actes d'état civil

La loi de 2011, en complétant l'ordonnance de 1981, apparaît comme l'un des résultats de la mission assignée au BUNEC de faire des propositions d'amélioration du système de l'état civil au Cameroun.

L'article 7 (nouveau) (loi de 2011) désigne les autorités qui sont habilitées à exercer les fonctions d'officier d'état civil[870]. Par ailleurs, il est créé un Centre d'état civil principal auprès de chaque communauté urbaine, commune, mission diplomatique ou poste consulaire du Cameroun.

- de la fourniture des registres d'état civil ainsi que du matériel et autres équipements nécessaires au bon fonctionnement des centres d'état civil ;
- de la formation des officiers et secrétaires d'état civil, ainsi que des autres intervenants du système ;
- de la conception et de la mise en œuvre des programmes d'information et de sensibilisation des populations sur la législation et la réglementation régissant l'état civil.

Par ailleurs, chargé en outre de proposer et de mettre en œuvre, le schéma directeur de l'informatisation du système national d'état civil, le BUNEC doit présenter au Gouvernement, un rapport annuel et éventuellement des rapports circonstanciels sur le fonctionnement et la fiabilité du système national d'état civil.

[870] Il s'agit des Délégués du Gouvernement auprès des Communautés urbaines et leurs Adjoints, des Maires et de leurs Adjoints, des Chefs de Missions diplomatiques ou de Postes consulaires ainsi que des Diplomates qui en assurent l'intérim, des Officiers d'État civil, nommés par le Président de la République, soit parmi les Diplomates en service dans une Mission diplomatique ou dans un Poste consulaire, soit en cas de guerre ou de grave calamité.
Avec l'article 240 (4) de la loi n° 2019/024 du 24 décembre 2019 portant Code général des collectivités territoriales décentralisées, les communautés urbaines prennent la dénomination de villes, par conséquent les Délégués du Gouvernement et leurs adjoints deviennent les Maires des Villes et les adjoints aux Maires des Villes.

Il est reconnu au ministre chargé des collectivités territoriales décentralisées, la prérogative de créer des centres secondaires d'état civil dans le ressort de certaines Communes, sur proposition motivée du Préfet territorialement compétent, lorsque la densité de la population ou des difficultés de communication le justifient (article 10 alinéa 4 [nouveau]). Ainsi, dans ces Centres secondaires, les fonctions d'Officier d'État civil sont exercées par des citoyens désignés par le ministre chargé des Collectivités territoriales décentralisées, après avis du Préfet territorialement compétent (article 10 alinéa 5 [nouveau].

Une stricte application des dispositions susvisées draine beaucoup d'avantages. Le fonctionnement technique et l'informatisation rendent visibles et perceptibles les acquis de la mise en œuvre de la réforme du système de l'état civil du Cameroun avec la digitalisation des actes.

En effet, outre la désignation des autorités compétentes en matière d'état civil, ces textes créent, à côté des centres principaux et secondaires, des centres spéciaux d'état civil, dont le principal rôle est de faciliter l'accès aux populations aux services d'état civil, et donc, le respect des délais d'établissement. Par-là, l'État devrait réussir son entreprise de rapprochement de l'administration des administrés.

Effectivement, plusieurs centres spéciaux ont été créés, surtout au niveau des villages dont les chefs sont investis des prérogatives d'officiers d'état civil. Dès lors, si cette multiplication résout le problème de rapprochement des citoyens éloignés des centres d'état civil, quelques problèmes relatifs au fonctionnement du système doivent en être résolus.

L'application stricte des mesures prescrites devrait assurer un fonctionnement efficace et crédible du système actuel. Les attentes escomptées par les pouvoirs publics évoluent positivement au vu des résultats, en dépit de la subsistance de quelques cas de violation de certaines règles de fonctionnement du système.

La conséquence de ce qui précède est l'établissement anarchique des actes d'état civil qui serait de nature à causer de graves troubles lors du règlement des successions, car chaque personne qui voudrait se prévaloir de certains droits successoraux pourrait toujours obtenir un acte de naissance ou de mariage contenant des informations requises. Cependant, à côté de ce phénomène, la maîtrise du système de l'état civil est également confrontée à la mobilité des populations.

b. les problèmes liés à la mobilité des populations

Le fonctionnement harmonieux de l'état civil assure un contrôle efficace de l'État sur l'état de personnes et une organisation rationnelle du système de preuve de l'état des personnes[871]. L'établissement des actes facilite l'identification des personnes physiques par rapport à leur état[872]. Cette concentration des informations devrait avoir pour résultat de favoriser et faciliter la recherche des renseignements sur une personne.

Ce but paraît difficile à atteindre dans le système actuel, car le Cameroun connaît une très grande mobilité de la population. Les Camerounais ne résident jamais là où ils sont nés, encore moins là où ils se sont mariés, ils changent très souvent de lieux de résidence. Or, il n'existe pas encore une structure qui centralise les informations relatives à l'état des personnes physiques[873].

c. Les problèmes liés à la perméabilité des frontières.

Les frontières qui séparent le Cameroun des pays voisins ne sont pas faites de béton. Parfois, la frontière est située dans un village dont tous les ressortissants **sont des membres des mêmes familles par le sang et, de ce fait,** bénéficient d'office de la double nationalité. Aussi, les citoyens de ces pays voisins, peuvent sans difficulté, obtenir par exemple des actes de naissance sans passer par la procédure normale de nationalisation. Ce qui peut leur favoriser l'établissement de toutes les pièces nécessaires à leur identification, alors qu'ils ne sont camerounais ni d'origine, ni par naturalisation. L'explication de cette situation pourrait se trouver dans la multiplication des centres d'état civil spéciaux et surtout dans le non-respect des règles d'établissement des actes et de conservation des registres[874].

Dès lors, une révision de ce système devrait normalement passer par le réajustement de l'ordonnance de 1981 par rapport au contexte actuel[875] et

---

[871] OMBIONO (S). : op. cit., p. 59.

[872] C'est pourquoi l'acte de naissance, qui sert de base à tout renseignement sur une personne donnée, devrait porter des transcriptions relatives à tous aux événements importants qui affectent l'identité civile de la personne. Ainsi, le mariage, le divorce et même le décès doivent y être mentionnés.

[873]La conséquence en est que la mobilité ainsi décriée, à laquelle s'ajoute l'établissement anarchique des actes d'état civil, empêche la maîtrise effective de l'identification des populations. Une personne qui change de résidence peut facilement se faire établir un acte d'état civil correspondant à l'état dont elle veut se prévaloir. Last but not the least, un troisième obstacle qui n'est pas négligeable s'ajoute aux deux premiers. Il s'agit de la perméabilité des frontières qui, en favorisant l'immigration clandestine, fragilise également le système de l'état civil actuel.

[874] L'examen des problèmes liés aussi bien aux lacunes du texte qu'au fonctionnement même du système de l'état civil appelle un assainissement urgent dudit système. À cet effet, non seulement le besoin d'un renforcement du dispositif textuel actuel se fait sentir, il faut, aussi et surtout, procéder à l'application effective de toutes les dispositions textuelles existant afin de rendre le système plus crédible, crédibilité qui facilitera, par conséquent, le règlement des successions

[875] Sur le plan législatif, l'on peut évoquer la nécessité pour le législateur de préciser le sort réservé à une déclaration qui sera faite après le délai légal imparti pour l'établissement de l'acte

surtout au contrôle strict de l'application des dispositions relatives au fonctionnement du système de l'état civil.

B. Les implications d'un système d'État civil efficace dans le règlement des successions : l'institution de l'acte de notoriétés

La crédibilité dont peut jouir le système de l'état civil devrait normalement alléger le règlement des successions. Car, les actes d'état civil, que peuvent produire les héritiers successibles du de cujus, doivent permettre d'établir par exemple le certificat de notoriété, qui pourrait remplacer la longue et périlleuse procédure d'obtention d'un jugement d'hérédité, sans pour autant redouter les contestations ultérieures[876].

---

de naissance ou de décès. Par la même occasion, le législateur fixera la sanction qui pourra résulter de l'établissement d'un acte fait en dépit de l'expiration du délai légal de déclaration. En effet, si un délai est prévu, il faut qu'une sanction telle que la nullité soit également prévue en cas de violation de cette exigence. La prévision de cette sanction devrait résoudre l'éternelle difficulté d'application ou non des nullités virtuelles et plus précisément du principe selon lequel il n'y a pas de nullité sans texte. Et ce n'est qu'après annulation d'un pareil acte par le juge que l'autorisation sera donnée à l'officier d'état civil d'établir l'acte concerné.

En somme, cette précision permettrait d'exclure la déclaration hors délai des conditions de reconstitution des actes d'état civil. Car cette reconstitution ne sied normalement qu'aux cas de perte et destruction des registres après la perte de l'original de l'acte.

De plus, il apparaît opportun d'instituer la délivrance systématique du livret de famille au moment du mariage ou encore ou moment de l'établissement de la filiation naturelle soit par le père soit encore par la mère de l'enfant. Pour cela, le législateur camerounais pourra s'inspirer du modèle français institué par le décret n° 74-449 du 15 mai 1974 relatif au livret de famille. En effet, le livret de famille est un recueil d'extraits d'actes d'état civil (naissance, mariage, décès) dotés da la même force probante que celle qui s'attache aux extraits isolés. Par conséquent, ce document peut remplacer ces actes pour l'accomplissement d'un certain nombre de formalités administratives. Le livret de famille apparaît comme un renforcement de la preuve pouvant suppléer l'absence de l'acte d'état civil et de registres. Aussi, une reconstitution ne pourra survenir qu'au cas où toutes les preuves ont disparu, y compris ce livret, encore que sa perte devrait même donnera lieu à une action en reconstitution dans les mêmes conditions que les actes isolés.

Par ailleurs, sans toutefois souhaiter que les centres spéciaux soient supprimés, car ils jouent un rôle très important pour les populations éloignées des centres principaux, ils doivent plutôt subir un contrôle strict de façon systématique, afin d'assurer leur conformité aux règles générales de fonctionnement des centres d'état civil. Des précisions devraient d'abord être faites quant à l'autorité chargée de les créer et d'y nommer les officiers. La même autorité devrait fournir tout le matériel nécessaire au bon fonctionnement desdits centres. Et même, il serait souhaitable que les officiers d'état civil jouissent d'une certaine formation relative à l'organisation et fonctionnement des systèmes de l'état civil.

[876] Un respect strict des règles d'établissement des actes d'état civil devrait logiquement aboutir au renforcement de leur authenticité, de telle sorte que lorsqu'ils seront présentés à l'autorité compétente, celle-ci puisse établir un certificat de notoriété, doté de la même force probante que les actes d'état civil, et qui faciliterait la détermination des successibles

Pour mieux apprécier les avantages d'un tel document, il convient de présenter son objet (1), son contenu (2) et sa force probante (3).

1. L'objet de l'acte de notoriété

L'acte de notoriété est défini d'une manière générale comme étant un acte dressé par un notaire au sujet d'un fait dont une ou plusieurs personnes déclarent connaître personnellement et qui, en outre, est de notoriété publique. Il n'établit pas, d'une façon absolue et indiscutable, la vérité du fait attesté, mais il constate la croyance publique qui s'y rattache. C'est en somme une forme de témoignage par écrit. Il a le plus souvent pour objet la constatation des qualités héréditaires, mais il peut aussi concerner les personnes en général ainsi que leurs biens.

Dans la législation française, l'acte de notoriété remplace d'une façon générale un acte d'état civil dont on est, par exemple, dans l'impossibilité de prouver l'existence. Il correspondrait dans la législation camerounaise au jugement supplétif de l'acte d'état civil obtenu après une procédure de reconstitution.

En matière successorale[877], les actes de notoriété ont, dans la majorité des cas, pour objet la constatation de la qualité d'héritiers des successibles[878].

Dans le contexte camerounais actuel, le fonctionnement de l'état civil ne permet pas de fournir avec exactitude la composition complète de la famille directe du de cujus dans de nombreux cas. Aussi, serait-il nécessaire, dans ces conditions, qu'on puisse faire recours à l'établissement de l'acte de notoriété qui préciserait les ayants droit de la succession ainsi que la quotité qui devrait revenir à chacun d'eux. En cas de difficultés, les successeurs devraient contester ce document authentique au moyen d'une action en pétition d'hérédité,[879] dont l'aboutissement permettrait précisément au véritable héritier d'établir son existence à l'égard des héritiers apparents ou des tiers. L'acte de notoriété ainsi décrit a un contenu.

---

[877] PICARD (J) : *Techniques des successions et libéralités*, Librairies techniques ; 2e éd, 1981, p. 10 et s.

[878]En effet, pour être aptes à recueillir une succession, deux conditions sont exigées pour ceux qui doivent faire la preuve de la qualité d'héritiers ; ils doivent à la fois prouver le lien de parenté qui les unissait au de cujus et leur qualité héréditaire, c'est-à-dire de l'absence de toute personne de rang préférable. Or la démonstration de la parenté tout comme celle de la qualité héréditaire se fait normalement à travers la preuve de la filiation et, par conséquent, au moyen de preuves légales que sont les actes de naissance et de mariage…

[879] Voir infra, sur la pétition d'hérédité.

La pétition d'hérédité a un double objet : elle permet d'abord d'établir la réalité de la vocation héréditaire et d'en invoquer toutes les conséquences. En réalité, il s'agit d'une manière contentieuse de justifier la qualité d'héritier. Malheureusement, cette procédure est très peu utilisée dans la pratique.

2. Le contenu de l'acte de notoriété

L'acte de notoriété indique la dévolution successorale. Il devrait tout d'abord fournir les renseignements concernant l'état civil du défunt, en mentionnant s'il était marié, veuf, divorcé ou séparé de corps, afin de s'assurer de l'existence ou non d'un conjoint survivant. Ces renseignements permettraient également de vérifier la nature de la filiation de ses enfants et, si possible, le mariage auquel ils se rattachent. En ce qui concerne le décès, l'acte de notoriété en précise aussi bien le lieu que la date[880].

Le régime matrimonial ayant existé entre le de cujus et le survivant devrait également y figurer, car il serait de nature à modifier l'appréhension des biens.

En ce qui concerne le ou les conjoints survivants, les mêmes renseignements d'état civil et de régime matrimonial devraient s'y retrouver. Le divorce ou la séparation de corps devrait également y être mentionné de manière à vérifier la nature de la filiation des enfants et si possible la modification des droits du ou des conjoints survivants, telle que la perte des avantages matrimoniaux qui pourrait le frapper[881].

3. La force probante de l'acte de notoriété

Dans la procédure du jugement d'hérédité, la recherche des héritiers revient au juge. Par contre, dans ce nouveau système préconisé, cette recherche est l'œuvre exclusive du notaire qui dispose, à cet effet, des pièces

---

[880]Tous ces renseignements faciliteraient la rédaction ultérieure des actes qui parviendront à la liquidation de la succession. En ce qui concerne les héritiers, l'acte de notoriété devrait indiquer leur identité complète, leur domicile, leur filiation avec le défunt (légitime ou naturelle), ainsi que le degré de parenté qui les lie au de cujus. Ce document devrait également préciser si ces héritiers viennent de leur propre chef ou encore par représentation. La capacité des héritiers devrait également y figurer, l'acte de notoriété servirait non seulement de base pour l'établissement de tous les actes qui devraient parvenir au règlement de la succession, mais aussi à appréhender les fonds héréditaires. Au cas où l'un des héritiers se trouverait en état d'incapacité, il serait nécessaire d'y préciser la mesure de la protection dont il est bénéficiaire et le nom de la personne qui est habilitée à le représenter ou à l'assister.

[881]Au cas où un contrat de mariage aurait existé, le notaire devrait d'abord vérifier si les libéralités ou des avantages n'auraient pas été accordés au conjoint au terme de ce contrat mort, c'est-à-dire d'un testament, car l'affirmation de son inexistence permettrait de s'assurer que l'on ne devrait s'en tenir qu'à la dévolution légale. Lorsque la succession serait dévolue à des collatéraux d'un degré éloigné, ou au cas où il existerait des parents consanguins, germains ou utérins, le notaire devrait tout d'abord chercher à justifier la dévolution par rapport à ces personnes. Et pour prouver la réalité du décès, un extrait de l'acte de décès, dressé par un officier d'état civil, devrait être joint à l'acte de notoriété.
Parce qu'il émane d'un officier public assermenté, l'acte de notoriété est un acte authentique doté d'une force probante ; car, en cas de renseignement douteux, la responsabilité du notaire et des déclarants serait mise en cause.

d'état civil et des déclarations des parties. Pour cela, l'acte de notoriété devrait être un mode d'information et de preuve en matière de droit successoral[882].

Par ailleurs, le notaire devrait être tenu de contrôler, dans la mesure du possible, les déclarations qui lui sont faites et les documents qui lui sont présentés. Pour ce faire, il devrait être institué obligatoirement et de façon générale, la délivrance systématique du livret de famille, dans lequel devraient figurer tous les renseignements, y compris ceux relatifs au changement de filiation[883].

La codification par l'unification et l'intégration des sources du droit des successions, à laquelle s'ajouterait une maîtrise parfaite du système de l'état civil, devrait faciliter la détermination des successibles dans le règlement des successions ab intestat.

Paragraphe 3. La précision et la clarté de la détermination des successibles : conséquence de la codification

La société camerounaise, à l'instar du reste du monde, subit des transformations considérables dans tous les domaines. Ces transformations n'épargnent pas les mentalités. Dès lors, afin d'éviter des injustices, des dysfonctionnements et même des dérèglements, une lourde charge incombe au législateur, c'est celle d'adapter les normes à cette évolution sociale. Aussi pourrait se construire un droit patrimonial de la famille, héritier d'une riche tradition, autour d'un jeu de normes cohérentes, liées entre elles et procédant d'une inspiration commune.

En effet, les principes qui existaient dans les traditions ancestrales ne correspondent plus aux exigences sociales actuelles, parce que frappés

---

[882] Toutefois, à cause de l'instabilité des populations et de l'accroissement des habitants dans les villes, et surtout, à cause des lacunes que connaît le système actuel de l'état civil, le système de témoignage présente des garanties d'exactitude illusoires. À cet effet, il serait souhaitable que soit créé un casier civil sur lequel figureraient, pour tout intéressé, des renseignements sur son état, son ou ses mariages, éventuellement son ou ses divorces, et surtout sa descendance. Ce procédé supposerait un contrôle strict de tous les centres d'état civil conformément aux dispositions relatives à l'établissement des actes d'état civil et à la conservation des registres.

[883] DECORPS (J P) : « Y a-t-il une limite à la responsabilité notariale », in Mélanges Jean MAS, Droit et Anthropologie de la Complexité, p. 117-129. Parce qu'il est tenu de contrôler les déclarations des parties, pour assurer la validité et l'efficacité des actes qu'il délivre, le notaire devrait multiplier les vérifications. Il aurait à cet effet une obligation d'investigation très étendue, qui impliquerait une grande vigilance et une extrême prudence, surtout lorsqu'il devrait recevoir les actes qui sont susceptibles de faire naître un litige. Cependant, sa responsabilité ne devrait pas être engagée si le choix des déclarants émane des héritiers eux-mêmes. Il est vrai que pour certains auteurs, la faute de l'une des parties à l'acte n'est pas susceptible de dispenser le notaire de son devoir de conseil. Pour cela, il devrait effectuer toutes les investigations nécessaires de manière à vérifier les affirmations des déclarants. Car, l'acte de notoriété, qui serait ainsi établi, constituerait une preuve extrajudiciaire de la qualité de successible qui fera foi jusqu'à preuve contraire.

d'obsolescence. La coutume n'étant pas immobile, elle évolue au rythme des transformations économiques profondes, le changement des conditions de vie et le mouvement des idées entraînent une substitution progressive des habitudes traditionnelles par des pratiques dites modernes.

Par ailleurs, la communauté internationale s'attèle à assurer l'égalité de tous en droit et en devoirs, sans distinction aucune.

Le futur législateur camerounais ne devrait donc pas se mettre en marge de cette démarche évolutive. En effet, il est d'ores et déjà acquis que, d'une part, la société traditionnelle est incompatible avec la société moderne et d'autre part, la famille nucléaire (légitime et monoparentale) prend une place de plus en plus importante au détriment de la famille traditionnelle. En suivant l'évolution jurisprudentielle en la matière, le législateur camerounais fera face à plusieurs problèmes cruciaux auxquels il devrait trouver des solutions. Il devrait à cet effet, résoudre les problèmes successoraux relatifs à la parenté (A) avant de se pencher sur le sort du conjoint survivant (B). Et c'est à partir de cet instant qu'il devrait déterminer à partir de quel moment certains organes pourraient intervenir dans le règlement des successions (C).

A. La parenté successorale dans la future législation

Il est un principe communément admis aussi bien dans les sociétés traditionnelles que dans les sociétés modernes : c'est que tous les enfants issus du mariage du de cujus avec le conjoint survivant sont d'office héritiers du de cujus. De l'analyse des cultures de ces deux types de sociétés, il résulte que la filiation légitime[884] n'a presque jamais posé de problème. Seule la filiation hors mariage a toujours été l'objet de vives controverses et contestations.

La complexité de la tâche qui incombe au futur législateur devra le conduire à une œuvre de conciliation[885].

Pour tout dire, il s'agira pour le futur législateur camerounais de tenir uniquement compte des liens de sang qui unissent le défunt aux successibles. De ces liens de sang, résulte l'affection présumée du défunt qui, en principe, ne connaît pas de frontière entre la nature légitime ou naturelle de la filiation.

---

[884] On considère comme légitime même la filiation qui résulte des mariages célébrés par des rites coutumiers, dans la société traditionnellement originelle, en l'absence d'un officier d'état civil

[885] Le législateur devra prendre en compte, chaque fois que cela paraîtra nécessaire, le droit traditionnel dans sa diversité, dans ce qu'il a de positif, sans pour autant négliger le droit moderne, biculturel. Cette idée devra amener le législateur à ne pas privilégier les règles coutumières d'une partie de la population qui se révèleraient étrangères aux autres, et par conséquent seraient rejetées par elle ; car ceci pourrait faire croire à la supériorité juridique d'un clan ou d'une tribu sur les autres. En somme, le futur législateur devra prendre en compte la complexité et la multitude des coutumes et des influences juridiques modernes héritées des courants romano-germanique et anglo-saxon.

Cette considération le conduira à retenir trois ordres de parents successibles, qu'ils soient légitimes ou naturels. Aussi, devrait-il retenir l'ordre des descendants (1), l'ordre des ascendants (2) et celui des collatéraux (3).

1. La reconnaissance de la pleine vocation à tous les descendants du de cujus

Dans l'ordre naturel des choses, les plus jeunes succèdent aux anciens. Ceci se vérifie nettement en matière successorale, où les descendants du de cujus doivent constituer le premier ordre d'héritiers excluant ainsi toutes les autres classes de successibles. Le futur législateur devra, à cet effet, prendre un certain nombre de mesures, dont certaines seront copiées des législations étrangères alors que d'autres seront simplement puisées des coutumes locales. Nous pensons plus particulièrement à la suppression de la hiérarchie des filiations et par conséquent à la reconnaissance de la qualité de réservataires à toute la descendance du de cujus. Ainsi, afin de mieux illustrer nos attentes, il convient d'exposer brièvement l'évolution qu'a suivie, dans le même domaine, notre actuelle législation d'emprunt.

a. L'évolution de la situation des enfants naturels en droit comparé

En droit comparé, la législation française sur la filiation comme prévu par le Code Napoléon avait subi un changement total avec la loi de 1972 qui a institué l'égalité de toutes les filiations. Pour mieux percevoir cette évolution, il convient de remonter à l'époque de l'adoption du Code civil français en 1810.

En effet, le 4 juin 1793, le Conseiller favori de Napoléon, CAMBACERES, affirmait qu' « il *faut oublier toute distinction humaine (...). Tous les enfants sont, naturels, légitimes, enfants de la patrie* ». Quelques années plus tard, rigoureux et sexiste, et sans écouter son conseiller, le code de napoléon traita les enfants adultérins en réprouvés, et ne leur concéda qu'un seul droit : ne pas mourir de faim.

Pour les juristes de l'empereur, les enfants se répartissent en trois catégories; au ciel, il y a la « *filiation légitime* », au purgatoire, la « *filiation naturelle simple* » et, en enfer, *la « filiation naturelle adultérine* ». La première catégorie donne à l'enfant la plénitude de ses droits, la seconde lui concède quelques-uns, la troisième fait de lui un paria du droit français de l'époque.

En 1972, consacrant la jurisprudence des enfants de la succession PABLO PICASSO et Marcel PAGNOL, vers les années 1970 sur l'égalité des naissances, les exclus deviennent les égaux presque des favorisés. La loi va même admettre la liberté d'établissement et la légitimation de la filiation adultérine.

Cependant, deux exceptions demeurent de taille sur le plan patrimonial. Si l'enfant naturel est en compétition d'héritage avec des enfants issus du mariage bafoué, il ne recevra que la moitié de la part, la seconde moitié sera partagée entre ses demi-frères et sœurs. Il s'agit donc là de la *prime à la légitimité*, et faute d'enfants légitimes, c'est le conjoint survivant, victime de l'adultère qui sera favorisé par rapport à l'enfant naturel, et l'on parle alors de *bonus à la fidélité outragée.*

Malgré ces restrictions, la loi française de 1972 a marqué une étape importante dans la lutte contre l'expulsion qui a été le souci majeur du 20e siècle. La marche complète vers l'égalité sera reprise par le législateur français le 8 janvier 1983. En effet, de nouvelles dispositions facilitent la preuve et la recherche de la filiation naturelle, et l'autorité parentale, jadis réservée à la mère, peut désormais être exercée conjointement par les deux parents[886].

Dans le même ordre d'idée, présentant au milieu du 20e siècle les principes et tendances du droit positif français en matière de droit des personnes et de la famille, Jean-Denis BREDIN affirmait que cette branche du droit demeurait *« profondément marquée par la conception chrétienne de l'homme et de la famille » ;* il poursuivait que *« la famille repose sur l'institution divine du mariage qui fait de l'homme et de la femme compagnons pour la vie, compagnons d'éternité. La famille a pour fin et pour devoir la procréation. Elle ne peut comprendre que les enfants nés du mariage. Le concubinage, union charnelle d'un homme et d'une femme hors mariage, est un état de péché et sont marqués du péché tous les enfants nés de l'union libre ou de l'adultère »*[887]. Un autre auteur va leur emboîter le pas en affirmant que *« Tout ce qui découle du mariage est bien et bon, ce qui peut exister hors de son cadre est nécessairement mauvais avec des degrés de malédiction »*[888].

On comprend alors mieux l'idée qui a animé le législateur français sur la filiation avant l'avènement de la réforme égalitaire de 1972. Cette réforme, qui reprend l'idée qu'avait proposée Cambacéres à Napoléon, est favorablement accueillie par certains auteurs. C'est ainsi que, 26 ans après l'affirmation de M. GOBERT, Mme DEKEUWER–DEFOSSEZ, prenant acte du dépérissement du mariage, synthétise de la façon suivante la mutation intervenue :*« L'enfant naturel n'est plus le bâtard honteux promis à l'abandon et/ou à l'adoption. Depuis la diffusion de la contraception et la*

---

[886] LOMBARD (P), dans « Femmes », n° 98 d'avril 1996, magazine mensuel -Rubrique « Société ». Selon cet auteur, ces nouveaux acquis ont pris en compte l'évolution de la société française où, en 1996, 20 % de couples ne sont pas mariés et plus de 30 % d'enfants sont naturels.

[887] BREDIN (J D) : « le droit français : principes et tendances du droit français », t. 2, p. 17 sous la direction de René David, L.G.D.J., 1960.

[888]GOBERT (M) : « Réflexion avant une indispensable réforme de la filiation », J.C.P., 1968, I, n° 2207 ;

législation de l'avortement, c'est un enfant dont la naissance est voulue et voulue illégitime » [889] .

Sur le plan jurisprudentiel, la Cour européenne des droits de l'homme donnera un avertissement dans le célèbre arrêt MARCKS, en rappelant que nulle discrimination fondée sur les conditions de naissance n'est plus tolérée, ni idéologiquement acceptable[890].

Il résulte de tout ce qui précède que la filiation naturelle a conquis en quelques années, en droit français, un espace de droit positif considérable. Le doute n'est donc plus permis, la famille naturelle s'affirme de plus en plus. En somme, depuis le 3 janvier 1972, le droit français a marqué la promotion des enfants naturels. Il est donc désormais marqué par le « *message égalitaire* »[891] surtout sur le plan extrapatrimonial. C'est ainsi que l'interdiction d'établir la filiation adultérine inscrite par les anciens articles 335 et 342 du Code civil a donc été supprimée. L'enfant naturel entre donc désormais dans la famille de son auteur, il a désormais les liens de parenté avec chacun des parents de ses auteurs et surtout il y a désormais réciprocité des vocations sur le plan successoral.

Toutefois, cette nouvelle législation, tout en admettant l'égalité des filiations, opère, par un souci de protection de la famille légitime, une distinction entre l'enfant naturel et l'enfant légitime. Bien que les enfants adultérins ont vu leur statut radicalement transformé, et même comme ils ont désormais les mêmes droits que les enfants légitimes, leur situation subit néanmoins des modifications, sur le plan patrimonial, lorsqu'ils sont en présence d'un conjoint de leur auteur ou les enfants légitimes issus de l'union au cours de laquelle ils ont été conçus. Leur vocation à l'égalité doit alors « *transiger avec cette protection nécessaire de la situation qui s'est édifiée sur la foi du mariage* »[892]. L'intérêt du conjoint et des enfants légitimes est notamment protégé par l'article 334-3 du Code civil.

En revanche, le droit positif camerounais reste marqué par l'ancienne conception de la division des filiations selon leur nature, conception qui diffère selon que l'on se place du côté de la coutume ou du droit écrit.

---

[889] DEKEUWER – DEFOSSEZ : « Le droit de la filiation à l'épreuve des pratiques administratives et judiciaires », *D 1986, chr., p. 309*, HAUSER (J) et HUET - WEILLER : « droit civil, Fondation, vie de la famille », n° 680, 2e éd. Il révèle qu'en 1993, 229000 enfants sont nés hors mariage en France.
[890] C.E.D.H., arrêt du 13 juin 1979, J.D.I., 1982, p. 183, note ROLAND.
[891] CORNU (G) : « La naissance et la grâce », D. 1971, chr., p.165.
[892] VIDAL (J) : « L'enfant adultérin a contrario », J.C.P., 73, doctrine 2539.

b. L'enfant naturel en droit positif camerounais

La situation de l'enfant naturel en droit positif camerounais est différemment appréciée selon que l'on évoque la coutume[893] ou le droit écrit.

Toutefois, il paraît paradoxal d'évoquer la coutume en ce qui concerne encore les problèmes de filiation, car l'ordonnance du 29 juin 1981 a normalement réglementé la situation de chacune de ces filiations. Néanmoins, les pratiques coutumières influencent encore les juridictions au point que l'on ne sait plus exactement quelle est la situation des uns et des autres dans les familles. Il convient à cet effet de réexaminer la conception de la filiation aussi bien dans la coutume que dans le droit écrit, et même les hésitations de la jurisprudence.

Vue sous l'angle des droits coutumiers, la filiation naturelle connaît des considérations différentes. En effet, deux conceptions s'opposent. C'est ainsi que dans la partie sud du pays, il n'y a jamais existé de discrimination entre l'enfant naturel et l'enfant légitime. L'action en reconnaissance étant inconnue, l'enfant naturel appartient à sa famille maternelle, et occupe la même place, sur les plans patrimonial et extrapatrimonial, que ceux qui sont issus des enfants de sexe masculin. Parfois même, lorsque le grand-père de l'enfant naturel n'a pas eu d'enfant de sexe masculin, c'est cet enfant issu de sa fille qui deviendra héritier principal. De plus avec l'institution de l'état civil, c'est le nom du grand-père maternel qui figure le plus souvent à la place de celui du père.

Par contre, dans les parties ouest et nord du Cameroun, les sociétés traditionnelles manifestent une attitude irascible à toute idée de filiation naturelle. En effet, une fille qui donne naissance à un enfant alors qu'elle n'est pas encore en mariage déshonore sa famille et doit même y être exclue. Par conséquent, les enfants naturels sont en quelque sorte considérés comme des parias et devraient de ce fait subir le même sort que leurs mères. Ainsi, aucun droit ne leur est-il reconnu aussi bien sur le plan patrimonial que sur le plan extrapatrimonial. Par conséquent, seule la descendance par les enfants de sexe masculin y est reconnue.

Quant au droit écrit, la conception en la matière est encore toute différente. En effet, le Code civil et l'ordonnance de 1981 opèrent une discrimination entre les filiations. Les deux textes établissent une hiérarchie des filiations. Aussi, si tous les droits sont reconnus à l'enfant légitime, tel n'est pas le cas de l'enfant naturel. En effet, la situation de l'enfant naturel dépend toujours du caractère simple, adultérin ou incestueux de sa filiation. Les choses paraissent assez légères pour l'enfant naturel simple. Des droits tant

---

[893] La coutume, source du droit de la famille au Cameroun, ne s'applique que dans certaines conditions. Il en est, par exemple, ainsi du cas où le législateur n'est pas intervenu dans un domaine.

patrimoniaux qu'extra-patrimoniaux lui sont reconnus à l'égard de son père dès lors qu'il a été reconnu. Autrement dit, lorsque le lien de filiation n'aura pas été établi entre l'enfant et son père naturel, le droit ne lui reconnaît aucun droit de la part de ce dernier.

La situation se complique lorsque l'enfant est né d'un commerce adultérin. Aussi, l'article 43 alinéa 2 de l'ordonnance de 1981 n'admet la reconnaissance d'un enfant adultérin *a matre* par son père naturel qu'au cas où ce dernier est désavoué par le mari de sa mère.

Au demeurant, l'acquisition par l'enfant naturel des droits patrimoniaux et extra-patrimoniaux reste subordonnée à l'établissement du lien de filiation juridique entre son père et lui, car, à l'égard de la mère l'accouchement vaut reconnaissance. Cette ordonnance opère donc une hiérarchisation des filiations, en consacrant la supériorité de la filiation légitime par rapport à la filiation naturelle.

En matière successorale, cette discrimination apparaît dans l'article 758 alinéa 3 du Code civil qui ne reconnaît à l'enfant naturel que la moitié de la portion dont il aurait bénéficié s'il avait été légitime.

De tout ce qui précède, il paraît choquant de faire subir à l'enfant naturel les conséquences négatives des manœuvres auxquelles il est totalement étranger. Aussi, peut-on se poser la question de savoir au nom de quelle morale citoyenne peut-on faire porter aux enfants nés hors mariage le poids des conditions de leur naissance « irrégulière » ? La réponse à cette question montre combien l'ensemble des textes et règles du droit positif sur la filiation est devenu illogique, vétuste et même anachronique.

Toutes ces différentes conceptions de la filiation appellent donc une harmonisation qui devra assurer la cohérence des normes en la matière. En effet, le droit, nous apprend-on, est toujours un antagonisme permanent des valeurs sociales opposées. Privilégier l'une d'entre elles au détriment des autres génère inévitablement des tensions, des dysfonctionnements voire des injustices[894]. Cette harmonisation passerait nécessairement par la suppression de cette hiérarchisation des filiations.

c. La suppression de la hiérarchisation des filiations.

Le souci majeur du 20e siècle a été la lutte contre les exclusions, et donc la promotion de l'égalité des hommes sans distinction de sexe, d'âge, de religion, ni de situation sociale. Cette lutte a amené les Nations Unies à adopter la Convention de Genève relative aux Droits de l'Enfant.

[894]LEVY-BRÜHL (H) : « Tensions et conflits au sein d'un même système juridique », *Cahier international de Sociologie*, vol. XXX, 1961, p. 31.

Adoptée par l'Assemblée générale des Nations Unies le 20 novembre 1989 et entrée en vigueur au plan international le 2 septembre 1990, la Convention relative aux Droits de l'Enfant a été ratifiée par la République du Cameroun le 11 janvier 1993 qui, de ce fait, l'a introduite dans le droit interne. Ce faisant, le Cameroun s'est engagé à la mettre en application. Par conséquent, les lois et les règlements doivent être conformes aux dispositions de la Convention.

La Convention elle-même le prévoit de façon expresse dans plusieurs dispositions. Dans cette perspective, cet instrument édicte trois principes généraux qui doivent guider les États dans leur action de promotion des droits de l'enfant. Ces principes sont contenus dans son article 3[895].

Par ailleurs, le Cameroun a ratifié la Charte africaine des Droits de l'Homme et des peuples par le décret n°87-1910 du 29 décembre 1987[896] qui prévoit également des droits et libertés égaux à tous les hommes sans discrimination, leur égalité devant la loi et une égale protection de la loi.

Par cette adhésion du Cameroun au mouvement international[897], le futur législateur camerounais devrait tenir compte à la fois des considérations nationales et des institutions internationales afin de mieux définir la place et les droits des enfants naturels dans le règlement des successions. Pour ce faire, il devrait copier l'exemple de ses voisins africains tels que le Sénégal[898], la Côte d'Ivoire[899], le Togo[900], le Congo[901], le Burkina Faso[902],qui, dans leurs législations nationales, ont consacré le principe de l'égalité des filiations

---

[895] Article 3 de la Convention de Genève sur les droits de l'enfant : -L'intérêt de l'enfant est la considération primordiale dans toute décision prise à l'égard de l'enfant par une institution publique ou privée de protection sociale, un tribunal, une autorité administrative ou un organisme législatif.
- L'État s'engage à assurer à l'enfant la protection et les soins nécessaires à son bien-être, compte tenu des droits et devoirs des parents, tuteurs ou autres personnes responsables de lui ;
- Le fonctionnement des Institutions, services et établissements qui ont la charge des enfants et assurent leur protection doit être conforme aux normes fixées par l'autorité compétente.

[896]Article 2 Charte africaine « *Toute personne a droit à la jouissance des droits et libertés reconnus et garantis dans la présente charte sans distinction aucune notamment de race, d'ethnie, de couleur, de langue, de religion nationale ou sociale, de fortune, de naissance ou toute autre situation ».*
Article 3 : *1 - « Toutes les personnes bénéficient d'une totale égalité devant la loi ;*
2 – « Toutes les personnes ont droit à une égale protection de la loi »

[897] On ne saurait oublier l'existence de la Charte africaine sur les droits et le bien-être de l'enfant.

[898] Articles 533 et 534 du code de la Famille du Sénégal, cf. GUINCHARD (S) : op. cit. p. 433 à 438 ; AMSATOU SOW SIDIBE : op. cit. ; BOUREL (P) : op. cit. ; ABDOULAYE DIOP (M) : op. cit.

[899] Article 29 loi n° 64 du 7 octobre 1964 relative à la filiation, cf. J OBLE

[900] Article 184 du code togolais de la famille, cf. CONNEN (B) in « Un code de la famille au Togo » *; Penant,* 1981, p. 5 à 22.

[901] Article 262 du code congolais de la famille.

[902] SAWADOGO (F. M). : « Le nouveau droit Burkinabè de la famille - Principes essentiels et perspectives d'application », *R.J.P.I.C.* 1990, p.373 et s.

indépendamment de son caractère légitime ou naturel, et, par conséquent, ont supprimé la hiérarchisation consacrée par les coutumes et le Code civil français de 1804. Dans toutes ces législations adoptées après les indépendances de ces pays, la seule condition pour que l'enfant naturel soit assimilé à l'enfant légitime est que sa filiation soit juridiquement établie.

Même le législateur français qui sert souvent de guide à son homologue camerounais a également supprimé la discrimination qu'il avait opérée autrefois en matière de filiation.

Au vu de tous ces exemples, le futur législateur camerounais devrait, au lieu de parler de filiation naturelle ou légitime, utiliser les termes de descendants ou d'enfants du de cujus, pour marquer à son tour la fin de la discrimination au sein de la progéniture d'une même personne.

La conséquence immédiate de cette assimilation sera l'entrée de l'enfant naturel dans la famille de son auteur, contrairement au principe ancien qui ne reconnaissait la parenté naturelle qu'au premier degré. Il aura désormais des liens de parenté avec les parents de chacun de ses géniteurs. Cependant, l'absence de mariage de ses parents pourrait apporter des limites à cette règle d'égalité. En effet, la filiation naturelle demeurera divisible. Car, si à l'égard de la mère, l'accouchement vaudra toujours reconnaissance, et que l'assimilation s'opèrerait du seul fait de cet accouchement, à l'égard du père, il faudrait toujours que le lien de filiation soit établi par une action en reconnaissance, ou encore par une action en recherche de paternité naturelle pour que l'assimilation soit effective.

Cette exigence a pour but d'inciter le père naturel à manifester sa volonté d'assurer la paternité en allant faire la déclaration soit devant le maire, soit devant le juge. Autrement dit, lorsque le lien de filiation n'aura pas été établi à l'égard du père naturel, elle ne sera effective que dans la famille maternelle de l'enfant concerné.

Par ailleurs, sans toutefois encourager la violation du devoir de fidélité dans les ménages, il serait judicieux, pour le futur législateur, de trancher, comme l'a fait son homologue français dans sa loi de janvier 1972, le problème des enfants adultérins. La loi française du 3 janvier 1972 a institué une notion successorale d'enfant adultérin. Aussi, est adultérin sur le plan successoral l'enfant naturel qui se trouve en concours avec les enfants légitimes issus de l'union au cours de laquelle il a été conçu ou avec le conjoint de son auteur. En d'autres termes, si l'union bafouée n'a pas eu de descendants et surtout lorsque le conjoint victime de l'adultère est décédé ou a divorcé avec l'auteur de l'adultère, et que, par conséquent, l'enfant adultérin se retrouve l'unique héritier de son auteur prédécédé, il recouvre alors la plénitude de ses droits dans la succession du de cujus.

Seulement, la condition pour que cet enfant adultérin soit effectivement assimilé à l'enfant légitime, mieux qu'il jouisse pleinement de ses droits successoraux, est que sa qualité de descendant du de cujus ait au préalable été établie. En effet, attribuer des droits aux enfants adultérins c'est, d'abord et avant toute chose, leur permettre d'établir leur filiation.

Tel est le chemin que devrait suivre le futur législateur camerounais pour donner à chaque enfant l'opportunité de pouvoir jouir des droits qu'il détiendrait de la succession de son auteur. Il consacrerait ainsi l'égalité des naissances. Cette égalité devrait transiger avec la protection nécessaire de la situation des enfants et du conjoint édifiée sur la loi du mariage.

En définitive, l'ordre des descendants comprendrait les enfants légitimes du de cujus, les enfants légitimés, ceux qui naîtraient hors mariage, mais dont la filiation aurait été préalablement établie, ceux qui auront fait l'objet d'une adoption plénière, sans privilège de masculinité ni de primogéniture. Une fois qu'ils seraient tous considérés comme les descendants du de cujus, ils devraient tous bénéficier de la qualité de réservataires.

d. la qualité réservataire de tous les descendants du de cujus

La réserve est la masse de biens qui est entièrement soustraite à toute initiative libérale du défunt. Certains auteurs la considèrent comme étant une *« institution puissante, emblème de l'ordre public successoral qui affiche une certaine destination familiale des patrimoines privés »*[903].

Dès lors, plusieurs définitions sont attribuées à cette institution. Aussi, PLANIOL et RIPERT la définissent comme *« la part de biens qui doit advenir nécessairement aux héritiers ab intestat »,* cette part est clairement distincte de la quotité disponible qui est *« la part dont on peut disposer à titre gratuit »*[904]. MAZEAUD et BRETON soutiennent que la réserve est une part de la succession *« réservée »* aux proches parents du défunt dont il ne peut pas les priver par des libéralités ; donations et legs ne sont alors permis au de cujus qu'à condition qu'ils n'entament pas la réserve. Aussi le de cujus ne peut-il consentir des libéralités que dans la mesure de la quotité disponible. Celles qui excèdent cette quotité disponible portent atteinte à la réserve et sont réduites[905]. Fameuse paraît la définition jurisprudentielle qui affirme que *« la réserve n'est autre chose que la succession elle-même diminuée de la portion disponible, s'il en a été disposé »*[906].

---

903 CATALA (P) : Préface de la thèse de IOANNA KONDILY : *La protection de la famille par la réserve héréditaire - En Droit français et en Droit grec comparés*, L.G.D.J, 1997.
904 PLANIOL et RIPERT : par TRASBOT et LOUSSOUARN, tV, n° 20.
905 MAZEAUD et BRETON : n° 859, cité par IOANNA KONDILY, p. 2, n° 3.
906 Civ, 27 novembre 1863, D 1864, I, p. 5, note BRESILLON ; S. 1863, I ; p. 513.

À partir de ces définitions, on retient que l'institution de la réserve répond à deux préoccupations essentielles :

- d'abord, tout système successoral étant fondé sur un devoir familial, devoir du défunt envers les siens, ce devoir devrait avoir une force absolue au regard des plus proches parents. La réserve a donc pour fonction la protection collective de la famille et individuelle du réservataire contre les libéralités excessives que pourrait consentir le de cujus et qui pourraient priver les enfants des biens de leur géniteur. Dès lors, la réserve rend plus effective la vocation des descendants.
- Par ailleurs, la réserve permet le maintien de l'égalité entre les parents. Par la réserve, la volonté du défunt de favoriser tel enfant par rapport à l'autre est limitée puisqu'il ne pourra disposer en faveur de cet enfant que par rapport à la quotité disponible. De plus, le caractère d'ordre public de la réserve lui interdirait d'exhéréder un enfant de son gré ; l'indignité découlant de certaines conditions doit impérativement être prononcée par un juge.

En résumé, l'institution de la réserve légitimerait une affection posthume à la ligne directe des biens dont le défunt n'a pas disposé à titre onéreux, sans référence à l'état de besoin de ses destinataires légaux. Cette affection correspondrait à un devoir social et moral envers ceux que l'on a appelés à la vie. La consécration de la réserve par l'ordre public successoral refléterait, parmi bien d'autres exemples, le passage de l'éthique au juridique. En effet, le droit doit veiller à la protection de la famille, et la réserve héréditaire constitue un moyen privilégié d'y pourvoir.

À ces fondements classiques, on pourrait ajouter un autre que tiendrait au problème de la réception du droit nouveau et étranger par la population.

Ainsi, l'institution de la réserve par le futur législateur s'exprimerait aussi par la volonté de lutter contre la possibilité pour le défunt de maintenir les anciennes règles coutumières de dévolution. La réserve devrait réduire la marge de manœuvre du défunt qui, selon les règles coutumières, peut disposer de son patrimoine à sa guise au détriment de sa propre descendance lorsqu'à cause des litiges qu'il aurait eus avec leur mère il la déshérite sous prétexte qu'elle est indigne de lui succéder. Or, par la réserve, les descendants seront toujours assurés, quelle que soit la volonté de leur auteur, d'avoir une partie de ses biens.

Dès lors, le futur législateur camerounais devrait, pour rendre la vocation de tous les enfants effective, fixer le montant de la réserve, en en déterminant un quantum qui sera invariable. De plus, il devrait en assurer la protection en énonçant des dispositions qui assureraient des mesures contre les libéralités que le de cujus pourrait être amené à faire et qui excèderaient la quotité disponible. Pour cela, le législateur camerounais devrait impérativement suivre l'exemple du législateur français à l'instar des autres législations africaines.

En cela, il diffèrerait du législateur malgache qui a laissé la possibilité au défunt de disposer de la totalité de son patrimoine, sans qu'une réserve soit prévue de façon absolue à ses descendants. En effet, le législateur malgache a adopté une institution consacrée par la coutume, dite du *« masi – mandidy »,* institution qui donne un pouvoir absolu au père pour disposer de tous ses biens. Aussi, le père a-t-il la liberté absolue de distribuer ses biens, d'en choisir les bénéficiaires (héritiers ou étrangers). De plus, il garde la faculté de révoquer le testament, et surtout la donation. Dans ces conditions, la réserve héréditaire est théoriquement inexistante[907].

Contrairement à cette conception malgache, la législation camerounaise devrait considérer la réserve comme l' *« institution primordiale, essentielle, centrale du droit des successions, son véritable axe constitutif »*[908].

Toutefois, s'il paraît indéniable de reconnaître à tous les enfants du défunt une part dans la succession de leur auteur, les autres parents ne devraient pas être oubliés, surtout lorsque ce dernier décède sans postérité.

2. Le sort des ascendants du de cujus

Dans la classe des ascendants, on compte les père et mère du de cujus, ainsi que ses grands-parents dans les deux lignes. À cet effet, le Code civil de 1804 les classe en deux catégories, à savoir les ascendants privilégiés (père et mère), et les ascendants ordinaires (grands-parents et arrière-grands-parents…). La reconnaissance de la vocation héréditaire des ascendants trouve sa justification aussi bien dans le droit français, source d'inspiration des législateurs africains, que dans la structure de la société africaine originellement traditionnelle.

En effet, le législateur français a fait des ascendants ordinaires ou privilégiés des réservataires dans la succession de leurs descendants prédécédés sans postérité[909] (article 915 ancien et 914 nouveau).

Par contre, le droit ivoirien, tout en reconnaissant de façon indifférente la qualité de réservataire aux ascendants privilégiés et ordinaires, conditionne

---

907 RANDRIANARISOA (J) : « Le testament et la protection de la famille légitime contre les libéralités du défunt en droit malgache » *; R.J.P.I.C.*, t. 26, n° 4, décembre 1972, p. 733 et s.

908 IOANNA KONDILY : op. cit., n° 6, p. 3.

909 Cette réserve est invariablement fixée au quart ou à la moitié de la succession selon qu'il y a des ascendants dans une seule ou dans les deux lignes. La défaillance d'une ligne ne profitant pas à l'autre, les ascendants recueillent les biens réservés en leur faveur dans l'ordre où la loi les appelle à succéder, ainsi, les ascendants les plus proches excluent les plus éloignés.

l'effectivité de la réserve des ascendants ordinaires à l'absence des héritiers des premiers et du second ordre[910].

Le futur législateur national devrait alors prendre en compte, à l'instar de son aîné français, la réciprocité qui régit d'une façon générale les relations entre parents en ligne directe aussi bien en cas d'attribution des droits qu'en cas d'imposition d'obligations, et surtout le principe de la réciprocité des vocations successorales entre les ascendants et les descendants. Car, s'il apparaît normal pour les descendants de succéder aux ascendants, il apparaît également juste que le patrimoine des descendants qui meurent sans postérité revienne aux ascendants[911].

Et le plus souvent, les parents qui, à la mort de leur enfant, étaient déjà devenus des « cadets artificiels »[912], parce qu'entièrement sous sa charge se retrouvent sans moyens de survie. Ne disposant pas de prestations sociales dans la majorité des cas, il serait souhaitable pour le futur législateur de corriger la réserve ivoirienne des ascendants, en leur attribuant une quotité sans condition même sous la forme d'une rente viagère.

Une question peut se poser de savoir quels sont les parents qui devraient bénéficier de cette quotité.

Cette quotité devrait revenir aussi bien aux parents légitimes que naturels à l'égard desquels la filiation aurait été établie. Rentrent dans cette catégorie, les parents qui ont obtenu une adoption plénière, ou une légitimation adoptive.

Pour tout dire, les ascendants privilégiés devraient se voir attribuer une quotité de plein droit indépendante de la présence ou non d'autres ordres préférés. De plus, ils devraient être en concours sur l'autre part avec les autres successibles en l'absence de descendants directs de leur enfant prédécédé, en l'occurrence, avec les collatéraux.

---

[910]Aux termes des articles 28 à 30 de la loi de 1964, la succession se divise par moitié entre le conjoint survivant et les autres ascendants lorsque le défunt ne laisse ni postérité, ni père et mère, ni frère et sœur, ni descendants d'eux ; ce n'est qu'à défaut du conjoint survivant qu'ils prennent la totalité de la succession. De plus entre ascendants on applique la fente ; une moitié est attribuée à la ligne paternelle et l'autre va à la ligne maternelle. Et si une ligne n'est pas représentée, la totalité de la succession va à l'autre ligne.

[911] Les raisons évoquées dans ce cas découlent du droit naturel. Plus particulièrement, la conservation du patrimoine dans la famille du fils mort sans postérité devrait justifier l'attribution de ce patrimoine à ses ascendants qui, par la suite, devrait la céder à leurs descendants, frères du de cujus ou descendants d'eux. Ceci paraît d'autant plus normal que dans la majorité des cas, le de cujus plus ou moins nanti, aura été le fruit du labeur de ses parents. Il est connu dans nos sociétés traditionnelles que la fortune provient rarement de l'héritage qui aurait été légué par des aïeux lointains. Ainsi, dans le souci de laisser une situation confortable à leurs descendants, les parents, sans fortune parfois, sont obligés de faire des sacrifices importants sans pouvoir économiser pour affronter les difficultés financières de leurs derniers jours.

[912] NKOU MVONDO (P) : op. cit., p. 152

3. La place successorale des collatéraux

La parenté collatérale comprend toutes les personnes qui, ne descendant pas les unes des autres, descendent pourtant d'un auteur commun. Entrent dans cette catégorie les frères et sœurs, neveux et nièces, oncles et tantes, cousins et cousines, et il en est ainsi lorsque cette parenté est légitime, naturelle ou adoptive.

Le futur législateur pourra une fois de plus se baser sur ses aînés pour déterminer le sort des collatéraux. En effet, à l'instar de son homologue ivoirien et de la législation française, il devrait classer les collatéraux en deux catégories, à savoir les collatéraux privilégiés et les collatéraux ordinaires. La première catégorie, qui comprend les frères et sœurs du de cujus ou leurs descendants, viendrait en concours avec les ascendants privilégiés à défaut de descendants directs du de cujus. Entre ces deux catégories de parents, le partage se ferait par moitié. Cependant, entre collatéraux privilégiés, une distinction devrait être opérée entre les frères consanguins, utérins et germains. Dans ce cas, on appliquera la fente.

Le frère germain, parce que lié au de cujus à la fois du côté de la mère et du père, appartient aux lignes paternelle et maternelle. Le frère consanguin n'appartient qu'à la ligne paternelle tandis que le frère utérin est lié au défunt par la mère. Aussi, au cas où le défunt laisse trois frères, dont le premier serait germain, le second utérin et le troisième consanguin, par l'application de la fente, la ligne maternelle recevra la moitié de la portion et l'autre moitié ira à la ligne paternelle[913].

Cependant, leur situation paraît précaire, car on ne devrait pas leur accorder la qualité de réservataire dans la succession de leur frère. Beaucoup de raisons peuvent justifier cette position[914].

---

[913] Dans ce cas, le partage se fera de la manière suivante :
- le frère consanguin et le frère germain se partageront une moitié ; soit un quart pour chacun ;
- le frère utérin et le frère germain se partageront l'autre moitié ; soit encore un quart pour chacun.

En définitive, le frère germain recevra la moitié du patrimoine alors que le consanguin et l'utérin recevront chacun le quart.

[914] Dans les sociétés originellement traditionnelles, l'efficacité de la parenté collatérale lors du règlement des successions se justifiait par les liens de sang étroits, au point que les descendants du de cujus venaient parfois en seconde position après eux. Cette situation s'apparente à celle qui existait en France avant l'avènement du Code civil en 1804. En effet, les collatéraux bénéficiaient de la réserve héréditaire dans les droits anciens. L'étroitesse des liens de sang à cette époque était de nature à justifier, même au profit des collatéraux, la restriction de la faculté de disposer du de cujus. Plus tard, ces liens furent affaiblis, relâchés et ne suffirent plus à motiver une mesure de protection telle que la réserve. La nouvelle législation de l'époque avait dû tenir compte de cette évolution, surtout lors des codifications du droit civil dont l'incidence sur les droits réservataires des collatéraux fut fatale. En effet, la codification, en général, et spécialement en droit civil, supposait une révision du droit en vigueur, une réévaluation des

Le déclin du droit réservataire des collatéraux paraît facile à dégager. En relevant la relation étroite entre la réserve héréditaire et la famille, les collatéraux sont exclus du partage de la réserve, car ils ne sont plus membres de la famille. Le droit moderne tend à les assimiler de plus en plus aux tiers[915] par rapport à la famille nucléaire.

Par ailleurs, de nos jours, la propriété successorale n'appartient plus au lignage, elle est le fruit des efforts d'un couple. Aussi, paraît-il difficile de compter les collatéraux parmi les réservataires. Car, le plus souvent, dans nos sociétés qui sont à cheval entre la tradition et la modernité, c'est au frère le plus aisé sur le plan social que revient la charge d'assurer l'établissement de ses cadets, fussent-ils ses aînés. À partir de ces sacrifices, il paraît anormal que les collatéraux prennent encore une part réservataire alors que dans leur propre succession le de cujus devrait aussi être considéré comme un tiers. Leur vocation ne devrait être effective qu'en l'absence des descendants, des ascendants et même du conjoint survivant qui, au moins, a participé à la constitution du patrimoine successoral.

Pour ce faire, le législateur national devrait distinguer entre les collatéraux privilégiés, comprenant les frères et sœurs du de cujus, et leurs descendants, et dont la vocation ne ferait pas de doute en cas d'absence des héritiers qui les priment, et les collatéraux ordinaires, parmi lesquels on trouve les oncles, tantes, cousins, cousines, et leurs descendants. Il faut noter que par la reconnaissance de la vocation des collatéraux ordinaires, le législateur devra tenir compte de l'existence du lien de sang, tout en prenant en considération la dimension de la parenté retenue par le système traditionnel.

Si la dévolution reconnue à toutes les catégories susvisées tient au lien de sang qui les unissait au de cujus en fonction de son degré, il faut relever la présence du conjoint survivant, pour qui le support biologique, fondement classique de toute vocation successorale fait défaut.

---

fondements des droits accordés et des obligations imposées. Afin de répondre à cette réalité, les codifications modernes ont dû tenir compte d'une série de modifications évidentes ou latentes, au sein de la famille. La nécessité d'une adaptation des textes aux réalités nouvelles fut manifeste. Le partage du bien de famille qu'est la réserve héréditaire ne pouvait plus se faire sans tenir compte de l'évolution de la notion de famille intervenue entre temps. Ce remaniement avait eu une incidence fatale sur le droit réservataire des collatéraux.

[915] MAURICE (R) : « Les effets de la parenté et de l'alliance en ligne collatérale », *R.T.D.C.*, 1971, p. 254.

B. Le sort du conjoint survivant dans la succession du prédécédé

Les conjoints survivants, c'est-à-dire les veufs et les veuves[916], constituent dans tous les systèmes successoraux, modernes ou traditionnels, une catégorie *sui generis.* Un exposé concernant le divorce entre les droits coutumiers, le droit écrit et la jurisprudence quant au sort réservé au conjoint survivant avait déjà été fait. Les difficultés qui naissent de l'application des sources juridiques en la matière, c'est-à-dire de la trilogie classique en droit camerounais que forment le droit écrit, la coutume orale et la jurisprudence, appellent leur harmonisation urgente. De plus, la recherche de la promotion de la femme et l'équilibre des genres qui sont les traits dominants des législations africaines contemporaines, et surtout du Cameroun, devraient amener le futur législateur national à éliminer les coutumes ancestrales discriminatoires. L'égalité des sexes et des citoyens, prônée par la Déclaration universelle des droits de l'homme et la charte africaine des droits de l'homme et des peuples et les constitutions successives du Cameroun, devrait être le leitmotiv du futur législateur pour assurer au conjoint survivant, de façon asexuée, des droits successoraux convenables à sa situation. Plusieurs raisons militent en faveur de la promotion successorale du conjoint survivant (1). De plus, le législateur disposerait de plusieurs voies pour atteindre ce but (2).

1. Justification de la promotion successorale du conjoint survivant

La raison la plus régulièrement avancée pour exclure le conjoint survivant de la succession du prédécédé est que sa vocation manque d'un fondement objectif susceptible de la justifier, et cela pour une double raison : d'une part, à cause de l'absence des fondements classiques traditionnels, à savoir le lien sanguin ou affectif, qui justifie l'affection que le défunt est présumé éprouver à son égard, fondement propre à la succession ab intestat ; et d'autre part, parce que le fondement basé sur le lien conjugal comporte un défaut grave, à savoir le vice de précarité[917]. En effet, le mariage est fatalement précaire, car il est inévitablement dissoluble soit par le décès de l'un des époux, soit encore par le divorce.

Le futur législateur pourrait prendre en considération les fonctions psychologique et sociologique assignées à la dévolution ab intestat, laquelle reflète les affections présumées du défunt pour instituer la vocation

[916] CATALA de ROTON (MC) : op. cit. p 28. Juridiquement *« conjoint »* n'est dans aucun cas synonyme *de « veuve »*. Les droits successoraux du mari étant identiques. Cependant, du point de vue sociologique « *… la surmortalité masculine… aboutit à une féminisation croissante de la population âgée et partant de là, du veuvage ».*
[917] IOANNA KONDILY : op. cit., n° s 349 et 350, p. 188.

successorale de l'époux survivant. En effet, l'affection présumée du défunt ne devrait pas reposer uniquement sur les liens de sang. Elle devrait également provenir du lien conjugal qui justifierait convenablement l'intégration successorale du conjoint survivant. À bien regarder, l'affection conjugale égalerait ou surpasserait même le lien parental, ceci devrait permettre de le placer en excellente position dans la hiérarchie héréditaire.

Dès lors, la conception de la vocation de l'époux survivant paraît conforme aux lois naturelles lorsqu'on suppose que les sentiments d'affection sont d'autant plus forts que les liens familiaux (sanguins) sont plus étroits, de sorte que le système dévolutif du futur code, qui devrait classer les ordres d'héritiers par affinité croissante en incluant peut-être le conjoint survivant, réaliserait la conservation des biens dans la famille tout en reflétant l'intention vraisemblable du défunt.

La constitution et l'augmentation des fortunes des Camerounais sont certaines, aussi bien sur le plan mobilier qu'immobilier, de telle sorte que l'aspect réel du futur droit des successions qui, en droit traditionnel était peu important, ne correspond plus à la réalité. Bien au contraire, le problème du patrimoine prend le pas sur la dévolution des pouvoirs.

Par ailleurs, ce patrimoine se développe non plus au sein des communautés lignagères, mais plutôt de façon individuelle. En d'autres termes, les fortunes des Camerounais sont le fruit des efforts fournis par le défunt et les survivants. L'absence d'une législation dans ce domaine fait naître un sentiment d'insécurité qui milite pour l'instauration des droits successoraux du conjoint survivant.

La dévolution légale du conjoint survivant devrait avoir deux fondements : conservation et affection, car le conjoint fait l'objet d'affection sans avoir un lien de sang avec le de cujus.

Pour y parvenir, il s'agira pour le futur législateur d'interpréter et de sanctionner le devoir qui incombe au de cujus d'assurer au survivant une situation conforme à son rang social, en rapport avec celle dont il jouissait durant le mariage. Ce devoir devrait être le fondement commun de toute dévolution successorale au conjoint survivant.

Il est vrai que des différences profondes séparent l'état présent de la famille et du patrimoine de ce qu'a été sa conception dans les sociétés traditionnelles d'antan. Ces différences devraient s'inscrire dans la loi successorale, dont la famille fournit les sujets tandis que le patrimoine fournit la matière.

Lorsqu'on considère le patrimoine conjugal, il est certain que pour le grand nombre de couples, il s'édifie aujourd'hui pendant le mariage plutôt qu'il n'est pas plus reçu d'une quelconque succession. Cette revanche des acquêts sur les propres, clairement perçue dans l'opinion, devrait contribuer ainsi à légitimer avec force la vocation du conjoint survivant à l'héritage du prédécédé[918].

Quant à la famille, maintes causes sociologiques, psychologiques, voire morales ont élagué la grande famille lignagère pour la réduire à la famille nucléaire. Cette atomisation progressive de la famille devrait conduire au renforcement du lien dû à l'alliance, tenant par là même à distance des préoccupations lignagères autrefois exclusives. Le Doyen CARBONNIER fait remarquer à cet effet que « *ce resserrement familial a pour corollaire un ardent conjugalisme* »[919].

La problématique de la promotion héréditaire du conjoint survivant se place sur deux terrains. En effet, tout concourt à ce que des droits lui soient octroyés dans la succession du prémourant, mais la seule difficulté sera d'en trouver les justes modalités et mesures. Car pour renforcer davantage la vocation héréditaire du conjoint survivant, il faudrait conférer à son expectative la certitude de porter sur un objet minimum. En d'autres termes, il est souhaitable que le futur législateur lui garantisse un minimum successoral, qualifié de minimum successoral garanti.

2. Les modalités et les mesures de cette promotion

La reconnaissance qualitative de la vocation successorale du conjoint survivant a cette particularité d'être de *lege ferenda* facile et difficile à la fois. C'est la conséquence de la singularité de cet héritier unique en son genre et même « *rebelle à toute comparaison égalitariste avec un autre ayant droit de rang égal au sien* »[920]. À cet effet, on dénombre trois possibilités de mise en œuvre de sa vocation successorale, à savoir, la réserve héréditaire (a), le droit de maintenance du conjoint survivant (b) et le droit d'usufruit (c).

a. Le conjoint survivant héritier réservataire[921]

La promotion réservataire du conjoint survivant peut-être une des modalités de réalisation de sa vocation héréditaire par le futur législateur camerounais. Ceci pourra lui garantir une sécurité successorale d'ordre public, car il aura une vocation intangible à recueillir la portion qui lui sera affectée par la force impérative de la loi. Le droit à la réserve, que l'on considère comme un abrégé de vocation successorale est, comme elle, indifférent à la situation individuelle de son titulaire. Il est même pour chaque héritier de même rang, insensible à ses ressources et à ses besoins. Ainsi, « *identique*

918VIALLETON (H) : « Famille, patrimoine et vocation héréditaire en France depuis le Code civil » ; *Mélanges MAURY* II, p. 577.

919CARBONNIER (J) : « Essai sur les lois », édition *répertoire du Notariat DEFRÉNOIS*, 1965, p. 169.

920 CATALA de ROTON (MC) : op. cit., n° 316, p. 421.

921 DAGOT (M) : « Le conjoint survivant, héritier réservataire ? », D. 1974, chr., p. 39

pour la cigale et la fourmi, pour l'enfant handicapé et pour le surdoué, la réserve procède de l'égalité formelle proclamée par la déclaration de 1789. Elle est l'instrument d'un ordre successoral objectif et non pas un viatique ajusté à quelque état subjectif de pénurie. Sa nature n'est donc pas alimentaire »[922].

Toutefois, les avis sont partagés quant à l'adoption systématique de la réserve en tant que modalité d'amélioration du sort du conjoint survivant. Aussi, existe-t-il certains arguments contre cette promotion alors que d'autres concourent en sa faveur. Il convient dès lors de présenter ces différents arguments qui devraient servir de guide au futur législateur pour juger de la promotion réservataire ou non du conjoint survivant.

b. Les arguments contre l'attribution de la réserve au conjoint survivant

Les arguments qui combattent la réserve héréditaire du conjoint survivant peuvent être regroupés sous deux idées centrales : le fondement insuffisant à la justifier et les conséquences négatives qu'entraînerait cette promotion.

En ce qui concerne l'insuffisance de fondement justifiant la promotion héréditaire du conjoint survivant, on évoque l'absence de lien sanguin ou affectif et la précarité du lien conjugal. En effet, les fondements classiques de toute vocation successorale sont de deux ordres : le lien de sang qui unit le défunt avec les membres de sa famille, fondement

essentiellement propre à la dévolution nécessaire (réservataire), et l'affection que le défunt est présumé éprouver à leur égard, fondement propre à la dévolution ab intestat.[923]

S'agissant de la précarité du lien conjugal, on relève que le lien conjugal n'est pas de nature à constituer le fondement de l'objectif du droit réservataire du conjoint survivant pour une raison: il est frappé du vice de dissolubilité. Parce qu'il est dissoluble, le lien conjugal est fatalement précaire. Cette précarité empêche l'intégration familiale complète du conjoint et ne justifie pas sa participation au partage des biens familiaux. La dissolution du mariage par la mort de l'un des époux est inévitable. Et cette dissolution peut avoir, quant à la famille par le sang de l'époux prédécédé, des effets redoutables, surtout en l'absence de descendants communs. Il serait alors à craindre que le conjoint survivant en se remariant n'apporte ainsi à une autre famille les biens qu'il a reçus de la succession du premier époux. Par le remariage, le survivant se sépare de la famille et s'agrège à un autre groupe ; il est donc raisonnable

---

922 PERNEY : « La nature juridique de la réserve héréditaire », thèse, Nice, 1976, spécialement Titre I, 2e partie, p. 529 et s. cité par CATALA de ROTON (MC), n° 309, p. 248.

923 SAVATIER (R) : *Le droit, l'amour et la liberté*, n° 99 cité par IOANNA KONDILY : op. cit. n° 34, p. 188

qu'il abandonne l'héritage reçu du premier conjoint aux représentants de sa famille, propriétaires naturels de cet héritage.

La législation française a répondu favorablement à cette préoccupation. Elle a prévu des déchéances légales du survivant en cas de remariage et la validité des clauses testamentaires tendant à cette fin (clause de viduité)[924]. Toutefois, l'existence de descendants communs neutralise ces réactions, puisqu'elle crée entre les époux un lien durable au-delà de la mort.

Quelques réserves, cependant, lorsque la mort intervient pendant une instance de divorce. Le droit français retient que le survivant défendeur en divorce conserve son droit successoral lorsque la mort de l'époux demandeur intervient avant que le jugement prononçant le divorce soit rendu irrévocable en considération du fait que le mariage est finalement dissous non par le divorce, mais par le décès du demandeur (articles 765,766 et 767 du Code civil)[925]. Dans ce cadre, le conjoint survivant ne devrait pas être réservataire[926].

S'agissant des conséquences négatives que pourrait avoir la réserve conjugale, on en dénombre deux, à savoir, la restriction de la part des réservataires traditionnels et surtout la restriction de la liberté de disposer du conjoint prédécédé. En effet, la succession se divise en deux quotités, l'une réservée au profit de certains membres de la famille, l'autre laissée à la libre disposition du de cujus. L'attribution de la réserve héréditaire au conjoint survivant supposerait l'exercice d'une emprise soit sur l'une des quotités, soit sur l'autre, soit sur toutes les deux.

Le premier argument tient surtout au fait que les biens du défunt proviendraient de la peine que les générations précédentes ont prise pour constituer l'héritage et que seuls les héritiers par le sang en sont les successeurs naturels. De son côté, le conjoint survivant évoque sa propre collaboration à cette institution. On est alors devant le problème de la distinction coutumière des biens en propres et en acquêts. Les propres biens lignagers ancestraux ont été dévolus à l'époux décédé par voie héréditaire. C'est la fortune transmise que le défunt a possédée et administrée à titre de membre du groupe et dont l'exclusion du conjoint paraît normale. En revanche, ce dernier prétend exercer son droit naturel sur la masse des biens personnels du défunt (fortune acquise), à l'édification desquels il a coopéré.

En fin de compte, l'emprise exercée sur la réserve des héritiers traditionnels au profit du conjoint survivant paraît justifiée suivant l'origine des biens composant la succession à partager.

---

924 AMANT (V) : « De l'indignité en matière de succession, Étude de droit comparé », thèse, Paris, 1901, p. 20 ; ROUGUIN « Droit comparé des successions », t 2, n° 904

925 TERRE (F) et LEQUETTE (Y) : op. cit., n° 74

926 DAGOT (M) : « Le conjoint survivant réservataire », D. 1974, chr., p. 35

En ce qui concerne l'argument selon lequel la liberté de disposer du conjoint prédécédé sera réduite, la raison en est que la promotion réservataire du conjoint survivant aura pour conséquence la réduction de la quotité disponible, ce qui serait de nature à troubler l'équilibre délicat qui existe entre la réserve et la partie librement disponible.

Par ailleurs, globalement considérée, la double fonction familiale et individuelle de la réserve semble expliquer l'incompatibilité entre la vocation successorale du conjoint survivant et la réserve[927]. Car la réserve tend au maintien de l'héritage dans la famille, et comme le conjoint survivant, dont les droits successoraux reposent sur le lien conjugal et non sur l'affinité parentale, n'appartient pas à la famille du sang, ce serait un contre sens d'en faire bénéficier à l'époux survivant. Par ailleurs, si l'on se tourne vers l'impératif d'égalité qui doit régner dans le partage entre cohéritiers réservataires, on se trouverait pareillement en porte-à-faux, car le conjoint survivant est un successible unique en son genre et, par là même, rebelle à toute comparaison égalitariste avec un autre ayant droit de rang égal au sien. Il ne trouve pas naturellement de place dans la communauté des réservataires dont l'égalité successorale reflète l'identité parentale.

Le système matrimonial peut également être évoqué comme un obstacle à la réserve héréditaire du conjoint survivant. À cet effet, dans un système monogame, il n'existe qu'un seul conjoint survivant possible au sens du droit des successions, les époux divorcés ayant perdu leur vocation héréditaire par la décision qui a rompu le lien conjugal. Les difficultés pourraient survenir en cas de polygamie, qu'il s'agisse du veuvage masculin ou du veuvage féminin. Aussi, lorsque l'époux prédécède en laissant plus d'une veuve, faudrait-il envisager une réserve collective, différente de celle des héritiers par le sang, à toutes les survivantes ? Et lorsque l'une des épouses d'un polygame décède, comment faudrait-il procéder pour gérer la réserve du survivant ?

La réponse à toutes ces questions montre la difficulté de conciliation entre l'attribution d'un droit réservataire au conjoint survivant et la notion classique de réserve, tant au regard de sa destination parentale que de sa nature collective.

Il paraît également difficile de conférer à la réserve du conjoint survivant un caractère alimentaire. En effet, traditionnellement, la réserve des descendants est fondée sur un devoir posthume des parents. Or, ce fondement fait défaut au conjoint. Car la protection dont les époux devraient bénéficier sur le plan successoral devrait davantage être liée à la notion de besoin à laquelle la réserve est indifférente. Par définition, un droit de nature

---

[927] La réserve protège les héritiers contre les tiers, elle couvre la destination familiale de l'héritage. Regardée individuellement, elle garantit à chaque héritier une portion égale à celle des autres, réalisant un minimum d'égalité imposée.

alimentaire comporte comme élément fondamental, essentiel à sa qualification, la vérification de l'état de besoin du créancier et l'ajustement des prestations auxquelles il peut prétendre à l'importance dudit besoin[928]. Or, l'institution successorale ne s'accommode pas d'une pareille référence, car en droit écrit, l'état de besoin du successible est étranger à la vocation successorale en général, et à la réserve héréditaire en particulier.

En somme, ni l'étroitesse des liens du sang, ni le maintien des biens dans la famille, ni un principe impératif d'égalité ne semblent pas justifier la réserve du conjoint survivant. Ce n'est peut-être que dans le pur devoir moral et social que l'on pourrait trouver l'unique fondement adéquat à la réserve conjugale. Et ce n'est que d'une volonté essentiellement politique que pourrait naître une telle institution à laquelle pourrait être attribuée une étendue.

c. Les arguments en faveur de la promotion successorale du conjoint survivant

La réplique à l'argument relatif au défaut de fondement justifiant la réserve conjugale serait double : en effet, le lien créé entre les époux par le mariage, bien que différent du lien sanguin, serait à lui seul de nature et de force à justifier l'accès réservataire du survivant. Les deux idées prédominantes sont les suivantes : le caractère et le rôle moral du mariage et la récompense de la collaboration du conjoint survivant.

- Pour ce qui est du caractère et du rôle moral du mariage, sans toutefois se rattacher forcément au caractère sacramental du mariage, on ne peut nier son aspect moral ni les devoirs moraux qu'il engendre. Le but principal du mariage est la création de la famille. Il doit donc créer une association entre les époux tenus à des devoirs réciproques[929]. L'union des corps et des âmes s'accompagne de l'union des patrimoines. Le caractère moral du mariage existe, car le mariage engage les époux qui ont pris librement l'engagement de fonder une famille. L'incidence du lien matrimonial sur le statut réservataire du conjoint survivant ne devrait donc pas être méconnue. C'est alors de ce côté que le futur législateur devrait rechercher un fondement constant.

Dès lors, l'affinité conjugale pourrait devenir un fondement objectif de la réserve du conjoint pour deux raisons : l'une d'ordre moral et l'autre d'ordre sociologique. La première est la qualité de l'époux assurée par le mariage. La seconde est la qualité de membre de la famille – ménage, après le rétrécissement progressif du groupe. Pour tout dire, les liens qui unissent les époux paraissent aujourd'hui aussi respectables et puissants que les liens de

---

928 ALFANDARI (E) : « Droits alimentaires et droits successoraux », in *Mélanges offerts à René SAVATIER*, librairie Dalloz, Paris, 1965.

929 CARBONNIER (J) : « Terre et ciel dans le droit français du mariage », in *Mélanges RIPERT*, p. 329.

sang, car ces liens sont formés par la volonté, fortifiés par le temps et consacrés par le devoir.

• Par ailleurs, la participation du conjoint survivant au partage de la réserve pourrait également apparaître comme une récompense de sa collaboration à la constitution, à l'augmentation ou au maintien du patrimoine de l'époux prédécédé. Les deux époux ne pourraient être considérés comme des étrangers dans la succession de l'un ou de l'autre, lorsque cette succession se doit entièrement ou pour partie à l'effet de leurs propres efforts. Le législateur français a, à plusieurs reprises, fondé la promotion successorale du conjoint survivant sur l'idée de récompense de sa collaboration. Il serait logique pour notre futur législateur d'y apercevoir un fondement propice pour justifier sa qualification réservataire. Aussi, si les époux se doivent mutuellement secours et assistance, on peut aussi les considérer comme des ayants droit nécessaires, qualification qui proviendrait de la copropriété conjugale de laquelle émanerait un droit virtuel de propriété sur le patrimoine de l'époux prédécédé. Ce serait alors le reflet d'un droit de copropriété des époux sur l'ensemble par-delà la mort.

Toutefois, cette idée de récompense aurait l'inconvénient de faire dépendre son importance et sa grandeur des variables concernant l'origine des biens qui composent la succession du prémourant (transmis ou acquis), de la durée du mariage (longue ou courte), enfin les qualités et les défauts personnels du survivant (diligent ou paresseux, gaspilleur ou économe).

En somme, la promotion réservataire du conjoint survivant paraît plus facilement convenable, si son droit était exercé sur la masse des biens acquis. Une question pourrait cependant se poser en ce qui concerne la nature du droit par lequel serait assurée la vocation minimale du survivant : réserve en pleine propriété ou réserve en usufruit ? L'étendue de la quotité réservée pourrait également susciter certaines questions : quotité fixe ou quotité variable en fonction du nombre des autres héritiers réservataires ?[930]

Il en résulte que, face aux descendants du défunt, une réserve conjugale se concevrait difficilement, elle pourrait tout au moins l'être en usufruit. En revanche, face aux ascendants du de cujus, les arguments favorables à la réserve du survivant semblent plus forts[931]. Par ailleurs, dans l'ordre des affections probables du défunt, une règle relevant du droit naturel voudrait que

---

[930] Autrement dit, la question se pose de savoir si la protection du conjoint survivant devrait diminuer la liberté de disposer du de cujus et surtout la protection des réservataires traditionnels, ou alors devrait-on fixer la réserve conjugale par rapport aux héritiers avec lesquels il se trouverait en concours ?

[931] Dans la majorité des cas actuels, le défunt n'aurait pas hérité de ses ascendants, son patrimoine se composerait alors d'acquêts à l'exclusion des propres. Le maintien des biens dans la famille ne saurait justifier dans ce cas la réserve des ascendants, en pleine propriété, au détriment du conjoint survivant.

le conjoint occupe sans doute un rang plus avantageux face aux ascendants que face aux descendants du de cujus. Également, face aux collatéraux, la réserve conjugale devrait être une priorité.

En marge de ces tergiversations sur la promotion réservataire du conjoint survivant, le futur législateur pourrait, à l'instar de ses homologues ivoiriens et sénégalais, faire du conjoint survivant un réservataire, en lui trouvant comme fondement la prolongation de l'obligation de secours qui pèse sur le défunt.

Si la réserve conjugale ne semble trouver tout à fait son fondement dans la conception classique de la réserve héréditaire, c'est-à-dire en tant que quotité fixe dans la succession, il convient de prospecter du côté de l'obligation d'entretien qui devrait peser à titre posthume sur le de cujus.

3. Le droit de maintenance du conjoint survivant

Dans ses fondements rationnels, la réserve héréditaire convient aux héritiers du sang, et non à l'époux survivant qui, dans l'ordre classique des successeurs, occupe une place singulière. Dans les modalités techniques de mise en œuvre, l'octroi d'une portion réservée ne tient compte ni des forces de la succession, ni des besoins et des ressources des successibles. À cet effet, la finalité de la protection due au survivant est méconnue. Or cette protection pourrait avoir pour cause une obligation d'entretien. Les parts héréditaires ainsi reconnues au survivant pourraient être définies comme étant *« l'expression posthume des devoirs qui pèsent sur le disparu ; elles représenteraient ses suprêmes cotisations à sa subsistance »* [932].

Il est vrai que le conjoint survivant, de par sa simple vocation successorale, bénéficie déjà d'une protection modeste, accrue au fil « *des bouts de lois* »[933], qui résulte du régime matrimonial et des libéralités prévues par la législation d'emprunt et de la législation sociale. Toutefois, la nécessité de sa protection se fait toujours ressentir. Ainsi pourra-t-il se réaliser sous la forme d'une vocation alimentaire qui se traduirait par la maintenance, et qui peut se manifester sous deux modes. Le premier, le plus simple, reposerait sur une conception stéréotypée des besoins du survivant et imposerait à la succession d'y pourvoir sans rechercher si elle possède des moyens de les satisfaire. Il s'agirait alors d'une maintenance forfaitaire pour besoins présumés.

Le second mode prendrait en compte les moyens réels d'existence du survivant pour établir la part des besoins insatisfaits qui doit rester à la charge de la succession. La succession, dans ce cas, n'exercerait qu'une fonction subsidiaire, car elle se bornerait à compléter les ressources que le conjoint

---

[932] RODIERE (R) : « Évolution comparative des droits successoraux du conjoint survivant », *bulletin de la Société de législation comparée*, 1937, p. 304.
[933] CAPITANT (H) : D. H. 1931, p. 5, cité par CATALA DE ROTON : op. cit., n° 322, p. 430.

puise dans son patrimoine propre en cas de séparation de biens, dans le partage de la communauté ou qu'il retirerait de la prévoyance conjugale et sociale. Le droit successoral ne serait alors que l'ultime remède d'une impécuniosité démontrée. Fondé sur les besoins avérés, le droit à maintenance perdrait alors tout contact avec la réserve héréditaire. Il s'agirait d'une prestation de maintenance qui ne serait autre chose qu'une créance alimentaire, car le créancier d'aliment serait le survivant en raison et à concurrence de son état de besoin, et le débiteur serait la succession. Pour ce faire, les liquidateurs de succession devraient vérifier les facultés du solvens et les besoins de l'accipiens.

Par ailleurs, en calquant l'esprit de l'article 270 du Code civil, l'aide à accorder au conjoint survivant qui serait dans le besoin s'analyserait comme une prestation destinée à compenser autant que possible la disparité dans la rupture du mariage créée dans les conditions de vie respectives, cette prestation aurait donc un caractère alimentaire. Il s'agirait de « *rétablir…au sortir du mariage l'équilibre des conditions pécuniaires de vie* »[934], car « *il peut se faire que toutes les ressources soient concentrées du même côté. En ce cas, il faut essayer de retrouver par une prestation, l'équivalent de cette communication qui (même en l'absence d'une communauté) se pratiquait en fait pendant le mariage* »[935].

La protection à accorder au survivant des époux devrait donc avoir pour objet de lui maintenir le niveau de vie qu'il a connu du vivant de son conjoint prédécédé. En effet, les obligations qui naissent du mariage devraient survivre au profit du survivant, même contre la volonté du défunt, quand le besoin se fait sentir.

Pour finir, le futur législateur national pourrait copier l'article 271 du Code civil français, en instituant que la prestation de maintenance devrait être fixée selon les besoins élémentaires de l'époux à qui elle est versée et les ressources de la succession au moment de son ouverture, en tenant compte de l'actif au moment du décès et de l'évolution de celle-ci dans un avenir prévisible.

Mais, à côté de la possibilité de doter le survivant des conjoints d'une quotité invariable dans la succession ou d'un droit à la maintenance, une autre possibilité s'offre au futur législateur, à savoir qu'il pourrait suivre l'exemple de la législation mère française et celles de certains pays africains en réservant au conjoint survivant des droits successoraux soit en pleine propriété, soit encore en usufruit.

---

[934] CARBONNIER (J) : *Droit civil* II, n° 69, p. 217

[935] CARBONNIER (J) : op. cit. n° 218

a. Un simple droit successoral en usufruit ou en pleine propriété pour le conjoint survivant

Reconnaître une vocation successorale au conjoint survivant ne devrait plus faire de doute dans la future législation nationale. Seul le mode selon lequel cette vocation devrait être exécutée suscite des interrogations.

Il faut reconnaître que l'attribution d'un minimum successoral garanti ou encore d'une prestation de maintenance semble encore difficile compte tenu du climat socioculturel et des risques de résistance, et par conséquent, de rejet de la nouvelle législation. À cet effet, le futur législateur pourrait se rabattre sur le chemin tracé par la législation française et suivi par la majorité des législations africaines postcoloniales. Il pourrait à cet effet lui assurer une simple vocation successorale. Ceci paraîtrait plus logique, car il ne faut pas oublier que la future loi sur le patrimoine et la famille ne devrait pas être très en avance sur les mœurs de peur qu'elle ne soit pas appliquée. En effet, la mise en vigueur d'une loi nouvelle pose toujours nécessairement le problème de son acceptation ou de son rejet par les populations auxquelles elle doit s'appliquer[936]. Ainsi, *« à toutes les époques... il a existé un fanatisme du changement, poussant à mépriser, donc à sous-estimer les forces de résistance. Les mépriser n'est qu'un manque de charité ; les sous-estimer expose à des mécomptes... »*[937]

Aussi faut-il éviter les difficultés liées aux innovations juridiques, brusques et brutales[938].

Fort de tous ces enseignements, le futur législateur national pourrait également se rappeler ces propos de ENGEN EHRLICH : « *Le centre de gravité du développement du droit à notre époque... comme en tout temps ne doit pas être cherché ni dans la législation, ni dans la doctrine, ni dans la jurisprudence, mais dans la société elle-même* »[939].

Tous ces conseils sont importants, mais seulement, il faudrait également tenir compte de l'évolution que connaissent nos sociétés traditionnelles. En

---

[936] Supra, note 399 sur le fait que *«L'abrogation juridique ne coïncide pas toujours avec l'abrogation sociologique et la loi que le législateur a voulu supprimer peut très bien continuer de vivre, très vivante dans la conscience des individus »* (CARBONNIER [J], « *Flexible droit* », L. G. D. J., 1976, 3e éd., p.15. Cette survivance du droit antérieur entraîne toujours la naissance d'un conflit entre le droit dogmatiquement abrogé et la loi nouvelle.

[937] CARBONNIER (J) : « Essai sur les lois », *Répertoire du Notariat DEFRÉNOIS*, 2e édition, 1995, p. 43.

[938] Supra, note 380 sur ce conseil de MONTESQUIEU selon lequel « *les lois doivent être tellement propres au peuple pour lequel elles ont été faites, que c'est un très grand hasard si celles d'une nation peuvent convenir à un autre... Elles doivent être relatives au physique du pays, au climat..., au genre de vie des peuples... Elles doivent se rapporter à la religion des habitants, à leurs mœurs, à leurs manières* » MONTESQIEU *L'esprit des lois*, livre 1, chapitre 1, édition GARNIER, p. 24, cité par J. OBLE, n° 369.

[939] ENGEN EHRLICH : cité par CARBONNIER (J) : op. cit., p.17.

effet, si dans la société africaine originellement traditionnelle, le problème de la vocation successorale du conjoint survivant ne se posait pas, surtout en ce qui concerne la veuve qui, de surcroît, avait une valeur patrimoniale, il est évident que, de nos jours, la place du conjoint survivant dans la famille du défunt et par conséquent sa part successorale mérite d'être juridiquement déterminée. En effet, les luttes contre les discriminations et pour l'égalité de tous prônées par la Déclaration universelle des droits de l'homme et reprises par la constitution nationale dans ses différentes modifications et plus récemment par la charte africaine des droits de l'homme et des peuples, s'accommodent difficilement de certaines pratiques coutumières intimement liées aux mentalités et habitudes des peuples.

Dès lors, en évitant à la fois les pratiques coutumières discriminatoires et l'adoption des lois très en avance par rapport aux mœurs, le futur législateur national pourrait, selon les circonstances, attribuer au conjoint survivant des droits successoraux, sinon en pleine propriété (i), du moins en usufruit (ii).

i. Le conjoint survivant et la pleine propriété successorale[940]

Le futur législateur pourrait, dans un premier temps, reprendre tout simplement, mais à quelques nuances près, l'article 767 alinéa 1er, du Code civil français aux termes duquel « *lorsque le défunt ne laisse ni parent au degré successible ni enfants naturels, les biens de sa succession appartiennent en pleine propriété au conjoint non divorcé qui lui survit et contre lequel il n'existe pas de jugement de séparation de corps passé en force de chose jugée* ».

Aussi, pour améliorer la situation du conjoint survivant, en tant que prime à la vie commune, la future loi pourrait lui accorder une quotité en pleine propriété chaque fois que le de cujus ne laisse pas de descendants. Autrement dit, il ne serait plus logique de subordonner la vocation successorale en pleine propriété du conjoint survivant uniquement à l'absence de parents au degré successible, car le conjoint mérite un rang plus favorable que les ascendants et les collatéraux avec l'évolution contemporaine de la famille dont le

[940] L'article 767 du Code civil français, dans sa rédaction originaire, n'appelait le conjoint survivant qu'à défaut de tout autre successible. L'insuffisance de ce texte, qui ignorait l'affection conjugale et le devoir de secours à titre posthume du conjoint prédécédé vis-a-vis du survivant, a été progressivement remédiée. Ainsi, de sa vocation en l'absence de tout parent au degré successible, de nouvelles dispositions lui avaient permis de concourir avec tous les héritiers du sang, et de recueillir ab intestat en face d'eux, une quote–part en usufruit variable. La situation du conjoint survivant a été sensiblement améliorée par le Code civil, car l'article 767, tel qu'il est appliqué au Cameroun, prend en considération l'expression posthume des devoirs de secours qui incombent au de cujus et surtout le devoir d'assurer au survivant une situation conforme à son rang social, relativement en rapport avec ce dont il jouissait durant le mariage.

rétrécissement autour du noyau conjugal est un des phénomènes sur lesquels les observateurs juristes et sociologues s'accordent plus aisément.

Les exemples de la Côte d'Ivoire, du Sénégal et du Togo paraissent édifiants à cet effet.

Le législateur ivoirien, pour marquer la promotion du conjoint survivant en droit moderne par rapport au droit traditionnel, a institué en sa faveur une vocation successorale en pleine propriété.

De même, le Code sénégalais de la famille, s'inspirant de l'avant-projet du Code civil français, a également institué la pleine propriété en faveur du conjoint survivant dans tous les cas où il est appelé à la succession[941].

Le législateur togolais a adopté la même solution dans un souci d'égalisation des époux et de la vocation de l'époux survivant à hériter ab intestat du conjoint prédécédé. Cependant, cette vocation en pleine propriété varie également selon les héritiers avec lesquels le survivant se trouve en concours[942].

En s'inspirant des autres législations africaines en la matière, mais en les adaptant au contexte national, c'est-à-dire en fixant une quote–part invariable en pleine propriété au profit du conjoint survivant, le législateur camerounais évitera que le conjoint survivant continue d'être l'objet de fréquentes exclusions lorsqu'il se retrouvera en présence d'héritiers le primant.

Un concours pourra être normalement institué en cas de polygamie, où la quotité attribuée au conjoint survivant devra être répartie entre les différentes veuves, bien sûr après que chacune d'elles a récupéré les biens provenant de la liquidation du régime matrimonial qui a existé entre leur époux commun et elle.

Ainsi, afin d'éviter des désagréments, il est souhaitable que la future loi adapte un régime matrimonial à chaque système[943]. Sur ce point, le législateur national pourrait s'inspirer de son homologue malien[944].

L'institution par la future loi des régimes matrimoniaux assortis aux systèmes aurait l'avantage de faciliter la liquidation des régimes

---

[941]GUINGARD (S) : *Droit patrimonial de la famille au Sénégal –(Régimes matrimoniaux – libéralités – successions)*, bibliothèque africaine et malgache, L.G.D.J., 1980, n° s 989,990 et 991, p. 442 ; AMSATOU SOW SIDIBE : op. cit., p. 53 et s. ; BOUREL (P) : op. cit., p. 52 et s.
[942]AGBEKPONOU (A) : op. cit., p. 443.
[943] Voir infra, sur la liquidation des régimes matrimoniaux dans la détermination de la masse successorale. Pour le système monogamique, les époux devraient avoir le choix entre le régime de communauté, conventionnel ou légal, et celui de séparation de biens, tandis que la séparation de biens serait plus appropriée au système polygamique.
[944] DOCKO OUSMANE BOUBOU : « Le mariage et le divorce au Mali », PENANT, 1965, pp. 471 – 486.

matrimoniaux lors de la dissolution du mariage et, par conséquent, de succession de l'un des époux prédécédés, quel que soit le système choisi.

En définitive, la situation du conjoint survivant devrait être nettement confortable lorsqu'on combine ses droits successoraux avec le bénéfice qu'il retirerait de son régime matrimonial[945]. Dès lors, et dans la majorité des cas, les régimes à forme communautaire devraient assurer au conjoint survivant le partage d'actif commun, lorsque le patrimoine conjugal aurait été bien géré. En revanche, celui qui aurait évolué sous le régime de la séparation de biens devrait avoir assuré lui-même une saine gestion de son patrimoine pour se procurer une situation confortable.

De plus, la prévoyance conjugale, à travers les institutions contractuelles, pourrait être améliorée par la prévoyance sociale.

Pour tout dire, l'idéal pour la future loi successorale serait de prévoir en faveur du conjoint survivant une quotité fixe en pleine propriété que l'on qualifiera de prime à la vie commune[946]. Cependant, si cette attribution s'avère encore difficile pour le futur législateur, peut-être à cause du manque de fondement, il pourra toujours lui prévoir un droit en usufruit dans la succession de son conjoint prédécédé.

ii. Le conjoint survivant : usufruitier légal

L'usufruit se définit comme un démembrement du droit de la propriété qui ne confère à son titulaire que l'usage et la jouissance du bien sur lequel ce droit porte, et non la disposition qui appartient au nu-propriétaire.

Les pays africains, qui ont précédé le Cameroun dans l'élaboration d'une législation en droit patrimonial de la famille, ont attribué au conjoint survivant, dans la majorité des cas, une quotité en pleine propriété, soit en tant que simple successeur, soit en tant qu'héritier réservataire. Cet état de choses se justifie par le fait que des différences profondes séparent l'état présent de la famille et du patrimoine de ce qu'il fut en Europe à l'aube du 19e siècle et en Afrique dans les sociétés originellement traditionnelles. Ces différences ont été inscrites dans les différentes lois successorales.

La législation française, qui a toujours servi de source d'inspiration aux législations africaines d'expression francophone, fait du conjoint survivant un successeur soit en pleine propriété, soit en usufruit selon les circonstances[947]. Il convient de relever que la multiplicité des fondements de l'usufruit du

---

[945] Voir infra, IIe partie, titre I chapitre I, sur les régimes matrimoniaux de lege ferenda.

[946] COULIBALY : « Les traits principaux du nouveau droit ivoirien de la famille », *R.J.P.I.C*, 1967, n° 1

[947] RUSSEL (M L) : « La famille après le mariage des enfants », *I.N.E.D.*, cahier n° 78, P.U.F.

conjoint survivant[948] engendre des difficultés pour sa mise en œuvre[949]. Ces difficultés apparaissent soit dans l'exécution directe de l'usufruit du conjoint survivant[950], soit dans la conversion de cet usufruit en une rente viagère[951], soit par sa conversion en capital[952].

4. L'existence d'un mariage : condition de la vocation successorale du conjoint survivant

Autant la parenté fait naître une vocation héréditaire au profit des personnes qui se prévalent du lien de sang, le mariage constitue la cause de dévolution successorale du conjoint survivant. À cet effet, le futur législateur devra faire appel aux expériences françaises et africaines pour faire également du mariage le seul lien successoral entre les conjoints survivants et prédécédés. Cependant, il ne suffit pas de déclarer que le mariage a existé, aussi faut-il que certaines précisions soient données à propos de cette condition d'existence du mariage.

---

948 Art. 767 alinéa 3 du Code civil : « Le conjoint survivant non divorcé qui ne succède pas en pleine propriété et contre lequel il n'existe pas de jugement de séparation de corps passé en force de chose jugée a, sur la succession du prédécédé, un droit d'usufruit qui est :
- d'un quart si le défunt laisse un ou plusieurs enfants issus du mariage ;
- d'une part d'enfant légitime le moins prenant sans qu'elle puisse excéder le quart, si le défunt laisse des enfants naturels, des frères et sœurs ou descendants des frères et sœurs ou des ascendants ;
- de la totalité dans tous les autres cas, quels que soient le nombre et la qualité d'héritiers.

949 Infra, 2e partie, spéc. Sur les opérations de liquidation de l'actif successoral. En effet, la formation de la masse de calcul est donc l'opération par laquelle on détermine les biens sur lesquels se calculera le pourcentage de l'usufruit. Cette masse se compose de tous les biens existant au décès du de cujus, auxquels seront réunis fictivement ceux dont il aurait disposé, soit par donation soit par testament. La masse de calcul incorpore les libéralités rapportables qui ne figurent pas dans la masse d'exercice. Aussi, la masse d'exercice est-elle égale à la masse de calcul, moins les libéralités rapportables et elle est inférieure à elle dans les autres cas.

950FORGUES (P) : « Du droit d'usufruit du conjoint survivant, ses modes de calcul, son exercice », Thèse Toulouse, 1907. On commence par déterminer la masse de calcul à laquelle on appliquera la quotité du quart ou de la moitié. On obtient ainsi le montant de l'usufruit. Malheureusement, il peut exister dans cette masse des biens qui ne peuvent pas supporter cet usufruit bien que faisant partie de cette masse ; il faut alors dans un deuxième temps constituer la masse d'exercice qui est composée des biens qui peuvent être grevés de l'usufruit du conjoint survivant. Enfin, il convient de déduire du résultat obtenu les libéralités que le conjoint a reçues du de cujus ; c'est l'imputation des libéralités. CATALA de ROTON (MC) : op. cit., n° 224, p. 191.

951 AUBRY et RAU, T9, § 606 bis, texte et note 50 ; MAZEAUD, T4, 2e vol., n° 821 ; BRETON, Encyclopédie Dalloz, v° Successions, n° 508 ; RIEG (A), J-cl. civ. Art. 765-767, n° 133 ; FLOUR (J) et SOULEAU (H), *successions,* n° 109 ; TERRE (F) et LEQUETTE (Y) : op. cit., n° 207 ; RAYNAUD (P) : *les* successions *et les libéralités*, Sirey n° 116. ; COURET (A) : « La notion juridique de conversion », *Mélanges VIGREUX, 1981,* T1, p. 222 et s.

952 Voir infra 2e partie, sur les effets du partage des successions.

En effet, on se rappelle que la dualité de statuts qui a existé à l'époque coloniale a légué au droit positif du mariage, outre la dualité des formes de mariage [953]-polygamie ou monogamie- une dualité de rites de célébration.

a. La dualité des formes de mariage

Avant l'acquisition de la souveraineté nationale par le Cameroun, la législation sur le mariage était différente[954]. Avec l'indépendance du Cameroun, une loi (de 1966) ne donne d'effets légaux qu'au mariage célébré par un officier d'état civil[955]. Cette loi ne s'était pas expressément prononcée sur le sort du mariage coutumier, ce n'est que la loi de 1968 qui va rendre obligatoire, pour tous, la célébration du mariage par un officier d'état civil[956]. La loi de 1968 qui institutionnalise le rite civil supprime du même fait les mariages coutumiers. Curieusement, l'ordonnance prise en 1981, va abroger la loi de 1968 et ressusciter les mariages coutumiers dont la validité est désormais subordonnée à la transcription dans les registres d'état civil des lieux de naissance ou de résidence de l'un des époux[957]. Paradoxalement, cette ordonnance ne fixe aucune modalité ni de célébration ni de transcription.

D'après tous les textes relatifs au mariage, les camerounais ont la faculté d'opter soit pour la forme monogamique, soit encore pour la forme polygamique avec un nombre illimité d'épouses, conformément à cette équivoque qu'a relevée feu Pr MELONE qu'il « *il n'est pas sociologiquement contre les bonnes mœurs que le polygame épouse toutes les femmes qu'il fréquente* »[958].

De plus, ces mariages peuvent être célébrés soit par un officier d'état civil assermenté, soit encore par le responsable coutumier selon les rites traditionnels, à la seule condition que ledit mariage soit transcrit dans les

---

[953] NDJODO (L) : *Le mariage chrétien chez les BETI*, Imprimerie YONGA & PARTNERS, édition 1997, Douala.

[954] En ce qui concerne la dualité des rites de célébration, les citoyens de statut local se mariaient conformément à leurs coutumes tandis que les citoyens de statut moderne sollicitaient les services d'un officier d'état civil, uniquement français à l'époque. Par la suite, l'arrêté du 16 mars 1935, portant organisation de l'état civil indigène, viendra rendre obligatoire la célébration du mariage devant un officier d'état civil pour les camerounais de statut coutumier, et lorsque le mariage avait été célébré selon les rites coutumier sa validité était subordonnée à sa déclaration et à son enregistrement.

[955] Loi n° 66/COR/du 7 juillet 1966 portant diverses dispositions relatives au mariage, J.O.C., 1966, p. 66.

[956] Loi n° 68/LF du 11 juin 1968 portant organisation de l'état civil au Cameroun.

[957] Ordonnance n° 81 – 02 du 29 juin 1981 portant organisation de l'état civil et diverses dispositions relatives à l'état des personnes physiques, J.O.C. n° 14 du 1er août 1981, p. 1639 ; YOUCHE (J M) : La justice au Cameroun : organisation, fonctionnement, saisine, compétence, procédure, voies de recours et d'exécution, 1re édition, 1986.

[958]MELONE (S) : « Le poids de la tradition dans le droit contemporain, à propos du phénomène polygamique au Cameroun et ses prolongements juridiques », *PENANT,* 1971, p. 433

registres du centre d'état civil du lieu de naissance ou de résidence de l'un des époux[959].

Cette situation nous conduit à examiner les modalités requises pour que le conjoint survivant exerce son droit successoral.

b. Le mariage conférant la vocation successorale au conjoint survivant

La meilleure solution pour éviter tous ces désordres serait que le futur législateur ne consacre que le mariage célébré par un officier d'état civil, quelle que soit sa forme et de ce fait supprime le mariage coutumier[960].

De plus, ce mariage devrait nécessairement avoir existé au moment du décès de ce dernier.

En ce qui concerne la suppression du mariage coutumier, le Cameroun, comme le proclame la constitution, est un État laïc. Le mariage, institution nationale, l'est également. Et pour assurer la laïcité de cette institution, la présence d'un officier d'état civil matériellement et territorialement compétent est exigée. Il est et devrait toujours en être ainsi même si, au préalable, les rites traditionnels ont été célébrés. De plus, la consécration de cette laïcité exige l'antériorité du mariage civil au mariage religieux.

Désormais, dans la future législation, l'officier d'état civil devrait être la seule autorité habilitée à conférer au mariage des effets légaux. Elle devrait, à cet effet, reprendre l'article 194 du Code civil[961] selon lequel *« nul ne peut se prévaloir du titre d'époux et des effets civils du mariage que sur présentation d'un acte de célébration inscrit sur les registres de l'état civil ».*

Dès lors, la preuve du mariage est facilitée par la présentation de l'instrumentum, c'est-à-dire d'un acte de mariage conforme au texte. Et ce n'est que lorsque le mariage aurait été célébré par un officier d'état civil qu'il devrait créer des effets tant personnels que pécuniaires entre ses différents acteurs, déterminer le régime matrimonial applicable aux époux et enfin, et surtout la vocation successorale tant des descendants de cette union que celle du survivant.

Pour que le mariage consacre la vocation successorale du conjoint survivant, le lien doit avoir été maintenu jusqu'au jour du décès du de cujus.

---

[959] Cette option paraît de nature à créer quelques perturbations pendant le règlement des successions des polygames dans lesquelles certains mariages ont été célébrés par un officier d'état civil alors que d'autres le sont coutumièrement et n'ont même pas été transcrits. C'est le cas de la succession SOPPO PRISO. Voir infra.

[960] KOUASSINGAN A (G) : *Quelle est ma loi ?,* op. cit., p. 20

[961] Il s'agit du Code civil français qui nous sert également de législation d'emprunt.

Si le seul mariage désormais valable était celui célébré par un officier d'état civil, il serait logique que sa dissolution se fasse dans les conditions fixées par la loi, à savoir le divorce judiciairement prononcé et dans le pire des cas le décès de l'un des conjoints.

Ceci aurait pour conséquence de résoudre un problème auquel les juridictions sont régulièrement confrontées, à savoir les suites successorales d'une répudiation ou d'une séparation de fait d'une longue durée.

Par l'exigence de l'absence d'une décision judiciaire de séparation de corps passée en force de chose jugée, le législateur empêchera que des droits successoraux soient attribués à un survivant qui aura causé beaucoup de torts au prédécédé.

Les mêmes difficultés se rencontreraient dans l'exigence d'une décision prononçant le divorce entre le survivant et le prédécédé.

Par l'exigence de l'absence d'un divorce judiciairement prononcé, beaucoup de problèmes devraient être évacués.

En effet, entre époux, le mariage est, comme le lien de sang chez les parents, la cause de la dévolution successorale. Cependant, si le lien sanguin est caractérisé par sa pérennité, son indélébilité, le mariage, au contraire est essentiellement précaire, car il est inévitablement voué à la rupture, et de ce fait, tous les effets y afférents deviennent caducs.

Avec la disparition du lien matrimonial, le conjoint survivant perd ses droits dans la succession du prédécédé. Pour cela, il faudrait que la décision qui a prononcé le divorce soit définitive.

Toutefois, plus délicate paraît l'hypothèse dans laquelle l'un des époux décède après que le divorce a été prononcé, mais avant qu'elle ne soit définitive[962]. Il se pose la question de savoir, entre le décès et la décision judiciaire, quelle aurait été la cause de dissolution dudit mariage. La réponse à cette question est très importante et très complexe[963].

---

962 Une décision n'est définitive que lorsque, soit toutes les voies de recours n'ayant pas été utilisées, les délais de recours ont déjà été épuisés, soit lorsque toutes les voies de recours ont été effectivement utilisées, ainsi, le justiciable n'a plus une autre instance devant laquelle il pourrait porter son action.

963 L'interprétation de l'article 767 alinéas 1 et 2 (ancien) c. civ. laisse comprendre que lorsque le décès de l'un des époux survient pendant l'instance de divorce, la décision n'étant pas encore irrévocable, le mariage serait dissous non par le divorce, mais par le décès de l'un. Cependant, cette solution devrait être nuancée, aussi devrait-on décider que le survivant défendeur en divorce conserve son droit successoral lorsque la mort de l'époux demandeur intervient avant que le jugement prononçant le divorce soit rendu irrévocable en considération du fait que le mariage a été finalement dissous non par le divorce, mais par le décès du demandeur. Dans ce cas la répartition des torts n'est pas prise en considération autant que la décision l'ayant prononcée. Mais si c'est le défendeur en divorce qui décède, il n'est pas normal qu'ayant déjà

Il s'agira pour le futur législateur national de ne pas se contenter dans ce domaine du seul droit importé, pour le transposer tel quel dans une société qui a d'autres considérations. À cet effet, il devra essayer de concilier les impératifs légaux avec les réalités sociales. Car, si le divorce a toujours pour cause principale la faute du conjoint, il paraît évident qu'à ce stade seuls les rapports légaux (fidélités, secours) artificiels continuent de lier les conjoints, toute volonté de vie commune ayant disparu.

En somme, afin d'éviter des situations indésirables, seul un mariage valable, c'est-à-dire célébré par un officier d'état civil compétent, et non affecté par une décision, même non définitive, prononçant soit le divorce, soit la séparation de corps devrait conférer au survivant des conjoints des droits successoraux une vocation dans la succession du prédécédé.

L'ordre successif ainsi présenté montre un large éventail des successibles qui, compte tenu de la large étendue de la famille africaine, ne laisserait qu'une infime possibilité à l'État de récolter une succession. Toutefois, il paraît inopportun d'envisager les hypothèses dans lesquelles l'État pourrait recueillir une succession ; cette prévision ne convient, à notre avis, qu'au futur législateur. Aussi, ceci nous conduit à proposer la place et le rôle que doivent jouer certaines institutions dans la détermination des successibles, à savoir, le Conseil de famille et le juge.

c. L'intervention de certaines institutions dans la détermination des successibles

L'étude du système dualiste de la détermination des successibles nous révèle la prépondérance et l'omniprésence de deux organes, à savoir le Conseil de famille et le tribunal civil qui délivre le jugement d'hérédité.

En effet, avant d'entrée en possession de l'hérédité, tous les successibles, y compris le ou les conjoint(s) survivant(s), doivent obligatoirement remplir une formalité qui s'apparente fort bien à la procédure d'envoi en possession instituée dans certains cas[964].

---

sollicité la rupture du lien matrimonial, ce dernier ne prétende à aucun droit dans la succession de celui qu'il ne considérait plus comme son conjoint.
Dans tous les cas, cette solution méconnaîtrait la réalité, bien que juridiquement logique. En effet, dans cette hypothèse, aucun lien n'existant plus entre le de cujus et le survivant, reconnaître des droits au survivant n'assurerait pas la paix sociale. Il serait alors nécessaire pour le futur législateur de nuancer la solution selon les circonstances.

[964] En matière successorale, l'envoi en possession est formalité imposée aux héritiers irréguliers tels que l'État. Et elle a une triple fonction, à savoir :
- constater la qualité de successeur de celui qui demande l'envoi en possession ;
- assurer une certaine publicité permettant à tous les successibles de prendre connaissance de l'ouverture de la succession et de se présenter ;
- définir les droits des différents successeurs.

Cette procédure d'envoi en possession spécial instituée par le droit positif camerounais se déroule en deux étapes. Elle commence, en principe, devant le Conseil de famille, pour se terminer devant le tribunal qui doit délivrer aux envoyés en possession un jugement d'hérédité.

Il faut toutefois noter que si le Conseil de famille est une institution qui se retrouve aussi bien en droit coutumier qu'en droit écrit, même avec des objectifs et fonctions différents, le jugement d'hérédité apparaît comme une innovation propre au droit positif camerounais, car il n'est exigé par aucun texte à aucun successible.

. En décrivant ces deux organes, nous avons décrié la façon dont ils sont organisés et interviennent dans le règlement des successions[965]. Cette situation constitue, du moins l'une, sinon, la principale cause de lenteur et de difficultés dans le règlement des successions au Cameroun.

De par sa composition et sa fonction, le Conseil de famille, tel qu'il fonctionne au Cameroun, n'est pas l'organe collégial de la tutelle chargé de sauvegarder les intérêts des héritiers incapables qui est institué par le Code civil français. Car, il intervient systématiquement dans toutes les successions indifféremment de l'âge et de la qualité des héritiers. En effet, ce ne sont pas les survivants qui l'intéressent, mais le patrimoine laissé par le de cujus qui loin d'être personnel est plutôt collectif.

Avec ces conceptions diamétralement opposées, il est important que le futur législateur précise une fois pour toutes les cas dans lesquels le Conseil de famille devra intervenir dans le règlement d'une succession. Il devra également préciser son rôle, sa composition et son mode de fonctionnement afin d'en faire un organe efficace dans la protection des droits des incapables en général et des descendants du de cujus en particulier. Cette législation devrait être conforme à la convention internationale pour les droits de l'enfant qui recommande à son article 3 alinéa 1 que l'intérêt de l'enfant soit une considération primordiale dans toutes les décisions qui concernent les enfants, quelle que soit l'autorité qui est appelée à les prendre [549].

Toutefois, si, dans la pratique, les successibles peuvent parfois se passer du Conseil de famille, tel n'est pas le cas avec le jugement d'hérédité. Aussi, l'analyse de son exigence appelle-t-elle certaines observations. Le jugement d'hérédité apparaît comme un jugement d'envoi en possession des héritiers du

---

[965]À titre d'exemple, le Conseil de famille, tel qu'il a été institué par le droit coutumier et qu'il fonctionne effectivement dans la pratique, n'est autre chose qu'une assemblée coutumière traditionnelle composée de tous les notables du lignage. Le nombre et la qualité de ses membres ne sont même pas déterminés à l'avance. Aussi, dans les successions contentieuses, il peut être constitué autant de conseils de famille qu'il y a d'héritiers antagonistes, chacun pouvant convoquer une assemblée composée de membres qui sont acquis à sa cause.

[549] Voir supra, sur la suppression de la hiérarchie des filiations, même Chapitre.

de cujus. Alors que selon le Code civil, certains héritiers en sont dispensés, dans la pratique successorale du Cameroun, ce document est exigé à toute personne qui se prévaut de la qualité soit de parent au degré successible du défunt, soit de conjoint survivant afin d'entrer en possession du patrimoine successoral ou de jouir de certains droits découlant de cette qualité.

À cet effet, l'exigence du jugement d'hérédité fait du tribunal un organe inévitable dans le règlement des successions ab intestat. Car c'est ce document qui contient la preuve intangible de la qualité d'héritiers et de conjoints survivants de ceux qui le sollicitent. Il s'agit en réalité de la preuve judiciaire de la qualité d'héritiers, qui vient confirmer les preuves extrajudiciaires que renferment les actes d'état civil et, dans une moindre mesure, les délibérations du Conseil de famille.

Dans leur fonctionnement actuel, ces deux organes ne paraissent pas faciliter l'accès rapide des héritiers à la propriété successorale. Aussi, loin de souhaiter leur abandon par le futur législateur, il convient de lui faire une proposition qui cadrera avec les aspirations du monde contemporain telles que l'acquisition de la propriété par la succession, la protection des droits des héritiers en général et des enfants et conjoints survivants en particulier.

CHAPITRE II :

LA LEX FERENDA : LA NÉCESSAIRE CONCILIATION DES INTÉRÊTS EN PRÉSENCE

Si le système traditionnel considère le lignage comme l'élément social de base autour duquel la vie juridique, économique et sociale est organisée, le droit moderne ne se préoccupe en revanche que de l'individu. Ces conceptions opposées ont conduit à l'établissement d'une indivisibilité absolue des biens lignagers d'une part, et l'admission du partage égal entraînant le morcellement excessif ou des abus de licitation, d'autre part[966].

La particularité étant que ces biens seraient frappés d'une indivisibilité temporaire[967]. En d'autres termes, le législateur devrait réaliser un compromis entre la tradition et la modernité (Section I). Mais, pour que cette législation soit adaptée à ceux qui y seraient soumis, des dispositions spécifiques aux biens lignagers devraient être prises[968] (Section II).

Section I. La nécessité d'un compromis entre la tradition et la modernité sur certains biens successoraux

Lorsque plusieurs personnes sont appelées à la même succession, le patrimoine du défunt leur appartient en commun, on parle alors de l'indivision, c'est-à-dire du concours de plusieurs droits de même nature sur

---

[966] Ces conséquences, peu satisfaisantes, suscitent la nécessité de tenir compte à la fois de l'individu et du groupe. Pour parvenir à cette conciliation des intérêts, il serait souhaitable de mettre en œuvre des procédés techniques fondés sur les principes suivants : le maintien de la cohésion de la famille malgré le décès du de cujus et l'admission du partage comme moyen ultime d'allotir les cohéritiers dans certains cas. L'un des moyens pouvant favoriser la mise en œuvre de ces principes serait la constitution des *« biens de famille »* à l'instar des *« biens de lignage »* connus dans le système traditionnel.

[967] En effet, il s'agira de faire passer dans le droit positif certaines institutions auxquelles les populations semblent encore attachées et qui, en soi, ne sont pas rétrogrades, mais qui seront débarrassées de leurs aspects désuets, pour être adaptées à la vie moderne, telle que le caractère absolu de l'indivisibilité des biens lignagers. Le partage de ces biens sera donc possible, mais en tant que solution de dernier recours. En revanche, les biens qui n'auront pas un caractère familial devront être d'office partagés.

[968] Car, de nos jours, il ne s'agirait plus seulement d'anciens biens lignagers, mais de nouvelles acquisitions faites au nom de la famille selon les procédés modernes, et que le législateur devrait prendre en considération

le même objet sans qu'il y ait division matérielle des parts[969]. Conformément au droit traditionnel, l'indivision doit être maintenue indéfiniment, alors que le droit moderne, en lui conférant un caractère provisoire, en fait une étape de la procédure de partage de la succession[970]. Il convient de ce fait d'apporter des clarifications sur la notion (Paragraphe 1), la constitution et la transmission de ces biens de famille (Paragraphe 2). Par ailleurs, un régime particulier devrait être prévu pour les biens qui conserveront le caractère lignager (Paragraphe 3).

Paragraphe 1. Une nouvelle qualification des biens de famille

Le régime successoral institué par le Code civil de 1804 entraîne deux conséquences : le morcellement excessif des terres et le recours fréquent à la licitation[971]. Dès lors, la nécessité de constituer une catégorie de biens réservés à la famille et soustraits au partage se fait sentir. Pour y parvenir, il est opportun de déterminer les biens qui devraient en faire partie (B) à partir de leur origine (A) avant de définir ce qu'on entend par bien de famille (C).

---

[969] CAPITANT (H) : note sous civ. 5 juillet 1922, D. 1923. 2. 113, cité par OBLE (J) : op. cit., n° 642, p. 404.

[970] De ces deux formules, il résulte que, de nos jours, non seulement la rigidité du droit traditionnel ne peut plus être admise, mais aussi le partage ne doit pas intervenir dans les plus brefs délais. Aussi, devrait-on préconiser une solution de synthèse entre les précédentes. Cette synthèse serait possible à travers l'attribution du caractère indivisible à certains biens en raison de leur attachement très marqué à la famille.

[971] Or, le morcellement est désastreux aussi bien sur le plan social que sur le plan économique. En effet, un individu ne veut travailler davantage que s'il sait que son œuvre va lui survivre. Par ailleurs, les mutations que subissent toutes les sociétés n'épargnent pas le Cameroun où les dirigeants ont opté pour une économie libérale qui incite à l'initiative privée, d'autant plus qu'il est unanimement admis qu'un régime successoral peut contribuer au développement économique et social du pays. Cette idée se justifie dans cette pensée de TOCQUEVILLE qui disait à cet effet que : « *les lois successorales appartiennent à l'ordre civil, mais elles devraient être placées en tête de toutes les institutions politiques, car elles influent incroyablement sur l'état social des peuples dont les lois politiques ne sont que l'expression. Elles saisissent en quelque sorte les générations avant leur naissance* ». In TOCQUEVILLE : rapporté par BLONDEL in Réforme sociale, 1901, janvier-juin, p. 505. cité par OBLE (J), n° 643. De plus, et à titre d'exemple, lorsqu'une personne décède en laissant plusieurs enfants et un héritage consistant, en le partageant systématiquement entre les héritiers, ce patrimoine risque de s'éparpiller. Or, on ne peut pas non plus le vendre. Toutefois, certaines parties accessoires peuvent éventuellement être vendues pour la résolution de certains problèmes urgents ; et la plus grande partie restante pourra constituer un fonds participant au développement économique du pays. Dès lors, la nécessité de constituer une catégorie de biens réservés à la famille et soustraits au partage se fait sentir.

A. Les origines des biens de famille

Pour mieux comprendre la notion de bien de famille, il convient d'examiner sa conception aussi bien dans les sociétés traditionnelles du Cameroun que dans les autres civilisations.

1. La conception traditionnelle du bien de famille

Le bien de famille n'est pas à proprement parler une institution nouvelle. En effet, afin d'assurer le rayonnement du lignage, les sociétés traditionnelles avaient admis la nécessité d'attribuer à un certain nombre de biens le caractère lignager[972].

Toutefois, les mêmes objets ne constituaient pas toujours des biens lignagers dans toutes les sociétés traditionnelles, ceci, à cause de la multitude d'ethnies que compte le Cameroun. Par ailleurs, certains biens sont directement soumis à l'usage de tous les membres du groupe, alors que sur d'autres, ils n'ont qu'une jouissance indirecte[973].

Quelle que soit leur utilité, ces biens présentent quelques caractères. Aussi, sont-ils tous communs, c'est-à-dire que tous les membres du lignage ont un droit indivis sur les éléments qui les composent[974]. Une tendance évoque leur aspect collectif[975]. Ainsi peut-on comparer cette inaliénabilité à celle qui existait dans les sociétés primitives de Rome[976]. Une autre tendance impute

[972] Il s'agissait soit des biens acquis par le travail de tous les membres du lignage, soit de ceux qui provenaient d'héritages successifs. Ces biens étaient alors constitués de meubles et d'immeubles dont le lignage avait besoin pour assurer sa pérennité.

[973]Dans la première catégorie, on classe soit des terres transmises par des générations précédentes ou nouvellement acquises, soit des cheptels pour les peuples d'éleveurs, soit des bijoux et des pagnes de grande valeur. Et dans la seconde, il s'agit des biens lignagers qui comprennent des objets rituels destinés à assurer la pratique du culte des ancêtres.

[974] Pour mieux exprimer le caractère lignager de la terre, un chef traditionnel avait déclaré que « ... *La terre appartient à une grande famille dont beaucoup de membres sont morts, quelques-uns sont vivants et dont le plus grand nombre est encore à naître* ». Réflexion d'un chef nigérian faite devant le West African Commitee en 1912, cité par OBLE (J) : op. cit. n° 442. De plus, ces biens sont inaliénables. La doctrine avance plusieurs raisons pour justifier cette inaliénabilité.

[975] GUIRAUD (P) : « La propriété primitive de Rome », *revue des études anciennes, 1904, p. 221 et* s. ou de E. DURKHEIM (E) : *Journal sociologique*, P.U.F., 1969, p. 561, cités par OBLE (J), n° 443.

[976] En effet, sous le régime du collectivisme domestique, la propriété était inaliénable, de plus, elle se transmettait héréditairement dans la même famille sans pouvoir en sortir OBLE (J) : op. cit., n° 443, note17.

ce caractère à la conception traditionnelle de l'ordre social[977]. Pour une autre tendance enfin, le caractère sacré de la terre explique son inaliénabilité[978].

Pour conclure, KOUASSINGAN, trouvant que ces différentes explications sont insuffisantes, opte pour une synthèse de tous ces fondements en ces termes : « *Dès lors que toutes ces raisons prises séparément ne peuvent expliquer l'inaliénabilité de la terre, il faut combiner les raisons d'ordre sociologique et religieux avec les raisons d'ordre purement économique pour arriver à une explication satisfaisante, car elles interviennent conjointement* »[979]. Les biens lignagers sont enfin indivisibles.

Mais en dehors des sociétés traditionnelles d'Afrique, donc du Cameroun, d'autres sociétés ont également connu la notion de bien de famille.

2. Le droit écrit comparé et le bien de famille

Le risque que couraient les membres d'une famille de se retrouver sans abri après le décès du père et surtout la perspective du morcellement des petites exploitations, ont conduit certains pays occidentaux à instituer le bien de famille. On peut ainsi citer les États-Unis d'Amérique[980], l'Allemagne[981] et la France[982].

---

[977] JOUHAUD (Y) : « La notion de domaine ou patrimoine collectif national dans les nouvelles législations du Sénégal et du Cameroun. Essai de synthèse entre le droit coutumier et le droit foncier moderne », *R. J. P. I. C., 1966, n° 1, p. 32 et s.*

[978] DELAFOSSE : *Civilisation négro-africaine*. Paris, Stock, 1925, p. 97. Il rappelle un proverbe ivoirien selon lequel *« ce n'est pas l'homme qui possède la terre, c'est la terre qui possède l'homme »*.

[979] KOUASSINGAN (G A) : op. cit., p. 43.

[980] Aux États-Unis d'Amérique, la notion du *« bien de famille insaisissable »* avait pris naissance au Texas par une loi du 26 janvier 1839 qui avait institué le *« Homestead exemption »*. Cette loi disposait que les propriétés rurales de 50 ares au plus avec les instruments aratoires, 5 vaches et attelages et les propriétés urbaines de 500 dollars et plus, avec un mobilier de 200 dollars, seraient exemptes de la saisie. Lire GEORGES OLIVIER (V) : « De la situation faite aux petits héritages par les lois de 1894, 1906 et 1909 », Thèse, Paris, 1910, p. 18.

[981] En Allemagne, c'est la pratique de l'*« Anerbenrecht »* qui avait permis d'éviter le morcellement des petites propriétés. Par une loi du 29 septembre 1933, cette institution fut généralisée et prit alors la dénomination d'*« Erbhof »*, qui est un type de domaine composé de terrains assez grands pour nourrir une famille et dont l'étendue ne peut, sauf exception, excéder 125 hectares. Voir à cet effet, VERDELOT : *Du bien de famille en Allemagne*. Thèse, Paris, 1899 ; CARBONNIER (J) : *Le régime matrimonial*, p. 262 et s. cités par OBLE., n° 646.

[982] Quatre lois successives se sont occupées des petits héritages dans ce pays : la loi du 30 novembre 1894 avait posé les bases de la législation relative au petit héritage. Celle du 12 avril 1906 l'avait complétée et mise au point, la loi du 10 avril 1908 a étendu le domaine de ces deux lois et cela uniquement en faveur de la petite propriété. Mais, c'est dans la loi du 12 juillet 1909 que fut institué le *« bien de famille insaisissable »*. Son article 2 disposait à cet effet que *« le bien de famille peut comprendre, soit une maison, soit une portion divise de la maison et des terres attenantes et voisines occupées ou exploitées par la famille. La valeur du bien, y compris celle des cheptels, ne doit pas, lors de la fondation, dépasser 8000 francs »*.

Dès lors, il serait souhaitable que des éléments soient empruntés à l'un et aux autres systèmes pour que la notion de bien de famille participe au développement économique et social du pays.

B. Le caractère économique et social du bien de famille

Dans la majorité des sociétés traditionnelles du Cameroun, l'essentiel de la fortune d'une famille est constitué d'une case et d'une plantation exploitée par la famille. De ce fait, les biens de famille ont un caractère économique et social réel[983]. En effet, l'institution de *« bien de famille »* devrait répondre à deux intérêts, l'un économique, l'autre social.

1. La sauvegarde des intérêts économiques

Sur le plan économique, l'idée-force serait de garantir la permanence de la direction des exploitations et d'assurer autant que possible la stabilité de la propriété. Devraient entrer dans cette catégorie, les exploitations agricoles[984], artisanales et même commerciales[985]. Le recours au droit comparé pourrait aider à les déterminer[986]. L'appréciation de la perte ou du maintien de la valeur se ferait en fonction de la destination, de la superficie et du nombre de copartageants.

Qu'il s'agisse de la terre, d'un fonds de commerce, d'une exploitation artisanale ou industrielle, en général, tout bien a un but, une destination. L'état de ce bien doit permettre que ce but soit aisément atteint. Dans les sociétés traditionnelles originelles, la terre avait un but économique et social[987]. Et ce

Cette loi fut successivement modifiée par les lois des 24 mars 1928, 22 février et 31 mars 1931 et par le décret du 14 juin 1938. Il en résulte qu'avec la conception réduite de la famille, et compte tenu de certaines réalités camerounaises, ni la conception traditionnelle de bien de lignage ni les conceptions de biens de famille des États-Unis, d'Allemagne ou encore de la France ne peuvent être transposées telles quelles dans la future législation nationale.

[983] Ces aspects économiques et sociaux devraient servir de leitmotiv au futur législateur pour affecter certains biens à une exploitation collective.

[984] Il s'agit ici des exploitations qui servent à obtenir des produits végétaux ou animaux, qu'il s'agisse de cultures ou de l'élevage

[985] En effet, de plus en plus, les Camerounais sont propriétaires de petites et moyennes entreprises ; aussi peut-on se poser la question de savoir si toutes ces exploitations devraient systématiquement être déclarées *« biens de famille »*

[986] Ainsi, en se référant particulièrement aux droits allemand et suisse, on pourrait déclarer *« bien de famille »,* et donc en principe indivisible, tout bien dont le partage devrait entraîner une perte de valeur.

[987]Sur le plan économique, elle fournissait aux populations des produits alimentaires, alors que sur le plan social, par son caractère sacré, elle assurait le maintien de la cohésion entre les membres du lignage.

sont ces buts qui expliquent l'inaliénabilité dont elle était frappée et l'importance qui était reconnue au chef[988].

Par ailleurs, on doit permettre à un fonds de commerce, à une exploitation artisanale ou même industrielle d'atteindre les objectifs économiques et sociaux qui lui sont assignés[989]. Cela dit, la référence à la destination du bien, qui rend tout partage économiquement impossible, ne serait pas le seul critère nécessaire à la constitution d'un bien de famille. La superficie de l'immeuble ou la valeur vénale du bien pourraient également rendre le partage matériellement impossible.

En ce qui concerne la superficie à cultiver, elle n'était pas importante à cause du caractère rudimentaire des instruments agricoles, ceci dans les sociétés traditionnelles camerounaises comme ivoiriennes[990]. En effet, les paysans utilisaient la machette, la hache et la houe. Ces instruments leur permettaient de ne cultiver que des tubercules et des céréales servant à la nutrition des membres du lignage[991]. De ce fait, la future législation devrait fixer les limites minima et maxima de valeur vénale et de superficie des exploitations pouvant déterminer la possibilité de diviser ou non au cas où le besoin se ferait ressentir[992]. Cette détermination est d'autant plus importante qu'un autre facteur non moins important devrait être pris en considération, à savoir le nombre de copartageants.

---

988 De nos jours, le Cameroun étant un pays essentiellement agricole, la terre a perdu son caractère sacré, mais elle demeure un bien économique par excellence. De ce fait, l'urgence de créer des moyens adéquats permettant d'éviter le morcellement de ces exploitations agricoles et même d'instituer un régime successoral particulier pour les exploitations agricoles se fait sentir. Il est vrai que cette initiative avait été rejetée en France et en Allemagne. Voir SALEILLES (M) : « Le partage et la transmission intégrale dans le Code civil suisse », *R.T.D.C., 1909, p. 532.*

989 En effet, sachant que le fonds de commerce est constitué de plusieurs éléments, dont l'ensemble constitue le fonds capable de remplir les fonctions économiques et sociales, en isolant chacun de ces éléments, cette destination ne serait pas atteinte. Le partage n'est donc pas facilement admis dans ce cas ; pourrait-on attribuer à des personnes distinctes les marchandises, la clientèle, le droit au bail ? Ou alors, devrait-on recourir à la licitation ? La réponse à toutes ces questions conduit à envisager l'institution de l'indivisibilité de certains biens.

990 OBLE (J) : op. cit., n° 650

991 De nos jours, l'amélioration des instruments de travail, par l'utilisation de moyens modernes et des ouvriers agricoles, permet d'exploiter de plus grandes étendues de terre, à l'exemple de grandes plantations de palmiers, de bananiers, de coton, de cacao, de café, d'ananas, de manioc… tenues par certaines personnes à travers le pays.
Or, plus une plantation est grande, plus elle peut aisément supporter un morcellement sans que sa rentabilité soit atteinte. Le partage ne nuit alors qu'aux petites et moyennes exploitations agricoles, artisanales et commerciales qui, du reste, regroupent la majorité des Camerounais.

992GEARD (P) et LANDEROIN (J) : « De certaines difficultés du partage successoral », *in 68e congrès des Notaires de France, Vittel, 1971, P2*1 ; MARTIN (H) : op. cit., p. 30 et s.

La prise en compte du nombre de copartageants serait également importante, car, si la détermination de la superficie et de la destination d'un bien permettait de le classer dans la catégorie de bien de famille, elles ne constitueraient pas des critères suffisants[993].

Pour éviter ainsi le risque de morcellement excessif des exploitations agricoles ou encore la licitation des exploitations commerciales et artisanales, il paraîtrait judicieux de déclarer certaines exploitations indivisibles pour une famille nombreuse[994].

L'on peut dès lors se poser la question de savoir si les mêmes critères pourraient être retenus pour déterminer les biens à caractère social qui devraient être déclarés indivisibles.

2. La sauvegarde des intérêts à caractère social

Dans la société traditionnelle, la possibilité d'aliénation de la maison familiale avait été évitée. En effet, malgré le caractère communautaire des biens lignagers et, quel que soit le système prédominant, patrilinéaire ou matrilinéaire, la maison paternelle était un bien propre à celui qui l'avait construite, au décès du père, elle revenait de plein droit à sa descendance[995].

La spécificité de biens pouvant entrer dans la catégorie de biens de famille et la détermination des origines de ces biens pourraient expliquer le caractère particulier du bien de famille de par sa constitution.

---

[993] En effet, compte tenu de la taille de la famille, il y aura des cas où le partage d'une exploitation pourra être aisément admis entre les héritiers sans qu'elle perde sa rentabilité. À titre d'exemple, une plantation de 4 hectares pourra être partagée entre deux ou trois héritiers sans que sa rentabilité soit atteinte. Ce qui ne sera pas possible lorsqu'ils seront au nombre de six ou de dix.

[994] Cette idée rejoint celle d'Henry Martin qui préconise de déclarer un bien rural divisible quand la division permet à chaque tronçon *« de se suffire à lui-même »*, c'est-à-dire de former une exploitation distincte[994]. Il appartiendrait souvent au juge, compte tenu de la dimension et de la famille et du bien successoral d'apprécier la possibilité pour le partage d'entraîner la perte de valeur du bien successoral dont il serait question.

[995] De nos jours, il est parfaitement possible et même souhaitable de déclarer une telle maison « bien familiale », car elle devrait être non seulement protégée, mais aussi affectée aux besoins des jeunes membres et du conjoint survivant.

La maison d'habitation est, dans la majorité des cas, la seule richesse des Camerounais. Aussi, exiger le maintien de cette maison dans la famille en la déclarant indivisible serait faire œuvre sociale. En effet, beaucoup de Camerounais acquièrent la propriété de leur logement à grands frais. Par conséquent, il serait injuste de rendre possible la licitation de ce logement acquis au prix de nombreux sacrifices et de laisser ainsi le conjoint survivant et les enfants mineurs sans abri.

C. La constitution du bien de famille

La proposition de la notion de bien de famille que nous suggérons devrait être différente des biens lignagers à caractère collectif[996]. Cette particularité tient tout à la fois aux conditions de constitution du *« bien de famille »* (1) et au caractère indivisible des biens affectés à cette catégorie (2).

1. Les conditions de constitution du « bien de famille »

Les conditions à retenir devraient être relatives aussi bien au moment de la constitution qu'à la personne du constituant[997].

Le moment de la constitution du *« bien de famille »* devrait varier suivant que l'initiative aura été prise par le de cujus de son vivant ou qu'elle serait le fait de ses héritiers[998]. Lorsque les biens désignés rempliront toutes les conditions exigées, l'institution s'imposerait aux héritiers. Toutefois, il pourrait arriver qu'avant son décès, le père n'ait pas songé ou n'ait pas eu le temps de le faire, dans ces conditions, et lorsque l'utilité économique et sociale justifierait l'institution, cette possibilité devrait être laissée soit aux héritiers soit au juge[999].

Lorsque les conditions exigées pour la constitution du bien de famille seront remplies, l'intervention du juge consisterait à écarter tout partage et à établir un jugement constitutif de *« bien de famille »*. Ledit jugement servirait de preuve. Il le ferait même en cas de désaccord des héritiers[1000].

---

[996] Elle ne serait pas non plus identique à celle qui avait été retenue par les législations occidentales. Puisque les problèmes sont identiques dans la majorité des pays en voie de développement, il paraît souhaitable d'adopter la particularité de la notion de bien de famille proposée à la législation ivoirienne. In OBLE (J.) : op. cit., n° 655 et s.

[997] En effet, si l'on s'en tient à la proposition de J. OBLE, deux raisons justifieraient l'importance de la détermination du moment de la constitution du « bien de famille ». D'abord, ce moment serait différent selon la personne du constituant, laquelle devrait se soumettre à certaines exigences de forme.

[998] En effet, par le biais d'un testament ou d'une donation, il serait loisible à tout père de famille, qui redouterait l'éparpillement dû au morcellement ou à la licitation des biens, de les déclarer « biens de famille ».

[999] D'un commun accord, les héritiers pourront convenir de la constitution de biens de famille. Mais, en cas de mésentente, il devra appartenir au juge de l'imposer au cas où la quantité de biens sera insuffisante pour allotir chacun des héritiers. Pour ce faire, il devra se référer aux critères sus-évoqués, tout en prenant soin d'instituer un formalisme simplifié.

[1000] Il en ira différemment lorsque le père prendra l'initiative de constituer les biens de famille. En effet, il devrait requérir les services du notaire s'il réside en zone urbaine, et les services compétents, désignés à cet effet, lorsqu'il se trouvera en zone rurale. La finalité ici serait d'obtenir un acte qui devrait prouver la désignation d'un bien à constituer. Lorsque l'initiative viendrait des héritiers, ils devraient suivre la même procédure en fonction de leur situation géographique.

La constitution ne justifie pas à elle seule la particularité de la notion de bien de famille ; celle-ci réside également dans son caractère indivisible.

2. La particularité tenant à l'indivisibilité du bien de famille

L'indivisibilité instituée par certaines législations occidentales avait pour but d'éviter la disparition des biens du vivant du chef de famille et par conséquent, de conserver un abri au conjoint survivant et aux descendants[1001].

Aussi, en se référant au droit français, l'aliénation d'un tel bien pourrait être possible par l'acceptation du conjoint devant le président du tribunal lorsque le propriétaire du bien serait marié ou sur autorisation du Conseil de famille lorsqu'il y aurait des enfants mineurs[1002].

Même si l'indivisibilité du bien ainsi suggérée le rapprochait du bien lignager, il s'en différencierait en ce sens qu'il ne s'agirait pas ici d'un état perpétuel et absolu[1003]. La conciliation de ces différents intérêts commande que l'indivisibilité ne soit établie qu'à l'égard de certains biens, ceux dont la famille aurait besoin pour survivre, et qu'un régime juridique exceptionnel soit édicté au cas du décès du père de famille.

Paragraphe 2. La transmission du bien de famille

La prolongation de la communauté héréditaire, qui se constitue dès le décès du de cujus, semble contenir le moyen le plus adéquat pouvant permettre de parvenir à cette fin[1004]. Aussi, le maintien de l'indivision pourrait, dans un premier temps, être imposé aux héritiers. Toutefois, il ne devrait s'agir que d'une situation provisoire (A) devant conduire à des solutions définitives (B)

[1001]Le droit français, où cette idée a prédominé, a insisté sur la nécessité de transmettre sans partage l'intégralité des biens de famille. De ce fait, le législateur a mis l'accent sur l'insaisissabilité de ces biens à l'instar du « homestead » américain. À cet effet, le bien de famille ainsi que le fruit qui en proviendront seront insaisissables, sauf quelques exceptions. De plus, ils ne pourront être aliénés que sous certaines conditions.

[1002] BOURGEOIS (A-M) : *L'exploitation agricole dans la législation récente*. L. G. D. J., 1967, p. 72 et s.

[1003] En effet, l'indivisibilité des biens lignagers dans les sociétés traditionnelles avait pour but d'assurer la force et le prestige du lignage. Ce caractère absolu et perpétuel ne peut plus prévaloir de nos jours, car il faut tenir compte de l'intérêt non seulement de la famille, des héritiers, mais aussi et surtout de la société tout entière dont il faut assurer le développement économique.

[1004] À en croire J. OBLE, cette solution assurerait la conciliation de la tradition et de la modernité. En effet, elle permettra « *d'emprunter au système traditionnel sa conception communautaire, et donc les cadres fondamentaux de la pensée juridique africaine, et d'adapter le contenu aux techniques modernes de développement économique et social* » In OBLE (J) : op. cit., n° 660. Cette conciliation pourrait d'ailleurs se faire de diverses manières.

telles que la création d'une société de famille, l'attribution intégrale du bien, soit enfin la solution de rechange qu'est la licitation (C).

A. La solution provisoire : le maintien force de l'indivision

Divers moyens pourraient permettre de maintenir l'indivision qui va se créer au décès du père (1). Le régime qui lui serait appliqué devrait être le même, quelle que soit la source de la prolongation (2).

1. Les actes favorisant le maintien de l'indivision

À travers un pacte d'indivision, les héritiers pourraient d'un commun accord, décider de poursuivre l'indivision[1005]. Lorsque, dans la masse, il y aurait des biens de famille, le maintien de l'indivision forcée devrait être prononcé par le de cujus et à défaut, par le juge[1006]. Si le pacte d'indivision n'appelle pas beaucoup de réflexion, la convention étant la loi des parties, il convient d'élucider la clause testamentaire et le jugement devant ordonner le maintien de l'indivision.

Lorsque l'on évoque la clause testamentaire de maintien de l'indivision, on peut se poser la question de savoir si un père de famille, qui a consenti de lourds sacrifices, soit pour construire une maison, soit pour mettre sur pied une exploitation agricole ou commerciale, peut exiger que les fruits de ses efforts demeurent dans l'indivision.

La réponse à cette question qui soulève le problème de la validité de la clause pénale[1007] suscite des nuances. Dans certains cas, il ne serait pas logique qu'une telle prérogative soit accordée au de cujus, car seule une convention devrait suspendre le partage, cette suspension devrait être limitée dans le temps[1008]. Dans d'autres cas, des raisons sérieuses justifieraient

---

[1005] Mais il arriverait aussi qu'ils soient en désaccord, que certains exigent le partage immédiat de la masse successorale pendant que d'autres sollicitent la prolongation de l'indivision. La solution à ces différentes prétentions dépendrait alors du caractère des biens discutés.

[1006] En somme, le maintien forcé de l'indivision pourrait donc avoir trois sources, à savoir, une clause testamentaire du de cujus, une décision du juge, un pacte d'indivision des héritiers.

[1007] IOANNA KONDILY : *La protection de la famille par la réserve héréditaire en droits français et grec comparés*, L.G.D.J., 1997, n° 735-736, p. 399 ; WEINSTOCK (A) : « Du sens et des effets de la clause pénale dans le partage d'ascendant », *RTDC, 1934, p. 768* ; Ch. MARUANI : « La clause pénale », *thèse, Paris, 1935, p. 74* ; LAROMBIERE : *Théorie pratique des obligations*, Paris, 1885, T. IV, art. 1226 ; ROBINEAU : « De la clause pénale dans les actes à titre gratuit », *thèse, Paris, 1896, p. 98*

[1008]Cette solution permettra d'éviter l'institution des substitutions fidéicommissaires à cause de l'atteinte à la libre disposition des biens qu'elle entraînerait. De plus, d'après la doctrine, l'interdiction du partage qu'entraînerait la clause testamentaire de maintien de l'indivision serait incompatible avec le principe selon lequel la réserve doit être franche de toute charge, voir FUGNER (H) : « L'action en partage », *thèse, Lausanne, 1938.*

l'admission d'une telle clause lorsqu'elle serait insérée dans un testament établi conformément aux conditions de fond et de forme[1009].

Dans le cas où le de cujus n'aurait pas prévu le maintien de l'indivision des biens de famille, cette tâche devrait, en cas de nécessité, revenir au juge, à la demande d'un héritier et parfois contre le gré des autres.

En ce qui concerne le maintien judiciaire de l'indivision[1010], des raisons économiques et sociales pourraient justifier. Le conjoint survivant, copropriétaire du logement familial ou de l'exploitation agricole ou commerciale pourrait demander à demeurer dans l'indivision avec les enfants mineurs ou même majeurs, au lieu d'exiger le partage de la communauté et d'obtenir ou une part des biens ou le prix des biens licités[1011].

Dans toutes ces hypothèses, le maintien de l'indivision par le juge aurait une finalité sociale. Mais, il pourrait aussi être demandé dans un but essentiellement économique. Le maintien forcé pourrait constituer une étape indispensable à l'attribution intégrale d'un logement ou d'une exploitation à un des héritiers. La proposition de cette solution est inspirée du droit comparé [1012]. En revanche, l'efficacité d'une telle institution a été mise en doute par

---

[1009]Faisant l'apologie de cette clause, J. OBLE soutient que le de cujus est le mieux placé pour apprécier les moyens qui peuvent assurer l'utilisation optimum du bien dont il aura été le promoteur et pour lequel il aura sacrifié tous ses efforts. De plus, la certitude qu'il aura de la continuation assurée de son exploitation sera pour lui une satisfaction morale en même temps qu'un stimulant. Par ailleurs, il connaît ses enfants, leurs aptitudes respectives, le degré de cohésion qui règne entre eux, et une clause testamentaire serait alors la résultante de tous ces éléments. Aussi estime-t-elle qu'une clause testamentaire qui stipule l'indivision forcée à l'égard des biens de famille devra s'imposer aux héritiers comme une charge de la succession OBLE : op. cit., n° 662.

[1010] En effet, le juge pourrait imposer ce maintien aux héritiers lorsqu'elle constituerait un avantage social pour le conjoint survivant ou pour les enfants mineurs. Il pourrait en être également ainsi dans un but économique dans la mesure où elle constituerait une solution de relais, préparatoire à l'attribution préférentielle.

[1011] Cette solution s'apparente aux multiples demandes de jugements d'hérédité introduites devant les juridictions camerounaises par les veuves, et dans lesquelles elles ne sollicitent souvent ni le partage de la communauté ni sa continuation, mais la simple reconnaissance qu'elle était l'épouse légitime du de cujus.

Une telle initiative devra être encouragée et même institutionnalisée, car elle permettrait de maintenir la cohésion de la famille malgré le décès de l'un de ses membres. Par ailleurs, la prolongation de l'indivision pourrait permettre au conjoint survivant de maintenir le niveau de vie qu'il avait du vivant de son conjoint et aussi, de lui conserver un abri qu'il aurait perdu si le partage avait été réalisé.

Mais, s'il arrive que la liquidation de la communauté ait déjà eu lieu, l'indivision ne porterait alors que sur les biens appartenant exclusivement au de cujus. Le conjoint survivant pourrait dans ce cas obtenir l'indivision judiciaire s'il existe des enfants mineurs au jour du décès. Lorsque le conjoint survivant serait déchu de l'administration légale ou que les mineurs seront sous tutelle, le maintien de l'indivision pourrait être sollicité par le tuteur.

[1012] En effet, le droit suisse avait institué une indivision en participation, car lorsque les charges résultant de l'attribution exclusive devaient aboutir à grever le domaine pour une part excédant

certains auteurs. Ils estiment d'une part que le sursis au partage participe de l'éclosion inflationniste des mesures conservatoires du droit français et, d'autre part, que ce sursis paraît au total sans intérêt pratique autre que de constituer un nouveau moyen dilatoire, en sus de ceux qui existent déjà[1013]. Le maintien forcé de l'indivision pourrait être un moyen efficace permettant d'effectuer une attribution intégrale avantageuse[1014].

Si l'indivision doit être imposée aux héritiers, l'importance de ses fondements commande qu'un régime juridique adéquat soit établi à l'égard des biens faisant l'objet de l'indivision.

2. Le régime juridique de l'indivision forcée

Pour qu'il soit efficace, le maintien forcé de l'indivision supposerait un minimum d'organisation. Cette organisation porterait aussi bien sur la détermination de sa durée que sur les règles devant gouverner l'administration des biens indivis.

Afin de rompre avec le système traditionnel de l'indivisibilité perpétuelle des biens lignagers, on devrait instituer une indivision forcée à caractère essentiellement temporaire. De justes motifs justifieraient certainement

---

les 4/5 de la valeur vénale, le juge pouvait surseoir au partage et laisser le domaine dans l'indivision tout en l'attribuant à un seul héritier, voir SALEILLES (M R) : *« De la succession paysanne dans l'avant-projet du Code civil suisse », in la réforme sociale*, tome 4, 16 juillet 1902, p. 146 et s ; *« Le partage et la transmission intégrale dans le Code civil suisse ». RTD Civ.*, Sirey, 1909, tome 8, pp. 537 – 610. Cette préoccupation a été prise en compte par le législateur français, car il a introduit dans l'alinéa 2 de l'article 815 du Code civil, un autre moyen de différer le partage, à savoir le sursis au partage, qui est une mesure conservatoire dont le but est d'éviter les inconvénients du partage précipité. Il est vrai que la doctrine française est partagée quant à l'utilité et à l'efficacité d'une telle institution. La thèse en faveur voit en ce sursis une des armes les plus efficaces offertes par la législation pour s'opposer au partage, *voir* DAGOT(M) : L'indivision. Librairies techniques, 1978, p. 51 et s.

1013 MARTIN (D) : « Le droit de l'indivision. Commentaire de la loi n° 76-1286 du 31 décembre 1976 relative à l'organisation de l'indivision ». D. 1977-2, chron. XXX ; OBLE (J) : op. cit., n° 665

1014 L'hypothèse visée est celle de l'héritier qui, intéressé par l'exploitation agricole ou commerciale, n'aurait pas, au moment du décès de son auteur, la compétence suffisante pour mener à bien l'exploitation de cette entreprise. Il lui faudrait encore quelques années pour achever sa formation. Ce serait le cas par exemple d'un héritier qui, étant sur le point de terminer ses études d'ingénieur agronome, souhaiterait se voir attribuer l'exploitation agricole de son père, ou de l'étudiant qui fait des études de commerce et qui voudrait obtenir le fonds de commerce de son père. Dans toutes ces hypothèses, le juge, au nom de l'intérêt de la famille, de l'héritier et même de la société tout entière, imposerait aux cohéritiers le maintien de l'indivision. L'acquisition par un héritier spécialisé dans le domaine de l'exploitation permettrait une meilleure exploitation de l'entreprise et donc le développement économique et de la famille et de la société.

l'abandon de cette pratique ancestrale[1015]. De plus, des délais devraient être au préalable fixés et devraient varier en fonction des cas[1016].

En revanche, lorsque le maintien en indivision sera imposé par le juge, les termes devront être différents selon que l'indivision constitue un avantage social ou encore est une solution de relais[1017].

La grande différence avec le système traditionnel serait que l'indivision ne pourrait plus durer éternellement, d'où la nécessité d'organiser l'administration des biens indivis.

Évoquant l'administration des biens indivis et parlant de l'expérience ivoirienne, OBLE faisait remarquer que le problème du morcellement des exploitations agricoles et industrielles avait préoccupé tous les pays qui à un

---

[1015]L'influence des facteurs externes ne peut être méconnue de nos jours, si l'on veut élaborer une législation sérieuse et efficace. Les raisons d'ordre social et économique qui ont prévalu dans les sociétés traditionnelles pour l'instauration d'une communauté lignagère perpétuelle ne sont plus adaptées à la nouvelle donne sociale et économique. L'organisation structurale actuelle de la société est à l'origine de ce déphasage. L'unité patrimoniale était si puissante et nécessaire dans les sociétés africaines originellement traditionnelles que toute idée de partage des biens lignagers était exclue. En effet, le lignage constituait l'unité sociale des sociétés traditionnelles. Il était coiffé par une autorité, avait des activités économiques, politiques ou rituelles qui étaient accomplies soit par tous les membres soit par leurs représentants. Vivant en communauté et ayant la plupart du temps une communauté de travail ou d'exploitation, les biens, fruits de ce travail, étaient également communs.

Cette organisation traditionnelle de la vie ne se retrouve plus dans les sociétés de plus en plus modernisées, car certains facteurs exogènes, tels que l'école, les emplois rémunérés, la création des commerces, des exploitations industrielles…, ont désormais favorisé l'éclatement de la cohésion lignagère et institué l'individualisme qui s'accorde mal avec la communauté de vie. Pour concilier la tradition et la modernité, il est opportun de trouver un moyen de maintenir la communauté, avantageuse dans certaines circonstances, tout en la débarrassant de son caractère perpétuel. La fixation d'un terme à cette indivision forcée semble en être un.

[1016]Des raisons différentes pourront conduire à la prolongation de l'indivision. Ainsi, sa durée sera-t-elle fonction de l'événement qui lui aura donné naissance et ne sera donc pas la même dans tous les cas. Par exemple, lorsque l'indivision forcée sera imposée par une clause testamentaire du de cujus, sa durée ne devra pas excéder le terme fixé par le disposant. Généralement, cette indivision ne devra prendre fin qu'au décès du conjoint survivant en cas de monogamie ou à la majorité des héritiers. Toutefois, le testateur peut ne pas avoir prévu de délai, et pour éviter qu'il n'abuse de la faculté de disposer qui lui est accordée pour imposer une indivision perpétuelle comme dans le système traditionnel, un délai maximum de dix ans pourra être institué. En effet, au terme de ces dix années, les héritiers auront la faculté d'opter pour la formule qui leur semblera la meilleure. Autrement dit, lorsque le défunt aura prévu au délai supérieur à dix ans, ou aura stipulé une indivision à perpétuité, les indivisaires ne pourront demeurer obligatoirement en indivision que pendant dix ans.

[1017]Lorsque le maintien en indivision sera imposé à cause de l'existence des enfants mineurs, elle devrait cesser en principe à la majorité du plus jeune des héritiers. Par ailleurs, lorsque ce maintien constituera un avantage viager pour le conjoint survivant, la communauté continuée durera naturellement jusqu'au décès du bénéficiaire, à moins qu'il ne se remarie.

Lorsque le maintien en indivision servira de solution de relais, elle pourra prendre fin dès que l'héritier aura terminé sa formation ou que les charges grevant l'immeuble auront été liquidées en totalité ou en partie.

moment donné de leur législation, avaient admis le partage forcé. Qu'ainsi, les divergences qui étaient observées çà et là, d'un pays à un autre, s'atténuaient en présence des exigences pratiques au point que les solutions adoptées étaient finalement identiques[1018].

Il ressortait de ces diverses formules la gravité du mal et partant la nécessité impérieuse d'y remédier. Pour ce faire, l'abandon de l'individualisme classique semblait être la solution communément admise. Un auteur le relève en déclarant que « ... *nous assistons aujourd'hui à ce spectacle singulier de législateurs contemporains qui s'efforcent de restaurer la cohésion du groupement familial par des tentatives de stabilisation de la communauté d'héritiers* »[1019].

Toutefois, aucune de ces formules ne pourrait être transportée telle quelle en droit camerounais, les réalités camerounaises étant différentes de celle de la Côte d'Ivoire, de la France ou de la Suisse ou encore de l'Allemagne[1020].

Le législateur pourrait choisir entre trois principes à savoir : celui qui donne l'exercice complet à chaque indivisaire, celui qui consacre l'exercice des attributs en commun, et enfin celui qui institue la désignation d'un mandataire chargé d'administrer les biens pour le compte de tous les indivisaires[1021].

[1018]Elle avait, à cet effet, constaté, par exemple, qu'au Kenya l'ordonnance organisant l'immatriculation des terres avait, dans ses grandes lignes, adopté le régime de la copropriété, que le droit allemand avait créé la théorie de la copropriété en main commune ou le « Gesammte hand », que le Code civil suisse avait adopté l'indivision en participation et que le législateur français, par la réforme du 31 décembre 1976 avait institué une dualité de régime, à savoir l'indivision légale et l'indivision conventionnelle. Voir à ce sujet MIFSUD (F. M.) : op. cit., p. 69 et s ; cité par OBLE (J) (Kenya) ; VERDELOT (P) : op. cit., CARBONNIER (J) : *Le régime matrimonial...*, op. cit., p. 261 (Allemagne), CHERON (A) : « De la transmission intégrale des exploitations agricoles ou industrielles dans le droit suisse ». *Thèse, Paris, 1902 (Suisse)*, DAGOT (M) : op. cit., MARTIN (D) : « Le droit de l'indivision *», D. 1977-2 chron. XXX (France).*

[1019] SIESSE (G) : « Contribution à l'étude de la communauté d'héritiers en droit comparé », Thèse, Paris, 1922, p. 9.

[1020] Aussi, faut-il noter qu'à côté de cette convergence de vues et cette identité de moyens, chaque pays a ses spécificités. Il serait alors nécessaire pour le législateur camerounais d'adapter les moyens aux aspirations légitimes du peuple. Et pour ce faire, l'apport du droit comparé serait d'une grande utilité. Car, à défaut de transposer les formules, on pourrait quand même procéder à l'emprunt dès lors que les moyens utilisés ne seraient pas incompatibles avec les principes dégagés.

[1021]Les deux premières formules semblent présenter des inconvénients tandis que la troisième formule, qui a été retenue par le système traditionnel puisque le chef de lignage était le gérant des biens lignagers, semble être la plus indiquée. Elle a le mérite d'assouplir les inconvénients de l'indivision et d'être connue à la fois des sociétés traditionnelles et du droit positif. Et si elle est retenue, il faudra déterminer les modalités de désignation d'un gérant, ses attributions et sa rémunération. DAGOT (M), op. cit., p. 29 et s.

B. Les solutions définitives

Le maintien forcé dans l'indivision n'étant proposé que comme une solution provisoire, les biens indivis[1022] pourraient, de façon définitive, soit être attribués intégralement à l'un des héritiers (1), soit inciter lesdits héritiers à l'exploiter en commun (2). Enfin, ils pourraient le vendre afin d'en obtenir la plus haute valeur possible (3).

1. L'attribution intégrale rénovée du bien indivis

L'attribution intégrale pourrait être faite par divers moyens soit dès l'ouverture de la succession, soit au terme de l'indivision forcée (a). L'attributaire, quelle que soit sa personnalité, devrait payer la soulte afin de réparer l'inégalité que pourrait faire naître cette attribution (b).

a. Les modes de transmission intégrale

Lorsque dans la masse héréditaire va figurer un bien classé bien de famille, son attribution intégrale à l'un des héritiers pourrait être faite soit par le de cujus lui-même, soit d'un commun accord par les héritiers, et à défaut par le juge. On distingue alors l'attribution par voies extrajudiciaires[1023] de l'attribution par voie judiciaire[1024].

1022 Les différentes solutions définitives possibles devraient être adoptées soit au terme de l'indivision, soit encore dès l'ouverture de la succession d'un commun accord entre les co-indivisaires.

1023 L'attribution résulterait soit de la volonté du de cujus, soit encore d'une convention des indivisaires.

Par sa propre volonté, le père pourrait attribuer un bien à l'un de ses enfants soit de son vivant, soit par acte de dernière volonté. Pour ce faire, il pourrait choisir celui de ses enfants qu'il estimerait le plus apte à le faire prospérer parce que soit il aurait toujours participé avec lui à son exploitation, soit il aurait la compétence professionnelle nécessaire. Il pourrait le faire de deux manières, soit par acte onéreux, soit par acte à titre gratuit.

Mais, il pourrait arriver que le de cujus n'ait rien prévu comptant sur la parfaite entente entre ses héritiers sur le choix du continuateur de l'exploitation. Il existe cependant un constat malheureux selon lequel l'entente est la chose la moins partagée entre les héritiers, car ils ont des intérêts diamétralement opposés et surtout aussi, la majorité des Camerounais qui meurent en laissant une fortune consistante ne prennent pas souvent les dispositions nécessaires pour en assurer la répartition. Dès cet instant, et si l'on veut éviter soit le morcellement, soit une licitation malheureuse, le recours au juge deviendrait indispensable.

1024 En prescrivant l'attribution préférentielle des biens de famille, on devrait en même temps en définir le domaine d'application. Elle ne devrait pas concerner uniquement les biens à caractère économique tels que les petites et moyennes entreprises, comme c'est les cas en droit ivoirien, elle devrait être étendue au logement familial, bien à caractère social. La prise en compte du logement familial se justifierait par le recours aux usages traditionnels qui permettent au père de famille de transférer son logement à ses enfants. Ainsi, en s'inspirant des législations aînées, le législateur camerounais pourrait accorder la faculté de demander l'attribution intégrale à l'héritier qui aurait participé à l'exploitation de l'entreprise agricole, commerciale ou artisanale. Elle pourrait aussi être accordée au conjoint survivant ou à tout gratifié ayant

Aussi convient-il de proposer les moyens pouvant faciliter le paiement de la soulte, pierre d'achoppement de l'attribution intégrale.

b. Les moyens de paiement de la soulte

La nécessité de maintenir l'exploitation en tenant compte de l'intérêt économique général ne devrait pas se faire au détriment des intérêts des cohéritiers non attributaires. C'est pour préserver l'égalité en valeur entre l'attributaire et les non attributaires que la loi a institué le principe du paiement de la soulte[1025]. Malheureusement, ce texte n'a pas réglementé le paiement de la soulte de façon équitable[1026]. La recherche de solutions possibles se ferait par le recours aux législations étrangères[1027]. Ainsi, afin de payer les soultes, l'attributaire pourrait solliciter le concours des établissements financiers ou celui de l'État pour l'exonération des droits fiscaux ainsi que le proposait J. OBLE pour le cas de la Côte d'Ivoire[1028].

L'évolution de la société et la valeur de plus en plus considérable de certains héritages devraient amener les Camerounais à adopter certaines habitudes qui, autrefois, n'existaient pas dans les sociétés traditionnelles. En effet, parmi les moyens que nous proposons pour faciliter le paiement de soultes, il y a entre autres la souscription d'une assurance-vie au bénéfice des créanciers de la soulte, le recours aux établissements bancaires[1029].

---

vocation universelle ou à titre universel à la succession en vertu d'un testament ou d'une institution contractuelle.

Par ailleurs, le juge pourrait obtenir des demandes conjointes sur une même exploitation. Au lieu de procéder par tirage au sort, comme le préconise le droit positif ivoirien, il pourrait, compte tenu de la consistance du bien, décider de l'exploitation commune de tous les postulants.

[1025]En effet, aux termes de l'art. 833 c. civ. 1804 *« l'intégralité des lots en nature se compense par un retour, soit en rente, soit en argent »*.

[1026]Aussi, pourrons-nous nous référer à la réforme française de 1971 (loi n° 71-523 du 23 juillet 1971, article 2). En effet, étant en présence de deux intérêts opposés, celui des attributaires qui attendront le paiement de la soulte à plus brève échéance et celui de l'attributaire qui souhaiterait reprendre le bien à un taux modéré sans trop de charges, afin de pouvoir continuer l'exploitation du bien dans de bonnes conditions.

[1027]En effet, même si la solidarité familiale anime encore certains Camerounais, force est de constater que ce n'est pas à la tradition qu'il faudra recourir pour trouver une solution à ce problème. En effet, le temps où l'héritier, chef de lignage, entrait en possession de tous les biens héréditaires à charge pour lui de protéger les autres membres du lignage, est difficilement admissible de nos jours.

[1028] OBLE : op. cit., n° 690.

[1029]En effet, parmi les moyens que nous proposons pour faciliter le paiement de soultes, il y a entre autres la souscription d'une assurance-vie au bénéfice des créanciers de la soulte, le recours aux établissements bancaires. Par cette souscription d'une police d'assurance, l'attributaire n'aura plus rien à payer et le partage sera égal ; l'un des enfants aura l'entreprise et les autres bénéficieront de la police d'assurance.

Mais le recours aux établissements financiers paraît beaucoup plus pratique et plus tentant. À cet effet, on devra considérer l'attributaire comme une personne désirant créer une entreprise a besoin d'un crédit. Ainsi, les établissements financiers se substitueront à l'attributaire pour

Puisque l'attribution intégrale des biens de famille est avantageuse tant sur le plan économique que sur le plan social et qu'il est en outre indispensable que l'égalité soit respectée entre les cohéritiers, tout doit être mis en œuvre pour la maintenir, et l'un des moyens les plus efficaces à cet effet sera l'allègement des charges fiscales pesant sur l'attributaire.

En effet, en matière successorale comme dans toute autre matière, le fisc occupe une place de choix parmi les bénéficiaires des retombées successorales, ainsi que le confirment certaines dispositions de la législation fiscale relatives aux droits de mutation par décès[1030].

Parce que l'attributaire doit payer la soulte à ses cohéritiers, il faut éviter que les lois fiscales la considèrent comme le prix de vente et la grèvent ainsi de droits de mutation lourds fixés par l'article 303 -B du Code de l'enregistrement du timbre et de la curatelle (Législation harmonisée en UDEAC)[1031]. Il faut tout de même noter que le même code prévoit des

---

payer la soulte aux cohéritiers. Pour ce faire, ils prendront comme garantie l'immeuble et exigeront de leur client la souscription d'une assurance sur la vie à leur bénéfice. Le remboursement se fera dans les conditions fixées par l'établissement bancaire. Cette solution pourra avoir le double avantage de permettre aux héritiers non attributaires de disposer d'un capital qu'ils pourront utiliser dans leurs investissements en même temps qu'elle permettra à l'attributaire de continuer paisiblement l'exploitation de l'entreprise. Par ailleurs, le recours aux banques aura également le mérite de prendre en compte les intérêts de toutes les parties, y compris celui de la banque, car elle sera assurée d'être payée grâce à l'hypothèque et l'assurance sur la vie qui seront des moyens efficaces pour qu'elle se désintéresse. Toutefois, cette solution ne sera effectivement possible que pour les héritages d'une valeur considérable, aussi pourrait-on proposer un autre moyen pouvant bénéficier même aux héritiers d'une succession de moyenne importance. Il s'agira de la sollicitation auprès de l'État d'un allègement des droits fiscaux.

[1030]Aux termes de l'article 147 du code général des impôts, « *En cas de décès, le total des impositions émises en vertu de l'article 143 ne peut excéder les trois quarts de l'actif net successoral avant paiement des droits de mutation par décès. Les impositions ainsi établies et toutes autres impositions dues par les héritiers du chef de défunt constituent une charge de l'actif successoral...* ». Par ailleurs, l'article 85 du code de l'enregistrement du timbre et de la curatelle dispose : « *Les droits de mutation par décès sont fixés pour l'ensemble des biens (actif net) compris dans la succession... entre les héritiers et le de cujus au taux progressif suivant les tranches de capital.*

Les droits seront répartis entre les héritiers proportionnellement aux parts reçues... »

[1031] Article 303 B, 1°) C.E.T.C. ; « *les droits de mutation par décès prévus à l'article 85 sont progressifs et fixés comme suit :*

-tranche de 5000001 à 2000000 F.......2 %,

tranche de 2000001 à 5000001 F.........5 %,

tranche de 5000001 à 10000000 F.......8 %,

tranche au-delà de 10000000 F ....10 % »

Aussi, pourrait-il demander une exonération partielle cu même totale des droits fiscaux. Cette exonération permettrait de maintenir l'exploitation, car le partage entraînerait inévitablement sa disparition, au détriment de l'intérêt économique et social du pays. L'obtention d'une exonération fiscale sur le bien de famille pourrait permettre à l'attributaire qui ne peut pas obtenir de crédit à cause du peu d'importance de son entreprise d'avoir à ne payer que les soultes.

abattements correspondant au montant de l'héritage[1032] dont l'attributaire pourrait d'abord bénéficier avant de solliciter la réduction partielle ou totale des droits de mutation[1033].

Toutes les mesures qui auraient pour but d'alléger la charge de la soulte ne seraient pas suffisantes pour permettre une exploitation judicieuse du bien[1034].

2. La nécessité de l'exploitation communautaire du bien de famille

Il convient ici de présenter dans un premier temps l'évolution des groupements de travail depuis les sociétés africaines originellement traditionnelles jusqu'aux formules plus modernisées[1035] de ces groupements (a) avant de présenter les formules à proposer (b).

a. De l'exploitation communautaire traditionnelle aux formes modernes de l'exploitation communautaire

Les sociétés traditionnelles ont admis des formes de coopération qui constituaient la matérialisation de la solidarité qui existe entre les membres d'un même lignage, d'un même village, voire d'une même tribu. Ces formes de coopération se transmettaient et s'imposaient d'office aux jeunes membres de la société. Cette solidarité se manifestait dans plusieurs formules dont les plus courantes étaient l'exploitation communautaire de biens appartenant à la collectivité -village, lignage, famille[1036], et la communauté de travail au

---

[1032] article 303 B, 2°) C.E.T.C. : *« L'impôt à la charge du ou des conjoints survivants ou des héritiers en ligne directe (père, mère, fille, petit-fils, etc.) bénéficie d'une réduction de 75 % avec un maximum de 30 000 F pour chaque ayant droit en ligne directe et 30 000 F pour le conjoint ou l'ensemble des épouses en cas de polygamie.*

Les héritiers en ligne collatérale ou autres bénéficient également d'une réduction de l'impôt de 10 % par enfant à charge (mineur ou infirme) avec ou maximum de 50 %.

Les héritiers en ligne directe et conjoint survivant peuvent bénéficier de cette deuxième réduction calculée sur l'impôt réduit »

[1033] Les biens de famille devraient être maintenus dans leur intégrité dans tous les cas, car ils sont indispensables à la survie de la famille. Ainsi, une exploitation agricole ou commerciale, dont le caractère familial serait prouvé, pourrait être exonérée totalement des droits fiscaux.

[1034] L'efficacité de l'attribution intégrale résiderait dans le paiement des soultes, elle cesserait d'être avantageuse si cet écueil n'était pas surmonté. Ainsi, pour éviter l'alternative de partage ou licitation et donc de conserver le bien dans la famille, il faudra trouver une formule nécessaire et possible dans un monde en pleine mutation. Cette solution viendrait de l'exploitation communautaire du bien.

[1035] Les avantages qui pourraient provenir de l'exploitation communautaire doivent être recherchés dans deux directions : d'une part dans le système traditionnel qui a connu des institutions à caractère communautaire, d'autre part dans la société camerounaise moderne dans laquelle certaines organisations communautaires sont admises sous des formules assez diverses.

[1036] OBLE (J) : op. cit., n° 696.

bénéfice mutuel des participants ou d'autrui, membre de la communauté, qui avait donc un caractère privé[1037].

On peut dire que les autorités se sont inspirées de cette technique de participation pour créer des institutions nouvelles. En créant des formes d'exploitations communes plus modernes, l'esprit coopératif des sociétés traditionnelles semble avoir prévalu[1038]. Cette prise en compte de la tradition s'est faite dans le but de promouvoir l'entreprise agricole, commerciale, artisanale et même industrielle[1039].

Dès lors, quel que soit le domaine, agricole, artisanal ou commercial, la gestion communautaire des biens constitue l'un des moyens efficaces, indispensables à la prospérité du Cameroun. Aussi, sommes-nous du même avis qu'OBLE qu'il faut « *maintenir la solidarité là où elle existe, la raffermir quand elle est en voie de disparition, la rétablir là où elle a disparu* »[1040]. Il serait donc nécessaire pour les nouvelles formules juridiques de gestion communautaire, qui seraient prochainement adoptées, de tenir compte de la modernisation de la société camerounaise.

[1037]Elle pouvait avoir lieu entre les membres d'une même classe d'âge, entre parents et alliés, entre personnes d'un même sexe… De plus, il peut s'agir d'une organisation associative ou non. Dès lors, une personne qui obtient du groupe organisé ou non une aide pour des travaux déterminés. Une rémunération soit en nature soit en argent, et surtout un repas plantureux abondant arrosé de boissons peuvent leur être donnés en contrepartie des travaux. Cette pratique désignée, chez les Beti par le terme *EKAS,* a l'avantage de permettre la réalisation dans un laps de temps très court de travaux qu'un seul individu aurait mis plusieurs voire des mois à accomplir.

[1038] Il s'agit là d'une réaction conforme à la réflexion de Portalis selon laquelle *« il est utile de conserver tout ce qui n'est pas nécessaire de détruire. Les lois doivent ménager les habitudes quand celles-ci ne sont pas des vices. On raisonne trop souvent comme si le genre humain finissait et commençait à chaque instant sans aucune sorte de communication entre une génération et celle qui la remplace. Les générations en se succédant se mêlent, s'entrelacent et se confondent. Une législation isolerait ses institutions de tout ce qui peut les naturaliser sur la terre s'il n'observait pas avec soin les rapports naturels qui lient plus ou moins le présent au passé et l'avenir au présent ».* PORTALIS, rapporté par FENET (P) ; 481, cité par OBLE (J), n° 698.

[1039]En effet, dans la stratégie nationale de lutte contre la pauvreté, les pouvoirs publics, à travers une politique de participation active des populations, ont institué la possibilité pour certaines personnes de se réunir en groupes d'initiative commune (GIE) et groupements d'intérêts économiques (GIE) dans divers domaines tels que celui de l'agriculture, de l'élevage et même le commerce. La satisfaction des membres de ces groupements vient du fait qu'un accent particulier est lis sur la formation des coopérateurs et surtout par la survivance de l'esprit communautaire traditionnel, car, il s'agit en fait d'une formule plus moderne des divers groupements de travail qui ont toujours existé dans les sociétés traditionnelles.

[1040] OBLE (J), op. cit., n° 704.

b. Les formules à proposer pour l'exploitation communautaire des biens de famille

Plusieurs formules pourraient permettre l'exploitation communautaire d'un bien. Mais le choix de telle ou telle autre formule est fonction de la nature du bien[1041]. On pourrait ainsi avoir la société de famille et la copropriété avec indivision volontaire.

Afin de réaliser une exploitation rationnelle de l'unité économique qui aura été préservée par le maintien de l'intégrité du fonds commun résultant de la prolongation de l'indivision, il serait nécessaire de mettre en commun à plus long terme les efforts des membres de la famille[1042]. Il s'agit alors de mettre l'accent sur les conditions de formation[1043] ainsi que le régime applicable à une société de famille[1044].

[1041] Ainsi, si le de cujus ne laisse pour seul bien qu'une maison d'habitation, la formule la plus adéquate serait l'établissement d'une copropriété avec indivision volontaire. Par contre, s'il laisse une exploitation commerciale, agricole, la constitution d'une société de famille serait la solution la mieux indiquée. En dépit de ces deux solutions, la licitation de tels biens devra être la solution de dernier recours.

[1042] Cet objectif ne pourrait effectivement être atteint que par la constitution d'une société. Sans toutefois adopter intégralement toutes les dispositions relatives à la création et au fonctionnement d'une société, certaines de ces conditions seraient retenues tout en ayant le souci de la simplicité, car la majorité des populations qui y seraient soumises sont des analphabètes.

[1043]Les héritiers qui souhaiteront créer une société de famille à partir du fonds commun devront remplir un minimum de conditions relatives aussi bien au fond qu'à la forme. Deux séries d'exigences devront être satisfaites. Certaines, de portée générale, devront être relatives à la validité du contrat tandis que d'autres seront particulières à la société. Si l'objet et la cause ne suscitent pas beaucoup d'intérêts, il en va différemment de la capacité et du consentement. En effet, une société peut être civile ou commerciale selon que l'objet prévu dans les statuts est civil ou commercial ; et aux termes de l'article 1845 alinéa 2 c. civ. « ... *ont le caractère civil, toutes les sociétés auxquelles la loi n'attribue pas un autre caractère à raison de leur forme, de leur nature, ou de leur objet* »

En ce qui concerne les conditions relatives à la validité du contrat, elles résulteront de l'article 1108 du Code civil. Il s'agit du consentement, de la capacité de l'objet et de la cause.

La capacité sera indispensable aux héritiers qui désireront créer une société familiale. Au cas où il y aurait des héritiers mineurs non émancipés, l'Acte uniforme relatif au Droit commercial prévoit deux hypothèses (Voir art 7 A. U. OHADA et, surtout, Cours de droit commercial, année 2001-2002, par NGUEBOU (J).

[1044] Puisqu'il s'agira de créer une société, il serait important de s'assurer que les conditions requises pour la validité d'un contrat sont remplies et surtout de rechercher si les éléments constitutifs de la société sont réunis. Il ressort alors des dispositions du Code civil que la société est constituée de trois éléments, à savoir l'affectio societatis, l'apport et la participation aux bénéfices.

La recherche du profit est l'élément qui distingue la société de l'association. Le doyen CARBONNIER souligne à cet effet que « la notion de bénéfice... a un sens rigoureusement un, qui départage inéluctablement les domaines respectifs de la société et de l'association ». Des effets spécifiques se rattachent à l'immatriculation, notamment la naissance de la personnalité morale. Aussi, le régime applicable aux sociétés de famille immatriculées devra être différent

Si la constitution d'une société de famille était appropriée pour les exploitations économiques héréditaires, il en va différemment lorsque le de cujus laisserait pour unique bien une maison d'habitation. En effet, constituant un « *bien de famille* » par excellence, son partage est en principe exclu ; et comme elle devrait demeurer dans la famille, l'établissement d'une « *copropriété avec indivision volontaire* » serait la formule juridique la plus adéquate.

Plusieurs définitions sont données par la doctrine à la notion de copropriété et d'indivision[1045]. Partant d'elles, OBLE tire la conclusion selon laquelle, en associant la convention d'indivision à la copropriété, on donne à la copropriété ordinaire les éléments qui lui font défaut et qui justifient les multiples blocages dans le principe de l'administration du bien objet de la copropriété. Ainsi, la formule de la copropriété avec indivision volontaire que nous proposons impliquerait nécessairement l'existence d'une convention[1046] et

---

de celui qui serait applicable à une société non immatriculée. Cette société de famille, quoi qu'il en soit, devrait durer le temps qui aurait été spécifié dans les statuts.

[1045] Ainsi, pour certains auteurs, les expressions de copropriété et indivision sont synonymes. Pour d'autres, ce qui est vrai, il s'agit de deux notions totalement distinctes. D'après cette tendance soutenue par IONASCO, la copropriété peut se définir comme « la situation d'un bien appartenant à une pluralité de personnes sous la forme d'une pluralité de droits réels spéciaux, limités entre eux par leur coexistence et portant sur l'ensemble d'un bien ». Pour mieux montrer la différence entre les deux expressions, il considère que « la copropriété se réfère seulement à des choses matérielles, susceptibles de propriété, tandis que l'indivision, expression plus large, s'applique à toute espèce de biens, aussi bien à des choses matérielles qu'à des choses corporelles… L'indivision serait le genre et la copropriété l'espèce, une espèce de l'indivision ».

[1046] La convention résultera d'un acte, un écrit sous seing privé dans lequel les héritiers qui le désireront manifesteront leur volonté de maintenir le bien en copropriété. Cet écrit devra être transcrit sur le registre des successions et la publicité en sera assurée par voie d'affichage ou par voie orale selon les cas. Cette convention devra fixer un terme à l'indivision. Ainsi, la durée de la convention ne devra pas excéder cinq ans, mais elle devra être renouvelable *ad nutum* (de façon discrétionnaire) par les copropriétaires. Mais si le renouvellement n'a pas été prévu à l'expiration du terme, deux solutions sont possibles. En principe, lorsque les copropriétaires ne se seront pas prononcés, on considérera que l'indivision a été prorogée par tacite reconduction. Et ce n'est qu'exceptionnellement que la possibilité de sortir de l'indivision devra leur être donnée ; pour cela et compte tenu de l'objectif recherché, cette sortie devra être justifiée par des motifs graves.

l'établissement de principes devant régir l'usage[1047], la jouissance[1048] et l'administration du bien[1049]. Dans ce cas, la question de la gestion serait en principe réglée par la convention[1050].

[1047] S'agissant de l'usage du bien de famille, objet de la copropriété, plusieurs situations devront être distinguées. Aussi, le régime d'usage du logement familial varierait suivant que les héritiers copropriétaires désireront l'occuper ou non. Au cas où les copropriétaires décideront d'occuper l'immeuble, l'usage pourra être simultané, alternatif ou reconnu à un seul. L'usage simultané sera la formule la plus fréquente des villes avec la pénurie des logements. En effet, les héritiers copropriétaires pourront le faire à condition d'en faire un usage normal et conforme à la destination de la chose et de respecter le droit d'usage des autres. En revanche, l'utilisation pourra être alternative. Ce sera le cas lorsque les héritiers copropriétaires seront déjà tous établis, alors, la résidence paternelle leur servira de résidence secondaire, pour les vacances par exemple ou des manifestations familiales. Voir : DAGOT (M) et SPITERI (P) : « À la recherche de la multipropriété *», J.C.P., 1972, I. 2481.*

[1048]Par ailleurs, le logement pourra être occupé en permanence par un des héritiers copropriétaires pour certaines raisons. C'est le cas par exemple lorsqu'il ne sera pas encore établi ou n'aura pas assez de moyens pour se procurer un logement personnel ou que le logement sera à proximité de son lieu de travail ou encore sera le prolongement d'une exploitation agricole ou commerciale. On se pose alors la question de savoir si l'occupant devra verser une indemnité à ses copropriétaires. La réponse à cette question varie en fonction de la société dans laquelle on se trouve.

Si on s'en tient au législateur français par exemple, c'est cette solution qui sera admise. En effet, selon l'article 815-9 alinéa 2 du Code civil (loi de 1976 qui n'a fait que consacrer in principe émis par la jurisprudence [Cour de cassation, arrêt CASIER, civ. 1re 15 février 1973, D. 1975, 509, note SAVATIER] *« L'indivisaire qui use ou jouit privativement de la chose indivise est, sauf convention contraire, redevable d'une indemnité ».* Une telle disposition se justifie par le fait que les indivisaires ont tous vocation à l'usage et à la jouissance des biens indivis, aussi serait-il injuste que ces attributs de l'indivision ne soient reconnus qu'à un seul. Dès lors, en attribuant une indemnité aux autres, on tiendra ainsi compte de la vocation égale des autres indivisaires au même usage. Il s'agit en réalité d'une indemnité compensatrice. Une telle solution sera difficilement acceptable dans le contexte africain où des relations particulières existent entre les copropriétaires, en l'occurrence les liens de parenté qui impliquent nécessairement la solidarité. L'existence de tels liens devrait conduire le législateur à exclure toute possibilité d'indemnisation, mais de prévoir la possibilité par l'occupant de permettre aux autres indivisaires de pouvoir jouir du logement lorsque le besoin s'en fait sentir. À moins que la situation sociale de l'occupant lui permette de verser une sorte de « loyer » que les autres pourront se partager. Aussi, pourra -t-il réserver deux ou trois pièces dans la maison pour les autres.

[1049] En effet, il y aurait des cas dans lesquels aucun des copropriétaires ne serait intéressé par l'usage immédiat de la maison. La solution serait alors de la mettre en location.

[1050]Enfin, la gestion du bien commun pourra aussi être laissée à l'un des indivisaires. De ce fait, l'indivisaire désigné aura les pouvoirs d'administration qui lui seront reconnus par la convention. Il est vrai que cette possibilité est en principe exclue dans la copropriété ordinaire, car tous les actes d'administration et de disposition doivent être faits à l'unanimité des copropriétaires. Ce consensus sera souvent difficile à obtenir, car certains pourront souvent s'opposer à l'accomplissement de tel ou tel acte qui pourtant s'avèrera nécessaire. Aussi, cette gestion pourra-t-elle aussi être confiée à un tiers, telle qu'une société immobilière. Dans ce cas, les copropriétaires se partageront les fruits et revenus de l'immeuble après avoir assuré la rémunération de ce dernier. Ils se répartiront pareillement les charges et frais de réparation dans les mêmes termes, la jouissance du bien sera alors laissée à un seul des copropriétaires qui fera face seul aux dépenses afférentes au bien.

La copropriété avec convention d'indivision, la société de famille ou l'attribution intégrale seraient des moyens qui pourraient permettre de maintenir les biens héréditaires dans la famille. Mais pour atteindre cet objectif, il faudrait braver les difficultés inhérentes à chacune de ces formules. Aussi, une dernière possibilité pourrait-elle être reconnue aux indivisaires : c'est le recours à la licitation.

La volonté de maintenir les biens héréditaires dans la famille se manifesterait par la possibilité de les attribuer à un membre de la famille ou de les exploiter et d'en jouir en commun[1051]. Dans ces différentes hypothèses, la seule solution idoine serait la licitation. Il est vrai qu'elle aurait l'inconvénient de faire sortir le bien de la famille, mais, elle aurait le mérite, dans l'intérêt général, d'en éviter le morcellement tout en le maintenant dans le circuit économique[1052].

Il ressort alors de ce qui précède que bien que le droit de partage soit préconisé, son domaine devrait être beaucoup plus restreint[1053]. Dès lors, il a été question d'énoncer les moyens pouvant permettre d'enrayer le morcellement et la dispersion des biens héréditaires. La réalité sociologique impose qu'un régime particulier soit établi pour les biens qui auraient le caractère lignager, ceux qui conserveraient une nature assez spéciale.

Paragraphe 3. La nécessité d'une réglementation des biens lignagers

Les biens lignagers, contrairement aux biens de famille, devraient demeurer la propriété de tout le lignage. Le régime proposé pour les biens de famille ne pourrait donc pas leur être appliqué. Dès lors, le futur législateur national devrait nécessairement leur accorder un régime particulier, adapté à leur nature particulière[1054].

[1051] Cependant, il arriverait que dans le premier cas, l'attributaire ne puisse pas faire face au paiement des soultes, ou que dans la seconde hypothèse, le consentement de l'ensemble des héritiers, indispensable à la constitution de la société ou de la copropriété avec convention d'indivision, fasse défaut, ou même que la mauvaise gestion conduise la société à la faillite.

[1052]En effet, contrairement au système traditionnel où l'intérêt général se ramenait à l'intérêt du lignage, de nos jours, les préoccupations économiques ont changé cet état de choses, aussi, le principe de la libre circulation des richesses dont la licitation est l'un des moyens sera en dernier ressort préféré au maintien dans la famille d'un bien qui demeurera inexploité.

[1053] Il ne s'appliquerait principalement qu'aux biens héréditaires qui n'auraient pas le caractère de *« biens de famille »*, et pour les biens qui auraient ce caractère, les héritiers ne pourraient s'en prévaloir que comme solution de dernier recours.

[1054]En effet, d'une part, l'incitation à l'appropriation individuelle des biens ne peut être condamnée, au contraire, le mouvement individualiste amorcé pendant la colonisation doit être poursuivi, car, il est nécessaire que chacun pense à acquérir des biens qu'il laissera plus tard à sa descendance. Mais d'autre part, le maintien de certaines règles coutumières ne serait pas incompatible avec cette volonté d'appropriation privée. C'est le cas des biens lignagers qui

Aussi, le régime applicable pourrait être différent selon qu'il s'agirait des biens lignagers meubles (A) ou des immeubles (B)[1055].

A. Le régime applicable aux biens meubles

Les biens meubles dont un lignage peut être propriétaire aujourd'hui diffèrent selon les régions[1056]. Aussi doivent-ils être conservés tels quels. Pour cela, le futur législateur national devrait nécessairement trouver une formule qui pourrait assurer leur maintien dans le lignage (1) et réglementer leur usage (2).

1. L'institution d'une copropriété avec indivision forcée perpétuelle

Afin de mieux comprendre l'institution de la copropriété avec indivision perpétuelle que nous proposons pour les biens lignagers dans notre système, il convient d'abord de présenter le fonctionnement de ce système, pour certains biens, dans le système français[1057]. Il en est ainsi de l'hypothèse de la mitoyenneté[1058] dont fait allusion l'article 653 du Code civil[1059].

---

pourront demeurer communs à un groupe d'individus. Cette solution est non seulement souhaitable, mais également parfaitement réalisable. Voir : KOUASSINGAN (G A) : Quelle est ma loi ?, op. cit., p ; 286 ; OBLE (J) : n° 730

1055Pour ce faire, une formalité importante s'imposera au préalable. Afin d'éviter toute contestation ultérieure, tous les membres du lignage devront faire établir un inventaire des biens appartenant à ce groupe. Dès lors, l'efficacité de l'institution exigera que tous ceux qui auront en leur possession des biens lignagers, au moment de l'entrée en vigueur de la future loi, en fasse établir un inventaire selon les cas, soit par le notaire dans les grandes villes, soit, plus simple et moins coûteux, par le sous-préfet, soit encore par le chef de village assisté par des notables. Un acte sera dressé à l'issue de cet inventaire et la preuve du caractère essentiellement commun de ces biens sera établie.

1056 Ainsi, dans le grand Sud, ces meubles sont surtout composés des attributs du pouvoir, aussi en est-il des « écorces d'arbres, des cornes, les oignons », les cannes, les chasse-mouches où sont souvent incorporés certains éléments protecteurs, des trophées comme la peau et les dents de panthère ou comme les queues et les défenses d'éléphant. Dans les parties Ouest et Nord du pays, les biens dont le lignage est propriétaire sont composés d'une part des attributs du pouvoir et d'autre part des effets vestimentaires, c'est-à-dire, les pagnes, les bijoux. Tous ces objets sont de grande valeur non seulement au point de leur valeur, mais aussi et surtout du point de vue moral, car ce trésor a été amassé depuis des générations.

1057 En effet, sans avoir le même fondement, le droit français a implicitement admis la copropriété avec indivision perpétuelle. Elle constitue généralement le complément des copropriétés exclusives et porte presque toujours sur des choses accessoires à l'usage de plusieurs fonds contigus.

1058 GOUBEAUX GONZALVE : « Étude sur l'indivision forcée et perpétuelle en droit civil français », Thèse, Paris, 1910, p. 101 et s. ; IONASCO (A) : op. cit., p. 19 et s. cités par OBLE (J) : op. cit., n° 732.

1059 Article 653 c. civ< . : « *dans les villes et les campagnes, tout mur servant de séparation entre bâtiments jusqu'à l'héberge, ou entre cours et jardins, et même entre enclos dans les champs, est présumé mitoyen, s'il n'y a titre ou marque contraire* ». Par la suite, l'article 5 de la loi du 10 juillet 1965 (loi n° 65-557 du 10 juillet 1965 fixant le statut de la copropriété des

Si la copropriété avec indivision forcée se justifie en droit français par des considérations pratiques telles que la sauvegarde des intérêts pécuniaires des communistes et la bonne exploitation des propriétés, le droit camerounais devrait la fonder sur des intérêts moraux, sur des traditions ancestrales[1060]. Par ailleurs, l'utilisation limitée qu'on fait de ces biens[1061] explique qu'un régime particulier leur soit applicable sans que cela puisse gêner les principes économiques établis par les pouvoirs politiques du pays[1062].

2. La réglementation et la gestion des biens lignagers

Dans le système français, le caractère perpétuel explique le fait que les copropriétaires ont des droits étendus, similaires à ceux d'un propriétaire exclusif, sous les seules réserves des droits égaux de leurs consorts et de la destination de la chose. La formule que l'on propose pour les biens lignagers est tout à fait différente[1063].

Quant à l'utilisation de ces biens, elle se ferait comme par le passé, c'est-à-dire, qu'ils profiteraient à tout membre de la famille chaque fois que le

---

immeubles bâtis. Voir à cet effet GIVORD [F] et GIVORDON [C] : La copropriété, 3e édition, Librairie Dalloz, Paris, 1981, p. 99 et s.) l'a organisée à propos des immeubles bâtis en ces termes : *« Les parties communes et les droits qui leur sont accessoires ne peuvent faire l'objet séparément de parties privatives, d'une action en partage ni d'une licitation forcée »*. Déjà avant l'intervention de cette loi, un auteur soutenait à propos de l'article 815 que *« Il est unanimement admis par les auteurs et par la jurisprudence que cet article 815 du Code civil ne s'applique pas aux choses affectées comme accessoires indispensables à l'usage commun de deux ou plusieurs immeubles appartenant à des propriétés différentes. Ces choses sont frappées de la servitude dite d'indivision et il ne saurait venir à l'idée d'un copropriétaire, lorsque l'immeuble est divisé en appartements, de demander la licitation des parties indivises qui sont nécessaires ou utiles à l'usage commun »* Voir CAUTRU rapporté par Bernard MORICE : *« commentaire de la loi du 28 juin 1938 tendant à régler la copropriété des immeubles divisés par appartements »,* in Lois nouvelles 1938, p. 167 et s.

[1060] En effet, dans le système originellement traditionnel, les populations vivaient principalement sous un régime de communauté de biens. Les biens appartenaient au lignage ou à la tribu et il était impensable de procéder à leur partage. C'est pour perpétuer cette tradition dont l'avantage est de maintenir la solidarité entre les membres d'un même lignage que cette formule est préconisée.

[1061] Ils ne sont utilisés que lors des cérémonies.

[1062] Ce régime permettrait par contre que les cérémonies traditionnelles, pour lesquelles ces objets sont indispensables et qui font partie du patrimoine culturel national, soient maintenues. Cette particularité justifierait la prise en compte de la tradition dans la réglementation de l'usage et de la gestion de ces biens lignagers.

[1063] En effet, la nature particulière des biens lignagers commande que leur gestion soit confiée au plus âgé du lignage qui les gardera en bon père de famille, et de façon que le moment venu il assure le rayonnement du lignage qui, bien que désagrégé par les exigences de la vie moderne, se reconstitue du moins lors des grandes cérémonies. Au décès du détenteur de ces biens, la transmission se ferait toujours à l'intérieur du lignage, de ce fait, ils ne seraient pas transmis à sa descendance. Autrement dit, ces biens n'appartiendraient pas à la catégorie des biens personnels du de cujus qui, eux, seraient liquidés conformément au droit commun. Ces biens seraient alors remis au frère ou au neveu venant en rang utile.

besoin se ferait sentir[1064]. Par ailleurs, ils seraient inaliénables, car ils auraient parfois une valeur plus historique que vénale. Étant étroitement attachés à la famille, ils devraient échapper aux règles ordinaires de succession[1065]. Reprenant le terme de Malaurie, ces biens devraient constituer « *une sorte de musée familial* »[1066].

Toutefois, il se pose la question de savoir si le même régime devrait être appliqué aux immeubles.

B. Le régime applicable aux biens lignagers immeubles

Les plantations appartenant au lignage constituent un capital et doivent de ce fait entrer dans le circuit économique. Leur partage ne serait donc pas la solution idoine, car de nombreux inconvénients s'y attacheraient. La meilleure solution serait d'y établir une « *copropriété avec indivision forcée à durée indéterminée* »[1067].

Toutefois, il faut relever que cette solution n'est possible que lorsqu'un ou plusieurs héritiers acceptent de s'occuper de l'exploitation. Dans le cas contraire, leur licitation serait la solution adéquate pour l'intérêt économique général[1068]. De telles solutions sont non seulement souhaitables, mais aussi parfaitement réalisables de nos jours[1069].

1064 Personne n'aurait en idée de se les approprier, au risque de se faire exclure du lignage et de se faire maudire.

1065 VINCENT (L) : Inaliénabilité. Répertoire civil ; VOIRIN (P) : Inaliénabilité et indisponibilité. Rev. tr. Dr. civ. 1951. 1. 239 ; MALAURIE (Ph.) : Cours de droit, Successions et libéralités, 1979-1980, p. 26, à propos de ces biens, il parle de « *Jura singularia successionis* » cité par OBLE : n° 733.

1066 MALAURIE (Ph.) : Ibid.

1067 OBLE (J) : op. cit. n° 734, p. 457. La raison de cette formule est que la terre constitue un capital important, surtout dans un pays essentiellement agricole comme le nôtre. Aussi, faut-il éviter son délaissement et permettre plutôt sa mise en valeur permanente.

1068 Pour tirer profit de ces exploitations lignagères, elles ne devraient pas être confiées, comme par le passé, au plus âgé du lignage, car, étant déjà fatigué, il ne pourrait plus valablement les faire fructifier. Il conviendra alors de les confier aux plus jeunes, qui, compte tenu des exigences de la vie moderne, pourront faire recours à une main-d'œuvre payante. Les revenus de ces exploitations seraient soit partagés entre les membres du lignage, soit conservés dans une caisse commune pour faire face à certains grands événements du lignage. À l'instar des biens meubles, au décès de l'exploitant, ces biens ne feraient pas partie de sa succession, et ne devraient être par conséquent pas remis à sa descendance, mais à un autre membre du lignage continuerait leur exploitation.

1069 Ces solutions sont souhaitables parce qu'elles ne pourront pas être confrontées au problème de réception, car elles seront conformes aux coutumes positives et bien vivantes dans l'esprit des populations. En prévoyant un régime juridique à cette catégorie de biens, on tiendra compte de la réalité sociologique et fera en même temps œuvre de justice. En effet, une telle action suscitera une grande adhésion des populations qui se retrouveront dans cette réglementation.

Une fois que le sort des biens de famille aurait été réglementé, il conviendrait de partager les autres biens, c'est-à-dire des biens personnels du de cujus, entre ses héritiers personnels.

Section II. Le partage des biens personnels du de cujus

Le futur législateur[1070], en instituant le partage égal des biens personnels du de cujus entre ses héritiers dans la recherche d'une solution aux difficultés de détermination d'un fondement juridique du droit successoral en général et du droit du partage en particulier, pourrait mettre l'accent sur la prise en compte des intérêts privatifs de chaque héritier (Paragraphe 1) tout en veillant d'éviter, lorsque cela s'avèrerait nécessaire, que les propriétés soient morcelées (Paragraphe 2).

Paragraphe 1. La prise en compte des intérêts privatifs de chaque héritier par l'institution du partage égalitaire

En dehors des biens lignagers[1071] et des biens qualifiés *« biens de famille »*[1072], il existe une autre catégorie de biens personnels du de cujus qui devraient être répartis entre les différents héritiers. L'examen du sort de cette catégorie de biens conduit à présenter le partage égalitaire comme principe régissant les modalités de leur répartition (A), égalité devant parfois connaître des variations en présence de certaines circonstances (B).

A. L'égalité comme principe directeur du partage des biens personnels du de cujus

S'agissant des biens de famille, les mêmes principes avaient déjà été adoptés par le législateur ivoirien de 1964[1073]. Pour ce faire, les droits des indivisaires devraient être organisés (1) afin qu'à la fin des opérations de

---

Par ailleurs, ces solutions seront réalisables, car elles ne constitueront pas une entorse grave aux règles de transmission successorale des biens du de cujus et par conséquent aux exigences liées au développement économique. Ces exigences seront par contre prises en compte, car l'abandon de ces exploitations sera évité et le principe de la rémunération de l'exploitant, qui n'existait pas dans le système traditionnel, sera admis.

[1070] Les dispositions du Code civil relatives aux successions consacrent la prééminence de l'individualisme contrairement au droit coutumier qui se soucie d'abord de l'intérêt général au détriment des intérêts privatifs des héritiers.

[1071] Ceux dont le de cujus ne serait que le gérant et qui, naturellement, ne pourraient faire l'objet de partage.

[1072] Biens qui, bien qu'appartenant personnellement au de cujus, ne pourraient pas être matériellement partagés.

[1073] OBLE (J) : op.cit., n° 570 et s., p. 354 et s.,

partage, la répartition assure une attribution à parts égales entre les copartageants (2).

1. La nécessité d'une réglementation des droits des indivisaires

La nécessité de la réglementation des droits des indivisaires pendant la période d'indivision provisoire se fait sentir. En effet, les modalités d'organisation des droits des indivisaires sont actuellement conformes aux conceptions socioculturelles et aux exigences économiques d'une époque révolue[1074].

Dès lors, le législateur pourrait s'inspirer de l'option prise par la jurisprudence camerounaise d'écarter l'indivision coutumière au profit de l'indivision successorale du Code civil. Il est certain que ce changement entraînerait une redéfinition de l'indivision afin d'éviter la confusion et surtout le risque de survie des pratiques coutumières en la matière, risque évident en ce qui concerne les droits des indivisaires. Pour ce faire, le futur législateur pourrait, à l'instar de son guide français, organiser l'indivision successorale afin de la doter d'un contenu, de déterminer avec précision sa durée, sa gestion ainsi que les droits et obligations des indivisaires[1075].

Le caractère provisoire de l'indivision se justifie par le caractère impératif du partage et surtout l'effet déclaratif du partage qui entraîne sa disparition rétroactive. Ainsi, quels que soient les actes accomplis par les coïndivisaires sur les biens indivis, le partage devrait toujours être fait dans l'optique d'attribuer des parts égales à tous les copartageants.

2. L'attribution des parts égales aux copartageants

À cause de son importance non seulement juridique et pratique, mais aussi sociale et familiale, le partage apparaît comme le mode normal de cessation

---

[1074]L'un des principes directeurs qui gouvernent la législation française en matière successorale est l'égalité des cohéritiers ; au Cameroun, la jurisprudence n'a résolu qu'un aspect du problème, celui de savoir s'il faut permettre à tous les enfants d'accéder à la succession de leurs parents sans distinction de sexe ni de primogéniture. Cette égalité est acquise. Mais un problème essentiel demeure sans solution. Il s'agit d'assurer l'efficacité de ce principe et partant, la définition des droits des indivisaires.

[1075] FLOUR (J) et SOULEAU (H) : op. cit., n° 338, p. 229.

de l'indivision[1076]. L'importance pratique et familiale apparaît lorsqu'il faut résoudre le problème de l'égalité du partage[1077].

Le futur législateur pourrait suivre les critiques avancées par la doctrine française à l'égard de ces deux formes d'égalité pour choisir celle qui conviendrait le plus à notre système, ou alors pour harmoniser l'égalité en fonction de certaines circonstances[1078].

En effet, dans la rédaction de l'article 832 du Code civil de 1804[1079], le législateur avait voulu concilier des situations divergentes. D'un côté, on devait éviter de morceler et de diviser les héritages, de l'autre côté, il fallait faire entrer dans chaque lot la même quantité de meubles, d'immeubles, de droits de la même nature.

« *Héritière de la tradition révolutionnaire* » et « *inspirée par un individualisme égalitaire* »[1080], la jurisprudence du XIXe siècle avait alors estimé que l'égalité en nature était la vraie[1081].

Cette « *mystique égalitaire* »[1082], qui consacrait la prédominance de l'égalité en nature sur l'intégrité des biens, fut vivement critiquée par LEPLAY qui y trouvait une *« machine à hacher le sol »* et l'une des causes de dénatalité et d'exode rural.

[1076] Il existe bien d'autres modes de cessation prévus par le droit écrit, à savoir, la cession des parts indivises par les héritiers aux tiers ou l'acquisition des droits successifs des autres par un seul des cohéritiers. Il existe aussi le cas particulier, mais rare où le partage ne peut plus être demandé parce que l'un des coïndivisaires a acquis par prescription tout ou partie de la succession.

[1077] En effet, l'égalité peut être soit en nature, soit en valeur. Par l'égalité en nature, chaque héritier devrait avoir autant de biens de la même espèce ; alors que par l'égalité en valeur, chacun devrait recevoir un lot dont la valeur correspond à celle de ses droits dans la masse.

[1078] Pour ce faire, un rappel historique de l'évolution qu'a connue la législation française sur les formes d'égalité s'avère nécessaire et édifiant pour le futur législateur national.

[1079] Article 832 du Code civil de 1804 : « *Dans la formation et la composition des lots, on doit éviter,* autant que possible, *de morceler les héritages et de diviser les exploitations ; et il convient de faire entrer dans chaque lot,* s'il se peut, *autant de meubles, d'immeubles, de droits ou de créances de même nature et valeur* ».

[1080] TERRE (F) et LEQUETTE (Y) : op. cit., n° 931, p. 897.

[1081] SAVATIER (R) : la décrivait ainsi : « Pour chacun autant de vignes, autant de bois, autant de vache, autant de fauteuils. » In J. C. P. 1947. II. 3666. À cet effet, il fallait d'abord respecter l'égalité en nature, et c'est seulement lorsque cette égalité était réalisable sans morcellement que celui-ci pouvait être évité. Les seconds conseils de cette disposition dominaient alors les premiers.

[1082] FLOUR (J) et SOULEAU (H) : op. cit., n° 431, p. 292.

Marquée par une réaction anti-individualiste, la réforme de 1938[1083] va renverser l'ordre des priorités[1084]. Et par cette solution, vont se raréfier non seulement les morcellements, mais aussi les licitations[1085].

Compte tenu du contexte national, de la structure des familles et aussi de la consistance des patrimoines, le futur texte pourrait, tout en consacrant l'égalité des copartageants, également opter pour la prédominance de la sauvegarde de l'intégrité des biens. Le principe égalitaire qui gouverne les règles de partage successoral pourrait varier en présence de certaines circonstances.

B. La variation de l'égalité en fonction de certaines circonstances

Nous avons relevé dans nos précédents développements que dans son entreprise de détermination des successibles, le sort des descendants du de cujus devrait constituer le souci prioritaire du législateur[1086]. La priorité ainsi donnée aux descendants du de cujus peut s'analyser aussi bien sur le plan qualitatif que sur le plan quantitatif (1). Toutefois, ces priorités, qui ont pour leitmotiv l'égalité des cohéritiers, pourraient varier suivant le caractère successoral ou alimentaire du partage successoral (2).

1083 Décret-loi du 17 juin 1938 donne une rédaction nouvelle de l'article 832 du Code civil en ces termes « *Dans la formation et la composition des lots, on doit éviter de morceler les héritages et de diviser les exploitations ;*
Dans la mesure où le morcellement des héritages et la division des exploitations peuvent être évités, chaque lot doit, autant que possible, être composé, soit en totalité, soit en partie, de meubles ou d'immeubles, de droits ou de créances de valeur équivalente. »

1084 Désormais, l'exigence de l'égalité en nature n'est plus que subsidiaire par rapport à celle du maintien de l'intégrité des exploitations. La hiérarchie des deux directives est alors nette. On peut mettre dans chaque lot autant de meubles que d'immeubles, mais à condition que cela n'entraîne pas le morcellement. Aussi, doit-on éviter au préalable le morcellement, quitte à renoncer à la composition des lots selon la même proportion d'immeubles, de meubles et de créances et à compléter les lots de certains au moyen de soultes dues par ceux qui auront été pourvus de biens héréditaires malaisément divisibles.

1085 Civ. 1re, 21 janvier 1958, J. C. P. 1959, note VOIRIN (P). Aussi, la licitation ne sera plus imposée que « *si les immeubles ne peuvent être commodément partagés ou attribués dans les conditions prévues par le présent code* ».

1086 En effet, un devoir primordial existe envers ceux qu'on a mis au monde. Il s'agit là de l'expression de la conviction profonde que les parents doivent transmettre au moins une partie de leurs biens à leurs enfants afin de les aider à s'établir et à fonder à leur tour de nouveaux foyers.

1. La présentation des soucis prioritaires du futur législateur national

Afin d'assurer une véritable protection aux descendants du de cujus, la préoccupation majeure du législateur national devrait être qualitative et quantitative.

La priorité qualitative consisterait en l'appel prioritaire des descendants à participer au partage de la succession, car s'ils existent, ils devraient être les premiers à venir à la succession. Ce privilège résulterait du classement des héritiers par groupes appelés à succéder suivant un ordre prédéterminé. La hiérarchie qu'établirait le législateur serait le reflet de la réalité familiale[1087]. Cette hiérarchie devrait coexister avec l'exigence de l'égalité. Cette dernière apparaît alors comme l'une des finalités du droit en général[1088] et du droit successoral en particulier. Elle a toujours exercé dans le système successoral français une influence importante. Mais, dans la répartition des biens laissés par le de cujus, il est plus facile de pratiquer une égalité formelle qu'une égalité réelle[1089].

Dès lors, les systèmes d'aménagement de la dévolution successorale devraient être la preuve constante de l'appel prioritaire des descendants. S'inspirant de l'expérience des autres législations[1090], le futur législateur national devrait faire des descendants non seulement les premiers dans l'ordre des affections présumées du de cujus, mais les premiers à lui être imposés.

S'agissant de la priorité quantitative, elle consisterait à instituer au profit des descendants la réserve la plus large. Cette priorité s'affirme non seulement au niveau individuel, mais globalement au niveau du groupe d'héritiers bénéficiaires de la réserve. Si la priorité qualitative coexiste avec l'exigence de l'égalité de filiation entre les descendants d'une même personne, la priorité quantitative, quant à elle, devrait coexister avec l'égalité dans le partage.

Toutefois, certains facteurs devaient entraîner une variation de cette égalité afin d'assurer un équilibre dans les droits à acquérir.

[1087]Ainsi, est-il normal que certains héritiers priment par rapport à d'autres dans le partage successoral, car si tous les héritiers qualifiés y participent à la fois, les parts recueillies seraient minimes, d'où la nécessité d'y mettre un ordre, d'opérer un classement et d'imposer une hiérarchie TERRE (F) et LEQUETTE (Y), op. cit. n° 76.

[1088] Voir *L'égalité,* Travaux du Centre de philosophie du droit de l'Université libre de Bruxelles, t. V, 1977, spéc., p. 25 et s. ; Voir également Mélanges E. de Lagrange, 1978, p. 27 et s.

[1089] TERRE (F) et LEQUETTE (Y) : op. cit., n° 81.

[1090] Et plus particulièrement des articles 745, 913 et 914 du Code civil français.

2. Les mécanismes correcteurs de l'égalité du partage successoral

Des circonstances aléatoires contraignantes surviendraient et pourraient soit troubler le statut prioritaire, soit le frapper d'incertitude[1091]. Face à elles, des mécanismes correcteurs du principe d'égalité, ayant des rôles multiples, pourraient être mis en œuvre en fonction des données concrètes de chaque succession. Ces mécanismes pourraient donc varier suivant que le partage a un caractère successoral ou alimentaire.

a. Les mécanismes correcteurs à caractère successoral

De prime abord, les notions de variabilité et d'égalité dans le partage successoral paraissent incompatibles. La variabilité est la modification, le changement d'un droit quant à son quantum, sa nature ou ses conditions d'attribution, suivant des circonstances et des critères préétablis. Au contraire, l'égalité successorale, tel qu'elle est instituée en droit français, est indifférente à des situations concrètes concernant tel ou tel titulaire[1092].

Toutefois, deux sortes de variations pourraient parfois faire entorse à cette égalité ; il s'agit de la variation relative soit au nombre de copartageants[1093], soit à leur comportement[1094].

[1091] Il s'agirait de variables concernant le nombre de descendants appelés à se partager le patrimoine successoral, leur âge, leur état de santé physique ou mentale, leur situation familiale, sociale ou économique, leur comportement envers le de cujus, ses proches ou le fait qu'ils ont un droit réservataire à recueillir.

[1092] Certes, la dévolution successorale a-t-elle pour raison d'être la protection de la famille en général, et de chaque membre en particulier, d'où l'exigence de l'égalité.

[1093] La variation de l'égalité suivant le nombre de copartageants sera un mécanisme étroitement lié au problème général de la détermination du montant de la masse partageable. Cette détermination est en droit écrit une des opérations préalables au partage. La variation ainsi proposée voudrait qu'on prenne en compte le nombre de copartageants pour déterminer la masse à partager, et surtout qu'on ne prend en compte que les descendants dont le nombre peut s'accroître et dépasser dix. Cette situation conviendrait au contexte camerounais où le nombre de descendants est le plus souvent très élevé par rapport à la consistance de la masse successorale. Une égalité rigoureuse pourrait entraîner un déséquilibre de droits à acquérir.
Dès lors, le législateur pourrait voir comment, malgré le grand nombre, des parts significatives pourront être accordées aux copartageants. Car les options pour ou contre le mécanisme correcteur fondé sur la variation de l'égalité suivant le nombre de copartageants restent une question de pure politique législative.

[1094] Le comportement des héritiers devra également être de nature à faire varier le quantum de la part des uns et des autres. Il y aurait variation toutes les fois que le comportement d'un héritier entraînerait une situation juridique parmi celles qui modifient le nombre d'héritiers qui existaient au moment du décès. Dans cette catégorie, trois situations juridiques sont visées : la renonciation, l'exhérédation et l'indignité.
Ces trois situations ont un caractère commun de survenir après le décès du de cujus, à cette différence près qu'il connaît avec certitude l'exhérédation tandis qu'il ignore les autres. Par ailleurs, l'une d'elles découle directement de la volonté de l'héritier saisi (renonciation), alors

À côté de ces principes correcteurs à caractère successoral en vigueur en droit français depuis 1804, le législateur pourrait également faire varier l'égalité successorale en lui affectant un fondement alimentaire.

b. Les principes directeurs présupposant le caractère alimentaire de la succession

Le fondement alimentaire de la vocation ab intestat est considéré par certains auteurs comme la prolongation au-delà de la mort de l'obligation alimentaire, une expression de la conception globale du besoin d'entraide entre les gens de la même maison, du même sang[1095]. Établissant la relation qui existe entre les droits alimentaires et les droits successoraux, ALFANDARI place ces deux catégories *« aux confins des droits individuels et des droits familiaux, des droits naturels et des droits politiques, des droits de la personne et des droits pécuniaires, ou selon l'expression du Doyen SAVATIER, des "valeurs humaines" et des "valeurs comptables". C'est la relation entre un droit pécuniaire à fondement familial et un droit de la personne à expression pécuniaire »*[1096].

La variabilité de l'égalité se produirait alors en fonction de deux critères, les mêmes qui sont valables et indispensables pour fixer les droits alimentaires, à savoir, le créancier et les ressources du débiteur[1097].

De prime abord, faire dépendre le quantum de la part successorale globale, individuelle à l'étendue de la succession est une variation inspirée par les considérations de justice sociale et familiale[1098]. Il nous reste alors à examiner la variabilité suivant l'état de besoin des héritiers. Le partage successoral, en droit écrit, est fondé sur le principe d'égalité dont l'observation constitue l'une des finalités de la vocation successorale. Cette égalité est l'expression successorale de celle qui devrait exister entre frères et sœurs aussi bien dans

---

que les autres sont indirectement la conséquence de sa propre responsabilité (indignité, exhérédation). La conséquence en est que la part des descendants renonçant ou indignes qui n'accèdent pas personnellement à la succession vient s'ajouter à celle des héritiers acceptants, qui, eux, y viennent effectivement. Voir RIPERT et BOULANGER, t. III, n° 1874-1875 ; VOIRIN (P), n° 123 ; IONNA IKONDILLY : op. cit., n° 154, p. 281.

1095 CARBONNIER (J) : « Sociologie juridique. Sociologie du droit des successions », *Cours polycopié, 1963-1964*, p. 142 ; SERIAUX (A), op. cit., p. 144 ; ALFANDARI (E) : Mélanges SAVATIER, op. cit., p. 1 et 6 ; SAYAG : Essai sur le besoin créateur du droit, L.G.D.J., Bibliothèque privée, XCIV, 1969, préface CARBONNIER (J).

1096 ALFANDARI (E) : op. cit., p. 1

1097 Si l'on considère la masse successorale comme étant le débiteur et les copartageants comme des créanciers, la part successorale devrait être proportionnée à l'état de besoin de chaque héritier et, si possible, à la consistance du patrimoine successorale.

1098 Elle a rarement été proposée et même très rarement instituée à cause de l'extrême variation de la consistance des patrimoines successoraux qui serait une source de multiples complications

l'affection parentale dans son application[1099]. Si au moment du partage, la loi venait à tenir compte de l'état de besoin de certains successibles afin de leur attribuer une part plus importante que celle des autres[1100]. La notion de besoin n'étant pas juridiquement facile à définir, il serait souhaitable d'utiliser, dans l'intérêt de l'héritier, la notion relative d'« *insuffisance de ressources* »[1101] qui pourrait remplacer les notions absolues d'« *indigence* » ou d'« *impossibilité de s'entretenir* »[1102]. Ce mécanisme correcteur, qui crée une présomption irréfragable d'un état de besoin, est vivement critiqué par la doctrine[1103].

Mais telle n'est par exemple pas la conception française[1104]. L'égalité entre cohéritiers que le droit français établit est une égalité mathématique, les seuls juges des situations exceptionnelles méritant des mesures ou des prévisions spéciales étant les parents qui d'ailleurs ne peuvent y porter remède que dans la limite de la quotité disponible, qui, d'après VOIRIN permet « *aux parents*

1099 Cependant, l'égalité successorale peut paraître illusoire, sinon virtuelle, vue sous l'aspect de la justice distributive : le successible fortuné et le successible nécessiteux devront en principe recueillir des parts successorales identiques. Le successible âgé de quarante ans et celui qui n'a que deux ans auront des parts identiques. On peut dès lors se poser la question de savoir si l'état de besoin du successible, créateur d'inégalité « de facto » devrait influencer l'étendue de sa vocation héréditaire.

1100 Deux systèmes seraient concevables : on pourrait, soit adopter la méthode qui tend à la vérification de l'état de besoin et l'ajustement de la modulation à laquelle le successible peut prétendre à l'importance de ce besoin peut être laissé à l'appréciation souveraine du juge, soit opter pour une casuistique qui comprendrait les situations, circonstances, malheurs, susceptibles de justifier un état de besoin. Il s'agirait des cas tels que l'âge des descendants, un handicap physique ou mental. Il est, par exemple, pertinent que les enfants mineurs nécessitent plus de dépenses pour obtenir une éducation professionnelle, scientifique ou artisanale.
Par ce système, on passerait d'un besoin démontré à un besoin présumé, d'un besoin concret à un besoin abstrait, d'un besoin particulier à un besoin général. Ainsi, des catégories de personnes pourraient être considérées d'office comme étant dans le besoin.

1101 IONNA IKONDILLY : op. cit., n° 526-527, pp. 287-288.

1102 Ibid.

1103 Selon cette doctrine, ce mécanisme ne prendrait toute réalité que lorsqu'elle quittera la réalité pour devenir abstraite. De plus, certes, un état de besoin irréfragablement présumé est-il compatible avec l'égalité abstraite des vocations successorales, mais il s'agit d'une pure fiction qui s'explique par l'instauration d'une variabilité. En revanche, accommoder le droit héréditaire de références telles que précitées serait une source abondante de fraudes et de litiges infinis, surtout l'existence d'une progéniture abondante résultant le plus souvent du système polygamique. Voir : IONNA IKONDILLY : op. cit. Toutefois, la prise en compte de l'état de besoin de l'héritier renforcerait le caractère alimentaire, individuel de la part successorale. Dans ce cas, la famille serait un moyen et non plus la fin de cette institution. Ainsi « *de réservoir de capital* », elle deviendrait un « *organisme d'assurance* »[1103]. La vocation subordonnée aux besoins de l'héritier se transformerait en une simple créance d'assistance ; une confusion risquerait alors de se produire entre ce qui aurait pour but de faire vivre et ce qui aurait pour effet de faire vivre

1104 Celle-ci est imprégnée de la conception successorale de la vocation, et partant du partage, et écarte complètement non seulement la subordination d'attribution, mais même sa simple variation en fonction des circonstances aléatoires mettant un successible en état de besoin.

de corriger ou d'atténuer, dans le plan patrimonial l'effet des inégalités naturelles, accidentelles entre leurs enfants »[1105].

Sans subordonner complètement la vocation et donc le partage à l'état de besoin des héritiers ni adopter l'égalité arithmétique du droit français, le futur législateur camerounais aurait pour tâche de prendre en compte un certain nombre de facteurs afin d'assurer un partage équilibré entre tous les descendants du de cujus[1106]. En effet, on ne saurait ignorer que les parents, parfois dans l'impossibilité de léguer des biens meubles et immeubles à leur progéniture, font un véritable investissement sur l'éducation des enfants[1107]. Les frais d'éducation sont de plus en plus coûteux et sont ainsi susceptibles de rompre l'égalité entre les descendants d'un même auteur s'ils ne s'imputent pas sur la part de l'enfant diplômé[1108].

Ce qui est vrai pour la variabilité de l'égalité basée sur la formation professionnelle l'est également pour celle qui existerait entre un héritier qui jouit de toutes ses aptitudes physiques et mentales et celui qui souffre d'une maladie le rendant incapable de toute activité correspondante[1109].

Paragraphe 2. La prise en compte de l'intérêt général par l'empêchement du morcellement des propriétés

De manière factuelle, tous les pays qui ont précédemment admis le partage égal dans leur législation[1110] dénoncent systématiquement le morcellement excessif des propriétés agricoles qu'il entraîne (A). Aussi, pour éviter cette

---

1105 VOIRIN (P) : op. cit.

1106 Lorsqu'on prend seulement le cas d'une succession dans laquelle certains copartageants ont bénéficié d'une formation professionnelle et sont déjà en mesure de s'entretenir, on perçoit quand même l'embarras qu'une égalité arithmétique peut causer à côté d'autres cohéritiers encore en âge scolaire. Les premiers auront bénéficié d'un patrimoine sous forme d'aptitude professionnelle. Voir : CATALA (P) : « La transformation du patrimoine dans le droit civil moderne », *R. T. D. C.*, 1966, p. 186, n° 15.

1107 Le taux de rendement réel d'un diplôme d'université ou de grande école paraît bien supérieur à celui d'un patrimoine classique, mobilier ou immobilier.

1108 La jurisprudence française, qui a bien compris ce phénomène en déclarant rapportables certains avantages non patrimoniaux pourra ainsi servir d'exemple, même si le développement du chômage et la dévalorisation des diplômes sont en train de faire chuter le rendement des études solides, l'atteinte à l'égalité successorale semble redoutable aujourd'hui. Voir à cet effet BEAUBRUN (M) : « L'ordre public successoral », thèse, Paris II, n° 68, pp. 112-113.

1109 Par ailleurs, instituer une égalité arithmétique, au sens français de cette notion, siérait assez mal à notre contexte national, car elle s'accommode mieux avec la conception européenne de la famille réduite, pouvant compter un seul ou au plus trois enfants. Elle rime alors avec dénatalité. De plus, le respect scrupuleux d'une égalité arithmétique conduirait inévitablement à un morcellement des héritages qui, pour nous, devrait être nécessairement évité.

1110 Dans son entreprise de régulation du régime successoral, le législateur camerounais devrait, tout en instituant le partage égal, tirer des leçons de l'expérience de ses aînés européens et africains sur les répercussions des lois du partage sur la prospérité de la richesse nationale

conséquence néfaste, il est possible de prévoir des palliatifs, à savoir le recours à l'attribution intégrale ou à la licitation (B).

A. Le morcellement des propriétés, conséquence néfaste du partage égal

Le morcellement des propriétés, qui découlerait de l'institution radicale du partage égal, présente une gravité certaine en produisant des effets négatifs aussi bien au plan économique qu'au plan social[1111].

D'une manière générale, le morcellement peut revêtir trois formes d'après les enseignements d'Alfred de FOVILLE[1112] : par division de la propriété, par fractionnement parcellaire[1113] ou par la dispersion parcellaire[1114]. La doctrine est unanime sur la distinction de ces trois formes de morcellement, mais pour les auteurs qui ont eu à étudier la question du partage égal, seul l'émiettement du sol consécutif au partage peut être qualifié de morcellement[1115]. L'un d'eux écrit d'ailleurs à ce titre qu'« *on peut étudier la question de l'émiettement du sol de trois points de vue différents : l'émiettement peut être provoqué par le partage en nature, c'est ce qu'on appelle « morcellement »*[1116]. Tel qu'il est déterminé, le morcellement qui découle du partage égal lui a conféré l'étiquette négative de « *machine à hacher le sol* »[1117]. Au niveau de l'Afrique, on peut d'abord citer les pays dont les coutumes ont subi l'influence de la loi islamique tels que le Mali, le Sénégal, les régions du nord Cameroun et de la Côte d'Ivoire[1118]. D'autres pays africains, qui n'ont pour autant pas subi l'influence de l'islam, ont connu ce fléau. Il en est ainsi des pays anglophones tels que le Kenya[1119], l'Ouganda. C'est ce système qui a prévalu

---

1111 Il est alors à craindre que le futur législateur camerounais, en voulant adopter les principes qui ont prévalu en 1804, ne se rende pas compte de toutes les difficultés qui peuvent découler de ce morcellement. Ainsi, afin de percevoir les problèmes que peut poser cette conséquence du partage égal, il convient d'examiner la notion même de morcellement, en citant quelques législations en exemples.

1112 FOVILLE (A de) *: Le morcellement*, Librairie Guillaumin et Cie, Paris, 1985, p. 2 et s.

1113 Ibid, p. 135

1114 OBLE (J) : op. cit., n° 613, pp. 382-383.

1115 LE PLAY (F) : *réforme sociale*, 1866, tome 1, p. 175 ; MOLLOT (A) : op. cit., p. 61 et s.

1116 JONESCU (C) : op. cit., p. 73.

1117 Afin d'éviter ce grief, le futur législateur camerounais a l'opportunité de se référer aux résultats peu satisfaisants que les pays qui ont admis le partage égal ont obtenus. Il s'agit aussi bien des pays africains que des pays européens.

1118 En effet, le coran reconnaît à chaque enfant une part dans la succession de son auteur. Les héritiers de sexe masculin obtiennent le double de la part de leurs sœurs. Cet émiettement y est aggravé par l'admission de la polygynie dont résulte un nombre élevé d'enfants appelés à se répartir les biens successoraux.

1119 HOMAN (H D.) : « L'héritage dans les unités foncières indigènes au Kenya », *in journal de l'administration africaine,* juillet 1958, n° 3, vol. X, cité par OBLE (J), n° 615, p. 384. Dans ces pays, le phénomène de l'émiettement des sols, qui découle des coutumes successorales, est

dans la société Beti originellement traditionnelle, dans laquelle le partage de l'héritage se faisait par lit. L'émiettement des sols est certes aggravé par la polygamie présente dans de nombreux pays africains, mais ce fléau existe également dans les pays au sein desquels la polygamie n'existe pas et dont seule la loi successorale en est à l'origine[1120].

La Côte d'Ivoire qui s'est également inspirée de la législation française a également connu le morcellement des terres dénoncé par J. OBLE[1121]. Cette situation qui nous vient de la récente expérience ivoirienne et de celle plus lointaine de la France devrait servir d'exemple au futur législateur camerounais qui pourrait tout simplement s'inspirer des travaux préparatoires de la réforme française de 1938[1122]. Le morcellement des propriétés a donc

aggravé par la polygamie, car le mari doit distribuer une partie de ses terrains entre ses différentes épouses et leurs familles respectives. In MIFSUD (F A) : op. cit., p. 60 et s.

1120 Il en est ainsi des pays européens qui, ayant admis le partage égal, ont vivement regretté les conséquences qui en ont découlé. C'est le cas de la France et des pays qui s'en sont inspirés (Italie, Espagne, Belgique, Pays-Bas). Le morcellement des terres résultant de l'institution du partage égalitaire par le Code civil de 1804 avait suscité de vives critiques de la part de LEPLAY (F) qui fut le premier à demander l'abolition du partage forcé qui, selon lui, *« voue définitivement à la destruction les petits propriétaires qui auraient dû rester, comme ils étaient précédemment, les meilleurs soutiens de l'ordre social »*. Pour ce faire, il va inscrire la réforme du partage successorale parmi les premières dans le programme de la société internationale des études pratiques d'économie sociale qu'il avait fondée en 1956. Allant dans le même sens, DESCHANEL (P) écrivait que « *il est avéré, il est constant que le Code civil, cette machine à hacher le sol, ne cesse de transformer la grande propriété en propriété moyenne et la moyenne en petite ; ce n'est pas la grande propriété qui dévore la petite, c'est la petite qui dévore la grande* » DESCHANEL (P) : rapporté par JONESCU (C) op. cit., p. 75.

1121 Elle soutient d'ailleurs que le législateur ivoirien aurait pu éviter le fléau en se renseignant sur les résultats produits dans les pays d'origine par la règle étrangère qu'il entendait transposer dans la législation interne. Une telle recherche lui aurait permis de découvrir les critiques adressées au principe du partage obligatoire à cause de ses conséquences néfastes sur les plans social et économique : OBLE (J) : op. cit., n 616, p. 384-385.

1122 Il chercherait à voir dans quelle mesure les critiques faites à l'encontre de certaines règles pourraient l'amener à élaborer une législation adaptée aux contextes social et économique camerounais ; plus particulièrement à déterminer les biens qui pourraient convenablement faire l'objet d'un partage égalitaire et ceux auxquels le partage ne siérait pas.

des effets néfastes sur la société. Aussi en dénote-t-on sur le plan tant social[1123] qu'économique[1124].

L'atténuation de ce fléau passe par l'institution impérative d'un régime successoral adapté, par la facilitation des procédures d'appropriation des terres, par la sensibilisation des populations rurales sur l'importance de l'immatriculation[1125] et par l'implémentation effective des programmes d'amélioration des conditions de vies des citoyens[1126].

Mais nous pouvons soutenir avec ceux qui ne partagent pas ce point de vue[1127] que pour les Camerounais, il ne saurait y avoir un rapport de cause à effet entre la future loi des successions et la dénatalité[1128]. Dès lors, faut-il préconiser certains palliatifs qui devraient accompagner la mesure principale.

[1123]Sur le plan social, de nombreux maux naissent également du fait du morcellement des propriétés. On peut en citer deux, à savoir l'exode rural, la dénatalité.

Lorsque les terres sont divisées entre les héritiers, celui qui ne peut pas exploiter sa parcelle, parce qu'elle est insuffisante pour le nourrir convenablement, va la quitter pour aller s'installer en ville. Le morcellement des terres serait donc, en cela et en partie, la cause de la désertion des campagnes par les propriétaires, créant ainsi, non seulement un problème économique, mais aussi, et surtout un fléau social, car le surpeuplement des villes comporte un arsenal de maux sociaux : délinquance, criminalité, chômage… Et LEPLAY exprime clairement le désagrément d'une telle situation lorsqu'il écrit que *« L'œuvre que le père de famille a fondée, que ce soit une exploitation agricole ou un établissement commercial, est fatalement destinée à périr. Si l'établissement n'est pas partagé en nature, il est vendu à un étranger au moyen de la licitation et dans ce cas, sa prospérité liée aux traditions mêmes du fondateur ne tardera pas à disparaître… »*. LEPLAY (F) : La réforme sociale en France, cité par OBLE (J), n°621, note 34.

[1124] Sur le plan économique, deux conséquences néfastes du morcellement des terres sont relevées, à savoir qu'il diminue leur rentabilité par la restriction des parcelles entraînant du même fait leur abandon. In J. OBLE : op. cit. n° 617-619, p. 385-387. Ces conséquences néfastes doivent impérativement avoir des répercussions sur l'économie nationale, lorsqu'on sait que la majorité de la population du Cameroun est rurale et partant, presque tous les Camerounais vivent directement ou indirectement de l'exploitation des terres. Une baisse de rentabilité des terres doit donc être évitée s'il est prouvé que leur exploitation judicieuse participe considérablement au développement économique national.

[1125] La procédure d'immatriculation actuelle ne peut pas au Camerounais qui ne dispose pas d'assez de moyens financiers d'y faire face, car, même si la loi dit expressément que l'immatriculation est gratuite, ceux qui la sollicite sont toujours obligés de dépenser des fortunes pour y parvenir ; et surtout, les populations rurales, ne se sentent pas concernées par ces textes et ne se gênent pas à les immatriculer.

[1126] En dehors de l'exode rural, le morcellement des terres peut, être l'une des causes de dénatalité. Cette conséquence a été relevée par une partie de la doctrine française pour qui « le Code civil a placé le propriétaire rural dans cette alternative : ou n'avoir qu'un enfant, deux au plus, avec l'espoir qu'ils pourront s'entendre, ou prévoir que fatalement le domaine qu'il a travaillé toute sa vie sera vendu dès sa mort. C'est au premier parti que le paysan français, passionnément attaché à sa terre, s'est depuis longtemps arrêté ».

[1127] CARBONNIER (J) : Sociologie du droit des successions – Cours de droit, 1963-1964, p. 295, cité par OBLE, op. cit., n° 622, p. 389.

[1128] En effet, la mentalité camerounaise, qui est celle de l'Africain en général, veut que riches et démunis aient une abondante progéniture, car les enfants constituent la plus grande richesse.

B. Les palliatifs aux inconvénients éventuels du partage forcé des propriétés

Comme toutes les législations qui ont admis le principe du partage obligatoire, celle de notre pays pourrait retenir comme remède le maintien de l'intégralité de certains biens (1) et le recours à la licitation (2).

1. Le maintien de l'intégralité de certains biens

L'attribution préférentielle ou intégrale est une modalité du partage qui déroge aux rigueurs parfois excessives du partage forcé. Cette attribution permet à un ou plusieurs copartageants d'obtenir, soit pour eux-mêmes soit en vue de constituer un groupement économique, l'attribution de certains biens limitativement énumérés à la charge pour les bénéficiaires, si nécessaire d'indemniser les copartageants sous forme de soulte[1129]. Aussi, remplit-elle une double fonction : économique et familiale[1130].

Afin de mieux comprendre la nécessité pour le législateur national de prévoir un dispositif permettant d'éviter le morcellement de certains biens, en les attribuant contre soulte à un héritier, nous allons nous référer aux législations qui avaient déjà eu à faire autant, évitant ou corrigeant les inconvénients du partage forcé. Pour cela, les législations française et ivoirienne, et même sénégalaise nous serviront d'exemples en ce qui concerne les modalités de cette modalité de partage[1131]. Il est opportun de relever que cette modalité de partage avait été revendiquée et expliquée par la doctrine française qui décriait les inconvénients du partage forcé institué par le Code civil de 1804[1132]. Il résulte de cette préoccupation que le principe selon lequel

---

Par conséquent, les incidences d'un éventuel partage successoral ne sauraient être de nature à dissuader la majorité des Camerounais des bienfaits d'une famille nombreuse. La pratique de la polygamie de fait ou légale participe également à l'élargissement des familles. Ainsi, certaines raisons peuvent-elles justifier la tendance à la réduction du nombre d'enfants observée dans certaines familles. Cette tendance est alors essentiellement due à l'état des mœurs et des esprits, aux difficultés économiques, au goût du luxe et du bien-être. Le partage que pourrait instituer le législateur national serait, non pas une cause de dénatalité, mais plutôt de morcellement excessif des héritages, et le cas échéant des licitations abusives.

1129 TERRE (F) et LEQUETTE (Y), n° 936, TESTU (X) : « L'influence de la destination des biens sur leur transmission successorale », thèse, Paris, 1983, p. 89 et s. ; FLOUR (J) et SOULEAU (H) : op. cit., n° 434, p. 294 et s.

1130 Économique, parce qu'elle met obstacle à l'émiettement des unités de production divisible en nature ; familiale en ce qu'elle évite la licitation des biens impartageables en nature, tout en conservant à un héritier l'instrument de son activité professionnelle ou de son habitation.

1131 RAYMOND (G) : « L'attribution préférentielle des biens non ruraux en vertu de l'article 832 du Code civil », *R. T. D. C.*, 1966, p. 427 et s. ; OBLE (J) : op. cit., n° 624 et s., p. 390 et s ;

1132 Ainsi, faisant l'apologie de l'attribution préférentielle de certains biens, ROSSI se posait la question suivant : *« Pourquoi le (père de famille) contraindre à diviser une fortune qui,*

un bien peut être attribué intégralement à un héritier est un moyen idéal d'éviter le morcellement des propriétés[1133].

a. Le domaine des moyens permettant le maintien de l'intégralité des biens

Le morcellement excessif des exploitations pourrait être évité soit par l'attribution intégrale de l'entreprise[1134], soit par le versement d'un salaire

---

partagée, ne donnera à l'état que des familles pauvres tandis que confiée à un seul enfant, elle pourrait être administrée d'une manière utile à son possesseur et au pays ? » ; ROSSI : *Cours d'économie politique*, tome 2, 1843, p. 152, cité par OBLE (J), n° 623.

[1133] Ainsi, les législations de référence ont-elles prévu deux moyens conduisant à ce but, à savoir l'attribution intégrale et la créance de salaire différé. Ce faisant, il s'agit là de modalités du partage ayant pour leitmotiv la répartition équitable entre les copartageants, aussi, leur efficacité est-elle subordonnée à un élargissement de leur domaine et surtout à une réglementation appropriée du paiement de la soulte. L'examen successif des deux moyens sus évoqués dans les différentes législations de référence permet en effet de voir comment les inconvénients du partage ont été soit évités (législation ivoirienne), soit corrigés (législation française).

[1134] Le législateur ivoirien, prenant exemple chez son homologue français, avait prévu, d'une manière restrictive, le domaine de l'attribution intégrale. Ainsi, l'article 106 de la loi de 1964 dispose-t-il que *« Tout héritier qui, antérieurement au décès du de cujus, participait avec ce dernier à l'exploitation d'une entreprise agricole, artisanale ou commerciale dépendant des biens de la succession susceptible de faire vivre la famille a la faculté de se faire attribuer celle-ci par voie de partage, après estimation d'un expert commis »*. Les conditions exigées par ce texte sont alors tantôt relatives à l'attributaire, tantôt relatives au bien qui devra être attribué.
Ainsi, s'agissant de l'attributaire, l'article 106 désigne *« tout héritier »*. Toutefois, la seule qualité d'héritier ne suffit pas, il faut en plus que ce dernier prouve son attachement au bien dont il sollicite l'attribution, c'est-à-dire sa participation avec le défunt à son exploitation. Par ailleurs, selon la législation ivoirienne actuelle, si la condition de participation n'est pas remplie, l'exploitation sera partagée ou licitée. On retombe alors dans l'inconvénient qu'on voulait éviter.
Quant aux biens pouvant faire l'objet d'une attribution préférentielle, l'article 106 précité les désigne expressément. Il s'agit surtout des biens qui ont un caractère économique.
Aussi, le bien objet de l'attribution intégrale devrait être susceptible de faire vivre une famille. En d'autres termes, il faut que le bien ait un caractère familial. Mais il faut déplorer l'omission par le législateur ivoirien, contrairement à son homologue sénégalais, de préciser les dimensions qui permettent de classer une exploitation dans la catégorie de bien familial pouvant être attribué à un seul héritier.
La législation française, quant à elle, distingue l'attribution préférentielle de droit de l'attribution facultative. Dans l'attribution préférentielle de droit, le juge arbitre les intérêts en présence et décide de l'opportunité du partage en observant le respect des conditions relatives aux biens et aux personnes.
L'attribution facultative porte sur des biens que le législateur aura au préalable visés tel que les biens du secteur agricole (art 832 al. 9), les biens du secteur professionnel (entreprises commerciales, industrielles ou artisanales) et l'habitation (art. 832 al. 7). Et pourront en bénéficier, le conjoint survivant, tout héritier ab intestat appelé et acceptant, le légataire ou l'institué contractuel universel ou à titre universel. Par ailleurs, cette attribution facultative pourra intervenir, soit d'un commun accord des cohéritiers, soit par le juge.
La législation française a également prévu l'attribution préférentielle de droit. Toutefois, elle ne signifie pas que le bien est imposé au copartageant qui ne le souhaiterait pas, mais plutôt que

différé[1135] à celui qui a participé avec le de cujus à l'exploitation de l'entreprise agricole ou artisanale sans rémunération et qui pourrait en solliciter l'attribution[1136]. Afin d'assurer un minimum d'égalité entre les héritiers, les législations de référence ont institué le paiement des soultes.

b. Le paiement des soultes

La soulte est la somme d'argent que devrait verser l'attributaire qui a reçu plus que sa part aux autres cohéritiers pour parfaire leurs droits et éviter ainsi la rupture de l'égalité[1137]. Il s'agit alors d'un moyen de rétablissement de l'égalité des lots.

Le législateur ivoirien a prévu l'estimation du bien et a fixé le montant de la soulte que l'attributaire devra payer à ses copartageants (article 109 de la loi de 1964)[1138].

---

le juge est privé de son pouvoir d'appréciation lorsque le demandeur remplit toutes les conditions requises.

En dehors de ces formes standards d'attribution intégrale, le législateur français a prévu un autre cas qui illustre un glissement vers les formules locatives (art. 832-3 c. civ.).

1135 Prévu dans la législation française comme une créance et dans la législation ivoirienne comme un contrat, le contrat ou la créance de salaire différé apparaît comme un complément naturel du droit à l'attribution intégrale, car le salaire ainsi attribué peut permettre à l'héritier bénéficiaire de faire aisément face au paiement de la soulte.

Remontant en droit français du décret-loi du 29 juillet 1939 relatif à la famille et à la natalité, cette institution a été plusieurs fois modifiée. Elle a été reprise par le législateur ivoirien de 1964. Dès lors, des conditions sont exigées pour que le salaire soit attribué à l'héritier aspirant. Toutefois, de légères divergences sont observées entre les deux législations de référence.

Ainsi, tandis que le droit français n'accorde le bénéfice de ce salaire, sui generis, qu'à des descendants et éventuellement au conjoint survivant, le législateur ivoirien élargit le cercle des bénéficiaires en la subordonnant à la seule qualité d'héritier. Cet élargissement répond à la qualité des participants à l'exploitation familiale.

En ce qui concerne le montant du salaire différé, dans les deux législations, la base est faite sur le salaire minimum.

Au vu de ce qui précède, nous sommes tentés de soutenir qu'une telle institution aurait été judicieuse pour résoudre les problèmes de nombreuses successions au Cameroun, à l'instar des successions NZIKO, SOPPO PRISO, KOLOKO et autres. Il est certes vrai que l'observation de l'exemple ivoirien montre la contradiction de cette institution avec la mentalité africaine selon laquelle les descendants doivent aider leur père sans attendre de rémunération sous quelque forme que ce soit et que le montant de ce salaire ne permet pas souvent le paiement total de la soulte.

1136 Ces deux moyens de maintien de certains biens dans leur intégralité ne doivent pas faire échec à la règle de l'égalité entre les héritiers. En effet, ils tendent seulement à substituer une égalité en valeur à une égalité en nature.

1137 OBLE (J) op. cit, n° 630, p. 394 ;

1138 L'article 109 de la loi ivoirienne dispose : « Qu'ils ne peuvent prétendre à une soulte que si les terrains sur lesquels ils s'exercent portent des cultures, plantations ou constructions bénéficiant à l'attributaire ». Le législateur a toutefois omis de dégager les moyens devant lui permettre de remplir convenablement son obligation.

La doctrine ivoirienne déplore alors les insuffisances de cette disposition qui, non seulement est contraire à la réalité, mais aussi, n'offre pas aux cohéritiers de l'attributaire des garanties qu'ils attendent, car, il est loin de rétablir l'égalité entre les cohéritiers[1139].

Quant au législateur français, il a prévu non seulement l'estimation du bien, mais aussi la date de cette estimation[1140]. Cette évaluation permet de fixer le montant de la soulte. Une fois que le montant a été fixé, le mode de paiement diffère selon qu'il s'agit d'une attribution de droit ou d'une attribution facultative[1141]. Il est vrai que la doctrine qualifie cette distinction dans le mode de paiement de la soulte *« d'erreur politique »*[1142].

L'attribution préférentielle ou intégrale, qui a pour corollaire le paiement de la soulte, a également pour objet d'assurer l'égalité entre les cohéritiers. Mais lorsque ce but ne peut pas être atteint, une solution de dernier recours est à prévoir, à savoir la licitation du bien.

2. La licitation

La licitation, dont la procédure en droit ivoirien est la même qu'en droit français, se définit comme la vente aux enchères d'un bien indivis[1143]. La licitation, qui est, à côté du partage, un autre moyen de préserver l'égalité entre cohéritiers, en diffère toutefois[1144]. Cette institution ne peut intervenir que dans certains cas expressément prévus par le législateur[1145] (a). De plus, les effets de la licitation diffèrent selon que le bien est adjugé à un cohéritier ou à une personne étrangère à la succession (b).

1139 OBLE (J), op. cit., n° 630, p. 395. Le même texte, dans son article 106 al. 2 offre la possibilité à l'attributaire, qui le désire, d'exiger de ses copartageants un délai de paiement de la soulte.

1140 C'est ainsi que l'article 98 alinéa 12 du Code civil précise expressément que « *les biens faisant l'objet de l'attribution sont estimés à leur valeur au jour du partage* » PATARIN (J) : op. cit., p. 67 et s

1141 Dans l'attribution de droit, le bénéficiaire peut exiger de ses copartageants des délais de paiement pour une fraction de la soulte n'excédant pas la moitié de celle-ci, alors que dans l'attribution facultative, l'article 832 al. 2 exige que la soulte soit payée au comptant.

1142 MALAURIE (Ph.) : op. cit., p. 203.

1143 VACHEROT (A) : « De la licitation en droit civil », thèse, Paris, 1901, p. 1 et s. ; BECQUE (J). : JurisClasseur civil, art. 815-842.

1144 En effet, le partage en nature transforme le droit indivis que le cohéritier avait sur la totalité de la chose en un droit divis qui porte sur une part de l'objet, la licitation, par contre, éteint les droits indivis établis sur l'objet pour les rapporter sur la créance qui naîtra de la vente.

1145 Car en principe les biens héréditaires ne sont pas destinés la vente, mais à la répartition entre les divers cohéritiers

a. Les cas nécessitant la licitation

Les législateurs ivoirien (article 93 de la loi de 1964) et français d'avant 1960[1146] n'ont prévu que deux cas dans lesquels les héritiers peuvent recourir à la licitation. Ainsi, les héritiers peuvent-ils liciter le bien soit pour payer les dettes et charges de la succession, soit lorsque l'immeuble est impartageable. Cette licitation peut être amiable ou judiciaire[1147].

Toujours dans cette hypothèse, la licitation peut porter aussi bien sur les meubles que les immeubles[1148]. Cette licitation doit se faire en principe devant le tribunal[1149]. Toutefois, la vente extrajudiciaire peut aussi être imposée. Aussi, est-il prévu la possibilité que cette vente se fasse par-devant notaire.

Étant considérés comme une opération de partage, seuls les héritiers sont en principe admis à l'opération. Toutefois, un étranger peut être exceptionnellement adjudicataire[1150].

b. Les effets de la licitation

La licitation peut prendre l'étiquette soit du partage soit d'une vente selon que l'adjudicataire est un cohéritier ou un étranger. Lorsque l'adjudicataire est un cohéritier, la licitation emporte les effets du partage, notamment l'effet déclaratif[1151]. Par ailleurs, la licitation faite au profit d'un cohéritier revêt un intérêt économique et familial certain[1152]. La licitation dont l'adjudicataire est un étranger constitue une vente. Elle emporte à cet effet les conséquences du

---

[1146] Art. 826 c. civ. : « *... néanmoins, s'il y a des créanciers saisissants ou opposants, ou si la majorité des héritiers jugent la vente nécessaire pour m'acquit des dettes et charges de la succession, les meubles sont vendus publiquement en la forme ordinaire* »
art. 827 c. civ. « *si les immeubles ne peuvent pas se partager commodément, il doit être procédé à la vente par licitation devant le tribunal* »

[1147] La première hypothèse est la conséquence du principe de la continuation de la personne qui conduit à faire peser sur tout héritier qui reçoit l'universalité ou une quote-part de la succession, les dettes du défunt. La licitation peut ainsi être ordonnée par le juge en présence des créanciers opposants ou saisissants. Par ailleurs, les héritiers peuvent aussi, d'un commun accord, recourir à la licitation dans le but d'éteindre les dettes du de cujus.

[1148] Toutefois, si elle est un moyen d'extinction des dettes successorales, elle est surtout admise comme solution de raccroc pour les immeubles dont la division paraît impossible ou encore qui ne peuvent faire l'objet d'une attribution préférentielle

[1149] Voir les articles 93 de la loi ivoirienne et 827 du Code civil, 827 alinéa 1 de la réforme française. L'alinéa 2 du nouvel article 827 du Code civil apporte un tempérament à l'alinéa 1.

[1150] Ainsi, la présence d'étrangers peut être admise dans certains cas, notamment lorsque l'un des copartageants le sollicite ou lorsqu'il existe des mineurs parmi les cohéritiers. Dans ce cas, un étranger à la succession peut se porter adjudicataire.

[1151] Par conséquent, les hypothèques et autres droits réels dont l'immeuble licité a été grevé pendant l'indivision par les autres cohéritiers tombent, la résolution pour défaut de paiement du prix ne peut plus être évoquée, la rescision sera possible pour une lésion de plus du quart, le paiement du prix est garanti par le privilège du copartageant et enfin il n'y a pas lieu à transcription VACHEROT (A) : op. cit., p. 77 et s. ; MALAURIE (Ph.) : op. cit., p. 217.

[1152] OBLE (J) : op. cit., n° 639, p. 400.

contrat de vente[1153]. Ainsi, les droits réels consentis pendant l'indivision sont maintenus et le défaut de paiement du prix est sanctionné par la résolution de la vente[1154]. Au plan économique, on peut déplorer l'acquisition de l'immeuble par l'étranger à un prix inférieur à sa valeur réelle[1155]. Au plan familial, la licitation au profit d'un étranger entraîne la sortie définitive du bien de la famille[1156].

En dehors de tous ces inconvénients, la licitation apparaît comme la solution propice lorsqu'une succession compte un nombre important d'héritiers et ne comprend qu'un seul bien. Dans le souci de ne pas l'émietter, il est préférable qu'il soit vendu et que le prix soit réparti entre tous les ayants droit[1157].

Un autre point important est que le plus souvent les parents, influencés par la modernité, utilisent de moins en moins les membres de la famille dans leurs entreprises. Ceux-ci ayant été à l'école n'aspirent qu'à des fonctions administratives[1158]. Et les parents qui ne préparent pas souvent leurs enfants à prendre leur relève ne les incitent pas à s'impliquer dans ces exploitations

---

1153Ainsi, les droits réels consentis pendant l'indivision sont maintenus et le défaut de paiement du prix est sanctionné par la résolution de la vente.

1154 Il faut toutefois noter que l'adjudication de ce bien familial à un étranger peut entraîner des conséquences néfastes aussi bien au plan économique qu'au plan familial

1155Ceci peut être dû au fait qu'il n'existe aucun cohéritier capable de recevoir dans son lot la totalité du bien à cause du manque de ressources nécessaires. De plus, cet immeuble risque de ne pas être convenablement exploité par cet étranger, car n'étant pas un membre de la famille, il ne lui accordera pas les mêmes soins que l'aurait fait l'adjudicataire, héritier du sang du de cujus. En prévoyant un tel sort à ses biens, le propriétaire réaliser moins qu'il ne l'aurait fait normalement.

1156En effet, malgré la créance qui y provient et qui est partagée entre les cohéritiers, et qui sera d'ailleurs vite dépensée, ces derniers seront définitivement privés soit de leur refuge, soit de leur unique source de revenus. Ceci crée un problème social, car le nombre de chômeurs et de sans-abri s'accroît.

1157 Au demeurant, en analysant ces deux expériences, le futur législateur pourrait choisir la solution qui conviendrait au contexte camerounais, surtout en prenant en compte un certain nombre de paramètres. Certes, la vente pourrait-elle maintenir le bien dans la famille lorsqu'un héritier se porterait acquéreur, à l'amiable ou aux enchères. Mais l'attribution préférentielle ou intégrale y parviendrait plus sûrement encore sans que la position des cohéritiers en soit fondamentalement affectée, puisque, de toute manière, ils se partageraient une somme d'argent : la soulte.
À cet effet, il devrait retenir que lorsque la succession se ramène, pour l'essentiel, à une exploitation agricole, à une entreprise ou à une maison d'habitation, pour éviter le morcellement économiquement fâcheux et souvent matériellement impossible, deux solutions seraient possibles : on pourrait alors, soit attribuer le bien à l'un des ayants droit, à charge pour lui de payer la soulte à ses cohéritiers, soit vendre le bien et répartir équitablement le prix à tous les cohéritiers.

1158 Par ailleurs, en dehors des exploitations commerciales, le phénomène de grandes exploitations agricoles semble nouveau dans notre société, surtout dans la partie sud du pays.

familiales[1159]. La conséquence risque alors d'être l'abandon de ces exploitations aux mains des étrangers lorsque le parent vient à mourir.

En somme, on peut retenir de ce chapitre, en ce qui concerne le partage des biens du de cujus, qu'il serait important que la future loi tienne compte d'un certain nombre de facteurs. Aussi, devrait-elle distinguer plusieurs catégories de biens, car dans la majorité des cas, il y aurait confusion sur la tête du de cujus de patrimoine de plusieurs origines et destinations. Le de cujus est le plus souvent, à la fois, détenteurs des biens lignagers et propriétaire de ses biens personnels. Ainsi pourrait-elle classer, d'un côté, les biens qui s'accommodent difficilement au partage et, de l'autre côté, ceux qui sont susceptibles d'être aisément répartis entre les cohéritiers. La première catégorie comprendrait les biens lignagers, qu'on devrait extraire de la masse générale, ainsi que les biens personnels du de cujus, qu'on qualifierait de biens de famille. Dans la deuxième catégorie, on devrait inclure les biens personnels du de cujus qui s'offrent normalement au partage.

Une fois cette classification faite, le mode de transmission de chacune de ces catégories devrait être déterminé[1160].

De même, lorsque le bien personnel du de cujus ne s'offrirait à aucune des solutions ci-dessus, la licitation serait la solution idéale. En définitive, la licitation apparaît comme la solution d'accroc lorsque toutes les propositions s'avèrent irréalisables.

[1159] Une exception est quand même faite par les populations de l'Ouest et même du nord du Cameroun.

[1160] Leur qualification pourrait tenir compte soit du caractère économique et social du bien, soit des conditions et du moment de sa constitution, soit encore de la personne du constituant. Quant à leur transmission, un bien qualifié bien de famille pourrait, dans un premier temps, être provisoirement maintenu en indivision forcée, dont la durée et les règles de gestion seraient déterminées. Dans un second temps, le bien pourrait, en définitive, faire l'objet soit d'une attribution intégrale par voie judiciaire ou extrajudiciaire, soit d'une exploitation communautaire selon des formules prédéterminées, telles que la société de famille ou la copropriété avec indivision volontaire. Au cas où les solutions précédentes s'avèreraient impossibles, la licitation serait envisageable. En ce qui concerne les biens personnels du de cujus, qui pourraient être qualifiés de biens de famille, le législateur devrait déterminer, en premier, les critères de leur qualification et, ensuite, les règles de leur transmission. Pour les biens du de cujus dont le partage ne pose pas de problème en principe, après analyse des législations qui ont précédé la nôtre, nous avons également sollicité que le principe du partage égal de ces biens entre tous les cohéritiers soit retenu.

CONCLUSION GÉNÉRALE

Au terme de cette étude, il apparaît que, tel qu'il est en vigueur actuellement, le droit patrimonial de la famille en général, et le droit des successions en particulier demeure à cheval entre la tradition et la modernité au Cameroun.

Tradition parce que le comportement des Camerounais et les pratiques judiciaires demeurent fortement influencés par les coutumes. Ce qui, à notre avis, justifierait un triple embarras du législateur. Doit-il codifier certaines coutumes en laissant d'autres, au risque d'engendrer des conflits interethniques ? faut-il les faire fusionner avec les droits importés, entreprise périlleuse ? La solution serait-elle de les supprimer tout simplement de l'ordonnancement juridique successoral, et de se heurter aux résistances mettant en échec la réception d'un droit totalement étranger ?

Modernité parce que, malgré l'absence d'une législation nationale en matière successorale, les mentalités sont également influencées par l'application des législations occidentales d'emprunt, par les retouches apportées aux autres disciplines du droit patrimonial de la famille, ainsi que par les bouleversements que connaît notre société. En effet, l'organisation des successions telle qu'elle est issue du Code Napoléon et du droit anglais, ajoutée à l'institution de la famille nucléaire et l'appropriation individuelle des terres par l'immatriculation par les textes nationaux amènent les camerounais à se défaire malgré eux de certaines habitudes en vigueur dans les sociétés originellement traditionnelles.

En présentant le droit des successions, MALAURIE ET AYNES le décrivent ainsi : « *le plus noble des droits : le droit des successions et des libéralités, règle en essayant de le pacifier le plus grand des drames, la mort* »[1161]. Cette définition montre la complexité de ce droit, complexité qui va croissant. Par ailleurs, l'avènement d'une législation d'ensemble du droit patrimonial de la famille se fait pressant pour plusieurs causes. Il en est ainsi de la crise des mutations de la famille, des transformations des fortunes, du développement des relations internationales, des changements de mentalité, bref, du bouleversement profond de notre société tout entière. Or, les occasions de réformer utilement le droit des successions et des libéralités ne

---

[1161] MALAURIE (Ph). et AYNES (L) : Droit civil. Les successions et les libéralités, 4e édition, Cujas, 1998.

se présentent pas souvent. La preuve en est que plus de quarante ans après l'accession du Cameroun à la souveraineté nationale, il n'existe toujours pas une législation nationale dans ce domaine. Et loin d'être une coïncidence de quelques expériences régionales isolées, la généralisation du besoin d'une législation est plus que manifeste.

Sur ce point, le Cameroun est un cas atypique dans ce domaine, par rapport à d'autres pays africains indépendants, à ne pas avoir un code de la famille. Cette carence pourrait avoir pour cause la gestion complexe de son héritage juridique anglais et français à laquelle s'ajoute celle des centaines d'ethnies qui le composent. L'on peut dès lors se dire que c'est à partir d'une volonté essentiellement politique que naîtra une nouvelle législation[1162]. Sera également politique l'attitude du législateur qui s'informera des opinions (notaire, doctrine, jurisprudence), pour mettre sur pied des lois. Cette mise sur pied d'une législation appelle un débat sur la qualité et la nature du processus législatif à mettre en place. Car il faut éviter que, au lieu de résoudre les conflits familiaux, cette modernisation de la législation n'attise plutôt les conflits interethniques par certaines résistances coutumières.

En se basant sur l'évolution jurisprudentielle, on constate que le système successoral actuel se caractérise par une absence d'harmonie avec les autres institutions telles que le mariage, la filiation et le régime matrimonial. Cette disharmonie est due à la rémanence de la coutume dans tous ces domaines. Aussi, est-on tenté de souhaiter l'éradication de la coutume qui avait cours dans les successions d'antan. Cette coutume se trouve en déphasage par rapport à l'évolution juridique, économique, culturelle et sociale actuelle, car les masses successorales dépassent de loin les richesses d'autrefois. À titre d'exemple, comment pourrait-on résoudre en droit coutumier la transmission d'un immeuble hypothéquée selon les règles du Code civil ?

Par ailleurs, il est important que le patrimoine d'une personne soit connu des siens, de son vivant, afin que la famille soit fixée tant sur sa composition active et passive. Les héritiers devraient au préalable connaître la consistance du patrimoine successoral avant de prendre librement le parti. Ainsi, selon les cas, pourraient-ils accepter une succession, soit purement et simplement lorsqu'elle sera solvable, soit sous bénéfice d'inventaire lorsqu'elle sera plus ou moins active ou passive ou renoncer à une succession complètement obérée.

Un autre point de réflexion est de savoir si la conciliation des exigences du droit français et de la Common law est possible dans un pays qui compte des centaines de coutumes hétéroclites. La réponse paraît négative, dans la mesure où il s'agit d'une question d'option, laquelle dépend de la partie du Cameroun

---

[1162] CARBONNIER (J) : Préface de la revue Sondages sur les attitudes des Français à l'égard des successions, p. VIII.

dans laquelle l'on se trouve. La common law est appliquée uniquement dans la partie occidentale du Cameroun, héritage anglais, tandis que le Code civil s'applique dans le reste du pays. De plus, les différentes coutumes s'appliquent de part et d'autre des deux parties du pays. Toutes ces complexités traduisent le besoin d'une unification de la législation, étant entendu que cette conciliation a été effectivement faite dans d'autres domaines.

Afin de faire de l'épanouissement de l'individu la finalité du droit des successions[1163], le législateur camerounais, dans son chantier de codification, devrait nécessairement s'inspirer de tous les instruments internationaux relatifs aux droits de l'homme, notamment, la Déclaration universelle des droits de l'homme, les pactes internationaux relatifs aux droits civils et politiques, ainsi qu'aux droits économiques, sociaux et culturels, la convention sur l'élimination de toutes les formes de discrimination à l'égard des femmes (CEDEF) et son Protocole facultatif, le protocole à la Charte africaine des droits de l'Homme et des Peuples (CADHP) relatif aux droits des Femmes (Protocole de MAPUTO)[1164], la Charte Africaine des Droits et du Bien-être de l'Enfant et tous les autres conventions et pactes internationaux relatifs aux droits de la femme en tant que droits humains, inaliénables, interdépendants et indivisibles[1165]. Autrement dit, le droit des successions doit être fortement impacté par les droits fondamentaux consacrés par la Constitution[1166].

[1163] **WANDJI KAMGA (A. D.) :** Le droit africain des successions à l'aune des droits fondamentaux. Droit au pluriel, in Mélanges en l'honneur du Doyen Stanislas MELONE, Centre d'Études et de Recherches en Droit du Travail, de la Sécurité Sociale et des Affaires (CDTSA), Presses universitaires d'Afrique (PUA) 2018, pp. 801-802.

[1164]Le Protocole de Maputo recommande aux États :

- d'inscrire dans les instruments législatifs le principe de l'égalité entre les hommes et les femmes, et en assurer l'application effective (article 2) ;
- de veiller à ce que l'homme et la femme jouissent des droits égaux et soient considérés comme partenaires égaux dans le mariage (article 6) ;
- prennent des mesures légales appropriées pour assurer que la veuve jouisse de tous les droits humains (article 20).

Il reconnaît à la veuve le droit à une part équitable dans l'équitable dans l'héritage des biens de son conjoint et de continuer d'habiter le domicile conjugal quel que soit le régime matrimonial. Par ailleurs, tout comme les hommes, les femmes ont le droit d'hériter des biens de leurs parents (article 21)

[1165]**WANDJI KAMGA (A. D.)** op. cit., p. 802.

[1166] Le préambule de la Loi n° 96/06 du 18 janvier 1996 portant révision de la Constitution du 02 juin 1972 modifiée et complétée par la Loi n° 2008/001 du 14 avril 2008, énonce que « *Le Peuple camerounais,*

- *Proclame que l'être humain, sans distinction de race, de religion, de sexe, de croyance, possède des droits inaliénables et sacrés.*
- *Affirme son attachement aux libertés fondamentales inscrites dans la déclaration universelle des droits de l'homme, la charte des Nations Unies, la charte africaine des droits*

Par ailleurs, le sujet des libéralités, surtout la pratique des testaments, comme prévu par la loi, est le plus souvent confronté à un ensemble d'obstacles tenant aux irrégularités de fond et de forme, surtout en ce qui concerne les immeubles. Il convient de souligner en fin de compte que c'est autour des conflits successoraux que se cristallise le malaise croissant de la famille camerounaise. Peu de gens songent à régler de leur vivant le sort de leurs biens pour le moment où ils ne seront plus. Cette attitude aurait pour raison la crainte superstitieuse qu'ils éprouvent en appelant leur propre mort lorsqu'ils posent un acte lié à cet événement qu'on répugne d'envisager froidement. En ce sens, LOYSEL, reprenant une vérité du folklore ancestral et universel relève que « *qui le sien donne avant de mourir, bientôt s'apprête à moult souffrir* ». Ainsi, dans les partages d'ascendant, il se pose le problème de la rédaction des testaments. Dès lors, on peut estimer que l'usage d'un code civil typiquement camerounais entraînerait nécessairement l'établissement des testaments dans des conditions édictées le législateur.

Un autre point important est celui de la régularisation des familles, c'est-à-dire qu'il est important que tous les membres d'une famille soient identifiés. La confusion, dans les mêmes successions, des règles coutumières et modernes de la composition de la famille est le plus souvent à l'origine de nombreux conflits successoraux. Une vérité est que les pratiques de la polygamie, du mariage coutumier et du concubinage installent les familles qui en sont issues dans une relation potentiellement explosive. Car, dès lors que la moindre fortune existe, l'entente entre les ayants droit devient impossible, qu'il y ait un testament ou non. Il serait alors souhaitable qu'il y ait une harmonisation du système de l'état civil, surtout en ce qui concerne les actes de naissance et de mariage.

Le sort du conjoint survivant et particulièrement de la veuve mérite également une attention particulière. En effet, les différents systèmes juridiques lui réservent des situations conflictuelles extrêmes. Alors que le droit anglais fait de la veuve la première bénéficiaire de la succession de son défunt mari, le droit français la place en septième position, après les descendants et les parents du de cujus. D'un autre côté, les coutumes traditionnelles, à l'exception des coutumes musulmanes, ne lui reconnaissent aucun droit successoral. On pourrait, sur ce point, s'inspirer du droit anglais et d'une partie de la doctrine française[1167] pour lui faire bénéficier, d'une manière ou d'une autre, des biens successoraux. La composition et le rôle de certains organes de décision, à savoir le Conseil de famille et le tribunal avec son jugement d'hérédité, devraient être clairement déterminés.

---

de l'homme et des peuples et toutes les conventions internationales y relatives et dûment ratifiées ».

[1167] IOANNA KONDILLY : op. cit. L.G.D.J. 1997 CATALA de ROTON (MC) : op. cit. ; Voir supra, sur la promotion successorale du conjoint survivant.

Il ne s'agit là que de suggestions, mais la véritable solution proviendrait d'un code de la famille qui déterminerait expressément les droits et obligations de chacun dans une succession, ce qui est interdit et ce qui est permis, afin d'éviter les ingérences des membres de familles et les incompréhensions actuelles. Pour ce faire, l'intervention législative devrait entraîner une adaptation du droit aux mœurs. La loi étant les reflets des mœurs, elle ne doit pas s'en inscrire à contre-courant ; elle doit épouser son temps, sous peine de perdre son impact, plus grave, sa légitimité[1168]. Sur ce point, le législateur devrait avoir en esprit que pour légiférer il faut choisir et que pour choisir il faut éliminer. Il est vrai que l'évolution peut aussi être jurisprudentielle[1169].

Plus que jamais, la mise en place d'un Code de la famille apparaît actuellement au Cameroun comme une exigence prioritaire et une nécessité de notre temps. La multiplication des conflits d'héritages dans les familles, tels que ceux qui défraient la chronique judiciaire de nos jours[1170], la fragilisation de la cellule familiale pourraient entraîner celle de toute la société qui, à la longue, fragilisera la nation tout entière.

[1168] LOMBARD (P) : in Magazine Femme, n° 98, Rubrique SOCIÉTÉ, avril 1996

[1169] Cour suprême,

- arrêt n° 17/2 du 20 décembre 1973, observations MELONE (S)., R.C.D. n° 7, p. 66.
- Arrêt n° 71/L du 14 juillet 1983 ; arrêt n° 71/L du 18 janvier 1985 ; arrêt n° 5 du 12 avril 1990…

[1170] Les successions FOUDA André, SOPPO PRISO, NZIO, HAPPY…

BIBLIOGRAPHIE

I- OUVRAGES GÉNÉRAUX

- **ALLIOT (M)** : *Les résistances traditionnelles au droit moderne dans les États d'Afrique et de Madagascar*, Études africaines, 1960
  - « L'acculturation juridique », *Ethnologie générale*, Encyclopédie de la Pléiade, Paris, T. I, Paris, 1968, pp. 1183-1246.
- **AMBARA (D d') :** *L'objet de la fonction juridictionnelle : dire le droit et trancher les litiges*, LGDJ, 1994
- **AUBRY et RAU :** *Droit civil*, T2, § 221.
- **AUDIER (J) et KEYSER (P)** : *Les droits patrimoniaux à caractère personnel*, LGDJ, 1979
- **BACH (L)** : *Droit civil. Régimes matrimoniaux – Successions - Libéralités. Droit privé notarial*, Tome 2, 5e édition, Sirey, 1998
- **BACHELET (M).** : *Systèmes fonciers et réformes agraires en Afrique Noire*, LGDJ, 1968.
- **BEIGNER** : *Les régimes matrimoniaux*, Collection « Que sais-je », PUF, 1994.
- **BERNADI** : *Traité de la communauté*, in Œuvre de Poithier, Paris, Lettelier libraire, 1986.
- **BIGOT de PREAMENEU :** *Locré, la législation civile de la France*, T. VI ; FENET : *Travaux préparatoires du Code civil*, T. X.
- **BIHINA NDJENGUE (P)** : *Je suis mon avocat, Guide juridique camerounais : Théorie-pratique et manuel*, 1re édition.
- **BOURREL (P)** : *Le droit de la famille au Sénégal*, Economica, 1981.
  - *Les bénéficiaires de l'attribution préférentielle*, préface de J. CHEVALLIER, 1967.
- **BREDIN (J D)** : *Le droit français, principes et tendances du droit français*, T2, sous la direction de RENÉ DAVID, LGDJ, 1960.
- **BROWN RADCLIFF et FORTES Mayer :** *Systèmes familiaux et matrimoniaux en Afrique*, PUF, 1953.
- **CARBONNIER (J) :**
  - *Droit civil*, T. 2, 11e édition, 1969.
  - *Flexible droit*, LGDJ, 1976, 3e édition, LGDJ, 1983.

  - *Le régime matrimonial. Sa nature juridique sous le rapport des notions de société et d'association*, Université de Bordeaux (Faculté de droit), 1933
  - *Essai sur les lois*, Répertoire notarial, Defrénois, 2e édition, 1995.
  - *Sociologie du droit des successions*, Cours de droit, 1963-1964.
- **CATALA de ROTON (MC) :** *Les successions entre époux*, Economica, 1987.
- **CATALA (P)** : *La réforme des liquidations successorales (Loi n° 71-523 du 3 juillet 1971*, Répertoire du Notariat Defrénois, 2e édition, 1975.
- **CHAZELLE [R]** : *Pour une réforme des institutions judiciaires*, LGDJ, 1969.
- **COUCHEZ (G)** : *Cours élémentaire, Droit – Économie – Procédure civile*, 10e édition Sirey, 1998
- **COULOUMEL (P)** : *Introduction à l'étude du droit et du droit civil*, LGDJ, 1969.
- **DAGOT (M) :**
  - *Les règlements successoraux après la loi du 3 juillet 1971*, Librairies Techniques, 2e édition, 1979
  - *L'indivision*, Librairies techniques, 1978.
- **DAGOT (M) et PERIGOUT (A)** : *Le nouveau droit des successions*, Librairies Techniques, 1972.
- **DAVID (R)** : *Grands systèmes de droit contemporains*. Précis Dalloz, 1964.
- **DECOCQ (A)** : *Droit pénal général*, Collection U, Armand Colin, 1971
- **DELAFOSSE** : *Civilisation négro-africaine*, Paris, Stock, 1925.
- **DE la MOUTTE (B de la)** : *L'acte juridique unilatéral*, Sirey, 1951.
- **POUL PIQUET (J de)** : *La responsabilité civile et disciplinaire des notaires*, LGDJ, 1974.
- **DOUMBE MOULONGO (M)** : *Les coutumes et le droit au Cameroun : Études et document africains*, éditions CLE, 1972.
- **DUMETZ (M)** : *Le droit du mariage en Côte d'Ivoire*, LGDJ, 1975.
- **DURKHEIM (E)** : *Journal sociologique*, PUF, 1969.
- **FLOUR (J)**: *Cours de droit civil*, Licence 4e A, 1962-1963.
- **FLOUR (J) et AUBERT (J L)** : *Droit civil : Les obligations. Le fait juridique*, t. 2, Paris, A. Colin, 1981
- **FLOUR (J) et CHAMPENOIS (G)** : *Les régimes matrimoniaux*, 2001
- **FLOUR (J) et SOULEAU (H) :** *Droit civil. Les successions*, 3e éd., Armand COLIN, 1991.
- **FOVILLE (A de) :** *Le morcellement*, Librairie Guillaumin et Cie, Paris, 1985.

- **GENY :**

    - *Méthodes des interprétations et sources en droit privé positif*, 2e édition, T1.

    - *Sciences et techniques en droit privé positif*, Sirey, 1957, T. 3.

- **GIVERDON** : *La copropriété*, 3e édition, Librairie Dalloz, Paris, 1981.

- **GRASSE (V)** : *Le principe foncier à Madagascar et en Afrique*, Paris, 1959, Hyres, 2e éd. 1969.

- **GRIMALDI (M)** : *Droit civil. Les successions*, LITEC, 4e édition, 1996.

- **GUINCHARD (S)** : *Le droit patrimonial de la famille au Sénégal -Régimes matrimoniaux*, Libéralités, successions, LGDJ, 1980.

- **HEARTER (W)** : *Successions*, LONDON, 1968.

- **JOSSERAND (J)** : *Essai sur la propriété collective*, Livre du centenaire du Code civil, Rousseau, 1904.

- **JUGLART (M de)** : *Cours de droit civil – Introduction –Personnes- famille*, T. 1, Éditions MONTCHRETIEN, 5e édition, 1er volume.

- **JUGLART (M de) et IPPOLITO (B) :** *Traité de droit commercial*, 2e vol., Les sociétés, par POINTAVICE et J. DUPICHOT, *édition Montchrétien*, 1981.

- **KEBA MBAYE** : Le droit de la famille en Afrique Noire et Madagascar, Études préparées à la requête de l'UNESCO, éd. J.P., Maisonneuve et Larose, 1968.

- **KONDILLY IOANNA** : La protection de la famille par la réserve héréditaire en droits français et grec comparés, LGDJ, 1997.

- **KOUASSINGAN ADJETE (G)** : *L'Homme et la terre*, Édition O.R.S.T.O.M., 1966

  Tradition et modernisme dans le droit privé de la famille. « Quelle est ma loi ? », *Pedone*, 1974.

    - Famille, droit et changement en Afrique noire francophone, LGDJ, 1978.

- **LABURTHE TOLRA (Ph) :** *Minlaba I : Les seigneurs de la forêt. Essai sur le passé historique, l'organisation sociale et les normes ethniques des anciens Beti du Cameroun*, Publication de la Sorbonne, Cujas, 1981.

- **LAPEYERE (A) :** *Les itinéraires juridiques du contrat*, édition GRIDON de Lyon.

- **LAROMBIERE :** *Théorie pratique des obligations*, Paris, 1885, T. IV.

- **LEBRUN (A)** : *La coutume, ses sources, son autorité au droit privé. Contribution à l'étude des sources du droit positif à l'époque moderne*, LGDJ, 1932.

- **LEVASSEUR (G), CHAVANE (A), MONTREUIL (J) et BOULOC (B)** : *Droit pénal général et procédure pénale*, Cours élémentaire, 12e édition

- **LÉVI-STRAUSS (C)** : *Anthropologie structurale*, 2e édition, Plon, 1958.

- **LINOSSIER (L)** : *Le partage des successions confondues*, LGDJ, 1963.
- **MAGNAN (J L)** : *Le notariat et le monde moderne*, LGDJ, 1979.
- **MALAURIE (Ph) et AYNES (L)** :
    - *Droit civil. Les successions et les libéralités*, 4e édition, Cujas, 1998.
    - *Les obligations*, Cujas, 1994-1995.
- **MAQUET (J)** : *Pouvoir et société en Afrique*, Hachette, 1970
- **MARTY (G) :** *Observations sur la réduction en valeur*, T1.
- **MARTY (G) et RAYNAUD (P) :**
    - o *Droit civil. Les personnes*, T. 1 3e édition, Sirey, 1976 ;
    - o *Droit civil*, T1, 2e vol., 1967.
- **MAZEAUD (J, H et L)** : Leçons de droit civil :
    - o T. 3, 4e éd. par **André BRETON** : *Successions et Libéralités*, éd. Montchrétien, 1980 ;
    - o T. I, 3e volume par **Laurent LEVENEUR :** *La famille : mariage – filiation – autorité parentale – divorce et séparation de corps*, 4e ed., Montchrétien, 1995
- **MELONE (S)** : *La parenté et la terre dans la stratégie du développement : l'expérience du Cameroun. Étude critique*, Ed. Klinsksieck, 1972.
- **MENDRAS (H)** : *Éléments de Sociologie*, Armand COLIN, 1975.
- **MONTESQUIEU** : *L'esprit des lois*, Livre I, éd. Ganier.
- **MORIN (G)** : *La réforme des régimes matrimoniaux. Étude de la loi N° 65 du 13 juillet 1965...*
- **NKOUENDJIN YONTDA (M)** : *Le Cameroun à la recherche de son droit de la famille*, LGDJ, 1975.
- **OBLE (J)** : *Le droit des successions en Côte d'Ivoire : tradition et modernisme*, Nouvelles éditions africaines, 1984.
- **PAPACHRISTO (A. C)** : *La réception des droits privés étrangers comme phénomène de sociologie juridique*, LGDJ, 1975.
- **PELLEGRIN (A)** : *De la nature juridique du partage d'ascendant*, LGDJ, Paris, 1961.
- **PERRAUD (Ch)** : *Manuel pratique des successions*, 3e édition.
- **PETITJEAN (H)** : *Fondements et mécanismes de la transmission successorale en droit français et en droit anglais*, LGDJ, 1959.
- **PICARD (J)** : *Techniques des successions et libéralités*, Librairies techniques, 2e édition, Collection de l'institut de formation notariale.

- **PLANIOL (M) et RIPERT (G) :** Traité de droit civil :
    - *T. IV : Les successions*, 1956.
    - *T. IX : Les régimes matrimoniaux*, 1960.
    - *Traité élémentaire de droit civil*, 11e édition, T. III, LGDJ, 1938.
- **PONSARD** : *Le déclin du régime dotal au 19e siècle*, T. 3 et 4.
- **POULPIQUET (J de) :** *La responsabilité civile et disciplinaire des notaires*, LGDJ, 1974.
- **PRADEL de LATOUR :** *Ethnopsychanalyse en pays Bamiléké*, E.P.E.L., 1991.
- **RIPERT (G) :** *Les forces créatrices du droit*, LGDJ, 1955.
- **RIPERT-JOUVEL (V) :** *Comment rédiger son testament*, LITEC, 1989.
- **ROULAND (N) :** *Anthropologie juridique*, Collection « Que sais-je ? », Paris, PUF, 1990.
- **PETITJEAN (H) :** *Fondements et mécanismes de la transmission successorale en droit français et en droit anglais*, LGDJ, 1959.
- **SAVATIER (R)** : *Traité de la responsabilité civile*, T. II, 2e édition.
- **SAYAG (A)** : *Essai sur les besoins créateurs du droit*, LGDJ, 1969.
- **SAYN (J Y)** : *Le régime matrimonial primaire, in Les règles générales des régimes matrimoniaux* - Travaux de recherches de la F.D.S.E, Paris Seuil, Droit privé, n°4, PUF, 1968.
- **SEDAR SENGHOR (L) :** *Négritude, arabisme et francité*, Ed. Dar al-kitab Allubnani, Beyrouth, 1967
- **SERIAUX (A)** : *Les successions – Les libéralités*, PUF, 1993.
- **SOLUS (H)** : *Traité sur le droit applicable aux rapports juridiques de droit privé*, Rapport à l'Institut Colonial, Lisbonne, 1933.
- **SOW SIDIBE (A)** : *Le pluralisme juridique en Afrique : l'exemple du droit successoral sénégalais*, LGDJ, 1991.
- **TERRE (F) et FENOUILLET (D)** : *Droit civil. Les personnes – La famille – Les incapacités*, Précis Dalloz, 6e édition, 1997.
- **TERRE (F) et LEQUETTE (Y)** : *Droit civil. Les successions. Les libéralités*, Précis Dalloz, 2e édition, 1988.
- **THINES (G) et LEMPEREUR (A)** : *Dictionnaire général des Sciences humaines*, Éditions universitaires, Paris, 1975.
- **TJOUEN (À D) :** *Droits domaniaux et techniques foncières en droit camerounais*, Economica, 1982
- **TIMBAL (P.** C). : *Droit romain et ancien droit français*, Précis Dalloz, 2e éd., 1902.

- **TOMASIN** : *Essai sur l'autorité de la chose jugée en matière civile*, LGDJ, 1975.
- **VIALLETON (H)** : *Les successions*, Armand COLIN, 1963.
- **WEISS (A). :** *Traité théorique et pratique de droit international privé*, Hachette, 2016.
- **YOUCHE (J M)** : *La justice au Cameroun. Organisation, fonctionnement, saisine, compétence, procédure, voies de recours et d'exécution*, 1re édition, 1986.

II- THÈSES

- **AKOMDJA AVOM (V) :** *Les incidences du mariage et du divorce en droit camerounais de la famille à la lumière du droit français*, thèse, Lyon III, 1998.
- - **ALLOKE (V) :** *Le processus de règlement des litiges comme un mode de contrôle de changement social à Niamey*, Thèse, Paris, 1989.
- **AMANT (V) :** *De l'indignité en matière de succession. Étude de droit comparé*, thèse, Paris, 1901.
- **BARBE (E) :** *Du droit successoral de la veuve en droit romain et en droit français*, Thèse, Toulouse, 1880.
- **BEAUBRUN (M) :** *L'ordre public successoral*, Thèse, Paris II, 1979.
- **BILLEY** : *Le partage d'ascendant conjonctif*, Thèse, Paris, 1928.
- **BERTRAND (M)** : *Le maintien de l'indivision des exploitations rurales faisant partie d'une succession : les décrets-lois du 17 juin 1938 et 21 juillet 1940*, Thèse, Grenoble, 1940.
- **BIYOUDI (J)** : L'autorité parentale en République du Congo. Tradition et évolution du droit de la famille, Thèse, Paris, 1984.
- **BOUTEAUD :** *Étude critique de la règle de l'égalité en nature des partages*, Thèse, Bordeaux, 1925.
- **CATALA (P) :** *Les règlements successoraux depuis la réforme de 1938 et l'instabilité économique*, Thèse, Montpellier, 1954.
- **CHABAS (J) :** *De la déclaration de volonté en droit civil français*, Thèse, Paris, Librairie Sirey, 1931.
- **CHÉRON (A)** : *La transmission intégrale des exploitations agricoles ou industrielles dans le droit suisse*, Thèse, Paris, 1902.
- **DECHEIX (P) :** *Les compétences respectives des tribunaux de droit moderne et des tribunaux de droit traditionnel dans les territoires d'Afrique noire*, Thèse, Paris, 1960.
- **DECOCQ (A) :** *De la fiction comme procédé juridique*, Thèse, Paris, 1914.
- **DECORPS (J. P) :** *La responsabilité des notaires en matière d'urbanisme*, Thèse, Aix-en-Provence, 1971, inédit.

- **DEJEAN (F) :** *Réaction de la loi, de la jurisprudence et de la pratique contre l'organisation de l'indivision héréditaire*, Thèse, Montpellier, 1935.
- **DELAY (F)** : *La nature juridique de l'indivision : contribution à l'étude des rapports de la notion d'indivision avec les notions de société civile et de personnalité morale*, Thèse, Paris, 1968.
- **DESROUSSEAUX (L) :** *Les réformes de 1938 en matière de partage d'ascendant*, Thèse Lille, 1942.
- **DOUBLIER (R)** : *La propriété foncière en A.O.F. (régime en droit privé)*, Thèse, Saint-Louis, Sénégal, 1969.
- **DUPOUY LACAVE (Ch) :** *Des principales conséquences de l'effet déclaratif*, Thèse, Toulouse, 1905.
- **ELLA (Th) :** *Le règlement des successions au Cameroun*, Thèse, Paris III, 1994.
- **ELOMO NTONGA (L)** : *L'enfant naturel en droit camerounais : Étude jurisprudentielle des tribunaux de l'ex-Cameroun oriental*, Mémoire Master's Degree en Droit privé, Université de Yaoundé, 1979.
- **FERGANI** : *Le travail agricole à salaire différé*, Thèse, Paris, 1954.
- **FORGUES (P)** : *Du droit d'usufruit du conjoint survivant, ses modes de calcul, son exercice*, Thèse, Toulouse, 1907.
- **FUGNER (H)** : *L'action en partage*, Thèse, Lausanne, 1938.
- **GARDEY (A)** : *De la saisine héréditaire dans ses rapports avec l'obligation indéfinie aux dettes*, Thèse, Bordeaux, 1906.
- **GARSON** : *Du rapport des dettes*, Thèse, Paris, 1939.
- **GATEAU (L)** : *Les règles du partage successoral dans le Code civil et la propriété foncière*, Thèse, Paris, 1924.
- **GEORGES (O V)** : *De la situation faite aux petits héritages par les lois de 1894, 1906 et 1909*, Thèse, Paris, 1910.
- **GOUBEAUX GONZALEZ :** *Étude sur l'indivision forcée perpétuelle en droit civil français*, Thèse, Paris, 1910.
- **GUILLEC (Y)** : *De l'administration des successions indivises*, Thèse, 1930.
- **MARTIN** (H) : *L'égalité en nature dans les partages et les problèmes de bien de famille indivisibles*, Thèse, Rennes, 1905.
- **JEANTET :** *Le droit à la réserve en nature*, Thèse, Paris, 1939.
- **JONASCO (A) :** *La copropriété d'un bien*, Thèse, Paris, 1930.
- **JONESCU (C)** : *La règle du partage en nature*, Thèse, Paris, 1911.
- **JOUSSELIN (P. E). :** *Des conflits de lois relatifs aux successions ab intestat et testamentaires*, Thèse, Paris, 1899.

- **LABURTHE TOLRA (Ph) :** *Minlaba, histoire et société traditionnelle chez les Beti du Sud Cameroun*, Thèse, Paris V, 1975.
- **LEVIE :** *Du rapport des dettes*, Thèse, Louvain, 1938.
- **LEVY-BRUHL (H)** : Tensions et conflits au sein d'un même système juridique, in *Cahier International de Sociologie*, nouvelle série, vol. 30 (janvier-juin 1961), Presses
- **MALLOT (A) :** *L'égalité en nature dans les partages successoraux*, Thèse, Paris, 1903.
- **MANGA née MANGUE :** *Le droit international camerounais du mariage*, Thèse, 3e cycle, Université de Yaoundé.
- **MARUANI (Ch) :** *La clause pénale*, Thèse, Paris, 1935.
- **MAZEAUD (A) :** *Le partage partiel*, Thèse, Paris II, 1983, n° 42.
- **MEKE – ME – ZE (Chr) :** La problématique des biens de la femme mariée en droit camerounais. Thèse de doctorat, 3e cycle, 1981.
- **MINKOA SHE (A) :** *Essai sur l'évolution de la politique criminelle au Cameroun*, Thèse, Droit, Strasbourg, 1987.
- **NDO DIKI (R M)** : *L'option de juridiction en droit privé camerounais*, Thèse, 3e cycle. Université de Yaoundé, 1990.
- **NKOU MVONDO (P) :** *Le dualisme juridique en Afrique Noire francophone. Du droit privé formel au droit privé informel*, Thèse, Strasbourg, 1995.
- **OMBIONO (S) :** *L'application de la loi du 7 juillet 1966 portant diverses dispositions relatives au mariage dans l'ex-Cameroun oriental : Étude sociologique*, Mémoire Master's Degree en Droit privé, Université de Yaoundé, 1979.
- **OYONO (Y. G.)** : *Le pluralisme juridique au Cameroun de l'administration franco-britannique sous le régime colonial à la mouvance constitutionnelle du 18 janvier 2016 dans l'État indépendant : Essai sur le « vivre-ensemble juridique » en Afrique noire*, thèse Aix-en-Provence, janvier 2022, 362 pages.
- **PELLEGRIN (J) :** *De la nature juridique du partage d'ascendant*, Thèse, Grenoble, 1961.
- **PERNEY :** *La nature juridique de la réserve héréditaire*, Thèse, Nice, 1976.
- **QUEREL** : *Du caractère fictif de l'article 883*, Thèse, Lyon, 1923.
- **RAMBAUD (A)** : *Du principe des effets de la transmission des dettes héréditaires en droit français*, Thèse, 1881.
- **ROBINEAU** : *De la clause pénale dans les actes à titre gratuit*, Thèse, Paris, 1896.
- **SIESSE (G)** : *Contribution à l'étude de la communauté d'héritiers en droit comparé*, Thèse, Paris, 1922.

- **SINZU (D) :** *Des fidéicommis (droit romain; des substitutions (droit français)*, Thèse, Paris, 1893.
- **SOW SIDIBE (A)** : *Le pluralisme juridique en droit sénégalais des successions ab intestat*, Thèse, Paris II, 1987.
- **TCHOKOMAKOUA (V) :** *La nationalité camerounaise : Étude critique de la loi du 11 juin 1968 portant Code de nationalité*, Thèse, 3e cycle, Université de Yaoundé.
- **TEXTU (X)** : *L'influence de la destination des biens sur leur transmission successorale*, Thèse, Paris X, 1911.
- **VALLIER** (E) : *Le fondement du droit des successions en droit français*, Thèse, Paris, 1902.
- **VACHEROT (A)** : *De la licitation en droit civil*, Thèse, Paris, 1901.
- **VERDELOT (A)** : *Du bien de famille en Allemagne*, Thèse, Paris, 1899.
- **YOUEGO (Chr) :**
    - *Étude critique de la loi du 11 juin 1968 portant organisation de l'état civil au Cameroun*, Mémoire master's Degree en droit privé, Université de Yaoundé, 1979.
    - *Sources et évolution du droit des successions au Cameroun, Thèse d'État, Paris II, 1994*

III- MÉMOIRES

- **BIDIAS A NGON** : *Organisation de l'état civil au Cameroun*, Mémoire de Licence, U.F.C., Yaoundé, 1965.
- **BISSEK (D) :** *Les successions en pays Bassa*, Rapport de fin de Licence en Droit privé, U.F.C., Yaoundé, 1971-1972.
- **EBUNG (P) :** *Succession in the customary law of Bakossi tribe*, Mémoire de Licence, Université de Yaoundé.
- **EFFA (J) :** *La dévolution successorale chez les Beti*, Mémoire de Licence, Université de Yaoundé, 1974.
- **KOGENDILLE F. MASUMBA :** *Succession under customary law : case of lower and upper Bakossi tribe*, Mémoire de maîtrise, Université de Yaoundé, 1990-1991.
- **LIMUNGA ITAMBI (S) :** *The courts of South West Prvince and role of the Advocate on the other side of the bar*, Mémoire de fin d'études à l'E.NA.M., 1988-1989.
- **MAZOU ABDOULAYE :** *La succession chez les Foulbé*, Mémoire de Licence, Université de Yaoundé.

- **NOA TOUA (O) :** *La coutume dans la jurisprudence*, Mémoire de Licence, Université de Yaoundé, 1975.
- **OBAMA ETABA (R)** : *Le notaire dans la transmission de la propriété au Cameroun*, Mémoire de Licence en Droit, Université de Yaoundé, 1976-1977.
- **ONAMBELE (J. M) :** *Nature juridique de l'article 14 de la loi du 7 juillet 1966. Les biens de la femme mariée qui exerce une profession*, Mémoire de Licence en Droit et Sciences économiques, U. F. C., 1972-1973.

IV-ARTICLES

- **ABITOL (E) :** « La famille conjugale et le droit nouveau du mariage en Côte d'Ivoire », *Penant*, 1966.
- **ABDOULAYE DIOP (M) :** « La dévolution successorale musulmane : détermination des héritiers dans le Code sénégalais de la famille », in *R. J. P. I. C.*, n° 4, T. 26, Paris, décembre 1972, pp. 799-809.
- **ACOUTEY :** « Unité ou dualité des statuts dans le droit de la famille au Togo », *Penant*, 1967, p. 84 et s.
- **AGBEKPONOU KOUEVI :** « La vocation successorale de la femme dans le droit positif togolais des successions », in *Penant*, 1988, pp. 786-798.
- **ALEXANDRE (D) :** « L'enfant naturel de l'article 337 du Code civil », *J.C.P.*, 1969, Doctrine 2250.
- **ALFANDARI (E) :** « Droits alimentaires et droits successoraux », in *Mélanges offerts à René SAVATIER*, D. 1965, pp. 1-21.
- **ALLIOT (M) :**
    - « La coutume dans le droit originellement africain », in *Bulletin des liaisons du Laboratoire d'Anthropologie Juridique de Paris (L.A.J.P.)*, Congrès de la Société Jean BODIN des 7 et 8 janvier 1985, pp. 79-100.
    - « Le problème de l'unification du droit africain », in *Journal of african law*, 1967, vol. J., n°2.
    - « Le droit des successions dans les États d'Afrique francophone », in *R. J. P. I. C.*, 1972, n° 4, p. 845 et s.
    - « L'acculturation juridique », in *Ethnologie*, 1968, T. 1, p. 1233.
- **ANDRIANADA (J) et RAKOTOMA :** « La dévolution successorale : la détermination des héritiers en droit malgache », in *R. J. P. I. C.*, n° 4, 1972, p. 713 à 732.
- **ANOUKAHA (F) :**
    - « La filiation naturelle au Cameroun après l'ordonnance du 29 juin 1981 », in *R. D. C.*, n° 30, pp. 25-52.

    - « La détermination du régime matrimonial légal dans le droit positif camerounais (à propos des affaires KOUM et KEMADJOU) », *Penant*, in 1995, n°817, pp. 71-98.

- **AUBERT (J L) :**
    - « Dix ans de jurisprudence de la Cour de cassation en matière de responsabilité notariale », *Rapport de la Cour de cassation*, 1994, n° 2
    - La responsabilité professionnelle des notaires, 2e éd., Revue internationale de droit comparé, Année 1981, 33-3.

- **AUBRY (Y) :** « Pour une étude du veuvage féminin à l'époque moderne, in HISTOIE – Économie et Société », 1989, pp. 223 à 236.

- **BANAMBA (B) :** « Regard nouveau sur un texte déjà trentenaire : le cas du décret du 19 décembre 1969 portant organisation et fonctionnement des juridictions traditionnelles de l'ex-Cameroun oriental », in *R. A. S. J.*, 2000, vol. 1, n° 2, Université de Yaoundé II, F.S.J.P, pp. 102-140.

- **BATOUM (M P F) :** « Plaidoyer pour la réhabilitation de la règle « L'option de juridiction emporte option de législation », *Juridis périodique*, n° 42, p. 73 à 86.

- **BEAUBRUN (M) :** « La sécurité des règlements successoraux à l'épreuve de l'établissement de la filiation naturelle par la possession d'état : article 348-8 al. 2. du Code civil », in *Dalloz*, 1997, 44è cahier, Chronique.

- **BEPE DIARO (G) :** « Tout sur les pensions des agents de l'État relevant du Code du travail », in *Le commis de l'État*, Janvier-mars 1996, p. 32 à 34.

- **BERMOND de VAUX :** « Le contrat de travail à salaire différé », *Semaine juridique*, 1965, I. 1893.

- **BINET :**
    - « Le régime successoral chez les Duala au Cameroun », in *Penant*, 1955, pp. 33-40.
    - « Le statut des femmes au Cameroun forestier », Recueil de la société Jean BODIN, T. XI : La femme, 1re partie, pp. 46-62.
    - « Le statut des étrangères selon la coutume ancienne au Cameroun », in *Recueil de la Société Jean BODIN*, T. IX, 1958, p. 82 et s.

- **BOKALLY (V E) :** « La coutume, source de droit au Cameroun », in Revue générale de droit, 1997, pp. 37-69. (tiré à part.)

- **BONI (A). :** « La mise en pratique des lois dans les Nations en voie de développement », in Penant, 1963, fasc. 698-699, p. 454.

- **BONNOIS :** « Compétence territoriale du tribunal chargé d'homologuer l'état liquidatif d'un partage amiable dans lequel un mineur est intéressé », *Semaine juridique*, 1977. I. 2853.

- **BOURJOL :** « Essai sur les transformations et l'évolution dialectique de la famille africaine de la "gens" au ménage », *Rev. jur. et Pol. de l'Union Française*, 1957, p. 97.
- **BRETHE de la GRESSAYE :** « Science et technique du droit successoral », in *Mélanges Pierre VOIRIN*, p. 55 et s.
- **BUFFELAN LANORE (Y) :** « L'autonomie de la volonté en matière d'exhérédation », in *R. T. D. C.*, 1986, pp. 456-480.
- **CABILLAC** : « L'erreur des partages », *R.T.D.C.*, 1955, p. 39 et s.
- **CAPITANT (H) :** « L'indivision héréditaire », *Rev. crit. 1924*, 1929.
- **CARBONNIER (J) :**
    - « Essai sur les lois », *Rép. Du notariat Defrénois*, 2e éd., 1995.
    - « Terre et ciel dans le droit français du mariage », *Mélanges RIPERT.*
- **CATALA (P) :**
    - « La jurisprudence, la gardienne de l'égalité successorale », D. 1962, chr. 99.
    - « La transformation du patrimoine dans le droit civil moderne », *R.T.D.C.*, 1966, n° 15.
- **CHABAS (J) :**
    - « De la transformation des droits fonciers coutumiers en droit de la propriété », *Annales africaines*, 1959.
    - « La propriété foncière en Afrique noire », *Jurisclasseur civil Outre-mer*, Paris, 1952.
- **CHARTIER (Y)** : « La société dans le Code civil après la loi du 4 février 1978 », *J.C.P.*, 1978 – 2, 2957.
- **COLDHAM (S)** : « Les systèmes judiciaires en Afrique francophone », in *Afrique contemporaine*, 1991, n0 spécial sur la justice en Afrique, p. 27 à 37.
- **COLOMBET :** « Commentaire de la loi du 4 janvier 1970 sur l'autorité parentale », in D. 1971, p. 1, chron. 5.
- **CONTIN (R) :** « Le règlement en nature des partages matrimoniaux », in *R. T. D. C.*, 1977.
- **CORNU (G) :** « La réforme des régimes matrimoniaux », *J. C. P.*, 1970.
    - « La naissance et la grâce », in D. 1971, chr. 166
- **CONEN (B) :** « Un Code da la famille au Togo », in *Penant*, 1981, pp. 5-16.
- **COULIBALY :** « Les traits principaux du droit ivoirien de la famille », *R.J.P.I.C.*, 1967, n° 1.
- **COURET (A)** : « La notion juridique de conversion », *Mélanges VIGREUX*, 1981, T1, p. 222 et s.

- **DAGOT (M) :**
  - « La loi successorale du 3 juillet 1971 », J.C.P. 1971. I. 2434, n° 12 à 28.
  - « Retouches de 1980 au droit des partages successoraux (incidence de la loi du 4 juillet 1980 d'orientation agricole sur le droit des successions) », *J.C.P.*, 1980, I. 3000
  - « La preuve de la qualité d'héritier », in *J. C. P.*, 1974, 2d. N.I., 2618.
  - « L'homologation des partages intéressant un incapable », *J.C.P.*, 1974. I. 2612.
  - « Le conjoint survivant, héritier réservataire ? », D. 1974, chr. P.39.
  - « L'indivision (Commentaire de la loi du 31 décembre 1976) », 1re partie : Le régime primaire, in *J.C.P.*, 1977, I, doctrine 2858 ; IIe partie : Le régime secondaire et IIIe partie : dispositions générales, in *J. C. P.*, 1977, doctrine, 2862.
- **DAGOT (M) et SPITERI (P) :** « La réforme de la filiation (loi n° 72-3 du 3 janvier 1972) », in *J. C. P.*, 1972-I, 2464.
- **DARBON (D) :** « Le juge africain et son miroir : la glace déformante du transfert de jurisprudence administrative en Afrique », in *Afrique contemporaine*, 1990, p. 240.
- **DECORPS (J P) :** Y a-t-il une limite à la responsabilité notariale, in Mélanges dédiés à Jean MAS, droit et Anthropologie de la complexité, pp. 117-129.
- **DECOTTIGNIES :** « Requiem sur la famille africaine », in *Annales africaines*, 1965, p. 251 et s. et D. 1965, p. 233.
- **DEKEUWER- DEFOSSER** : « Le droit de la filiation à l'épreuve des pratiques administratives et judiciaires », in D. 1986, chr.245, p. 309 et s.
- **DEPLAY (F) :** « La nature juridique de l'indivision, contribution à l'étude des rapports de la notion d'indivision successorale, les notions de société et de personnalité morale… »
- **DESBOIS (H) :** « Commentaire de la loi du 17 juin 1938 », D.P., 1938.
- **DESPAX (M) :** « Le partage d'ascendant : paix des familles ou guerre des successions ? », in D. 1959, chr. XXXVII, pp. 245-252.
- **DIALLO SEYNI SAMBO :** « Le droit de la famille dans la coutume Mossi », in *Penant*, 1967, pp. 12-31.
- **DIKO OUSMANE BOUBOU :** « Le mariage et le divorce au Mali », in *Penant*, 1965, pp. 471-486.
- **DIPANDA MOUELLE (A)** : « Les techniques de codification au Cameroun », in *R. J. P. I. C.*, 1986, p. 299.
- **ELOMO NTONGA (L) :** « La protection, fondement de l'incapacité des mineurs », in *Encyclopédie juridique d'Afrique*, T. 6, p. 68.

- **ÉMANE (J) :** « Les droits patrimoniaux de la femme mariée ivoirienne », in *Annales africaines*, 1967, p. 85 et s.
- **FEDDAL :** « La preuve des acquisitions sous le régime de la séparation de biens, *J.C.P.*, 1982, I. 3080.
- **FLOUR (J)** : « Plus-value et fruits de biens indivis », *J.C.P*, 1943. I. 336.
- **FOSSER (I) :** « La place de la coutume dans le droit moderne de la République du Sénégal », in *Revue internationale de Criminologie et de politique*, 1963.
- **FOTSING (J** B). : « Pouvoir fiscal en Afrique : résistance du système traditionnel au système moderne », *Penant*, 1990.
- **GÉRARD (P)** et **LANDEROIN (J)** : « De certaines difficultés du partage successoral », 68e Congrès des Notaires de France, Vittel, 1971.
- **GIRAUD (P)** : « La propriété primitive de Rome », *Revue des études anciennes*, 1904, Journal sociologique Émile DURKHEIM, PUF1969.
- **GOBERT (M) :** « Réflexion avant une indispensable réforme de la filiation », *J. C. P.*, 1960. I. 2207
- **GUENEE :** « De l'indivision à l'acceptation de l'hérédité », in rev. crit. lég. et jurisp. 1982.
- **GUINCHARD (S) :** « Le juge et l'héritier en droit successoral sénégalais », in *Penant* 1979, n° 764, p. 157 et s.
- **GUYENOT (J) :** « Les nouveaux rapports résultant de l'article 1873 du Code civil entre les sociétés en participation, les sociétés créées de fait et les sociétés de fait », D. 1979, I., p. 155.
- **HAUSER (J) et HUET – WEILLER :** Droit civil. Fondation vie de la famille, n° 680, 2e édition.
- **HERBAUD :** « L'instabilité monétaire et les règlements familiaux », in *Mélanges RIPERT*, T1.
- **HOMAN (R.** D). : « L'héritage dans les unités foncières indigènes au Kenya », in *Journal de l'Administration africaine*, juillet 1958, n° 3, vol. x.
- **JEANTIN (M) :** « La réforme du droit des sociétés par la loi du 4 janvier 1978 », D. 1978, chr., p.123.
- **JOSSERAND :** « Essai sur la propriété collective », Livre du centenaire, I, p. 372.
- **JOUHAUD (Y) :** « La notion de domaine ou patrimoine collectif national dans la nouvelle législation du Sénégal et du Cameroun- Essai de synthèse entre le droit foncier coutumier et le droit foncier moderne », *R.J.P.I.C.*, 1966, n° 1.
- **KAMTO (M) :** « Une justice entre tradition et modernité », in *Afrique contemporaine,* 1990, n° spécial sur la justice en Afrique, pp. 57-64.
- **KEBA MBAYE :**

  - « Quel avenir pour la justice en Afrique ? », in *Afrique contemporaine*, 1990, n° spécial sur La justice en Afrique, pp. 289-291.
  - « L'unification du droit en Afrique », in *Revue sénégalaise de droit*, décembre 1971, n°20.
  - « L'organisation des juridictions », in *Encycl. Jur. D'Afr.*, t. 4, p. 278.
- **KOFFI AMEGA: Prière** pour un code civil, in Penant 1966, p. 275 – 283.
- **LABOURET (H) :**
  - « Paysans d'Afrique occidentale », *N.R.F.*, 1941, Livres I et II sur l'évolution des droits fonciers).
  - « Dix ans de droit en Afrique », in Penant, 1972, n°737, pp. 285-300.
  - « La situation de la veuve en droit coutumier MINA », Penant, 1965, p. 36 et s.
- **LAMPUE (P) :**
  - « Les rapports de la coutume et de la loi dans le droit des successions en Afrique francophone », *R. J. P. I. C.*, 1972, n°4, t. 26, pp. 833-844.
  - « La diversité des statuts de droit privé dans les États africains », *Penant*, 1961.
- **LAMY (E) et LOKWA ILOWA : «** Dévolution successorale en République du Zaïre », *R. J. P. I. C.*, 1972, n° 4, t. 26
- **LANGOUL (E) : «** Problèmes de la codification au Cameroun », *R. J. P. I. C.*, 1966.
- **LEAUTE : «** Le partage conjonctif d'ascendant depuis 1938 », *J.C.P.*, 1951, I. 924.
- **LEBALLE :** « L'influence des lois successorales sur le progrès social », *Rapport présenté aux journées du droit civil en hommage à H. CAPITANT*, Lille, 1939, p. 58.
- **LE ROY (E) :**
  - « Droit et développement en Afrique Noire francophone après dix ans d'indépendance politique », in *Revue sénégalaise de droit*, n° 9, p. 54 et s.
  - « Réflexion sur une interprétation anthropologique du droit africain. Laboratoire d'anthropologie juridique », in *R. J. P. I. C.*, 1972, pp. 427-448.
  - « Le justiciable africain à la découverte d'une voie négociée de règlement des conflits. La justice en Afrique », in *Afrique contemporaine*, n° spécial de 1990.
- **LIHAU EBUA et NIMY MAYIDIKA NGIMBI : «** Droit successoral dans les sociétés traditionnelles au Zaïre », in *R. J. P. I. C.*, 1972, pp. 587-604.
- **MANZILA LITUMBU SAL'ASAL : «** Les successions en Droit civil Zaïrois », in *R. J. P. I. C.*, 1972, pp. 507-526.

- **MARTIN (D) :** « Le droit de l'indivision communautaire de la loi n° 76-1286 du 31 décembre 1976 relative à l'organisation de l'indivision », D. 1977 – 2 chr. xxx.
- **MARTY (G) :** « Les réformes récentes du droit successoral en vue de lutter contre le morcellement de certains biens, spécialement les exploitations rurales à caractère familial », *J.C.P.* 1941, I. 1182.
- **MAURICE (R) :** « Les effets de la parenté et de l'alliance en ligne collatérale », *R.T.D.C.*, 1971.
- **MAYINGUIDI (E) :** « Les successions en droit coutumier du Congo », in *R. J. P. I. C.*, 1972, pp. 663-674
- **MBARGA (E) :** « Quelques réflexions sur le projet de loi réorganisant l'état civil au Cameroun oriental et portant diverses dispositions relatives au mariage », in *Penant*, 1966, p…
- **MBELLA MBAPPE (R) :** « À propos de deux lois sur le mariage au Cameroun », *Penant*, 1970, pp. 419-441.
- **MELONE (S) :**
    - « Le Code civil contre la coutume : la fin d'une suprématie : à propos des effets patrimoniaux du ménage », *R. D. C.*, n° 2, 1982, p. 12 et s.
    - « Le droit successoral au Cameroun : étude de quelques points de jurisprudence. 1re approche », in *R. C. D.*, n°17-18, pp. 55- 74
    - « Du bon usage du pluralisme juridique en Afrique », in *R. C. D.*, n°31-32.
    - « Le poids de la tradition dans le droit africain contemporain (À propos du phénomène polygamique au Cameroun et ses prolongements juridiques) », *Penant*, 1971, pp. 421-441.
    - « Régimes matrimoniaux et droits fonciers en Afrique », in *Penant*, 1971, p. 141-161.
- **MEMEL FOTÊ :** « Rapport sur la civilisation animiste », *Colloque sur les religions*, Abidjan, avril 1961, in Présence africaine, 1962.
- **MEYER (P) :** « L'effectivité du droit », in *Revue bourkinabè du droit*, n° spécial, 1984.
- **MIFSUD (F A) :** « Droit foncier et coutumier en Afrique, document de référence, conférence mondiale sur la réforme agraire », *F.A.O.*, Rome, 1966.
- **MOHAMADOU MOCTAR M'BACKE :** « La femme sénégalaise en droit coutumier – Règles traditionnelles et leur évolution », in *R. J. P. I. C.*, 1974, n° 4, p. 784 et s.
- **MORICE (B) :** « Commentaire de la loi du 28 juin 1938 tendant à régler le statut de la copropriété des immeubles divisés par appartements », *Les lois nouvelles*, 1938.
- **MORIN (G)** : « L'attribution préférentielle du droit des exploitations agricoles », *Répertoire Defrénois*, 1970, articles 29693 et 29727 bis.

- **NDING DYATELM :** « La filiation avec mariage : La légitimation », *Encyclopédie juridique d'Afrique*, t. 6, p. 413 ; « L'adoption », in *Encycl. Jur. d'Afr.*, t. 6, pp. 425-426.
- **NDOCKO (N C) :** « L'idée d'égalité dans le droit successoral camerounais. Dernières tendances de la jurisprudence en matière de successions ab intestat », in *Arrêt n° 636 du 8 mai 1985*, article inédit.
- **NDOCKO (N. C) et NDEMO :** « La situation juridique du conjoint survivant », *Rapport national du Cameroun au Conseil élargi de la Fédération des juristes africains*, Kinshasa, juillet 1987
- **NERSON (R) :** « Sur l'attribution préférentielle dans le partage de la communauté après le décès ou le divorce – Art. 832 C. civ. », *R. T. D. C.*, 1970.
- **NGONGANG OUANDJI (A) :**
  - La dévolution successorale au Cameroun, in R. J. P. I. C. 1972, p. 639-663 ;
  - « Communication au congrès de l'Institut International de droit d'expression française », septembre 1972 à Kinshasa au Zaïre, in *Penant*, 1972, p. 648 et s.
- **NGUINI (M) :**
  - « Le divorce en droit coutumier camerounais », *Penant*, 1979, doctrine, p. 76.
  - « Droit moderne et droit traditionnel », *Penant*, 1973, pp. 1-10.
- **NIORT (J. F)** : « L'embryon et le droit : un statut impossible ? », in R. R. J. 1998
- **NKOLO (P) :** « L'option matrimoniale au Cameroun », *R. C. D.*, n° 31-32, pp. 69-106.
- **NKOUEDJIN Y. (M) :**
  - Le rôle de la jurisprudence dans les nouveaux États d'Afrique francophone, in Penant, 1973, n° 739.
  - « Vers une institutionnalisation de l'adultère et de l'union naturelle ? », in *Penant*, 1977, p. 341 et s.
- **OMBIONO (S) :** « Le mariage coutumier dans le Droit positif camerounais », in *Penant* 1989, pp. 40-54.
- **PATARIN (J) :**
  - « Successions et libéralités », *R. T. D. C.*, n° 4, oct.-déc. 1988, p. 7, 98, 800.
  - « La loi du 19 décembre 1961 tendant à éviter le morcellement des biens dans les partages de succession et de communauté », *R.T.D.C.*, 1963 ; Finalité économique et finalité sociale dans la loi du 19 décembre 1961, *R.T.D.C.*, 1962.

- « Le pouvoir des juges de statuer en fonction des intérêts en présence sur le maintien de l'indivision et l'attribution préférentielle », *J.C.P.*, 1962. I. 687.

- **PATARIN (J) et MORIN (G) :** « La loi du 19 décembre 1969 », *Rapport présenté au 59e congrès des notaires de France sur la « structure juridique et (la) transmission de l'exploitation agricole »*, Deauville, 1961.

- **PIERRE (E) :** « Phénomènes religieux et facteurs socio-économiques de la région de Bouaké », *Cahier des études africaines*, 1966, vol. V.

- **PHAZU LEVO :** L'équilibre des institutions coutumières et les successions au Zaïre, *R. J. P. I. C.*, 1972, n° 4, t. 26, pp. 605-610.

- **PHILIPPE (C) :** « La pratique des partages d'ascendant depuis la loi du 3 juillet 1971 », in *R. T. D. C.*, 1984, pp. 203-225.

- **POIRIER (J) :** « L'avenir du droit coutumier négro-africain » *Symposium-colloque d'Amsterdam*, 1955, p. 160.

- **PREA (Maître) :** « Du règlement des successions : Méthodes et perspectives, Rapport du 68e congrès des notaires de France », Vittel, 1971, t. IV, Partage et succession testamentaire, p. 77 et s.

- **PREVAULT :** « Vers un élargissement du concept de salaire différé », *Mélanges WEIL*.

- **RANDRIANARISSOA (J) :** « Le testament et la protection de la famille légitime contre les libéralités du défunt en droit malgache », *R. J. P. I. C.*, 1972, pp. 733-740.

- **RAVANA (J) :** « Le conjoint survivant. Approche comparative de sa condition successorale », in *R. R. J.*, Droit prospectif, 1999, pp. 313 –318.

- **RAYMOND (G) :**
  - « La procréation artificielle et le droit français », *J. C. P.*, 1983. I. 3414
  - « L'attribution préférentielle dans les biens non ruraux en vertu de l'article 832 du Code civil », *R.T.D.C.*, 1966, 427.

- **REUTER (N) :** « La main du testateur », in *J. C. P.*, 1976, I. 2829.

- **RODIERE (R) :** « Évolution comparative des droits successoraux du conjoint survivant », *Bull. de la Société de la législation comparée*, 1937.

- **ROUAST :** Du droit de préférence résultant du rapport des dettes, R.T.D.C., 1911, 687.

- **RUSSEL (M. L) :** « La famille après le mariage des enfants », *I.N.E.D.*, Cahier n° 78, PUF.

- **SALEILLES (M R) :** « Le partage et la transmission intégrale dans le Code civil suisse », *R.T.D.C.*, 1909, p. 532.

- **SALVAGE (Ph) :** « La viabilité de l'enfant nouveau-né », in *R. T. D. C.*, 1976, p. 725 et s.

- **SAVATIER (R) :**
  - « Caractères et difficultés pratiques des partages conjonctifs d'ascendants réalisés par donation », *Répertoire Defrénois*, 1929, art. 21903.
  - « Les pouvoirs du juge dans la nouvelle figure de l'attribution préférentielle », *in Les Mélanges offerts à Monsieur le Professeur Pierre VOIRIN,* LGDG, Paris, 832 pages.
  - « Réflexion sur l'attribution préférentielle de l'exploitation familiale agricole dans les lois d'orientation agricole du 4 juillet 1980 », D. 1981, chr. 187.
- **SAWADOGO (F. M)** : « Le nouveau droit burkinabè de la famille. Principes essentiels et perspectives d'application », *R.J.P.I.C.*,. vol 44, 1990, pp. 373-406.
- **SAYN (J Y)** : « Le régime matrimonial primaire », in *Les règles générales des régimes matrimoniaux*, (travaux et recherches de la F.D.S.E, Paris-Seuil), Droit privé, n° 4, PUF, 1968, p. 1-50
- **SAUJOT** : « Le fondement des récompenses », in *R. T. D. C.*, 1970, pp. 685-688.
- **SEID IBRAHIM (J)** : « Coutumes successorales traditionnelles au Tchad islamisé », in R. J. P. I. C., t. 26, 1972, p. 473-1420.
- **SERLOOTEN** : « Vers une responsabilité professionnelle », in *Mélanges offerts à Pierre HEBRAUD*, 1981.
- **SICARD** : « L'évolution de la notion de contrat de salaire différé », Répertoire commercial, 1961, n° 17.
- **SIDIME LAMINE** : « La filiation hors mariage », in *Encycl. Jur. d'Afr.*, T. 6, p. 389-391.
- **SOW SIDIBE (A)** : « Le juge africain et le pluralisme juridique : l'exemple du droit sénégalais des successions. La justice en Afrique », in *Afrique contemporaine*, n° spécial, 1990, 383 pages.
- **THERY René** : « L'intérêt de la famille », in *J.C.P.*, 1972. I. 2485.
- **TIEMOKO DIATIGNI (D)** : « La succession au Mali », in *R.J.P.I.C.*, 1972, pp. 741-747.
- **TJOUEN (A D)** : « Les successions », *Encycl. Jur. d'Afr.* T. 6, p. 431 et s.
- **TOULEMON (A)** : « Évolution jurisprudentielle en matière de testament olographe », J. C. P., 1969, I. 2285.
- **TOWA (M)** : « Tradition et Révolution », in ZEEN, *Revue du club de Philosophie NKWAME NKRUMAHH*, n° 2 et 3, avril 1989.
- **VANDERLINDEN (J) :** « Le juge et la coutume en Afrique aujourd'hui », in *Afrique contemporaine*, n° spécial sur la Justice en Afrique, 1990 p. 231
- **VERDOT (R)** : « La délimitation des pouvoirs de l'exécuteur testamentaire », D. 1963, chr.18, p. 75-82.

- **VIALLETON (H)** : « Famille, patrimoine et vocation héréditaire en France depuis le Code civil », *Mélanges MAURY*, II, 557.
- **VIDAL (J) :** L'enfant adultérin …*a contrario* ! (Portée du nouveau principe de l'établissement de la filiation adultérine)……
- **VOIRIN (P) :**
  - « Inaliénabilité et indisponibilité », *R.T.D.C.*, 1951, I. 239.
  - « Commentaire du décret-loi du 17 juin 1938 tendant à empêcher le morcellement excessif des propriétés par le jeu des partages », Lois nouvelles, 1938

WANDJI KAMGA (A. D.) : « Le droit africain des successions à l'aune des droits fondamentaux », *Droit au pluriel*, in Mélanges en l'honneur du Doyen Stanislas MELONE, Centre d'Études et de Recherches en Droit du Travail, de la Sécurité Sociale et des Affaires (CDTSA), Presses universitaires d'Afrique (PUA), 2018, pp. 779-804.

- **WEINSTOCK (A)** : « Du sens et des effets de la clause pénale dans le partage d'ascendant », *R.T.D.C.*, 1934, p. 768.
- **YOUEGO (Chr) :** « La situation du conjoint survivant au Cameroun », in *R.J.A.*, n° 2, 1990, p. 17-44.

NOTES DE JURISPRUDENCE

- **Breton (A)** : Note sous Civ. 22 juillet 1985, D. 1986, n° 22, p. 261.
- **ELOMO NTONGA (L)** : Observations sur CS, arrêt n° 74/4 du 14 janvier 1981, R. D. C. n° 25, 1983, p. 72 à 77
- **YOUEGO (Chr)** : Observations sur CS, arrêt n° 44 du 25 août 1977 : les difficultés nées de la répartition des compétences des commissions administratives et les juridictions judiciaires d'après la loi n° 83/19 du 26 novembre 1983 modifiant l'art. 5 de l'ord. n° 74/1 du 06 juillet 1974, in Juridis Info, n° 0, PUA, 1989, p. 22 à 24, 76 pages CS, arrêt n° 71/L du 18 juillet 1985, sur l'indignité successorale
- **ONOMO FOUDA** : Rapport sur l'arrêt n° 189/P du 15 juin 1985, in R. C. D/ n° 19, p. 242.
- **SPITERI (P) :** Note sous Cass. Civ. 1er mars 1965, Administration des domaines c/ Dame LEBECQ et autres E.D.G.N, J.C.P., 1965, jurisp. 14279-14280, E.D.G.N.
- **ROULAND (N)** : Note sous, C.E.D.H., arrêt du 13 juin 1979, J.D.I., 1982, p. 183
- **TITCHEUENG (M)** : Note sous CS, arrêt n° 45 du 22 février 1973, Affaire BINDZI OMGBA Clément c/ Dame MEWOLI Justine, in *Les grandes décisions de la jurisprudence civile camerounaise*, Titre VII, Successions Libéralités, février 2008, pp.529 -587.

INDEX ALPHABÉTIQUE

A

B

C

D

E

F

H

I

TABLE DES MATIÈRES

www.ingramcontent.com/pod-product-compliance
Lightning Source LLC
LaVergne TN
LVHW050052061026
849532LV00001BA/88
9782385416768